В книгу включены
классические каббалистические источники:

בעל הסולם
הקדמה לפתיחה לחכמת הקבלה

Бааль Сулам
Предисловие к статье «Введение в науку каббала»

•

בעל הסולם
פתיחה לחכמת הקבלה

Бааль Сулам
Введение в науку каббала

•

רב"ש
ביאור למאמר «פתיחה לחכמת הקבלה«

РАБАШ
Пояснение к статье «Введение в науку каббала»

•

בעל הסולם
פתיחה לפירוש הסולם

Бааль Сулам
Введение в комментарий Сулам

•

בעל הסולם
ספר האילן

Бааль Сулам
Книга Илан

КЛАССИЧЕСКАЯ
КАББАЛА

Михаэль Лайтман

Введение в науку Каббала

МЕЖДУНАРОДНАЯ
АКАДЕМИЯ
КАББАЛЫ

СЕРИЯ: «КЛАССИЧЕСКАЯ КАББАЛА»

Лайтман, Михаэль
Введение в наука каббала / Михаэль Лайтман. – 9-е изд., испр. и доп. – Laitman Kabbalah Publishers, 2024. – 816 с.

Laitman, Michael
Introduction to the science of каbbalah / Michael Laitman. – 9th edition, revised and expanded – Laitman Kabbalah Publishers, 2024. – 816 pages.

ISBN 978-1-77228-191-0

Эта книга – базовый курс для начинающих изучать науку каббала. Ее основную часть составляют две ключевые статьи: «Введение в науку каббала» («Птиха леХохмат аКаббала») и «Предисловие к статье „Введение в науку каббала"», обе написаны Бааль Суламом, одним из величайших каббалистов в истории человечества. Эти статьи приведены в книге на языке оригинала и в переводах на русский язык, а также дополнены комментариями Михаэля Лайтмана, преемника и последователя Бааль Сулама. В книге вы найдете контрольные вопросы к тексту, чертежи духовных миров и другие материалы в помощь изучающим науку каббала. В новом издании обновлены переводы всех статей, включенных в книгу, и добавлены комментарии Михаэля Лайтмана, сделанные им уже после выхода первого издания книги. В связи с существенной переработкой текста 9-го издания, было изменено и название, – прежде эта книга носила название «Наука каббала». Книга рекомендована читателям, цель которых – обрести фундаментальные знания о духовных мирах и о сути высшего управления.

Copyright © 2024 by Laitman Kabbalah Publishers.
1057 Steeles Avenue West, Suite 532
Toronto, ON M2R 3X1, Canada.
All rights reserved.

ОГЛАВЛЕНИЕ

К читателю 9
Язык каббалы 13
Особенности изучения науки каббала в переводе 15

Михаэль Лайтман. Предисловие 21

Бааль Сулам. Предисловие к статье «Введение в науку каббала» (с комментариями Михаэля Лайтмана) 33

Бааль Сулам. Введение в науку каббала (с комментариями Михаэля Лайтмана) 103

1-16. Три основных понятия 104
17-25. Пять бхинот (уровней) в экране 202
26-29. Пять парцуфим мира Адам Кадмон 253
30-45. Издахехут экрана для создания парцуфа 268
46-49. Таамим, некудот, тагин и отиёт 314
50-55. Рош, тох, соф в каждом парцуфе и порядок облачения парцуфим друг на друга 325
56-64. Цимцум бет, называемый цимцум НЕХИ де-АК 336
65-68. Место четырех миров АБЕА и понятие парсы между миром Ацилут и мирами БЕА 367
69-78. Состояния катнут и гадлут, возникшие в мире Некудим ... 375
79-85. Подъем МАН и выход состояния гадлут де-Некудим 395
86-91. Объяснение трех некудот: холам, шурук, хирик 413
92-100. Подъем МАН де-ЗАТ де-Некудим к Аба ве-Има и объяснение сфиры Даат 425
101-111. Разбиение келим и их падение в БЕА 440
112-119. Мир Исправления и Новый МА, вышедший из мэцах де-АК ... 470
120-133. Пять парцуфим мира Ацилут и понятие МА и БОН в каждом парцуфе 487
134-143. Великое правило для мохин в постоянном состоянии и при подъемах парцуфим и миров, происходящих в течение 6000 лет ... 513
144-154. Объяснение трех миров: Брия, Ецира, Асия 528
155-179. Объяснение подъемов миров 553
180-188. Деление каждого парцуфа на Кетер и АБЕА 594

Бааль Сулам. Контрольные вопросы к статье «Введение в науку каббала» 603

Устройство духовных миров.
Краткий конспект лекций Михаэля Лайтмана 611
    Правильное восприятие реальности 612
    Четыре стадии развития кли 622
    Первое сокращение. Экран. Парцуф 627
    Распространение и изгнание света 632
    К моим ученикам 637
    Решимот 642
    Рождение парцуфа 648
    Цельность мироздания 654
    Второе сокращение 659
    Мир Некудим 663
    Мир Исправления 669
    Причинно-следственное развитие (краткое повторение) 678

РАБАШ Пояснение к статье «Введение в науку каббала» 693
    Четыре стадии (бхинот) прямого света 694
    Первое сокращение (цимцум алеф) 699
    Десять сфирот круглых келим (игулим) и линия Бесконечности (кав Эйн Соф), наполняющая их 701
    Понятие линии и ударного соединения (зивуг де-акаа) 703
    Понятие соударения внутреннего и окружающего светов (битуш пними у макиф) в парцуфе 706
    Понятие внутреннего парцуфа 713
    Понятие решимот 714
    Понятия тагин и отиёт 716
    Продолжение нисхождения 718

Бааль Сулам. Введение в комментарий Сулам (пп. 1-23) 721
    Десять сфирот 722
    Почему Тиферет содержит ХАГАТ НЕХИ 723
    Свет и кли 724
    Рош, тох, соф. Пэ, табур, сиюм раглин 724
    Хазэ 727
    Обратное соотношение келим и светов 728

Подъем Малхут в Бину 731
Деление каждой ступени надвое 731
Возвращение Малхут из Бины вниз,
на свое место 733
Время катнута и время гадлута 733
Как нижний поднимается к своему высшему 734
Катнут и гадлут ИШСУТа и ЗОН 735
Если бы не подъем Малхут в Бину, ЗОН не стали бы достойными мохин 736

**Михаэль Лайтман. Избранные комментарии к статье
«Введение в науку каббала»** 739
   Гость и Хозяин 740
   Сфира Даат 743
   Соотношение парцуфим мира Ацилут и мира Некудим в катнуте 745

Михаэль Лайтман. Альбом чертежей духовных миров 751

Бааль Сулам. Книга Илан 791

Приложение 811

К читателю

Известно, что каббала является тайным учением. Именно ее скрытность, тайность послужила поводом для возникновения вокруг каббалы множества легенд, фальсификаций, профанаций, досужих разговоров, слухов, невежественных рассуждений и выводов. Лишь в конце XX столетия получено разрешение на открытие знаний науки каббалы всем и даже на распространение их по миру. И потому в начале этой книги я вынужден в этом обращении к читателю сорвать вековые наслоения с древней общечеловеческой науки каббала.

Наука каббала никак не связана с религией. То есть связана в той же самой степени, что, скажем, физика, химия, математика, но не более. Каббала – не религия, и это легко обнаружить хотя бы из того факта, что никто из религиозных людей не знает ее и не понимает в ней ни одного слова. Глубочайшие знания основ мироздания, его законов, методику познания мира, достижение цели творения каббала скрывала в первую очередь от религиозных масс. Ибо ждала времени, когда разовьется основная часть человечества до такого уровня, что сможет принять каббалистические знания и правильно использовать их. Каббала – это наука управления судьбой, это знание, которое передано всему человечеству, для всех народов земли.

Каббала – это наука о скрытом от глаз человека, от наших пяти органов чувств. Она оперирует только духовными понятиями, то есть тем, что происходит неощутимо для наших пяти чувств, что находится вне их, как мы говорим, в высшем мире. Но названия каббалистических обозначений и терминов взяты каббалой из нашего земного языка. Это значит, что хотя предметом изучения науки каббала являются высшие, духовные миры, но объяснения, выводы исследователь-каббалист выражает названиями, словами нашего мира. Знакомые слова обманывают человека, представляя ему якобы земную картину, хотя каббала описывает происходящее в высшем мире. Использование знакомых слов-понятий приводит к недоразумениям, к неправильным представлениям, неверным измышлениям, воображениям. Поэтому сама же каббала запрещает представлять себе какую-либо связь между названиями, взятыми из нашего мира, и их духовными корнями. Это является самой грубой ошибкой в каббале.

И потому каббала была запрещена столько лет, вплоть до нашего времени: развитие человека было недостаточным для того, чтобы перестал он представлять себе всяких духов, ведьм, ангелов и прочую чертовщину там, где говорится совершенно о другом.

Только с 90-х годов XX века разрешено и рекомендуется распространение науки каббала. Почему? Потому что люди уже более не связаны с религией, стали выше примитивных представлений о силах природы как о человекоподобных существах, русалках, кентаврах и пр. Люди готовы представить себе высший мир как мир сил, силовых полей, мир выше материи. Вот этим-то миром сил, мыслей и оперирует наука каббала.

«Введение в науку каббала» – это основная статья, по которой человек входит в мир каббалы. Величайший каббалист всех времен, рав Йегуда Лейб Алеви Ашлаг написал эту статью как одно из предисловий к Книге Зоар. Не освоив изложенного в этой статье материала, невозможно правильно понять ни одного слова в Книге Зоар.

Без этой книги невозможно продвинуться в каббале. Она – ключ ко всей каббалистической литературе: к «Учению десяти сфирот», основному современному каббалистическому учебнику, к Книге Зоар, к книгам АРИ. Она ключ к дверце, ведущей из нашего мира в духовный мир.

К читателю

Долгое время я не мог приступить к ее переводу и комментариям. Правда, уже моя вторая книга[1] была попыткой передать основы строения мироздания. Это было в 1983 году. Но в последние годы возникла безотлагательная необходимость в выпуске на русском языке учебника по основам рождения, строения и исправления миров и душ[2].

Сложно и «неуклюже» описывать каббалистические термины в переводе, излагать каббалистические понятия на ином языке. Само слово на иврите обладает бесконечной информационной емкостью: его цифровое значение, перестановки букв, их начертание, замена одних букв другими по определенным законам – все это невозможно передать на ином языке.

Не скрою, для работы над книгой я должен был получить разрешение у своего Учителя. Мой Учитель – старший сын Бааль Сулама, рав Барух Шалом Алеви Ашлаг, последний из каббалистов прошлого. Им закончился период нисхождения высшей мудрости в наш мир и начался период личного и группового постижения творения снизу вверх, последний этап исправления – его явное проявление.

В течение двенадцати лет я находился рядом и вместе с моим Учителем, завещавшим мне продолжать великое дело распространения каббалы в мире. В честь его я назвал свою каббалистическую школу «Бней Барух». Эта школа открыта для всех, истинно желающих посвятить себя духовному восхождению в высшие миры.

Весь изложенный в книге материал был записан на магнитофон во время моих занятий с группой начинающих, переведен с иврита, отпечатан, проверен, обработан, подготовлен к изданию десятками моих учеников. Я очень рад их участию в издании этой и остальных книг, ведь распространяющий каббалу получает свыше духовное вознаграждение, то есть продвижение.

---

[1] М. Лайтман. Схема мироздания. – *Ред.*
[2] Первое издание книги – 2001 г. Книга вышла под названием «Наука каббала» и неоднократно переиздавалась. – *Ред.*

В книге приводится оригинальный текст (на иврите) статей Йегуды Лейб Алеви Ашлага (Бааль Сулама) «Предисловие к Введению в науку каббала» и «Введение в науку каббала», перевод (курсивом), дополненный моими пояснениями (обычным шрифтом).

Специально для книги были изготовлены чертежи каждого изучаемого духовного процесса. В книгу вошел материал пятидесяти двух лекций, прочитанных мною по статье «Введение в науку каббала», четырнадцати занятий по «Введению в комментарий Сулам», четыре беседы по «Предисловию к Введению в науку каббала» и пр. В книге заложен огромный духовный пласт, необходимый для самопознания и продвижения в духовное. Остальное зависит от самого читателя!

Я и мои ученики, все мы благодарны Творцу за возможность издания этой книги, за возможность открыть каббалу русскоязычному читателю, открыть источник познания совершенства, счастья и вечности. Мы приглашаем вас в путешествие в неведомые высшие миры, которые ждут вашего прихода и открываются всем, кто по-настоящему желает этого.

С пожеланием успеха в открытии высшего мира,
Михаэль Лайтман

Язык каббалы

Когда необходимо описать высший мир, неощущаемое пространство, каббалисты используют для описания слова нашего мира. Потому что в высшем мире нет названий. Но поскольку оттуда, как из корня ветви, нисходят силы, рождающие в нашем мире объекты и действия, то для отображения корней, объектов и сил высшего мира, применяются названия ветвей, их следствий, объектов и действий нашего мира. Такой язык называется «язык ветвей». На нем написаны Пятикнижие, Пророки, Святые писания – вся Библия и многие другие книги. Все они описывают высший мир, а не историю еврейского народа, как может показаться из буквального понимания текста.

Все святые книги говорят о законах высшего мира. Законы высшего мира называются заповедями. Их всего 613. В мере выполнения этих законов человек входит в ощущение высшего мира, ощущение вечности и совершенства, достигает уровня Творца. Выполнение достигается использованием высшей силы, называемой высшим светом или Торой. Все книги говорят об обретении веры, под этим в каббале подразумевается не существование в потемках, а именно явное ощущение Творца.

Желающему войти в ощущение высшего мира ни в коем случае нельзя понимать тексты буквально, а только пользуясь языком ветвей. Иначе он останется в своем понимании на уровне этого мира.

Принятые у религиозных евреев ритуалы в обиходе также называются заповедями и описываются тем же языком, что и духовные действия и процессы. Ритуалы были введены в народ для оформления границ поведения, позволявших сохранять народ в изгнании.

Кроме истинной, духовной трактовки понятия «заповедь», начинающему необходима адаптация к духовной интерпретации слов: поцелуй, гой, объятие, Израиль, беременность, иудей, роды, изгнание, народы мира, освобождение, половой акт, вскармливание и пр. Время постепенно рождает в человеке новые определения и сквозь них начинает ощущаться высший, вечный мир.

Особенности изучения науки каббала в переводе [1]

Особенность изложения науки каббала на любом другом языке, кроме иврита, заключается в том, что язык каббалы включает в себя как термины, переводимые на русский (или другой) язык достаточно точно, так и непереводимые термины и понятия. Поэтому в переводах первоисточников и каббалистических книг на русском языке принято использовать *транслитерацию* каббалистических терминов с иврита на русский язык, то есть запись слов одного языка (иврита) символами другого языка (русского алфавита).

Например, слова עולם (олам, мир), אור (ор, свет) относятся к переводимым, а בחינה (бхина), פרצוף (парцуф), רשימו (решимо), ספירה (сфира), כלי (кли), פרסה (парса) – к непереводимым. Иногда для их перевода используются близкие по смыслу слова русского языка (например, бхина – стадия, кли – сосуд), но надо понимать, что эти переводы недостаточно точные, вследствие чего возникает искажение восприятия.

Кроме того, существуют некоторые особенности грамматики иврита, требующие предварительного объяснения, чтобы русскоязычный читатель мог правильно понимать смысл слов и словосочетаний, записанных транслитерацией. Все это вместе побудило редакцию написать это поясняющее введение.

---

[1] От редакции.

Наличие в транслитерации окончаний (-им), (-от), (-эт), (-ит), (-ут) обычно свидетельствует о форме слова во множественном числе: бхина – бхинот; сфира – сфирот; парцуф – парцуфим; кли – келим; решимо – решимот.

В отличие от русского языка, в иврите нет падежей в нашем понимании, то есть существительные и прилагательные не дополняются окончаниями в зависимости от того, на какой вопрос они отвечают в данном случае. Тем не менее формы, подобные падежам, в иврите существуют.

В частности, в грамматике иврита существует особая форма смысловой связи между двумя существительными, называемая «смихут» (конструкция типа «дом отца», из двух существительных подряд[1]). *Это своего рода аналогия именительного и родительного падежа в русском языке: что?* – дом (им.п.), *кого?* – отца (род.п.). Слова образуют единое смысловое поле и произносятся почти слитно.

В отличие от просто двух существительных подряд, первое слово в конструкции «смихут» претерпевает изменение, а второе слово остается без изменения. Обычно в словах женского рода окончание (-а) меняется на (-ат) (бхина – бхинат шореш), в словах мужского рода окончание остается прежним, а в словах множественного числа окончание (-им) меняется на (-ей) (парцуфим – парцуфей сэарот).

В случае присутствия в этой конструкции непереводимых транслитераций, смысл выражения в целом нужно «складывать» из смыслов первого и второго слова, соответственно – в именительном и родительном падежах. Именно из-за невозможности их прямого перевода без утраты важных оттенков смысла, конструкции типа «смихут» оставлены в форме транслитераций. Примеры таких конструкций: бхинат шореш, бхинат итлабшут, сфират Кетер, сфират Даат, некудат холам, некудат шурук, некудат хирик, парцуфей сэарот.

---

[1] Также между прилагательным и существительным (например, Зеир Анпин: Зеир – малый, Анпин – лицо) – *Ред.*

Пример использования в русскоязычном тексте транслитерации «бхинат шореш» и ее смыслового перевода:

Свет, который выходит из сущности Творца для того, чтобы создать творение, называется «бхинат шореш» – стадия корня (или нулевая стадия, Кетер), потому что этот свет является корнем, источником всего мироздания.

Для обозначения принадлежности чего-то чему-то в каббалистической литературе используется предлог «де-». Предлог заимствован из арамейского языка и условно переводится как «относящийся к…; принадлежащий к…». В современном разговорном иврите практически не используется, по смыслу – то же самое, что смихут. Пример:

Получение человеком света нефеш означает получение всех пяти частей самого света нефеш: нефеш де-нефеш, руах де-нефеш, нешама де-нефеш, хая де-нефеш и ехида де-нефеш.

Еще одна особенность иврита состоит в том, что в нем прилагательное (определение) ставится только после существительного, к которому оно относится. Если в русском языке мы говорим «отраженный свет», то в транслитерации будет стоять «ор хозер», дословно – «свет отраженный».

В книге часто могут встречаться синтаксические конструкции вида: *парцуф {катнут, гадлут, ахор, захар, некева и др.} <название парцуфа>*, где в фигурных скобках – примеры слов, обозначающих состояние парцуфа (с точки зрения грамматики – определения). Например, *парцуф катнут де-Некудим* – это парцуф де-Некудим в состоянии катнут (малом), а *парцуф гадлут де-Некудим* – тот же парцуф в состоянии гадлут (большом). Транслитерации, обозначающие состояние парцуфа, всегда объясняются в тексте.

В алфавите иврита 22 буквы[1], каждая буква имеет свое числовое значение от 1 до 400. В каббале принято для обозначения чисел использовать буквы. Так, четыре стадии распространения прямого света называются бхина алеф (стадия 1), бхина бет (стадия 2), бхина гимель (стадия 3) и бхина далет (стадия 4), а первое и второе сокращения – цимцум алеф и цимцум бет соответственно.

Приведенного здесь материала по особенностям транслитерации с иврита достаточно для правильного восприятия текста настоящей книги. Для более глубокого понимания смысла каббалистических терминов требуется знакомство с языком иврит.[2]

---

[1] Подробнее см. главу «Пять парцуфим мира Адам Кадмон», комментарии к п. 29 – *Ред.*

[2] См. Персональный блог Михаэля Лайтмана «Каббала, наука и смысл жизни», статья «Духовная гармония языка иврит». URL: https://www.laitman.ru – *Ред.*.

●

*Если вы еще спрашиваете себя: «Откуда я?»,
«Откуда все это вокруг взялось?» —
вы не обойдетесь без этой книги.*

●

*Если вас интересует мир,
в котором вы живете, каков он —
вы не обойдетесь без этой книги.*

●

*Если вы хотите изучать каббалу
или хотя бы интересуетесь ею —
вы не обойдетесь без этой книги.*

●

*Если вы изучаете каббалу уже давно
или даже уже сами преподаете —
вы, опять же, не обойдетесь без этой книги.*

●

Михаэль Лайтман
Предисловие

«Введение в науку каббала» – «Птиха ле Хохмат каббала» – написал Бааль Сулам в качестве одного из предисловий к Книге Зоар. В общей сложности Бааль Сулам написал три предисловия к Книге Зоар: «Введение в Книгу Зоар», «Предисловие к Книге Зоар», «Введение в науку каббала».

Для понимания Книги Зоар нам необходимо знание всей структуры творения: каким образом созданы все миры; каковы законы их функционирования, их влияние на души и, наоборот, влияние душ на миры, каким образом Творец управляет всем мирозданием, и как творения влияют на Его управление.

Задача изучения каббалы заключается в том, чтобы, находясь еще в этом мире, ощутить духовные миры в полной мере, во всем объеме мироздания, получить такие ощущения, над которыми не властны ни рождение, ни смерть; выйти из-под власти времени; достичь в одном из своих кругооборотов такого состояния, когда человек может жить одновременно во всех мирах, полностью слившись с Высшей силой, полностью постигнув Творца, – то есть достичь цели существования человека в этом мире.

Изучение каббалы дает человеку ответы на все вопросы. Он исследует все причинно-следственные связи этого мира, изучает высший мир, из которого все нисходит в наш мир. Раскрытие высших миров происходит постоянно, постепенно, причем все это происходит внутри самого человека. Человек создает внутри себя дополнительные органы восприятия, более чувствительные, чем данные ему от рождения, позволяющие ощущать дополнительные силы мироздания, ту его часть, которая скрыта от обычного человека.

Каббала называется тайной наукой, так как только постигающий ощущает истинную картину мироздания, и лишь для него эта наука становится явной. Каббала всегда была в стороне от обычной религии, потому что она занимается совсем иным воспитанием человека, развивая в нем способность к критике, анализу и четкому интуитивному и сознательному исследованию себя и окружающего мира. Без этих свойств человек не может исследовать ни этот мир, ни, тем более, высший.

Насколько каббала далека от обычной религии, можно убедиться на примере того, что великие знатоки религиозных законов и заповедей в нашем мире – раввины, руководители религиозных масс – не изучают и не знают каббалу. Незнание каббалы совершенно не мешает религиозному человеку соблюдать заповеди, вести религиозный образ жизни. Это связано с тем, что каббала говорит не о выполнении ритуалов, а о том, как создать в себе правильное намерение «ради Творца» (ли шма), что к обычной религии не имеет никакого отношения.

Каббалистическое воспитание индивидуально и этим совершенно противоположно воспитанию масс. Каббалисту нужно дать свободу самопостижения, средства, с помощью которых он может постоянно развиваться. Ни в коем случае нельзя ограничивать его внутреннее развитие. Если же давать человеку какие-то указания, то этим он лишается свободы воли, на его «я» накладывается чужой штамп. Как сказано в Торе: «Знание, мнение Торы противоположны знанию (мнению) эгоистических масс». Поэтому каббалисты – это совершенно отдельная, автономная группа.

За последние годы отношение к каббалистам претерпело кардинальные изменения. Если во все прошлые века их книги сжигались и сами они подвергались гонениям, сегодня положение изменилось – мир относится к каббалистам гораздо более терпимо. На это есть духовные причины: ведь все, что происходит в нашем мире, является следствием духовных явлений в высших мирах.

Мы находимся на самом последнем отрезке пути развития человечества, у входа всего человечества в духовный мир. Никогда не существовало такого большого количества людей, которые интересовались бы каббалой. Сегодня занятие каббалой считается почетным и престижным. Все это говорит о том, что происходят большие изменения свыше.

Еще двести лет тому назад, в период Просвещения (Аскалы) начался отход от традиционной религии. Это произошло свыше для того, чтобы впоследствии те же души сами пришли к Торе, причем уже не только к ее открытой части, но и к каббале.

Каждое поколение – это души предыдущих поколений, обретшие новую телесную оболочку. Души облачаются в новые тела и нисходят в наш мир. С каждым таким перевоплощением у них накапливается опыт. Кроме того, со временем меняются и внешние духовные условия.

Около 500 лет назад появился великий каббалист АРИ, создавший современную каббалу. Его сочинения предназначены для душ, которые начали нисходить в этот мир, начиная с его времени и далее. С этого времени начинается качественное изменение в душах, нисходящих в наш мир. В них появляется явное стремление к духовному, потому и отменяется запрет на изучение каббалы. В «Предисловии к книге „Врата вступления"» АРИ сказано, что начиная с его времени и далее каббалу может изучать каждый, кто пожелает.

Сейчас, в наше время, должно начаться массовое распространение каббалы во всем мире. Мир подошел к тому моменту, когда свыше уже снизошли все духовные корни, произошло все, описанное в Торе, все, что должно было произойти в нашем мире. Уже были изгнания, разрушения; единственное, чего еще не было, – это постижения духовного пространства душами, возвышения этого мира до уровня мира духовного и слияния двух этих миров. Процесс этот начался еще в 20-х годах XX века, а сейчас разрастается, как снежный ком.

Пользуясь интернетом, мы видим, как во всем мире стремительно растет интерес к каббале тех, кто еще совсем недавно не имел к ней никакого отношения. Люди уже понимают, что каббала – это не учение о каких-то звездах, планетах или потусторонних силах. Они начинают явно осознавать, что каббала дает понимание всего мироздания, всех сил, которые управляют миром, они осознают, что только эти знания спасут человечество от угрожающих ему катастроф.

В каббалу приходят люди, не находящие удовлетворения в земном, те, кто надеется с помощью каббалы получить ответы на волнующие их вопросы. В будущем миллионы людей будут учить каббалу. Те же, кто изучает каббалу сегодня, будут преподавать ее грядущим поколениям.

На протяжении жизни намерения человека постоянно меняются от животных желаний получше устроиться в этом мире, извлечь из всего выгоду до стремления к познанию, а затем и к духовному возвышению. Так мы устроены. Постепенно, изучая каббалу, человек меняет желания этого мира на все более высшие, на желания духовные, для того чтобы открыть духовный мир и выйти в него.

Его свойства меняются на альтруистические. Эгоистический сосуд души очень мал и не может включить в себя всего наслаждения, которое уготовил нам Творец. Поэтому, меняя эгоистические свойства на альтруистические, мы этим самым неограниченно расширяем объем нашего сосуда получения и можем получить в него всю духовную информацию, вечное и совершенное состояние.

Существует ошибочное мнение о том, что если человек постигает духовное, а тем более находится уже на определенной духовной ступени, он и внешне должен как бы парить, быть «не от мира сего», в нем якобы не могут проявляться никакие отрицательные свойства.

Человек поднимается внутренне в духовный мир в той мере, в которой он «опускается», в той мере, в которой он ощущает и осознает свой эгоизм. То есть подъем происходит оттого, что в человеке все в большей степени раскрывается его природный эгоизм. Исправляя его в определенной мере, человек поднимается на соответствующий этой мере более высокий духовный уровень.

Чем человек выше, тем больше в нем эгоистических качеств. Но они исправляются. Мой Учитель был величайшим каббалистом. При этом он мог раздражаться, радоваться, наслаждаться во много раз сильнее, чем обычный человек.

Мы все построены на эгоизме, это наш материал. Его и только его создал Творец, и только из этого эгоистического материала создано все мироздание. Мы можем исправлять не сам эгоизм, а его применение. Исправляясь, человек не отсекает от себя эгоистическое кли, но меняет намерение, с которым он его применяет. Кли с альтруистическим намерением называется духовным. Кли – это сосуд получения наслаждения и познания, сосуд, который при духовном развитии видоизменяется, исправляется, становясь все больше.

Каббалиста нельзя узнать по внешнему виду. Все они – люди энергичные, целеустремленные, не отказываются от этого мира, не скрываются (за исключением особых случаев прямого указания Творца). В духовном продвижении каббалиста подстерегает много соблазнов, на него сваливаются неприятности. И только поднимаясь на более высокую ступень, он видит, почему ему дали все эти неприятности. Ничего не делается зря, все дается только для дальнейшего духовного продвижения, а то, что дается на данной ступени, человек обязан принять верой выше знания.

Человек, от всего отрешенный, которому ничего не надо в этом мире, не может продвигаться вперед. По мере того как человек занимается каббалой, вскрываются его отрицательные качества, он становится все более эгоистичным, плохим в собственных глазах. И так до тех пор, пока его свойства не станут ему настолько невыносимыми, что он вынужден будет вскричать к Творцу, прося о помощи избавить его от эгоизма и заменить его на альтруизм, ибо теперь он сам явно ощущает страдания от своих эгоистических качеств.

Но тот, кто этого не ощущает, не видит в себе столь отрицательные свойства, не может даже поверить в то, что человек способен дойти до таких просьб. Поэтому в каббале отсутствуют метод понукания, силовые методы воспитания, а существует только метод доведения ученика до осознания отрицательности эгоистических свойств путем ощущения своей противоположности вечности, совершенству.

Привести человека к тому, чтобы его свойства изменились на противоположные, пришли в соответствие с высшими духовными свойствами, может только каббала. В Торе есть две части: явная, открытая, и скрытая, тайная. Открытая часть Торы говорит о механическом выполнении заповедей. Она называется явной, потому что явно видно, как человек выполняет ее. Эта часть Торы изучается и выполняется массами.

Потому на эту часть распространяется ограничение «ничего не добавлять и не уменьшать». Зачастую те, кто не понимает сути Торы, цели ее вручения человеку в этом мире, преувеличивают именно механическое выполнение.

Вторая часть Торы, скрытая, говорит о намерении (кавана) человека во всех его действиях. Только намерение может изменить действие человека на обратное, не подавляя, а именно используя естественный эгоизм. Поскольку намерение человека не видно окружающим, то часть Торы, обучающая правильному намерению, называется тайной частью, или каббалой, потому что учит, как получить (лекабель) все, уготованное человеку Творцом.

Именно эта часть Торы поощряет постоянное увеличение намерения, и чем оно больше, тем больше человек постигает духовный мир. Он ощущает высший мир в меру своего намерения, начиная от низшей ступени мироздания, до полного намерения на весь свой истинный эгоизм – высшей ступени мироздания, полного слияния с Творцом.

В течение 6000 лет в наш мир спускаются различные типы душ: от наиболее чистых в первых поколениях мира до самых испорченных в наше время. Для исправления первых душ не нужна была даже Тора. Сам факт их существования, их животного страдания на этой земле уже являлся исправлением. Ибо процесс накапливающихся страданий во время существования души в теле нашего мира приводил ее к скрытой от самой души необходимости выхода в духовный мир еще в течение жизни в этом мире.

Но у первых душ еще не накопилось столько страданий, чтобы они почувствовали явную необходимость отказаться от собственного эгоизма. Их примитивный, животный образ мышления (недостаточный авиют) не создавал в них необходимости в духовном возвышении, не подталкивал их к Творцу.

Все частные переживания, страдания и опыт нисходящих душ накапливаются вместе в общем духовном сосуде, общей душе, называемой «Адам». Через 2000 лет накопления этого общего опыта у человечества уже возникла необходимость в механическом, хоть и неосознанном, выполнении заповедей, правил духовного мира, не имеющих никакого отношения к нашему миру и никоим образом с этим миром не связанных.

Поэтому тем, кто не знает их истинного духовного происхождения, они представляются такими нелепыми. В этот период человечеству была вручена Тора. Правда, пока только небольшой группе людей. В следующем и последнем, третьем двухтысячелетии проявляется сознательное желание к духовному, к необходимости себя исправлять. Оно становится особенно сильным со времени появления великого каббалиста АРИ и продолжается вплоть до нашего поколения.

Конечное состояние всего мироздания – полное исправление (гмар тикун), когда самая низшая точка творения достигает того же состояния, что и самая высшая. Это состояние было сразу же создано Творцом. Мы все уже находимся в нем. Зачем же тогда нам дают инструкцию для его достижения? Это связано с тем, что мы не можем ощутить наше истинное состояние в своих теперешних эгоистических желаниях.

А если мы не развиваемся, не исправляем свои органы ощущения, следуя инструкции по каббале (Тора – от слова «ораа», инструкция), нас гонят, вынуждают к этому силой, страданиями. Инструкция же дана для того, чтобы сократить страдания увеличением скорости прохождения этого пути, сделать страдания иными по характеру, заменить страдания ненависти на страдания любви.

Зачем Творцу нужны наши страдания? Ведь Он мог сделать этот процесс нашего духовного роста безболезненным. Да, конечно же, мог. Но Он хотел, чтобы мы, имея к Нему какие-то претензии, были вынуждены обратиться к Нему, вошли с Ним в контакт, вознуждались в Нем, потому как связь с Ним – это и есть истинная цель творения, а исправление лишь средство.

Возникновение потребности в помощи Творца, в связи с Ним возможно только тогда, когда у нас проявится истинный голод по духовному наслаждению. Ощущение отсутствия совершенства должно предшествовать ощущению совершенства – все в творении постигается только из противоположного состояния: вначале создается желание, и только затем можно ощутить наслаждение в наполнении желаемым. Свое конечное, самое совершенное состояние, в котором мы все находимся, мы не можем ощутить без предварительно перенесенных страданий от отсутствия этого совершенства.

Свое сегодняшнее состояние мы все ощущаем несовершенным из-за отсутствия соответствующих исправленных келим (желаний). Если мы начнем их исправлять, то каждым исправленным кли начнем ощущать часть истинного совершенного состояния. А когда исправим все келим, то полностью ощутим совершенство. Мы должны создать в себе возможность ощущения всех оттенков совершенства.

Этот процесс занимает 6000 лет, то есть 6000 ступеней исправления, – то, что называется периодом существования мира, иначе говоря, ощущения себя в несовершенном виде. Мы все существуем в биологическом теле, в которое вложен «биологический компьютер». У нас он более умный, чем в животных организмах, потому что обслуживает больший эгоизм. Это и есть наш разум. Это всего лишь механический вычислитель, позволяющий выбрать наилучшее, наиболее комфортное состояние.

Никакого отношения к духовному он не имеет. А духовное начинается тогда, когда в человека свыше помещают «черную точку в сердце», стремление к духовному. Ее нужно развивать до состояния полного духовного желания – «парцуфа», в который потом и получают духовную информацию, духовное ощущение. Если такой точки нет в человеке, он может быть гением и при этом относительно духовных критериев оставаться всего лишь высокоразвитым животным.

Мы уже говорили о том, что каббала занимается самым важным вопросом в жизни человека. Мы находимся в совершенно непонятном для нас мире, который мы исследуем с помощью наших пяти органов чувств. То, что входит извне в наши органы чувств, обрабатывается у нас в мозгу, который синтезирует и представляет нам эту информацию в виде картины мира. Таким образом, то, что представляется нам как окружающая нас действительность, – не более чем интерпретация внешнего света в наших неисправленных органах ощущений.

На самом деле это лишь фрагмент общего мироздания. То есть то, что мы воспринимаем, – это маленькая часть окружающего нас. Если бы у нас были другие органы чувств, мы бы из всего окружающего воспринимали иной фрагмент, то есть воспринимали бы этот мир иначе. Нам бы казалось, что мир вокруг нас изменился. А на самом деле менялись бы мы, наши восприятия, а мир оставался бы тем же, потому что вне нас существует только простой, высший свет Творца.

Мы ощущаем, как реагирует наш организм на внешнее воздействие. Все зависит от чувствительности наших органов чувств. Если бы они были более чувствительны, мы бы ощущали удары атомов о наше тело. Мы можем выяснить, ощутить, осознать не сами объекты, а их взаимодействие, не суть, а ее внешнюю форму и материал. Так же и все создаваемые нами приборы регистрируют не само действие, а лишь реакцию на него.

Предисловие

Все, что мы хотели бы знать о нашем мире для того, чтобы понять смысл нашего существования в нем, зависит от тех рамок познания, в которых мы находимся, от наших вопросов. То есть наша природа, наши врожденные свойства диктуют нам степень нашей любознательности. Творец, запрограммировав наши свойства, как бы диктует нам изнутри, чем интересоваться, что исследовать, познавать, раскрывать. В итоге же Творец ведет нас к раскрытию Себя.

Всевозможные науки о человеке выясняют лишь что-то о нем самом. Все же, что находится вне человека, остается недоступным. Поэтому вопрос о смысле нашей жизни не может быть разрешен с помощью земных наук. Ведь науки не раскрывают ничего, находящегося вне нас, а лишь то, что непосредственно связано с нами, с нашими органами ощущений, их реакциями или данными (то есть тоже реакциями) приборов, которые лишь расширяют диапазон наших реакций на внешний мир.

Самые глобальные человеческие вопросы – рождение, смысл жизни, смерть – могут решиться только получением информации, лежащей за пределами наших реакций, за пределами нашего «я». Не обнаружением и исследованием наших реакций на внешний мир, а объективным знанием о внешнем мире. Но именно это и недоступно научным исследованиям. Только после того, как человек выходит в духовный мир, ему как подарок дается познание объективной реальности: что и как на самом деле существует вне его.

Есть метод, с помощью которого можно получить полную информацию обо всем мироздании, то есть выйти из рамок человеческих ощущений и ощутить происходящее вне себя. Этот метод и называется каббалой. Освоивший его называется каббалистом.

Методика эта особая, очень древняя. Создали ее люди, которые, живя в нашем мире, смогли одновременно ощутить духовные миры и передать нам свои ощущения. Метод, которым они пользовались в течение веков, описывался ими все более и более скрупулезно, с учетом свойств того поколения, для которого он предназначался. И так, пока он не предстал перед нами в том виде, в котором мы можем его изучать сегодня. Это плод пятитысячелетнего духовного развития.

Каждое последующее поколение каббалистов, основываясь на опыте предыдущего, разрабатывало методику освоения духовного, внешнего мира, подходящую данному поколению. Те учебники, по которым каббала изучалась две – три тысячи лет назад и даже четыреста – пятьсот лет назад, для нас сегодня непригодны. Ими мы можем пользоваться в очень ограниченном объеме.

Последний великий каббалист, который приспособил каббалу для использования нашими поколениями, – рав Йегуда Лейб Алеви Ашлаг (1885 – 1955). Он написал комментарий к Книге Зоар и к трудам АРИ. Его шеститомник «Учение десяти сфирот»[1] – основной труд по каббале и единственная практическая инструкция для нас в освоении духовного пространства.

Для того чтобы помочь начинающим в освоении этого фундаментального труда, рав Йегуда Ашлаг написал «Введение в науку каббала», которое является кратким изложением того, что написано в ТЭС, дает понимание о строении всего мироздания, приоткрывает завесу в постижении нашего и высшего миров, объясняет, какую роль выполняет наш мир в постижении общего мироздания.

---

[1] «Учение десяти сфирот» – русское название труда Бааль Сулама «Талмуд эсер сфирот», часто употребляется в сокращенном виде (ТЭС). – *Ред.*

Бааль Сулам

Предисловие к статье «Введение в науку каббала»

(с комментариями Михаэля Лайтмана)

Все предисловия рава Й. Ашлага (Бааль Сулама) написаны таким образом, чтобы правильно настроить читателя на вхождение в основной материал, чтобы тот верно понял этот материал, вобрал в себя, впитал. Кроме того, все предисловия являются самостоятельными каббалистическими произведениями, обладающими собственной духовной силой и глубиной.

איתא בזוהר ויקרא פרשת תזריע דף מ' תא חזי דכל מה די בעלמא לא הוי אלא בגיניה דאדם, וכלהו בגיניה מתקיימי וכו', הדא הוא דכתיב וייצר ה' אלקים את האדם, בשם מלא, כמה דאוקימנא, דאיהו שלימותא דכלא וכללא דכלא וכו', וכל מה דלעילא ותתא וכו' כליל' בהאי דיוקנא. עש"ה. הרי מפורש, שכל העולמות העליונים והתחתונים כלולים כולם באדם, וכן כל המציאיות הנמצאת בעולמות ההם אינם רק בשביל האדם. ויש להבין הדברים, המעט לו לאדם העולם הזה וכל אשר בו בכדי לשמשו ולהועילו, אלא שהוא נצרך גם לכל העולמות העליונים וכל אשר בהם, כי לא נבראו אלא לצרכיו.

1) Сказано в Книге Зоар, Ваикра, гл. Тазриа: «Приди и увидь: всё, что есть в мире, было [создано] лишь для человека, и всё существует для него... Как сказано: „И создал Творец Всесильный человека (адама)"[1] — *полным именем, как мы установили, что оно является единством всего и общностью всего»*[2]. *«И всё, что наверху и внизу ... включается в этот образ»*[3]. *Смотри там как следует. Таким образом, ясно, что все миры, как высшие, так и нижние, все включены в человека. И так же вся действительность, находящаяся в этих мирах, существует только для человека. И следует понять это: разве не достаточно человеку этого мира со всем, в нем находящимся, чтобы служить и помогать ему, и он нуждается еще и во всех высших мирах и во всём, в них находящемся, ведь они были сотворены только лишь для его потребностей?*

---

[1] Берешит, 2:7.
[2] Зоар, Тазриа, п. 113.
[3] Там же, пп. 114—115.

Тора – это одна из каббалистических книг. Ее написал самый великий каббалист Моше Рабэйну. Книга Зоар представляет собой каббалистический комментарий на Тору. Книга Зоар так же, как и Тора, разделена на пять книг и недельные главы. Одна из недельных глав называется «Тазриа».

Сказано: «И создал Творец человека полным именем. И все, что создано, создано в полном совершенстве, и все находится и содержится в нем». Отсюда мы видим, что все миры, высшие и низшие, все, что их наполняет, все, что их оживляет, – **все, кроме Творца, находится внутри человека.**

ב) והנה בכדי להסביר הענין הזה על מילואו הייתי צריך להביא כאן את כל חכמת הקבלה, אמנם בדרך כלל בשיעור המספיק להבין את פתיחת הדברים יתבאר לפניך בפנים הספר. והתמצית הוא, כי כוונת השי"ת בבריאה היתה כדי להנות לנבראיו כנודע. והנה ודאי הוא, שבעת שעלה במחשבה לברוא את הנשמות ולהנותם מכל טוב, הנה תיכף נמשכו ויצאו מלפניו בכל צביונם וקומתם ובכל גבהם של התענוגים שחשב להנותם, כי אצלו ית' המחשבה לבדה גומרת ואינו צריך לכלי מעשה כמונו. ולפי"ז יש לשאול למה ברא העולמות צמצום אחר צמצום עד לעוה"ז העכור והלביש הנשמות בהגופין העכורים של העוה"ז.

2) И чтобы объяснить это до конца, я должен был бы представить здесь перед нами всю науку каббала. Однако в общем, в мере, достаточной для понимания начала вещей, оно станет ясным тебе в самой книге. А краткая суть состоит в том, что намерением Творца в сотворении [мира] было, как известно, насладить Свои творения. И нет сомнения в том, что в тот момент, когда у Него возникла мысль создать души и насладить их всем благом, они сразу же возникли и появились перед Ним во всем своем виде и уровне, и во всей величине наслаждений, которыми Он задумал насладить их. Ведь у Творца сама мысль [уже] является завершением, и Он не нуждается в келим практической реализации, как мы. А в таком случае следует спросить, зачем же Он создал миры, сокращение за сокращением вплоть до этого грязного мира, облачив души в грязные тела этого мира.

Если Творец всесилен и все может, почему же не дал человеку сразу все, что надо? Дал бы любому из нас возможность своим желанием что-то сделать. И если бы одного только желания было достаточно, каждый из нас сотворил бы намного лучший мир, чем этот. Почему же Творец сделал все таким образом?

Ведь если мы страдаем сейчас, чтобы заслужить награду впоследствии, – это также указывает на отсутствие совершенства.

ג) והתשובה על זה איתא בע"ח שהוא כדי להוציא לאור שלמות פעולותיו (ע"ח ענף א') ויש אמנם להבין איך אפשר זה שמהשלם יצאו פעולות בלתי שלמות עד שיהיו צריכים להשלימם ע"י פועל ומעשה שבעולם הזה.

3) И ответ на это приводится в «Древе жизни»: [Он создал их для того,] чтобы раскрыть миру совершенство Своих действий («Древо жизни», разд. 1). Однако же следует понять, как это возможно, чтобы от Совершенного произошли несовершенные действия, вплоть до того, что их нужно будет восполнять работой и действием в этом мире.

Для чего же создавать такой низкий мир, такие низкие тела, вкладывать в них души? Для того чтобы потом они узнали, что значит состояние совершенства? То есть Творец сделал самый ничтожный мир, создал самого ничтожного человека, а человек в этом мире должен тяжело трудиться для того, чтобы довести себя до совершенства? И это называется совершенством действий Творца?

והענין הוא כי יש להבחין בהנשמות בחינת אור ובחינת כלי, כי עצם הנשמות שנבראו הוא הכלי שבהם, וכל השפע שחשב ית' להנותם ולענגם הוא האור שבהם. כי מאחר שחשב ית' להנותם הרי עשה אותם בהכרח בבחינת רצון לקבל הנאתו, שהרי לפי מידת הרצון לקבל את השפע כן יגדל ההנאה והתענוג. ותדע שהרצון לקבל ההוא הוא כל עצמותה של הנשמה מבחינה התחדשות ויציאת יש מאין, ונבחן לבחינת כלי של הנשמה. ובחי' ההנאה והשפע נבחן לבחינת אור של הנשמה הנמשך מיש מיש מעצמותו

А дело в том, что в душах следует различать свойство света и свойство кли. Ведь суть душ, которые были соз-

даны, – это их кли, а всё благо, которым Творец задумал доставить им наслаждение и удовольствие, – это находящийся в них свет. Ибо, поскольку Творец задумал насладить их, Он обязательно создал их в виде желания получать Его наслаждение, ведь в мере желания получать высшее благо будут расти и наслаждение, и удовольствие. И знай, что это желание получать есть вся суть души в плане возникновения и выхода сущего из ничего, и оно считается кли (сосудом) души. А наслаждение и благо считается светом души, который происходит как сущее из сущего от сути Творца (Ацмуто).*

Этот свет распространяется от самого Творца. Создано только желание-кли-сосуд. А свет исходит как наслаждение из самого Творца и наполняет это кли. То есть первичным является желание насладить, вторичным – необходимость создать того, кто хотел бы насладиться. Всего в творении есть два компонента:

- кли – желание насладиться, душа, Адам Ришон, творение;
- само наслаждение, исходящее от Творца.

ד) ביאור הדברים. כי בריאה פירושו התחדשות דבר מה שלא היה מקודם שהוא הנבחן ליש מאין, אמנם איך נצייר זה שיהיה דבר מה שאינו כלול בו ית׳. הלא כל יכול וכוללם יחד, וכן אין לך נותן מה שאין בו. ובאמור אשר כלל כל הבריאה שברא ית׳ אינו אלא בחינת הכלים של הנשמות שהוא הרצון לקבל, מובן זה היטב, שהרי הכרח הוא שאינו כלול ח״ו מהרצון לקבל כי ממי יקבל. וא״כ הוא בריאה חדשה ממש שלא היה אף זכר ממנו מקודם לכן, וע״כ נבחן ליש מאין.

4) Объяснение сказанного. Дело в том, что творение означает создание чего-то, чего не было раньше, и оно считается сущим из ничего. Однако, как нам представить себе, что есть нечто, не включенное в Творца? Ведь Он всемогущ и включает в Себя все вместе взятое, а, кроме того, не может быть дающего то, чего в нем нет. И из сказанного, что общность всего творения, которое Он создал, представляет собой лишь келим душ, то есть желание получать, совершенно понятно, что Он обязательным образом не включает в Себя ни в коем случае желание получать – ибо от кого Он может получать? И потому оно является совершенно новым творением, которого не было и в помине до сего момента, и потому оно считается сущим из ничего.

Мы не можем себе представить, что значит «из ничего». Все, что есть в нашем мире, имеет какую-то свою предысторию, свой предыдущий вид, рождается из чего-то, как, например, появляется твердый материал из газа. Что значит появление «из ничего», мы понять не можем. Но затем, постигая духовное пространство, мы станем участниками этого процесса.

ה) ויש לדעת, שהחיבור ופירוד הנוהג ברוחניים אינו אלא בהשואת הצורה ובשינויי הצורה, כי אם ב' רוחניים הם בצורה אחת הרי הם מחוברים יחד והם אחד ולא שנים. שהרי אין מה שיבדילם זה מזה, ואי אפשר להבחינם לשנים זולת בהמצא שינוי צורה מזה לזה. וכן לפי מדת גודלה של השתנות הצורה ביניהם כן שיעור התרחקותם זה מזה, עד שאם הם נמצאים בהפכיות הצורה זה מזה אז נבחנים רחוקים כרחוק מזרח ממערב, דהיינו בתכלית המרחק המצוייר לנו במציאות.

5) И следует знать, что соединение и разъединение, имеющие место в духовных [объектах], происходят только лишь в подобии по форме и различии по форме. Ибо если два духовных [объекта] имеют одну форму, они соединены вместе и являются одним, а не двумя. Ведь нет ничего, что могло бы отделить их друг от друга, и невозможно определить их как два [объекта], если только не найдется различие по форме одного от другого. Аналогично, какова мера величины различия по форме между ними, такова и мера их отдаления друг от друга, вплоть до того, что, если они находятся друг с другом в противоположности по форме, считается, что они далеки друг от друга, как восток от запада, то есть на самом большом расстоянии, которое мы можем себе представить в мире.

В нашем мире, если мы говорим, что один похож на другого, то существуют один и другой, но они идентичны. В духовном мире такого быть не может. Там все разделяется только отличием свойств. Если отличия в свойствах нет, то эти два объекта сливаются в один. Если есть частичное подобие свойств, то в общих свойствах они также сливаются между собой. Например, как два наложенных друг на друга круга. Сектор одного накладывается на сектор другого, и они представляют собой общую площадь.

В духовном мире есть свойство «получать наслаждение» и свойство «давать наслаждение». Кроме этих двух свойств, больше нет ничего. Если эти два свойства сопоставить друг с другом, то они будут абсолютно противоположны. И нет между ними никаких точек соприкосновения. Но если свойство «получать» изменится на свойство «отдавать», то есть возникнут какие-то общие желания у творения и Творца, то они сблизятся и соединятся этими свойствами, желаниями друг с другом. А остальные желания, не подобные друг другу, будут отдалены. Но изначально творение создано абсолютно противоположным Творцу.

ו) והנה בהבורא ית' לית מחשבה תפיסא ביה כלל וכלל, ואין לנו בו ח"ו שום הגה או מלה. אמנם מבחינת ממעשיך הכרנוך, יש לנו להבין בו ית', שהוא בבחי' רצון להשפיע, שהרי ברא הכל בכדי להנות לנבראיו, ולהשפיע לנו מטובו ית'. ולפי"ז נמצאים הנשמות בבחינת הפכיות הצורה אליו ית' שהרי הוא כולו רק להשפיע ואין בו ח"ו רצון לקבל משהו, והנשמות נטבעו ברצון לקבל לעצמם, כנ"ל, שאין הפכיות הצורה רחוקה מזו. ונמצא אם היו הנשמות נשארים בפועל בבחינת הרצון לקבל, היו נשארים נפרדים ממנו ית' ח"ו לעולמי עד.

6) И вот, что касается Творца, «мысль [человеческая] совершенно не в состоянии понять Его»[1], *и нет у нас о Нем ни в коем случае никакой речи или слова. Однако в плане «из действий Твоих познаем мы Тебя» мы можем понять о Нем, что Он относится к желанию отдавать, ибо Он*

---

[1] Тикуней Зоар, 121:2.

сотворил все, чтобы насладить Свои творения и давать нам от Своего блага. И, согласно этому, души находятся с Ним в противоположности по форме, ведь Он целиком только дающий, и нет в Нем ни в коем случае желания получать что-либо. А в души заложено желание получать для себя, как сказано выше, что нет противоположности по форме более далекой, чем эта. И получается, что если бы души остались на практике в свойстве желания получать, они оставались бы отделенными от Него, страшно сказать, на веки вечные.

В нашем языке не может быть никаких слов, определяющих Его, никакого представления о Нем, потому что мы абсолютно разделены с Ним свойствами, не соприкасаемся ни в чем, никак не можем Его ощутить.

Здесь надо заметить, что данное «Предисловие…» пишет человек, который все это постиг на себе. Он говорит о том, что ощутил Творца, почувствовал на себе Его воздействие, увидел, что Творец абсолютно добр. Мы пока еще не можем этого ощутить.

Почему для того, чтобы наслаждаться, недостаточно одного только желания? Почему для этого мне необходимо сблизиться с Творцом, достичь соответствия Ему по свойствам, слиться с Ним полностью? Создал бы Творец сразу такое состояние, чтобы творение, с одной стороны, было получающим наслаждение, а с другой – чтобы было в роли дающего наслаждение, как Творец. И сразу же произошел бы конец исправления – Творец и творение слились бы воедино. Когда творение полностью наполняется светом Творца, оно равно Ему.

Зачем мы должны на себе прочувствовать весь этот путь развития, ощутить каждое свое желание как эгоистическое, противоположное Творцу, а затем исправить, сделать его альтруистическим, подобным Творцу? Зачем должны мы почувствовать, что приближаемся к Творцу, затем сливаемся с Ним, зачем проходить весь этот путь на себе? Что это нам дает?

ז) עתה תבין מ"ש (בעץ חיים ענף א' הנ"ל) שסבת בריאת העולמות הוא לפי שהנה הוא ית' מוכרח שיהיה שלם בכל פעולותיו וכוחותיו וכו' ואם לא היה מוציא פעולותיו וכוחותיו לידי פועל ומעשה לא היה כביכול נקרא שלם וכו' עכ"ל. שלכאורה תמוהים הדברים, כי איך אפשר שמתחילה יצאו פעולות בלתי שלמות מפועל השלם עד שיהיו צריכים לתיקון.

ובהמתבאר תבין זה כיון שעיקר כלל הבריאה אינו, רק הרצון לקבל, הנה הגם שמצד אחד הוא בלתי שלם מאוד להיותו בהפכיות הצורה מהמאציל, שהוא בחינת פירוד ממנו ית', הנה מצד הב' הרי זה כל החידוש והיש מאין שברא, כדי לקבל ממנו ית' מה שחשב להנותם ולהשפיע אליהם. אלא עכ"ז אם לא היו נשארים כך בפירודא מהמאציל לא היה כביכול נק' שלם, כי סוף סוף מהפועל השלם צריכים לצאת פעולות שלמות. ולפיכך צמצם אורו ית' וברא העולמות בצמצום אחר צמצום עד לעוה"ז, והלביש הנשמה בגוף מעוה"ז וע"י העסק בתורה ומצוות משגת הנשמה את השלימות שהיה חסר לה מטרם הבריאה, שהוא בחינת השואת הצורה אליו ית'. באופן, שתהיה ראויה לקבל כל הטוב והעונג הכלול במחשבת הבריאה, וגם תמצא עמו ית' בתכלית הדבקות, שפירושו השואת הצורה, כנ"ל.

7) *А теперь ты поймешь написанное (в «Древе жизни», в упомянутом выше разд. 1), что «причина сотворения миров состоит в том, что Творец обязан быть совершенным во всех Своих действиях и силах... А если бы Он не проявил Своих действий и сил в виде работы и действия, Он как будто не назывался бы совершенным...»* Конец цитаты. *И на первый взгляд эти слова вызывают удивление. Ведь как может быть, что вначале вышли несовершенные действия от совершенного Деятеля, настолько, чтобы они нуждались в исправлении?*

И из того, что мы выяснили, ты поймешь это, так как главное во всем творении есть лишь желание получать, которое, хотя, с одной стороны, является очень несовершенным, поскольку находится в противоположности Создателю по форме, а это является отделением от Него, — однако, с другой стороны, в этом состоит все творение и сущее из ничего, которые Он создал, чтобы они получали от Него то, чем Он задумал насладить их и [то, что задумал] дать им.

У нас возникает такой вопрос: «Для чего вообще Творец все создал?» Каббалисты, говорящие только на основе своих духовных постижений, непосредственно из своих ощущений, утверждают, что Творец создал нас для того, чтобы насладить.

Например, я прихожу в гости, вижу перед собой роскошный дворец. Выходит навстречу хозяин и говорит: «Я тебя ждал всю жизнь, иди сюда и посмотри, что я для тебя приготовил». И начинает мне все показывать, предлагать, угощать. Я спрашиваю у него:

– Зачем ты это делаешь?
– Я это делаю для того, чтобы доставить тебе наслаждение.
– А что тебе будет от того, что я наслаждаюсь?
– Мне ничего не надо, только одно – чтобы ты наслаждался.
– Как может быть такое, чтобы тебе ничего не надо было?
– У тебя есть желание насладиться, а у меня этого желания нет. Поэтому мое наслаждение в том, что я даю наслаждение тебе.

Нам не понять, что значит давать, не получая ничего взамен. Это абсолютно противоположное нам свойство. Поэтому и сказано: «Только из своих ощущений я могу познать, кто Он такой».

Если у Творца есть какие-то намерения относительно нас, но Он не проявляет нам их, то мы не можем постичь эти намерения. Мы созданы как кли и можем понять только то, что входит в это кли, и только это будет у нас в голове и в сердце. Когда мы разовьем свое собственное кли до самого большого уровня, то получим в него все, что исходит из Творца. И тогда мы увидим и почувствуем, что Творец абсолютно добр, то есть никаких других мыслей, кроме как насладить человека, у Творца нет.

Существуют так называемые седьмое, восьмое, девятое, десятое тысячелетия после шести тысяч лет – шести тысяч ступеней, когда творение постигает самого Творца, Его замыслы, сливается с Ним настолько, что у постигающего не остается вопросов.

Совпадение свойств может быть двояким: или мы будем свои свойства улучшать, или Творец будет Свои свойства ухудшать. Все исправление душ заключается в том, что Творец спускается к ним, ухудшает Свои свойства – нисходит таким образом до уровня душ, сливается с ними. А потом начинает Свои свойства улучшать и одновременно улучшает свойства душ, как бы вытаскивая их из испорченности.

Например, воспитатель входит в группу подростков, притворяется таким же легкомысленным, как они, начинает якобы сливаться с ними свойствами, а потом, улучшая себя, начинает улучшать немножко и их. И таким образом исправляет их, вытаскивает из низин к свету. Следовательно, необходимо первоначальное изменение свойств Творца на худшие – для того чтобы сравняться с творением, а затем изменение свойств Творца на лучшие, чтобы исправить нас.

Этот процесс зависит от Творца, проводится Им и называется поэтому «работа Творца» (аводат аШем). Но человек должен захотеть пройти этот процесс, чтобы Творец совершил с ним это изменение. И человек должен подготовить себя к этому процессу, чтобы возникли у него осознание и силы оправдать происходящее. Такой человек называется праведником, потому что он оправдывает действия Творца, несмотря на происходящее с ним.

Желания получать и отдавать – это два противоположных направления, два моральных, духовных вектора, два намерения. Одно – «интра», другое – «экстра». Но дело в том, что эти желания потом, по мере развития творения, приобретают множество всевозможных разновидностей. Каждая сфира, парцуф – это различного вида желания. Мы изучаем желания в «чистом» виде, а на самом деле в ощущениях постигающего их каббалиста они не такие, а намного более сложные. Но всегда в основе творения лежит желание насладиться, а в основе воздействия на творение Творца – желание насладить.

Нам внешне может показаться, будто Творец хочет что-то получить. Как в примере гостя с хозяином. Это пример Бааль

Сулама, и в этом примере есть все элементы наших отношений с Творцом. Хозяин говорит: «Я для тебя все приготовил, искал то, что ты любишь, приготовил это специально для тебя. Для меня все наслаждение – смотреть, как ты ешь. Тебе тяжело дать мне это наслаждение?» Таким образом он может заставить гостя сесть за стол и есть. После такого разговора гость чувствует, что обязан есть и наслаждаться. А иначе как гость рассчитается с хозяином за все вложенные им усилия?

Но у гостя проблема другая: что бы он ни делал, внутри него всегда «горит» желание насладиться. Таким он создан, и от этого никуда не деться. Он может насладиться только оттого, что получает. А как он может отдавать? Тоже получая: отдавать, чтобы получать, то есть преследуя цель получить. В итоге его отдача – не более чем средство получить желаемое.

Получать я могу и в действии, и в намерении – согласно своей природе. Мое действие может быть любым – давать или брать, но цель одна – насладиться. Человек желает насладиться совершенно бессознательно, это наше естественное желание. То есть смысл, суть моего действия зависит не от механического действия, а от намерения.

С помощью намерения я могу кардинально изменить суть своего действия. Могу получать отдавая, как на примере гостя с хозяином. То есть я все равно обязан получать, отдавать же не могу ничего. Я могу только с помощью своего намерения получать «ради себя» или «ради кого-то».

Поэтому в отношениях между Творцом и человеком возможно бесконечное множество вариаций. Их отношения меняются на каждой ступеньке духовного роста человека. Творец меняется относительно нас через систему Своих скрытий, проявляя нам то одно Свое свойство, то другое, в соответствии с нашими силами и возможностью сравняться с Ним.

Если Творец покажет нам Себя таким, каков Он есть на самом деле – Свои истинные, абсолютно совершенные свойства, – у нас не будет никакой возможности уподобиться Ему. Поэтому Он уменьшает Свои свойства, огрубляет, облачает Себя якобы в такого же, как мы. И мы должны только «вскочить» на эту маленькую ступеньку, сравняться с Творцом по одному маленькому свойству.

Как только мы совершаем подобное сравнение свойств, Творец начинает показывать Себя немножко выше в этом свойстве, и то же с другими свойствами. То есть Он со Своей стороны – сверху вниз через систему миров – скрывает Свое совершенство и позволяет нам с Ним сравниться, и таким образом дает нам возможность подняться.

«Олам аЗэ» (наш мир) – это такое внутреннее состояние человека, когда он ощущает себя находящимся в абсолютно эгоистическом состоянии. В таком состоянии человек ощущает, что существует Творец, который от него абсолютно удален и скрыт.

И человек при этом, ввиду своих качеств, абсолютно противоположен и поэтому духовно удален от Творца. Такое познание, внутреннее ощущение человека, называется «олам аЗэ». Можно сидеть в своей комнате и одновременно находиться в олам аЗэ, в мирах Асия, Ецира, Брия, Ацилут – так будут называться внутренние состояния человека.

Творец находится в абсолютном покое. Что это значит? Хозяин узнал все, что ты любишь, приготовил соответствующий обед, ждет тебя. Ты приходишь, Он уговаривает тебя принять угощение. При всех этих действиях Творца мы говорим, что Он находится в покое, потому что Его намерение насладить творение неизменно.

Абсолютным покоем называется постоянное, неизменяемое желание. Оно существует только у Творца, оно находится внутри всех Его действий. Действия Творца огромны, бесконечны, многочисленны. И поскольку они преследуют только одну цель во всех своих вариациях и не меняются по величине и направлению, то мы называем это абсолютным покоем.

Здесь мы видим отсутствие движения, потому что движения нет, если нет изменения. Но будем ли мы отдавать ради наслаждения? В нашем мире мы это делаем постоянно.

Например, кто-то принес мне чай. Для чего он это сделал? Потому что он от этого получает наслаждение, иначе бы не принес. Наше действие не имеет значения – отдаю я или беру. Механическое действие ничего не значит.

Все определяется только намерением. Существует четыре вида сочетаний действия и намерения:
- получать ради получения;
- отдавать ради получения;
- отдавать ради отдачи;
- получать ради отдачи.

Первые два сочетания «действие – намерение» существуют в нашем мире. Третье и четвертое сочетания «действие – намерение» существуют в духовном мире. То есть если человек в состоянии достичь такого намерения, это значит, что он находится в духовном мире. Духовное начинается с того, что ты отдаешь ради услаждения. Эта вещь нам уже непонятна. Отдавать для того, чтобы услаждать? А где тут я? Я вообще «отрезан» от себя, своего желания получить. Отдаю что-то, услаждаю кого-то, а обратно не получаю... Разве это возможно?

А потом есть еще даже «получать и при этом отдавать». Когда мы изучаем это на духовных объектах – Гальгальта, АБ, САГ, то нам кажется, что это просто. На самом деле мы не в состоянии представить в жизни такое явление.

Отдавать ради отдачи – это период 6000 лет. Получать ради отдачи – это «тхият аметим» (воскрешение мертвых[1]). Если я – это желание насладиться, то как я могу двигаться, думать, что-то отдавать и при этом не иметь никакого желания что-то получить?

---

[1] «В каббале под „воскрешением мертвых" подразумевается воскрешение мертвых желаний. Желания называются мертвыми, если они эгоистические, и живыми, если они альтруистические, то есть работают на отдачу». – Персональный блог Михаэля Лайтмана, статья «Воскрешение мертвых». URL: https://www.laitman.ru – *Ред.*

Дело в том, что не запрещено получать наслаждение от отдачи. Только надо, чтобы это была отдача чисто духовная, без всякого намерения для себя. Сначала человек делает сокращение (цимцум) – «восходит» на такой духовный уровень, обретает такое свойство, когда у него отсутствует всякая забота о себе. И только после этого он может отдавать и наслаждаться – наслаждаться оттого, что отдает. *Итак, наслаждение, которое он получает, является не следствием того, что он отдал, а следствием того, что кто-то наслаждается от его действия.*

Первое сокращение (цимцум алеф, ЦА) – это не только то действие, которое произошло в мире Бесконечности: если человек в состоянии сделать на себя ЦА, то есть совершенно не думать о собственной выгоде, то после этого он уже начинает подниматься, «считать» свои духовные ступеньки.

Движение определяется как изменение желания. То есть если твое желание неизменно по величине и направлению, считается, что ты находишься в покое. Допустим, ты желаешь мне добра только на «20 кг». Если твое желание только таково, то считается, что ты находишься в абсолютном покое. Если твое желание меняется в большую-меньшую сторону относительно меня, тогда ты находишься в движении ближе-дальше относительно меня.

Человек, поднимаясь по духовным ступеням, находится в непрерывном движении относительно Творца. И ему кажется, что Творец тоже находится в непрерывном движении относительно него, что Творец идет навстречу человеку. Потому что, когда человек поднимается на более высокую ступеньку, Творец больше раскрывается ему. И человек видит, что Творец еще более добр, еще больше желает ему дать. То есть в ощущениях человека сближение идет якобы с двух сторон.

Но мы говорим, что «высший свет находится в абсолютном покое» («ор элион нимца бе-менуха мухлетэт»), – высший свет, а не тот, который приходит к человеку, то есть намерение самого Творца, а не Его свет. Высший свет мы не ощущаем, пока он не облачается в кли. В кли мы ощущаем различные его вариации, его воздействия на нас. Но Творец, высший свет, находится в абсолютном покое, потому что Его единственное желание – полностью нас насладить, и это желание неизменно.

Каким образом мы это можем знать? Есть люди, которые поднялись на такой уровень, что смогли полностью постичь желание Творца относительно творения. Они достигли самого большого кли и наполнили его всем светом, исходящим от Творца. Выше этого они подняться не могут, но они видят: все, что исходит от Творца к творению, – это абсолютное добро.

«Из Твоего воздействия на меня я узнаю Тебя» («мима-асэйха икарнуха») – я не могу знать, какие мысли у Хозяина, а могу только проверить, проявляется ли его абсолютная доброта во всем, что он сделал, сотворил для меня. Тогда я могу сказать, что отношение Творца ко мне – абсолютная доброта.

Что значит «абсолютно добр»? – Не Он Сам, а Его свойства относительно меня. А сам Творец для меня непостижим. Если человек в своем кли – даже Бааль Сулам, АРИ, рабби Шимон – достиг окончательного исправления (гмар тикун) и все, что только мог получить от Творца, получил, – так это же он получил! Может, только к нему так относится Творец, а к остальным не так? Мы же видим: в нашем мире Творец относится к одному лучше, к другому хуже. Как же можно утверждать, что Творец абсолютно добр ко всем?

Дело в том, что, поднимаясь по духовным ступенькам, человек вбирает в себя все келим всех душ, подключает к себе все сотворенные души. Поднимаясь по духовной лестнице наверх, он вбирает в себя кли, страдания всех душ, и сам же производит их исправления. Это называется «страдающий вместе со всем миром получает вознаграждение всего мира» – он получает свет, нисходящий на все души, в себя. Таким образом, каждый каббалист достигает в конечном своем состоянии такого ощущения, будто бы только он один создан, он – Адам Ришон. Вследствие этого он знает, ощущает на себе все, что Творец делает с каждой душой, чем Творец наполняет каждую душу.

Все мы существуем только в одном, совершенном состоянии. Но это не в нашем ощущении. Наши ощущения не исправлены, искажены, из-за них мы существуем в несовершенном состоянии. Наши внутренние чувства не исправлены настолько, что мы ощущаем свое самое совершенное состояние несовершенным.

Мы и сейчас все находимся в абсолютно совершенном состоянии. Только на нас наведены свыше такие мысли и ощущения, что нам кажется, будто мы находимся в другом, нехорошем состоянии, как сказано: «Когда вернет нас Творец к Себе, увидим, что были во сне».

Тогда мы осознаем, что ранее находились в совершенно неправильных ощущениях, представляли себе совершенно не ту действительность, в которой находились в то время на самом деле. Мы ее неправильно в себе ощущали, потому что наши органы ощущений были неверно настроены на происходящее.

На самом деле все души находятся в совершенном состоянии. Творец не создал никакого плохого состояния. Творец создал душу, которая находится в самом совершенном состоянии, в полном слиянии с Ним, которая целиком наполнена светом, наслаждается величием, могуществом — находится в таком же состоянии, как и Творец.

Почему же существуют еще и другие состояния? Потому что в нас самих нет сейчас возможности ощутить это совершенство. Почему внутри нас находятся все миры? Потому что нам надо внутри себя исправить эти скрытия, неисправности, и тогда мы ощутим, где находимся на самом деле.

А мы на самом деле находимся в абсолютно совершенном состоянии, но пока не ощущаем этого. Каббалист в нашем мире ежесекундно делает исправления. Он страдает, переживает, проходит эти исправления на себе. Кроме того, в нашем мире есть особые души, которые берут на себя общие исправления всего мира и таким образом «тянут» мир вперед к всеобщему исправлению и благу.

Даже в самых своих «неживых» состояниях, когда, как нам кажется, ничего не меняется, на самом деле происходят огромные изменения. Мы этого не чувствуем. Часто день проходит как миг, а иногда тянется как вечность...

Что значит: парцуф принимает свет, а потом исторгает его обратно? В нашем мире уже принятое в себя невозможно вернуть. Но когда мы говорим о духовном, то имеем в виду ощущение. Представь себе, что ты находишься в каких-то хороших ощущениях, потом в плохих, потом снова в хороших, снова в плохих. Вот это и можно каким-то образом представить, как получение света и его исторжение. На данном примере видно, что мы не можем никоим образом сопоставить духовные действия с нашим организмом. Они совершенно иного типа.

То, что кли после первого сокращения вдруг пожелало обрести экран и изменить свои свойства на подобные Творцу, – это все «внешние» исправления, оболочки, так называемые «одеяния». А внутреннее свойство – желание насладиться – все равно остается. Так нас создал Творец сверху вниз, и это неизменно.

С помощью экрана (противоэгоистического намерения) кли получает наполнение и таким образом реализует свое желание, намерение. Желание насладиться все равно остается в соответствии с духовным законом «авиют ло миздахэхет» (желание не исчезает). То есть величина желания, которую создал Творец, ни в коем случае не изменяется.

Творец создал желание определенным образом: точно под тот свет, которым желает наполнить творение. Это желание по емкости, по качеству не меняется. Меняется только намерение, с которым творение получает. Можно получать только «ради Творца» или «для себя» – есть Хозяин, но я его не вижу, не ощущаю, все, что передо мной, я использую для себя. Такое состояние называется «наш мир».

Если я начинаю ощущать Творца и могу оттолкнуть то, что Он мне предлагает, это значит, что я уже прошел махсом – разделительную перегородку между нашим миром и духовным. То есть я уже имею намерение не использовать свой эгоизм: желание остается и ни в коем случае не уменьшается, но изменилось его использование с «ради себя» на «ради Творца».

Поначалу я только «сдерживаю» себя, чтобы не получать «ради себя», а затем могу исправить свое намерение так, что сумею еще увеличить свой экран настолько, чтобы использовать свой эгоизм «ради Творца», то есть начать получать «ради Творца».

Мой духовный уровень – место в духовных мирах – зависит от того, сколько я могу получить ради Него. Если я могу получить ради Него одну пятую часть света, предназначенного мне, то я нахожусь в мире Асия, две пятых – в мире Ецира, три пятых – в мире Брия, четыре пятых – в мире Ацилут, пять пятых – в мире Адам Кадмон. И когда я в состоянии получать все, исходящее от Творца, то снова попадаю в олам Эйн Соф, мир Бесконечности, то есть в мир неограниченного получения.

Он был миром неограниченного получения без экрана и до первого сокращения. Теперь я тоже неограниченно получаю свет, но уже с помощью экрана. Это состояние кардинально отличается от получения до первого сокращения. Оно называется «окончательное исправление» и характерно тем, что человеку открываются все новые и новые возможности получения, возвышения, постижения.

Но мы не изучаем состояние творения после достижения им мира Бесконечности, так как все, что относится к состоянию после окончательного исправления, называется «ситрей Тора» (тайны Торы). А все, что относится к нашему пути до окончательного исправления, называется «таамей Тора» (вкусы Торы). Таамей Тора можно и нужно изучать всем, и каждый обязан их постичь. Это постижение может происходить двумя путями (а чаще их сочетанием): путем страданий или путем Торы. В любом случае результат будет один, отличие – только во времени и ощущении. Но все должны будут постичь таамей Тора, то есть освоить науку постижения света Торы – каббалу.

Как уже было сказано, само желание неизменно, меняется только экран. В соответствии с величиной экрана я беру из всего своего желания только ту часть, которую могу использовать ради Хозяина. Но в любом случае, какой бы частью своего желания я ни пользовался, я всегда получаю определенную порцию света во все свои пять частей.

Допустим, передо мной стоят пять блюд. Так вот, я обязательно должен срезать с каждого блюда какой-то слой, при этом «толщина» этого слоя зависит от величины моего экрана. У меня всегда есть НАРАНХАЙ – пять светов-наслаждений (нефеш, руах, нешама, хая, ехида), ощущаемых в моих пяти частях желания насладиться: Кетер, Хохма, Бина, Зеир Анпин (ЗА), Малхут.

Если я принял свет в одно свое желание, это значит, что я получил его в пять частей желания (в пять сфирот), находящихся на одном уровне авиюта. Это значит, что данный прием света (парцуф) возник (родился) в результате одного зивуга де-акаа (взаимодействия экрана со светом).

Это подобно заказу комплексного обеда. Есть разные комплексные обеды: за 10 шекелей, за 20, за 30, за 100, за 1000 и так далее, но каждый состоит из пяти блюд, потому что у меня всегда есть комплект из пяти желаний. Так изначально устроено мое желание насладиться. Это подобно тому, как есть во мне пять органов чувств. В каждом «обеде» есть пять моих желаний: Кетер, Хохма, Бина, ЗА, Малхут, и я получаю в них света: нефеш, руах, нешама, хая, ехида.

Кли и свет – это общие названия, но существуют и определенные названия парцуфим. Например, в мире Адам Кадмон парцуфим называются: Гальгальта, АБ, САГ, МА и БОН, в мире Ацилут – Атик, Арих Анпин, Аба ве-Има, ЗОН и так далее.

После грехопадения Адам Ришон (творение, душа) разбился на тысячи душ. По мере исправления они поднимаются и занимают определенные места в духовных мирах. Для того чтобы нам покороче и поточнее назвать ступени, по которым они поднимаются и где находятся, этим ступеням даются определенные имена: Авраам, Ицхак, Яаков, Бейт Микдаш, Коэн Гадоль (Первосвященник), Шемеш (Солнце), Яреах (Луна). В соответствии с этими ступенями и состояниями даны названия дням, субботам, праздникам и так далее в зависимости от того, как опускаются и поднимаются миры и души в них.

Теперь мы можем понять, о чем на самом деле говорится в Торе: там говорится только о духовном – о мирах, парцуфим, сфирот, душах и никогда о нашем мире! Но для описания происходящего с душами применяется язык, называющийся «языком ветвей», взятый из нашего мира. И поэтому в Торе нет каббалистических названий – Кетер, Хохма, Бина, Атик, Арих Анпин... Там уже применяются более локальные, точные названия, которые имеют в виду только эту, определенную ступень, или часть этой ступени в определенном состоянии. Тогда эта ступень будет называться, например, определенным местом остановки в определенной пустыне, определенным действием и так далее.

Опускается мир или поднимается, душа всегда находится в какой-то определенной внешней оболочке. Сейчас наша оболочка такая, что мы называем ее «наш мир», «этот мир». Если человек будет работать над собой и пройдет махсом, то он будет кроме этого мира ощущать еще один мир, то есть более внешние силы, большее проявление Творца, будет явно видеть свет, который исходит от Него, будет явно взаимодействовать с Создателем.

Человек достигает той или иной ступени в зависимости от того, какой величины экран он приобрел, потому что каждый мир и каждая ступень представляют собой фильтр: от мира Бесконечности до нашего мира расположены 125 ступеней, то есть 125 фильтров между миром Бесконечности и нашим миром.

В мире Бесконечности я был полностью наполнен светом. В «нашем мире» я полностью лишен света, не вижу и не ощущаю его. Потому что все эти фильтры скрывают от меня свет. Допустим, каждый фильтр скрывает 1/125 часть света. Так как есть пять миров, в каждом из которых есть пять парцуфим, в каждом парцуфе есть пять сфирот, то есть 5 x 5 x 5 = 125 ступеней. Что значат эти ступени?

Каждая из них задерживает свет. Как стекло: поставь определенное стекло, и ты увидишь, что оно, например, красное. Почему оно красное? Потому что оно задерживает именно красный свет. А как сделать, чтобы эта ступень не задерживала для меня свет? Очень просто. Мне надо сравняться по свойствам с этой ступенью. То есть она задерживает этот свет для меня потому, что мне нельзя этот свет получать.

Если он дойдет до меня, не задержавшись в фильтре, то я получу его «ради себя», так как у меня нет на него экрана. Значит, мой экран должен быть равен свойствам фильтра этой ступени – в таком случае я смогу ослабить свет сам. Значит, если я приобретаю экран, равный силе этой ступени, то сравниваюсь с ней по свойствам, и она, ее ограничения в качестве фильтра пропадают для меня, исчезают.

И так постепенно, ступень за ступенью, я аннулирую все эти ступени-фильтры, пока они не исчезают, и остается только свет. Это состояние означает достижение мира Бесконечности – то есть такого состояния, в котором нет ограничений, конца, потому что я все их принял на себя.

Когда я поднимаюсь на какую-нибудь ступень, то все, что находится на этой ступени, для меня становится абсолютно явным, ощущаемым, постигаемым. Я сам становлюсь свойством этой ступени. Поэтому в Торе сказано: «Каждый должен быть как Моше Рабейну», то есть достичь той ступени, которой достиг он, потому что в духовных мирах «Моше

Рабейну» означает название ступени, и все, кто ее достигает, считаются ставшими, как Моше Рабейну.

Моше – от глагола «лимшох», «вытаскивать» человека из уровня нашего мира в высший мир. Рабейну – от слова «рав», «большой» – большого состояния души, когда она получает наполнение полным светом.

Каждый раз человек увеличивает экран в соответствии со свойствами той ступени, которая находится перед ним. Любая вышестоящая ступень для меня всегда называется Творцом. Поскольку я ничего не вижу выше нее, для меня она – проявление Творца. Поэтому каждый раз я должен сравняться свойствами с тем Творцом, который находится передо мной. И на каждой ступени для меня Творец иной, Он открывается мне все больше и больше.

В какой мере? Допустим, человек может украсть 1000 долларов, которые перед ним лежат, а если будут лежать 100, то он их не украдет. Значит, на 100 долларов у него уже есть экран, эту сумму можно положить перед ним, он ее оттолкнет, сможет с ней работать альтруистически. Значит, на него запрет «не укради» на 100 долларов уже не действует, он сам его выполняет, но действует закон (давит запрет) на 1000 долларов.

А если он сможет увеличить экран и 1000 долларов не украдет, то и 1000 долларов для него уже не будут ограничением. Тогда перед ним можно будет положить 10 000 долларов – и так далее, пока перед ним не «положат» весь тот бесконечный свет, который должен его наполнить.

Когда человек сможет получить ради Творца весь этот свет, он получит в 625 раз большее наслаждение, чем Малхут (творение) получала в мире Бесконечности. Почему он получит большее наслаждение? Зачем нужен спуск Малхут (души) из мира Бесконечности до нашего мира, отдаление от Творца, а затем постепенное к Нему приближение?

Именно для того, чтобы с помощью свободы выбора – собственной воли – своими силами достичь такого состояния, как мир Бесконечности. Ведь начальное нахождение в мире

Бесконечности было предопределено Творцом, а не человеком. Если человек достигает такого состояния сам, то у него появляются собственные келим, собственный экран, ощущения, он сам зарабатывает свою вечность и совершенство.

В результате самостоятельных усилий у человека появляется необходимая подготовка, позволяющая ощутить то, что действительно дается ему в мире Бесконечности. Когда Малхут мира Бесконечности родилась мыслью Творца и получила свет, а потом сделала на него сокращение, она ощутила только очень маленькую его часть, потому что ее кли еще не было подготовлено.

Когда же творение начинает подниматься из совершенно противоположной Творцу точки, из совершенной тьмы, когда голод – желание насладиться этим светом – накапливается постепенно, в результате этого творение начинает испытывать наслаждение тем же светом, но уже в 625 раз большее, чем до начала исправления.

Свет не изменяется, все зависит от голода, от желания получить этот свет. Если человек сыт, он не получит удовольствие даже от самой изысканной еды. Если же он голоден, то и черствый хлеб станет источником огромного удовольствия. То есть все зависит только от величины голода, а не от света. Света можно получить мизерную дозу, но кли при этом испытает огромнейшее наслаждение.

И наоборот, свет может заполнять все вокруг, но если у кли не будет голода, он ощутит из всего света только ор нефеш – слабенький свет. Все мироздание и управление устроено именно так, чтобы наилучшим способом подготовить кли к совершенному наслаждению, чтобы оно действительно ощутило, что ему дает Творец. Для этого необходимо удаление эгоизма, исчезновение его из ощущения человека, а затем его постепенное возрождение в мере возможности исправления.

«Язык ветвей» существует только на иврите, но можно было бы создать его и на базе любого другого языка. В других языках не прослеживается связь между духовным корнем и его следствием в нашем мире. Этого нет даже в современном иврите. Если же мы возьмем основной иврит, базисный, со всеми корнями, то в нем существует четкая связь между корнем и следствием.

Такая связь существует в любом языке, но в других языках никто не занимался поисками этой связи. Нет каббалистов, которые указали бы, какая есть связь между духовным и материальным в китайских иероглифах, латинских буквах и так далее. В иврите же, благодаря каббалистам, мы знаем эти соответствия, например, почему буква «алеф» (א) написана именно таким образом.

Что, собственно говоря, мы выражаем? Мы выражаем человеческие ощущения. Можно взять язык музыки, цвета, любой другой язык. Все, чем можно точно выразить человеческие ощущения, человеческие понятия, познание, все это можно использовать как язык. На любом языке можно рассказать о духовном. Иврит уникален тем, что нам уже дан готовый код. А если появится каббалист, который будет прекрасно знать корни любого другого языка, то он сможет сделать то же самое и с любым другим языком.

Силы и свойства, изображаемые ивритскими буквами, их связи и сочетания выражаются в определенной форме букв ивритского алфавита. Но и на других языках мы могли бы выразить те же сочетания. Иврит является корнем для других языков. Начертания букв других языков происходят, в принципе, из того же корня, что и буквы иврита. Однако они видоизменены, поэтому связь между буквами в других языках и духовными корнями иная.

Когда мы постигаем какой-то духовный уровень, какую-то ступень, какое-то ощущение в духовном мире, то знаем, как назвать это ощущение. Что же делать, если мы еще не постигли духовное, если для нас практически невозможно выразить словами свои ощущения, если у нас еще нет соответствующего языка? Что необходимо сделать, чтобы этот язык найти?

В духовном мире нет языка, нет слов, нет букв, есть только ощущение сосудом света. Дело в том, что каждый духовный сосуд (кли) имеет свою ветвь в этом мире, то есть все спускается из мира Бесконечности в наш мир, вниз, а затем все ощущения нашего мира поднимаются в мир Бесконечности. Поэтому если взять любую точку в мире Бесконечности, то можно из этой точки, как из корня, провести прямую линию, проходящую через все миры, вплоть до нашего мира, до ее ветви.

Таким образом, можно сказать, что душа Адама Ришона, расколовшаяся на 600 тысяч частей, существует в каждом из духовных миров. Устройство духовных миров абсолютно одинаково. Разница только в материале, из которого они созданы. В любом мире душа ощущает свое состояние, воздействие на себя, свое взаимодействие с соответствующей духовной ступенью.

Если взять проекцию этой души на наш мир, то мы найдем в иврите понятия, соответствующие духовным состояниям. Тогда мы можем взять слова из нашего мира, подразумевая, что при этом мы говорим не об объектах нашего мира, а словами нашего мира выражаем объекты, силы, действия духовного мира. Такое полное соответствие получается потому, что мы используем один и тот же язык. Отличие только в плоскости «этого» или «того» мира, где подразумеваемое находится.

Наш язык – это описание объектов, действий, ощущений, реакций, взаимодействий. Все, что есть в нашем мире, есть также в духовных мирах, и подобная картина наблюдается на всех пяти «этажах». Поэтому на каждом этапе, на любой из ста двадцати пяти ступеней, где бы ты ни был, ты всегда можешь использовать наш язык, чтобы рассказать о том, что происходит на твоей ступени. Но по-настоящему понять тебя сможет только тот, кто на этой ступени уже был. А тот, кто еще не был, подумает, что ты говоришь о нашем мире или о той ступени, на которой он находится в момент чтения или слушания твоего рассказа.

Тора написана на языке ветвей на уровне мира Ацилут. Неподготовленные же люди буквально понимают написанное в Торе, считают, что в Торе речь идет о нашем мире. Они воспринимают ее как исторические рассказы. Итак, язык ветвей — это язык, описывающий духовные действия, которые параллельно происходят на всех ступенях.

Во «Введении в науку каббала» изучается рождение, распространение, строение миров сверху вниз. А затем, когда все миры распространились сверху вниз до нашего мира, души начинают подниматься из нашего мира наверх, в мир Бесконечности.

Душа поднимается потому, что вбирает в себя все свойства, все знания, все раскрытия предыдущих ступеней. И поэтому она, конечно, знает все, что происходит на всех нижних ступенях. Каббалисты находятся в мире Ацилут. Каким же образом они описывают действия, происходящие там, словами нашего мира? Дело в том, что они не теряют связь с нашим миром, ведь они живут одновременно в обоих мирах, ощущая и то, что происходит в мире Ацилут, и то, что происходит в нашем мире.

Они точно знают соответствие одного другому и поэтому называют объекты в мире Ацилут по свойствам тех объектов, которые возникли в нашем мире из проекций, идущих из духовных миров. В мире Ацилут нет предметов, искусственно созданных человеком (например, транзисторов, компьютеров и так далее), все же остальные объекты и силы там есть. Каббалист видит, что данный объект нашего мира является следствием такого же определенного объекта в мире Ацилут. Поэтому он дает объекту (корню) в мире Ацилут такое же имя, которое носит соответствующий ему объект (ветвь) нашего мира.

Нет никакой связи между каббалистическим постижением и медитацией и прочими «мистическими» понятиями. Все, чем занимаются эзотерики, мистики и лжекаббалисты, имеет отношение только к человеческой психике, но ни в коем случае не имеет никакого отношения к духовному пространству, к постижению Творца, к каббале.

Подавляющее большинство таких людей не имеют даже понятия, что такое экран (масах), а без экрана абсолютно невозможно постичь духовное. Лжекаббалистам, которые слышали об экране, кажется, что он у них уже есть, что они уже находятся в мире Бесконечности. Каббала – это тайная наука, ее невозможно никому «рассказать». Только тот, кто ощущает, тот и понимает.

Поэтому все методы, методики, учения относятся к постижению скрытых свойств психики человека, к продукту деятельности мозга человека. Люди, ими владеющие, могут очень многое. Они могут лечить, предсказывать будущее, угадывать прошлое – все, что происходит с телом. Все, кроме духовного.

У человека есть силы, с помощью которых он может сделать с биологическим телом все что угодно. Но для выхода в духовное пространство нужен экран. И поэтому нельзя путать всякие предсказания, фокусы, чудеса, в том числе и действительно имеющие место, с каббалой. Можно предсказывать будущее, как Вольф Мессинг и Нострадамус, можно знать прошлое, глядя на человека, но к духовному это никакого отношения не имеет.

Все, что относится к телу, к нашему миру, человек в силах предугадать и изменить, и нет в этом ничего сверхъестественного. Любой из нас, если захочет, может уйти куда-нибудь подальше от помех цивилизации и заново начать культивировать в себе подобные силы, возможности. Они у нас пропали потому, что мы вытеснили их продуктами цивилизации.

Эти природные задатки есть у каждого человека. Люди, обладающие такого рода способностями и умеющие критически оценивать их, говорят, что существует Творец, но они о Нем ничего не знают, никакой связи с Ним не имеют, а сами, не понимая как, обладают способностями видеть будущее или прошлое человека. Они и сами утверждают, что их возможности не имеют отношения к духовному. А поскольку эти способности не имеют к душе никакого отношения, то есть не развились вследствие обретения экрана, то они умирают вместе с человеком.

Душа – это кли, создаваемое с помощью экрана. Если нет экрана, то нет и души. Пока нет экрана, есть только «точка в сердце» – зародыш души. По мере обретения экрана в этой точке начинают зарождаться первые, пока еще маленькие десять сфирот. Чуть больше экран – чуть большие десять сфирот возникают под ним и так далее, но их всегда десять.

Если у человека нет экрана, то как он родился, так и умер, какие бы ни были у него большие способности и чем бы ни занимался он в этом мире. Если, подобно трупу, йог не дышит, становится ли он от этого духовным? Для того чтобы попасть в духовные миры, человек должен отдать все свои силы, все свое время, все свои желания, кроме тех, которые ему нужны для существования в этом мире. Для того чтобы духовный мир раскрылся, необходимо только настоящее желание. Только тот, у кого есть действительно серьезное желание, войдет в духовный мир. Если ты одновременно с каббалой занимаешься еще чем-то, кроме необходимого для существования, это значит, что твое желание разбито на несколько.

Сейчас человек может рассуждать только с позиций той ступени, на которой находится в данный момент. Он не может знать, каким будет на следующей ступени. На другой ступени меняется абсолютно все, весь внутренний мир человека. Мысли, желания, взгляд на мир, реакции – все. Из тебя вытаскивают все, оставляя только твое мясо, твою внешнюю оболочку, все же остальное вставляют заново.

Поэтому сейчас мы не можем понять, как желание к духовному может быть единственным, стопроцентным. Мы сейчас не можем этого понять, потому что еще не находимся на этом уровне. Когда мы постепенно поднимемся на соответствующий уровень, то почувствуем, что это желание действительно сформировалось. Оно является единственным условием для того, чтобы попасть в духовные миры, и когда ты выполнишь это условие, то перед тобой откроются врата в духовное.

Следует отметить, что даже большой каббалист не может определить потенциальные возможности другого человека. Гадалки могут правильно предсказать земное, материальное будущее человека. А вот духовное будущее человека они предсказать не смогут. Более того, столкнувшись с каббалистом, предсказатели чувствуют, что предсказание его будущего выходит за рамки их возможностей.

Каббалиста не интересует развитие способностей для того, чтобы знать свое будущее. Для этого нужны силы нашего мира, а у каббалиста они, как правило, совершенно неразвиты. Гадалка может назвать все болезни и телесные проблемы каббалиста. Но о его «я» она ничего сказать не может. Она может только определить физическое состояние его организма в данный момент.

Каббалист занимается тем, что постоянно ищет связь с Творцом, а не пытается заранее разгадать, что и как он должен сделать, чтобы получить лучшее будущее. Каббалисту даже в голову не придет узнавать свое будущее. Такое желание относится не к каббале, а к нечистым силам. Но, постигая высшее, каббалист постигает пути исправления каждой души.

В духовном мире любая информация состоит из пяти частей (бхинот). Один зивуг де-акаа в пэ де-рош хотя и происходит на один свет, но приводит к возникновению парцуфа, состоящего из пяти частей. Что значит «один свет»? «Один свет» – это общее состояние. Оно состоит из пяти подчастей, которые отличаются друг от друга количественно и качественно. Но они всегда должны идти вместе, целым набором, подобно тому как ощущение состоит из пяти ощущений в пяти органах чувств: осязания, обоняния, зрения, слуха, вкуса.

Поскольку ко мне приходят пять светов, то во мне должно быть пять желаний. Разница между ними должна быть по величине и по качеству. Но все они в итоге все равно действуют вместе. Я не могу сделать одно желание бо́льшим, а другое – меньшим. Между ними существует определенное соотношение. Свет, который приходит в кли, проходит четыре ступени, и поэтому кли, в свою очередь, состоит из пяти ступеней желания насладиться.

Повторим теперь п. 7:

7) А теперь ты поймешь написанное (в «Древе жизни», в упомянутом выше разд. 1), что «причина сотворения миров состоит в том, что Творец обязан быть совершенным во всех Своих действиях и силах… А если бы Он не проявил Своих действий и сил в виде работы и действия, Он как будто не назывался бы совершенным…» Конец цитаты.

Иными словами, поскольку Творец совершенен, то все Его действия должны быть совершенными. И поэтому Он создал миры. Но ведь миры – это скрытие Творца, удаление от Него? Как же они помогают постичь совершенство действий Творца?

И на первый взгляд эти слова вызывают удивление. Ведь как может быть, что вначале вышли несовершенные действия от совершенного Деятеля, настолько, чтобы они нуждались в исправлении.

И из того, что мы выяснили, ты поймешь это, так как главное во всем творении есть лишь желание получать, которое, хотя, с одной стороны, является очень несовершенным, поскольку находится в противоположности Создателю по форме, а это является отделением от Него, – однако, с другой стороны, в этом состоит всё творение и сущее из ничего, которые Он создал, чтобы они получали от Него то, чем Он задумал насладить их и [то, что задумал] дать им.

Это значит, что желание насладиться, хотя оно и абсолютно противоположно Творцу и абсолютно несовершенно, с другой стороны, и есть то необходимое, что Творец обязан был создать.

Однако вместе с тем, если бы они оставались так – отделенными от Создателя, – Он, казалось бы, не назывался совершенным. Ведь, в конце концов, от совершенного Деятеля должны исходить совершенные действия. И потому Он сократил Свой свет, и создал миры в сокращении за сокращением вплоть до этого мира, и облачил душу в тело из этого мира…

Под нашим миром понимается не физический мир, а набор эгоистических желаний, соответствующих самой низкой стадии развития миров.

…и благодаря занятиям Торой и заповедями…

Это понятия особые: заниматься Торой означает – изучать ради исправления, а не читать книгу, которая называется «Тора». Соблюдать мицвот означает выполнять действия с экраном, а не соблюдать и выполнять механически какие-то действия.

…душа достигает того совершенства, которого не хватало ей до сотворения, а это – свойство подобия по форме Творцу. Так, что она станет способной получить всё благо и наслаждение, заключенное в Замысле творения, а также будет находиться с Ним в абсолютном слиянии, что означает подобие по форме, как сказано выше.

Значит, кроме наслаждения, есть еще какой-то вид дополнительного вознаграждения, который уготован душе, и это вознаграждение называется «слияние с Творцом». Это не просто получение всего света, а «получение света в слиянии с Творцом» – получение света, возникшего в результате совпадения свойств.

Совпадение по свойствам, слияние с Творцом – намного выше, чем просто получение света. Потому что в результате совпадения свойств душа поднимается на уровень Творца. Она становится не просто получающей от Творца, а поднимается на Его уровень. То есть поднимается со ступени творения (получающего) на ступень Создателя и таким образом постигает в том числе и находящееся выше своей природы.

ח) וענין הסגולה שבתורה ומצוות להביא את הנשמה לדבקה בו ית׳, הוא רק בבחינת העסק בהם שלא לקבל שום פרס רק בכדי להשפיע נחת רוח ליוצרו בלבד, כי אז לאט לאט הולכת הנשמה וקונית השואת הצורה ליוצרה, כמ"ש לפנינו במאמר ר׳ חנניא בן עקשיא בהתחלת הספר, עש"ה.

כי יש בזה ה׳ מדרגות כוללות נפש רוח נשמה חיה יחידה המקובלים מה׳ העולמות הנקראים א"ק, אצילות, בריאה, יצירה, עשיה.

8) А особое свойство Торы и заповедей, позволяющее привести душу к слиянию с Творцом, проявляется, только когда ими занимаются не для получения какого-либо вознаграждения, а лишь чтобы доставить наслаждение своему Создателю. Ибо тогда душа постепенно обретает подобие своему Создателю по форме, как сказано в изречении рабби Ханании бен Акашии в начале книги. Смотри там внимательно.

Ведь в этом есть пять общих ступеней: нефеш, руах, нешама, хая, ехида, которые они получают от пяти миров, назымых АК, Ацилут, Брия, Ецира, Асия.

Когда душа поднимается в мир Асия, она получает свет нефеш, поднимается в мир Ецира – получает свет руах, в мир Брия – свет нешама, в мир Ацилут – свет хая, в мир АК – свет ехида.

וכן יש ה׳ מדרגות נרנח"י פרטיות המקובלים מפרטיות ה׳ פרצופין שיש בכל עולם מה׳ העולמות, וכן יש נרנח"י דפרטי פרטיות המקובלים מהעשר ספירות שבכל פרצוף, כמ"ש בפנים הספר.

שע"י תורה ומצוות להשפיע נ"ר ליוצרו זוכים ומשיגים לאט לאט לכלים מבחי׳ הרצון להשפיע במדרגות הבאים בהמדרגות האלו מדרגה אחר מדרגה עד שבאים בהשוואת הצורה לגמרי אליו ית׳.

Аналогично существует пять частных уровней НАРАНХАЙ, которые они получают от частных свойств пяти парцуфим, существующих в каждом из пяти миров. Аналогично существует НАРАНХАЙ подуровня каждого частного уровня, которые они получают от десяти сфирот каждого парцуфа, как сказано внутри книги.

И благодаря [исполнению] Торы и заповедей с целью доставить наслаждение своему Создателю постепенно удостаиваются и получают келим, относящиеся к желанию отдавать, которые проявляются на этих уровнях, уровень за уровнем, пока не приходят к полному подобию по форме с Творцом. И тогда в них осуществляется Замысел творения, состоящий в получении всего наслаждения, и удовольствия, и блага, которые задумал для них Творец. Кроме того, они получают еще и самый большой выигрыш, также удостоившись истинного слияния с Творцом, ведь они достигли желания отдавать такого же, как у их Создателя.

Таким образом, в душе возникает все большее и большее желание отдавать. В соответствии с этим она наполняется все большим и большим светом. Пока не достигает полного совпадения по свойствам с Творцом.

ואז מקויימת בהם מחשבת הבריאה לקבל כל העונג והרוך והטוב שחשב ית׳ בעדם, ועוד נוסף להם ריווח הכי גדול, כי זוכים גם לדבקות אמיתי, מכח שהשיגו הרצון להשפיע כיוצרם.

И тогда в них осуществляется Замысел творения, состоящий в получении всего наслаждения, и удовольствия, и блага, которые задумал для них Творец. Кроме того, они получают еще и самый большой выигрыш, также удостоившись истинного слияния – с Творцом, ведь они достигли желания отдавать такого же, как у их Создателя.

Итак, творение достигает:

1) получения наслаждения, которое ей уготовано в виде НАРАНХАЙ;

2) сходства по свойствам с Творцом, то есть оно поднимается на уровень Творца, обретая при этом совершенство, равное Ему.

Мы пока не можем себе представить такой уровень. Мы привыкли оперировать понятиями: жизнь, смерть, время, наслаждение. Когда же речь идет о духовных ступенях, то нам не хватает ни ощущений, чтобы представить себе такие состояния, ни слов, чтобы описать их.

По мере того как человек обретает экран, он начинает менять свои свойства и в соответствии с этим получать свет, постепенно продвигаясь по ступеням снизу вверх. Пять больших ступеней (миров) делятся на пять подступеней (парцуфим), которые, в свою очередь, имеют свои пять ступеней (сфирот) – и все эти ступени характеризуются все бо́льшим и бо́льшим подобием Творцу (если рассматривать их снизу вверх).

Пока человек еще не исправлен, каждая из этих ступеней является для него скрытием Творца. Когда же человек исправляется, то эта же ступень превращается для него в раскрытие Творца, света. То есть каждая ступень является, с одной стороны, скрытием Творца, но, с другой стороны, она же является Его раскрытием.

Каждая ступень представляет собой определенный уровень свойств Творца. Допустим, что мир Бесконечности соответствует свойствам Творца на 100%, и это является высшей ступенью. Тогда наш мир соответствует свойствам Творца на 0%. Все остальное духовное мироздание, находящееся между ними, проградуировано на 125 ступеней, которые соответствуют ста двадцати пяти мерам свойств Творца.

Как уже было сказано, мы должны избавиться от эгоизма, потому что эгоизм – это неполноценное кли. Как только оно начинает ощущать наслаждение, ощущение наслаждения сразу же убивает само желание, вследствие чего угасает и само наслаждение. Получается, что при наполнении желания наслаждение немедленно исчезает. То есть эгоистическое кли – это кли, которое никогда не может ощутить насыщение наслаждением. Поэтому эгоизм нам дан только для того, чтобы мы исправили его до такого вида, что смогли бы ощущать в нем вечное, совершенное наслаждение.

Человек чувствует, что достиг какой-то ступени, только когда он на нее поднялся. Тогда он знает, на какой ступени находится и какие ступени прошел. Перед собой он видит следующую ступень, на которую ему еще предстоит подняться. По мере того как он серьезно занимается истинной каббалой по настоящим книгам, в настоящей группе, у него возникает понимание следующей ступени, которая находится перед ним.

Сначала он ощущает только скрытие этой ступени, то есть что Творец скрывается от него в ней. Потом человек начинает понимать, какие свойства есть у Творца и как ему эти свойства приобрести. На этом пути много этапов, но самая тяжелая ступень – это первая. По сравнению с ней постижение остальных ступеней происходит намного легче.

Причина этого явления в том, что на первой ступени рождаются самые большие келим – желания. Именно те келим, которые возникают на первой ступени, проявляются затем на последней, потому что есть так называемая обратная зависимость между светами и келим.

Мы находимся сейчас в таком состоянии, что не знаем, какими же келим на самом деле мы пользуемся. Хотя уже сейчас мы пользуемся очень большими келим, в наших ощущениях они пока не проявляются. Самый большой авиют из шореш, алеф, бет, гимель, далет – в мире Асия. Но самый большой экран находится в мире АК – это экран далет, в Ацилут – гимель, в Брия – бет, в Ецира – алеф, в Асия – шореш.

Всегда надо обращать внимание на то, о чем мы говорим – об экране или о желании, на которое «одет» этот экран. Поэтому наша работа на данном этапе – самая тяжелая. Выйти из этого мира в мир духовный – самая большая проблема во всей духовной работе человека.

А потом у человека появляются уже другие проблемы, и работа у него совершенно другая: уже известно, что надо делать, уже есть представление о своих десяти сфирот, которые он приобрел, есть некоторое истинное представление обо всем мироздании. Ведь все мироздание построено по одному принципу, и если человек обрел свои десять даже самых маленьких сфирот, он уже знает, о чем говорится во всей Торе – хотя бы на уровне своих десяти сфирот.

Если, например, привести человека из джунглей в цивилизованный мир, то он не будет знать, как обращаться с техникой. Человек же, выросший в развитой стране, может не знать, как протекают внутренние процессы в механизмах, но, как пользоваться бытовой техникой, он знает, поскольку живет, окруженный ею. Так и человек, вышедший на самый минимальный уровень духовного мира, имеет минимальное представление о духовном. У него уже есть для этого определенные, пусть самые маленькие келим. А более глубокие процессы постигаются на более высоких ступенях.

Если у человека появился экран, то он делает зивуг де-акаа и получает в себя внутренний свет, который и дает ему представление о духовном. Извне мы не ощущаем ничего: даже этот мир мы тоже ощущаем внутри себя. Тем более, внутри себя мы ощущаем духовный мир – вот этот внутренний свет, который заполняет кли и дает ту меру, которую мы называем «ступенью», или светом, уровнем нефеш, руах, нешама, хая, ехида.

Чтобы идти вперед, человек должен постоянно впитывать, пропускать через себя каббалистические тексты, все время быть этим наполненным. Нет никакого другого метода, кроме изучения каббалы по правильным книгам, корректировки Учителем и, естественно, наличия группы. Значение общих усилий огромно. Даже группа начинающих – это уже духовная сила, несмотря на то, что ее члены еще весьма смутно представляют себе, зачем изучают каббалу и какие цели стоят перед ними. Все равно это уже потенциальная духовная сила, которая в будущем сама по себе сможет притягивать на себя очень сильный духовный свет.

Царем Давидом описаны совершенно все духовные состояния, в которых может находиться душа, человек – от наименьшего до наивысшего. Царь Давид (Давид Мелех, Малхут) называется именно так, потому что сам прошел все духовные состояния и описал их. Его книга «Теилим» (Псалмы) – высшая ступень каббалы, включающая в себя все возможные состояния души.

Если человек приобрел абсолютно все свойства Творца, все Его желания, все Его привычки, все Его возможности, то такое состояние называется слиянием человека с Творцом. Это означает, что человек становится совершенно равным Ему. Что же он творит? Тем, что он отдает Творцу, он творит себя, творит экран. Точнее, он становится полноправным партнером Творца по созданию самого себя.

Творец создал эгоизм – человека, а человек делает из эгоизма, из себя – альтруизм, Творца. Естественно, что он не создает Его из ничего (еш ми айн), как Творец создал наше желание получать, эгоизм, из ничего. Но обратить это желание в противоположное – задача человека. Этот процесс называется «исправление» (тикун). Но на самом деле – это рождение совершенно нового качества, свойства. То есть фактически Творец создал эгоизм в человеке, а человек из него создает подобие Творцу!

Что значит «творение создано из ничего»? Мы знаем это от каббалистов. Они исследуют все свойства Творца и видят, что Он абсолютно добр. Вследствие этого Он создал творение из ничего. Когда человек поднимается, совпадая по свойствам с Творцом, на высокие ступени, которые называются «десятое тысячелетие», – туда, где постигаются тайны Торы, – то видит само творение и постигает, каким образом Творец его создавал.

Для нас единственными источниками являются Книга Зоар, книги АРИ, книги Бааль Сулама и РАБАШа. Не рекомендуется читать никаких иных источников до тех пор, пока человек не постиг внутренний, каббалистический смысл текстов.

Проходит много времени, пока человек начинает автоматически видеть за словами Торы духовные действия. Лучше читать псалмы – там, по крайней мере, идет речь о чувствах человека. Хотя чувства там имеются в виду духовные, но в нашем мире они более-менее адекватны. Человек не будет так грубо ошибаться, как читая Тору.

ט) ומעתה לא יקשה לך להבין דברי הזוהר הנ"ל, אשר כל העולמות העליונים והתחתונים וכל אשר בתוכם לא נבראו אלא בשביל האדם. כי כל אלו המדרגות והעולמות לא באו אלא כדי להשלים הנשמות במדת הדבקות שהיה חסר להם מבחינת מחשבת הבריאה, כנ"ל.

שמתחילה נצטמצמו ונשתלשלו מדרגה אחר מדרגה ועולם אחר עולם עד לעולם החומרי שלנו בכדי להביא את הנשמה בהגוף של עוה"ז, שהוא כולו לקבל ולא להשפיע, כמו בהמות וחית הארץ, כמ"ש עייר פרא אדם יולד, שהוא בחינת הרצון לקבל הגמור שאין בו מבחינת השפעה ולא כלום, שאז נבחן האדם להפכי גמור אליו ית', שאין התרחקות יותר מזה.

ואח"ז בכח הנשמה המתלבשת בו הולך ועוסק בתורה ומצוות שאז משיג צורת ההשפעה כיוצרו לאט לאט בדרך המדרגות ממטה למעלה דרך כל אותם הבחינות שירדו בעת השתלשלותם מלמעלה למטה, שהם רק מדות ושיעורים בצורת הרצון להשפיע, שכל מדרגה עליונה פירושה שהיא יותר רחוקה מבחינת הרצון לקבל ויותר קרובה רק להשפיע, עד שזוכה להיות כולו להשפיע ולא לקבל כלום לעצמו, ואז נשלם האדם בדבקות אמיתי בו ית', כי רק בשביל זה נברא. הרי שכל העולמות ומלואם רק בשביל האדם נבראו.

9) И теперь тебе будет нетрудно понять приведенные выше слова Зоара о том, что все миры, и высшие и нижние, и всё, что внутри них, было создано только для человека. Ведь все эти ступени и миры призваны лишь восполнить души мерой слияния, которой не хватало им в плане Замысла творения, как сказано выше.

И сначала сократились и низошли ступень за ступенью и мир за миром вплоть до нашего материального мира, чтобы привести душу в тело этого мира, которое целиком направлено на получение, а не на отдачу, подобно животным и зверям земли. Как сказано: «Диким ослом рождается человек»[1], что является свойством абсолютного желания

---

[1] Иов, 11:12.

получать, в котором нет никакой отдачи. И тогда человек считается совершенно противоположным Творцу, ибо нет отдаления большего, чем это.

А затем благодаря душе, которая в него облачается, он постоянно занимается Торой и заповедями и постепенно постигает форму отдачи подобно своему Создателю, ступень за ступенью снизу вверх через все те свойства, которые опустились во время своего нисхождения сверху вниз, представляющие собой лишь меры и степени желания отдавать. И каждая более высокая ступень означает, что она дальше от желания получать и ближе к чистой отдаче, пока не удостаивается быть целиком в отдаче, не получая ничего для себя. И тогда человек завершает свое совершенство в истинном слиянии с Творцом, ибо только для этого он и был создан. Таким образом, все миры и их наполнение были созданы только лишь для человека.

Итак, все миры созданы для того, чтобы помогать человеку подниматься, начиная с нулевой, самой противоположной Творцу точки, и в конце концов достичь самой последней точки – слияния с Творцом, то есть проделать весь тот путь, который человек должен пройти, начиная от состояния полного скрытия Творца, затем пройти 125 ступеней, каждая из которых представляет собой все большее и большее раскрытие Творца.

Мы уже говорили о том, что Творец специально скрыл Себя за пятью мирами, каждый из которых состоит из пяти парцуфим, а каждый парцуф из пяти сфирот – всего 125 ступеней скрытия. И все это для того, чтобы привести человека в состояние полного удаления от Творца.

Человек совершенно не ощущает Творца, он якобы не находится под Его властью, он, как ему кажется, обладает свободой воли – свободой самостоятельно развивать и использовать свой эгоизм, как считает нужным. Такие условия называются «наш мир» и на самом деле являются силами Творца, действующими на нас в состоянии абсолютного Его скрытия.

Все, что нас окружает в этом мире, – лишь последняя ступень всевозможных сил, воздействующих на нас со стороны Творца. То, что человек ощущает в себе и вокруг себя, все, что мы называем «нашим миром», является относительно Творца самой последней ступенькой, какая только может существовать в мироздании.

Как только человеку с помощью внутренней работы над собой удается аннулировать ближайшую к нему ступень скрытия Создателя, отодвинуть этот занавес, он сразу же начинает чувствовать Его в этой минимальной сто двадцать пятой доле.

Это не значит, что 125 ступеней скрывают от нас Творца в равной мере. Чем ступени ниже, тем больше они скрывают. Как только человек отодвигает самый нижний из занавесов, отделяющих его от следующей ступени, ему сразу же начинает светить свет Творца, и он начинает видеть за всем, что есть вокруг него в этом мире, проявления Творца.

Природа (неживая, растительная, животная, человеческая), все, что находится вокруг человека и в нем самом, все его желания к животным наслаждениям, к власти, к почету, к известности, стремление к знаниям, науке – все это теперь для него проявления Творца.

Он чувствует, как Творец воздействует на него, на его «я» посредством окружающей среды и свойств высшего света. Первая ступень раскрытия, хотя и самая тяжелая, самая важная для человека, потому что, преодолев ее, он сразу же приобретает, пусть минимальную, но связь с Творцом, и уже не лишается ее никогда. Назад дороги нет.

Иногда человеку кажется, что он лишился достигнутого, что он падает со своей ступеньки вниз. Но это ощущение посылается ему специально для того, чтобы затем человек смог подняться еще выше. Духовные ступени построены таким образом, что скрытие Творца на каждой из них зависит от степени исправленности человека. Скрытие дается ему в той степени, в какой он может это скрытие преодолеть.

Допустим, человек исправил свое намерение получать на 10%. Это значит, что теперь на эти 10% он получает наслаждение не ради себя, а ради Творца. Тогда на эти же 10% он получает раскрытие Творца. То есть мера скрытия Творца и мера раскрытия – это одна и та же ступень, обратная и лицевая ее части. Другими словами, вне человека нет ничего, все ступени созданы для человека, и все они находятся внутри человека.

Все духовные миры находятся в душе человека, образуя лестницу между ним и Творцом. То есть все они – это 125 ступеней неисправленности наших свойств. Вокруг нас есть только одно – абсолютно альтруистическое свойство отдавать и наслаждать нас. Это свойство мы называем Творцом. Внутри же нас есть абсолютно эгоистическое свойство.

Постепенное исправление внутренних свойств человека и является целью его существования в нашем мире. И каждый человек обязан исправить себя. Ощущение Творца, которым человек наполняется по мере своего исправления, называется духовным подъемом с одной ступеньки на другую, из одного мира в другой. И все это происходит исключительно внутри человека.

Мы уже не раз говорили, что окружающий нас мир является лишь реакцией наших внутренних свойств на воздействие Творца, то есть все миры, все парцуфим, все сфирот – все, о чем бы мы ни говорили, находится внутри человека, снаружи нет ничего. Можно сказать, что снаружи существуют только четыре свойства прямого света.

Свет, приходящий к человеку, создает его самого и все его внутренние свойства. Все духовные миры внутри нас являются лишь мерами ощущения Творца внутри человека. Все ангелы, черти, темные и светлые силы являются не более чем внутренними силами человека, которые созданы в нем

Творцом специально для того, чтобы помогать ему все время исправляться и преодолевать свой природный эгоизм.

Они изначально сократились, ступень за ступенью, мир за миром, и опустились до уровня нашего материального мира для того, чтобы поместить душу в тело нашего мира, облачить «я» человека в абсолютно эгоистические качества – самые удаленные от Творца, самые противоположные Ему свойства.

Они и называются «качества этого мира». Имеются в виду не материальные объекты, окружающие нас, – жидкие, газообразные, твердые; под материальным миром подразумеваются абсолютно эгоистические свойства, от самого незначительного до самого большого, неважно, маленький ли это ребенок или самый эгоистичный в мире взрослый человек.

Когда каббалисты говорят «тело этого мира», то имеют в виду желание получать. Есть тело нашего мира – эгоистическое желание получать, есть тело духовное – это уже желание получать с экраном, то есть эгоистическое желание, обращенное в желание альтруистическое.

Как уже было сказано, для того чтобы человек хотел только получать, а не отдавать, Творец поместил душу в тело нашего мира. Такое состояние называется животным, как сказано: «диким ослом рождается человек». Таким образом, когда человек нисходит в этот мир, он получает эгоистическое желание, называемое «телом», и становится абсолютно противоположным Творцу по свойствам, максимально удаленным от Него.

Творец дает человеку лишь одно маленькое альтруистическое свойство, которое называется «душа». Если человек начинает заниматься Торой и заповедями с правильным намерением, то он постепенно приобретает желание Творца – отдавать. Все те свойства, которые спустились к нему сверху вниз, вплоть до его сегодняшнего состояния, он начинает постепенно постигать снизу вверх, и они являются для него сейчас лишь различными мерами желания отдавать.

Высшая ступень – это желание только отдавать и совершенно ничего не получать для себя. Достигнув такого состояния, человек завершает свое движение к Творцу слиянием с Ним. Сближение и удаление духовных объектов происходит в зависимости от сходства или различия их свойств. Поэтому, достигнув абсолютного желания отдавать, то есть последней, сто двадцать пятой ступени, человек удостаивается полного раскрытия Творца, полного слияния с Ним по свойствам.

Таким образом, все миры и все, что их наполняет, созданы только для человека и его исправления. Выполнение Торы и заповедей с намерением доставить этим удовольствие Творцу, ничего не получая взамен, означает выполнение духовных законов, которые предстают перед человеком, когда он идет по этим ступеням.

Каждый раз, когда он находится в определенной внутренней духовной ситуации, у него неизменно есть какой-то выбор: как поступить, как думать, как чувствовать, каким образом избирать свои мысли, намерения, внутренние решения. Хотя Творец нам еще не открылся, мы должны стараться сверять все наши мысли, решения, мнения с нашим стремлением приобрести Его желание отдавать.

То, как мы анализируем и как выбираем каждое свое мнение, решение, – все это и называется «заповедь» (мицва). И если человек правильно выполняет эту заповедь, этот закон, то он как бы зажигает свечку – позволяет еще какому-то маленькому количеству света войти в духовное желание.

А на более высоких ступенях, находясь уже в духовных мирах, человек свое неисправленное, абсолютно эгоистическое желание исправляет и в это исправленное желание с помощью зивуга де-акаа (ударного совокупления) получает порцию света. Этот свет, который человек получает внутрь себя, называется «Тора», или «Творец», или «свет души» – что одно и то же.

Существует так называемая «сущность Творца» (ацмут а-Борэ). Мы же ощущаем не сущность Творца, а только Его воздействие на нас. Мы, как черный ящик: все, что попадает в нас через пять органов чувств – зрение, слух, осязание, обоняние, вкус, а также с помощью тех приборов, которые только расширяют диапазон наших ощущений, – создает в нас картину мира, якобы находящегося вне нас.

Но этот мир – всего лишь наши внутренние ощущения, нечто давящее на нас снаружи. Подобно тому, как если бы я, допустим, вылепил какое-то тело из куска глины и дал ему какую-то меру чувствительности, а потом нажал на него – оно как-то внутренне отреагировало бы. Вот это нажатие оно и воспринимает своими чувствами, оно в нем отражается каким-то образом. И это внешнее воздействие, вернее, свою реакцию на него, оно называет каким-либо свойством.

Если же уколоть его, оно назовет это внешнее возмущение, вернее, свою реакцию на него, каким-то другим свойством. И не знает, что именно на него воздействует снаружи, а ощущает только свои реакции на то, что давит на него. Все реакции творения на внешние воздействия, а их множество, составляют внутри творения ощущение окружающего мира.

Человек, лишенный с рождения одного из органов чувств, скажем, зрения, строит картину окружающего мира с помощью остальных четырех. И эта картина отличается от нашей, она другая. И наоборот, если мы каким-то образом сможем расширить диапазон восприятия наших органов чувств (добавить орган мы не в состоянии), то картина мира также мгновенно изменится. Но все равно мы будем воспринимать только то, что входит в нас (так мы называем свои реакции на воздействия извне), а не то, что вне нас.

В нас войдет еще одно дополнительное возмущение, называемое «свет Творца». Он сам войдет в нас, а не только будет давить снаружи, как на кусок глины. Он войдет внутрь и начнет наполнять нас в соответствии с мерой подобия наших свойств Его свойствам. Все наше существо – это «кусок эгоистической глины», и если этот «кусок» приобретет свойства Творца, то есть научится отдавать, тогда между ними не будет никакой разницы, исчезнет внешняя граница между Ним и этим «куском», они сольются в одно целое, и Творец заполнит эту «глину» изнутри, и она будет находиться в полной гармонии, в полном слиянии с тем, что снаружи.

Это состояние самое совершенное, самое комфортное, вечное и абсолютно благое. Вот к этому состоянию «кусок глины» и должен прийти. Человек должен достичь этого состояния, начиная со своей самой нижней ступеньки, которая называется «наш мир». Душа, облачаясь в тело, вынуждает это тело работать.

На нулевом этапе душа – это эгоистическое свойство, и оно в конечном своем состоянии должно исправиться на альтруистическое. И если сам человек добровольно не хочет это делать, то ему помогут свыше, подстегнут страданиями, и тогда он «захочет». И каждый из этих «кусочков эгоизма» (душ) должен преодолеть все 125 ступеней.

Эти «кусочки» разделены только потому, что каждый из них чувствует только свое маленькое желание. Но по мере уподобления их свойств свойствам Творца они начинают ощущать общность и неразрывность своей массы, абсолютную общность всех этих эгоистических осколочков, они видят, что представляют собой одно целое. Насколько человек себя исправил, настолько он и видит себя как совершенно неразрывную часть общего, то есть он зависит от всех, и все зависят от него.

Если творение является единым организмом, то не имеет никакого значения, какая его часть получила, а какая отдала. Маленьким кусочкам легче исправиться, и когда все они исправляются, то сливаются в своих ощущениях в одно целое – это и называется слиянием душ.

Есть очень много помех, и все они специально посылаются нам. В конечном итоге побеждает только упорство. Не надо иметь никаких специальных задатков, ни особого интеллекта, ни особых качеств или свойств, нужно иметь только упорство, а вернее, способность, мужество выстоять, только оно ведет к победе.

Каждый из нас таков, каким его создал Творец, ничего с этим мы поделать не можем. Все наши внутренние изменения в мыслях, желаниях, амбициях – это все задано нам свыше, и все это подлежит исправлению. Это как раз тот самый материал, тот «кусок глины», над которым надо работать.

Исправленное эгоистическое свойство, в которое входит свет Творца, называется «кли» (сосуд). Человеку, только начавшему изучать каббалу, можно говорить все – все входит в него, ничто не забывается, ничто не исчезает. Когда будет нужно, он об этом вспомнит, но лишь настолько, насколько в состоянии исправиться. Когда у него будут внутренние минимальные келим, и эта информация понадобится для работы, она выйдет, «всплывет» из подсознания в сознание.

Тогда человек должен будет сам сортировать эту информацию и работать с ней. На этом этапе уже нельзя давать ему готовые ответы на вопросы, теперь он сам может и должен находить ответы на возникающие у него вопросы.

Человек, находящийся на высоких ступенях духовного развития, страдает не оттого, что плохо душам, находящимся на более низких ступенях. Он страдает оттого, что нельзя выполнить желание Творца по отношению к этим душам, к их теперешнему состоянию, то есть что не все души испытывают хотя бы то состояние слияния с Творцом, которое испытывает он. И он, естественно, желает ускорить этот процесс и потому занимается распространением каббалы, знаний о необходимости исправления.

Для того чтобы человек мог выполнить свою духовную работу, ему нужен весь мир, потому что работа заключается не только в том, чтобы исправить себя, но и в том, чтобы на каждой ступени вести также определенную совместную работу с другими душами.

Каббалист должен чувствовать весь мир, испытывать страдания всего мира, включать их в себя на своем уровне и исправлять их. И так на каждом этапе, на каждой стадии происходит включение всех в его душу и его во все остальные души.

י) ועתה אחר שזכית להבין ולדעת כל זה, כבר מותר לך ללמוד חכמה זו בלי שום פחד של הגשמה ח"ו. כי המעיינים מתבלבלים מאד, שמצד אחד נאמר שכל הע"ס והפרצופין מתחילת ע"ס האצילות עד סוף הע"ס דעשיה הוא אלקיות ואחדות גמור. (ע"ח שער מ"ד שער השמות פרק א') ומצד הב' נאמר שכל אלו העולמות מחודשים באים אחר הצמצום, ואיך יתכן אפילו להרהר זה באלקיות. וכן בחינת מספרים ומעלה מטה וכדומה מהשנוים ועליות וירידות וזווגים, ומקרא כתוב אני הויה לא שניתי וכו'

10) А теперь, после того как ты удостоился понять и узнать всё это, тебе уже можно изучать эту науку без всякого страха, чего доброго, овеществить [духовные понятия]. Ведь изучающие очень сильно путаются в том, что, с одной стороны, сказано, что все десять сфирот и парцуфов от начала десяти сфирот мира Ацилут до конца десяти сфирот мира Асия являются духовностью и абсолютным единством («Древо жизни», Врата 44, Врата имен, гл. 1), а с другой стороны, сказано, что все эти миры созданы и появляются после сокращения. И как же можно тут даже подумать о духовности? А кроме того, [они путают] понятия чисел, и «наверху», и «внизу» и тому подобное, относящееся к изменениям и подъемам, и падениям, и зивугам. А в Писании[1] *сказано: «Я, Творец, не изменялся».*

Вопрос простой: то, что мы называем мирами, – это Творец или творение? Почему начинающие путаются в этом? Потому что, как правило, овеществляют эти понятия. Они пытаются нарисовать себе миры в виде материальных объектов. Это естественно для человека, ограниченного нашей реальностью. Но каким же образом дать ему правильное представление, и возможно ли это в принципе?

---

[1] Малахи, 3:6.

Именно из опасений, что люди, изучающие каббалу без настоящего руководителя, который постоянно направлял бы их, не позволяя отклоняться от верного пути, станут овеществлять духовное, и был веками наложен запрет на массовое ее изучение. Ведь если человек вначале отклоняется на миллионную долю градуса, то по мере продвижения это отклонение от цели все увеличивается.

Чем дальше он идет и чем ближе, как ему кажется, к цели, тем на самом деле он все больше и больше удаляется от нее. Поэтому каббалисты предъявляли особые требования к изучающим каббалу и создавали для них ограничения. Человеку предпочтительней оставаться на механическом уровне выполнения заповедей (при этом ему светит общий окружающий свет и медленно его очищает), чем самому изучать каббалу.

Мы можем, к сожалению, наблюдать самоучек и то, к чему это приводит, — они выдумывают свои представления о духовном мире, населяют его какими-то телами, взаимодействующими силами, ангелами с крылышками, чертями, ведьмами, адом и раем и так далее, не понимая, что духовный мир находится только внутри души человека, а вне ее — только Творец.

Всего этого и опасались каббалисты. Основная заповедь — не делать из своего эгоизма идола. Хочешь того или нет, ты все равно ему поклоняешься, это уже созданный внутри тебя идол: со дня твоего рождения ты поклоняешься только своим желаниям, только их и выполняешь, только об их наполнении и думаешь.

«Не сотворить кумира» означает «не поставить на место Творца своего идола». Если хочешь каким-то образом проникнуть в духовное, иметь с ним контакт, то не строй себе неверную картину, потому что это уводит тебя в сторону. Сказано: «Сиди и ничего не делай — это предпочтительней, чем ошибаться».

Возникает вопрос: может ли человек, который изучает каббалу, вмешиваться в дела посторонних людей? Может ли он им что-то объяснить? Делать это нужно, но очень осторожно.

Можно дать почитать книгу, немного рассказать о каббале, но ни в коем случае не спорить.

Это очень вредно для вас. Вы потеряете все, что заработали своими усилиями, учебой. Популяризировать каббалу нужно ненавязчиво, ни в коем случае не убеждать человека. Это все равно не поможет. Эгоизм любого человека сильнее любого воздействия извне. Вы ни в коем случае его не переубедите. Вы можете его направить, только если он сам этого захочет. Человек воспринимает что-то только тогда, когда чувствует, что может наполнить свое желание.

יא) ובהמתבאר לפנינו מובן היטב כי כל אלו העליות וירידות והצמצומים, והמספר, אינם נבחנים אלא בבחינת הכלים של המקבלים, שהם הנשמות.
אלא שיש להבחין בהם בחינת כח ובחינת פועל, בדומה לאדם הבונה בית שסוף מעשה במחשבתו תחילה, אמנם תכונת הבית שיש לו במחשבה אין לו שום דמיון להבית הצריך לצאת בפועל, כי בעוד הבית במחשבה הוא רוחניות מבחינת חומר מחשבתי, ונחשבת לבחינת החומר של האדם החושב, כי אז נמצא הבית רק בבחינת "כח", משא"כ בעת שמלאכת הבית מתחילה לצאת בפועל כבר מקבלת חומר אחר לגמרי דהיינו חומר של עצים ואבנים.
כן יש להבחין בבחינת הנשמות בחינת כח ופועל, אשר בחינת התחלת יציאתם מכלל מאציל לבחינת נשמות "בפועל" מתחיל רק בעולם הבריאה, ועניין התכללותם בא"ס ב"ה מטרם הצמצום בבחינת מחשבת הבריאה, כנ"ל באות ב'.
הנה זה אמור רק בבחי' "הכח" בלי שום הכר ממשי כלל וכלל. ומבחינה זו נאמר שכל הנשמות היו כלולים במלכות דא"ס המכונה נקודה האמצעית, כי נקודה זו כלולה ב"כח" מכל הכלים של הנשמות העתידים לצאת ב"פועל" מעולם הבריאה ולמטה.

11) И из выясненного совершенно понятно, что все эти подъемы и падения, и сокращения, и число различаются лишь в отношении келим получающих, то есть душ.

Однако следует различать в них состояние потенциала и состояние практической реализации, подобно человеку, который строит дом, когда конец действия в изначальном замысле.

Хотя свойство дома, существующего в его мысли, никак не похоже на дом, который должен получиться на практике, поскольку мысленный дом является духовностью в смысле мысленного материала, который считается материалом мыслящего человека, поскольку в это время дом находится лишь «в потенциале». В то же время, когда строительство дома начинает осуществляться на практике, он обретает уже совершенно другой материал, а именно материал, представляющий собой дерево и камни.

Аналогично и в душах следует различать потенциал и практическую реализацию, где начало выхода из общности Создателя в свойство «реальных» душ начинается только в мире Брия.

А их включение в Бесконечность до сокращения в виде Замысла творения, как сказано выше в п. 2, – имеется в виду только «в потенциале», без какой бы то ни было реальной возможности различить их. И в этом смысле было сказано, что все души были включены в Малхут Бесконечности, называемой средней точкой, ибо эта точка «в потенциале» состоит из всех келим душ, которые в будущем должны будут выйти «в реализации», начиная с мира Брия и ниже.

Мир Брия (слово «брия» является однокоренным со словом «бар», что значит «вне», «кроме»; то есть «бар ле мадрега» – вне ступени) – первый, находящийся под миром Ацилут. Начиная с мира Брия существует переход душ в состояние действия.

Мир Брия – это первый мир, в котором души как бы выходят из замысла Творца и становятся уже более овеществленными, «самостоятельно» существующими. Все мысли и желания в нашем мире и в духовных мирах приходят к человеку свыше. Что он должен делать с этими приходящими мыслями и желаниями в нашем мире и в мире духовном – это мы и изучаем.

Все, что есть внутри тебя и вокруг тебя, сделал не ты. Ты реагируешь на любое внешнее раздражение согласно своей животной природе. Любую твою реакцию можно просчитать заранее и сказать, что ты будешь делать в данной ситуации. Так где же здесь хоть какая-то свобода выбора, свобода воли?

Свобода воли только в том, чтобы узнать исходя из всех этих внешних и внутренних свойств, обстоятельств и данных, как бы на моем месте поступил Творец, – и поступить так же.

Так или иначе, весь мир выполняет волю Творца, ни один атом не может двигаться вопреки этой воле, разница лишь в том, что каббалист осознанно пытается сопоставить свои движения с тем, что делает Творец. То есть он хочет сам, внутренне, всеми своими желаниями точно плыть по тому течению, которое задает Творец всему мирозданию. И таким образом он попадает в самое комфортное состояние абсолютного «расслабления» (свободы, вечного покоя).

Пропадает время, пропадает все, кроме ощущения Бесконечности, так как нет никаких погрешностей, никаких противоречий между тобой, всем остальным мирозданием и Творцом. Сказано, что все души включены в Малхут мира Бесконечности, называемой центральной точкой (некуда мерказит), потому что эта точка и является Замыслом, из нее и выходят затем все кли, все свойства души в действии, но это действие начинается в мире Брия и продолжается в мирах Ецира и Асия.

Все, что находится в мирах Бесконечности, – Адам Кадмон и Ацилут, еще относится к замыслу Творца. Мы это знаем из четырех стадий нисхождения прямого света. Свет, исходящий из Творца, называется «бхина шореш», далее свет полностью создает кли, но оно еще не имеет никаких самостоятельных ощущений – эта стадия называется «бхина алеф». В бхине шореш свет вышел из Творца, в бхине алеф кли вышло из Творца. Оба эти состояния еще находятся полностью под властью Творца, полностью в Его замысле, они еще не оторваны от Него. Мир Адам Кадмон соответствует бхине шореш, мир Ацилут соответствует бхине алеф. Гальгальта – шореш ле орот (корень светов), АБ – шореш ле келим (корень келим).

ועניין הצמצום א' לא נעשה רק בנקודה האמצעית הזו, והיינו רק בדיוק באותו הבחינה והשיעור שהיא נחשבת לבחינת "כח" לנשמות העתידים, ולא כלום בעצמותה

Предисловие к «Введению в науку каббала»

ותדע כי כל הכלים של הספירות והעולמות עד לעולם הבריאה המשתלשלים ויוצאים מנקודה זו או בסבת הזווג דהכאה שלה הנק' או"ח המה ג"כ בבחינת כח לבד בלי שום מהות של הנשמות, אלא שהשינוים הללו עתידים לפעול אח"כ על הנשמות שמהותם מתחיל לצאת מעולם הבריאה ולמטה כי שם עדיין לא יצאו ממהות המאציל ית'.

А первое сокращение произошло только лишь в этой центральной точке, то есть именно в том свойстве и той мере, в которых она считается «потенциалом» будущих душ, и ни в коей мере не в ней самой.

И знай, что все келим сфирот и миров вплоть до мира Брия, которые нисходят и исходят из этой точки, или [происходят] из-за ее зивуга де-акаа, называемого отраженным светом, тоже относятся только к «потенциальному», без всякой сути душ. И эти изменения должны будут подействовать потом на души, когда суть их начинает выходить из мира Брия и ниже, ибо там они все еще не вышли из сути Создателя.

Предисловия к каббалистическим книгам очень сложны, поскольку их предназначение – правильно настроить изучающего, направить его внутренние усилия по верному курсу. Стоит свернуть с этого курса – и невозможно понять каббалистическую книгу.

Задача человека состоит в том, чтобы осознать, что происходит с ним, каким образом с ним свыше работает Творец, и сделать так, чтобы он был полностью согласен с действиями Творца по отношению к нему. Праведник – это тот, кто оправдывает действия Творца. Когда человек находится в полной самоотдаче и наслаждении, он пропускает через себя весь высший свет, который, проходя через человека, возвращается к тому же источнику, – это и есть отраженный свет (ор хозер), который приходит сверху вниз как прямой свет (ор яшар) и отражается обратно, заполняя все кли, полностью. Ор яшар облачается в ор хозер, и человек становится единым целым с Творцом.

Есть два основных подхода человека к мирозданию: один называется «даат балабайтим» – мнение мелких хозяев, то есть мнение эгоистических масс, а второй – «даат Тора». Тора – от слова «свет» (ор, ораа – путь к Творцу). Эти два подхода абсолютно противоположны друг другу.

Проблема заключается в том, что пока мы находимся в рамках нашего мира, пока еще не вышли за его пределы, не получили духовные свойства, мы не можем понять, что эти два отношения к мирозданию противоположны. Это происходит потому, что когда человек получает духовные свойства, время и расстояние для него сливаются в точку, отсутствует движение.

Вот тут-то он и начинает видеть все совершенно статично, то есть вокруг него совершенно ничего не происходит, а происходит все только внутри него. В зависимости от своего внутреннего духовного состояния, от своих духовных свойств, качеств человек начинает видеть вокруг себя совершенно другой мир.

И каждый раз, когда в нем меняются эти качества, он видит совсем другую картину. И тогда он открывает для себя, что вообще вся картина вокруг него абсолютно статична и только внутри него она постоянно меняется в зависимости от изменения его свойств, органов получения «внешней» информации (внешняя – кажущаяся, а на самом деле меняется только человек).

То есть вокруг нас существует неизменный, аморфный, однородный духовный свет, который называется «Творец». У нас существует, подобно физическим органам чувств, пять духовных органов ощущения: духовные глаза (зрение), уши (слух), нос (обоняние), уста (вкус), руки (осязание). В зависимости от того, какими качествами, какой пропускной способностью, какой чувствительностью они будут обладать, мы будем постоянно получать различные впечатления от этого однородного духовного света. Самое примитивное впечатление – наше сегодняшнее.

Однородный духовный свет воспринимается нашими органами ощущений, создающими в нашем сознании совокупную картину мироздания, которую мы называем «наш мир», «этот мир». Если наши органы немного изменятся, то есть станут не настолько противоположны этому свету, станут по своим свойствам ближе к нему, а значит, приобретут альтруистические свойства, они начнут воспринимать его вернее, более похожим на то, что он есть на самом деле.

Такое совокупное ощущение самого себя, допустим, – мир Асия. То есть мир Асия становится не более чем мерой ощущения своей исправленности или отличия от света, Творца. Поэтому и говорится, что все миры находятся внутри человека.

Если мы еще более усовершенствуем свои органы восприятия изменением эгоизма на духовный альтруизм, то получим еще более верную, адекватную свету картину, называемую мир Ецира, и так далее. На самом высоком уровне, когда полностью исправляем себя, мы воспринимаем эту картину, простой высший свет, без всяких искажений, то есть однородный свет заполнит нас, войдет через наши пять органов чувств, не искажаясь в них, и тогда мы ощутим самого Творца во всех Его истинных свойствах, мыслях, желаниях относительно нас.

Этого состояния полного слияния с Творцом человек должен достичь, еще находясь в нашем мире. Человек относится ко всему так, поступает так, как его вынуждает, обязывает та ступень, на которой он находится, как его обязывают его внутренние свойства, имеющиеся в данный момент: частично исправленные и не исправленные.

Вы не можете изменить свое отношение к происходящему, не можете поступать иначе до тех пор, пока не измените себя, и тогда ваше лучшее новое внутреннее свойство даст вам, естественно, иное, лучшее отношение к действительности.

Когда человек начинает изучать каббалу, ему кажется, что он сможет продвигаться с помощью разума, анализируя, исследуя, делая выводы. Один ведет конспект, другой использует аудио- и видеозаписи уроков. Это естественно, потому что разум – наше орудие восприятия и анализа мира. Но это верно только в рамках нашего мира.

На самом деле духовное постижение происходит иначе. Когда человек прилагает усилия, даже если его намерения сугубо эгоистические, он вызывает на себя повышенное излучение окружающего света (ор макиф). Это окружающее излучение идет уже на определенную личность, а не на массы.

Человек, занимающийся по каббалистической методике, вызывает на себя личное излучение окружающего света. И это личное излучение окружающего света начинает данного человека продвигать вперед, к духовному – свет «тянет» к себе. И это совсем другой путь: не путь с помощью разума, а путь, на котором человека как раз «лишают» его земного разума, ему постепенно «подбрасывают» такие обстоятельства, что он вынужден как-то с ними бороться; не он диктует, как ему поступить, а окружающий свет начинает им командовать, «бросать» из стороны в сторону, из одних обстоятельств в другие, чтобы вызвать в человеке новые ощущения, подготовить его к ощущению духовного.

Повышается излучение окружающего света – и мы чувствуем себя хуже. Почему? Потому что чувствуем: есть что-то внешнее, сильное, хорошее, которое в нас войти не может. И у нас наступают периоды упадка. Так вот, на самом деле причиной упадка является большее излучение свыше.

Человек своим разумом никак не может предусмотреть последующую ступень своего духовного развития. Пропадает возможность каким-то образом разумно контролировать свои духовные состояния (на самом деле они еще не являются духовными). В принципе, все это делается специально для того, чтобы привести человека именно к разрыву с его земным разумом, чтобы он приобрел разум другого типа – веру выше знания. Это называется «войти в ибур» (войти в зарождение) внутри более высокого духовного парцуфа.

Это можно сделать только тогда, когда человек полностью перекрывает свои рассудочные, аналитические свойства, относящиеся к нашему миру, то есть он полностью отдается высшей силе, хочет полностью быть включенным в нее. Такой подход абсолютно отсутствует у масс. В каббале, когда человек продвигается верой выше знания, он сначала контролирует, что с ним происходит, а потом отключает свой разум сознательно.

У масс вера ниже знания. Книга Зоар называет их «домем де-кдуша». «Домем» – неживое, «кдуша» – святое, то есть святой неживой уровень. Что это значит?

Во всем мироздании существуют пять уровней: неживой, растительный, животный, человеческий и еще один, высший уровень – духовный. Это пять уровней природы. В духовном мире, соответственно, тоже существуют пять ступеней развития внутренних свойств человека.

Что значит самый низкий, «духовно-неживой» уровень? Вы находитесь в одном и том же, неизменном, «неподвижном» состоянии, как объекты неживой природы (допустим, как камень), потому что вас таким создали и сказали, как и что надо выполнять. То есть вы все выполняете на неживом уровне без своего собственного отношения, без личного духовного намерения: выполняете определенные духовные действия, которые соответствуют духовным законам, но выполняете их «механически», без личного «я».

В духовном мире происходят процессы взаимодействия души человека с Творцом. Общее взаимодействие человека с Творцом разделяется на 620 различных действий, которые называются заповедями; 620 законов, духовных действий, которые человек выполняет, когда проходит все ступеньки, начиная от нашего мира до полного слияния с Творцом.

От нас до полного слияния с Творцом есть 620 ступенек, и каждая из них преодолевается выполнением определенного духовного действия, которое называется «заповедь» (закон, условие).

Выполняется это действие только намерением человека, вернее, изменением его намерения «делать ради себя» на намерение «делать ради Творца» («аль менат леашпиа»). Величина этого альтруистического намерения, с которым человек выполняет действие, определяет, какой духовной ступени он при этом достигнет.

Если все 620 духовных действий мы будем выполнять только механически, не исправляя свои намерения (так делают массы), то вызовем на себя определенный окружающий свет, ор макиф, который сохраняет эти массы, как сохраняет неживую природу, в определенном виде: этот свет вдохновляет их и дальше выполнять то, чему их научили, но не продвигает их, не превращает их духовно-неживую природу в растительную.

Чтобы перейти из духовно-неживой природы в духовно-растительную, нужна особая методика, которую мы здесь и изучаем. Как только человек переходит эту грань и становится «духовно-растительным», он выходит уже в духовный мир. И дальше он развивается сначала как растительная природа, то есть совершает определенные духовные действия, постоянно исправляя свои намерения, и таким образом выполняет, допустим, 100 заповедей, которые относятся к растительному духовному слою, затем еще, например, 100–150 заповедей, которые относятся к животному духовному слою, затем еще, например, 200–300 заповедей, которые относятся к человеческому духовному слою, а потом все оставшиеся мицвот (заповеди), относящиеся к высшему духовному слою – Кетер. Это приводится мною как иллюстрация, а не точный пример.

Все духовные ступени, от нулевой до шестьсот двадцатой, построены на том, что человек внутренне изменяет себя, улучшается постоянно, все более и более уподобляясь Творцу, пока полностью не станет подобен Ему.

А на самой низшей ступени, на которой мы сегодня находимся, мы можем выполнять заповеди только механически.

Но механическое действие никогда не приведет к переходу с духовно-неживого уровня на растительный. Вырваться из этого состояния можно только под воздействием каббалы – методики, которая вызывает на нас особый окружающий свет, «вытаскивающий» нас из этого мира и делающий из «камня» «растение».

Человек рождается, как любое другое животное в этом мире, и ничего духовного при этом в нем нет. Все, что вы можете сказать о человеке, со всеми «премудростями», которых можно набраться из всевозможных, в основном восточных, учений, – все это относится к внутреннему «душевному» (давайте так его назовем) уровню животного, носящего имя «человек нашего мира». Все эти премудрости говорят о силах, которые сопровождают наше физическое тело.

Ауры, чакры и прочее – все это существует, но все это является биологическими, биоэнергетическими структурами человеческого тела. У животных они тоже есть, у них даже, как правило, бо́льшая чувствительность к био- и психополям, чем у человека. Любой человек может развить в себе эти способности.

Все они относятся к физическому телу, а наука их еще не раскрыла, потому что пренебрегала ими. В наше время эти ее области начинают все больше развиваться и, хотя многое еще не выяснено, вполне подвластны научным исследованиям без всяких духовных исправлений человеком самого себя. Конечно же, морально человек влияет на эти поля, но все равно остается эгоистом, вернее, становится «эгоистическим альтруистом» (отдает, но ради себя).

Таким образом, человек рождается со всеми этими душевными задатками, которые может в себе развить. Есть только еще одна особенность: кроме эгоистических желаний человеку можно придать еще одно желание, которое в нашем мире не существует. Это – желание отдавать, которое является духовным желанием. Оно называется «некуда ше ба лев» (точка в сердце).

Мы с вами рассмотрим, как она попадает в человеческое сердце. Она помещается в эгоистическое «я» человека – ведь весь наш организм построен на эгоистическом «я». Вдруг в это эгоистическое «я» попадает точка, которая является зародышем духовного «я», то есть альтруистическим «я». В принципе, эта точка к человеку отношения не имеет, потому что человек – это сугубо эгоистическое творение.

В биологическом смысле человек ничем не отличается от животных. Он отличается от них только этой точкой – «некуда ше ба лев», черной точкой. Почему она называется «черная»? Ведь она духовная? Потому что она пока не наполнена светом. Когда с помощью каббалы начинает светить индивидуальный окружающий свет, он светит в эту черную точку, и таким образом она начинает чувствовать напряжение, несоответствие между собой и этим светом.

И тогда человек, продолжая заниматься, начинает постепенно развивать эту точку, она как бы расширяется, вплоть до того, что в ней появляются десять сфирот. Как только появляются в ней первые десять сфирот, они включаются в состав более высшего духовного парцуфа, и это уже называется «ибур» (зарождение). Эта точка и есть зародыш души. Первые десять сфирот, которые появляются у человека, называются душой, кли души, а свет, который их наполняет, называется светом души.

Человек должен развить в себе эту точку до таких размеров, чтобы он смог заменить полностью все свои эгоистические свойства на альтруистические. Черная точка начинает «разбухать», потому что человек присоединяет к ней эгоизм, обращая его в альтруизм. Эта точка – сфират Кетер. Из нее с помощью добавки эгоизма начинают развиваться десять сфирот. И чем больший эгоизм человек к ней присоединяет, тем большее духовное кли, называемое «душа», он получает.

А если этого не происходит – как человек родился животным, так он им и умирает. Если же он хоть немного развил в себе духовное кли – даже если и не достиг духовного мира, но хоть немного ощутил на себе влияние духовного света, — это уже остается в нем навсегда, потому что возникшее новое качество не относится к телу, не умирает вместе с ним, оно относится к черной точке, которая духовна, а значит, вечна, и потому эта работа, это усилие не пропадает.

Как из этой точки сделать десять самых маленьких сфирот? Допустим, мы берем один грамм от своего эгоизма, приобретаем на него экран, эгоизм плюс экран вместе с этой точкой дают нам самое маленькое духовное кли. На саму точку не надо никакого экрана, она дается человеку свыше.

Вернемся теперь к вопросу о свободе воли. В одном из писем Бааль Сулам пишет:

> «...Как я уже сказал от имени Бааль Шем Това, прежде чем делать какое-то духовное действие (имеется в виду заповедь), совершенно не надо думать о личном управлении Творца человеком, а наоборот, человек обязан сказать: „Если не я, то кто поможет мне?"
>
> Но после того как человек сделает это действие в полной уверенности, что все зависит лишь от него самого, а Творца вообще не существует, он обязан собраться с мыслями и поверить, что не своими усилиями сделал это духовное действие, а только благодаря присутствию силы Творца, потому что именно так все было задумано Им заранее.
>
> Так же надо поступать и в обычных, будничных делах, потому что духовное и земное подобны. Поэтому, прежде чем человек выходит из дома, чтобы заработать то, что должен заработать за день, он обязан полностью отключиться от мысли о личном управлении Творца над собой и сказать: „Если не я, то кто поможет мне?" — и делать то же самое, что все остальные в мире, которые зарабатывают себе на жизнь.
>
> Но вечером, вернувшись домой с тем, что заработал, он ни в коем случае не должен думать, что заработал это

> **своими усилиями, но должен считать, что, даже если бы и не выходил из дома, все равно получил бы то же самое. Потому что Творцом было решено заранее, что он за сегодняшний день должен заработать, и вечером в любом случае он должен был это получить...»**

Несмотря на то что в нашем уме эти два подхода к одному и тому же действию абсолютно противоположны и противоречат один другому, и ни разум, ни сердце их не воспринимают, все равно человек обязан верить в это. Нам же это кажется противоречием, потому что наши свойства противоположны свойствам Творца и не выходят в духовное пространство, в котором все противоположности соединяются в одно целое и все противоречия пропадают, «тонут» в Единстве.

Есть управление, называемое «АВАЯ», – это значит, что Творец управляет совершенно всем, и человек никак и ничем не может участвовать в этом управлении: все его мысли, желания, поступки и так далее – все дается ему извне. И есть управление, называемое «Элоким», с гематрией «тэва» (природа). Это управление – через природу, когда человек поступает соответственно своей природе, находясь под абсолютным управлением Творца.

Если человек пытается совместить эти два вида управления в себе (хотя они не совмещаются ни в мозгу, ни в сердце), но идет выше своего разума, эти попытки приводят в конце концов к тому, что те совмещаются, и тогда он видит, что это – истина, и не существует никакого противоречия. Но до тех пор, пока мы не дошли до этого слияния, у нас всегда будет один и тот же вопрос: кто это сделал – Творец или я? И от этих вопросов никуда не деться, пока мы не выйдем на уровень совпадения АВАЯ – Элоким.

Речь идет об отношении человека к действию. Перед любым своим действием человек сознательно решает быть под управлением Элоким, это дает ему возможность анализировать свои поступки, свое отношение к ним. Таким образом

Предисловие к «Введению в науку каббала»

он сопоставляет эти две системы и, постоянно помня об их наличии, приводит свое «я» к подобию Творцу.

Если же человек забывает или вообще не знает о существовании двух систем, то на него действует только природа (Элоким), а не личное управление Творца (АВАЯ). Если человек не сопоставляет две системы управления в себе, а принимает только одну из них: или только Творец всем управляет, или только я все делаю, – тогда нет либо человека, либо Творца. Движение человека к Творцу может быть только тогда, когда он сумеет силой намерения совмещать эти две системы управления в себе.

יב) ואמשול לך מהויות דעולם הזה, למשל האדם המתכסה ומעלים את עצמו במיני כיסוים ולבושים שלא יראנו חברו ולא ירגישו, הכי יעלה על הדעת שהוא עצמו יש לו איזה התפעלות משהו של העלמה וכדומה מחמת ריבוי הכסוים שמתכסה, כן למשל הע"ס שאנו קוראים בשמות כתר חכמה בינה חסד גבורה ת"ת נצח הוד יסוד מלכות, הם רק עשר כסוים שא"ס מתכסה ומתעלם בהם, אשר הנשמות העתידים לקבל ממנו יהיו מחויבים לקבל באותם השיעורים והע"ס מודדים להם.

12) И я приведу тебе пример из происходящего в этом мире. [Возьмем], например, человека, который покрывает и скрывает себя разными покрывалами и одеяниями, чтобы товарищ не увидел его и не почувствовал. Разве можно подумать, что на него самого производит хоть какое-либо впечатление скрытие и тому подобное из-за множества покрывал, которыми он укрылся? Аналогично, к примеру, десять сфирот, которые мы называем: Кетер, Хохма, Бина, Хесед, Гвура, Тиферет, Нецах, Ход, Есод, Малхут – это лишь десять покрывал, которыми укрывается и под которыми скрывается Бесконечность. А души, которые должны будут получать от нее, должны будут получать в тех же мерах, которые десять сфирот отмеряют им.

Итак, существуют: Бесконечность, десять скрывающих экранов, души.

Если душа находится за всеми десятью «покрывалами», она совершенно не чувствует мир Бесконечности. По мере того как душа «снимает» эти «покрывала», она приближается к миру Бесконечности и все больше его ощущает.

Меры ощущения мира Бесконечности называются мирами: Адам Кадмон, Ацилут, Брия, Ецира, Асия, или ступенями духовной лестницы. 620 ступеней, 125 ступеней, 10 ступеней, сфирот – это можно назвать как угодно, не имеет значения: путь и расстояние – одно.

ונמצאים המקבלים מתפעלים על ידי המספר הזה שבע"ס, ולא כלל אורו ית' שהוא אחד יחיד בלי שינוי, מש"כ המקבלים נחלקים לעשר מדרגות ממש לפי תכונת השמות הללו.

И выходит, что получающие впечатляются этим числом в десяти сфирот, а совершенно не светом Творца, являющимся единым и единственным без изменений. В то же время получающие разделяются на десять ступеней в полном соответствии со свойством этих названий.

Имеется в виду, что Творец един и неизменяем в Бесконечности. А вот когда душа получает свет, находясь на какой-то ступени, то она получает через экраны-скрытия Творца и, естественно, получает уже искаженный свет.

Каждое из этих имен – Кетер, Хохма, Бина, Хесед, Гвура, Тиферет, Нецах, Ход, Есод и Малхут – обозначает определенное свойство, скрывающее и раскрывающее. С одной стороны, каждое имя говорит о том, насколько оно скрывает Творца, с другой стороны, оно говорит о том, насколько я раскрываю для себя Творца, если поднимаюсь на эту ступень. Это два противоположных направления – мера скрытия и мера раскрытия.

ולא עוד אלא אפילו אלו בחינות הכיסוים שאמרנו אינם בערך האמור רק מעולם הבריאה ולמטה, כי רק שם כבר נמצאות הנשמות המקבלות מהעשר ספירות ההם.

И мало того, даже и те свойства покрывал, которые мы упомянули, имеют названный выше смысл, только начиная с мира Брия и ниже. Ведь только там уже присутствуют души, получающие от тех десяти сфирот.

Как это понимать? Души могут находиться и выше, чем находятся миры Брия, Ецира, Асия, но только когда они поднимаются с этими мирами. То есть души всегда находятся в этих трех мирах. Есть такое понятие, как «подъем миров», и если человек вышел из этого мира, он может находиться в мире Асия, затем Ецира, затем Брия, но выше мира Брия подняться не может. Если он поднимается, то только внутри этих миров. Своей работой он заставляет эти миры подняться вместе с ним. Они являются его оболочкой. И тогда он вместе с этими мирами поднимается в мир Ацилут, потом в мир Адам Кадмон, а затем уже в мир Бесконечности.

משא"כ בעולמות א"ק ואצילות עוד אין שום מציאות אפילו להנשמות כי שם הם רק בבחינת הכח. ולפיכך ענין העשר כיסוים האמורים בע"ס הם שולטים רק בג' עולמות התחתונים הנק' בריאה יצירה עשיה. אמנם גם בהעולמות בי"ע נבחנים העשר ספירות לאלקיות עד סוף עשיה, ממש כמו בא"ק ואבי"ע וכמו מטרם הצמצום רק ההפרש הוא בהכלים של הע"ס, אשר בא"ק ואצילות אין להם עוד אפילו בחינת גילוי של שליטה, להיותם שם רק בבחי' "כח" כנ"ל, ורק בבי"ע מתחילים הכלים של הע"ס לגלות כח ההעלמה והכיסוי שבהם.

אמנם באור שבע"ס אין שום שינוי של משהו מחמת הכסוים הללו כנ"ל במשל וז"ס אני הוי"ה לא שניתי וכו'.

В то время как в мирах АК и Ацилут все еще нет никакой реальности, даже и для душ, поскольку там они находятся «в потенциале». И потому вышеназванные десять покрывал в десяти сфирот господствуют лишь в трех нижних мирах, называемых Брия, Ецира, Асия. Однако даже и в мирах БЕА десять сфирот до конца мира Асия считаются духовностью, абсолютно так же, как в АК и АБЕА, и как до сокращения.

И только в келим десяти сфирот есть разница, ведь в АК и Ацилуте их господство даже еще не проявляется, поскольку они находятся там «в потенциале», как сказано выше. И только в мирах БЕА келим десяти сфирот начи-

нают проявлять силу скрытия и покрытия, заключенную в них.

Однако в свете десяти сфирот нет совершенно никакого изменения, вызванного этими покрывалами, как сказано выше в примере. И в этом смысл слов: «Я, Творец, не изменялся»[1].

יג) ואין לשאול, כיון שבא"ק ואצילות אין עוד שם שום גילוי למהות הנשמות המקבלים, א"כ מה משמשים הכלים ההם הנק' ע"ס ולמי המה מעלימים ומכסים בשיעוריהם הללו. ויש בזה ב' תשובות:
הא', שכן דרך ההשתלשלות כמו שתמצא בפנים הספר.
והב' הוא כי גם הנשמות עתידים לקבל מהע"ס ההם שבא"ק ואצילות, דהיינו בדרך עליות הג' העולמות בי"ע אליהם, כמ"ש להלן באות קסג, ולפיכך יש להבחין גם בא"ק ואצילות אלו השינוים שבע"ס, כפי מה שהם עתידים להאיר להנשמות בשעה שהם יעלו שמה עם העולמות בי"ע, כי אז יקבלו לפי המדרגה שבע"ס ההם.

13) И нечего спрашивать: раз в АК и Ацилуте все еще нет никакого раскрытия сути душ получающих, чему же служат эти келим, называемые десять сфирот, и для кого они скрывают и покрывают в этих своих мерах? И на это существует два ответа.

1. Что таков путь нисхождения, как ты найдешь внутри книги.

2. Второй состоит в том, что в будущем также и души будут получать от этих десяти сфирот АК и Ацилута, то есть через подъемы трех миров БЕА к ним, как сказано ниже в п. 163[2]. А потому следует различать также и в АК и Ацилуте эти изменения в десяти сфирот в соответствии с тем, как они будут светить душам в тот момент, когда они поднимутся туда вместе с мирами БЕА. Ведь тогда они будут получать согласно ступеням этих десяти сфирот.

Иначе душа не может подняться – она поднимается только вместе с мирами Брия, Ецира, Асия. Потому что именно таким

---

[1] Малахи, 3:6.
[2] См. Бааль Сулам. Введение в науку каббала, п. 163 – *Ред.*

образом души должны подняться туда, и эти миры будут светить душам в то время, когда те поднимутся туда вместе с мирами Брия, Ецира, Асия. И тогда получат они там, каждый, свою ступень из этих десяти сфирот.

יד) הרי נתבאר היטב, שענין העולמות ובחינת החידוש והשינויים ומספר מדרגות וכדומה, כל זה לא נאמר אלא בבחינת הכלים המשפיעים להנשמות ומעלימים ומודדים להם שיכלו לקבל מאור א״ס ב״ה שבהם בדרך המדרגה, והם אינם עושים שום התפעלות של משהו באור א״ס ב״ה עצמו, כי אין כיסויים פועלים על המתכסה רק על השני הרוצה להרגיש אותו ולקבל ממנו כנ״ל במשל.

14) И вот как следует выяснилось, что миры и обновление, [то есть создание], и изменения, и число ступеней и тому подобное — все это говорится только в отношении келим, передающих душам и скрывающих, и отмеряющих им, чтобы они могли получать от находящегося в них света Бесконечности согласно ступеням. И они никоим образом никак не воздействуют на сам свет Бесконечности, поскольку покровы не действуют на покрывающего себя, а действуют лишь на другого, который хочет почувствовать его и получить от него, как было сказано выше в примере.

Миры-ступени, как и в нашем мире, — неживые фильтры, задерживают свет, но в отличие от живых душ, не могут сознательно участвовать в процессе связи с Творцом. Сфира (экран, мир) сама по себе — это неживое устройство скрытия духовного света от душ. Что это за устройство — мы уже говорили; это устройство, которое находится в нас самих: это наш эгоизм.

טו) ובדרך כלל, יש להבחין בהספירות ובפרצופין, בכל מקום שהם, את ג׳ בחינות הללו: עצמותו ית׳, כלים ואורות. אשר בעצמותו ית׳ לית מחשבה תפיסא בו כלל.

ובכלים יש תמיד ב׳ הבחנות הפכים זה לזה, שהם העלמה וגילוי, כי ענין הכלי מתחילתו הוא מעלים על עצמותו ית׳, באופן שאלו העשרה כלים שבע״ס הם עשר מדרגות של העלמות. אמנם אחר שהנשמות מקבלים להכלים הללו בכל התנאים שבהם הנה אז נעשים אלו ההעלמות לבחי׳ של גילויים להשגות הנשמות. הרי שהכלים

כוללים ב' הבחנות הפכיות זו לזו שהם אחת, כי מדת הגילוי שבכלי הוא ממש כפי מדת ההעלמה שבהכלי וכל שהכלי יותר עב, דהיינו שהוא יותר מעלים על עצמותו ית' הוא מגלה קומה יותר גדולה הרי שב' הפכים הללו הם אחת.

ועניז האורות שבהספירות פירושו, אותו שיעור קומה הראוי להתגלות להשגת הנשמות. כי מתוך שהכל נמשך מעצמותו ית' ועם זה אין השגה בו רק בתכונתם של הכלים כנ"ל, ע"כ יש בהכרח עשרה אורות בעשרה כלים הללו, דהיינו עשר מדרגות של גילוים אל המקבלים בתכונת אותם הכלים. באופן שאין להבדיל בין אורו ית' לעצמותו ית' רק בזה, אשר בעצמותו ית' לית השגה תפיסא ביה כלל זולת המגיע אלינו ממנו ית' דרך התלבשותו בהכלים של הע"ס, ומבחינה זו כל הבא בהשגה אנו מכנים בשם אורות.

15) И в общем, следует различать в сфирот и парцуфим во всяком месте, где бы они ни были, три следующих свойства: Ацмуто [то есть суть Творца], келим и света.

Что касается Ацмуто, «мысль [человеческая] совершенно не в состоянии понять Его»[1], а в келим всегда существует два противоположных состояния, а именно скрытие и раскрытие, ведь суть кли изначально заключается в том, что оно скрывает Ацмуто, таким образом, что те десять келим, которые есть в десяти сфирот, являются десятью ступенями скрытия. Однако, после того как души получают в эти келим, исполнив все необходимые для них условия, эти скрытия становятся раскрытиями для постижений душ. Таким образом, келим включают в себя два состояния, противоположных друг другу и являющихся одним целым. Ведь мера раскрытия кли абсолютно соответствует мере скрытия, существующего в этом кли, и чем грубее кли, то есть оно больше скрывает Ацмуто, тем больший уровень оно раскрывает. Так, что две эти противоположности являются одним целым.

А света, находящиеся в сфирот, означают тот уровень ступени, который способен раскрыться для постижения душ. Ибо, поскольку все происходит от Ацмуто и вместе с тем постичь Его можно только в свойствах вышеописанных келим, обязательно существует десять светов

---

[1] Тикуней Зоар, 121:2.

в этих десяти келим, то есть десять ступеней раскрытия получающим в свойство этих келим. Таким образом, что различить свет Творца и Ацмуто возможно только в том, что в отношении Ацмуто «совершенно никакое постижение не может охватить Его», кроме того, что приходит к нам от Него через Его облачение в келим десяти сфирот, и в этом смысле все постигаемое мы называем словом «света».

Кли ощущает себя самостоятельно существующим, и это – его иллюзия. Что мы можем раскрыть в Творце? Мы раскрываем наши же исправленные свойства. И по тому, как мы называем наши исправленные свойства: милосердие, доброта и так далее, – этими свойствами мы называем Творца. Именно в полном подобии Творцу, в обретении всего Его величия, вечности и совершенства и заключается цель творения, мера нашего слияния с Ним.

Бааль Сулам

Введение в науку каббала
(с комментариями Михаэля Лайтмана)

- **1-16.** Три основных понятия
- **17-25.** Пять бхинот (уровней) в экране
- **26-29.** Пять парцуфим мира Адам Кадмон
- **30-45.** Издахехут экрана для создания парцуфа
- **46-49.** Таамим, некудот, тагин и отиёт
- **50-55.** Рош, тох, соф в каждом парцуфе и облачения парцуфим друг на друга
- **56-64.** Цимцум бет, называемый цимцум НЕХИ де-АК
- **65-48.** Место четырех миров АБЕА и понятие парсы между миром Ацилут и мирами БЕА
- **69-78.** Состояния катнут и гадлут, возникшие в мире Некудим
- **79-85.** Подъем МАН и выход состояния гадлут де-Некудим
- **86-91.** Объяснение трех некудот: холам, шурук, хирик
- **92-100.** Подъем МАН де-ЗАТ де-Некудим к Аба ве-Има и объяснение сфиры Даат
- **101-111.** Разбиение келим и их падение в БЕА
- **112-119.** Мир Исправления и Новый МА, вышедший из мэцах де-АК
- **120-133.** Пять парцуфим мира Ацилут и понятие МА и БОН в каждом парцуфе
- **134-143.** Великое правило для мохин в постоянном состоянии и при подъемах парцуфим и миров, происходящих в течение 6000 лет
- **144-154.** Объяснение трех миров: Брия, Ецира, Асия
- **155-179.** Объяснение подъемов миров
- **180-188.** Деление каждого парцуфа на Кетер и АБЕА

1-16. Три основных понятия

א) רבי חנניא בן עקשיא אומר: רצה הקב"ה לזכות את ישראל לפיכך הרבה להם תורה ומצוות שנאמר ה' חפץ למען צדקו יגדיל תורה ויאדיר, (מכות כ"ג ע"ב). ונודע שזכות הוא מלשון הזדככות, והוא ע"ד שאמרו ז"ל לא נתנו מצוות אלא לצרף בהן את ישראל (ב"ר רפמ"ד). ויש להבין ענין הזכות הזה שאנו משיגין ע"י תורה ומצוות, וכן מהי העביות שבנו שאנו צריכים לזכותה ע"י תורה ומצוות.

וכבר דברנו מזה בספרי, פנים מסבירות, ותלמוד עשר הספירות. ונחזור כאן בקיצור, כי מחשבת הבריאה היתה כדי להנות לנבראים כפי מתנת ידו הרחבה ית' ית', ומכאן הוטבע בנשמות רצון וחשק גדול לקבל את שפעו ית', כי הרצון לקבל הוא הכלי על מדת התענוג שבשפע, כי לפי מדת גדלו ותוקפו של הרצון לקבל את השפע, כן הוא מדת התענוג והחמדה שבשפע שלא פחות ולא יותר, והם מקושרים זה בזה עד שאין לחלק ביניהם זולת בהיחס, שהתענוג מיוחס לשפע, והרצון הגדול לקבל את השפע מיוחס לנברא המקבל.

ובהכרח ב' אלה נמשכים מהבורא יתברך, אלא שיש לחלק בהם על דרך הנזכר, אשר השפע הוא מעצמוותו יתברך, כלומר, שהוא נמשך יש מיש, והרצון לקבל הכלול שם, הוא השורש של הנבראים, כלומר, הוא השורש של חידוש, שפירושו יציאת יש מאין, כי בעצמוותו ית' ודאי שאין שם בחינת הרצון לקבל ח"ו.

וע"כ נבחן שהרצון לקבל האמור, הוא כל חומר של הבריאה מראשה ועד סופה, עד שכל מיני הבריות המרובות ומקריהן שאין להן שיעור, ודרכי הנהגתן שכבר נתגלו והעתידים להתגלות, אינם רק שיעורים ושינויי ערכים של הרצון לקבל, וכל מה שיש בהן באותן הבריות, דהיינו כל מה שמקובל ברצון לקבל המוטבע בהן, כל זה הוא נמשך מעצמוותו ית' יש מיש, ואינו כלום מבחינת הבריאה המחודשת יש מאין, כי אינו מחודש כלל, והוא נמשך מנצחיותו ית', יש מיש.

1. «Рабби Ханания бен Акашия говорит: захотел Творец «лезакот» (удостоить) Исраэль, поэтому умножил для них Тору и заповеди, как сказано: Творец, желая праведности его, возвеличит Тору и прославит» (Макот 23, с. 2). И известно, что на иврите слово «лезакот» (удостоить) означает также «очистить» — от слова «издахехут» (очищение). И это соответствует сказанному мудрецами, что заповеди были даны для того, чтобы очистить ими Исраэль (мидраш Берешит раба, 44:1). И необходимо понять, что это за чистота, которую мы обретаем с помощью Торы и заповедей. И что это за «авиют» (нечистота, грубость, досл. «толща») в нас, который нам необходимо очистить с помощью Торы и заповедей?

1-16. Три основных понятия

И мы уже говорили об этом в моих книгах «Паним Масбирот» и «Учение десяти сфирот». И повторим здесь вкратце, что Замысел творения заключался в том, чтобы насладить творения щедрой рукой Творца, и поэтому было отпечатано в душах огромное желание и стремление получить от Творца Его «шефа» (высшее благо, изобилие, наполнение). Ведь желание получать – это «кли» (сосуд, инструмент), определяющее меру наслаждения, заключенного в шефа, ибо величиной и настойчивостью желания получить шефа определяется величина удовольствия и сила наслаждения, заключенного в шефа, не менее и не более. И они связаны друг с другом так, что невозможно разделить их ни в чем, кроме их принадлежности: наслаждение относится к шефа, а большое желание получить шефа относится к получающему творению.

И непременно оба они исходят от Творца, однако необходимо разделять их так, как сказано выше, что шефа исходит из «Ацмуто» (непостижимой сути Творца), то есть является Его продолжением как сущее из сущего, а желание получать, которое содержится там, является корнем творений, то есть корнем чего-то нового, вышедшего как сущее из ничего. Ведь в Ацмуто, конечно же, нет там свойства желания получать.

И поэтому считается, что вышеупомянутое желание получать – это весь материал творения от начала и до конца, до такой степени, что все множество разнообразных творений и их разновидностей, которым нет числа, и пути их поведения, которые уже раскрылись и [которые еще] раскроются в будущем, представляют собой не что иное, как меры и изменения значений желания получать. А все, что есть в них, в этих творениях, то есть все получаемое в желание получать, отпечатанное в них, все это исходит из Ацмуто как сущее из сущего, и нет в нем ничего вновь созданного, возникшего как сущее из ничего, ведь оно никоим образом не является чем-то новым, а исходит из вечности Творца как сущее из сущего.

Рабби Ханания бен Акашия – это очень большой мудрец, живший более 2000 лет назад. Он сказал: «Захотел Творец удостоить Исраэль…». Удостоить – имеется в виду «очистить» (лизкот, лезакот). Очистить тех, кто стремится к Творцу, кто называется Исраэль, от слов «яшар Эль» – прямо к Творцу, устремленный к Творцу.

Устремляющиеся к Творцу удостаиваются особого отношения со стороны Творца. Если человек устремляется к Творцу, он начинает ощущать, понимать, воспринимать от Творца особое отношение к себе. Оно может выражаться в состояниях, которые мы в наших эгоистических желаниях и стремлениях, может быть, ощущаем и как плохие. Творец, привлекая нас, начинает нас учить – кто мы. Он желает показать нам, что мы находимся в плохих состояниях, чтобы мы попытались самостоятельно выйти из них. Поэтому мы начинаем ощущать с Его стороны вроде бы такую жесткость, как бы не очень хорошее отношение к нам. Но если мы понимаем, что это – особое отношение Творца к нам, это и называется нашей избранностью: Он выбирает нас для того, чтобы привлечь к Себе. Ведь если Он изначально дал нам устремление к Себе, то уже, исходя из этого, мы называемся приближенными к Нему.

Чем же Он нас приближает? Это выражено в слове «лизкот» – удостоились мы. «Лизкот» означает «леиздахэх» – осветлиться, освободиться от эгоизма, приобрести экран на эгоизм и таким образом приблизиться к Творцу.

После того как Творец вселяет в нас устремление к Себе, Он все время дает нам почувствовать в себе новые порции эгоизма и всегда помогает нам одеть на него экран, то есть преобразовать таким образом наш эгоизм, его толщу, в альтруизм, «осветлить» тяжесть нашего эгоизма. Таким образом, вместо тяжелой эгоистической силы, направленной внутрь нас, мы обретаем совершенно противоположную силу – от себя наружу, и в мере этой силы, этого вектора устремления «от себя – наружу», мы начинаем видеть то, что находится вне нас. Не то, что входит в наши пять органов чувств, в наш эгоизм, а то, что находится вне нас, вне наших пяти органов чувств – нашу общую душу.

Поэтому рабби Ханания бен Акашия и сказал, что тем, кто устремляется к Творцу, Творец помогает очиститься. То есть сначала дает им больший авиют, все больший и больший эгоизм, а потом помогает очистить этот эгоизм, то есть создать на него экран.

Каббалисты, которые постигают мироздание, поднимаются до наивысшего уровня, куда только может подняться человек в своем постижении, в своем исследовании всех миров, до наивысшей их ступени. Там они раскрывают эту огромную, всеобъемлющую, все включающую в себя силу, которая называется Творцом, – весь этот Замысел, всю эту Мысль. Проникая в нее, они ощущают высшую, самую первую, исходную позицию этой силы относительно нас – она называется «Замысел творения», с которого все и началось. Этот самый высокий уровень Единой мысли, Единой силы. Уровень, откуда исходит эта сила, называется относительно нас Творцом и ощущается, воспринимается ими как желание насладить творения.

Для этого Творец создал в творении огромное желание получить то наслаждение (шефа, высшее благо), которое в изобилии находится в Нем, и соответственно всему, чем желал насладить, Он создал желание насладиться, отпечатав одно в другом. Отсюда следует, что из нашего желания насладиться, если мы правильно развернем и правильно ощутим его, мы можем узнать, что Творец нам приготовил, какое высшее благо, какие наслаждения, чем Он хочет нас насладить. Такое постижение Творца называется «ми маасэха икарнуха» («ми маасэха» – из Твоих действий во мне, на мне, «икарнуха» – я Тебя узнаю, я Тебя постигну).

Итак, Творец создал в творении огромное желание получить наслаждение именно в той мере, в том количестве и качестве, в котором у Него есть заготовленное для нас наслаждение. Он решил, что оно должно быть таким. Мы говорим «желание получить», а слово «наслаждение» просто оставляем в стороне, однако мы всегда должны понимать, о чем идет речь.

Каким же должно быть это наслаждение? Таким, какое оно есть в Нем, ни на «грамм», ни на «метр» не меньше – ни по качеству, ни по количеству. Он желает насладить всем, что у Него есть, то есть всем, что представляет собой этот огромный закон, называемый Творцом, покрывающий все мироздание, представляющий собой полное совершенство. Он желает, чтобы мы всем этим насладились, то есть чтобы мы полностью ощутили все совершенство Его мыслей, Его Самого, и это ощущалось бы в нас как наслаждение. И более того, чтобы из ощущения наслаждения мы поднялись еще до уровня осознания этого наслаждения. То есть поднялись бы и стали бы эквивалентными именно той Мысли, с которой Он начал относиться к нам. Он хочет, чтобы мы поднялись до уровня Мысли, которая нас создала, вышли бы за пределы себя, как творений, на еще более высокую ступень, на уровень Сотворившего – это является Его замыслом.

Желание и является инструментом (кли) для получения удовольствия. Чем больше наши желания, тем больше возможности получить то наслаждение, которое называется Творцом, Мыслью творения, Светом, Совершенством. Поэтому желаниями нельзя ни в коем случае пренебрегать: любые желания, которые в нас возникают, необходимы нам. В человеке нет ни одного плохого желания, ни одного плохого свойства – есть только плохое применение желаний и свойств. Но ни в коем случае не может быть ничего плохого в самом желании, если рассматривать его в отрыве от человека.

Только наше отношение к желаниям и свойствам, наше применение их может быть плохим или хорошим. Если оно таково, что с его помощью мы постигаем совершенство, то оно хорошее, оно двигает нас вперед, позволяя нам достичь того уровня, на котором мы созданы. Если это применение обратное, то оно погружает нас внутрь, в наше животное, самое низменное, какое только есть во всем мироздании, состояние. Тогда, естественно, это применение плохое. Правильное применение желания называется «заповедь» или «святость» (кдуша). Неправильное применение желания, когда оно, отдаляет нас от совершенства, от приближения к вечному, к высшему состоянию, называется «нечистота» (клипа).

Когда свет наполняет кли, то невозможно сказать, где кли, а где свет, потому что одно определяет другое. Когда есть желание – есть кли, а когда нет желания, то нет и кли: оно не существует, оно растворяется, аннулируется. Поэтому Бааль Сулам и говорит, что наслаждение и желание к нему взаимосвязаны. Желание определяет наслаждение.

Что необходимо для ощущения наслаждения? Существует наслаждение или нет? В нашем мире я могу просто взять кусок пищи в рот, и я буду знать, что у меня во рту находится пища. В духовном, если у меня есть желание к этой пище, это означает, что есть кли (желание получить наслаждение) и есть свет (наслаждение). Если нет желания к этой пище, то нет кли, а значит, нет и света, нет наслаждения, то есть нет ничего. В нашем мире это трансформируется в известный философский вопрос: что сначала – бытие или сознание? Сознание определяет бытие или бытие определяет сознание?

Что первично, что вторично – кли или свет, свет или кли – об этом мы будем говорить и в каждом случае выяснять. В принципе, конечно, все исходит свыше от Творца, все определяет высший свет. Но когда мы говорим о том, как кли должно влиять, как кли должно реагировать, как оно должно действовать, каким образом оно должно включаться в мироздание, то действия со стороны кли мы уже характеризуем как действия самостоятельные. После того как создано все мироздание, после того как создана душа, человек в нашем мире, после того как все-все подготовлено для нас, и мы начинаем прямо сейчас включаться в духовную работу, – с этой минуты, с этого мгновения и далее все зависит от нас. То есть уже не свет определяет кли, а кли определяет свет.

В той мере, в которой кли делает себя подобным свету, – в той же мере им ощущается свет. Или можно сказать более того, что свои исправленные свойства кли определяет как свет. Потому что мы не знаем, что такое свет. Мы ощущаем только себя, наши реакции – это и называется «форма, облаченная в материю». Саму отвлеченную форму мы не воспринимаем. Что такое свет вне кли – этим каббала не занимается.

Поэтому мы должны четко принять, что всё ощущение, всё раскрытие зависит только от нас. Наши исправленные свойства будут называться светом, и мы охарактеризуем их как «Творец». Поэтому и говорится: «Из действий своих – из себя – я познаю Тебя».

Еще раз: свет создает кли, поэтому в кли есть все те желания «насладиться», которые есть в свете как «насладить». И поэтому, когда кли исправляет свои желания из «самонасладиться» в «насладить», то кли, естественно, становится полностью подобным свету. Свое исправленное состояние оно может абсолютно точно характеризовать как свет, потому что желание при этом «выворачивает себя наизнанку» – создает из себя те же свойства, что и у света. Таким образом, мы никогда не ощущаем свет. Мы ощущаем следствие нашего исправления, и его характеризуем как свет.

То же самое с понятием «Творец». Что значит Творец? Какая-то общая сила, общая мысль, которая действует на нас. Мы ее не знаем, но указывая на свои исправленные состояния, исправленные устремления, свойства, мы говорим: «Это Творец» – потому что это та категория, та сила, то свойство, которое находится вне нас. Вне – потому что это я, исправленный, создал в себе это свойство, только лишь поэтому.

На самом деле, вне нас ничего не существует. Единственное, что мы ощущаем, это либо свои неисправленные состояния, либо свои исправленные состояния. Неисправленные мы относим к себе, исправленные относим к Творцу, вернее, к подобию чему-то, что существует вне нас, но определяется только в нашем внутреннем ощущении.

Поэтому Бааль Сулам и говорит, что хотя понятия «свет» и «кли» настолько взаимосвязаны, что невозможно их разделить, но можно указать на то, что удовольствие (наслаждение) относится к Творцу, а желание получить относится к творению. И это желание получать (желание насладиться) – принципиально новое, то, чего раньше не существовало.

То есть существовало Нечто Высшее, в котором возникла Мысль, Замысел творения: создать творения, чтобы насладить их. И Он этим Замыслом создал творение, то есть наслаждение, которое решило, что оно должно ощущаться в творении, сделало из себя обратное – желание насладиться. Можно сказать, что свет как бы вывернулся наизнанку и сделал из себя обратную форму. Эта обратная форма и есть мы, то есть мы являемся обратными свету, обратными Творцу.

Свойства Творца – только отдача. То есть свойство получения вообще, никоим образом, не присуще Ему. Свет, выходя из состояния Замысла творения, своими последовательными действиями, огрублениями, которые называются «четыре стадии прямого света», делает под себя кли (желание насладиться им).

Желание получать наслаждение является самой сутью творения. Ничего иного в нас нет. Что бы мы ни думали, ни делали, ни замышляли; все наши внутренние, внешние, сознательные, несознательные действия; все, что в нас крутится (электроны, молекулы), сходится в разных химических реакциях, вступает в какие-то соотношения внутри нашего тела на всех стадиях, на всех уровнях его существования и функционирования; все, что есть вокруг нас между нашими физическими телами, между живой, неживой, растительной, животной природой, – все это является не более чем стремлением насладиться. Причем на всех уровнях: любой элемент, любой кирпичик творения, от самых микроскопических и вплоть до каких-то макрообъектов – единственное, что в них существует, это желание насладиться. Оно реализовано, естественно, у каждого на своем уровне, в своей форме. Но только это и существует во всем, кроме Творца, только желание насладиться.

Выходит, что желание насладиться является сутью творения во всех его проявлениях от начала и до конца, является единственным материалом, из которого состоит все-все творение, во всех мирах. Все многочисленные разновидности творения – это лишь разные «порции» желания получать наслаждения, а все события, происходящие со всеми видами творения, это изменения, происходящие с этим желанием.

Если мы говорим о каких-то действиях, то на самом деле «действия» – это изменения желания насладиться. В нашем мире следствия этих изменений желаний могут быть в виде перемещения, в виде изменения каких-то внешних свойств (цвета, вкуса, не важно чего), могут быть столкновением между различными телами, могут быть какими-то огромными реакциями, взаимодействиями между мыслями или небесными телами – не важно что, но все эти внешние действия являются следствиями изменений внутренних желаний.

Кроме Творца существуем только мы, а все остальное включено в нас. Мы – вершина всего мироздания, включающая в себя все его более низкие уровни: животные, растительные и неживые. И если мы начнем сознательно менять в себе желания, то этим мы сознательно начнем менять всю окружающую действительность во всех ее проявлениях: в макро, микро, во всех реакциях, во всем, что только происходит. Все действия будут подконтрольны нам.

Правильное управление этими желаниями находится в наших руках – это наша возможность, наша обязанность, наша миссия. Поскольку желание составляет всю нашу суть, то для того, чтобы начать управлять им, я должен выйти из себя и начать управлять самим собой «снаружи». Как я могу это сделать? Я должен «выйти в Творца» и из Него начать управлять самим собой подобно тому, как артист водит за веревочки куклу. Я должен подняться до уровня этого артиста и начать «водить» себя, начать управлять своим желанием, и тогда, через исправление желания в себе, я исправляю все миры.

Только такой подход является настоящим исправлением всего мироздания, и это то, что мы должны сделать, желаем мы того или не желаем, понимаем мы это или не понимаем. Чем раньше осознаем, тем лучше будет для нас. Никакого другого метода исправления мироздания нет, Творцом возложено на нас это действие: привести себя и через себя все остальное мироздание к самому наилучшему состоянию.

Вопрос, почему Он заложил в нас такую природу, относится к состоянию до начала творения, этого мы постичь не в состоянии. Мы постигаем только то, что относится к творению, но не до или после него.

ב) וכפי האמור, כלול הרצון לקבל, בהכרח תכף, במחשבת הבריאה, בכל ריבוי ערכים שבו, ביחד עם השפע הגדול שחשב להנותם ולהעניקם. ותדע, שז"ס אור וכלי, שאנו מבחינים בעולמות עליונים, כי הם באים בהכרח כרוכים יחד, ומשתלשלים יחד ממדרגה למדרגה, ובשיעור שהמדרגות יורדות מאת אור פניו ומתרחקות ממנו ית' כן הוא שיעור ההתגשמות של הרצון לקבל הכלול בשפע. וכן אפשר לומר להיפך, אשר כפי שיעור התגשמות של הרצון לקבל בשפע, כן הולך ויורד ממדרגה למדרגה, כמ"ש להלן. עד המקום הנמוך מכולם, דהיינו שהרצון לקבל מתגשם שם בכל שיעורו הראוי, נבחן המקום ההוא בשם עולם העשיה, והרצון לקבל נבחן לבחינת גופו של אדם, והשפע שמקבל נבחן למדת תוכנו של החיים שבגוף ההוא. ועד"ז גם בשאר בריות שבעוה"ז. באופן, שכל ההבחן שבין העולמות העליונים לעוה"ז, הוא, כי כל עוד שהרצון לקבל הכלול בשפעו ית', לא נתגשם בצורתו הסופית, נבחן שעודו נמצא בעולמות הרוחנים, העליונים מעוה"ז, ואחר שהרצון לקבל נתגשם בצורתו הסופית, הוא נבחן שכבר הוא מצוי בעוה"ז.

2. И как уже было сказано, желание получать обязательным образом содержится сразу же в Замысле творения, во всем многообразии разновидностей, заложенных в нем, вместе с огромным шефа, которым Творец задумал их насладить и одарить. И знай, что в этом суть света и кли, которые мы различаем в высших [духовных] мирах. Ибо они обязательно приходят связанными вместе и вместе распространяются, нисходя со ступени на ступень. И в мере того, как эти ступени нисходят от света лика Творца и отдаляются от Него, в той же мере материализуется желание получать, содержащееся в шефа. Так же можно сказать и наоборот, что по мере того, как желание получать материализуется в шефа, оно также нисходит ступень за ступенью, как будет описано ниже. Вплоть до самого низкого места – это значит, что желание получать материализуется там во всей надлежащей мере. Это место называется «мир Асия», желание получать называется «гуф» (тело) человека, а шефа, получаемое им, называется мерой жизни, содержащейся в этом «теле». И таким же образом это [происходит] и в остальных творениях в «олам аЗэ» (в «этом мире»). Так, что все различие между высшими мирами и «этим миром» заключается в том, что до тех пор, пока желание получать, содержащееся в шефа, еще не материализовалось в своей окончательной форме, оно определяется пока еще находящимся в духовных мирах, которые выше «этого мира». А после того как желание получать материализовалось в своей окончательной форме, оно определяется, как уже находящееся в «этом мире».

Мысль Творца, когда он решил насладить творения, уже включала в себя и творения, которые будут наслаждаться. Кли уже заранее было «запрограммировано» внутри Творца, каким оно будет в связи с тем благом, которым Творец желает насладить творение. Кли неразрывно связано со светом, с удовольствием. Свет, наслаждение, Творец, шефа (изобилие) – это все синонимы того приятного, что ощущает кли. Кли, сосуд, душа, парцуф – это все является желанием.

Желание создано Творцом: есть свет, и под свет создано кли. Когда свет полностью наполняет кли, такое состояние называется миром Бесконечности. Бесконечность – потому что желание в этом состоянии получает ради себя, не делая никакого ограничения на получение.

Затем начинает происходить огрубление кли, и све́та в нем становится меньше. Он наполняет кли все меньше и меньше, а затем вообще не наполняет. Эти последовательные стадии огрубления желания, когда све́та в нем становится все меньше, называются мирами.

Когда свет полностью, на 100%, наполняет кли – это мир Бесконечности. Затем он наполняет его, допустим, на 80%, на 60%, на 40%, на 20%, вообще не наполняет… Эти состояния называются, соответственно, мирами Ацилут, Брия, Ецира, Асия и «наш мир» (мы). Между нами и миром Асия есть махсом. Между мирами Ацилут и Брия есть парса. Между миром Бесконечности и миром Ацилут есть закон первого сокращения – решение созданного Творцом желания не получать свет ради собственного наслаждения. Наша задача – изнутри, из нашего самого низкого мира достичь мира Бесконечности.

О процессе удаления кли от Творца и выходе света из кли можно сказать двояко: что кли огрубляется и поэтому удаляется от Творца, и свет в нем уменьшается, или – что свет в кли уменьшается, и поэтому кли огрубляется и удаляется от Творца. Два этих действия, две причины и два этих следствия взаимосвязаны между собой, определяют друг друга, и нельзя сказать, что́ здесь причина, а что́ – следствие: или свет исходит из кли, и поэтому кли огрубляется, или кли огрубляется, и поэтому свет исходит из кли. В дальнейшем мы увидим, что это абсолютно равноценные действия. В высшем мире нет такого состояния, которое бы определялось как «это сделано Творцом» или «это сделано творением».

Ученые сталкиваются с такими явлениями, которые для нашего сознания парадоксальны. Например, одна и та же частица или явление может существовать одновременно в нескольких состояниях, и нельзя предсказать точно, что является причиной, а что – следствием. Проводятся даже такие эксперименты: летящая пуля должна пробить стекло, и стекло задолго до того, как пуля в него врезается, начинает трескаться, ломаться, разбиваться.

Уже и в нашем мире в особых условиях мы начинаем видеть неопределенности причины и следствия. Это касается, например, квантовой физики и других разделов науки, в которых говорится о тонких слоях мироздания, где творение начинает сближаться, сливаться с Творцом, и поэтому между ними пропадает соотношение «я – Ты», «первый – второй» или «второй – первый». Они сливаются так, что нет возможности определить, кто первый, а кто второй: мы оба. Потому что в исправленном состоянии, в том, в котором мы на самом деле существуем, мы слиты вместе с Творцом, и между нами нет никакого различия – нельзя сказать «я» или Он, Он или «я». Нам тяжело к этому привыкнуть, но если уже физики привыкают, то и мы сможем преодолеть эту, в общем-то, психологическую проблему.

До какого же уровня огрубляется желание и из него выходит свет (или выходит свет, и огрубляется желание)? Это происходит до тех пор, пока кли не доходит до самого низкого «места», – то есть до самого удаленного, самого эгоистического, самого темного, самого отличного от Творца, противоположного Ему, где желание получать достигает своего максимального размера. Это состояние является желательным и необходимым для начала подъема, для исправления.

Возникает вопрос: относительно кого мы измеряем это самое низкое состояние? Находясь в нашем мире, мы не ощущаем это состояние – мы находимся в нем. Но мы обязаны ощутить себя как самые низкие, как самые удаленные от Творца. И тогда мы должны, измерив свое состояние относительно Творца, находящегося в мире Бесконечности, зафиксировать его и сказать: «Да, мы находимся в самом удаленном положении от Творца». Только тогда мы можем действительно начать подниматься.

Любые состояния определяются относительно нас, мы их определяем. Поэтому до тех пор, пока человек не увидел Творца, до тех пор, пока он не понял, кто Он и что Он, пока он не осознал свою противоположность Ему и не определил себя как самое отдаленное от Него существо, он не может сказать, что находится в «этом» мире, он не знает, что такое «этот» мир, «тот» мир, другой, третий.

Но когда у человека есть вся картина, вся карта мироздания, и он может точно назвать свои координаты, то есть свои качества, как противоположные Творцу – наивысшему качеству, тогда он говорит: «Я существую в «этом» мире». И только в той мере, когда он видит все свое состояние как зло, в той мере, в которой он ощутил это зло как самое низкое, ощутил, что он находится в самом последнем, в самом отдаленном состоянии от Творца, только тогда у него появляются силы начать исправляться.

Все определяется только самим человеком по его внутренним состояниям, но в сравнении с Творцом. Без этого он ни в коем случае не сможет правильно оценить, кто он и что он, не сможет дать себе такие оценки, которые заставили бы его изменяться. Поэтому для того, чтобы определить, что мы пребываем в самом удаленном от Творца состоянии, мы должны знать, кто такой Творец, где находится этот мир Бесконечности. Хотя бы примерно мы должны его как-то сопоставлять с собой.

Поэтому наука каббала занимается в первую очередь тем, что толкает человека в ощущения высшего. Когда он проходит махсом, начинает ощущать высшее и из этого состояния сравнивает себя с Творцом, – вот тогда у него и появляется то внутреннее состояние, которое называется «наш мир», «этот мир», и тогда он действительно начинает подниматься из этого мира. А для тех, кто живет рядом с ним и не задается этим вопросом, кто не характеризует свое состояние как «наш мир» относительно других миров, относительно Творца, – для них это просто их мир, и все.

Поэтому в каббале названия исходят из их определения самим исследователем, самим каббалистом относительно абсолютной точки измерения, которая называется Творцом.

В Альбоме чертежей духовных миров¹ вы видите миры: Адам Кадмон, Ацилут, Брия, Ецира, Асия и внутри – самую внутреннюю точку, «точку этого мира», наш мир, олам аЗэ. Таким образом, «наш мир» является частью мира Асия: самой последней, самой нижней его частью. Это самое низкое место, самое эгоистическое, самое удаленное от Творца, самое темное, противное, пустое место.

Все различие между высшими мирами и «этим миром» (олам аЗэ) заключаются в том, что в высших мирах желание получать еще не полностью огрубилось, оно еще не полностью отделено от света, от Творца. Еще в чем-то, где-то это желание подобно отдаче, присущей Творцу. Когда оно переходит махсом, то падает в наш мир. В нашем же мире желание получать достигает своего окончательного развития, оно полностью отделено от света и от Творца.

И человек должен это зафиксировать, он должен это ощутить, осознать, и именно из этого состояния начать возвышаться. Если он это не осознает, естественно, в нем не возникнет необходимое давление, необходимые побуждения к тому, чтобы начать себя исправлять.

ג) וסדר השתלשלות האמור עד להביא את הרצון לקבל על צורתו הסופית שבעוה"ז, הוא על סדר ד' בחינות שיש בד' אותיות של השם בן ד'. כי ד' אותיות הוי"ה שבשמו ית' כוללות את כל המציאות כולה מבלי יוצא ממנה אף משהו מן המשהו. ומבחינת הכלל, הן מתבארות בהע"ס: חכמה, בינה, ת"ת, מלכות, ושרשם. והם עשר ספירות, כי ספירת התפארת כוללת בעצמה שש ספירות הנקראות חג"ת נה"י. והשורש נקרא כתר, אמנם בעיקרם הם נקראים חו"ב תו"מ. וזכור זה. והן ד' עולמות הנק': אצילות, בריאה, יצירה, עשיה. ועולם העשיה כולל בתוכו גם את עוה"ז. באופן, שאין לך בריה בעוה"ז שלא תהיה מחודשת מא"ס ב"ה, דהיינו במחשבת הבריאה, שהיא בכדי להנות לנבראיו, כנ"ל. והיא בהכרח כלולה תיכף מאור וכלי, כלומר מאיזה שיעור של שפע עם בחינת רצון לקבל את השפע ההוא, אשר שיעור השפע הוא נמשך מעצמותו ית' יש מיש, והרצון לקבל השפע הוא מחודש יש מאין, כנ"ל. ובכדי שהרצון לקבל ההוא יבא על תכונתו הסופית, הוא מחויב להשתלשל עם השפע שבו דרך הד' עולמות: אצילות, בריאה, יצירה, עשיה, ואז נגמרת הבריה באור וכלי, הנקרא גוף ואור החיים שבו.

---

¹ См. Альбом чертежей духовных миров. Рис.9. Пять миров. – *Ред*

3. *Вышеуказанный порядок нисхождения, приводящий желание получать к его окончательной форме в «этом мире», определяется порядком четырех «бхинот» (отличительных свойств, характеризующих стадии развития желания), имеющихся в четырех буквах четырехбуквенного Имени [Творца]. Ибо эти четыре буквы АВАЯ Его Имени [йуд (י) хэй (ה) вав (ו) хэй (ה)] содержат [в себе] полностью всю реальность, без исключения чего бы то ни было. И в общем аспекте они проясняются в десяти сфирот: Хохма, Бина, Тиферет, Малхут и в их корне (шореш). Этих сфирот десять, потому что сфира Тиферет включает в себя шесть сфирот, называемых ХАГАТ НЕХИ (Хесед, Гвура, Тиферет, Нецах, Ход, Есод). А [их] корень называется «Кетер». Хотя в основном они называются ХУБ ТУМ (Хохма, Бина, Тиферет, Малхут). И запомни это. И они [представляют собой] четыре мира, называемые Ацилут, Брия, Ецира и Асия. А мир Асия включает в себя также и «этот мир». Так, что не существует ни одного творения в «этом мире», которое не брало бы свое начало в Бесконечности (Эйн Соф), то есть в Замысле творения, заключающегося в том, чтобы насладить свои творения, как было сказано выше. И оно обязательно сразу же состоит из света и кли, то есть некоторой меры шефа вместе с желанием получить это шефа, где мера шефа исходит из Ацмуто как сущее из сущего, а желание получить шефа возникает как нечто новое — сущее из ничего, как было сказано выше. И для того, чтобы это желание получать пришло к своему конечному виду, оно обязано спуститься, вместе с находящимся в нем шефа, через четыре мира: Ацилут, Брия, Ецира и Асия (АБЕА). И тогда завершается формирование творения в виде света и кли, называемых «телом» и «светом жизни» в нем.*

Четыре стадии распространения света изображаются четырьмя буквами йуд (י), хэй (ה), вав (ו), хэй (ה). Бхина шореш, Кетер, – это кончик буквы йуд. Бхина алеф, Хохма, когда свет входит в кли, – это сама буква йуд. Бхина бет, Бина, которая все отталкивает, обозначается буквой хэй. Бхина гимель, Зеир Анпин, когда Бина уже пытается совершить действие получения ради отдачи, обозначается буквой вав. Буквы вав (ו) и далет (ד) вместе образуют букву хэй (ה). И последняя стадия, бхина далет, Малхут, когда кли желает получить не только свет, который приходит к ней, как в бхине алеф, но еще и свет наслаждения от статуса Творца, тоже обозначается буквой хэй.

Мы говорим – четыре стадии, так как это распространение света сверху вниз от Творца к творению, поэтому Кетер (корень) не считается. Эти четыре стадии называются четырехбуквенным (йуд, хэй, вав, хэй) именем Творца, АВАЯ. Так они и записываются. Порядку этих четырех букв подчинено все мироздание.

Эти буквы, в общем аспекте, соответствуют десяти сфирот: Хохма, Бина, Тиферет (или ЗА), Малхут и их корню – Кетер. Десять – потому что сфира Тиферет включает в себя шесть сфирот: Хесед, Гвура, Тиферет, Нецах, Ход, Есод. Кетер часто не входит в перечисление сфирот, поскольку является их корнем.

Малхут называется сфирой условно, потому что «сфира» – так называется желание получать, в которое светит свет, поэтому называется сфира (сияющая). А просто желание получать – это не сфира, оно не светит. Но если в желании получать есть свет, то сфира светит, то есть желание получать светит. **Малхут определяется в качестве Кетера для десяти сфирот отраженного света. И поскольку сфира Малхут является источником для этого нового света, а каждый источник называется «Кетер», поэтому Малхут считается сфирой Кетер этого нового света.**

После второго сокращения (цимцум бет) возникает такое состояние творения, в котором все сфирот делятся уже не только сверху вниз, как стоящие одна под другой, но и на правую, среднюю и левую линии. Что это значит? Правая линия отдающая (Хохма, Хесед, Нецах), левая –

получающая (Бина, Гвура, Ход), и средняя линия – Даат, Тиферэт, Есод и Малхут. Кетер тут тоже есть, но мы его не называем, вместо него вводится понятие Даат. Почему? Потому что свет, который приходит в кли, уже не зависит от Кетера, а зависит от Даат, от просьбы снизу, от Малхут, которая доходит до Даат, и в этой мере Хохма и Бина сливаются между собой и принимают свет от Кетера.

Связь, существующая между Творцом и творением, называется «мир Бесконечности» (Эйн Соф). Имена высшему свету дают низшие при постижении его. Поскольку желанием Творца было насладить творения, поэтому сотворил того, кто мог бы получить от Него благо, и для этого было достаточно сотворить желание получить наслаждение, называемое «Малхут», или «мир Бесконечности». Бесконечность – потому что Малхут в этом состоянии получает ради себя, не делая никакого ограничения на получение. Впоследствии Малхут делает ограничение и сокращение на получение света – наслаждения.

В мире Бесконечности кли и свет полностью взаимосвязаны. Свет полностью заполняет кли и невозможно определить, где свет, а где кли. По мере нисхождения сверху вниз, до нашего мира, мы получаем в нашем мире свет, затем махсом, и свет и кли становятся отделенными друг от друга. И теперь уже кли может быть самостоятельным от света – оно полностью от него отделилось.

Все воздействие света на кли в первых девяти сфирот – это действие Творца на творение, желание получить только реагировало на воздействие света. И только в бхине далет творение захотело быть таким, как Творец, и наполнило себя. И хотя потом оно изгнало свет (первое сокращение), но все равно это изгнание – прямое действие от света.

Вот что значит нисхождение: свет все время остается одним и тем же, а кли все время удаляется от него по свойствам, становясь все более темным, более эгоистическим. И поэтому, хотя они как бы спускаются вниз со ступени на ступень, но свет остается светлым, а кли все более и более темнеет, до такого состояния, когда становится настолько черным, что свет совсем, никоим образом, не может приблизиться к нему, а только стоит снаружи, и у него нет никакого контакта с кли.

В таком состоянии находимся мы: в абсолютно полном отрыве от света, от духовного, от Творца, что одно и то же. И только наши усилия снизу вверх, которые мы, может быть, приложим по совету, по методике каббалистов, помогут нам достичь такого состояния, что мы начнем подниматься, то есть приближать свои свойства к свойству света поступенчато, все больше и больше, и уподобимся свойствам света, и в этой мере свет начнет входить в нас. Это все большее уподобление свету называется ступенями возвышения.

Мы изучаем все исходя из нашей природы, поскольку все законы исходят из духовных корней. В нашем мире величина наслаждения человека зависит от силы его стремления к нему. При страстном желании велико и наслаждение, маленькое желание – наслаждение небольшое. Для того чтобы человек постиг настоящее желание, необходимы два условия:

1. Человек не может стремиться к тому, о чем никогда не слышал ранее, он должен знать, чего он хочет, значит, должен однажды иметь это.
2. Но не может у него возникнуть стремления к тому, что и так находится в его руках. Поэтому необходимы четыре ступени развития кли для принятия им окончательной формы.

Малхут получила весь свет в мире Бесконечности. Но кли характеризуется отличием свойств от качеств Творца, чего не было в мире Бесконечности. При последующем развитии кли мы убеждаемся, что настоящим кли является недостаток – не получение света, а, наоборот, его нехватка. В мире Асия кли вообще ничего не получает. Потому что хочет только взять, поэтому и является настоящим кли. И настолько далеко оно от Творца, что не знает о своем корне ничего, и приходится верить человеку, что он сотворен Создателем, однако ощутить этого не в состоянии.

Вывод: сосудом (кли) называется не тот, кто много имеет, а, наоборот, находящийся в крайнем удалении. И нет у него никакой связи со светом. Получая только ради себя, он не имеет ни малейшего желания отдавать – настолько, что приходится ему только верить в существование такого желания... Человек просто не в состоянии понять, зачем он должен стремиться к отдаче.

В чем же смысл появления такого кли, не имеющего даже искры света и находящегося в крайнем удалении от Творца? Это необходимо для того, чтобы смогли начать свою работу «ради отдачи» пока с ненастоящими предметами-игрушками. Бааль Сулам приводит такой пример. Раньше все было дорого, поэтому детей учили писать сначала на черной доске мелками, чтобы могли стирать написанное неправильно, и только тем, кто научился писать правильно, вручали настоящую бумагу.

Также и мы: сначала нам дают игрушки, и если научимся к своему желанию прилагать намерение «ради Творца», тогда сможем увидеть истинный свет. Поэтому сотворено кли в таком состоянии, для того чтобы приучить нас к настоящей работе.

Все действия до появления душ производятся Творцом, этим Он показывает душам пример – как они должны действовать. Например, как обучают игре в шахматы? Делают ходы за обучаемого, так он учится. В этом смысл порядка спускания миров сверху вниз. Творец выполняет все действия, относящиеся к высшим ступеням, а также все действия за нижних. Потом наступает вторая стадия, когда души начинают самостоятельно подниматься снизу вверх.

Но мы пока еще стремимся к игрушкам, а не к духовному, и свет, заключенный в Торе, скрыт от нас. Ведь если бы человеку открылись огромные наслаждения, то не смог бы получить их ради Творца.

Бааль Сулам приводит такой пример. Человек разложил на столе драгоценности – серебро, золото, бриллианты. Вдруг заходят к нему чужие люди. Страшно человеку, как бы не украли его сокровища. Что делать? Он тушит свет, теперь нет возможности увидеть, что в доме есть драгоценности.

В нас нет желания к духовному не потому, что отсутствует желание получить, просто ничего не видим. Насколько «очищается» человек, настолько начинает видеть. И тогда постепенно растет его кли, желание получить, ведь хочет ощутить все бо́льшие удовольствия. Например, если смог получить 0,5 кг удовольствия ради отдачи, дают ему наслаждение величиной в 1 кг, если и на него смог приложить намерение «ради Творца», дают ему 2 кг удовольствий и так далее.

Об этом сказано мудрецами: «Кто более велик в Торе, у того и желания больше». Но пока нет у наших желаний намерения получить ради отдачи – ничего не видим. И в этом смысле нет никакой разницы между человеком светским и религиозным. А различие только в том, что обычный человек стремится получить удовольствия только этого мира, а верующий хочет получить наслаждение также и в будущем.

Желание получать властвует над всеми творениями настолько, что сказано мудрецами: «Закон, господствующий над людьми, гласит: *мое – мое и твое – мое*. Только слабый человек из боязни говорит: *мое – мое, твое – твое*, и только страх не дает ему сказать: *твое – мое*».

Мы находимся в отрыве от высшего света, и если нам кажется, что мы что-то понимаем, то это чистая иллюзия, совершенно неправильное представление. Нам и не надо ничего понимать – нам надо стремиться к тому, чтобы этот свет подействовал на нас. Отрыв кли от света приводит нас к очень простому и правильному выводу: никакие знания в нашем мире, то, что есть внутри нас, нам не помогут; единственное, что нам поможет, – это свет, который находится над махсомом, полностью оторванный от нас в нашем мире. Он находится выше, а мы должны каким-то образом притянуть его свечение к нам, потому что именно этот свет создал из «нуля» (бхина шореш) желание (бхина алеф), потом вошел в это желание и изменил его на противоположное и так далее.

Этот свет не может войти в нас, но светя на нас издали, он начинает подготавливать нас к тому, чтобы мы получили бы его не в этом мире, а в наши устремления вверх, «выскочив» над этим миром.

Таким образом, никакие свойства нашего мира, никакие свойства нашего характера, с которыми мы родились в этом мире, как обычные люди, нам не помогут: ни ум, ни способности в чем-то, ни обладание еще какими-то свойствами или задатками, ни обстоятельства, ни богатство, ни власть, ни что-либо другое. Совершенно ничего человеку не поможет. К Творцу есть только один путь — устремление к тому, чтобы свет тебя вытянул, вытащил, исправил. Только это приведет человека к цели. И это всегда будет на более высокой ступеньке, над нашим миром, и так, каждый раз возвышаясь.

ז) והצורך להשתלשלות הרצון לקבל על ד' בחינות האמורות שבאבי"ע, הוא מפני שיש כלל גדול בענין הכלים, אשר התפשטות האור והסתלקותו הוא עושה את הכלי רצוי לתפקידו, פי', כי כל עוד שהכלי לא נפרד פעם מהאור שלו, הרי הוא נכלל עם האור ובטל אליו כנר בפני האבוקה. וענין הביטול הזה הוא, מפני שיש שש הפכיות ביניהם הרחוקה מקצה אל הקצה, כי האור הוא שפע הנמשך מעצמותו ית' יש מיש, ומבחינת מחשבת הבריאה שבא"ס ית', הוא כולו להשפיע ואין בו מבחינת רצון לקבל אף משהו, והפכי אליו הוא הכלי, שהוא הרצון הגדול לקבל את השפע ההוא, שהוא כל שורשו של הנברא המחודש, הנה אין בו ענין של השפעה כלום. ולפיכך בהיותם קרוכים זה בזה יחד, מתבטל הרצון לקבל באור שבו. ואינו יכול לקבוע את צורתו אלא אחר הסתלקות האור ממנו פעם אחת, כי אחר הסתלקות האור ממנו הוא מתחיל להשתוקק מאד אחריו, והשתוקקות הזאת קובעת ומחליטה את צורת הרצון לקבל כראוי, ואח"ז כשהאור חוזר ומתלבש בו הוא נבחן מעתה לב' ענינים נבדלים, כלי ואור, או גוף וחיים. ושים כאן עיניך כי הוא עמוק מכל עמוק.

*4. И эта необходимость нисхождения желания получать по четырем указанным стадиям (бхинот) в мирах АБЕА, вызвана тем, что есть великое **правило** для келим, согласно которому распространение света [в кли] и его [последующее] исторжение [из кли] делает кли пригодным* *к его предназначению. Объяснение: потому что до тех пор, пока кли еще не отделилось однажды от своего света, оно слито со светом и отменено в нем, как свеча перед факелом. И эта отмена [происходит] из-за того, что существует диаметральная противоположность между ними. Ведь свет – это шефа, исходящее из Ацмуто как сущее из сущего, и, по Замыслу творения в Бесконечности, он [свет] полностью отдающий, и нет в нем совершенно ничего общего с желанием получать. А кли противоположно ему, и представляет собой огромное желание получить этот свет, являясь корнем нового, созданного из ничего творения, и нет в нем ничего, относящегося к отдаче. И поэтому, когда они связаны друг с другом вместе, отменяется желание получать в свете, находящемся в нем. И не может оно определить свою форму, а лишь после того, как свет один раз покинет его. Ведь после того, как свет покидает его, оно начинает очень сильно стремиться к нему, и это страстное стремление (иштокекут) устанавливает и определяет форму желания получать надлежащим образом. А после того как свет возвращается и облачается в него, с этого момента они уже считаются двумя различными вещами – кли и свет, или «тело» и жизнь. И пристально рассмотри сказанное здесь, ибо это глубочайшие вещи.*

Когда кли начинает получать, оно должно ощутить: «Я получаю сейчас удовольствие и наслаждение». Если мы говорим, что нет ничего, кроме Творца, который желает дать наслаждение, и творения, стремящегося получить это наслаждение, то, казалось бы, достаточны Кетер (дающий) и Хохма (получающая). Зачем же надо удалять желание от Творца качественно, чтобы оно стало более грубым, более эгоистичным, более требовательным?

Свет может создать желание как таковое, только построив его и наполнив, но при этом желание не будет ощущать ничего. А вот когда свет его оставляет, уходит от него, и желание остается пустым, тогда оно действительно становится желанием. То есть не может быть наполненного желания – желание может быть, только если оно пустое и знает, к чему оно.

В каббале есть простой закон, который на иврите звучит так: «итпаштут а-ор вэ исталкуто осэ кли рауй ле тавкидо» (распространение света и исчезновение света делают желание пригодным для его предназначения).

Объяснение: пока свет наполняет кли, свет и кли связаны между собой неразрывно, и желания как такового фактически нет. Если желание наполнено наслаждением, оно само себя аннулирует, и тогда оно ощущает только наслаждение. Но почему, когда желание наполняется, оно не ощущает себя? Не потому, что в нем есть то, что оно желает, – это недостаточный ответ. Ведь если в нем есть все, чего оно желает, оно бы ощущало и себя, и то, чего оно желало.

В нашем мире так и происходит. Например, не сразу же исчезает наслаждение при покупке машины: несколько лет я хотел купить ее, и, купив, в течение нескольких месяцев еще буду наслаждаться, пока это наслаждение у меня не исчезнет, становясь обычным.

А в духовном мире такого нет. Желание мгновенно исчезает, как только наслаждение его наполняет, потому что наслаждение не находится на том же уровне, что и желание, и тем более не находится на более низком уровне.

В нашем мире человек желает какую-то игрушку, машину или что-то еще, или животных наслаждений, допустим, – но желает человек, и поэтому наслаждение находится на равном ему уровне или даже на более низком, чем желание. А в духовном мире, поскольку наслаждение исходит от Творца, с высшей ступени, то, входя в желание, оно мгновенно его подавляет, аннулирует, уничтожает. Желание просто пропадает: его нет, потому что Творец наполняет творение.

Это большая разница, и она очень чувствуется именно в этом законе: пока свет наполняет желание, свет и желание неразрывно связаны между собой, и желания как такового фактически нет – оно, получая свет, само уничтожает этим себя, подобно тому как огонек свечи меркнет при свете факела. Свет, наполняя желание, диктует ему всё, потому что он – свыше. В желании есть какое-то устремление, но оно абсолютно исчезает в огромном свете.

Желание удовлетворено – следовательно, его фактически не существует. Оно сможет снова проявиться только тогда, когда свет выйдет из него, перестанет его заполнять. Причиной этого самоуничтожения желания является полная противоположность между светом и кли – ведь свет напрямую исходит от сущности Творца, из Замысла творения.

Свет – это желание отдавать, то есть он совершенный, в нем нет ничего ущербного, он желает только отдать, принести все доброе. Поэтому ему никак нельзя навредить, в нем не существует ничего, что он желал бы получить, что вошло бы в него обратно. И вот это его свойство относительно кли настолько превосходящее, что он полностью подавляет кли.

Кли же является его полной противоположностью – огромное желание получать свет (абсолютная зависимость от совершенства света). Кли – это корень, источник чего-то принципиально нового, чего раньше не существовало, – творения. Кли не имеет ни малейшего желания отдавать.

Так как свет и кли тесно связаны между собой (если свет входит в кли, то они абсолютно переплетены между собой, в каждое желание входит его наполнение), то желание получать при этом полностью аннулируется относительно света. Кли приобретает определенную форму только после того, как свет выходит из него: его желания формируются, понимают, какими они должны быть, за каким наполнением, наслаждением они должны устремляться.

Когда Творец создает желание, то это желание неоформленное, оно не ощущает самого себя как желание. Оно так и существует, допустим, как камень, который не осознает своих собственных желаний.

А когда свет уходит из кли, которое было неоформленным (не было в каждом желании понимания того, что значит «наслаждение» и что значит «без наслаждения»), только тогда и происходит формирование настоящего желания. И это настоящее желание, которое появилось вследствие распространения света в нем, наполнения, и вследствие исчезновения света из него, исторжения, уже называется не просто желанием, а устремлением. На иврите тоже есть два совершенно разных слова: желание – «рацон», а устремление – «иштокекут» (то есть стремление, страсть).

Только после выхода света кли начинает страстно желать получить его. Это страстное желание и определяет необходимую форму желания получать.

Именно это устремление, иштокекут, и определяет сейчас характер кли. До этого у него была просто аморфная форма: «Я хочу насладиться, но не знаю чем». Сейчас он точно знает – и по количеству, и по качеству, и он точно стремится. Сейчас в кли создались предпосылки для определенных разумных действий.

Если свет второй раз входит в кли, то он уже входит в кли, которое ждет его, желает его, которое страдает, жаждет, чтобы свет его наполнил. И когда свет входит в кли, он уже не может подавить кли, он уже не может своим присутствием полностью наполнить его так, что кли исчезнет. Потому что кли уже предварительно само желает света, и когда оно его получает, наслаждается им, то ощущает свое устремление к нему, свое наслаждение от него, свои муки без него и, одновременно с этим, насыщение светом сейчас. То есть когда наслаждение приходит вторично, в уже устремленное к нему кли, оно ощущается в миллиарды раз бо́льшим и при этом не гасится, как раньше.

И с тех пор становится их двое, и хотя они связаны друг с другом, но все-таки отделены друг от друга по своим направлениям: свет желает насладить кли, а кли желает насладиться светом, и при этом не исчезает ни один, ни другой, а наоборот, своими противоположными устремлениями поддерживают друг друга. И тогда мы называем такое состояние жизнью, не просто существованием, а жизнью.

Если мы не достигнем всех возможных вхождений света в нас и его выходов, и снова вхождений, мы не достигнем настоящего наслаждения, которое задумано Творцом. Поэтому весь наш путь, уже начиная с самых первых шагов, состоит из подъемов-спусков, подъемов-спусков. Это формирует в нас устремления. И хотя они еще неосознанные (к чему и как), но мы уже начинаем реагировать на что-то извне, мы уже начинаем дышать, оценивать свою жизнь как более наполненную или как менее наполненную, как жизнь или как падение под уровень жизни, в зависимости от того, насколько ближе мы к свету или дальше от него. Поэтому мы должны ценить, уважать те ощущения, которые формируются в нас во время всевозможных духовных движений.

Именно в мере роста каждого, из подъемов по сравнению с падением, и будет наша жизнь ощущаться более полной. Подъем и падение называются духовным дыханием: наполнение и исторжение, наполнение и исторжение. Причем каждый раз это дыхание должно быть бо́льшим: с бо́льшим впуском в себя высшего света и с бо́льшим выходом этого света из себя, то есть с ощущением все большего наслаждения и все большего падения, страдания и так далее.

Понятно, что подъемы и спуски у нас будут все время увеличиваться, вплоть до огромнейшей амплитуды от «плюс» до «минус бесконечности». Поэтому говорится, что перед достижением ступени «гмар тикун» рабби Шимон ощутил огромное падение. Оно называется «Шимон мин а-шук» (как Шимон с рынка). То есть рабби Шимон ощутил себя самым простым, самым низким человеком – Шимоном, торгующим на рынке. Представьте себе, кем ощутил себя человек, достигший полного исправления! То есть настолько глубоким, полнейшим был выход света из него, что он ощутил себя абсолютным животным. Однако одновременно он ощутил, понял и осознал, что это нижайшее состояние – «минус бесконечность», ниже этого нет. И тогда, как повествуется в Книге Зоар, он понял, что следующее состояние должно быть наполнением, которое называется «гмар тикун». Это абсолютное наполнение кли, которое уже не исчезает, за которым уже нет никакого выхода света.

ה) ולפיכך, צריכים לד' בחינות שבשם הוי"ה, הנקראות חכמה בינה ת"ת מלכות. כי בחי"א הנק' חכמה, היא באמת כל כללותו של הנאצל אור וכלי, כי בו הרצון לקבל הגדול, עם כל כללות האור שבו הנק' אור החכמה, או אור החיה, כי הוא כל אור החיים שבנאצל המלובש בהכלי שלו, אמנם בבחינה הא' הזו, נבחנת לכלו אור, והכלי שבו כמעט שאינו ניכר, כי הוא מעורב עם האור ובטל בו כנר בפני האבוקה.

ואחריה באה בחי"ב, והוא כי כלי החכמה בסופו הוא מתגבר בהשואת הצורה לאור העליון שבו, דהיינו שמתעורר בו רצון להשפיע אל המאציל. כטבע האור שבתוכו שהוא כולו להשפיע, ואז ע"י הרצון הזה שנתעורר בו, נמשך אליו מהמאציל אור חדש הנקרא אור חסדים, ומשום זה כמעט שנפרש לגמרי מאור החכמה שהשפיע בו המאציל, כי אין אור החכמה מקובל רק בהכלי שלו, שהוא הרצון לקבל הגדול בכל שיעורו, כנ"ל. באופן שהאור וכלי שבבחי"א משונים לגמרי מבחי"א כי הכלי שבה הוא הרצון להשפיע והאור שבה נבחן לאור החסדים, שפירושו אור הנמשך מכח הדבקות של הנאצל במאציל. כי הרצון להשפיע גורם לו השואת הצורה למאציל, והשואת הצורה ברוחניות היא דבקות, כמ"ש להלן.

ואחריה באה בחינה ג'. והוא כי אחר שנתמעט האור שבנאצל לבחינת אור חסדים בלי חכמה כלל, ונודע, שאור החכמה הוא עיקר חיותו של הנאצל, ע"כ הבחי"ב בסופה התעוררה והמשיכה בקרבה שיעור מאור החכמה, להאיר תוך אור החסדים שבה. והנה התעוררות הזו המשיכה מחדש שיעור מסוים מהרצון לקבל שהוא צורת כלי חדש הנקראת בחינה ג' או ת"ת, ובחי' האור שבה נק' אור חסדים בהארת חכמה כי עיקר האור הזה הוא אור חסדים ומיעוטו הוא אור חכמה.

ואחריה באה בחינה ד', והוא כי גם הכלי דבחי"ג בסופו התעורר להמשיך אור חכמה במילואו כמו שהיה בבחי"א, ונמצא התעוררות הזו היא בבחינת השתוקקות בשיעור הרצון לקבל שבבחי"א, ונוסף עליו, כי עתה כבר נפרד מאור ההוא, כי עתה אין אור החכמה מלובש בו אלא שמשתוקק אחריו, ע"כ נקבע צורת הרצון לקבל על כל שלימותו, כי אחר התפשטות האור והסתלקותו משם, נקבע הכלי, כנ"ל, וכשיחזור אח"כ ויקבל בחזרה את האור, נמצא הכלי מוקדם להאור. וע"כ נבחנת בחינה ד' הזאת לגמר כלי. והיא נק' מלכות.

5. *И поэтому необходимы четыре стадии (бхинот), что в имени АВАЯ, которые называются Хохма, Бина, Тиферет, Малхут. Потому что первая стадия (бхина алеф), называемая*

«Хохма», на самом деле содержит в себе все созданное творение, свет и кли, ведь в нем огромное желание получать со всей совокупностью света в нем, который называется *«ор хохма»* (досл. «свет мудрости»), или *«ор хая»* (досл. «свет жизни»), поскольку это весь свет жизни в создании, облаченный в его кли. Однако эта первая стадия (бхина алеф) все еще считается полностью светом, а кли в ней почти не проявлено, поскольку перемешано со светом и отменено в нем, как свеча перед факелом.

А после нее идет вторая стадия (бхина бет), и это потому, что кли Хохма в конце своего развития усиливается в стремлении уподобиться высшему свету, что в нем — то есть в нем пробуждается желание отдавать Создателю, согласно природе света внутри него — все отдавать. И тогда благодаря этому желанию, которое пробудилось в нем, притягивается к нему от Создателя новый свет, называемый *«ор хасадим»* (досл. «свет милосердия»). И вследствие этого оно почти полностью освобождается от света хохма, которым его наполнял Создатель, потому что свет хохма может быть получен только в свое кли, представляющее собой огромное желание получать во всей своей полноте, как было сказано выше. Таким образом, свет и кли во второй стадии полностью отличаются от первой стадии, потому что кли в ней — это желание отдавать, а свет в ней ощущается как свет хасадим — то есть свет, вызванный силой слияния (двекут) создания с Создателем, потому что желание отдавать приводит его к подобию по форме с Создателем, а подобие по форме в духовном — это слияние, как мы изучали выше.

А после нее идет третья стадия (бхина гимель). Ибо после того, как свет внутри создания уменьшился до стадии света хасадим совершенно без света хохма, а известно, что свет хохма является основной жизненной силой в создании, поэтому вторая стадия в конце пробудилась *и притянула в себя [определенную] меру света хохма, чтобы светил внутрь света хасадим, находящегося в ней. И это пробуждение снова притянуло определенную часть от желания получать, представляющую собой новую форму кли, которая называется третьей стадией или Тиферет. А свойство света в ней называется светом хасадим со свечением хохма, потому что основой этого света является свет хасадим, а меньшая его часть является светом хохма.*

А после нее приходит четвертая стадия (бхина далет), потому что также и кли третьей стадии в конце пробудилось притянуть свет хохма в полной мере, как это было в первой стадии. И получается, что это пробуждение представляет собой стремление в размере желания получать, как в первой стадии, с дополнительной прибавкой к нему. Потому что сейчас оно уже рассталось с этим светом, ведь сейчас свет хохма не облачен в него, и оно страстно стремится к нему, и поэтому устанавливается форма желания получать во всей своей полноте. Ибо после распространения света и его исторжения оттуда, устанавливается [форма] кли, как было сказано выше. И когда вернется потом и [снова] получит свет обратно, кли уже будет предшествовать свету. И поэтому считается эта четвертая стадия (бхина далет) законченным кли. И она называется «Малхут».

Почему сам свет стал причиной того, что кли захотело отдавать? Мы наблюдаем в нашей природе такой закон: каждая ветвь стремится быть похожей на свой корень. Поэтому, когда пришел свет хохма, кли получило этот свет. Но когда ощутило, что свет пришел от Дающего, захотело походить на Источник и не получать. Выходит, что из Кетера исходят два действия:
1. Желание насладить творения создало желание получать, это бхина алеф.
2. Желание отдавать действует в творении, поскольку ощущает, что свет, который оно получает, приходит от желания Высшего «давать», поэтому оно также желает давать.

Пример этому мы можем наблюдать в материальном мире. Один человек дает другому подарок, и тот его принимает. Потом второй начинает размышлять и понимает: «Он – дающий! А я, выходит, получающий? Не стоит мне брать!» Поэтому возвращает подарок. Вначале, когда получил подарок, он находился под влиянием дающего и не чувствовал себя получающим. Но после получения ощутил себя получающим, поэтому отказывается от подарка.

Необходимо отметить, что у этого человека есть желание получить – ведь получил вначале. Но просить – не просил, поэтому он еще не называется «кли». И только, когда он ощущает, что существуют наслаждение и наполнение, и он просит и умоляет Дающего, чтобы тот дал их ему, он называется «кли».

Почему у Бины авиют больший, чем у Хохмы, то есть имеет большее желание получить, ведь она желает отдавать? Хохма – это кли, еще не ощущающее себя получающим, Дающий полностью властвует над ним. Но Бина уже ощущает себя получающей, поэтому имеет больший авиют, чем Хохма.

Есть два вида света:

1. Свет цели творения, называемый «свет хохма», он исходит от Творца – желания насладить творения. Это бхина алеф;
2. Свет исправления творения, называемый «свет хасадим», распространяющийся благодаря творению. Это бхина бет.

Как можно сказать, что свет хасадим распространяется благодаря творению, разве не Творец – источник света и наслаждения? Потому что благодаря слиянию творения с источником наслаждения приходит к нему наслаждение от Творца.

Начало творения происходит так: из Творца исходит свет – наслаждение. Это нисхождение света из Творца называется **корнем (шореш) или нулевой стадией (0)**.

Под это наслаждение свет создает кли, способное ощутить, вместить в себя все наслаждение, находящееся в свете.

Допустим, Творец захотел насладить творение на величину 1 кг, тогда Он должен создать творение, желание насладиться, кли, емкостью в 1 кг, способное вместить в себя полностью все наслаждения, которые Он создал.

Такое состояние полного насыщения кли от наполнения светом Творца называется **«бхина алеф» (стадия 1)**. Эта стадия характеризуется желанием получить наслаждение (рацон лекабель). Свет, несущий наслаждение, называется «ор хохма». И так как кли в этой стадии получает свет хохма, то и сама стадия называется «Хохма».

Кли получает весь свет Творца, ощущает полное наслаждение светом и под его воздействием приобретает его свойство – желание отдавать, наслаждать. Вследствие этого кли из получающего наслаждение превращается в желающего отдавать и поэтому перестает получать свет. Поскольку в кли возникает новое, противоположное первоначальному, желание, оно переходит в новое состояние, которое называется **«бхина бет» (стадия 2)**, «желание отдавать» (рацон леашпиа), или «Бина».

Итак, кли перестало получать свет. Свет продолжает взаимодействовать с кли и «говорит» ему, что тем, что оно отказывается принимать свет, оно не выполняет цель творения, не выполняет желание Творца. Кли анализирует эту информацию и приходит к выводу, что действительно не выполняет желание Творца, который хочет, чтобы оно наслаждалось светом.

Кроме того, кли чувствует, что свет является для него жизненной силой и что оно не может жить без него. Поэтому кли, желая по-прежнему отдавать, решает все же начать получать хоть какую-то жизненно необходимую порцию света. Получается, что кли соглашается принять свет по двум причинам: первая – из-за того, что оно хочет выполнить желание Творца, и эта причина является главной; вторая причина – это ощущение того, что оно действительно не может жить без света.

Это возникновение в кли нового, небольшого желания получить свет создает новую стадию развития желания, которая называется **«бхина гимель» (стадия 3)**, или «Зеир Анпин».

Одновременно отдавая и немного получая, кли в этой стадии начинает сознавать, что желанием Творца является полное наполнение кли светом, чтобы кли могло бесконечно наслаждаться им. Поскольку кли уже получило немного света хохма, необходимого ему для существования, теперь оно уже само решает принять остальной свет, потому что так желает Творец. Кли вновь начинает принимать в себя весь свет Творца, как в бхине алеф.

Это состояние называется **«бхина далет» (стадия 4)**. От бхины алеф она отличается тем, что желание получать проявлено самостоятельно. В бхине алеф заполнение светом происходило неосознанно, по прямому действию Творца. Собственного, личного желания у творения не было. Бхина далет называется царством желаний, или «Малхут». Это состояние называется миром Бесконечности (олам Эйн Соф) – бесконечное, неограниченное желание насладиться, заполненное светом, наслаждением.

Бхинат шореш (стадия 0, корень) – это желание Творца создать творение и доставить ему максимальное удовольствие. В корне, как в зерне или зародыше, заключено все последующее творение от начала и до конца, все отношение Творца к будущему творению.

Бхинат шореш является Замыслом всего творения (махшевет брия). Все последующие процессы являются лишь осуществлением этого Замысла. Причем каждая последующая стадия является логическим следствием предыдущей. Развитие происходит сверху вниз, при этом каждая предыдущая стадия включает в себя все последующие, которые являются ее развитием.

По мере этого развития сверху вниз, от Творца до нашего мира, возникают новые нисходящие ступени, все идет от совершенного к несовершенному. Творец создал свет, наслаждение из Самого Себя, из Своей сущности, поэтому сказано, что свет создан «еш ми еш» (сущее из сущего), то есть свет всегда существовал. А появление желания получить наслаждение (проявление бхины алеф, стадии 1), называется «еш ми айн» (сущее из ничего), то есть Творец создал его из «ничего», так как у Творца не может быть даже тени желания получать.

Первое самостоятельное желание творения возникает в бхине бет (стадии 2). В этой стадии впервые проявилось желание отдавать. Желание это возникло под влиянием света, полученного от Творца, и было заложено еще в Замысле творения. Но самим кли это желание ощущается как его личное, самостоятельное. Так же и наши желания: все они нисходят свыше, от Творца, но мы считаем их своими, принятыми самостоятельно.

Ощутив в бхине бет желание отдавать, противоположное желанию получать, кли перестает ощущать наслаждение от получения, перестает ощущать свет как наслаждение, свет как бы покидает его, и оно остается пустым.

В бхине алеф было создано желание насладиться. Это единственное желание, которого нет у Творца, именно это желание и является собственно творением. Далее во всем мироздании существуют только варианты желания, возникшего в бхине алеф: насладиться от получения или от отдачи, либо смешение этих двух желаний. Но, кроме Творца, в мироздании существует только одно: желание насладиться.

Кли всегда остается желающим получить, материал его не меняется. Понять это человеку удается только тогда, когда он осознает зло, осознает нашу эгоистическую природу. Все, что заложено в нашей природе, в любой нашей клетке – не более чем желание насладиться в той или иной степени.

Желание в состоянии «бхина бет», Бина, оставшись пустым, перестает ощущать, что оно существует: оно создано светом и, оставшись без него, как бы умирает. Поэтому в нем возникает желание получить хоть немного света Творца.

Наслаждение от получения света называется «свет хохма», наслаждение от отдачи – «свет хасадим».

Оно хочет отдавать, но тут оно обнаруживает, что отдавать-то ему нечего, что оно «умирает» без света хохма, поэтому принимается решение принять в себя немного этого света.

Это создает в желании новые свойства, называемые бхина гимель (стадия 3). В этой стадии у кли есть два противоположных желания: желание получать и желание отдавать. Преобладает все же желание отдавать. Несмотря на то что отдавать ему нечего, это желание отдать Творцу все же существует, и это желание заполнено светом хасадим. Но в кли есть также небольшое количество света хохма, которое заполняет желание получать.

Желание получать постепенно усиливается, вытесняя желание отдавать, и через некоторое время оно остается единственным. Новое состояние называется «бхина далет», Малхут, то есть «царство желания» – желание вобрать в себя всё, все удовольствия, весь свет хохма. Получается, что если сейчас Малхут примет этот свет, то это ее желание принять свет будет первичным. Первичным – это значит, вызванным ею: желание будет первичным относительно наполнения.

Если в бхине алеф было только желание насладиться самим светом, то в бхине далет есть еще и желание насладиться Дающим этот свет. Всегда свет исходил и строил под себя кли: бхинот шореш, алеф, бет, гимель, а вот бхину далет – последнюю стадию – нет. Бхина далет возникла сама по себе: понимая, что значит вхождение света и его исторжение, она, как триггер, переключилась в совершенно новое желание, желание к Творцу – наслаждаться Творцом, а не светом, не самим наслаждением.

Эта стадия является завершением создания творения, а так как она получает в себя все бесконечно, без ограничения, без конца, то она называется миром Бесконечности.

1-16. Три основных понятия

Эти четыре стадии называются «арба бхинот де-ор яшар» – **четыре стадии прямого, исходящего прямо из Творца света**. Все остальное творение, все миры, ангелы, сфирот, души – всё является лишь частью Малхут. Поскольку Малхут затем желает быть подобной свойствам предыдущих бхинот, то все творение является отражением их свойств.

Понять это, объяснить, как в каждом из миров отражаются эти четыре стадии, как это влияет на наш мир, как мы, действуя активно, с помощью обратной связи, можем влиять на них, включиться в общий процесс мироздания, – в этом заключается вся наука каббала. Наша задача – постичь это.

ו) ואלו ד' ההבחנות הנ"ל ה"ס עשר ספירות הנבחנות בכל נאצל וכל נברא, הן בכלל כולו שהן ד' העולמות, והן בפרט קטן ביותר שבמציאות.
ובחי"א, נקראת חכמה, או עולם האצילות. ובחי"ב נק' בינה, או עולם הבריאה. ובחי"ג נק' תפארת, או עולם היצירה. ובחי"ד נק' מלכות, או עולם העשיה.
ונבאר את הד' בחינות הנוהגות בכל נשמה, כי כשהנשמה נמשכת מא"ס ב"ה ובאה לעולם האצילות, היא בחי"א של הנשמה. ושם עוד אינה נבחנת בשם הזה, כי השם נשמה יורה שיש בה איזה הפרש מהמאציל ב"ה, שע"י ההפרש הזה יצאה מבחינת א"ס ובאה לאיזה גילוי לרשות עצמה, וכל עוד שאין בה צורת כלי, אין מה שיפריד אותה מעצמותו ית', עד שתהיה ראויה להקרא בשם בפני עצמה. וכבר ידעת שבחי"א של הכלי אינה ניכרת כלל לכלי וכולה בטלה להאור, וז"ס הנאמר בעולם אצילות שכולו אלקיות גמור, בסוד איהו וחיוהי וגרמוהי חד בהון. ואפילו נשמות שאר בעלי החיים בהיותם עוברים את עולם אצילות נחשבים כעודם דבוקים בעצמותו ית'.

6. И эти четыре вышеуказанные отличительные свойства (авханот) являются сутью десяти сфирот, различаемых в каждом создании и в каждом творении, как в общем и целом, то есть в четырех мирах, так и в самом мельчайшем элементе действительности.

Бхина алеф называется «Хохма, или мир Ацилут», бхина бет называется «Бина, или мир Брия», бхина гимель называется «Тиферет, или мир Ецира», а бхина далет называется «Малхут, или мир Асия».

И выясним эти четыре стадии (бхинот), действующие в каждой душе (нешаме). Ведь когда душа нисходит из Бесконечности и приходит в мир Ацилут – это бхина *алеф (первая стадия) души*. И там еще она не называется именем «нешама», потому что имя «нешама» указывает на то, что у нее есть какое-то отличие от Творца, и благодаря этому отличию она вышла из Бесконечности и пришла к некоторому проявлению своей самостоятельности. А до тех пор, пока еще у нее нет формы кли, нет ничего, что отделяло бы ее от Ацмуто до такой степени, чтобы она стала достойной называться своим собственным именем. И ты уже знаешь, что первая стадия кли совершенно не считается кли и целиком отменена перед светом. И в этом смысл сказанного о мире Ацилут, что он весь абсолютно духовный: «Он, Его жизненная сила, и Его источник едины». И даже души остальных живых существ, когда они проходят мир Ацилут, считаются все еще слитыми с Ацмуто.

В таблице «Общие термины»[1] показывается, что эти пять бхинот, когда они начинают наполняться с помощью экрана светом, дают нам, соответственно, пять миров: Адам Кадмон, Ацилут, Брия, Ецира, Асия. И последняя ступенька мира Асия называется «наш мир».

То есть из этих бхинот исходит все мироздание, и любое творение – как в макромире, так и в микромире – обязательно состоит из них. Это Кетер, Хохма, Бина, Зеир Анпин (который состоит из шести частных бхинот: Хесед, Гвура, Тиферет, Нецах, Ход, Есод) и последняя – это Малхут. Итого: десять сфирот, пять миров, пять бхинот – и это все, что есть в мироздании. Больше нет ничего.

Мы можем сказать так: свет Творца начал строить бхинот алеф, бет, гимель, пока не создал бхину далет – Малхут. Свет, который существует вокруг, называется «окружающий свет мира Бесконечности». Кроме этого не создано ничего. Этот объем и есть все мироздание, а вокруг – окружающий свет, его называют «Ацмуто», то есть то, что мы не постигаем вообще,

---

[1] См. Альбом духовных миров. Таблица 1. Общие термины. – *Ред.*

что выходит за пределы наших ощущений, потому что все наши ощущения в итоге только внутри этого места, созданного Творцом.

Какие бы точки мы здесь ни брали, мы всегда можем найти им какое-то имя, как-то охарактеризовать: какое это желание относительно Творца, относительно света, относительно самого себя и так далее. То есть все творение, все десять сфирот, все миры – все, что только есть, находится здесь.

Когда Малхут одновременно примет на себя свойство Бины и начнет исправляться, тогда в исправленном состоянии она уже станет тем, что мы называем «душа». Можно сказать, что душа – это Малхут, подобная свету, мера подобия бхины далет Творцу.

Выясним теперь природу этих четырех бхинот, существующих в каждой душе. **Бхина** – от слова «авхана», которое переводится как определение, отделение, свойство, категория, то есть если я хочу выделить из многих свойств что-то определенное, я говорю: бхина, то есть выделенное свойство[1].

Спускаясь из мира Бесконечности, душа еще является зародышем, ничего в ней нет, но на этой стадии, когда она спускается сверху вниз и достигает мира Ацилут, она приобретает там свойства бхины алеф. В мире Ацилут она еще не называется «нешама», потому что это название указывает на определенную отделенность от Творца, в результате ко-

---

[1] См. также Бааль Сулам. Бейт Шаар а-Каванот, ч. 1, п. 1.

«Есть Маациль (Создатель) и неэцаль (создание), и в создании есть четыре основы: эш (огонь), руах (ветер), маим (вода), афар (прах земной). И они – четыре буквы АВАЯ, и они – ХУБ ТУМ (Хохма, Бина, Тиферет, Малхут), и они – ТАНТА (таамим, некудот, тагин, отиёт), и они – это АБЕА (Ацилут, Брия, Ецира, Асия), именно они являются четырьмя бхинот (характерными свойствами, качествами, аспектами), что в Адаме (человеке).

...[АРИ] учит нас здесь великому правилу, включающему в себя всю мудрость, дающему нам возможность познать, каким образом общий закон и все его мельчайшие части похожи друг на друга, так как вся реальность, высшие ее составляющие и низших вместе, это только лишь пять бхинот: Кетер, Хохма, Бина, Тиферет, Малхут, называемых именами пяти миров: Адам Кадмон (АК), Ацилут, Брия, Ецира, Асия». – *Ред.*

торой она выходит с уровня Бесконечности, уровня отсутствия границ, полного слияния с Творцом, и обретает некоторую «самостоятельность».

Бхина алеф – это желание, наполненное светом, порожденное светом: сначала был свет, а потом возникло желание. Естественно, бхина алеф не является самостоятельной – она порождена светом, она наполняется светом одновременно со своим развитием и ни в коем случае не может проявить каким-либо образом свои желания и согласно этим желаниям что-то сделать. Свет первичен, желание вторично. Поэтому, когда душа нисходит в мир Ацилут, она находится там всего лишь в состоянии, подобном бхине алеф, то есть абсолютно несамостоятельна.

Она еще не является сформировавшимся, законченным желанием, и поэтому ее еще ничего не отделяет от сущности Творца. То есть в этом состоянии еще есть «двекут» – слияние души с Творцом, но это слияние происходит потому, что душа нисходит сверху вниз. А когда мы достигаем мира Ацилут из нашего мира, снизу вверх – мы достигаем того же уровня слияния с Творцом, но уже своими свойствами.

Находясь в бхине алеф, кли полностью самоотменяется по отношению к свету. Поэтому говорят, что в мире Ацилут «Он и имя Его едино». «Он и имя Его» – имеется в виду, что Он – это свет (ор), а кли – это имя Его. «Он и имя Его едино» – то есть Творец и творение, свет и кли абсолютно слиты вместе: свет рождает кли и полностью заполняет его.

И даже души других, отличных от человека существ, то есть тех, кто будут затем отделяться (эти нисходящие души будут разделяться на уровни, на качества: неживые, растительные, животные и человеческие типы, и внутри каждого из них будут свои типы – как в человеке, так и в животных и растениях), но неважно, кем бы и какими бы они ни были, все равно в мире Ацилут всё сливается вместе. Какое бы ни было между нами различие, поднимаясь в мир Ацилут, туда, где мы сливаемся с Творцом, мы оказываемся в состоянии гмар тикун, в состоянии окончательного исправления. В этом состоянии абсолютно все творения, все души – человеческие, животные, растительные, неживые – сливаются в одну общую душу.

ז) ובעולם הבריאה כבר שולטת בחינה הב' הנ"ל, דהיינו בחינת הכלי של הרצון להשפיע, וע"כ כשהנשמה משתלשלת ובאה לעולם הבריאה ומשגת בחינת הכלי ההוא אשר שם, אז נבחנת בשם נשמה, דהיינו שכבר יצאה ונתפרדה מבחינת עצמותו ית' והיא עולה בשם בפני עצמה להקרא נשמה. אמנם כלי זה זך מאוד, להיותו בהשואת הצורה למאציל, וע"כ נחשבת לרוחניות גמורה.

7. А в мире Брия уже правит вышеупомянутая бхина бет (вторая стадия), то есть бхина кли желания отдавать. И потому, когда душа нисходит и приходит в мир Брия и обретает бхину кли, имеющегося там, тогда она уже определяется именем «нешама», то есть она уже вышла и отделилась от свойства Ацмуто, и стала достойной называться своим собственным именем «нешама». Однако кли это очень чистое, поскольку по форме своей подобно Создателю, и поэтому считается полностью духовным.

Следующий под миром Ацилут – мир Брия, Бина, свойством этого мира является отдача, это то, что властвует в этом мире.

Когда душа спускается из мира Ацилут в мир Брия, она приобретает свойства этой стадии развития кли. Находясь в Ацилуте, она может «получать ради отдачи» – это является тем действием, которое дает нам слияние с Творцом, а в мире Брия – это только «отдача ради отдачи», то есть теряется экран на третью и четвертую стадии желания получать и остается экран только на нулевую, первую и вторую. Поэтому, когда душа прибывает в мир Брия, она уже называется «нешама», и это – бхина бет.

Это значит, что она уже отделяется от сущности Творца (то есть уже отделилась наличием какого-то своего самостоятельного желания, недостатком полного подобия, полного слияния с Творцом) и приобрела определенную самостоятельность. Тем не менее, это кли пока еще очень чистое, «прозрачное», близкое по своим свойствам к Творцу, и поэтому считается еще полностью духовным. То есть душа еще абсолютно неэгоистическая, потому что все в ней – на уровне «отдачи ради отдачи», «хафец хесед».

Хотя между миром Ацилут и миром Брия есть парса, отделяющая мир Ацилут от миров, которые под ним, но мир Брия как будто находится в мире Ацилут, он все равно относится к отдаче, и хотя есть в нем эгоистическое желание, но оно находится под сокращением.

В мире Ацилут существуют ГЭ (отдающие келим) и АХАП (получающие келим), и их я исправляю на «отдачу Творцу». С ГЭ я могу отдавать ради отдачи, а с АХАП – даже получать ради отдачи. То есть в мире Ацилут я использую и ГЭ, и АХАП, и поэтому мое состояние называется «двекут» (слияние) – потому что я могу весь свой эгоизм преобразовать в отдачу, в подобие Творцу.

В мире Брия АХАП не задействованы – у меня нет сил работать с ними, я произвожу только действие «отдачи ради отдачи». АХАП находятся под сокращением, но поскольку я не хочу работать с ними, а всеми своими силами хочу быть в связи с Творцом, то считается, что я как бы нахожусь с Ним в связи, но под сокращением. Поэтому, с одной стороны, с точки зрения получающих келим де-АХАП, я нахожусь ниже парсы, с другой стороны, я эти келим не использую и якобы нахожусь в мире Ацилут, выше парсы. Это мир Брия, и достигающий этого мира называется «обретает душу» (нешама).

До мира Брия души как таковой нет, потому что до этого мира нет у человека свойств отдачи. Они есть, но в такой мере, в которой не учитывается, что это – его.

ח) ובעולם היצירה כבר שולטת בחינה הג' הנ"ל, שהיא כלולה מעט מצורת הרצון לקבל, וע"כ כשהנשמה משתלשלת ובאה לעולם היצירה ומשגת הכלי ההוא, יצאה מבחינת הרוחניות של הנשמה, ונקראת בשם רוח, כי כאן הכלי שלו כבר מעורב

בעביות מועטת, דהיינו מעט הרצון לקבל שיש בו. אמנם עדיין נבחנת לרוחני, כי אין שיעור עביות זאת מספקת להבדילו לגמרי מן עצמותו ית' להקרא בשם גוף עומד ברשות עצמו.

8. А в мире Ецира уже правит вышеупомянутая бхина гимель — третья стадия, которая [уже] немного содержит в себе форму желания получать. И поэтому, когда душа спускается и приходит в мир Ецира и обретает это кли, она выходит из духовной стадии «нешама», и называется именем «руах». Так как здесь ее кли уже смешано с небольшим авиютом, то есть с небольшим желанием получать, имеющимся в нем. Однако пока еще оно считается духовным, ибо этой меры авиюта недостаточно, чтобы отделить его полностью от Ацмуто так, чтобы оно могло называться телом, существующим самостоятельно.

В мире Ецира (бхина гимель) есть желание отдавать от бхины бет (Бины) и маленькая порция желания получить от бхины алеф (Хохмы). Действие на отдачу базируется здесь на получении «в себя», то есть здесь уже проявляется собственное эгоистическое желание. Оно еще не в эгоистическом виде, но желание получать как таковое уже используется. Почему? Каждая следующая стадия развития желания наследует, включает в себя свойства всех предыдущих уровней, и Бина (бхина бет) унаследовала от бхины алеф (Хохмы) ее желание получать и начала его использовать. То есть сама Бина начала использовать желание получать, поэтому в бхине гимель оно и проявляется.

Каждый мир представляет собой какой-то уровень, а внутри миров мы можем как бы подниматься и опускаться. Для того чтобы подняться в мир Ецира или спуститься в него, надо приобрести свойства, которые в нем есть. Представьте себе: как только изменились наши мысли — сознательно или подсознательно, направленно или неосознанно — сразу же мы перемещаемся и занимаем место в пространстве согласно этим мыслям. Так происходит движение в высшем мире.

Если мы будем ассоциировать себя с душой, с нашим духовным потенциалом, не обращая внимания на наше физическое тело, мы таким образом будем перемещаться в духовном пространстве. А наше пространство, как мы увидим, в действительности и не является пространством, в нем абсолютно ничего нет, оно просто кажется нам таким объемным. Нам раскроется дополнительное измерение, в котором мы на самом деле будем перемещаться, причем только своими мыслями и желаниями.

Когда возникнет какое-то минимальное отделение нашего состояния от Творца, тогда мы удалимся от Него в такое место, которое будет называться миром Ецира (от слова «ецер» – желание). Если же душа еще спускается – находится в мирах Адам Кадмон, Ацилут или Брия, – то ее внутреннего развития еще недостаточно для проявления собственного желания, чтобы отдалиться от Творца. То есть в духовных мирах нет физического перемещения, эти перемещения – качественные, это сближения и удаления по подобию свойств, мыслей.

Поэтому и мы с вами для того, чтобы объединиться между собой, должны всячески пытаться вместе в чем-то участвовать, производить какие-то совместные действия, обмениваться своими ощущениями, впечатлениями, чтобы наши мысли, наши желания становились все более похожими друг на друга в устремлении к Творцу.

В мире Ецира есть маленькое желание получать, которое кли притянуло из бхины алеф в бхину гимель, но именно для того, чтобы работать на отдачу. Поэтому с точки зрения работы на отдачу тот, кто находится в мире Ецира, конечно, находится еще в духовном, еще из него не выходит. Но, с другой стороны, поскольку это действие отдачи проявляется исходя из эгоистического свойства, хотя и исправленного, но оно проявляется уже явно, поэтому мир Ецира называется «руах», он уже выходит из слияния, из подобия Творцу.

ט) ובעולם עשיה כבר שולטת בחינה הד', שהיא גמר הכלי של הרצון לקבל הגדול, כנ"ל. וע"כ משגת בחינת גוף נפרד ונבדל לגמרי מעצמותו ית', העומד ברשות עצמו. והאור שבו נקרא נפש, המורה על אור בלי תנועה מעצמו. ותדע לך פרט קטן בהמציאות שלא יהיה כלול מכל האבי"ע.

9. А в мире Асия уже правит бхина далет (четвертая стадия), представляющая собой законченное кли огромного желания получать, как сказано выше, и поэтому достигает стадии полностью отделенного от Ацмуто самостоятельного тела. И свет в нем называется «нефеш», что указывает на свет без самостоятельного движения. И знай, что не существует в реальности малейшего элемента, который бы не состоял из всех АБЕА.

В чем разница между желанием получить и душой? Желанием получить называется бхина далет, являющаяся основой всего, и она ощущает и постигает все ступени. Душой, как правило, называют свет. Свет без постигающего называется «свет», свет вместе с его постигающим называется «душа».

Например, пять человек рассматривают самолет в бинокль, и у каждого бинокль – один лучше другого, поэтому первый говорит, что размер самолета 20 см, второй – что размер самолета метр. Каждый говорит правду, ведь они рассуждают на основании того, что постигли. Но на самолете никак не отражаются их мнения. Причина различий – разница в качестве линз биноклей.

Так же и у нас: в свете нет изменений, все изменения у постигающих, и то, что постигаем, называется «душа». В нашем примере бинокль – это совпадение свойств, и в этом смысле есть различия между постигающими и тем более в постигаемом, в душе.

י) והנך מוצא איך שהנפש הזאת שהוא אור החיים המלובש בגוף, נמשכת יש מיש מעצמותו ית' ממש, ובעברה דרך ד' עולמות אבי"ע, כן היא הולכת ומתרחקת מאור פניו ית', עד שבאה לה בכלי המיוחד לה הנקרא גוף, ואז נבחן הכלי לגמר צורתו

הרצוי. ואם אמנם גם האור שבה נתמעט מאד עד שאין בו ניכר עוד שורש מוצאו, עכ"ז ע"י העסק בתורה ומצוות ע"מ להשפיע נחת רוח ליוצרו, הוא הולך ומזכך את הכלי שלו הנקרא גוף, עד שנעשה ראוי לקבל את השפע הגדול בכל השיעור הכלול במחשבת הבריאה בעת שבראה. וזה שאמר ר' חנניא בן עקשיא רצה הקב"ה לזכות את ישראל לפיכך הרבה להם תורה ומצוות.

10. И вот ты видишь, как эта «нефеш», являющаяся светом жизни, облаченным в «тело» (желание получать), исходит как сущее из сущего напрямую из Ацмуто, и проходя через четыре мира АБЕА, она все больше и больше отдаляется от света лика Творца, пока не достигает кли, предназначенного для нее, называемого «телом». И тогда это кли считается принявшим свою окончательную, желаемую форму. И несмотря на то что свет в ней очень сильно уменьшился — до такой степени, что в нем неразличим корень его происхождения, вместе с тем с помощью занятий Торой и заповедями для того, чтобы доставить наслаждение Творцу, он постепенно очищает свое кли, называемое «тело», пока оно не становится пригодным для получения огромного изобилия (шефа) в полной мере, заложенной в Замысле творения при его создании. И именно об этом сказал рабби Ханания бен Акашия: «Захотел Творец удостоить Исраэль, для этого умножил им Тору и заповеди».

Здесь он объясняет нам понятие «авиют», который мы должны «лезакот», очистить. **Авиютом** называется бхина далет, получающая ради самонаслаждения. Цель — достичь сходства свойств с Отдающим, то есть получать ради отдачи, это и называется «закут» — очищение. Как достичь этой ступени? Посредством изучения Торы с намерением достичь желания отдавать.

В кли одновременно не может быть два противоположных желания: либо желание получить, либо желание отдать. Если в каком-либо кли появляются два желания, то оно делится на две части, на два кли, в соответствующей пропорции.

Под временем в духовном мире понимается причинно-следственная связь между духовными объектами, рождение низшего из высшего. В духовных мирах есть причина и следствие и нет времени, каких-то временны́х промежутков между ними. В нашем же мире между причиной и следствием, как правило, проходит какое-то время.

Если мы говорим «раньше», то имеем в виду причину, «позже» – следствие. К понятиям «отсутствие времени и пространства» мы постепенно привыкнем. Еще РАМБАМ писал о том, что вся наша материя, вся Вселенная, находится ниже скорости света. При скорости выше скорости света время становится равным нулю, пространство сжимается в точку. Это также известно из теории Эйнштейна.

А что за этим? А дальше уже находится духовный мир, когда пространства и времени не существует, то есть они принимаются постигающим их человеком равными нулю. Духовное пространство можно уподобить нашему внутреннему духовному миру, когда вы чувствуете себя внутренне чем-то наполненными или опустошенными.

В мире существует только Творец и творение. Творение – это желание получить свет, наслаждение от Творца. В нашем мире это желание неосознанное, мы не ощущаем источник жизни, наслаждения. Желание насладиться в нашем мире эгоистическое. Если человек может его исправить, чтобы использовать его альтруистически, он в этом же желании начинает ощущать свет, Творца, духовный мир. Духовный мир и Творец – это одно и то же.

Исправленное желание человека называется «душа». Душа делится на определенные частички, частные души. Затем они уменьшаются и отдаляются по своим качествам от Творца и помещаются в человека, родившегося в нашем мире. Душа может вселиться во взрослого человека в любое время его жизни. Это происходит по программе, заданной свыше.

Души сменяют одна другую в человеке в течение всей его жизни. В принципе, это подобно одежде, которую человек меняет постоянно, – так и душа меняет свое материальное одеяние, наше физиологическое тело, уходя из него, заменяясь другой душой. Тело умирает, а душа меняет свое одеяние на иное.

Задача человека – живя в нашем мире, находясь в физическом теле, вопреки эгоистическим желаниям тела достичь того духовного уровня, с которого спустилась его душа. Выполнив эту задачу, человек достигает духовного уровня, который выше настоящего в 620 раз. Это соответствует 613 основным и 7 дополнительным заповедям.

Все души имеют одну и ту же задачу: достичь своего полного исправления. А это соответствует подъему в 620 раз. Именно с помощью помех со стороны тела можно подняться на этот уровень. В этом заключается весь смысл пребывания в нашем мире, в нашем теле. Единственная разница между душами – в начальных и конечных условиях, в зависимости от характера души, из какой частички общей души она выделена. Когда все души соединяются воедино, то возникает уже совершенно новое состояние величины и качества общего желания и объема информации.

Есть определенные типы душ, которые уже достигли своего собственного исправления и спускаются в наш мир, чтобы исправлять других. Это душа типа рабби Шимона бар Йохая, которая потом переселилась в АРИ, а затем в Бааль Сулама. Иногда такая душа спускается, чтобы воздействовать на мир в целом, иногда – чтобы взрастить будущих каббалистов.

После окончательного исправления не будет никакой разницы между душами. Отличие между ними существует только на пути к цели. Сказано, что народ Израиля вышел в изгнание для того, чтобы распространить знания о духовном и таким образом присоединить к пути исправления иные народы, ту часть из них, которые достойны исправления и возвышения.

В нашем же мире в телах происходит материальное действие, которое лишь подобно духовному. Связь между духовным и материальным односторонняя – она идет сверху вниз, от духовного к материальному.

Человек подгоняется вперед ощущением стыда. Ощутив стыд, Малхут мира Бесконечности сократилась и перестала получать наслаждение. Стыд был настолько непереносим, что был больше, чем наслаждение.

Что такое стыд? Это совершенно не то ощущение, которое возникает у нас. Духовный стыд возникает исключительно тогда, когда человек ощущает Творца. Это чувство духовного несоответствия между Творцом и человеком, когда человек, получая от Творца все, не может Ему ответить тем же. Стыд характерен только для высоких душ, вышедших уже в духовный мир и поднявшихся на соответствующие ступени, где ощущается Творец.

Ощущения невозможно передать. Если человеку знакомо то или иное чувство, то его можно возбудить в нем извне, но не создать заново. Духовные ощущения тем более непередаваемы, потому что ощущаются только теми, кто их постигает. И в нашем мире, и в духовном, если человек что-то ощутил, то другому свои ощущения он ни передать, ни доказать не может.

Мы ощущаем только то, что попадает в нас. Мы не знаем того, что находится вне нас, того, что не проходит через наши органы чувств. Каждый раз наука открывает что-то новое, но мы не знаем того, что еще не открыто, и знать это заранее не можем. Это еще находится вне нас, вокруг нас, не вошло в наш разум и ощущения.

Наука своими «открытиями» только констатирует наличие фактов в природе. А еще не раскрытое остается существовать вокруг нас, вне наших ощущений. Каббала тоже наука, но она исследует не наш мир, а мир духовный, давая человеку дополнительный орган чувств. Выходя в духовный мир, мы лучше можем понять и наш мир, потому что в него спускаются все события, происходящие в духовном мире, а все следствия нашего мира поднимаются в духовный по закону постоянного кругооборота и взаимодействия всей информации.

Наш мир является последней, самой низшей ступенью всех миров. Поэтому каббалист, который выходит в духовный мир, видит нисхождение душ, восхождение душ, причины и следствия всех духовных и материальных процессов.

Истинна ли наука каббала? Глядя сверху на наш мир, видно, что все учения и все религии кончаются там, где кончается внутренний мир, внутренняя психология человека. Поскольку показать в нашем мире, на этом уровне ничего невозможно, то и доказать ничего нельзя. Только тот, кто поднимется, увидит это. Поэтому каббала и называется «тайной» наукой. Если в нашем мире родился человек, не знающий, что такое зрение, то ему невозможно объяснить, что такое «видеть».

В каббале есть метод чисто научного, разумного, критического постижения на самом себе. Когда появляется дополнительный орган чувств, человек начинает говорить с Творцом, ощущать Его. Творец начинает раскрывать человеку его собственный внутренний мир – то единственное, что человек может чувствовать и понимать. Человек, да и вообще любое творение, может ощущать только то, что нисходит к нему от Творца. Может быть, у Творца есть еще что-то, о чем Он не говорит? Конечно же, есть. Ведь и мы постоянно получаем все новую информацию, все новые ощущения, которые Он ранее не вводил в нас. Но о том, что еще не было получено человеком от Творца, невозможно судить.

Все, что человек постигает в каббале, он постигает на протяжении шести тысяч ступеней, называемых «шесть тысячелетий». Затем, пройдя путь духовного восхождения, состоящий из шести тысяч ступеней, человек поднимается на более высокую ступень познания – наступает VII тысячелетие, которое называется «шаббат».

Затем следуют еще три восхождения – VIII, IX и X тысячелетия, когда человек постигает наивысшие сфирот: Бину, Хохму, Кетер. Эти ступени находятся выше творения. Они полностью относятся к Творцу, который в виде подарка дает исправленным душам такие постижения, такие виды слияния с Ним.

Об этом нигде не пишется, нет языка, на котором можно было бы это описать. Это относится к тайнам Торы. Поэтому, когда спрашивают о самом Творце, мы ничего ответить не можем. Мы говорим только о свете, который распространяется от Него. Мы постигаем свет и таким образом постигаем Творца. То, что мы постигаем, мы называем словом «Творец»; это то, что создало нас. Получается, что мы, в принципе, познаем самих себя, свой внутренний мир, а не Его самого.

После полного наполнения светом Малхут почувствовала, что хотя и дает наслаждение Творцу тем, что приняла в себя весь Его свет, она полностью противоположна Творцу по свойствам, так как она желает получать наслаждение, а Творец хочет доставлять наслаждение.

Находясь на этом этапе развития, Малхут впервые испытала чувство жгучего стыда, оттого что увидела Дающего и Его свойство «отдавать», все отличие между Ним и ею самой. В результате возникшего в ней ощущения Малхут принимает решение полностью освободиться от света, как в бхине бет, Бине, с той разницей, что здесь творение четко ощущает свое страстное желание насладиться и то, насколько это желание противоположно по форме желаниям Творца.

Исторжение света из Малхут называется «первое сокращение» (цимцум алеф), вследствие него Малхут остается полностью пустой. До четвертой стадии действовал Творец. Начиная с момента ощущения стыда, творение начинает действовать как бы само по себе, причем его движущей силой является именно это ощущение стыда.

После своего сокращения Малхут не желает больше принимать свет. Но она ощущает свою противоположность Творцу, ведь это Он дает ей удовольствие. Если в состоянии наполнения светом она получала, выполняя этим желание Творца, то сейчас она окончательно противоположна Творцу. Как же сделать так, чтобы не испытывать стыд и быть подобной Творцу, то есть получать, потому что Он так желает, но и отдавать, как делает Он?

Малхут может достичь такого состояния, если она будет получать не ради себя, не для того, чтобы утолить свое желание насладиться, а ради Творца. Это значит, что теперь она будет принимать свет только потому, что этим она доставляет удовольствие Творцу. Это подобно гостю, который хотя и голоден, но отказывается принимать угощение ради себя, а получает его только для того, чтобы этим порадовать хозяина.

Для этого Малхут создает экран – силу, которая сопротивляется эгоистическому желанию насладить себя, не обращая никакого внимания на дающего. Эта сила отталкивает весь приходящий к ней свет. Затем с помощью того же экрана Малхут рассчитывает, какую часть света она сможет принять ради Творца.

Малхут «приоткрывает» себя для получения только на эту, отмеренную экраном часть света, которую она может получить ради Творца. Остальная же часть Малхут, то есть остальные ее желания, остаются пустыми. Если бы она могла полностью наполнить себя светом, получая ради отдачи, она бы полностью уподобилась по своим свойствам Творцу, закончила исправление своего эгоизма и использовала его только для того, чтобы доставлять удовольствие Творцу.

Такое полностью исправленное состояние Малхут является целью творения и называется «конец исправления» эгоистического желания самонасладиться. Однако достичь такого состояния в один момент, за одно действие нельзя, потому что оно полностью противоположно эгоистической природе Малхут. Малхут достигает своего исправления по частям, порциями.

Свет, который приходит к кли, называется **«ор яшар»** (прямой свет). Намерение кли получать свет только ради Творца называется **«ор хозер»** (отраженный свет). Именно с помощью этого намерения кли «отражает» свет. Та часть кли, в которую оно получает свет, называется **«тох»** (внутренняя часть). Оставшаяся пустой часть кли называется **«соф»** (конец). Тох и соф вместе составляют **«гуф»** (тело) – желание получить наслаждение. Следует иметь в виду, что когда в каббалистических книгах речь идет о «теле», всегда подразумевается желание получать.

На этом принципе (получение только ради Творца) устроено все духовное мироздание, – все, кроме нашего мира. Получается, что все мироздание, это лишь вариации опустошенной в первом сокращении Малхут, которая теперь наполняет себя с помощью экрана. Внешняя, менее важная часть этой Малхут, называется мирами Адам Кадмон, Ацилут, Брия, Ецира, Асия. А оставшаяся, внутренняя, более важная часть Малхут, называется «душа», Адам.

Процесс заполнения Малхут светом – это процесс количественный и качественный. Этот процесс мы и будем изучать. Он состоит из того, что каждая отдельная частичка Малхут, которая спустилась в наш мир, должна исправить себя, чтобы слиться с Творцом. И эта частичка находится в человеке. Это и есть его настоящее «я».

Та часть Малхут, где она еще не получает свет, а только предварительно анализирует, сколько света она может получить не ради себя, а ради Творца, называется «рош» (голова). Сколько света Малхут может принять, столько наслаждения она может доставить Творцу.

Малхут имеет полнейшую свободу воли, она свободна в выборе: она может вообще не получать или получать столько, сколько захочет. Она властвует над своим эгоизмом, а не он над ней. И она выбирает именно это состояние, чтобы быть похожей на Творца; она работает со своим эгоизмом, то есть не только не получает ради себя, а получает ради Творца.

Малхут должна ощущать наслаждение, ведь именно в этом заключается желание Творца, только намерение должно быть альтруистическим. Поэтому она не может сразу принять весь приходящий свет ради Творца. Возникает противоречие между намерением и самим наслаждением. Если Малхут не будет наслаждаться, то Творец тоже не будет наслаждаться – все Его наслаждение заключается в наслаждении Малхут.

Свет, который вошел в тох Малхут, называется **«ор пними»** (внутренний свет). Место нахождения экрана называется **«пэ»** (рот). Экран на иврите – **«масах»**. Граница в кли, где кончается получение света, называется **«табур»** (пуп). Линия окончания кли называется **«сиюм»** (завершение), или «эцбаот раглин» (пальцы ног).

Часть света, которую Малхут не смогла принять вследствие слабости своего экрана, остается снаружи и называется **«ор макиф»** (окружающий свет). Свет, который Малхут получает внутрь, должен соответствовать ее намерению: получить этот свет ради Творца. Это намерение, как известно, называется «отраженный свет» (ор хозер). Поэтому из рош в гуф (из головы в тело) прямой свет входит, перемешанный с отраженным светом.

Тох, наполненный светом, полностью подобен Творцу и находится с Ним в состоянии постоянной передачи наслаждения друг другу. От Творца исходит наслаждение, которое ощущается душами соответственно мере их «голода», то есть желанию получить его. Проблема в том, чтобы пожелать ощутить Творца и насладиться Им. Этому и обучает каббала.

Ощутить Творца можно только в мере сходства, подобия свойств с Ним. Орган чувств, который воспринимает, ощущает Творца, называется «масах» (экран). Вход в духовный мир начинается с появления в человеке минимального экрана, когда человек начинает ощущать внешний мир и понимает, что это – Творец.

Затем, по мере занятия каббалой, человек увеличивает свой экран и все более и более ощущает Творца. Экран – это сила сопротивления эгоизму и мера подобия Творцу, позволяющая настроить свое намерение согласно намерению Творца. В мере сходства желаний человек начинает ощущать Творца.

В мироздании не существует ничего, кроме желания Творца «дать» и первоначального желания творения «получить». Весь дальнейший процесс – это исправление желания «получить» с помощью желания «отдать». Но как человек может изменить созданное Творцом желание «получить», если это сама суть человека?

Ответ: только с помощью намерения «получать, чтобы отдавать» творение становится равным Творцу по свойствам, по уровню духовности. Этого состояния каждое творение обязано достичь либо за одну жизнь, либо за несколько. Процесс этот идет на протяжении поколений. Мы являемся следствием, продуктом предыдущих поколений, наши души уже не раз побывали здесь и снова спустились. У них накоплен опыт страданий и готовность сблизиться с духовным.

Человеку свойственно чувство лени, и это очень хорошее чувство. Если бы его не было, человек бы распылялся на разного рода занятия, не уделяя чему-либо предпочтение. Не надо бояться лени, она защищает нас от ненужных занятий.

Действия Творца проявляются в двух первых стадиях:

Бхина шореш (нулевая стадия), называемая «корень», Кетер, – это свет, исходящий из Творца.

Бхина алеф (первая стадия), называемая «Хохма», – это желание получить свет; кли, созданное самим светом для себя, для того чтобы оно, это кли, могло получить наслаждение, заключенное в свете.

Далее, до конца всего творения, все происходит только вследствие реакции кли на свет в нем. Все происходит только от взаимосвязи между этими двумя единственными компонентами мироздания: Творец и творение, свет и кли, желание насладить и желание насладиться.

Бхина бет (вторая стадия), называемая «Бина», – это первая реакция кли на наполняющий его свет: кли перенимает от света его свойство «отдавать» и само желает быть таким же. Поэтому оно изгоняет из себя свет.

Бхина гимель (третья стадия), называемая «Тиферет», или «Зеир Анпин» – это первое действие кли. Оно понимает, что Творец желает, чтобы оно получило свет и наслаждалось им. Поэтому оно начинает получать немного света. Это желание получить немного света и является третьей стадией.

Бхина далет (четвертая стадия), называемая «Малхут». В бхине гимель в кли развивается желание получить весь свет хохма, исходящий от Творца, и это желание получить весь свет хохма называется «Малхут», бхина далет.

Бхина далет и есть законченное желание, которое и является единственным творением. Отсюда видно, что у творения существует только одно-единственное желание – получить свет хохма, чтобы насладиться им, и единственная возможность отдавать – это получать не ради себя, а ради Творца.

Но чтобы стать дающим, необходимо ощущать Дающего тебе и получать только потому, чтобы этим доставить Ему наслаждение. Вы становитесь партнерами: Он дает вам, а вы даете Ему. Вы становитесь равными по свойствам и стремлениям: вы страдаете, если Он не получает наслаждения, но и Он тоже страдает, если вы не наслаждаетесь тем, что он вам предназначил. Он и вы становитесь одним целым.

Малхут затем делится на части. Это происходит потому, что она не может сразу исправить весь свой эгоизм, то есть она не в состоянии получить ради Творца весь уготованный ей свет. Желание получать «не ради себя» противоестественно, поэтому творение должно постепенно «приучить» себя к этому желанию.

Малхут желает быть подобной свойствам предыдущих стадий. Поэтому она делится на пять частей, каждая из которых подобна по свойствам одной из бхинот:
- корневая часть в Малхут подобна корневой стадии прямого света;
- первая часть в Малхут подобна первой стадии прямого света;
- вторая часть Малхут подобна второй стадии прямого света;

- третья часть Малхут подобна третьей стадии прямого света;
- четвертая часть Малхут является сама собой, не подобна ни одному свойству выше нее, потому совершенно эгоистична.

Эти же стадии называются соответственно:
- неживая;
- растительная;
- животная;
- человеческая;
- духовная.

Из последней части Малхут создаются души. Из предыдущих частей Малхут создается все остальное, внешнее относительно душ мироздание: миры и все, что их наполняет и населяет. Отличие одного творения от другого выражается лишь в уровне желания насладиться: от наименьшего в неживом до наибольшего в человеке и самого большого — в душах.

В кругооборотах своих жизней человек испытывает на себе все виды желаний. В человеке, у которого присутствует пусть еще даже не осознанное желание приблизиться к Творцу, есть и все остальные, более грубые желания. Весь вопрос в том, в какой пропорции эти желания находятся в нем и какое желание он выбирает для своих действий.

Помощь группы и Учителя заключается в том, чтобы заменить все остальные желания одним-единственным: постичь Творца. По мере продвижения к Творцу все остальные желания возрастают, мешая этому продвижению. Появляется то желание к деньгам, то к власти, то к почету, то к знаниям, то к противоположному полу.

Человеку поставляют свыше соблазны, манят его возможностью разбогатеть, получить руководящую должность и так далее. Это происходит для того, чтобы человек изучил себя, осознал свои стремления и слабости, свою ничтожность в противостоянии манящим его наслаждениям, чтобы изучил, что такое желание насладиться, созданное Творцом.

Каббала – это наука о самопознании, о раскрытии Творца в себе. Человек сам осознает, что является для него самым необходимым. Важно, что человек делает со своим свободным временем, о чем думает в остальное время. Каббалист должен работать. Свободное время можно правильно использовать, только если его заранее спланировать. Важна интенсивность его заполнения. Если вы в свободное время думаете над вопросом «для чего я живу?», это дает вам возможность правильно мыслить и все остальное время.

Для того чтобы духовно возвышаться, нужно иметь то, что необходимо исправлять, то есть нужно иметь желание получать, эгоизм. Именно желание получать, исправленное с помощью намерения получать во имя Творца, становится тем кли, в который входит свет, предназначенный Творцом. Получается, что чем бо́льшим эгоистом становится человек, – а эгоизм по мере продвижения человека вперед, к Творцу, растет, – тем лучше. Нужно сделать человека еще бо́льшим эгоистом, чтобы он почувствовал, что в нем есть что-то, нуждающееся в исправлении.

Эгоизм заставляет человека ощущать положительные проявления Творца как отрицательные. Тем не менее именно это отрицательное ощущение Творца и приводит нас к Нему. По мере духовного возвышения, сближения с Творцом все отрицательные эмоции превращаются в положительные.

«Я» человека – это сам Творец. Почему же мы воспринимаем себя отделенными от Творца? Только из-за того, что наш эгоизм еще не исправлен.

Все творение состоит из пяти бхинот: Кетер, Хохма, Бина, Тиферет, или Зеир Анпин, и Малхут, которым соответствуют десять сфирот. Почему десять? Дело в том, что Тиферет, в свою очередь, состоит из шесть сфирот: Хесед, Гвура, Тиферет, Нецах, Ход, Есод.

Отметим, что именем «Тиферет», называется и бхина, входящая в состав пяти, и одна из ее частных сфирот. Потому что эта частная, одна из шести сфирот, является основной, определяющей весь характер общей Тиферет. Но обычно мы вместо названия «Тиферет» употребляем название Зеир Анпин (ЗА). Это название более принято, особенно у школы АРИ. Эти десять сфирот включают в себя все мироздание.

Эти пять бхинот: Кетер, Хохма, Бина, ЗА, Малхут являются также пятью мирами, которые мы по-другому называем четырехбуквенным (йуд хей вав хей) именем Творца. Это имя произносится обычно как АВАЯ. У него есть бесконечное множество значений, потому что оно составляет скелет, основу всех имен всех творений:

Сфира	Мир	Буква
Кетер	Адам Кадмон	Точка буквы йуд (куцо шель йуд)
Хохма	Ацилут	Буква йуд
Бина	Брия	Буква хэй
ЗА	Ецира	Буква вав
Малхут	Асия	Буква хэй

Наш мир является частью мира Асия. Хотя формально он находится под ним, под его самой последней духовной ступенью, поскольку в духовном пространстве нет места для такого эгоистического свойства, какое властвует в нашем мире, он считается последней ступенькой мира Асия.

Вся причина создания миров заключается в том, что для того чтобы насладить творение, Творец должен создать в нем несколько условий:

1. Творение должно желать насладиться.
2. Это желание должно исходить от самого творения.
3. Творение должно быть самостоятельным, это не одно и то же с предыдущим.
4. У творения должны быть силы руководить этим желанием, чтобы желание не властвовало над творением и не диктовало его поведение.
5. Творение должно иметь возможность самостоятельно, независимо выбрать между наслаждением от того,

чтобы быть творением, и наслаждением быть подобным Творцу.

У творения должны быть возможность и силы свободно действовать между двумя противоположными силами: своим эгоизмом и Творцом, и самостоятельно выбирать свой путь, и самостоятельно идти им.

Для того чтобы предоставить в распоряжение творения, то есть человека, эти условия, Творец должен:
- полностью удалить творение от Себя, то есть от света;
- создать ему условие свободы воли;
- создать ему возможность развития и постижения мироздания;
- создать ему возможность (какая разница между условием и возможностью?) свободы действия.

Творец создает такие условия творению постепенно. Под творением имеется в виду человек, находящийся в нашем мире в таком состоянии, когда он уже начинает осознавать себя относительно мироздания или уже начинает подниматься по духовным ступеням. Такое состояние считается желательным для начала духовной работы человека и называется «этот мир».

Зачем Творец, находящийся на наивысшем духовном уровне, должен был создать творение из противоположного Ему эгоистического свойства, полностью наполнить его светом, затем опустошить от света, этим опустив его до состояния «этот мир» (олам аЗэ)?

Дело в том, что творение, наполненное светом, не является самостоятельным. Оно полностью подавлено светом, свет диктует творению, желанию насладиться, кли, свои условия, передает ему свои свойства.

Для создания самостоятельного кли, совершенно независимого от света, свет должен полностью удалиться из него. Существует простое **правило**: распространение света в кли с последующим его исторжением делает кли пригодным для своей функции, роли самостоятельно осознающего и выбирающего способ наполнения. Такое настоящее, самостоятельное кли может появиться только в нашем мире.

Нисхождение света сверху вниз через все миры до человека, находящегося в этом мире, является подготовительной стадией образования настоящего кли. На каждом этапе только свет определяет все формы, стадии, характер кли. Как только кли полностью освобождается от света, оно становится совершенно самостоятельным и может принимать различные решения.

Любая душа (это еще одно название кли), которая спускается сверху вниз с определенного духовного уровня, до тех пор, пока не одевается в тело (желания человека в нашем мире) и пока человек не начинает с ней работать, считается частью Творца и наполнена Его светом.

И только когда душа нисходит до нашего мира и в результате изучения каббалы осознает свое истинное состояние, тогда человек, у которого появляется желание духовно продвигаться, может просить Творца, чтобы Он наполнил его духовным светом, который его поднимет. Причем тогда человек духовно поднимается не на тот уровень, с которого спустилась его душа, а на уровень в 620 раз больший.

Как продвигается человек? Если ему свыше дан стимул постигать духовное, то он должен его развивать, а не терять. Свыше человека могут подтолкнуть несколько раз, дав интерес к духовному. Но если человек не использует правильно это возникшее в нем желание, его через некоторое время оставят в покое до его следующего воплощения.

Духовно подняться кли вынуждает окружающий свет, ор макиф. Он светит снаружи, так как еще не может войти в эгоистическое кли. Но влияние этого света таково, что под его воздействием желания человека к духовному возрастают настолько, что он желает только духовного подъема. И тогда ему помогают свыше. Увеличить влияние на себя окружающего света и таким образом начать испытывать духовные ощущения, выйти в духовное пространство можно только:

- под руководством настоящего каббалиста;
- с помощью изучения истинных книг;
- благодаря общению в группе учеников (совместные занятия, работа, трапезы).

Олам аЗэ («этот мир») – это состояние, когда человек уже ощущает, что Творец от него скрывается. Сегодня мы этого пока не чувствуем. Нам говорят, что Творец существует, мы слышим об этом, но все равно не ощущаем этого. Когда человек начинает чувствовать, что есть нечто вне нашего мира, но скрывается от него, это называется двойным сокрытием Творца.

Эгоизм означает свойство человека, автоматически заставляющее его из всего, что он делает, извлекать пользу и только в этом видеть цель своих действий. Альтруизм – совершенно непонятное нам свойство, когда человек, что-то делая, совершенно не преследует никакой собственной выгоды. Мы наделены от природы только эгоистическим свойством. Альтруистическое свойство вообще непонятно нам.

Это свойство может обрести лишь тот, кто ощущает Творца. Говоря языком каббалы, когда свет войдет в кли, он передаст ему свои альтруистические свойства. Сам человек исправиться не может, и от него этого и не требуется. Он должен под руководством Учителя, во время групповых занятий, возбудить такие желания к духовному, чтобы свет вошел в него.

Для этого нужно много работать над своими мыслями и желаниями, чтобы четко знать, что именно необходимо, хотя желать этого он еще не может. Если человек в нашем мире совершает поступок, который внешне выглядит альтруистическим, на самом деле это означает, что он заранее сделал расчет о будущем вознаграждении от совершаемого действия.

Любое, даже малейшее движение совершается только на основе расчета, в результате которого человеку кажется, что ему будет лучше, чем сейчас. Если бы человек не делал такого расчета, он бы не смог сдвинуться с места, потому что даже на атомно-молекулярном уровне природе необходима энергия для движения, а этой энергией и является эгоизм, то есть желание получить наслаждение. Этот закон затем «одевается» в обычные физико-химические законы. В нашем мире человек может только получать либо отдавать ради получения.

Стоит написать здесь, что желания типа «осчастливить все человечество» тоже являются эгоистическими, потому что человек представляет себя как часть этого человечества, и эту свою часть он и наслаждает.

Каббала позволяет описывать и внутренние действия человека над самим собой, и действия Творца над ним, то есть их взаимные действия. «Аппарат» каббалы представляет собой физико-математическое описание действий духовных объектов в виде предложений, которые можно свести к формулам, графикам и таблицам.

Все они описывают внутренние духовные действия каббалиста, и то, что стоит за ними, может знать только тот, кто может воспроизвести эти действия в себе и так понять, что эти формулы означают.

Передать эту информацию ученику каббалист может только тогда, когда ученик выйдет хотя бы на первый духовный уровень. Передается такая информация «из уст в уста» (ми пэ ле пэ), потому что на уровне «пэ» духовного парцуфа находится экран. Если ученик еще не обрел экран, он пока не в состоянии ничего понять в истинном виде, он еще ничего не может воспринять от своего Учителя.

Когда каббалист читает каббалистическую книгу, он должен каждое слово и каждую букву прочувствовать в себе, подобно тому как слепые ощущают буквы алфавита по системе Брайля.

Мы прошли четыре стадии образования кли: нулевая – шореш, или Кетер, первая – Хохма, вторая – Бина, третья – Тиферет). Почему их четыре, а не пять? Потому что пятая стадия – это уже само кли, а не стадия его образования. Начиная с Малхут нет уже более стадий, кли полностью создано, рождено, сформировано в своем эгоистическом желании получать наслаждение от света хохма. Кли самостоятельно не только в своем желании, но и по воплощению в действие своего желания.

Но если свет, наслаждение наполняет кли, оно диктует кли образ действия, так как оно подавляет его, наполняя своим наслаждением. Поэтому только тогда, когда кли не наполнено светом, оно действительно свободно в своем намерении. Но и этого недостаточно: свет вообще не должен ощущаться, даже издали. То есть Творец должен полностью скрыться от кли, Малхут. И только тогда Малхут сможет быть самостоятельной, свободной в своих решениях и действиях.

Такое состояние, когда кли само может реализовать свои желания, когда оно полностью свободно от влияния света, наслаждения и свет не может диктовать кли свои условия, называется «наш мир» или «этот мир». Этого состояния можно достичь, если удалить свет не только изнутри кли, но и постепенно отдалить его снаружи. Человек в нашем мире не ощущает Творца не только в себе, но и вне себя, то есть не верит в Его существование.

Удаление света изнутри кли называется сокращением желания насладиться, или просто сокращением, цимцум алеф. Отдаление света снаружи кли достигается с помощью системы затемняющих экранов, называемых мирами. Таких экранов всего пять, то есть существует пять миров. Каждый из миров состоит из пяти частей, называемых «парцуфим» (мн. ч. от парцуф). В каждом парцуфе есть пять частей, называемых «сфирот» (мн. ч. от сфира). В итоге Малхут удаляется от света настолько, что совершенно не ощущает свет. Это и есть человек в нашем мире.

Хотя в каббале мы изучаем свойства миров, парцуфим, сфирот, то есть свойства экранов, заслоняющих от нас духовное, Творца, цель этого обучения – знать, какие свойства человек должен приобрести, для того чтобы нейтрализовать скрывающее действие всех этих миров, парцуфим, сфирот, чтобы подняться до уровня той или иной духовной ступени – сфиры, парцуфа, мира.

Приобретая свойство определенной сферы определенного парцуфа в определенном мире, человек этим моментально нейтрализует скрывающее действие этой ступени и сам как бы восходит на нее. Теперь уже только высшие ступени скрывают от него свет, Творца. Постепенно он должен постичь все свойства всех ступеней, начиная от первой снизу, находящейся непосредственно над нашим миром, и до самой высшей, до своего окончательного исправления.

Теперь вернемся к Малхут, пятой стадии развития кли. Когда Малхут ощущает себя получающей, а Творца дающим, она воспринимает противоположность своего состояния Творцу настолько отвратительной, что решает прекратить получать наслаждение. И поскольку в духовном мире нет насилия, а наслаждение не может ощущаться, если нет желания, свет как бы исчезает, перестает ощущаться в кли.

Малхут делает ЦА (первое сокращение). В предыдущих стадиях кли еще не ощущало себя получающим, и только в пятой стадии, когда оно само решает получать, кли ощущает свою противоположность Творцу. Только Малхут может совершить ЦА, поскольку для того, чтобы сделать сокращение, нужно сначала почувствовать свою полную противоположность Творцу.

Малхут еще называется душой, но название «душа» может относиться как к кли, так и к свету в нем. Читая текст, всегда нужно понимать, идет ли речь о творении или о том, чем оно наполнено. В первом случае это часть самого творения, желание, во втором – часть Творца, свет.

Когда душа спускается из мира Бесконечности в мир Ацилут, она становится душой стадии алеф, но еще не настоящей душой, так как еще не ощущается ее отличие от Творца. Это подобно ребенку во чреве матери, которого еще нельзя назвать самостоятельным, хотя он уже существует. Он пока еще находится в промежуточном состоянии.

Мир Ацилут абсолютно духовен, потому как кли в нем не ощущается, оно полностью подавлено светом и составляет со светом единое целое. Души остальных творений, например, животных, проходящие сверху вниз через мир Ацилут, также считаются слитыми воедино с Творцом. В нашем же мире творения полностью опустошены от света и бесконечно удалены от Творца.

Миры являются ступеньками приближения к Творцу при подъеме человека снизу вверх и мерой удаления от Творца при нисхождении души сверху вниз. При этом неважно, о каких типах душ идет речь. Хотя вся природа составляет единое целое, в ней можно выделить виды творений, отличающиеся друг от друга по степени свободы выбора: более свободные в выборе цели и менее свободные.

Из всех творений только человек обладает истинной свободой воли, вся остальная природа поднимается или опускается вместе с ним, так как все в нашей Вселенной связано с человеком. Невозможно говорить об определенном количестве душ, которые проходят этот путь, потому что трудно дать душам количественную оценку.

В каждом из нас неожиданно могут появиться частички других душ, более сильных и высоких. Они начинают говорить в нас и подталкивать нас вперед. На самом деле душа не есть что-то заранее определенное, постоянное, что-то, что сопровождает наше физиологическое тело в течение всей его биологической жизни. АРИ, к примеру, в своей книге «Шаар Гильгулим» («Врата перевоплощений») описывает, какие души и в какой последовательности в него вселялись.

Душа также не является чем-то неделимым. Она сама постоянно сливается и разделяется, образует все новые части постольку, поскольку это необходимо для исправления всей общей души. Даже в течение жизни человека в него вселяются и из него удаляются какие-то частички душ, души постоянно «переливаются» с другими душами.

Мир Брия соответствует бхине бет – Бине, желанию отдавать, услаждать. Кли в мире Брия называется «нешама», оно впервые имеет свое собственное желание, хотя это желание отдавать, и поэтому оно очень «светлое», неэгоистическое по своим желаниям и считается абсолютно духовным.

Мир Ецира соответствует бхине гимель – Тиферет, или ЗА, в которой проявляется как желание отдавать (приблизительно 90%), так и желание получать (приблизительно 10%), то есть небольшое свечение света хохма на ярком фоне света хасадим. Кли в этой стадии переходит из состояния нешама в состояние руах. Хотя желания кли уже в какой-то степени эгоистичны, желание отдавать все же преобладает, поэтому кли в мире Ецира еще вполне духовно.

В мире Асия властвует бхина далет, Малхут, полностью эгоистическая. Само желание получать здесь – это гуф (тело), которое совершенно удалено от Творца. Свет, наполняющий кли в мире Асия, называется «нефеш», это название говорит о том, что и кли, и свет находятся без всякого духовного движения, подобно неживой природе нашего мира.

Таким образом, постепенно нисходя по ступеням миров, кли все больше и больше огрубляется, отдаляясь от света, пока не остается совсем опустошенным, то есть не ощущает свет, а потому становится совершенно свободным в своих мыслях и действиях от света, Творца.

Если теперь кли само предпочтет путь духовного развития «мелким» эгоистическим наслаждениям, оно сможет, постепенно поднимаясь снизу вверх по ступеням миров Асия, Ецира, Брия, Ацилут, Адам Кадмон, достичь мира Бесконечности, то есть бесконечного слияния с Творцом, равенства с Ним.

В каждом человеке имеется «черная точка», зародыш будущего духовного состояния. У разных людей эта точка находится в состоянии различной готовности к духовному восприятию. Есть люди, совершенно не воспринимающие духовные понятия, они не испытывают ни малейшего интереса к ним. А есть люди, которые вдруг пробуждаются, причем даже им самим совершенно непонятно, почему они вдруг начали интересоваться настолько «абстрактными» вещами.

Подобно всем животным, человек живет под влиянием родителей, общества, черт своего характера. У него нет никакой свободы воли, он только перерабатывает доступную ему информацию в соответствии с внешними и внутренними факторами и затем совершает те поступки, которые кажутся ему наилучшими, наиболее выгодными.

Но все изменяется, когда Творец начинает будить человека. Человек пробуждается под действием маленькой порции света, которую Творец посылает ему как бы авансом. Получив эту порцию, его внутренняя точка начинает требовать дальнейшего наполнения, заставляя человека искать свет. И он начинает искать. Он ищет его в различных занятиях, идеях, философии, учениях, кружках до тех пор, пока не приходит к каббале. Такой путь должна пройти каждая душа на земле!

До тех пор, пока с помощью экрана его черная точка не разрастается до размеров маленького парцуфа, считается, что у человека нет души, нет кли и, соответственно, в нем нет света. Наличие даже самого маленького духовного парцуфа со светами нефеш, руах, нешама, хая, ехида (НАРАНХАЙ) уже свидетельствует о рождении человека, о его выходе из животного состояния (которое мы, впрочем, привыкли считать человеческим).

Под понятием «человек» имеется в виду такое духовное состояние, когда он уже прошел духовный барьер (махсом) между этим миром и миром духовным, миром Асия, получив при этом духовное кли, являющееся его душой.

Опыт, накопленный душой в каждом перевоплощении в этом мире, остается в ней и переходит из поколения в поколение, лишь меняя при этом физиологические тела, как рубашки. Все телесные физические страдания также записываются в душе и в один прекрасный момент приводят его к желанию постичь духовное.

В духовном пространстве существует только один закон – закон подобия духовных свойств: если свойства одного человека равны, подобны свойствам другого, то эти люди духовно близки. Если люди отличаются друг от друга по мыслям, взглядам, они чувствуют друг друга разобщенными и отдаленными, даже если они находятся физически близко.

Духовная близость или удаление зависят от подобия свойств объектов. Если объекты полностью совпадают по своим свойствам, желаниям, они сливаются воедино. Если два желания противоположны друг другу, говорят, что они абсолютно удалены друг от друга. Чем более схожи между собой два желания, тем ближе они находятся по отношению друг к другу в духовном мире.

Если лишь одно из многочисленных желаний объектов совпадает, эти два объекта касаются друг друга только в одной точке. Если ни одно наше желание не подобно желанию Творца, это означает, что мы абсолютно удалены от Него и нам нечем Его ощутить. Если у меня появится хоть одно желание, подобное Творцу, то именно в нем я смогу почувствовать Творца.

Задача человека заключается в том, чтобы постепенно превратить все свои желания в подобные желаниям Творца. Тогда он полностью сольется с Создателем в один духовный объект, и между ними не будет никакой разницы. Тогда человек достигнет всего того, что есть у Творца: вечности, абсолютного знания, совершенства. В этом и есть конечная цель исправления всех природных желаний человека.

Малхут, которая исторгла весь свет в первом сокращении, решила принимать его с помощью экрана. К ней приходит прямой свет, который давит на экран и желает проникнуть внутрь. Малхут отказывается от получения света, помня, какой жгучий стыд она испытала, когда была наполнена им. Отказ от света – это отражение его с помощью экрана. Такой свет называется «ор хозер» (отраженный свет). Само отражение света называется «акаа» (удар) света в экран.

Отражение наслаждения, света происходит внутри человека с помощью намерения принять это наслаждение только ради Творца. Затем человек производит расчет, сколько он может получить, чтобы этим доставить наслаждение Творцу. Он как бы одевает наслаждение, которое желает получить, в намерение отдать Творцу, получить, насладиться ради Творца.

Облачение прямого света в отраженный позволяет Малхут после первого сокращения расшириться, принять внутрь себя какую-то часть света. Это означает, что в этом месте она подобна Творцу, сливается с Ним. Целью творения является полное наполнение Малхут светом Творца. Тогда все получение света будет равносильно отдаче и будет означать полное слияние всего творения с Творцом.

«Одевая» приходящее наслаждение в свое намерение, в отраженный свет, Малхут как бы говорит, что хочет ощутить получаемое наслаждение только потому, что этим доставляет радость Создателю. В этом случае получение эквивалентно отдаче, потому что смысл действия определяется намерением кли, а не механическим направлением движения, совершается ли оно внутрь или наружу. Ощущаемое при этом наслаждение будет двойным: от получения наслаждения и от услаждения Творца.

Рабби Ашлаг приводит пример отношений гостя и Хозяина, прекрасно иллюстрирующий ситуацию, когда гость, получая наслаждение от Хозяина, как бы обращает его в отдачу.

Человек приходит в гости к Хозяину, который точно знает, какие блюда тот любит. Гость садится перед Хозяином, и Хозяин ставит на стол пять самых любимых блюд гостя, как раз в таком количестве, которое соответствует его аппетиту.

Если бы гость не видел Дающего, Хозяина, он бы не испытывал чувства стыда и набросился на еду, поглотив все блюда без остатка, поскольку они точно соответствуют его желанию. Но сидящий перед ним Хозяин смущает его, и гость отказывается от еды. Хозяин настаивает, рассказывая, как он старался для него, как хотел ему угодить, дать ему наслаждение.

Наконец, уговаривая гостя, Хозяин говорит ему, что страдает оттого, что гость отказывается поесть. Лишь когда гость понимает, что, съев обед, он доставит этим наслаждение Хозяину и превратится из получающего наслаждение в дающего, то есть сравняется по намерениям и свойствам с Хозяином, он соглашается начать есть.

Если возникает ситуация, когда Хозяин желает насладить гостя выставленным перед ним угощением, а гость, в свою очередь, съедает это с намерением вернуть наслаждение Хозяину, сам при этом получая наслаждение, это состояние называется «ударное слияние» (зивуг де-акаа). Однако наступить оно может только после первоначального полного отказа гостя от наслаждения.

Только убедившись, что при помощи получения он доставляет наслаждение Хозяину, как бы делая ему одолжение, гость начинает принимать угощение и принимает его только в той мере, в которой он может думать не о собственном удовольствии, а о наслаждении Творца.

Казалось бы, зачем нужны наслаждения в нашем мире, если они базируются на страданиях? Если желание наполнено, то наслаждение «гасится», исчезает. Удовольствие же ощущается, только когда есть жгучее желание его получить. С помощью исправления желаний, добавляя к ним намерение «ради Творца», мы можем наслаждаться безгранично, не ощущая «голод» перед наслаждением. Мы можем получать огромное удовольствие, даря наслаждение Творцу, с помощью того, что будем постоянно увеличивать в себе ощущение Его величия.

И поскольку Творец вечен и безграничен, то, ощущая Его величие, мы рождаем в себе бесконечное и постоянное кли – голод по Нему. Поэтому мы можем наслаждаться вечно и безгранично. В духовном мире любое получение наслаждения способствует еще большему желанию его получить, и так продолжается до бесконечности.

Наполнение становится равносильно отдаче: отдал, увидел, как Он насладился, и приобрел еще большее желание отдать.

Но и наслаждение от отдачи должно быть тоже альтруистическим, то есть ради отдачи, а не ради наслаждения от нее. В противном случае это будет отдачей для самонаслаждения, подобно тому как мы даем, преследуя при этом какую-нибудь собственную выгоду.

Каббала учит человека наслаждаться светом с намерением ради Творца. Если человек на все желания этого мира может поставить экран, то он моментально сможет ощутить духовный мир. Затем человек подпадает под влияние духовно нечистых сил. Они постепенно добавляют человеку духовный эгоизм. На него он строит новый экран с помощью чистых сил, и тогда он может получить внутрь новую порцию света, которая соответствует количеству исправленного им эгоизма. Таким образом, у человека всегда есть свобода воли.

В понятии «экран» заключается все отличие духовного от материального. Наслаждение, полученное без экрана, является обычным эгоистическим наслаждением нашего мира. Смысл в том, чтобы предпочесть этим наслаждениям духовные и, развивая экран, получить то вечное наслаждение, которое предназначено нам согласно Замыслу творения.

Однако экран может появиться только под воздействием Творца, света на эгоистическое кли, желание. Как только Творец раскрывается человеку, у него сразу пропадает вопрос, кому нужны его усилия. Вся наша работа, таким образом, сводится только к одному: достичь ощущения Творца.

Для того чтобы преодолеть какую-либо ступень сокрытия, человеку необходимо приобрести свойства этой ступени. Этим он «нейтрализует», берет на себя ограничение, воздействие на себя сокрытия этой ступени, и тогда это сокрытие обращается для него в раскрытие и постижение.

Возьмем, например, человека, который всеми своими свойствами находится в нашем мире. Его свойства не исправлены настолько, что на него действует сокрытие всех пяти миров. Если в результате исправления его свойства станут подобны свойствам мира Асия, мир Асия перестанет скрывать от него свет Творца, и это будет означать, что человек духовно поднялся на уровень мира Асия.

Человек, который уже находится своими свойствами и ощущениями в мире Асия, ощущает на себе сокрытие Творца на уровне мира Ецира. Исправляя свои свойства на свойства, подобные миру Ецира, он нейтрализует сокрытие света Творца на этой ступени и начинает ощущать Его на уровне мира Ецира. Выходит, что миры – это экраны, скрывающие от нас Творца, и когда человек ставит на свой эгоизм экран, подобный им, он тем самым раскрывает ту часть света Творца, которую этот экран, мир задерживал в себе.

Тот, кто находится в определенном мире, ощущает скрытие на этом уровне и выше, но не ниже. Так, если человек находится на уровне сфиры Хесед парцуфа ЗА в мире Брия, то, начиная с этой ступени и вниз, все миры, все парцуфим и все сфирот находятся в нем в уже исправленном состоянии. Эти пройденные ступени являются для него ступенями раскрытия, он вобрал в себя их эгоизм и исправил их с помощью экрана и, следовательно, раскрыл для себя Творца на этой ступени.

Но на всех ступенях выше этой точки Творец еще скрывается от него. Всего же от нашего мира до Творца есть 125 ступеней: пять миров, по пять парцуфим в каждом мире, по пять сфирот в каждом парцуфе.

Самое главное – это сделать первый шаг в духовный мир, а дальше намного проще. Ведь все ступени подобны одна другой, и их отличие только в материале, но не в устройстве. Мир Адам Кадмон состоит из пяти парцуфим: Кетер (Гальгальта), Хохма (АБ), Бина (САГ или Аба ве-Има, сокращенно АВИ), ЗА (иногда он называется Кадош Барух Ху, Исраэль), Малхут (Шхина, Лея, Рахель).

На каждой духовной ступеньке человек как бы меняет свое имя и в зависимости от того, где он сейчас находится, называется то Фараоном, то Моше, то Исраэлем. Все эти имена – это имена Творца, уровни Его постижения. Каббалистические источники написаны, как правило, теми каббалистами, которые прошли все ступени исправления.

Далее идут ступени не исправления, а личного постижения, личного контакта с Творцом. Их не изучают. Они относятся к так называемым «тайнам Торы» (содот Тора). Их получает как подарок тот, кто уже полностью себя исправил. В отличие от них, ступени исправления относятся к «вкусам Торы» (таамей Тора), их необходимо изучать и постигать.

Передача каббалистической информации – это передача света. Передача свойств от высшего к низшему называется нисхождением или влиянием, а от низшего к высшему – просьбой, молитвой, МАН. Связь существует только между двумя парцуфим, которые находятся рядом, один над другим. Через ступеньку общаться невозможно. Каждая высшая ступень называется Творцом по отношению к нижней, ее отношение к нижестоящей ступени можно уподобить всей Вселенной по отношению к одной песчинке.

יא) ועם זה תבין גדר האמתי להבחין בין רוחניות לגשמיות, כי כל שיש בו רצון לקבל מושלם בכל בחינותיו, שהוא בחי"ד, הוא נקרא גשמי והוא נמצא בפרטי כל המציאות הערוך לעינינו בעוה"ז. וכל שהוא למעלה משיעור הגדול הזה של הרצון לקבל, נבחן בשם רוחניות, שהם העולמות אבי"ע הגבוהים מעוה"ז, וכל המציאות שבהם. ובזה תבין שכל ענין עליות וירידות האמורות בעולמות העליונים אינן בבחינת מקום מדומה ח"ו, רק בענין ד' הבחינות שברצון לקבל, כי כל הרחוק ביותר מבחי"ד נבחן למקום יותר גבוה, וכל המתקרב אל בחינה ד' נבחן למקום יותר תחתון.

11. И вместе с этим пойми истинную грань, [позволяющую] отличить духовное от материального. Ведь все, в чем есть полностью завершенное во всех его свойствах желание получать, то есть бхина далет, называется материальным и находится в деталях всей реальности, предстающей перед нами в «этом мире». А все то, что выше этой большой меры желания получать, считается духовным, и это миры АБЕА, которые выше «этого мира» – как сами они, так и вся реальность, существующая в них. И из этого пойми, что все подъемы и спуски, о которых говорится в духовных мирах, происходят не в каком-то мнимом пространстве, а в четырех бхинот желания получать, ибо то, что более удалено от бхины далет, считается более высоким местом, а то, что ближе к бхине далет, считается более низким местом.

Здесь под названием «этот мир» подразумевается последняя ступень мира Асия, которая отделена от духовного мира махсомом.

Желание получать в бхине далет является абсолютно законченным: это желание только получать, ничего не отдавая. Все подъемы и спуски (нисхождения) в духовном ни в коем случае не связаны с понятием места, а говорят исключительно об увеличении или уменьшении сходства внутренних свойств человека со свойствами Творца.

Если сравнивать, уподобить с нашим миром, то можно себе представить, что подъем – это всплеск, улучшение настроения, а спуск – это его ухудшение, хотя речь идет о сходстве свойств, а настроение является сопутствующим осознанию духовного возвышения. Все действия в каббале – это действия над внутренними ощущениями человека.

То, каким своим свойством человек пользуется, зависит от него самого. Важно, с какой мерой эгоизма человек сейчас работает и «на кого»: на Творца, и тогда это будет подъемом, или на себя, что соответствует падению. То есть важно, как он использует свой эгоизм и в каком направлении.

Бааль Сулам дает нам здесь определение: дальше от бхины далет называется «выше», ближе к бхине далет называется «ниже»; «ближе» или «дальше» означает – в большем или в меньшем подобии свойств.

О каких бы качествах мы ни говорили, какими бы словами мы ни выражались – «ближе», «ниже», «выше», «дальше», «налево», «направо», «вперед», «назад» – все, что существует в нашем языке, где говорится о перемещениях в нашем мире, о сравнениях между объектами в нашем мире – если мы хотим говорить об этом, как относящемся к духовному миру, мы должны перевести это на качественное отличие, то есть говорить о качествах этих объектов, каким образом они подобны или отделены друг от друга. А настоящее, абсолютное, базисное их измерение – относительно Творца.

יב) אמנם יש להבין, כיון שכל עיקרו של הנברא ושל כל הבריאה בכללה, הוא רק הרצון לקבל בלבד, ומה שיותר מזה אינו לגמרי בכלל בריאה, אלא נמשך יש מיש מעצמותו ית׳, א"כ למה אנו מבחינים את הרצון לקבל הזה לעביות ועכירות, ואנו מצווים לזכות אותו על ידי תורה ומצוות, עד שזולת זה לא נגיע אל המטרה הנעלה של מחשבת הבריאה.

12. Однако следует понять, что поскольку всей основой каждого творения и всего сотворенного в целом является только лишь желание получать, а все, выходящее за его рамки, вообще не является творением, а исходит как «сущее из сущего» из Ацмуто, то почему же тогда мы определяем это желание получать, как грубое и нечистое, и нам заповедано очистить его с помощью Торы и заповедей настолько, что без этого мы не сможем достигнуть высокой цели Замысла творения.

Все, что существует в духовных мирах, все, что существует в нашем мире, все, кроме Творца и кроме света, о чем мы могли бы сказать, – является желанием насладиться. Это могут быть атомы, физические поля, всевозможные химические элементы, мысли, сами желания, свойства, качества, сфирот, парцуфим, миры – все, что бы вы ни назвали, кроме наполнения, то есть кроме Творца, все остальное является желанием наполниться, то есть желанием ощутить Творца.

Творец практически сделал из Себя оттиск, который и является творением. Что значит оттиск? Обратный по качествам Творцу: в Творце – желание отдавать, в оттиске – желание получать. И в этом состоянии оттиск абсолютно противоположен Творцу, то есть абсолютно удален от Него, с одной стороны, а с другой стороны, он ощущает желание насладиться. Наслаждение может быть только тогда, когда вся фигура Творца полностью входит во всю фигуру творения, как пуансон – в матрицу, печать – в отливку из нее.

Достигается это только подобием свойств. То есть в той мере, в которой творение, этот оттиск, желает стать подобным Творцу, в той мере Творец – Он ставит условие – заполнит творение. Мы уже говорили о том, почему это так происходит. Желание насладиться мгновенно аннулируется, исчезает, если оно наполняется наслаждением. Поэтому если Творец просто так заполнил бы нас, мы мгновенно перестали бы ощущать Его как наслаждение – у нас исчезло бы желание, так как мы получили то, что желаем. Для того чтобы желание не исчезло, нам обязательно надо ввести в него мысль – насладить Его своим наслаждением, то есть сделать еще что-то, что не уничтожается при наполнении, а это может быть только намерение.

Следовательно, мы сначала должны получить от Творца добавку к нашему желанию насладиться – намерение «насладиться ради Него», и тогда – если Он наполнит нас Собой – мы ощутим наслаждение от Него, которое не исчезнет, потому что оно будет сопровождаться намерением «ради Него». Тогда наше наслаждение будет вечным, совершенным, и даже более того, будет иметь способность постоянно развиваться и увеличиваться в мере нашего намерения.

Поэтому, создав из Себя оттиск в четырех стадиях прямого света (четыре буквы Его имени – это и есть оттиск Его: Кэтэр, Хохма, Бина, ЗА, Малхут), Творец еще не закончил творение. Для того чтобы создать из этого оттиска подобие Себе, то есть чтобы творение могло наполниться Им и постоянно наслаждаться, Он производит все остальные действия над творением, вплоть до его нисхождения до самого удаленного места в мире Асия, и последующее вынужденное развитие творения обратно до мира Бесконечности.

Творец создал оттиск Себя, но самое большое наслаждение – это не наполнение Им, а подобие Ему, потому что это еще более высшая ступень. Это как если я нахожусь в гостях у своего богатого друга, в его дворце, и наслаждаюсь всем, что есть у него, – но я наслаждаюсь тем, что есть у него! Это равносильно тому, что мы получаем от Творца и наполняемся сами. Но следующая ступень наслаждения – когда я не наполняюсь у него в доме от того, что есть у него, от того, что он мне дает, а когда я сам становлюсь хозяином такого дома и всех тех наслаждений, которые в нем существуют, в этом дворце. Поднять нас на следующий уровень, с уровня получающего на уровень обладающего всем наслаждением как самостоятельным наслаждением, своим собственным – в этом заключается Замысел творения, Замысел Творца, Его цель. Этой стадии мы должны достичь.

Для того чтобы этого достичь, нам надо ощутить получение как отвратительное, низкое, мерзкое, противоположное совершенству. То есть, если бы Творец ставил целью просто насладить творение (Он дает, мы получаем), то мы не должны были бы ощущать никакого стыда, и достаточно было бы нас просто наполнить, и все. Только лишь желание Творца поднять нас на Свой уровень, с уровня получающего на уровень обладающего, только этим вызвано дополнительное появление стыда в нас, то есть неприятие получения, ненависть к тому, чтобы ощущать себя ниже Дающего.

Мы должны понимать, что использование напрямую наших эгоистических желаний никогда не приведет нас ни к какому наполнению, даже самому минимальному, оно всегда будет низко, ущербно, оно в итоге принесет страдания, все равно придется его исправлять-переисправлять. Поэтому нет никакой иной возможности в нашей жизни, кроме как с самого первого мгновения, когда мы осознаем, что есть в мире что-то выше, чем просто наше земное существование, начать приобретать экран и обратный свет.

Желание насладиться, получать, создал Творец, и потому оно неизменно. Человек же только может выбирать, какой величиной желания ему сейчас воспользоваться и «во имя чего». Если любое свое желание он использует только для своей пользы, то это эгоизм, или «духовная нечистота». Если же человек хочет использовать свои желания для того, чтобы наслаждаться, доставляя этим удовольствие Творцу, то он должен выбирать только такие свои желания, с которыми он действительно в состоянии так поступить.

Поэтому, желая поступать альтруистически, человек вначале должен проверить себя, какими желаниями он может наслаждаться, чтобы это наслаждение вернулось к Творцу, а только затем начинать наполнять их наслаждением. Все желания человека – это желания Малхут. Они делятся на 125 частей, называемых ступенями. Постепенно используя все большее эгоистическое желание ради Творца, человек духовно поднимается. Использование всех ста двадцати пяти частных желаний Малхут называется полным исправлением эгоизма.

Иногда желания Малхут удобнее разделить не на 125, а на 620 частей. Такие части желания, вернее, их использование ради Творца, называются заповедями, действиями ради Творца. Выполнив 620 таких действий, заповедей, человек достигает того же подъема на 125 ступеней.

יג) והענין הוא, כי כמו שהגשמיים נפרדים זה מזה ע"י ריחוק מקום, כן נפרדים הרוחנים זה מזה ע"י שינוי הצורה שבהם. ותמצא זה גם בעוה"ז, למשל ב' בני אדם הקרובים בדעתם זה לזה, הם אוהבים זה את זה, ואין ריחוק מקום פועל עליהם שיתרחקו זה מזה. ובהפך כשהם רחוקים זה מזה בדעותיהם, הרי הם שונאים זה את זה, וקרבת המקום לא יקרב אותם במאומה. הרי ששינוי הצורה שבדעתם מרחקם זה מזה וקרבת הצורה שבדעתם מקרבם זה אל זה. ואם למשל טבעו של האחד הוא הפוך בכל בחינותיו כנגד טבעו של השני, הרי הם רחוקים זה מזה כרחוק מזרח ממערב.

ועד"ז תשכיל ברוחניות, שכל הענינים של התרחקות והתקרבות, וזווג ויחוד הנבחנים בהם, הם משקלים של שינוי צורה בלבד, שלפי מדת שינוי הצורה הם מתפרדים זמ"ז, ולפי מדת השואת הצורה הם מתדבקים זה בזה. ועם זה תבין שהגם שהרצון לקבל הוא חוק מחויב בהנברא, כי הוא כל בחינת נברא שבו, והוא הכלי הראוי לקבל המטרה שבמחשבת הבריאה. עכ"ז הוא נעשה ע"י נפרד לגמרי מהמאציל, כי יש שינוי צורה עד למדת הפכיות בינו לבין המאציל, כי המאציל הוא כולו להשפיע ואין בו מניצוצי קבלה אפילו משהו ח"ו, והוא, כולו לקבל ואין בו מניצוצי השפעה אף משהו. הרי אין לך הפכיות הצורה רחוקה יותר מזה, ונמצא ע"כ בהכרח, כי הפכיות הצורה הזו מפרידה אותו מהמאציל.

13. *А дело в том, что подобно тому как материальные объекты отделяются друг от друга расстоянием в пространстве, духовные объекты отделяются друг от друга изменением формы их внутренних свойств. Подобное находим и в этом мире – например, когда два человека близки во мнениях, они любят друг друга, и расстояние в пространстве не может повлиять на них так, чтобы они отдалились друг от друга. И наоборот, когда они далеки друг от друга в своих мнениях, они ненавидят друг друга, и нахождение рядом не сблизит их ни на йоту. Ведь отличие их мнений отдаляет их друг от друга, а схожесть их мнений сближает их. И если, например, природа одного из них во всем противоположна природе другого, то тогда они далеки друг от друга, как восток от запада.*

И на этом примере пойми происходящее в духовном, что все, касающееся отдаления, и сближения, и зивуга (соединения, дословно «соития»), и единения, различаемых там, определяется лишь отличием по форме так, что в мере отличия по форме они отдаляются друг от друга, а в мере подобия по форме они сливаются друг с другом. И вместе с этим пойми, что несмотря на то, что желание получать является непреложным законом в творении, и оно определяет всю суть творения, и оно является подходящим получающим кли для достижения цели, заложенной в Замысле творения – вместе с тем, оно (творение) становится, благодаря этому, полностью отделенным от своего Создателя, так как между ним и Создателем существует разница по форме вплоть до полной противоположности. Ибо Создатель полностью отдающий, и в нем нет даже малейшей искры получения, а оно (творение) полностью получающее, и нет в нем даже малейшей искры отдачи. И не может быть большей противоположности по форме, чем эта.

И из этого неминуемо следует, что эта противоположность по форме отделяет его от Создателя.

Несмотря на то что Творец порождает нас, что мы появляемся из Его света, но мы появляемся как «еш ми аин» – «нечто из ничего». Потому что в Нем нет желания получать, и то качество, которое рождает свет, рождается «из нуля», его первоначально в свете нет. И именно это порождение «нечто из ничего» и является деянием Творца, только поэтому Он и называется «Творец». Потому что все остальное – это производное, выходящее одно из другого последовательными действиями, всевозможные события, действия, в которых уже существует желание наслаждаться и свет – наслаждение. Но появление самого желания наслаждаться из света, из ничего, потому что этой категории в свете нет, – оно и является единственным действием Творца. Именно поэтому Творец и творение абсолютно противоположны друг другу и бесконечно удалены друг от друга.

Вот это бесконечное удаление, эту пропасть между нами мы должны преодолеть. Сами мы не сможем даже на миллиметр приблизиться к Нему. Единственное, что способно нас спасти, перебросить рывком через эту пропасть – это только высший свет, который вытащит нас из этого мира в высший мир. Для этого мы с вами и изучаем методику каббала: каким образом правильно получать высший свет, наслаждение, чтобы приблизиться к Творцу и достичь цели творения.

Духовное место – это нахождение своими свойствами на одной из ступеней 125-ступенчатой лестницы. Отсюда понятно, что под понятием «место» имеется в виду качество, свойство, мера исправленности. Даже в нашем мире сближение в физическом пространстве не сближает два разных характера, и только сходство свойств, мыслей и желаний может их сблизить. Разница же в свойствах, желаниях, наоборот, отдаляет духовные объекты друг от друга.

יד) ובכדי להציל את הנבראים מגודל הפירוד הרחוק הזה, נעשה סוד הצמצום הא', שענינו הוא, שהפריד הבחי"ד הנ"ל מן כל פרצופי הקדושה, באופן שמדת גדלות הקבלה ההיא, נשארה בבחינת חלל פנוי וריקן מכל אור. כי כל פרצופי הקדושה יצאו בבחינת מסך מתוקן בכלי מלכות שלהם, שלא יקבלו אור בבחי"ד הזו, ואז בעת שהאור העליון נמשך ונתפשט אל הנאצל, והמסך הזה דוחה אותו לאחוריו, הנה זה נבחן כמו הכאה בין אור העליון ובין המסך, המעלה אור חוזר ממטה למעלה ומלביש הע"ס דאור העליון, כי אותו חלק האור הנדחה לאחוריו נק' אור חוזר, ובהלבשתו לאור העליון נעשה אח"כ כלי קבלה על האור העליון במקום הבחי"ד, כי אח"ז התרחבה כלי המלכות באותו שיעור האו"ח, שהוא אור הנדחה שעלה והלביש לאור העליון ממטה למעלה, והתפשטה גם ממעלה למטה, שבזה נתלבשו האורות בכלים, דהיינו בתוך אור חוזר ההוא.

וה"ס ראש וגוף שבכל מדרגה, כי הזווג דהכאה מאור העליון במסך, מעלה אור חוזר ממטה למעלה, ומלביש הע"ס דאור העליון בבחינת ע"ס דראש, שפירושו שרשי כלים, כי שם עוד לא יכול להיות הלבשה ממש, ואח"ז כשהמלכות מתפשטת עם האו"ח ההוא ממעלה למטה, אז נגמר האור חוזר ונעשה לבחינת כלים על אור העליון, ואז נעשה התלבשות האורות בכלים, ונקרא גוף של מדרגה ההיא, שפירושו כלים גמורים

14. И для того, чтобы избавить творения от такого огромного отдаляющего разделения, произошел «цимцум алеф» (ЦА, первое сокращение), суть которого в том, что он отделил вышеупомянутую бхину далет от всех парцуфим (духовных объектов) святости таким образом, что огромная мера ее получения осталась полностью свободным и пустым от света пространством. Ибо все парцуфим святости вышли с исправленным масахом (экраном) в своих кли Малхут, чтобы не получали свет в эту бхину далет. И когда высший свет, распространяясь, устремляется к созданию, а этот экран отталкивает его обратно, это подобно удару (акаа) между высшим светом и экраном, который поднимает отраженный свет снизу вверх и облачает десять сфирот высшего света. Ибо та часть света, которая отталкивается обратно, называется «ор хозер» (отраженный свет), и его облачение на высший свет становится потом получающим кли на высший свет вместо бхины далет, поскольку потом кли Малхут расширилась на величину этого отраженного света – того отторгнутого света, который поднялся и облачил высший свет снизу вверх, – и распространилась также сверху вниз, и таким образом облачаются света в келим, то есть в этот отраженный свет.

И в этом суть понятий «рош» и «гуф» (досл. «голова» и «тело»), которые имеются в каждой ступени, ведь «зивуг де-акаа» (ударное соединение) высшего света с экраном поднимает отраженный свет снизу вверх и облачает десять сфирот высшего света в виде десяти сфирот рош, которые считаются корнями келим, так как там еще не может быть настоящего облачения. А затем, когда Малхут распространяется с этим отраженным светом сверху вниз, отраженный свет окончательно становится облачением на высший свет, и тогда происходит облачение светов в келим, которые называются «гуф» этой ступени, и это уже законченные келим.

Творение создано абсолютно эгоистическим, и по этому своему свойству оно предельно отдалено от Творца. Когда Малхут в мире Бесконечности обнаруживает, что она получила весь свет, но он просто наполняет ее, одновременно проявляя в ней свойства Дающего и показывая ей, насколько она обратна Ему – для того чтобы избавить творение от такой удаленности от Творца произошел ЦА, который отделил бхину далет от всех «чистых» бхинот, в которых ощущается связь с Творцом.

Это произошло таким образом, что желание получать (бхина далет) превратилось в пустое от света пространство. После ЦА все духовные объекты имеют экраны на свои келим, на свои Малхут, для того чтобы не получать свет внутрь бхины далет.

Теперь, когда высший свет пытается войти внутрь творения, он на своем пути сталкивается с экраном, который находится перед желанием бхины далет насладиться, и полностью отталкивается им обратно. Отталкивание света – это как бы удар по нему, чтобы он не вошел внутрь. Такое действие называется «акаа» – удар. Этим «ударом вверх» кли фиксирует, что оно не желает принимать наслаждение ради себя, хотя и очень хочет его. Но благодаря этому оно теперь имеет возможность что-то принять, для того чтобы насладить Творца. Это уже следующее действие, когда кли принимает свет для того, чтобы насладить Творца, в результате чего они сливаются по своему подобию, и оно называется «зивуг» (слияние). А в целом это действие называется «зивуг дэ-акаа» (слияние посредством удара), то есть совмещение, слияние, совместное взаимное проникновение друг в друга, света в кли посредством удара одного в другого. Вроде бы – действие, включающее в себя два противоположных действия.

В результате удара отраженный свет поднимается снизу вверх и облачает десять сфирот высшего света, который приходит к Малхут. И это – как бы намерение «не принимать ради себя, а если принять, то только ради Творца». Это намерение и является той силой, которая совершает действие отторжения, удара, и становится условием получения света внутрь. Поэтому облачение намерения «отдать» на приходящее наслаждение называется новым кли.

Свет приходит ко мне от Творца через десять сфирот, таким образом Творец относится ко мне. Отталкивая свет, я как бы говорю Творцу: «Я хочу относиться к Тебе таким же образом, быть в полном подобии Тебе, – потому что хочу достичь Твоего уровня, Твоего состояния, а не быть получающим, испытывая при этом такие напряжения и переживания от противоположности Тебе, что я готов на сокращение. Я желаю подняться до Твоего уровня!» Поэтому я отталкиваю от себя весь приходящий свет, ор яшар. Мое отталкивание облачает его в мое намерение, и у меня над экраном образуется как бы новое кли, состоящее из отраженного света, ор хозер (моего намерения), облаченного на прямой свет, ор яшар.

В итоге я начинаю действовать на Творца своим отраженным светом. Теперь, одевая ор яшар в ор хозер, я могу делать с приходящим светом все, что хочу, потому что мое намерение – использовать этот свет только ради того, чтобы подняться до уровня Творца.

Поэтому, после того как я облачил ор яшар в свой ор хозер, я могу впустить его внутрь своего кли, и получить внутри кли свет – ор яшар, облаченный в ор хозер. То есть один свет одевается в другой, и вместе они входят в кли.

Итак, после того как я оттолкнул наслаждение и точно проверил, что оно «не ради себя», я могу начинать его принимать. Хозяин настаивает: «Пожалуйста, попробуй ради меня то, что я тебе приготовил». Я отталкиваю, создаю в себе четкое намерение, правильное действие, проверяю, действительно ли оно «не ради себя», после чего могу начинать принимать угощение, потому что оно ради Хозяина, для того чтобы насладить Его, а не меня. И хотя я, в свою очередь, тоже наслаждаюсь (я принимаю прямой свет, ор яшар), но принимая его, я наслаждаюсь им для того, чтобы насладить Хозяина. То есть у меня должно быть двойное наслаждение, и одно должно одеваться в другое.

В нашем мире это невозможно понять. Мы не представляем себе, как сделать такое действие, чтобы в итоге мы, наслаждаясь, наслаждали при этом другого, то есть наши действия совмещались бы, и одновременно с получением наслаждения я думал бы о другом и чувствовал, как он наслаждается от меня. В нашем состоянии – до исправления нас – это невозможно. Но когда приходит высший свет и создает в нас дополнительные келим де-Бина (келим, подобные Бине), тогда Бина и Малхут находятся вместе, и мы можем это сделать.

Новое кли является, по сути дела, сосудом получения высшего света. Затем этот высший сосуд входит в низший, в настоящее кли, но то, что настоящее кли желает отдать Творцу, характеризуется именно этим новым сосудом, который желание строит над своим экраном. Это моя отдача Творцу: весь высший свет, все, что Он мне приготовил, я одеваю в намерение ради Него и все это как бы отражаю Ему. Это, в принципе, нам понятно – и в нашем мире мы сталкиваемся с такими взаимодействиями.

То есть после того, как Малхут создает ор хозер, она впускает в себя ор яшар, облаченный в ор хозер. Говорят, что высший свет облачился в отраженный свет. После этого Малхут расширилась в соответствии с величиной отраженного снизу вверх света и распространилась сверху вниз, впустив этим внутрь себя свет.

И это действие облачения высшего света, приходящего сверху вниз, в свет, отраженный снизу вверх, образует десять сфирот рош парцуфа. А затем это новое кли, созданное облачением ор хозер на ор яшар, спускается вниз, внутрь, оно входит в гуф (тело) и заполняет его. Та часть в гуф, которая заполняется этим светом, называется «тох» (внутренняя часть), а та часть, которую свет не может заполнить, называется «соф». И это – рош и гуф каждой ступени.

Эти десять сфирот де-рош не являются настоящим кли, потому что там отсутствует настоящее желание получать, ведь кли де-рош построено на отторжении от желания. Нет настоящего желания, значит, нет еще творения, а есть только предваряющее действие, расчет. Поэтому эти десять сфирот де-рош не считаются настоящими келим, а считаются только их корнями, зародышами. И только после того, как Малхут вместе с отраженным светом распространяется теперь уже сверху вниз, отраженный свет превращается в келим для получения высшего света, и тогда происходит облачение света в келим, которые называются телом (гуф) данной ступени (парцуфа). И телом (гуф) уже называются настоящие, законченные келим.

Перечислим еще раз все элементы этого действия.
1. Есть Малхут мира Бесконечности, которая сделала на себя ЦА и осталась пустой.
2. После этого она решает сделать на себя экран (масах).
3. Через все стадии прямого света (0, 1, 2, 3) к Малхут приходит высший свет, называемый ор яшар (прямой свет).
4. Он ударяется в экран, это действие называется «удар» (акаа).

5. Экран полностью отражает этот свет от себя, не хочет принимать его внутрь.
6. И этим бхина далет облачает приходящий высший свет в свое намерение сделать это действие только ради Творца.
7. Из этого действия образуется рош. Именно в нем производится расчет, сколько света желание может получить в себя. И в соответствии с расчетом, Малхут начинает распространять внутрь себя два света – ор хозер, отраженный свет, и внутри него ор яшар, прямой свет. Это происходит в самом желании, в гуф парцуфа.

Таким образом, отраженный свет, желание вернуть Творцу получаемое от Него наслаждение, становится условием получения в себя этого наслаждения, то есть сосудом получения (кли каббала) вместо бхины далет. Бхина далет же не в состоянии получать наслаждение без экрана из-за своих эгоистических желаний. Мы видим, что экран может изменить ее намерение с эгоистического на альтруистическое, на желание получить ради Творца. Только после того как творение построит такое намерение, высший свет может распространиться сверху вниз в кли и одеться в желания-келим, которые образованы отраженным светом.

טו) הרי שנעשו בחינת כלים חדשים בפרצופין דקדושה במקום בחי"ד אחר הצמצום א', שהם נעשו מאור חוזר של זווג דהכאה בהמסך. ויש אמנם להבין את אור חוזר הזה, איך הוא נעשה לבחינת כלי קבלה, אחר שהוא מתחילתו רק אור נדחה מקבלה ונמצא שמשמש תפקיד הפוך מעניינו עצמו, ואסביר לך במשל מהויות דהאי עלמא, כי מטבע האדם לחבב ולהוקיר מדת ההשפעה, ומאוס ושפל בעיניו מדת הקבלה מחברו, ולפיכך הבא לבית חברו והוא מבקשו שיאכל אצלו, הרי אפילו בעת שהוא רעב ביותר יסרב לאכול, כי נבזה ושפל בעיניו להיות מקבל מתנה מחברו, אכן בעת שחברו מרבה להפציר בו בשיעור מספיק, דהיינו עד שיהיה גלוי לו לעינים, שיעשה לחברו טובה גדולה עם אכילתו זו, הנה אז מתרצה ואוכל אצלו, כי כבר אינו מרגיש את עצמו למקבל מתנה, ואת חברו להמשפיע, אלא להיפך, כי הוא המשפיע ועושה טובה לחברו ע"י קבלתו ממנו את הטובה הזאת.

והנך מוצא, שהגם שהרעב והתאבון הוא כלי קבלה המיוחד לאכילה, והאדם ההוא היה לו רעבון ותאבון במדה מספקת לקבל סעודת חברו, עכ"ז לא היה יכול לטעום

אצלו אף משהו מחמת הבושה, אלא כשחברו מתחיל להפציר בו, והוא הולך ודוחה אותו, הרי אז התחיל להתרקם בו כלי קבלה חדשים על האכילה, כי כחות ההפצרה של חברו וכחות הדחיה שלו בעת שהולכים ומתרבים, סופם להצטרף לשיעור מספיק המהפכים לו מדת הקבלה למדת השפעה, עד שיוכל לצייר בעיניו שיעשה טובה ונחת רוח גדולה לחברו עם אכילתו, אשר אז נולדו לו כלי קבלה על סעודת חבירו. ובבחן עתה, שכח הדחיה שלו נעשה לעיקר כלי קבלה על הסעודה, ולא הרעב והתאבון, אע"פ שהם באמת כלי קבלה הרגילים.

15. Таким образом были созданы новые келим в парцуфим святости вместо бхины далет после первого сокращения – они образовались из отраженного света [в результате] зивуга де-акаа высшего света с экраном. И необходимо, однако, понять этот отраженный свет – как он стал получающим кли, после того как вначале он был всего лишь светом, отвергнутым для получения – выходит, что он играет роль, противоположную самому себе. И я объясню это на примере из этого мира, ведь естественно для человека любить и уважать свойство отдачи, и отвратительно низко в его глазах получать от товарища. И поэтому, когда приходит в дом своего товарища, и тот предлагает ему поесть у него, то, даже если он очень голоден, – откажется есть, потому что противно и низко в его глазах быть получающим подарок от товарища. Однако, когда товарищ многократно упрашивает его в мере, достаточной, чтобы для него стало очевидно, что он сделает товарищу огромное одолжение тем, что поест, тогда он уступает и соглашается поесть у него. Ибо уже не чувствует себя получающим подарок, а товарища – дающим, а наоборот, ведь он дает и делает одолжение товарищу тем, что получает от него это угощение.

И вот ты находишь, что несмотря на то, что чувство голода и аппетит являются кли (сосудом) для получения еды, и у этого человека был аппетит и голод в достаточной мере, чтобы принять угощение товарища, вместе с тем он не мог даже попробовать что-то у него из-за стыда. Но, когда товарищ начинает уговаривать его, а он продол-

жает отказываться, тогда начинают формироваться в нем новые келим для [получения] еды. Поскольку силы уговоров товарища и силы отталкивания его самого, нарастая все больше и больше, в конечном итоге накапливаются в достаточной мере, чтобы превратить у него свойство получения в свойство отдачи до такой степени, что он уже сможет представить себе, что сделает одолжение и доставит огромное наслаждение своему товарищу тем, что поест у него. И вот тогда рождаются в нем получающие келим для трапезы у товарища. И считается теперь, что сила его отталкивания стала основным получающим кли для этой трапезы, а не голод и аппетит, несмотря на то, что на самом деле они являются обычными получающими келим.

Всюду, где написано «бхина далет», имеется в виду Малхут, то есть получение ради получения. Существует действие и причина этого действия. Какова причина получения до сокращения? Желание и стремление к наслаждению. Выходит: «получает» – действие, «ради получения» – причина. После сокращения парцуфим не используют бхину далет, а весь получаемый ею свет – экран и отраженный свет.

Причина получения, бывшая до сокращения, осталась и после него, ведь если нет желания и стремления к чему-нибудь, невозможно получить. Но после сокращения эта причина недостаточна, чтобы получать, и должна сопровождаться дополнительной причиной, то есть намерением ради отдачи.

Мы говорим, что после ЦА вместо бхины далет возникают новые келим получения, но это не совсем верно. Новых келим нет. Просто после ЦА кли не в состоянии – не хочет и не может – получать так, как раньше, поэтому возникает новое условие для получения света. Это условие называется намерением, ор хозер, отраженным светом, экраном – не важно, как сказать об этом. Кли уже не напрямую получает свет, а только отразив его, то есть сделав расчет, что оно получает ради слияния, ради уподобления Творцу.

Замысел Творца – в том, чтобы поднять творение на ступень Творца, сделать его совершенным. Поэтому после ЦА кли действует только в той мере, в которой оно желает уподобиться Творцу, подняться до Его уровня, то есть насладить Творца в той мере, в которой Он желает насладить его, – это значит, только в мере своего намерения, силы своего экрана. Это новое условие получения света мы называем как бы новым кли, хотя ничего нового в кли нет, появилось только дополнительное условие. Но поскольку оно определяет все поведение кли, мы говорим, что возникли новые келим. Однако не будем забывать, что на самом деле это всего лишь условие.

Когда возникает намерение «ради Творца»? Как только действительно приходит высший свет, то есть ощущается наслаждение, и есть экран (четкое решение противодействовать самонаслаждению, потому что это сразу же бросает кли в жуткое ощущение стыда, хуже которого нет), то в кли сразу же возникает удар в свет: оттолкнуть его, чтобы не ощущать стыда, своей противоположности Дающему, униженности, которая хуже всего.

Поэтому, если раскрывается Творец как Дающий, если Он находится перед тобой, ты не можешь просто получить от Него. Тогда поневоле возникает экран, поневоле происходит отторжение наслаждения, ведь если ты его получаешь, то вместо наслаждения испытываешь ужасное ощущение стыда.

Но нам еще нужно понять, каким образом оттого, что мы посылаем свет обратно, отторгаем его, отраженный свет обращается в кли.

Человеку по своей природе свойственно уважать желание отдавать и, наоборот, ему неприятно получать от кого-то другого, ничего не отдавая взамен. Почему это есть только у человека? Потому что человек создан из двух частей – из Малхут и из Бины. Эти задатки есть в нас уже изначально, поскольку мы все являемся результатом разбиения общей души Адам Ришон.

В нашей общей душе мы существуем на духовном уровне, называемом «мир Ацилут», и находимся там в состоянии гмар тикун (полное исправление), то есть существуем все вместе в полной связи, в полном слиянии друг с другом и в полном ощущении Творца. Там же у нас есть келим де-Бина и келим де-Малхут, отдающие и получающие келим. Они существуют в нас изначально.

Когда эти келим разбиваются и нисходят до нашего мира, где они представляют собой наши отдельные души, уже маленькие, разбитые, отдаленные друг от друга, мы, несмотря на это, все равно ощущаем в себе и кли Бины, и кли Малхут.

То есть если мы чувствуем, что нам кто-то дает, мы уважаем это чувство отдачи и не желаем ощущать себя получающими. Это следствие – из нашего корня. Поэтому Бааль Сулам говорит: «Ведь естественно для человека любить и уважать свойство отдачи». Это свойственно только человеку. У неживого, растительного и животного таких состояний, такого ощущения нет, потому что они состоят не из соединения Бины и Малхут, а только из Малхут. Только человек включает в себя соединение Бины и Малхут, поэтому он краснеет и испытывает чувство стыда, и поэтому ему надо себя исправлять.

Любой человек, не важно кто – это может быть вор или убийца – все обязаны оправдать свое действие, если они что-то получают от других. Человек должен внутри себя компенсировать это действие. Это может быть любая отговорка, но она должна быть внутри человека. Этого требует наша природа, иначе мы не смогли бы ничего получить.

Допустим, человек попадает вдруг в гости к своему товарищу, и тот предлагает ему пообедать. Это каждый из нас знает. Только если я пришел к очень близкому другу и не чувствую никаких «перегородок» между ним и мной, тогда я веду себя с ним абсолютно свободно. Я могу прийти к нему и сказать: «Я голодный, давай покушаем. Давай что-нибудь сделаем за твой счет». Я не испытываю тогда совершенно никаких проблем – как ребенок у своих родителей, потому как чувствует, что он одно целое с ними. Только в таком случае не существует стыда. Если между мной и родителями или между мной и друзьями существуют такие отношения, то стыд не ощущается.

Только в тот момент, когда я начинаю чувствовать себя отделенным от них, я уже ощущаю стыд и чувствую, что «я» – не «он». Я был ребенком у своих родителей до вчерашнего дня и чувствовал, что это мой дом, что это мои родители, что все это мое. Сегодня я женился, отделился от них. У меня образовалась своя нуква, своя дополнительная Малхут, – то, чего нет у них, этим я от них отделился. Теперь я уже прихожу к ним в гости, я уже не такой, как они, не вместе с ними, не включен в них, и складываются уже совсем другие отношения.

Человек попадает в дом к своему товарищу, и тот предлагает ему пообедать. Но может быть, что несмотря на то, что они товарищи, они еще не находятся на таком уровне, когда между ними нет абсолютно никакой разницы. В таком случае естественно, что гость, как бы он ни был голоден, откажется от еды, потому что ему неприятно ощущать себя получателем, который ничего не дает взамен.

Если я прихожу в ресторан, то даю деньги и требую за них полное вознаграждение. А если я прихожу к товарищу, не за деньги? Чем я могу возместить свое получение, чтобы я был способен получить, чтобы мог компенсировать чувство того, что я получаю, – не деньгами, так чем? Я обязан это сделать, иначе не смогу получить. Этот закон исходит из нашего корня, и нарушить его в нашем мире мы не можем.

Любой человек, если он получает, обязан компенсировать это. Где-то в сознании, мысленно, психологически он должен компенсировать эту связь: «я и дающий мне».

Однако хозяин несмотря на то что гость отталкивает угощения, его уговаривает, убеждая, что если гость испробует его еду, он доставит хозяину большое удовольствие. То есть хозяин раскрывает гостю свое неиспользованное, ненаполненное желание. Он говорит гостю: «На самом деле не в тебе есть пустота – то, что ты хочешь кушать, а во мне есть пустота, и я хочу наполнить ее, и поэтому я тебе предлагаю. Если ты возьмешь это у меня, ты, таким образом, меня наполнишь». Это подразумевается, когда хозяин уговаривает гостя откушать. Если это на самом деле исходит из чистого побуждения хозяина – он действительно этим наслаждается – тогда гость, отказываясь, начинает понимать, что у хозяина действительно есть потребность, он действительно страдает.

Поэтому Он создал это «угощение» и этого «гостя» – нас в этом мире, чтобы мы это «взяли». И только если мы возьмем и будем наслаждаться, тогда Он сможет себя наполнить. То есть Творец обнажает нам свое желание, которое только мы можем наполнить. Он показывает нам, что Он зависим от нас.

И когда гость чувствует, что это действительно так – что хозяин действительно получит огромное удовольствие оттого, что он примет у него, – тогда гость соглашается и поглощает угощения, потому что не чувствует себя при этом получающим. Он принимает угощение и чувствует, что при этом наполняет хозяина, он видит, как хозяин наполняется этим удовольствием. И сам акт получения не воспринимается им как получение, – он чувствует, что отдает, чувствует, что он при этом выше хозяина.

Если бы у гостя не было голода, он бы не смог получить от хозяина. Хозяин не смог бы его уговаривать – к чему ему обращаться, если не к чувству голода, который есть в госте? Поэтому Творец создал в нас огромное чувство голода, мы еще не знаем, насколько большое оно в нас.

Однако, несмотря на то, что гость голоден, из-за своего стыда он был не в состоянии получить угощение, пока хозяин не начал его уговаривать, то есть не начал раскрывать своего внутреннего желания, своей внутренней пустоты, которую только гость может наполнить. Хозяин поставил себя как бы в позу получающего, ожидающего, более несчастного, более пустого, чем голодный гость.

Итак, мы видим, как появляется совершенно новое кли, новый сосуд получения еды. Хозяин просто начал давить на гостя, чтобы тот получил, обращаясь к желанию внутри него, а гость начал выдвигать свое сопротивление – чувство стыда. То есть два первичных, абсолютно естественных движения – хозяина «дать» и гостя «оттолкнуть» – породили совершенно новое взаимоотношение: хозяин не дает, гость не отталкивает, а в итоге хозяин получает, а гость отдает.

Тому, кто смотрит со стороны и не знает их взаимоотношений, совершенно ясно – хозяин дает, а гость получает. Кто смотрит со стороны, не зная о намерениях, то есть не видит, что вообще что-то изменилось, видит, что человек продолжает получать, причем еще больше, чем раньше, становится все более жадным, даже, может быть, все более потребляющим. Он не видит внутренней работы человека – того, что при этом он отдает.

Поэтому наука каббала называется тайной наукой, и по каббалистам не видно, что внутри они производят такие огромные действия, имеют связь с Творцом и, получая от Него, отдают Ему, потому что все это скрыто от посторонних глаз. Как Бааль Сулам пишет в своем стихотворении: «А все, что раскроется в откровении, – вы увидите, и никто другой». Внешний факт остается фактом: получающий – получает, Дающий – дает, а внутренние отношения между ними, построенные на раскрытии внутренних побуждений, скрыты от всех и раскрываются только им. Они приводят от первоначального удара, отказа, отторжения к слиянию, к взаимному наполнению друг другом, к полнейшему входу одного в другого, к тому, что душа полностью наполняется Творцом и этим наполняет Его.

В этом примере в принципе заключена вся наука каббала, все взаимоотношения между нами и Творцом. Как только мы в отношениях с Творцом начинаем быть не просто получающими, а Он – дающим, то есть начинаем стремиться к тому, чтобы почувствовать Его как Дающего, для того чтобы попытаться отдать Ему, сравняться с Его свойствами, с Ним – Он начинает понемногу раскрываться нам в виде окружающего света. Поскольку мы пытаемся подтянуться к Нему, то, воздействуя на нас, окружающий свет создает в нас экран.

Как только в нас создается экран, мы начинаем ощущать Творца, действительно, как Дающего, себя – как получающего, и тут уже начинаются совсем другие взаимоотношения. Это отношения между каббалистом и Творцом, а не просто потребителем-человеком и Творцом. Творец обнажает свое желание нас насладить, человек обнаруживает в себе настоящее желание насладиться – и не маленькими животными наслаждениями в нашем мире, а именно светом Творца, и тогда между ними начинают происходить действия, называемые зивуг дэ-акаа.

Ничего не меняется – человек остается жить в нашем мире, взаимодействует со всеми вместе с нами. То, что происходит между ним и Творцом, уже не как между гостем и хозяином, а как между равноправными, взаимно удовлетворяющими друг друга, любящими друг друга партнерами, друзьями, товарищами, любимыми, – это скрыто от всех. Поэтому и называется наука каббала тайной, так как она раскрывается человеку только в той мере, в которой ему раскрывается истинное взаимодействие между ним и Творцом.

На этом построено все мироздание. Ничего больше, кроме того, что показывает этот пример, на самом деле нет. Есть человек, Творец и взаимоотношения между ними.

טז) ומדמיון הנ"ל בין אדם לחברו, אפשר להבין ענין הזווג דהכאה הנ"ל, ואת האו"ח העולה על ידו, שהוא נעשה כלי קבלה חדשים על אור העליון במקום בחי"ד. כי ענין ההכאה של אור העליון המכה במסך ורוצה להתפשט אל בחי"ד, יש לדמותו לענין ההפצרה לאכול אצלו, כי כמו שהוא רוצה מאד שחברו יקבל את סעודתו, כן אור העליון רוצה להתפשט למקבל. וענין המסך המכה באור ומחזירו לאחוריו, יש לדמותו לדבר הדחיה והסירוב של חברו לקבל את סעודתו, כי דוחה את טובתו לאחור. וכמו שתמצא כאן אשר דוקא הסירוב והדחיה נתהפכו ונעשו לכלי קבלה נכונים לקבל את סעודת חברו, כן תוכל לדמות לך, כי האו"ח, העולה ע"י הכאת המסך ודחייתו את אור

העליון, הוא שנעשה לכלי קבלה חדשים על אור העליון, במקום הבחי"ד ששמשה לכלי קבלה מטרם הצמצום א'.

אמנם זה נתקן רק בפרצופי הקדושה דאבי"ע, אבל לא בפרצופי הקליפות ובעוה"ז, שבהם משמשת הבחי"ד עצמה לכלי קבלה. וע"כ הם נפרדים מאור העליון, כי השינוי צורה של הבחי"ד מפריד אותם, וע"כ נבחנים הקלי' וכן הרשעים, למתים, כי הם נפרדים מחי החיים ע"י הרצון לקבל שבהם. כנ"ל באות י"ג עש"ה, ודוק בזה, כי אי אפשר להסביר יותר.

16. И из этого примера [взаимоотношений] между человеком и его товарищем (между гостем и хозяином) можно понять, что представляет собой вышеупомянутый зивуг де-акаа и отраженный свет, поднимаемый им, который становится новыми получающими келим для высшего света, вместо бхины далет. Ведь удар высшего света, бьющего по экрану и желающего распространиться в бхине далет, можно уподобить уговорам товарища поесть у него. Ведь подобно тому, как он очень хочет, чтобы товарищ принял его угощение, так же и высший свет хочет распространиться к получающему. А экран, бьющий по свету и отражающий его обратно, можно уподобить отталкиванию и отказу товарища принять его угощение, ведь он отталкивает и возвращает ему его благо обратно. И так же, как ты находишь здесь, что именно отказ и отталкивание превратились и стали правильными получающими келим, чтобы принять угощение товарища, так же сможешь представить себе, что отраженный свет, поднимающийся благодаря тому, что экран соударяется с высшим светом и отталкивает его, именно он становится новыми получающими келим для получения высшего света вместо бхины далет, которая использовалась в качестве получающего кли до первого сокращения.

Однако так это установлено только в парцуфим святости АБЕА, но не в парцуфим клипот и в «этом мире», где сама бхина далет используется как получающее кли. И потому они отделяются от высшего света, так как отличие по форме бхины далет отделяет их. И поэтому считаются клипот и грешники мертвыми, потому что они отделены от источника жизни желанием получать, имеющимся в них. Так, как было изложено выше в п. 13 – посмотри там об этом как следует и придерживайся этого, потому что невозможно объяснить больше этого.

Слова о том, что отраженный свет становится новым сосудом получения вместо бхины далет, которая была сосудом получения до ЦА, это только слова – ведь на самом деле ничего не меняется. Меняются только условия, о которых мы с Творцом договариваемся.

Раньше я получал от Него в мире Бесконечности. Затем ощутил, что Он – Дающий, я – получающий, и у меня возникло огромное чувство стыда, которое заставило исторгнуть все наслаждение (мир Сокращения). Затем я решил стать подобным Дающему, потому что ощутил, насколько велика Его ступень, Его состояние, статус. От этого у меня возник экран, то есть намерение оттолкнуть приходящее наслаждение, ни в коем случае не принимать, хотя Творец будет давить на меня, чтобы я его принял, но если я сделаю это, то стану клипой, нечистой силой.

Если я оттолкну это приходящее наслаждение только для того, чтобы избавиться от эгоизма, чтобы действительно произвести действие «наслаждение ради Творца», которое стало бы эквивалентным отдаче, тогда у меня произойдет взаимное ударное слияние с Творцом. Если я оттолкну от своей бхины далет, от обычного получения, все наслаждение и затем начну получать только в той мере, в которой чувствую, что наслаждаю Творца, в этом случае мое действие будет абсолютно равно действию Творца по отношению ко мне. Я буду абсолютно тождественен Ему, а значит, буду находиться в слиянии с Ним, на Его уровне. Не на уровне творения – получающего, а на уровне Творца – Дающего.

В той мере, в которой я смогу находиться на уровне Творца, то есть уподоблюсь Ему (на 10, 20, 90 или 100%, не важно), –

в той мере я буду ощущать себя, как Творец, то есть вечным, бесконечным, все познающим, существующим вне этого мира, совершенно в ином объеме, в ином измерении – в вечности, в абсолютной безграничности, в совершенстве. До такого состояния (на 100%) мы – каждый из нас – должны все вместе дойти.

Однако следует иметь в виду, что такие действия происходят только в духовных объектах миров АБЕА. В объектах же, относящихся к системе нечистых сил и нашему миру, бхина далет (то есть просто желание само по себе, без экрана и отраженного света) продолжает быть кли получения, желает получить в себя.

Конечно, ничего не получает – так же, как и мы. В своей жизни мы разве что-нибудь получаем? Получать – имеется в виду взять, насладиться, наполнить себя и оставаться в этом наслаждении, и, может быть, искать и получать все большее и большее наслаждение, но не терять прошлое. А не так, чтобы лишь на мгновение почувствовать соприкосновение с каким-то наслаждением.

Бхина далет продолжает быть кли получения, но относится к системе нечистых сил, то есть к системе, которая на самом деле не дает возможности насладиться. Насладиться можно не самим светом – в нем самом наслаждения нет, оно может быть только в намерении – кого я наслаждаю, то есть наслаждение от объекта наслаждения, только от этого. Смотрите, какое ни с чем не сравнимое наслаждение есть у матери, когда она ухаживает за маленьким ребенком!

Поэтому ни в системе нечистых сил, ни в нашем мире нет света, а причина этого – в отличии свойств бхины далет от свойств Творца, света. Поэтому клипот (нечистые силы, желание получить свет без экрана напрямую, вопреки стыду) и грешники (люди, которые используют такие возможности получения) называются мертвыми.

Почему? Потому что желание получить свет без экрана приводит к тому, что они постоянно пусты и находятся только в погоне за наслаждениями. Представляете себе, всю жизнь только гоняться и никогда не получать – это является уделом человечества на сегодняшний день, отделением его от света жизни, света Творца.

17-25. Пять бхинот (уровней) в экране

ה' בחינות שבמסך

יז) והנה נתבאר עד הנה ג' יסודות הראשונים שבחכמה:

הא', ענין אור וכלי, שהאור הוא המשכה ישרה מעצמותו ית', והכלי הוא בחינת הרצון לקבל הכלול בהכרח באור ההוא, שבשיעור הרצון הזה יצא מכלל מאציל לנאצל. והרצון לקבל הזה היא בחינת המלכות הנבחנת באור העליון, וע"כ נק' מלכות, שמו, בסוד הוא ושמו אחד, כי שמו הוא בגימטריא רצון.

ענין הב', הוא ביאור העו"ס וד' עולמות אבי"ע, שהם ד' מדרגות זו למטה מזו, שהרצון לקבל מחויב להשתלשל על ידיהן עד לקביעות כלי על תוכנו.

ענין הג', הוא ענין הצמצום ומסך שנעשה על כלי הקבלה הזה שהוא בחי"ד, ותמורתו נתהוו כלי קבלה חדשים בע"ס הנק' אור חוזר. והבן ושנן היטב אלו הג' יסודות הם וניומיקיהם כפי שנתבארו לפניך, כי זולתם אין הבנה אף במלה אחת בחכמה הזו.

17. Итак, до сих пор были выяснены три первые основополагающие понятия в науке [каббала]:

Первое – это понятие света и кли, где свет – это то, что напрямую исходит из сути Творца (Ацмуто), а кли – это желание получать, которое обязательно содержится в этом свете, и по мере [проявления] этого желания получать, оно [постепенно] вышло из Создателя, став созданием. И это желание получать является свойством Малхут, которое проявляется в высшем свете, и поэтому Малхут называется «Шмо» (имя Его), как сказано «Он и имя Его едины». Потому что гематрия (числовое значение) слова «Шмо» такое же, как у слова «рацон» (желание).

Второе – это выяснение десяти сфирот и четырех миров АБЕА, которые являются четырьмя ступенями, одна ниже другой, по которым желание получать обязано последовательно спуститься, пока не достигнет [формы] постоянного кли, соответствующего своему содержанию.

Третье – цимцум и масах (сокращение и экран), которые были сделаны на это получающее кли, то есть на бхину далет, – вместо него образовались новые получающие келим в десяти сфирот, которые называются ор хозер (отра-

женный свет). *И пойми, и выучи как следует эти три основы и их причины так, как они были выяснены перед тобой, потому что без них невозможно понять даже одного слова в этой науке.*

Свет и кли. Бааль Сулам просто повторяет нам все стадии распространения прямого света, пока свет, огрубляя на себя оболочки желания, обращает их в окончательную оболочку, которая чувствует, что она сама желает, что ее желания не порождены светом – они исходят из нее самой.

На самом деле такое желание реализуется только в нашем мире. Мы в нашем мире, то есть в состоянии, когда мы полностью отключены от Творца, представляем собой кли, которое, по сути дела, самостоятельно, потому что не видит Творца.

На самом деле оно абсолютно не самостоятельно, потому что у нас нет никакой силы действовать. Но то, что Творец явно не влияет на нас, не давит на нас, не находится перед нами, делает нас уже в чем-то свободными. Если мы к этой нашей первичной свободе добавим правильные разум и силы свободно действовать – независимо ни от Творца, ни от своего желания, ни от своей природы – тогда мы действительно станем свободными.

Десять сфирот и четыре мира АБЕА, которые соответствуют четырем бхинот распространения света. Кли достигает полного отсечения от Творца, абсолютного огрубления только после того, как проходит эти четыре стадии до нашего мира. Как есть нулевая, первая, вторая, третья, четвертая стадии развития света, так же есть соответствующие им миры: Адам Кадмон, Ацилут, Брия, Ецира, Асия. Последняя стадия мира Асия – это наш мир.

Сокращение и экран на бхину далет. Бхина далет, будучи полностью наполненной светом, обнаружила, что получает от Творца, и сделала сокращение – исторгла весь свет обратно к Творцу и осталась пустой. Затем она притянула на себя свет обратно (ор яшар, прямой свет), оттолкнула его от себя (ор хозер, отраженный свет), и начинает получать в себя «ради Творца» так называемый внутренний свет (ор пними) – ор яшар, облаченный в ор хозер. Это кли уже является душой, и свет, который входит в нее, называется «свет души».

Ор хозер – это намерение быть подобным Творцу, и от его величины (величины намерения и величины света) зависит и емкость этого кли, то есть величина души, и внутренний свет, который в нее входит. Таким образом, все зависит только от нашего отношения к Творцу, насколько мы сможем Ему отдавать.

А развивается все это внутри нашего кли, которое строится только слиянием с другими келим, потому что Творец скрыт. Соединение с другими келим может быть, только если мы тренируемся на взаимном слиянии друг с другом. Нам кажется это сегодня абсолютно невероятным, невозможным, но мы увидим, что в нас вдруг начнет проявляться понимание и видение всего этого процесса. Мы начнем видеть сквозь наш мир другую, более внешнюю оболочку – как там существуют эти законы на самом деле, и каким образом они на самом деле управляют нашим миром.

А мы обманываем сами себя, то есть нам кажется, что мы получаем. Мы гонимся за получением, а на самом деле мы выполняем те законы, которые воздействуют на нас снаружи. И как только мы захотим согласиться с этими законами и принимать их, не обманывая себя, сразу же наш мир расступится для нас, и мы увидим следующую, более внешнюю сферу – это будет прохождением махсома.

יח) ועתה נבאר ה' בחינות שיש בהמסך, שעל פיהם משתנה שיעורי הקומה בעת הזווג דהכאה שעושה עם אור העליון. ויש להבין תחלה היטב, כי אע"פ שלאחר הצמצום נפסלה הבחי"ד מלהיות כלי קבלה על הע"ס, והאו"ח העולה מהמסך ע"י זווג דהכאה נעשה לכלי קבלה בתמורתה, עכ"ז היא מוכרחת להתלוות עם כח הקבלה שבה אל האו"ח, וזולת זה לא היה האו"ח מוכשר כלל להיות כלי קבלה, ותבין זה ג"כ מהמשל הנ"ל באות ט'ו. כי הוכחנו שם אשר כח הדחיה והסירוב לקבל הסעודה נעשה לכלי קבלה במקום הרעב והתאבון, כי הרעב והתאבון שהם כלי קבלה הרגילים, נפסלו כאן מלהיות כלי קבלה מחמת הבושה והבזיון להיות מקבל מתנה מחברו, ורק

כחות הדחיה והסירוב נעשו במקומם לכלי קבלה, כי מתוך הדחיה והסירוב נתהפכה הקבלה להיות השפעה, והשיג ע"י ידם כלי קבלה מוכשרים לקבל סעודת חברו. ועכ"ז אי אפשר לומר שעתה כבר אינו צריך לכלי הקבלה הרגילים שהם הרעב והתאבון, כי זה ברור שבלי תאבון לאכילה לא יוכל למלאות רצון חברו ולעשות לו נחת רוח עם אכילתו אצלו. אלא הענין הוא, כי הרעב והתאבון שנפסלו בצורתם הרגילה, נתגלגלו עתה מחמת כח הדחיה והסירוב, וקבלו צורה חדשה, שהיא קבלה ע"מ להשפיע, וע"י ז נהפך הבזיון להיות כבוד. הרי, אשר הכלי קבלה הרגילים עדיין פועלים עתה כמו תמיד, אלא שקבלו צורה חדשה.

וכן תקיש בעניננו כאן, כי אמת הוא שבבחי"ד נפסלה מלהיות כלי קבלה על הע"ס, שהוא מחמת העביות שבה, שפירושו שינוי הצורה כלפי המשפיע, המפריד מהמשפיע, כנ"ל, אמנם ע"י תיקון המסך בבחי"ד. המכה על אור העליון ומחזירו לאחוריו, הנה נתגלגלה צורתה הקודמת הפסולה וקבלה צורה חדשה הנק' או"ח, בדומה לגלגול צורת הקבלה בצורת השפעה הנ"ל במשל, אשר התוכן של צורה הראשונה לא נשתנה שם, כי גם עתה אינו אוכל בלי תאבון. כן גם כאן, כל העביות, שהיא כח הקבלה, שהיה בבחי"ד, נתגלגל ובא תוך האו"ח, וע"כ נעשה האו"ח מוכשר להיות כלי קבלה, ותשכיל זה היטב.

ולפיכך יש להבחין תמיד במסך בב' כחות:

הא' קשיות, שהוא כח הדחיה שבו כלפי האור העליון,

הב', עביות, שהוא שיעור הרצון לקבל מבחי"ד הנכלל במסך, אשר ע"י זווג דהכאה מכח הקשיות שבו, נתהפכה העביות שבו להיות זכות, דהיינו התהפכות הקבלה להשפעה.

ואלו ב' הכחות שבמסך פועלים בה' בחינות, שהם ד' הבחינות חו"ב תו"מ הנ"ל, ושורשם הנק' כתר.

18. А сейчас мы выясним пять бхинот (уровней), имеющихся в экране, согласно которым изменяются уровни [отраженного света] во время зивуга де-акаа, который совершает [экран] с высшим светом. И в начале надо хорошо усвоить, что несмотря на то, что после сокращения бхина далет стала непригодной, чтобы быть получающим кли на десять сфирот, а отраженный свет, поднимающийся от экрана, вследствие зивуга де-акаа, стал получающим кли вместо нее, вместе с тем она обязана сопровождать отраженный свет со своей силой получения, и без этого не был бы отраженный свет вообще способным быть получающим кли. И пойми это из примера [о госте и хозяине], приведенного выше в 15-ом пункте. Ибо мы доказали там, что сила неприятия и отказа принять угощение стала

получающим кли вместо голода и аппетита. Ибо голод и аппетит, то есть обычные получающие келим, стали здесь непригодными, чтобы быть получающим кли из-за стыда и позора быть получающим подарок от товарища, и только лишь силы неприятия и отказа стали вместо них получающими келим. Потому что вследствие неприятия и отказа получение превратилось в отдачу, и [гость] обрел таким образом подходящие получающие келим, чтобы получить угощение товарища. И вместе с тем невозможно сказать, что он теперь уже не нуждается в обычных получающих келим, которыми являются голод и аппетит. Потому что ясно, что без аппетита к еде не сможет наполнить желание товарища и доставить ему наслаждение едой у него. Но дело в том, что голод и аппетит, которые были отвергнуты [для использования] в обычном виде, теперь видоизменились благодаря силе неприятия и отказа, и приняли новую форму — получения ради отдачи. И благодаря этому позор превратился в почет. Ведь обычные получающие келим и сичас всё еще действуют [по-прежнему] так же, как всегда, однако они приняли новую форму.

И примени это также к изучаемому нами предмету, ибо действительно, бхина далет стала непригодной быть получающим кли на десять сфирот из-за авиюта в ней, что означает отличие по форме относительно дающего, которое отделяет ее от дающего, как сказано выше. Однако исправлением, достигаемым с помощью экрана в бхине далет, который ударяет по высшему свету и возвращает его обратно, преобразуется прежняя непригодная форма и принимает новую форму, называемую отраженным светом, подобно тому, как форма получения преобразовалась в форму отдачи в вышеприведенном примере, причем начальная форма по своей сути не изменилась, потому что и сейчас он не ест без аппетита. Так же и здесь — весь авиют, то есть вся сила получения, которая была в бхине далет, преобразовалась и включилась в *отраженный свет*. И благодаря этому отраженный свет стал способным быть получающим кли. И усвой это как следует.

И поэтому нужно всегда различать в экране две силы:

1) *кашиют (жесткость)* — сила отталкивания в нем по отношению к высшему свету;

2) *авиют* — мера желания получать от бхины далет, которая включена в экран. Когда посредством зивуга де-акаа, благодаря силе кашиюта в нем, превращается авиют, что в нем, в «закут» (чистоту), то есть получение превращается в отдачу.

И эти две силы в экране действуют в пяти бхинот — в четырех бхинот ХУБ ТУМ, упомянутых выше, и в их корне, который называется «Кетер».

Наши желания в этом мире могут быть хоть отчасти опробованы, наслаждения в них могут ощущаться даже без намерения ради Творца: мы наслаждаемся от еды, от того, что вступаем в животные отношения с противоположным полом, от власти, от почета, от славы, от знания, от раскрытия — тысячи источников наслаждения есть вокруг нас. Однако все они находятся под махсомом, поэтому мы и можем наслаждаться ими, хотя эти наслаждения и улетучиваются. От них не остается ничего вечного, и все это проходит, как сон, только наши затраты на достижение этих наслаждений изматывают и умертвляют нас.

Духовные же наслаждения не могут нами ощущаться в таком виде, в каком мы ощущаем земные наслаждения. Они могут ощутиться только в мере сравнения наших свойств с ними, потому что над контактом между нами и высшим светом властвует закон первого сокращения, который говорит о том, что из мира Бесконечности не выйдет высший свет к желанию, не имеющему экрана, то есть намерения ради Творца. Это то, что было сделано в ЦА в мире Бесконечности, и поэтому мир Бесконечности не выпускает из себя свет в любое желание, где бы оно ни было в мироздании, если оно используется не для того, чтобы достичь уровня Творца.

В экране есть пять частей, с помощью которых он пять раз получает свет (пять зивугей де-акаа). Ор хозер, намерение, не является сосудом, он может только способствовать получению света. Желание насладиться, бхина далет, как было сосудом до первого сокращения, так и остается им после него. Все, что меняется, это только намерение.

Чем больше эгоизм человека, тем больше его возможность получить свет Творца при наличии соответствующего этому эгоизму экрана. Никогда нельзя укорять себя за недостойные желания, но необходимо просить Творца о приобретении экрана, который позволит исправить намерения на альтруистические.

Подчас мы не знаем ни мотивации наших поступков, ни наших истинных желаний. Порой мы ощущаем, что нам чего-то хочется, но мы не знаем, чего конкретно. Человек все время находится как во сне до тех пор, пока каббала не пробуждает его, раскрывая ему глаза. Изначально в нас нет даже настоящего желания насладиться. Каббала же вообще оперирует не нашими желаниями, а желаниями духовными, несравненно более сильными, чем желания нашего мира.

Благодаря новому намерению кли, желание насладиться получило новую форму: желание отдавать, точнее, желание получать во имя Творца. Теперь человек начинает получать с целью дать наслаждение Создателю. Ощутив отличие своих свойств от свойств Творца, бхина далет испытала стыд. Экран, установленный Малхут, отразил свет, изменив этим намерение. Сейчас вся та сила желания получить, которая есть в бхине далет, включается в обратный свет – в отдачу. Суть же самого желания получить осталась, но это уже получение ради Творца.

Каббала – наука логическая, здесь каждое явление имеет свое следствие, которое, в свою очередь, является причиной нового следствия, таким образом выстраивается цепочка причинно-следственных связей. Однако наша проблема заключается в том, что мы пока еще непосредственно не связаны с тем, что изучаем. То есть, читая о духовных мирах, парцуфим, сфирот, мы пока еще не ощущаем их.

Существует два уровня изучения каббалы. Первый уровень – уровень начинающих, когда еще отсутствует ощущение изучаемого. Однако в дальнейшем каббалист приобретает ощущения, которые адекватны явлениям и понятиям, описанным в книге.

В нашем мире каббалист внешне ничем не отличается от обычного человека. Откуда известно, для чего он это делает, с каким намерением, что он при этом испытывает и с кем находится в связи? Это неизвестно. И он об этом не может рассказать, потому что ни у кого нет экрана, отраженного света, чтобы можно было представить то, о чем говорит каббалист. Поэтому рассуждения, объяснения, советы каббалиста выглядят совершенно неощущаемыми, нереальными, абсолютно абстрактными. Ничего не поделаешь, поэтому сказано: «Каждый видит только в мере своего экрана».

Надо сказать, что на самом деле свет неподвижен, он никуда не входит и ниоткуда не выходит. Тем не менее, кли, в зависимости от своих внутренних свойств, ощущает свет по-разному, различает в нем разные «вкусы», то есть разные виды удовольствия, наслаждения. Если кли получает удовольствие от прямого получения света, то такое удовольствие называется «ор хохма». Если же творение получает удовольствие от сходства своих свойств со свойствами Творца, то такое удовольствие называется «ор хасадим». Попеременное получение то света хохма, то света хасадим вызывает «движение».

Когда человек начинает свой духовный путь, он вначале опускается в своих ощущениях, для того чтобы осознать, что его эгоистическая природа является злом. Это осознание приводит его к тому, что он начинает исправлять свою природу. Благодаря этому он возвышается, начинает ощущать все более тонкие воздействия высших сил.

Свет, нисходящий от Творца после ЦА, представляет собой тонкий луч, проходящий от Бесконечности к центральной точке мироздания. На него «надеваются» все духовные миры: АК и АБЕА. С точки зрения влияния Творца на нас сверху вниз, мы находимся в самом центре всех миров.

Частное управление Творца осуществляется с помощью луча света. Этот луч идет к определенной душе, облачая ее во все миры, начиная с мира Адам Кадмон (АК), далее в миры Ацилут, Брия, Ецира и самый наружный – мир Асия.

Разница между обычным человеком и каббалистом заключается в том, что у обычного человека нет экрана, и поэтому он не может ощутить и отразить свет, создать свой духовный сосуд. Таким сосудом является тох, внутренность парцуфа, куда творение получает свет Творца. Собственно говоря, Творцом для нас как раз и является Его свет, ибо сущность Творца нами непостигаема.

На всех людей, кроме каббалистов, Творец воздействует так, как будто они еще не вышли из мира Бесконечности (Эйн Соф), то есть находятся в неосознанном состоянии. Такое воздействие называется «дерех игулим», с помощью кругов, сфер, то есть через общий свет, окружающий все творение. Распространение света в виде, обозначаемом кругом, означает отсутствие ограничивающей силы, экрана.

Задачей человека является взять часть управления собой в свои руки, стать партнером Творца, и тогда Творец начнет заниматься им не как всеми остальными существами, а индивидуально, с помощью луча света (дерех кав). Тогда управление исходит не от Творца, а от самого человека.

יט) כי הגם שביארנו שג' בחינות הראשונות אינן נחשבות עוד לבחינת כלי, אלא רק הבחי"ד לבדה נחשבת לכלי, כנ"ל באות ה'. עכ"ז מתוך שג' בחינות הראשונות הן סבות וגורמות להשלמת הבחי"ד, באופן שהבחי"ד אחר שנשלמה נתרשמו בה ד' שעורים במדת הקבלה שבה, החל מבחי"א שהוא שיעור היותר קלוש שבה ממדת הקבלה, ואח"כ בחי"ב שהיא משהו עב ביותר מבחי"א במדת הקבלה שבה, ואח"כ בחי"ג העבה יותר מבחי"ב במדת הקבלה שבה, ולבסוף בחי"ד שהיא בחינתה עצמה

העבה יותר מכולם, שמדת הקבלה שלה מושלמת בכל תוכנה. גם יש להבחין בה עוד,
אשר גם השורש של הד' בחינות כלול בה, שהוא הזך מכולם. ואלו הן ה' בחינות
הקבלה הכלולות בבחי"ד, ונק' ג"כ בשמות הע"ס כח"ב תו"מ הכלולות בבחי"ד, כי
ד' בחינות הם חו"ב תו"מ כנ"ל באות ה'. והשורש נקרא כתר.

19. Ведь хоть мы и выяснили, что первые три стадии (бхинот) еще не считаются кли, а только четвертая стадия (бхина далет) считается кли, как было сказано в пятом пункте. Вместе с тем, из-за того, что три первые стадии являются причинами, приводящими к завершению формирования бхины далет, таким образом в бхине далет, после ее завершения, отпечатались четыре уровня в мере получения, имеющейся в ней, начиная с бхины алеф, являющейся самым маленьким уровнем в ее мере получения. А затем [следует] бхина бет, которая имеет несколько больший авиют, чем в бхине алеф, в мере ее получения, потом – бхина гимель с большим, чем в бхине бет, уровнем авиюта в мере ее получения, и в конце – сама бхина далет с собственным, самым большим из всех, уровнем авиюта, мера получения которой является полностью завершенной во всем. Также еще необходимо выделить в ней, что также и сам корень (шореш) четырех бхинот тоже содержится в ней, и он самый чистый (зах) из всех. И вместе они – пять бхинот получения, содержащихся в бхине далет. И они называются также именами десяти сфирот КАХАБ ТУМ, содержащихся в бхине далет, ибо четыре бхины – это ХУБ ТУМ, как сказано в пятом пункте, а их корень называется «Кетер».

Три бхины, предшествующие Малхут, еще не считаются келим, и только бхина далет является настоящим кли, потому что только в ней существует желание, которого не было раньше, которое не исходит напрямую от Творца. В бхине далет возникло чувство: «я хочу быть таким, как Он!». Не наслаждаться тем, что исходит от Него (потому что наслаждения исходят от Творца, и эти наслаждения рождают желание наслаждаться, и оно тоже исходит непосредственно от Творца –

не от Него самого, но является производной от Него). Но желание «быть таким, как Творец», возникающее в желании насладиться, от Творца не исходит.

Поэтому это желание, когда оно возникает в первый раз (а оно в первый раз возникает в бхине далет), и называется самостоятельным творением. И поэтому у Творца нет сил исправить творение и Самому отнестись к нему, как к желанию, которое необходимо удовлетворить, а Творец раскрывается как Дающий лишь в той мере, в которой желание хочет исправиться.

После того как появилась бхина далет, все, что происходит далее, зависит от нее, а не от Творца. Творец же действует в соответствии с ней, и все Его законы, Его воздействия на творение – только в соответствии с тем, что бхина далет вызывает на себя.

Поэтому нам нечего ждать, пока изменится Творец, изменятся воздействия от Него – они не изменятся. Желание насладиться, желание насладить, взаимодействия, которые происходят по определенным законам, останутся теми же. Единственное, что может измениться, это наше отношение к происходящему. Если мы вместо желания земных наслаждений пожелаем слиться, уподобиться, приблизиться к Творцу, то в этой мере мы по-другому почувствуем воздействие от Него, хотя само это воздействие не изменится. Мы своими изменяющимися желаниями отыщем в приходящем на нас совершенно иные наслаждения, которые на самом деле в миллиарды раз больше сегодняшних. И мы отыщем совершенно другие взаимодействия с Творцом, называемые духовными мирами.

Я и сейчас взаимодействую с Ним, но абсолютно в потемках, не зная даже, что это Он. И вдруг мне раскроется, что эта высшая сила – Творец, мне раскроется система взаимоотношений между нами, закон, по которому мы между собой взаимодействуем. Я начну сам управлять этим законом, вдруг обнаружу между нами связь, и эта связь и будет – те высшие миры, которые находятся между нами. Постепенно я буду «укорачивать» эту связь, я буду аннулировать эти миры, скрытия, приближаясь по свойствам к Творцу (мир на иврите «олам», от слова «олама» – скрытие). Эти оламот (миры) исчезнут, и у меня установится связь напрямую с Дающим, с Творцом. И все это будет зависеть только от моего намерения.

Если сегодня у меня неправильное намерение, то хоть я и чувствую, что с Кем-то я, наверное, взаимодействую – но с Кем и Кто Он, не знаю, поэтому ощущаю себя живущим только в этом мире. А как только я начну ощущать еще и Творца, наша с Ним система взаимодействия будет называться духовными мирами, и я буду ощущать себя, естественно, находящимся в совершенно ином объеме, чем сегодня, потому что это раскроет мне совершенно иное мое состояние в мироздании.

И все зависит только от моего намерения, а правильное намерение может дать группа, как пишет Бааль Сулам в статье «Свобода воли». Потому что бхина далет, как говорится в п. 19 этой статьи, хотя и является настоящим кли, желанием насладиться, но исправить себя она не в состоянии. Исправить может только окружающий свет, ор макиф. А поскольку Творец скрыт, то мы можем возбудить его на себя только с помощью группы. Группа тоже не дает нам окружающий свет, она создает во мне дополнительные желания. Она отдает свои желания мне, и я с помощью них уже вызываю окружающий свет.

Я со своей стороны не могу просто так возбудить на себя окружающий свет, ор макиф, потому что он нисходит из общего кли, в котором все соединено вместе, все души. Если я начинаю контактировать с группой и пытаться соединиться с другими душами, потому что желаю подняться на тот уровень, где мы все соединены, тогда именно из той связи, которая есть там между этими душами, нисходит на меня исправление, называемое ор макиф, – тот свет, который меня исправляет.

Чем он меня исправляет? Он поднимает меня и тех, с кем я нахожусь в совместном желании объединиться, и соединяет нас. Если же мы думаем о том, как насладиться в этом мире или о чем-то другом, то этот свет не действует на нас. Он действует из состояния, в котором мы соединены друг с другом. Поэтому если желаем вызвать на себя ор макиф, мы должны думать о соединении.

А если мы думаем о том, как получить духовное, чтобы оно создало в нас какие-то хорошие чувства, ощущения, то ор макиф не подействует. Вернее, подействует, но будет минимальным, потому что подсознательно где-то есть и другой вид работы. Ор макиф действует только в том случае, если мы в нашем мире желаем создать такую связь, какая есть между нами в духовном мире, потому что этим отличаются души духовного мира от душ нашего мира – тем, что есть между ними связь, направленная на взаимоотдачу. Поэтому нам необходимо приобрести экран, ор хозер, кашиют, «акаа» (удар) – и только это.

Когда последняя стадия – далет, или Малхут, полностью наполняется светом, она начинает ощущать в нем свойства всех предыдущих бхинот: сначала ближайшую к ней – Тиферет, затем она постигает Бину, создавшую Тиферет, затем Хохму, создавшую Бину, и затем источник (шореш) и замысел всего – Кетер.

Это означает, что все предыдущие свойства всех бхинот вошли в Малхут и влияют на нее. Сама она – бхина далет де-далет (т.е. последняя часть, далет, всей бхины далет), а все предыдущие свойства она приобрела от света. По мере постижения света, наполняющего ее, бхина далет постигает величие Творца. В ней появляется стремление уподобиться желанию отдавать, тому, как это делает Творец.

Что значит понятие «отдавать»? Источник света – Творец. Кли не может ничего отдавать, а может лишь только намереваться отдавать. Творец создал желание получать, а все остальное – это только различные меры желания получать. Меняться может лишь намерение: с «ради себя» на «ради Творца».

17-25. Пять бхинот (уровней) в экране

Чем отличаются авиют Кетер от авиюта Бины, ведь оба называются «желание отдавать»? Кетер – желание отдавать, Хохма – получает, а Бина, после того как получила свет, возвращает его Создателю. Это можно понять на примере из Мишны. «Учит Тору ради Творца» означает, что ничего не хочет получать; это соответствует авиюту Кетер. «Открывают ему тайны Торы» означает, что он не просил это, а получил сверху – бхинат Хохма.

После того, как получил, должен преодолеть себя и сказать: «Я отказываюсь от этого, потому что хочу только отдавать». Теперь посмотри, какая разница: желает отдавать после того, как удостоился света, или до того!

כ) ומה שה' בחינות הקבלה שבבחי"ד נק' בשם הספירות כח"ב תו"מ, הוא, כי הבחי"ד מטרם הצמצום, דהיינו בעוד שהבחי"ד היתה הכלי קבלה על הע"ס הכלולות באור העליון בסוד הוא אחד ושמו אחד, כי כל העולמות נכללים שם כמ"ש בתע"ס חלק א'. נבחן שם הלבשתה להע"ס ע"פ אותן ה' הבחינות הנ"ל, שכל בחינה מה' הבחינות שבה הלבישה הבחינה שכנגדה בהע"ס שבאור העליון, כי בחינת השורש שבבחינה ד' הלבישה לאור הכתר שבע"ס, ובחי"א שבבחי"ד הלבישה לאור החכמה שבעשר ספי', ובחי"ב שבה הלבישה לאור הבינה, ובחי"ג שבה הלבישה לאור הת"ת, ובחינתה עצמה הלבישה לאור המלכות. ולפיכך גם עתה אחר הצמצום א', אחר שהבחי"ד נפסלה מלהיות עוד כלי קבלה, נק' ג"כ ה' בחינות העביות שבה על שם ה' הספירות כח"ב תו"מ.

20. А то, что пять уровней получения в бхине далет называются именами сфирот КАХАБ ТУМ, является следствием состояния бхины далет до ее сокращения, то есть когда еще бхина далет являлась кли (сосудом) получения на десять сфирот, содержащихся в высшем свете, согласно сказанному: «Он Один и имя Его едино», ведь все миры содержатся там, как сказано в ТЭС, ч. 1. Там ее облачение на десять сфирот соответствует этим вышеупомянутым пяти бхинот так, что каждая бхина, из этих пяти бхинот в ней, облачала соответствующую бхину в десяти сфирот высшего света. Ибо бхина шореш, что в бхине далет, облачала свет Кетер, что в десяти

сфирот; бхина алеф, что в бхине далет, облачала свет Хохма, что в десяти сфирот; бхина бет, что в ней, облачала свет Бины; бхина гимель, что в ней, облачала свет Тиферет; а ее собственная бхина облачала свет Малхут. И поэтому также и сейчас, после первого сокращения, когда бхина далет стала непригодной, чтобы продолжать быть получающим кли, пять уровней авиюта в ней также называются именами пяти сфирот КАХАБ ТУМ.

Существуют четыре стадии прямого света. Каждая последующая стадия, являясь развитием предыдущих, включает в себя их свойства. То есть бхина далет, в свою очередь, состоит из десяти сфирот, которые также называются по именам этих стадий: Кетер, Хохма, Бина, ЗА и Малхут.

Каждая бхина, содержащаяся в Малхут, переняла свойства соответствующей бхины из десяти сфирот высшего света. Бхина шореш бхины далет «оделась» на сфиру Кетер высшего света, бхина алеф бхины далет «оделась» на сфиру Хохма высшего света и так далее.

Состояние, когда низший парцуф перенимает свойства высшего парцуфа, в духовном называется «одевается» на высший парцуф. Допустим, есть один объект, который состоит из двух свойств: свойство «А» и свойство «Б», и есть второй объект, в нем существует только свойство «А». Первый объект своим свойством «А» как бы приближается и сливается со вторым объектом – так, что своими свойствами «А» оба они объединяются, находятся вместе, а свойство «Б» как бы находится снаружи.

Это происходит и с нами: как только в нас появляется какое-то свойство, которое находится также и в Творце, по мере подобия мы сразу же приближаемся, сливаемся или «одеваемся» на Творца. Можно сказать об этом по-другому. Дело в том, что не всегда свойства соответствуют друг другу в точности, в идеальном виде. То есть первый объект имеет свойства не «А» и «Б», а «А1» и «Б», где свойство «А1» лишь частично соответствует свойству «А» второго. Если свойства объектов не соответствуют полностью, а между ними есть лишь некоторое подобие, то слияния свойств не происходит, и в итоге первый объект своим свойством «А1» как бы прилипает на второй сверху, снаружи. И тогда это называется «одеванием».

Все это мы с вами ощутим на себе, таковы будут наши взаимодействия с Творцом: мы будем приближаться, «одеваться» на Него (на какую-то Его часть), отдаляться от Него, снова приближаться к Нему, входить в Него, чтобы существовать внутри Него, и так далее. То есть все эти метаморфозы будут происходить с нами, мы будем ощущать эти действия на себе.

Итак, когда мы говорим о том, что в бхине далет есть эти свойства, мы хотим сказать, что бхина далет своей нулевой частью «одевается» на нулевую стадию, своей первой частью – на первую стадию, второй частью – на вторую стадию, третьей частью – на третью стадию. Четвертая же часть – бхина далет де-далет остается абсолютно свободной, ни на что не «одетой», а все остальные одеваются на предыдущие.

Также, когда мы рассуждаем о мирах, раскрываем, как они между собой взаимодействуют, то мы точно можем сказать, что есть нулевая, первая, вторая, третья, четвертая стадии, и на них «одеваются» все миры: мир АК, состоящий из Кетер, Хохмы, Бины, ЗА и Малхут, затем миры Ацилут, Брия, Ецира и Асия, и каждый из миров состоит из этих частей. Также и душа, которая стоит за ними, тоже состоит из этих частей. Таким образом они «одеваются» всеми своими частями друг на друга и на самый высокий уровень.

Бхина далет де-далет – это мы, тогда как все предыдущие четыре сфирот – это миры. Взаимодействуя с мирами, мы можем получить от них их свойства с тем, чтобы исправить бхину далет. Все миры находятся внутри нас, вся духовная работа тоже происходит внутри нас. Наша задача заключается в том, чтобы ощутить свет Творца, как это сделала Малхут в мире Бесконечности, и благодаря этому исправиться.

Что значит, что бхина далет постигает свойства предыдущих бхинот? Это означает – она начинает ощущать, что, кроме желания получать, существует еще и желание отдавать, которое совершенно отсутствовало в ней самой. Малхут по-прежнему хочет насладиться, но в данный момент она также проникается желанием отдавать, то есть теперь она стремится наслаждаться от отдачи.

Внутри кли происходит постепенное изменение свойств, желаний: от стремления насладиться простым получением света до желания все отдать. Эти изменения в кли вызываются светом, и только от его воздействия зависит поведение кли.

Мы изучаем десять сфирот, десять аспектов отношений Творца и творения. Сначала Малхут полностью отражает свет, а потом взвешивает, что она может принять в себя. Если бы она работала со всеми своими пятью желаниями, то могла бы принять свет во все свои пять частей. Если в Малхут нет достаточной антиэгоистической силы, чтобы принять весь свет ради Творца, она принимает только ту порцию, только ту долю из пяти частей света, на которую у нее есть экран.

Способность противостоять желаниям насладиться, сила воли, сила сопротивления желанию, то есть сила отражения экрана, называется **«кашиют»** (жесткость). Сила желания насладиться, страсть к наполнению называется **«авиют»** (толщина). Внутри экрана сталкиваются свойства самой Малхут «получить» и антиэгоистическая сила экрана «отдать». Если мое эгоистическое желание получить, авиют, равно 100%, а сила отражения, жесткость экрана – только 20%, то я могу принять ради Творца не более этих 20%. Только кашиют определяет, каким количеством эгоизма я могу пользоваться.

После ЦА Малхут хочет изменить только метод применения своего желания. Она понимает, что является «эгоисткой», понимает, что желание насладиться – это ее природа. Но это свойство не является отрицательным, все зависит лишь от метода его использования. Внутри эгоистического желания, бхины далет, возникает ощущение свойств Творца, желания отдавать, предыдущих бхинот. И теперь остается только уподобиться им, то есть уподобить им применение своего желания насладиться.

Для этого она отталкивает от своего эгоизма весь свет, делает сокращение на самое себя, а затем производит расчет, в какой мере она может быть подобна свойствам Творца, — бхинот (стадии) 0, 1, 2, 3.

Экран точно знает, сколько света он может пропустить согласно своему эгоизму. Кашиют экрана, сила воли, сила противостояния соблазну насладиться должна точно соответствовать авиюту, желанию получить.

Воспоминания, оставшиеся от предыдущего, наполненного светом состояния, помогающие Малхут делать расчет, как вести себя далее, называются **«решимот»** (запись, воспоминание). Постижение в духовном называется «облачение».

כא) וכבר ידעת שחומר המסך בכללו מתבאר בשם קשיות, שפירושו כמו דבר קשה מאד, שאינו מניח למי שהוא לדחוק במשהו תוך גבולו, כן המסך אינו מניח משהו מאור העליון לעבור דרכו אל המלכות, שהיא בבחי"ד, שעם זה נבחן, שכל שיעור האור הראוי להתלבש בכלי המלכות, מעכב עליו המסך ומחזירו לאחוריו. גם נתבאר שאותן ה' בחינות העביות שבבחי"ד נכללות ובאות במסך ומתחברות במדת הקשיות שבו.

ולפיכך נבחנים בהמסך ה' מיני של זווגים דהכאה ע"פ ה' שיעורי עביות שבו:
שזווג דהכאה על מסך שלם מכל ה' בחינות העביות, מעלה או"ח המספיק להלביש הע"ס כולן, דהיינו עד קומת כתר.

וזווג דהכאה על מסך החסר מעביות דבחי"ד, שאין בו רק עביות דבחי"ג, הנה האו"ח שהוא מעלה, מספיק להלביש הע"ס רק עד קומת חכמה, וחסר מכתר.

ואם אין בו אלא עביות דבחי"ב, הנה או"ח שלו קטן יותר ואינו מספיק להלביש הע"ס רק עד קומת בינה, וחסר מכתר חכמה.

ואם אין בו אלא עביות דבחי"א, הנה האו"ח שלו מוקטן יותר, ומספיק להלביש רק עד לקומת ת"ת, וחסר מכח"ב.

ואם הוא חסר גם מעביות דבחי"א, ולא נשאר בו אלא עביות דבחינת שורש, הנה ההכאה שלו קלושה מאוד, ומספיק להלביש רק לקומת מלכות בלבדה, וחסר מט"ס הראשונות, שהם כח"ב ות"ת.

21. И ты уже знаешь, что материал экрана в общем называется именем «кашиют». Это означает, что подобно тому, как очень твердый предмет не позволяет чему-либо хоть в чем-то проникнуть внутрь его границ, также и экран не позволяет ни в чем высшему свету пройти через него к Малхут, то есть к бхине далет. Таким образом, считается, что всю ту меру света, которой предназначено облачиться в кли Малхут, экран задерживает и возвращает обратно. Также было выяснено, что эти пять уровней авиюта, имеющихся в бхине далет, включаются и входят в экран, соединяясь [с ним] в мере кашиюта в нем.

И поэтому различаются в экране пять видов зивуга де-акаа (ударного соединения), согласно пяти уровням авиюта в нем.

Зивуг де-акаа с полным экраном, имеющим полностью все пять бхинот авиюта, поднимает отраженный свет, достаточный для облачения всех десяти сфирот, то есть до уровня Кетер.

А зивуг де-акаа с экраном, в котором недостает авиюта бхины далет, а есть в нем только авиют бхины гимель, поднимает отраженный свет, достаточный, чтобы облачить десять сфирот лишь до уровня Хохма, и в нем не хватает Кетера.

А если в нем есть только авиют бхины бет, его отраженный свет еще меньше, и его хватает лишь для облачения десяти сфирот только до уровня Бины, и не хватает в нем Кетера и Хохмы.

А если в нем есть только авиют бхины алеф, его отраженный свет еще меньше и достаточен, чтобы облачить только до уровня Тиферет, и не хватает в нем КАХАБ.

А если в нем не хватает также авиюта бхины алеф, и остался в нем лишь авиют бхины шореш, его соударение [со светом] настолько слабое, что [его отраженного света] достаточно только лишь для облачения уровня Малхут, и не хватает в нем первых девяти сфирот, то есть КАХАБ и Тиферет.

17-25. Пять бхинот (уровней) в экране

Итак, в самом парцуфе есть Кетер, Хохма, Бина, ЗА, Малхут. Мы говорим сейчас о Малхут. Свет приходит в каждое желание (и в Малхут), и каждое желание его отражает. Чем желание глубже, тем оно мощнее, «толще», и, естественно, отражает свет на бо́льшую высоту, потому что есть необходимость в еще большем экране.

Экран стоит во всей толще Малхут, хотя мы его рисуем как будто стоящим перед ней. Он отражает все света, то есть все наслаждения, которые Малхут ощущает. И получается, что Малхут как бы принимает в себя этот свет и отражает его в соответствии с пятью различными уровнями своего авиюта. Так как желание состоит из пяти частей, то и экран состоит из пяти частей. Хотя приходит как бы один свет, но наше желание разлагает его на пять наслаждений, поэтому отраженный свет тоже состоит из пяти частей и называется НАРАНХАЙ.

Мы никогда не должны забывать, что, хотя мы схематически всегда рисуем экран выше Малхут, на самом деле он находится в толще Малхут, на всех наших желаниях, он их все как бы «окутывает». На каждое наше самое маленькое желание мы должны создавать отдельный «экранчик». И в итоге таким образом мы начинаем понимать, из чего мы созданы (из чего создана Малхут), каждую гранулу. Когда мы это выясняем, мы узнаём, какой свет посылает нам Творец против него.

То есть мы начинаем делить свет, приходящий от Творца, на множество частных светов всяких оттенков — как в пищу добавляются какие-то приправы, дающие дополнительные привкусы и даже запах. И все это дает нам огромное наслаждение, которое в совокупности мы называем бесконечным.

Деление приходящего простого света на огромное количество составляющих, взаимодействие с ними, выяснение — насколько я их желаю, насколько Творец желает мне их дать, насколько относительно этого я желаю дать Ему наслаждение и так далее — все это выявляет в простом приходящем свете огромные внутренние возможности меня насладить.

Зачем же Творцу было надо, чтобы мы прошли все эти метаморфозы – эти огромные страдания, тысячелетия бессмысленного, в принципе, существования? Это надо было только для того, чтобы мы согласно всем нашим мельчайшим желаниям, которые мы в себе ощутим, с помощью экрана, который мы создадим на каждое из этих мельчайших желаний, выявили в этом свете огромный его потенциал, многочисленные свойства, стили, вкус.

Это ощущение в нас первоначально очень слабенькое, как у человека, в котором еле теплится жизнь, как у больного, который не чувствует никаких вкусов, никакого наслаждения – ни от музыки, ни от пищи, ни от общения, ни от чего, лежит всего лишь с маленькими проблесками жизни. Это и есть наше состояние.

Но благодаря экрану, когда мы начинаем сокращать этот огромный простой, аморфный, белый свет, который, как пишет АРИ, «заполнял собой все», и принимать его поэлементно, поступенчато, по квантам, мы достигаем состояния огромнейшего наслаждения, бесконечного по величине, по времени, по потенциалу – по всему. И тогда, ощущая свои мельчайшие желания на каждый квант света, мы при этом ощущаем свойства Творца в каждом из этих желаний – что хотел Дающий, для чего Он мне его дал, почему я его получаю, почему на основании этого я хочу насладиться или дать наслаждение Дающему и так далее. Все это только для того, чтобы еще больше ощутить свет.

Экран характеризуется двумя свойствами. Одно из них – его кашиют (прочность), оно не позволяет свету проникнуть сквозь него в Малхут. Любая мера света, которая приходит к экрану, отталкивается им и отражается.

Вторым свойством экрана является его грубость, эгоизм, авиют (толщина), то, что можно присоединить к жесткости экрана из всей бхины далет и использовать для получения ради Творца.

Поскольку в Малхут есть пять желаний на пять видов ощущаемого наслаждения, то она отражает их все, предотвращая самонаслаждение.

Экран похож на занавес: когда солнечный свет мешает мне, я закрываю окно занавесом, препятствуя проникновению солнечного света. В материальном мы знаем, из чего сделан занавес, а в духовном? Материалом экрана в духовном мире называется «кашиют», жесткость. Говорят про человека — «очень жесткий», то есть не принимающий мнения других людей, с упорством отстаивающий свое мнение и не меняющий своего решения.

Создатель, проявляющийся по отношению к нам как желание дать наслаждение творениям, сотворил желание его получить и жаждет наполнить это желание. Но творение стоит на своем и решило вообще ничего не получать ради себя — это и называется «экран» и «жесткость».

Необходимо уточнить: нет сокращения на желание! Если человек видит перед собой наслаждение, он тут же хочет получить его полностью. Но поскольку может получить только в мере возможности приложить намерение ради отдачи, поэтому только в этой мере может воспользоваться желанием получить, но это не означает, что нет у него желания на все наслаждение. В соответствии с этим выводим закон: на то наслаждение, от которого не может отказаться, делает сокращение, а на то, от чего может отказаться, — получает.

Пример: в Йом Кипур говорит человек своему телу: «Знай, что сегодня нельзя кушать, так что не будь голодно!» Но тело не слушает... Почему же оно так устроено? Творец создал желание получить, поэтому оно неизменно. Если оно исчезает, значит, человек мертв.

В мире существуют «духовные» течения, которые говорят об уничтожении желаний. На это есть высказывание рабби Исраэля из Ружин: «Человек, уничтоживший одно свое желание, получает два других». Невозможно уничтожить желание получить и не нужно его уничтожать, а только молиться о том, чтобы получить возможность использовать его с намерением ради Творца.

В зависимости от величины желания получить существуют различия между творениями: большим называют человека, у которого есть большие устремления – большое желание получить, маленький человек – желание получить маленькое.

Мой духовный уровень определяется тем, насколько полно мой отраженный свет может одеть весь приходящий ко мне свет, все предвкушаемые мной наслаждения, чтобы я мог их принять ради Творца. Я могу быть или на уровне Малхут, или ЗА, или Бина, а может быть, на уровне Хохма или даже Кетер.

Малхут мира Бесконечности делится на множество частей, но все они различаются между собой только свойствами экрана: в мире Асия Малхут подобна Творцу, допустим, на 20%, в мире Ецира на 40%, в мире Брия на 60%, в Ацилут на 80%, а в мире Адам Кадмон (АК) Малхут подобна Творцу на все 100%.

Ступени отличаются друг от друга только силой экрана. В нашем мире совершенно нет экрана. Поэтому мы не ощущаем Творца и находимся в абсолютно пустом пространстве. Как только человек создает экран, он ощущает себя уже в духовном мире, на первой снизу ступени мира Асия. Мы поднимаемся с помощью увеличения жесткости экрана.

Что значит переходить со ступени на ступень? Это значит приобретать свойства новой, вышестоящей ступени. Если, находясь на определенной ступени, человек может вызвать увеличение жесткости экрана, благодаря этому он сможет подняться на следующую ступень. Чем выше ступень, тем больше меняется качественное ощущение, постижение мироздания.

Мы говорили, что когда в экране есть все пять бхинот авиюта, ор хозер достигает самой высокой ступени – света Кетера, ор ехида. Тогда кли принимает в себя все света: Кетера, Хохмы, Бины, Тиферет и Малхут со всех предыдущих ей бхинот.

При отсутствии наиболее грубой бхины в экране, бхины далет, то есть намерения ради Творца на самые сильные желания, в кли отсутствует наивысший свет, свет Кетера, свет ехида, а экран достигает уровня света Хохмы, ор хая. При отсутствии в экране авиюта далет и гимель в кли отсутствуют света Кетера и Хохмы, ор ехида и ор хая, кли работает с авиютом бет и со светом Бины, ор нешама.

А если авиют экрана – алеф, то присутствуют света Тиферет и Малхут, ор руах и ор нефеш. Наконец, экран с авиютом шореш поднимает ор хозер только до уровня света Малхут, ор нефеш, и только этот свет есть в кли. Обычно для облегчения мы говорим, что экран стоит перед Малхут, но необходимо понимать, что экран распространяется на всю Малхут, на все желания кли.

Почему при отсутствии авиюта далет отсутствует наиболее высокий свет? Потому что существует обратная зависимость между светом и кли. Если у экрана максимальный авиют, то он поднимает ор хозер на наивысшую высоту, то есть к свету Кетер. Это значит, что при самом «сильном» экране ор хозер может облачить все наслаждения, стоящие перед экраном, и пропустить их внутрь парцуфа.

Экран – это сила, которая находится там, где существует притягивающая сила Малхут, желающей насладиться. Это ее желание неистребимо, его можно только каким-то образом компенсировать, наполнить другим насыщением, наслаждением вместо того, что она первоначально желала, и тогда желание Малхут насладиться и ее новое насыщение совместно будут как бы отталкивать имеющийся у нее первоначальный вид наслаждения.

Допустим, раньше мы искали наслаждения в виде почестей и славы, этим только и жили, желая достичь уважения, почета в нашем обществе, в городе, в стране, может быть, в мире, и вдруг понимаем, что самое главное – не это, а постижение законов природы, углубление в мироздание, что, возможно, даст нам бо́льшее наполнение. В таком случае человек автоматически отталкивает все, что приходит к нему в виде почета, уважения, известности, это уже становится неважным.

У него как бы образуется экран – он перешел с одного желания на другое и начинает желать чего-то большего.

На самом деле это не называется экраном. Я сменил желание – раньше у меня было желание к почету, к почестям, к славе, а сейчас – к знаниям. Сменилось само желание. А экран – это совершенно другое. Он возникает, если у меня осталось то же желание, то есть кли продолжает желать насладиться всем приходящим светом, который его создал. Таким образом, экран образуется, когда я вижу Творца, когда я ощущаю Его величие и желаю быть подобным Ему.

То есть экран – это нечто такое, что в нашем мире мы не ощущаем. В нашем мире мы можем только менять одно наслаждение на другое. Одно из желаний может превалировать в нас, мы можем предпочитать одно наслаждение другому, менять свои желания – это не является созданием экрана. Образованием экрана называется появление такой антиэгоистической силы во мне, которая возникает вследствие моего устремления не к какому-то другому наполнению, а к наполнению кого-то другого, не себя.

К сожалению, в нашем мире нет этому аналогов, здесь все построено только на переходе от одного желания к другому. Это не является экраном, это – смена желаний. Но и это хорошо, по крайней мере, для достижения махсома нам только это и надо. До достижения махсома, поднимаясь по ступенькам, я все время меняю в себе одно желание на другое, каждый раз – на более высокое. Во мне появляется желание насладиться Творцом, связью с Ним, ощущением Его, может быть, даже отдачей Ему – это будет моим наслаждением, я буду жить ради этого.

Это еще не экран, это называется «больна любовью», как сказано в Песне песней, есть также много других знаменитых фраз о любви, о тяге творения к Творцу. Это устремление еще абсолютно не духовное, то есть не находится под экраном, но это уже устремление к Источнику.

17-25. Пять бхинот (уровней) в экране

Человек в течение своей жизни перебирает всевозможные источники наслаждения и приходит к выводу, что наслаждение духовным, связью с Творцом, входом в духовный мир, ощущением вечного, совершенного, «парением» над этим миром во внешнем мироздании, где он существует постоянно (и до жизни в этом мире, и после смерти в этом мире, и сейчас, в течение той жизни, которую он имеет в этом мире), только не ощущает «ту жизнь», – это то, что существует постоянно и вечно.

Начиная об этом думать, человек привлекает на себя ор макиф (окружающий свет), и постепенно его желание к этим состояниям возрастает. Он понимает, что его земные наслаждения очень мелкие, преходящие. Сама земная жизнь говорит об этом, нас не надо особенно убеждать в том, что все эти наслаждения крайне мизерные. И поэтому человек тянется к духовным наслаждениям. К этому нас также подталкивают решимот, которые постоянно возбуждаются внутри нас. Но это еще не экран.

Экран возникает в нас, когда мы переходим махсом. Когда мы перестаем менять одно наслаждение на другое, то есть перестаем просто следовать ступеням переоценки ценностей (прошлую ценность заменять большей) и достигаем самого большого желания в нашем мире – желания насладиться Творцом, высшим миром, тогда на это желание мы должны сделать экран.

Поскольку это желание направлено на Творца, то вместо животных, растительных, неживых наслаждений, то есть вместо желаний к пище, к сексу, к богатству, к власти, к почету, к знаниям появляется огромное устремление к Творцу. При этом все остальные наслаждения не пропадают, человек ощущает их по мере того, как они в нем проявляются, но все это подавляется устремлением к Творцу. Когда это устремление начинает заполнять нас полностью и мы становимся как бы «больны» им, тогда и возникает экран, поскольку это именно то желание (желание наполниться и насладиться Творцом), на которое надо его сделать.

У нас нет никакой возможности подействовать на сам экран, воздействовать таким образом, чтобы он образовался. Это произойдет тогда, когда над всеми нашими наслаждениями и стремлениями в этом мире мы создадим устремление к единственному наслаждению – к ощущению связи с Творцом, к тому, чтобы Он нас заполнил.

Такое желание есть у начинающих. Они поражены этим устремлением, поэтому им кажется, что они уже находятся у выхода в высший мир и даже входят в него, но затем постепенно это первое желание уменьшается, начинает снова подавляться земными стремлениями. Тогда у человека появляется работа по сортировке этих желаний. У него образуется целый аппарат для их оценки – что является для него ценным, а что – нет, каким образом он может изменить этот «прибор», измеряет ли он относительно Творца (ближе это к Творцу или дальше от Него) или относительно наполнения его животных желаний (больше или меньше они наполнены).

То есть настройка происходит не на наслаждения, а на их оценку. И эта оценка в человеке может быть исправлена только окружающей средой, а не лично им самим, поэтому необходимо участие человека в работе группы, которая рекламирует ему другие вкусы, другие взгляды. Он и сам, конечно, может почерпнуть что-то из книг, из каких-то случайных впечатлений, но, в принципе, систематическую обработку человека с целью настройки его на другое восприятие ценностей делает окружающая среда.

Внутри нас есть только два параметра – наше решимо и путь, по которому оно должно развиваться, то есть моя сегодняшняя точка и тот путь, следуя которому, я должен достичь своего корня. Этот путь у каждого индивидуален, он уже полностью обозначен, потому что души спустились с уровня Адама в наше настоящее состояние, и точно по этому же пути мы должны идти обратно к своему корню.

Но этот путь может быть пройден каждым из нас только самостоятельно, у каждого должно быть собственное устремление к этому. Оно появляется, только если я следующий этап, следующее состояние, следующую ступень предпочитаю настоящей. Это достигается изменением вкусов: если я не буду желать насладиться, наполниться тем, что может насладить меня сегодня, а начну менять свое настоящее состояние, предпочитать ему следующее.

Каким образом я могу это сделать, находясь в сегодняшних решимот? Как я могу устремить себя к следующему состоянию, если сейчас во мне все определяется моим настоящим состоянием? Для этого, кроме решимо (моей сути) и пути, по которому оно развивается, существуют еще два внешних параметра: среда и путь, по которому развивается среда.

Среда должна явить мне образ моей будущей ступени, чтобы я к ней устремился. Как это происходит в нашем мире? Мы говорим: «В этом сезоне будет такая-то мода», то есть нам диктуют следующую ступень и говорят, что она очень важная, что мы должны ее достичь. То же самое и здесь – группа, которую я специально создаю для себя, должна влиять на меня, на каждого из нас. Мы договариваемся, чтобы эта группа представляла относительно нас свой устав. Ее устав – это следующая ступень, на которой мы должны оказаться. Если эта ступень не будет мне светить, что я тогда смогу достичь?

Значит, мне надо знать, как следующая ступень представляется группе, какая должна быть «мода» – то, к чему мне нужно стремиться. И группа должна дать мне такую важность в этом устремлении, чтобы я всеми силами пытался ее достичь.

Как мы достигаем следующей ступени «моды» в нашем мире? Мы зарабатываем, пытаемся достать материал, сшить у портного новый костюм, и в этом уже чувствуем себя на следующей ступени. То же самое здесь: я должен «платить» группе своим участием, должен брать у нее «материал», то есть то, что она желает мне дать – желает видеть меня другим, и это на себя «одевать», то есть соответствующим образом себя подстраивать, изменять.

Если для меня важность того, что говорит мне группа (мировая группа или та, которая постоянно рядом со мной), не будет по силе больше всего остального во мне и вокруг меня, то есть больше другого общества – семьи, работы, человечества, то я никогда не смогу подняться на более высокую ступень. Мы видим таких людей, которые останавливаются и топчутся на месте месяцами и даже годами только потому, что не могут подстроить себя под группу.

Настройка группы должна производиться таким образом, чтобы группа каждый раз выводила мне картину моего будущего состояния, рекламировала бы мне его, представляла мне его как «моду» и заставляла меня к этому стремиться. А моя настройка на группу заключается в том, чтобы я желал ощутить ее воздействие на себя, отдавался бы группе, чтобы она «промывала мне мозги». Эта взаимная настройка и является настройкой того духовного инструмента, который мы должны создать. Таким образом, в мере этой настройки, все время себя подстраивая, мы приводим себя к состоянию, когда в нас зазвучит Творец.

Состояние, когда самым главным является устремление к Творцу, а желание того, чтобы Он облачился в нас, превалирует над всеми остальными желаниями нашего мира, предваряет переход махсома. Если я действительно стою перед Творцом, желаю эгоистически наполниться Им, как человек, обуреваемый страстью, который хочет поглотить предмет своей страсти, объять Его и раствориться с Ним в полном ощущении взаимного насыщения, наслаждения, наполнения – тогда свыше приходит экран.

Когда приходит такая страсть – настоящая, непреходящая, – на нее возникает экран, и у человека появляется правильное отношение к Творцу. До этого он совершенно не представляет, что это такое. В нем есть какие-то зачатки такого ощущения: «надо по-другому себя вести, надо желать Творца ради отдачи» – такое состояние называется «хэн дэ-кдуша», то есть «очарование святостью», «очарование отдачей», ощущением оторванности от своего эгоизма, когда человек «парит» над ним, очарование этим полетом. Но в принципе, переход махсома происходит, когда у человека появляется страсть к Творцу, и тогда возникает этот экран.

В принципе, экран – это единственное, что кардинально делит наше ощущение мироздания на две части: эта часть мироздания, которую мы сейчас ощущаем и называем нашим миром, рождением в нашем мире, существованием в нем, и та его часть, то его измерение, которое мы называем духовным миром, находящимся по ту сторону экрана.

Экран – это единственное, что нам надо приобрести, чтобы существовать в полном, истинном, правильном объеме мироздания. Его достижение, как уже было сказано, зависит только от того, насколько группа даст нам величие следующей ступени над всем тем, что сегодня является для нас желаемым.

При изучении раздела «Пять бхинот (уровней) в экране» я посоветовал бы вам пытаться придумывать и обдумывать как можно больше примеров из своей жизни (не бойтесь запутаться): когда есть много желания, а когда мало желания; экран больше или меньше; могу ли сделать на часть своих желаний сокращение и взаимодействовать с остальными частями, то есть получать в них ради отдачи или что-то еще делать? То есть имеется только три параметра: желание насладиться, экран и приходящее наслаждение – свет или Творец.

Отличие света от Творца мы часто не подчеркиваем, потому что разбираем высшие миры, где это естественно предполагается. Вообще же, отличие света от Творца в том, что под светом мы можем подразумевать наслаждение, а под Творцом мы подразумеваем Дающего, который излучает это наслаждение, обладает жизнью, источником, разумом, программой – всем тем, что затем образует нас.

כב) והנך רואה איך ה' שיעורי קומות של ע"ס יוצאים ע"י ה' מיני זווג דהכאה של המסך, המשוערים על ה' בחינות עביות שבו. ועתה אודיעך טעם הדברים, כי נודע שאין אור מושג בלי כלי, גם ידעת שה' בחינות עביות הללו באות מה' בחינות העביות שבבחי"ד, שמטרם הצמצום היו ה' כלים בבחי"ד שהלבישו להע"ס כח"ב תו"מ, כנ"ל באות י"ח, ואחר הצמצום א' נכללו בה' בחינות של המסך, אשר עם האו"ח שהוא מעלה, הם חוזרים להיות ה' כלים מבחינת או"ח על הע"ס כח"ב תו"מ, במקום ה ה' כלים שבבחי"ד עצמה שמטרם הצמצום.

ועל פי זה מובן מאליו שאם יש במסך כל ה' בחינות עביות הללו, אז יש בו ה' כלים להלבשת הע"ס, אבל בעת שאין בו כל הה' בחינות, כי חסר לו העביות דבחי"ד, הרי אין בו אלא ד' כלים, וע"כ אינו יכול להלביש רק ד' אורות חו"ב תו"מ, והוא חסר מאור אחד שהוא אור הכתר, כמו שחסר לו כלי אחד שהוא העביות דבחי"ד.

וכמו כן, בעת שחסר בו גם בחי"ג שאין בהמסך רק ג' בחינות עביות דהיינו רק עד בחי"ב, הרי אז אין בו רק ג' כלים וע"כ אינו יכול להלביש רק ג' אורות, שהם בינה ת"ת ומלכות, והקומה חסרה אז מב' האורות כתר וחכמה, כמו שחסרה מב' הכלים בחי"ג ובחי"ד.

ובעת שאין במסך רק ב' בחינות עביות דהיינו מבחינת שורש ומבחי"א, הרי אין בו אלא ב' כלים, וע"כ אינו מלביש רק ב' אורות שהם אור ת"ת ואור מלכות, ונמצאת הקומה חסרה מג' אורות כח"ב, כמו שחסרה ג' הכלים שהם בחי"ב ובחי"ג ובחי"ד.

ובעת שאין במסך רק בחינה אחת דעביות, שהוא בחינת שורש העביות לבד, הרי אין לו אלא כלי אחד, לכן אינו יכול להלביש רק אור אחד, שהוא אור המלכות, וקומה זו חסרה מד' אורות כח"ב ות"ת, כמו שחסרה מד' הכלים שהם עביות דבחי"ד ודבחי"ג ודבחי"ב ודבחי"א.

הרי ששיעור הקומה של כל פרצוף תלוי בדיוק נמרץ בשיעור העביות שיש במסך, שהמסך דבחי"ד מוציא קומת כתר, ודבחי"ג מוציא קומת חכמה ודבחי"ב מוציא קומת בינה, ודבחי"א מוציא קומת ת"ת, ודבחינת שורש מוציא קומת מלכות.

22. И вот ты видишь, как пять уровней десяти сфирот выходят с помощью пяти видов зивуга де-акаа экрана согласно пяти уровням авиюта, имеющихся в нем. А теперь я сообщу тебе причину этого, ведь известно, что свет не постигается без кли. Также ты уже знаешь, что эти пять уровней авиюта происходят от пяти уровней авиюта, что в бхине далет, которые до сокращения являлись пятью келим в бхине далет и облачались на десять сфирот КАХАБ ТУМ, как сказано выше в п. 18. А после первого сокращения включились в пять уровней экрана, и вместе с отраженным светом, поднимаемым им, они снова становятся пятью келим в качестве отраженного света на десять сфирот

КАХАБ ТУМ вместо пяти келим самой бхины далет, как было до сокращения.

И согласно этому, само собой разумеется, что если есть в экране все эти пять уровней авиюта, то в нем есть пять келим для облачения десяти сфирот. Но когда нет в нем всех пяти уровней, так как не хватает ему авиюта бхины далет, тогда в нем есть только четыре кли, и поэтому он может облачить только четыре света ХУБ ТУМ, и ему не хватает одного света – света Кетера, так же как не хватает ему одного кли – авиюта бхины далет.

А также когда не хватает в нем еще и бхины гимель, и в экране есть только три уровня авиюта, т. е. только до бхины бет, тогда в нем есть только три кли, и поэтому он может облачить только три света: Бину, Тиферет и Малхут. И тогда в уровне [отраженного света] не хватает двух светов: Кетер и Хохма, так же как не хватает двух келим – бхины гимель и бхины далет.

А когда в экране есть только два уровня авиюта, то есть когда есть в нем только бхина шореш и бхина алеф, тогда в нем есть только два кли, и поэтому он облачает только два света: свет Тиферет и свет Малхут. И в уровне [отраженного света] не хватает трех светов КАХАБ, так же как не хватает трех келим – бхины бет, бхины гимель и бхины далет.

А когда в экране есть только один уровень авиюта – лишь авиют бхины шореш, тогда нет в нем более одного кли, поэтому он не может облачить более одного света – света Малхут, и в его уровне [отраженного света] не хватает четырех светов КАХАБ и Тиферет, так же как не хватает четырех келим – авиюта бхины далет, бхины гимель, бхины бет и бхины алеф.

Ведь величина уровня каждого парцуфа в точности зависит от величины авиюта, который есть в экране: экран бхины далет выводит уровень Кетер, а [экран] бхины гимель выводит уровень Хохма, а [экран] бхины бет выводит *уровень Бина, а [экран] бхины алеф выводит уровень Тиферет, а [экран] бхины шореш выводит уровень Малхут.*

Свет не постигается, не воспринимается никем, если нет соответствующего кли для его получения. Это значит, что на желания, имеющиеся в кли, должен быть экран, который как минимум полностью задерживал бы свет для самонаслаждения, и, может быть, еще дополнительный экран, который позволял бы свету прийти внутрь кли, – естественно, не для самонаслаждения, а для наслаждения Дающего.

Экран, который может только задерживать свет, называется ЦА. И есть еще экран, который проверяет все желания, готовы ли они оставаться в состоянии, опустошенном от наслаждения, но зато их наполнением будет подобие Источнику, Дающему, Творцу. Такое состояние келим называется «отдача ради отдачи» – свойство Бины. Затем экран проверяет, может ли он еще и получать ради отдачи – это уже работа с желаниями на отдачу, последний и самый тяжелый этап. Это самая высокая степень связи с Творцом, которая называется подобием Творцу и является целью нашей работы, целью творения.

Экран уровнем своего кашиюта (твердости, жесткости) определяет постижение этого кли: насколько оно выходит из себя и видит вне себя. То, что кли ощущает внутри себя, называется «мой мир», в этом случае ощущения кли заключены только внутри него. Если же кли ощущает с помощью экрана вне себя, в отраженном виде – тогда это ощущение называется «духовный мир». В этом все отличие между нашим сегодняшним состоянием и тем, к которому мы должны прийти.

Наличие экрана с минимальным уровнем кашиюта, который хотя бы только задерживал свет, не пропускал его внутрь, позволило бы нам ощутить, что перед нами что-то находится. Свет еще не проходил бы в нас, и мы еще не видели бы, что есть снаружи, но уже смогли бы ощутить, что перед нами что-то есть, потому что уже не ощущали бы «перегородки» между тем, что есть снаружи, и тем, что находится внутри нас. Мы существовали бы «на грани» между двумя мирами. А затем, добавив к экрану минимальное увеличение кашиюта, мы бы начали ощущать находящееся перед нами.

Пассивное ощущение мира вне себя называется «убар» (зародыш). Как развивается зародыш в теле матери? Постоянно только лишь отталкивая, не желая принимать внутрь себя ничего – иначе будет заражение. Он работает только на отдачу. В нашем мире это овеществляется в том, что зародыш пассивен внутри матери. Она его развивает, она ему все дает, она все делает – он же ничего не делает. Он развивается под полной ее властью.

Первое постижение высшего мира в пассивном виде называется, как уже было сказано, убар. Затем следует «еника» (вскармливание), то есть уже возникает экран на авиют алеф, при этом кли уже начинает принимать свет не в пассивном, а в более активном виде – начинает участвовать, желает быть подобным взрослому, подобным свету. Начинает учиться от него какому-то движению – осмысленному, осознанному, самостоятельному. Хотя еще ничего в нем не понимает, а лишь пассивно учится.

Минимальный уровень кашиюта дает состояние «убар» (авиют де-шореш), а при авиюте алеф он уже пытается двигаться самостоятельно, но еще ничего не решая, а получая все время примеры от высшего. Поэтому он уже начинает постигать Творца не как нечто неподвижное относительно себя, а как что-то обучающее его, он начинает постигать какие-то Его действия (но еще только действия). На следующем этапе (авиют бет) он уже начинает постигать Его свойства, но еще только свойства отдачи относительно себя. Здесь постигается свойство Бины – уподобление взрослому в его свойстве относительно себя. Эти состояния называются «катнут» (маленькие).

На следующих этапах (авиют гимель и далет) он начинает уже учиться от взрослого Его действию: не просто Его свойству, заключенному внутри Него, а действию отдачи. И эти состояния уже называются «гадлут» (большие).

В экране есть пять ступеней желания насладиться и, соответственно им, пять ступеней противоэгоистической силы отталкивания наслаждения. Две силы в экране, толщина (авиют) и жесткость (кашиют), должны быть уравновешены – тогда у Малхут есть свобода воли, и она может делать то, что она свободно решает, потому как она не находится ни под властью своих желаний, ни под властью наслаждения.

Ор яшар равен по величине ор хозер, и это означает, что творение желает насладить Творца тем же наслаждением, которое Он приготовил для творения. Ор хозер, намерение, как бы надевается на наслаждение Творца, показывая этим, что все это наслаждение кли не желает для себя, а возвращает Творцу.

При отсутствии еще одного желания, гимель (имеется в виду всегда отсутствие желания отдать, а не эгоистического желания получить, насладиться, потому как последнее не исчезает), экран уже может одеть в свой отраженный свет только три света. Он не сможет поэтому «видеть» приходящие к нему света ехида и хая, потому как не одевает их в себя. Потому и мы в нашем мире не можем совершенно ощущать свет Творца – ведь в нас изначально отсутствует экран и отражаемый им свет, с помощью которого только и возможно увидеть свет Творца.

Величина отраженного света зависит от силы экрана: чем экран жестче, тем выше отраженный свет, тем дальше кли видит перед собой, тем больше оно может взять ради Творца. По мере ослабления экрана кли видит меньше и, соответственно, может меньше получить ради Создателя.

В экране изменений нет. Все изменения только в авиюте. Экран – это сила сопротивления эгоизму, она присутствует в каждом свойстве. Все различия только в авиюте, в том, на сколько эгоистических желаний есть экран. Мы изучаем только четыре степени авиюта, потому что у Кетера нет авиюта, то есть желания получить, а есть только желание отдавать.

Желание насладить творения – Кетер – стало причиной появления у нижних желания получить, поэтому Кетер является корнем авиюта, желания получить. Когда нижний не может получать с намерением ради Творца, он использует авиют шореш, то есть может совершать только действия отдачи с намерением ради Творца.

Есть свет – наслаждение, есть кли – желание насладиться и есть экран – сила противодействия наслаждению, который кли само создает, чтобы уподобиться Творцу. Больше во всем мироздании нет ничего! Об этом надо постоянно помнить и пытаться всю каббалу объяснить себе при помощи этих трех составляющих.

Мы не ощущаем ни одного наслаждения духовного мира, потому что у нас нет даже минимального экрана. Сила воли экрана определяет, с каким наслаждением каббалист работает. После первого сокращения в понятие «кли» входит не просто желание получить, а желание получить, снабженное экраном, то есть не для самонаслаждения, а ради Творца.

Когда на определенное желание нет экрана, значит, с этим желанием каббалист не может работать, то есть оно непригодно для наполнения светом, поэтому мы говорим, что оно вроде бы отсутствует. Оно никуда не исчезает, просто с ним не работают. От величины желания, на которое есть экран, зависит духовный уровень, духовная высота, ступень (кома) парцуфа.

От противодействия самому большому желанию – далет рождается парцуф наивысшего уровня – Кетер. От противостояния желанию уровня гимель выходит парцуф духовной высоты Хохма, который на ступень ниже уровня Кетер. Сила противостояния желанию бет создает парцуф уровня Бина, который на ступень ниже предыдущего, то есть может еще меньше уподобиться Творцу, чем парцуф с экраном гимель.

Если экран может противостоять желанию алеф, то по духовному уровню каббалист находится на стадии Тиферет. Если же он способен оттолкнуть самое маленькое желание, шореш, то в нем рождается самый маленький по уровню принятия света парцуф – парцуф Малхут.

Эгоистические желания должны использоваться только в мере силы воли противостояния им. С неисправленными желаниями, на которые нет экрана, работать нельзя, их необходимо перекрывать в себе, делать на них сокращение. Никакое желание не появляется и не исчезает, желание создано Творцом. От человека зависит только, как его использовать.

Все зависит от того, есть ли на него отталкивающая сила экрана, намерение, которое превращает получающего в отдающего. В этом и заключается вся «игра» между творением и Творцом: превращение эгоистического желания в альтруистическое, то есть способность направить его в противоположную сторону – к Творцу.

Все желания находятся в Малхут мира Бесконечности, и она использует их в зависимости от экрана, который в каждом случае проявляется в ней: есть экраны, с помощью которых Малхут строит миры, а есть такие, на которые образуются различные парцуфим. Определенные виды экранов способствуют появлению душ. Все это части Малхут мира Бесконечности.

Отказаться от какого-либо наслаждения легче, чем получать его ради того, кто дает тебе это наслаждение. Принять ради Творца всегда можно меньше того количества, от которого ты можешь вообще отказаться и не работать с ним.

Если в каком-то кли вдруг появляется желание получить для себя, то есть желание, на которое нет экрана, свет сначала как бы приближается к кли, оно притягивает свет, но как только свет желает войти в него, срабатывает закон «цимцум алеф», и свет удаляется.

После того как Малхут мира Бесконечности сделала сокращение – цимцум алеф, этот закон принят Творцом. Поэтому мы уже не можем воспользоваться открыто своим эгоизмом.

Мы тоже находимся под властью этого закона и поэтому не ощущаем никаких духовных наслаждений, пока не сможем создать на них экран.

А что же с наслаждениями нашего мира? Это та частичка, микродоза света (нер дакик) из всей Малхут мира Бесконечности, которая допущена для нашего ощущения и может существовать вне ЦА. Она-то и выводит наш мир из границ духовного на материальный уровень. Выход за пределы нашего мира возможен только при приобретении экрана.

Если есть экран на большее наслаждение, то он существует и на меньшее. Для того чтобы перестать наслаждаться каким-то наслаждением ради себя, нужно облачить это наслаждение в намерение, ор хозер, и получить с намерением ради Дающего.

Движение в духовном мире происходит только за счет увеличения или уменьшения силы экрана. Все творение, вся Малхут мира Бесконечности постепенно приобретает на все свои желания экран. Когда экран будет создан на абсолютно все желания Малхут, такое ее состояние будет называться «окончательное исправление», гмар тикун. В этом и заключается все действие творения.

Создание экрана, взаимодействие его со светом, одевание света в ор хозер называется «заповедь», мицва. А сам получаемый свет называется «Тора». Всего существует 620 уровней, ступеней, мер взаимодействия экрана со светом, для того чтобы получить все частички света во все желания Малхут. Когда Малхут полностью наполнится светом Творца, это значит, что она получит Тору во всей ее совокупности и достигнет состояния совершенства.

כג) אמנם עוד נשאר לבאר, למה בחוסר כלי מלכות במסך שהוא בבחי"ד, הוא נחסר מאור הכתר ובחוסר גם כלי הת"ת נחסר מאור חכמה וכו', ולכאורה היה צריך להיות בהיפך, שבחוסר כלי מלכות שהיא בבחי"ד, יחסר בקומה רק אור מלכות, ויהיה בו ד' אורות לכח"ב ות"ת. וכן בחוסר ב' כלים בבחי"ג ובחי"ד, יחסרו האורות מת"ת ומלכות, ויהיה בקומה ג' אורות לכח"ב. וכו' עד"ז. (עי' לעיל אות כ').

23. Однако еще осталось выяснить, почему при отсутствии кли Малхут в экране, то есть бхины далет, в нем не хватает света Кетер, а при отсутствии также и кли Тиферет в нем не хватает света Хохма и так далее, ведь на первый взгляд должно было быть наоборот, что при отсутствии кли Малхут в экране, то есть бхины далет, должен отсутствовать в ступени только свет Малхут, и должны быть в ней четыре света до КАХАБ и Тиферет. А также при отсутствии двух келим – бхины гимель и бхины далет, в светах не должно хватать светов Тиферет и Малхут, а должны быть в ступени три света до КАХАБ. И так далее, по тому же правилу (см. выше, п. 20).

Казалось бы, что если нет силы сопротивления на самое большое желание – Малхут, то должен отсутствовать и свет Малхут, то есть именно тот, который входит в это желание. Почему же мы говорим, что в этом случае отсутствует самый большой свет – Кетер? Ведь это тот свет, который входит в бхину Кетер?

Это объясняется обратной зависимостью между светом и кли, то есть сначала в самое маленькое желание, Кетер, входит самый маленький свет – нефеш, свет Малхут, не относящийся пока к тому кли, которое образовалось, а занимающий временно его место. Но по мере увеличения желания, вернее, по мере приобретения экрана на все более эгоистические желания, все больший свет будет входить в кли Кетер, а из Кетера вниз, в Хохму, Бину, Тиферет, Малхут будут опускаться света, пока в Малхут не войдет свет нефеш, а в Кетер – свет ехида.

כד) והתשובה היא, כי יש תמיד ערך הפכי בין אורות לכלים, כי מדרך הכלים הוא שהכלים העליונים נגדלים תחילה בפרצוף, שמתחלה נגדל הכתר ואחריו הכלי דחכמה וכו׳ עד שכלי המלכות נגדל באחרונה. וע״כ אנו מכנים לכלים בסדר כח״ב תו״מ מלמעלה למטה, כי כן טבע גידולם. והפכי אליהם האורות, כי באורות, האורות התחתונים נכנסים תחילה בפרצוף, כי מתחילה נכנס הנפש שהוא אור המלכות, ואח״כ

17-25. Пять бхинот (уровней) в экране

הרוח שהוא אור הז"א וכו' עד שאור היחידה נכנס באחרונה. וע"כ אנו מכנים לאורות בסדר נרנח"י ממטה למעלה, כי כן סדר כניסתם מתתא לעילא.

באופן, בעת שעוד לא נגדל בפרצוף רק כלי אחד, שהוא בהכרח כלי העליון כתר, כנ"ל, הנה אז לא נכנס בפרצוף אור היחידה המיוחס לכלי ההוא, אלא רק אור התחתון מכולם, שהוא אור הנפש, ואור הנפש מתלבש בכלי דכתר.

וכשנגדלו ב' כלים בפרצוף שהם ב' העליונים כתר וחכמה, הנה אז נכנס בו גם אור הרוח ויורד אז אור הנפש מכלי דכתר אל כלי דחכמה ואור הרוח מתלבש בכלי דכתר

וכן כשנגדל כלי ג' בפרצוף שהוא כלי הבינה, אז נכנס בו אור נשמה, ואז יורד אור הנפש מכלי דחכמה לכלי דבינה, ואור הרוח לכלי דחכמה ואור הנשמה מתלבש בכלי דכתר.

וכשנגדל בפרצוף כלי ד' שהוא כלי דת"ת, הנה נכנס בפרצוף אור החיה, ואז יורד אור הנפש מכלי דבינה לכלי דת"ת ואור הרוח לכלי דבינה ואור הנשמה לכלי דחכמה ואור החיה בכלי דכתר.

וכשנגדל כלי חמישי בפרצוף, שהוא כלי מלכות, נכנס בו אור היחידה. ואז באים כל האורות בכלים המיוחסים להם, כי אור הנפש יורד מכלי דת"ת לכלי דמלכות, ואור הרוח לכלי דת"ת ואור הנשמה לכלי דבינה, ואור החיה לכלי דחכמה, ואור היחידה לכלי דכתר.

24. А ответ в том, что всегда есть обратная зависимость между светами и келим, ведь келим устроены так, что сначала в парцуфе вырастают высшие келим: вначале вырастает Кетер, за ним – кли Хохма и так далее до кли Малхут, которое вырастает последним. И поэтому мы называем келим в порядке КАХАБ ТУМ – сверху вниз, ведь такова природа их роста. А света обратны им, ведь в светах сначала нижние света входят в парцуф, так как сначала входит нефеш – свет Малхут, потом руах – свет ЗА и так далее, пока свет ехида не входит последним. И поэтому мы называем света в порядке НАРАНХАЙ – снизу вверх, ибо таков порядок их вхождения [в парцуф] – снизу вверх.

Таким образом, пока в парцуфе еще не выросли келим, кроме единственного кли, которым обязательно является высшее кли Кетер, как сказано выше, в парцуф не входит свет ехида, предназначенный для этого кли, а [входит] только свет, самый нижний из всех – свет нефеш, и этот свет нефеш облачается в кли де-Кетер.

А когда вырастают два кли в парцуфе – высшие келим Кетер и Хохма, тогда входит в него также свет руах, и свет нефеш тогда спускается из кли де-Кетер в кли де-Хохма, а свет руах облачается в кли де-Кетер.

И также, когда вырастает в парцуфе третье кли – кли Бина, тогда входит в него свет нешама, и тогда свет нефеш спускается из кли де-Хохма в кли де-Бина, свет руах – в кли де-Хохма, а свет нешама облачается в кли де-Кетер.

А когда вырастает в парцуфе четвертое кли – кли де-Тиферет, тогда входит в парцуф свет хая, и тогда свет нефеш спускается из кли де-Бина в кли де-Тиферет, свет руах – в кли де-Бина, свет нешама – в кли де-Хохма, а свет хая облачается в кли де-Кетер.

А когда вырастает в парцуфе пятое кли – кли Малхут, тогда входит в него свет ехида. И тогда все света входят в предназначенные им келим, ибо свет нефеш спускается из кли де-Тиферет в кли де-Малхут, свет руах – в кли де-Тиферет, свет нешама в кли де-Бина, свет хая в кли де-Хохма, а свет ехида в кли де-Кетер.

Когда парцуф, состоящий из пяти частей желания получить (келим Кетер, Хохма, Бина, Тиферет и Малхут), заполнен светом, то свет нефеш находится в Малхут, руах – в Тиферет, нешама – в Бине, хая – в Хохме и ехида – в Кетере. Так выглядит заполненный парцуф.

Но образование, то есть исправление келим, приобретение ими экрана, происходит от самого неэгоистичного (Кетер) до самого эгоистического (Малхут), сверху вниз. Заполнение же их светами идет от наименьшего по силе наслаждения света (нефеш) к наиболее сильному наслаждению (ехида).

Все света постепенно, один за другим, сначала входят в Кетер. Заполнение парцуфа всегда происходит согласно порядку: Кетер-Хохма-Бина-Тиферет-Малхут. Света же входят по порядку: нефеш-руах-нешама-хая-ехида. Отсюда **правило**: кли начинает расти с высшей сферы, а света входят, начиная с низшего. Это похоже на то, как два цилиндра входят друг в друга.

Света в порядке их вхождения в парцуф, от нефеш к ехида, сокращенно называются НАРАНХАЙ, от малого света к большему, а келим называются сверху вниз, от светлого к более грубому, КАХАБ ТУМ.

То же самое мы видим и в жизни: если я хочу противостоять какому-то наслаждению, но все же иметь с ним связь, то я начинаю с самого слабого наслаждения, постепенно переходя ко все более и более сильному, пока я не буду уверен, что и самые большие наслаждения смогу получать не ради себя.

Когда мы говорим, что рождается новое кли, это значит, что на соответствующее наслаждение уже есть экран – сила сопротивления данному наслаждению, намерение получить ради Творца, и в парцуф входит свет, соответствующий силе отталкивания.

Экран появляется вследствие учебы и работы в группе с правильным намерением. Когда у каббалиста появляется экран на самое маленькое желание, то он работает только с ним. Все же остальные желания отставляются в сторону, каббалист делает на них сокращение. Если в результате усилий экран увеличился, то есть появилась дополнительная сила сопротивления еще одному, большему желанию, то человек начинает работать уже с двумя желаниями и получает уже два света.

И так далее, пока не появится экран на все пять желаний, и тогда можно будет все света принимать ради Творца. Каждый раз, когда человек может работать все с новым и новым желанием, предыдущие желания становятся все более совершенными, потому что в каждое предыдущее кли помимо света, который был в нем, входит еще и новый свет, более сильный, дающий вместе с предыдущим большее наслаждение.

Если человек, который постоянно находится на занятиях в группе единомышленников и слушает объяснения Учителя, может, выйдя оттуда и находясь затем в различных состояниях и обстоятельствах в нашем мире, обществе, думать о тех же духовных вещах, о которых он думал во время учебы, то, придя снова на занятия, он почувствует и ощутит нечто большее, чем раньше, получит более высокий свет, так как он уже работает с более чистыми келим и не думает о каких-то животных наслаждениях. Это и есть обратная связь светов и келим.

Земля Израиля отличается от всех остальных мест самым большим эгоизмом. Здесь самое трудное место для духовной работы. Но именно оно – самое благоприятное и единственное.

Здесь земля имеет особый духовный потенциал. Бааль Сулам писал об Иерусалиме, что это место крушения, место разрушения Храма, где существует наибольшая сила, но там же находятся и самые большие нечистые силы, клипот.

Кли Кетер, авиют де-шореш, предназначено для самого маленького наслаждения или для самого большого? Для самого большого – ор ехида, который входит в Кетер последним, когда экран достигает силы противостоять самому большому желанию – желанию Малхут. То есть, работая с самыми своими низкими желаниями, создавая на них намерение принимать наслаждение ради Творца, каббалист получает самое огромное наслаждение – свет ехида, который входит в самое светлое кли – Кетер.

Если человек может, наполняя свои самые грубые животные желания, хоть немножечко думать о Творце, о цели творения, то во время учебы, чтения каббалистической литературы, молитвы он найдет больший контакт с Творцом.

В кли есть пять желаний насладиться. Его «размер», «объем» зависит только от экрана. Какому уровню желания он может противостоять, такой свет и войдет в кли, то есть такого уровня и будет кли.

Сначала ты работаешь с кли, имеющим авиют де-шореш, постепенно создавая внутри него экран на авиют алеф. Когда этот процесс будет закончен, ты сможешь получить этот же экран на авиют алеф и работать с ним. Затем ты постепенно создаешь экран на авиют бет, гимель, далет, то есть у кли с начальным авиютом шореш должны быть зачатки экрана на все пять бхинот, чтобы затем строить экран на все эти виды авиюта.

Кли строит себя постепенно, переходя от самых маленьких желаний к самым большим. Это происходит для того, чтобы не ошибиться и не начать самонаслаждаться. Желания измеряются по интенсивности наслаждения, которое можно испытать. Так происходит прогресс, когда все человечество поднимается от маленьких желаний ко все бо́льшим и бо́льшим.

Начиная работать с самым маленьким своим желанием – Кетер, человек преобразовывает его с помощью экрана в альтруистическое и получает свет нефеш, испытывая при этом огромное наслаждение, потому что в нем раскрывается часть Творца, то есть согласно размеру исправленного кли он становится равным Творцу.

Ор нефеш – это наслаждение быть с Творцом в самой маленькой, пятой части, когда начинаешь в этой мере воспринимать вечность, мудрость, абсолютное знание, огромное наслаждение, совершенство.

Нахождение кли в таком состоянии означает его выход за пределы нашего мира, нашей природы. Дальше этого состояния кли пока ничего не видит. Но, развиваясь дальше, оно начинает ощущать все более и более совершенные состояния и получать все бо́льшие и бо́льшие наслаждения.

Получение человеком ор нефеш означает получение всех пяти частей самого света нефеш: нефеш де-нефеш, руах де-нефеш, нешама де-нефеш, хая де-нефеш и ехида де-нефеш («де» означает принадлежность к чему-либо). Потому что любое кли, любое получение тоже состоят из пяти частей. Это можно уподобить тому, как в нашем мире мы получаем информацию с помощью пяти органов чувств: зрения, слуха, обоняния, вкуса и осязания.

И все эти пять светов должны проявиться в кли Кетер, куда входит вначале свет нефеш. То же самое происходит затем и со всеми остальными светами.

Свет Творца по своей природе един. Это кли в зависимости от своих внутренних свойств выделяет в этом едином свете различные «вкусы», то есть различные виды удовольствия: ор яшар, ор хозер, ор элион, ор пними, ор макиф и так далее. Все это один и тот же свет, все зависит от того, как он воспринимается самим кли. До входа в кли он называется «простой высший свет» (ор элион муфшат), потому что нет в нем никаких различных свойств.

Это подобно примеру Бааль Сулама о манне небесной, которая не имеет никакого вкуса, а каждый ощущает вкус согласно своим свойствам. Если высший простой свет светит в рош парцуфа, то он называется «ор яшар» (прямой свет). Свет, отраженный экраном, ор хозер, одевает ор яшар, и когда они оба входят в кли, то этот свет уже называется «внутренний свет» – ор пними, или «вкус» – таамим.

Поскольку парцуф получает только некоторую порцию от всего приходящего света, то неполученная часть пришедшего к нему света остается снаружи. Эта часть общего света, пришедшего к парцуфу, называется «ор макиф» (окружающий свет). Этот свет парцуф получит постепенно, маленькими порциями. Состояние, в котором весь окружающий свет сможет войти в парцуф, называется «гмар тикун» (окончательное исправление).

Свет, покидающий кли, называется «некудот» – точки, потому что Малхут называется «некуда» – точка, черная точка, не способная ввиду своих эгоистических свойств получить после ЦА свет. После наполнения парцуфа внутренним светом, окружающий свет начинает давить на экран в табуре, чтобы кли получило и оставшийся снаружи свет.

Но парцуф не имеет соответствующего экрана на этот свет, поэтому если он начнет получать этот свет (а у него уже нет намерения получить его ради Творца), то это получение будет эгоистическим, ради себя. Так как ограничение на получение света есть следствие эгоистического желания Малхут, черной точки, то исходящий из Малхут свет называется «некудот».

17-25. Пять бхинот (уровней) в экране

Когда внутренний свет выходит из парцуфа и светит в парцуф уже издали, в те же места, где он был, то он вызывает в кли особое ощущение, впечатление, называемое воспоминаниями – решимот. Эти воспоминания и есть та необходимая информация, без которой парцуф не может знать, что ему делать дальше.

כה) הרי שכל עוד שלא נגדלו כל ה' הכלים כח"ב תו"מ בפרצוף, נמצאים האורות שלא במקומם המיוחד להם, ולא עוד אלא שהם בערך הפכי, שבחוסר כלי מלכות חסר שם אור היחידה, ובחוסר ב' הכלים תו"מ חסרים שם יחידה חיה, וכו', שהוא מטעם שבכלים נגדלים העליונים תחילה, ובאורות נכנסים האחרונים תחילה, כנ"ל.

גם תמצא שכל אור הבא מחדש הוא מתלבש רק בכלי דכתר, והוא מטעם שכל המקבל מחויב לקבל בכלי היותר זך שבו, שהוא הכלי דכתר. ומטעם זה מחויבים האורות שכבר מלובשים בפרצוף לרדת מדרגה אחת ממקומם בעת ביאת כל אור חדש, למשל בביאת אור הרוח, מחויב אור הנפש לירד מהכלי דכתר לכלי דחכמה, כדי לפנות מקום הכלי דכתר שיוכל לקבל את אור החדש, שהוא הרוח. וכן אם האור החדש הוא נשמה, מחויב גם הרוח לרדת מהכלי דכתר לכלי דחכמה לפנות מקומו דכתר לאור החדש שהוא נשמה, ומשום זה מחויב הנפש שהיה בכלי דחכמה לרדת לכלי דבינה, וכו' עד"ז. וכל זה הוא כדי לפנות הכלי דכתר בשביל אור החדש. ושמור הכלל הזה בידך, ותוכל להבחין תמיד בכל ענין אם מדברים בערך כלים ואם בערך אורות, ואז לא תתבלבל כי יש תמיד ערך הפכי ביניהם. והנה נתבאר היטב ענין ה' בחינות שבמסך, איך שעל ידיהן משתנים שיעורי הקומה זה למטה מזה.

25. Ведь до тех пор, пока не выросли все пять келим КАХАБ ТУМ в парцуфе, света находятся не на своих, предназначенных для них местах, и более того, они располагаются там в обратной зависимости, когда при отсутствии кли Малхут там отсутствует свет ехида, а при отсутствии двух келим Тиферет и Малхут отсутствуют там света ехида и хая и так далее. И это потому, что у келим вырастают сначала высшие келим, а у светов сначала входят [в парцуф] последние [нижние] света, как было объяснено выше.

Также заметь, что каждый вновь приходящий свет облачается только в кли де-Кетер, и это потому, что каждый получающий обязан получать в свое самое чистое кли, а это кли де-Кетер. И поэтому обязаны те света, которые уже облачены в парцуф, спуститься на одну ступень вниз от своего места, в момент вхождения каждого нового света. Например, с приходом света руах, обязан свет нефеш спуститься с кли де-Кетер в кли де-Хохма, для того чтобы освободить место в кли де-Кетер, чтобы смог принять новый свет – руах. И также, если новый свет – это свет нешама, обязан также руах спуститься с кли де-Кетер в кли де-Хохма, освобождая место в кли де-Кетер для нового света – нешама. И поэтому нефеш, который был в кли де-Хохма, обязан спуститься в кли де-Бина и так далее, по тому же правилу. И это все для того, чтобы освободить кли де-Кетер для нового света. Придерживайся этого правила, и [тогда] сможешь различить всегда, в любом вопросе, идет ли речь о порядке келим или о порядке светов. И тогда не запутаешься, ведь всегда существует обратная зависимость между ними. И вот основательно выяснился вопрос пяти бхинот (уровней) в экране: как посредством их меняются уровни ступеней, [выходящих] одна ниже другой.

Каждый новый свет в миллиарды раз больше предыдущего, поэтому каждая последующая ступенька по отношению к предыдущей – как совершенно иной мир. В нашем мире, где у нас еще нет никакого экрана, мы не видим того света, который находится перед нами. Видеть можно только с помощью отраженного света, ор хозер, и настолько, насколько он отражается от Малхут.

Но с помощью занятий каббалой мы возбуждаем ор макиф до тех пор, пока он не создаст в нас самое начальное кли Кетер, в которое мы тут же получим ор нефеш. Это состояние означает, что мы духовно родились, перешли барьер – махсом между нашим миром и миром духовным и находимся на самой нижней ступеньке первого снизу духовного мира Асия.

При дальнейшей работе над собой мы приобретаем следующий экран на авиют алеф и получаем свет руах. Затем приобретаем экраны на келим бет, гимель и далет и, соответственно им, света нешама, хая и ехида. Только теперь все света находятся на своих местах.

Как создать экран? Если бы сегодня я знал, то есть ощущал свои эгоистические свойства, я бы убежал от исправления, как от огня! Моему эгоизму нет ничего более ненавистного, чем экран. Но я не бегу от духовного. И это потому, что я даже свой эгоизм не осознаю и не понимаю своих свойств. Такое «бессознательное» начальное состояние человека создано специально, чтобы позволить нам не отталкивать духовное, а стремиться к нему из чувства любознательности, желания узнать, улучшить будущее и так далее.

Поэтому принцип заключается в том, чтобы перейти махсом вопреки своей природе. Он преодолевается неосознанно: ты заранее не знаешь, к чему ты идешь и когда это произойдет. После перехода через махсом человек начинает видеть, что был до сих пор в бессознательном состоянии, был, как во сне. Переход через махсом предваряется двумя процессами: первый процесс – это осознание зла, осознание, насколько эгоизм является злом, насколько это свойство вредно для меня самого. Второй процесс заключается в осознании того, что духовное очень привлекательно для меня, что нет ничего более стоящего, большего, вечного.

Эти две противоположные точки (осознание зла и привлекательность духовного) в обычном человеке соединены вместе «в ноль». По мере продвижения к духовному они начинают удаляться друг от друга. При этом духовное начинает возвышаться в глазах человека, а эгоизм – восприниматься как зло. Эта разница между ними, твоя личная оценка духовного и критика эгоизма, настолько увеличивается, что это вызывает твой внутренний крик о разрешении проблемы. Если этот крик достигает нужной величины, то тебе сверху дают экран.

Изучение эгоизма и его исправление, его правильное применение – это весь путь человека от самого начального состояния и до самого конечного, до гмар тикуна. В духовных мирах ты тоже продолжаешь изучать свой эгоизм на каждой ступеньке. Чем выше ты поднимаешься, тем больше тебе добавляют эгоизм, чтобы ты, работая над ним, перевел его в альтруизм.

Все, о чем говорим, мы говорим с точки зрения творения. О Творце мы ничего не можем сказать, потому что не знаем, кто Он на самом деле. Я знаю только то, каким Он проявляется относительно меня, в моих ощущениях. Только философы могут бесконечно рассуждать о том, что непостигаемо никогда, и поэтому эта наука совершенно выродилась.

Каббала оперирует только тем, что каббалисты чувственно, совершенно явственно постигли на себе и передали нам языком каббалы, и каждый может воспроизвести этот процесс, как в самом строгом научном эксперименте.

Инструментом такого научного эксперимента является экран, который человек должен построить в себе, в центральной точке собственного эгоизма, то есть в своем «я» с помощью методики, разработанной в каббале.

Есть два экрана: один перед кли, стоящий в пэ парцуфа, то есть в Малхут де-рош, который отражает весь свет и стоящий как бы на страже выполнения ЦА. А второй экран, принимающий свет, работает с авиютом и находится в Малхут де-гуф. Он пропитывает, вбирает в себя весь эгоизм, который можно повернуть в обратную сторону, в получение ради Творца. Вообще, экран всегда стоит в Малхут – в самой нижней точке парцуфа. Отражающий экран и получающий экран – это два его действия. Первое приводит к возникновению рош, а второе к образованию гуф парцуфа.

Все приходящее, новое – в наивысших стремлениях, в устремленных к Творцу желаниях. У человека может быть очень много всевозможных намерений, стремлений, различных желаний: часть из них более грубые, часть – более тонкие относительно Творца. Человек ощущает Творца в самых тонких, в самых светлых своих намерениях, а затем, по мере дальнейшей работы над собой, – во все более грубых, во все более удаленных.

Поэтому ни в коем случае не ищите Творца в депрессивных, удаленных от Него состояниях, в которых вы используете свой эгоизм. Вам кажется, что вы, страдая, таким образом раскроете в себе Творца, но этого не будет. Наоборот, надо все время пребывать только в устремлении к Нему, только в тех своих мыслях, в которых вы полностью адаптируетесь к Нему, включая в это, поднимая к этому все свои будничные состояния. И тогда вы создадите первое кли – Кетер, ведь кли Кетер тоже имеет свой авиют.

Когда я нахожусь в намерении к Творцу, надо устремиться только к Нему, отсечь от себя абсолютно все, ухватиться только за Него, а потом начинать подсоединять к этому все свои помехи, которые приходят в данный момент, но не искать их специально. Главное – раскрыть Творца в самом верхнем кли, и хотя у меня будет лишь свет нефеш в кли Кетер, этого достаточно.

Затем надо продолжать постепенно наращивать свой авиют. Но после получения света нефеш в кли Кетер, не теряя этого состояния, мы будем продвигаться дальше. Поэтому самое главное – развить в себе чистые, духовные келим, намерения, и неважно, если они будут в отрыве от нашего мира. То есть надо работать, существовать в нашем мире, и как бы не связано с ним, отдельно, существовать в свя́зи с Творцом.

Постепенно вы так адаптируетесь ко всему, что все мироздание станет для вас одинаковым. Вы увидите, что это замкнутый круг, что Творец специально посылает вам всякие помехи для того, чтобы вы их подключали к тому чистому намерению, которое вначале было оторвано от всего земного. А затем, подключая все земное к этим намерениям, вы начали бы постепенно увеличивать авиют на свое намерение, и увеличивалась бы ваша связь с Творцом. Тогда вы ощущали бы Его уже не только как свет нефеш, но и как света руах, нешама, хая, ехида, и смогли бы сказать: «коль а-олам нивра бишвили» (весь мир создан для меня). То есть все, что есть в этом мире, – все плохое, все хорошее, что бы то ни было, создано именно для того, чтобы я увеличил свое кли.

Благодаря отторжениям, благодаря всевозможным желаниям, помехам, если я подключаю их к своему намерению к Творцу, оно становится более сильным, более «толстым», и в него входит больший свет. Но самым первым действием должно быть подключение к Творцу. Совершить это действие можно, только если я отключаюсь от всего этого мира, не сопоставляя одно с другим, живу как бы в двух разных частях: подключился к Творцу, и после этого начинаю присоединять к Нему этот мир.

Мы разобрали три основных понятия в науке каббала – это свет, кли, экран, затем пять уровней экрана, которые могут быть, и, в соответствии с этим, как десять сфирот получают свет. И теперь подходим к рассмотрению того, каким образом эти созданные десять сфирот (или пять бхинот) получают свет. То есть будем говорить о парцуфим.

Мы также изучили, как создалось кли. Малхут мира Бесконечности получила в себя весь свет – это называется мир Бесконечности. Затем Малхут, почувствовав внутри себя Творца, сделала ЦА – была наполнена светом и осталась пустой. После этого она решила, что только если она сделает над собой экран (масах), то – в соответствии с тем, на какие ее желания будет экран – она будет работать и получать свыше свет.

Если будет экран на авиют де-шореш, то в нее войдет только свет нефеш; когда добавится экран на авиют алеф, тогда от зивугей дэ-акаа она сможет получить света нефеш и руах. И так далее, пока не войдут все света во все келим, то есть у нее будут келим Кетер, Хохма, Бина, ЗА и Малхут и света нефеш, руах, нешама, хая и ехида.

Каким образом это происходит на самом деле, мы будем изучать в новой главе, которая называется «Пять парцуфим мира Адам Кадмон».

26-29. Пять парцуфим мира Адам Кадмон

ה' פרצופי א"ק

כו) אחר שנתבאר היטב ענין המסך שנתקן בכלי המלכות, שהיא הבחי"ד אחר שנצטמצמה, וענין ה' מיני זווג דהכאה אשר בו, המוציאים ה' קומות של ע"ס זו למטה מזו, נבאר עתה ה' פרצופי א"ק הקודמים לד' עולמות אבי"ע,

וזאת כבר ידעת שהאו"ח הזה שעולה ע"י זווג דהכאה ממטה למעלה ומלביש הע"ס דאור העליון, הוא מספיק רק לשרשי כלים המכונים ע"ס דראש הפרצוף, ובכדי לגמור את הכלים, מתרחבת המלכות דראש מאותם הע"ס דאו"ח שהלבישו לע"ס דראש, והיא מתפשטת מינה ובה ממעלה למטה באותו שיעור קומה שבעשר ספירות דראש, ובהתפשטות הזו נגמרו הכלים, שהם נק' גוף הפרצוף. כנ"ל באות י"ד. באופן שב' בחינות של ע"ס יש להבחין תמיד בכל פרצוף: ראש, וגוף. וזכור זה.

26. После того, как хорошо выяснилось понятие экрана, который был установлен в кли Малхут, то есть в бхине далет после ее сокращения, и понятие пяти видов зивуга де-акаа в нем, выводящих пять уровней десяти сфирот, один ниже другого, выясним теперь пять парцуфим мира Адам Кадмон (АК), которые предшествуют четырем мирам АБЕА.

И ты уже знаешь, что этот отраженный свет, поднимающийся посредством зивуга де-акаа снизу вверх, и облачающий десять сфирот высшего света, достаточен только для [создания] корней келим, называемых десять сфирот рош парцуфа. А для того чтобы завершить келим, Малхут де-рош расширяется от этих десяти сфирот отраженного света, облачивших десять сфирот рош, и она распространяется от себя внутрь сверху вниз на тот же уровень ступени, что в десяти сфирот рош, и этим распространением заканчиваются келим, называемые гуф парцуфа, как сказано в п. 14. Таким образом, есть два вида десяти сфирот, которые всегда необходимо различать в каждом парцуфе: рош и гуф. И запомни это.

Бааль Сулам уже заранее говорит нам, что есть пять миров: миры АК, Ацилут, Брия, Ецира, Асия. Разница в этих мирах тоже в величине экрана. Если мы представим себе все миры как единое кли, которое получает свет, тогда у нас будет: в мире Асия – свет нефеш, в мире Ецира – руах, в мире Брия – нешама, в мире Ацилут – хая, и в мире АК – ехида. Если же мы представим себе каждый мир по отдельности, то тогда не сможем сопоставить его с другими мирами. Только в едином кли мы можем сопоставить все миры относительно друг друга.

А если я представляю себе каждый мир в отдельности, то каждый мир тоже надо разделить на пять частей, тогда в нем тоже есть Кетер, Хохма, Бина, ЗА и Малхут, или, то же самое, есть АК, Ацилут, Брия, Ецира, Асия – но в этом мире. И тогда в нем тоже будет НАРАНХАЙ, но в этом мире. То есть каждое кли мы можем делить на частное и на общее, включая все мироздание, все миры.

Так и душу мы делим на частную и на общую. Общая душа называется Адам Ришон, она тоже поделена на десять сфирот или на пять частей: Кетер, Хохма, Бина, ЗА и Малхут. И каждая часть, каждая частная душа, как любое частное кли, тоже состоит из десяти сфирот, и в ней тоже есть полное подобие общему кли Адам Ришон.

В каждом парцуфе нужно определить два вида десяти сфирот: рош и гуф. Не знающим иврит намного проще изучать каббалу, потому что они не воспринимают дословно каббалистические термины: пэ – рот, рош – голова, гуф – тело, табур – пуп и так далее, а могут понимать эти каббалистические термины абстрактно, то есть такие люди не рисуют себе согласно этим терминам материальную картину.

Им легче воспринимать сказанное как силы, желания, намерения, а не части какого-то тела. Ведь в духовном мире нет тел, а есть только желание насладиться, намерение, ради чего или кого можно получать наслаждение, и само наслаждение.

Место, где находится отражающий экран, называется «пэ». В начале экран отталкивает весь ор яшар (прямой свет), который находится перед ним, говоря этим, что ничего не хочет взять для себя. Затем в рош делается расчет, сколько можно все же получить, но не ради себя, а ради Творца, затем ор хозер (отраженный свет) надевает десять сфирот высшего света (де-ор элион) снизу вверх.

Этого достаточно только для образования четкого решения, корней келим (шоршей де-келим). Десять сфирот отраженного света, «одевающих» десять сфирот приходящего света, образуют вместе десять сфирот рош парцуфа.

Чтобы закончить образование келим и получить свет в действительности, десять сфирот де-ор яшар, приходящего света, облаченные в десять сфирот де-ор хозер, отраженного света, «проходят» сквозь экран, распространяясь сверху вниз, расширяя этим десятую сфиру рош, Малхут де-рош, на свои собственные десять сфирот – от Кетер до Малхут и образуя этим келим де-гуф.

До того, как Малхут могла получать ради Творца, она была сжата, сокращена до размеров точки. Но получив экран, она приобрела новое намерение – получать не ради себя, а ради Творца. Тогда она «расширилась» от точки до десяти сфирот, получая свет в гуф.

Что происходило? Сначала была только бхина далет – Малхут мира Бесконечности. Малхут получила свет – первое действие; затем она его исторгла, сделала ЦА – второе действие; затем решила создать экран – третье действие; после этого она сделала зивуг де-акаа, оттолкнула – четвертое действие; затем начала получать внутрь себя – пятое действие.

Если мы не пройдем последовательно эти пять действий – ощущение давящего на нас света, отключение от самонаслаждения (ЦА), последующий прием приходящего к нам света вследствие зивуга дэ-акаа на экран и только затем получение его внутрь, – то наше намерение, наше действие не будет духовным.

Поэтому мы в нашей работе должны постепенно освоить все эти действия: ощутить Творца, как самое желаемое, – с одной стороны, с другой стороны – пожелать быть подобным

Ему, а не получать от Него наслаждение. И третье – чтобы это привело нас к созданию экрана, к необходимости защитить себя от наслаждения, и над экраном создать обратное воздействие к Нему, и только в той мере, в которой мы способны сделать такое действие, начать получать от Него свет, а если мы на это не способны, то не получать. Это, в принципе, то, что мы должны проделать над собой. Это и есть этапы нашего исправления.

כז) והנה תחילה יצא הפרצוף הראשון דא"ק, כי תיכף אחר צמצום א' אשר הבחי"ד נצטמצמה מלהיות כלי קבלה על אור העליון, והיא נתקנה במסך כנ"ל, הנה אז נמשך אור העליון להתלבש בכלי מלכות כדרכו, והמסך שבכלי מלכות עיכב עליו והחזיר את האור לאחוריו, וע"י הכאה זו שהיתה ממסך דבחי"ד, העלה או"ח עד קומת כתר שבאור העליון, ואותו או"ח נעשה ללבוש ובחינת שורשי כלים לע"ס שבאור העליון, הנקרא ע"ס דראש של הפרצוף הראשון דא"ק. ואח"ז התרחבה והתפשטה המלכות ההיא עם האו"ח, מכח ע"ס דראש, מינה ובה, לע"ס חדשות ממעלה למטה, ואז נגמרו הכלים בבחינת הגוף. וכל שיעור הקומה שיצא בע"ס דראש נתלבש ג"כ בע"ס דגוף. ובזה נגמר הפרצוף הא' דא"ק ראש וגוף.

27. И вот, сначала вышел первый парцуф мира Адам Кадмон, потому что немедленно после первого сокращения, когда бхина далет сократилась, перестав быть получающим кли для высшего света, и на нее был установлен экран, как было сказано выше, тогда устремился высший свет облачиться в кли Малхут, как свойственно ему, а экран, стоящий в кли Малхут, задержал его и вернул свет обратно. И благодаря этому удару, произошедшему от экрана бхины далет, он поднял отраженный свет до уровня Кетер, что в высшем свете, и этот отраженный свет стал облачением и корнями келим для десяти сфирот, что в высшем свете, которые называются десять сфирот де-рош первого парцуфа мира Адам Кадмон. А после этого расширилась и распространилась эта Малхут вместе с отраженным светом силой десяти сфирот де-рош от себя внутрь, на десять новых сфирот, сверху вниз, и тогда завершились келим, относящиеся к гуф [парцуфа]. И весь уровень ступени, вышедший в десяти сфирот де-рош, облачился также в десять сфирот де-гуф. И на этом завершилось создание первого парцуфа мира Адам Кадмон – рош и гуф.

После ЦА, когда Малхут сократила себя на получение света, она с помощью экрана решает получить какую-то порцию света ради Творца. Первое порционное получение света образовало первый парцуф мира Адам Кадмон – Кетер, или Гальгальта. Всего в мире Адам Кадмон есть пять парцуфим.

Экран в кли Малхут оттолкнул весь приходящий к нему высший свет. С помощью удара (акаа) об экран, сила которого равнялась всем пяти бхинот, отраженный свет (ор хозер) поднялся на уровень Кетер прямого света (ор яшар) и «облачил» десять сфирот де-рош первого парцуфа АК. Затем Малхут расширилась, и свет распространился внутрь Малхут, образовав десять сфирот де-гуф.

Часть гуф (тела кли), которая заполнилась светом, называется «тох» (внутренняя часть), а свет в нем называется «ор пними» – внутренний свет. Часть гуф, оставшаяся незаполненной светом, называется «соф» (конец), а свет в ней – ор хасадим, потому что эта часть не желает получать никакого наслаждения, потому что она не имеет соответствующего экрана, и если она получит свет, то это приведет к получению наслаждения ради себя. Граница разделения тох и соф называется «табур» (пуп). Свет, не вошедший в кли, называется «ор макиф» (окружающий свет).

Каждый парцуф видит, какой свет находится перед ним, только с помощью отраженного света. Если сила отраженного света равна силе экрана на все пять бхинот, то он видит свет уровня Кетер. Этот свет он делит на пять частей, заполняет ими тох, а соф оставляет пустым. В рош парцуфа может светить свет любой силы, но Малхут де-пэ де-рош увидит лишь столько, сколько ей позволяет ор хозер.

Наши органы чувств построены тоже на этом принципе. Дай им бо́льшую чувствительность – и они смогут увидеть предметы, измеряемые в микронах, ощущать микробов и так далее. То есть все зависит не от того, что действительно есть вокруг нас, а только от того, что мы в состоянии обнаружить. Все зависит только от чувствительности наших сенсоров, датчиков, органов ощущений.

Каждый последующий парцуф имеет экран на меньшее количество и качество желаний (бхинот), чем предыдущий, поэтому у него меньший ор хозер, меньшая высота отраженного света, поэтому он видит свет меньшего уровня. Это подобно тому, как если бы у человека ухудшилось зрение, и он стал бы видеть в меньшем радиусе вокруг себя.

Если экран имеет жесткость бхины гимель, то он видит свет уровня Хохма относительно предыдущего парцуфа. Относительно себя самого он получает те же пять частей света НАРАНХАЙ, но общего уровня Хохма, а не Кетер. Приведем пример из нашего мира: высокий человек и человек невысокого роста состоят, разумеется, из одних и тех же «частей». Тем не менее мы говорим, что один из них на голову выше другого, то есть второй как бы не имеет головы.

Мы изучаем распространение миров сверху вниз. После того как появилось все мироздание, создался парцуф Адам Ришон (первый человек). Затем этот парцуф раскололся на 600 000 частей, называемых душами. Каждая из этих частей должна получить свою часть высшего света.

Когда душа, то есть частичка парцуфа Адам Ришон, достигает какой-то ступени в духовном мире, она получает немного от «своей» части света, и, хотя она еще не наполнилась всем предназначенным ей светом, она ощущает это состояние как совершенство. Тогда ей (душе) добавляют немного эгоизма, и она опять начинает желать чего-то большего. Исправляя эту порцию эгоизма, она получает во вновь исправленные келим новую порцию света и только тогда понимает, что есть еще большее совершенство.

Если у человека нет внутреннего желания, потребности – «некуда ше ба лев» (точки в сердце), то он не в состоянии понять, как можно интересоваться духовным, а не только этим миром. Гадание, амулеты, нетрадиционное лечение, благословения не имеют к духовному никакого отношения. Под духовным в каббале понимается только стремление к самому Творцу, к Его свойствам. На поверку всегда оказывается, что все, кажущееся нам сверхъестественным, вовсе таковым не является, а просто шарлатаны большей или меньшей степени талантливости используют силы нашего мира, непознанные пока большинством людей, а также психологию и внутренние силы организма.

כח) ואח"ז חזר ונשנה אותו הזווג דהכאה על מסך המתוקן שבכלי מלכות שאין בו רק עביות דבחי"ג, ואז יצא עליו רק קומת חכמה ראש וגוף. כי מתוך שחסר במסך העביות דבחי"ד, אין בו רק ד' כלים כח"ב ת"ת. וע"כ אין מקום באו"ח להלביש רק ד' אורות לבד, שהם חנר"נ, וחסר בו אור היחידה, ונק' ע"ב דא"ק.
ואח"כ חזר אותו הזווג דהכאה הנ"ל על מסך שבכלי מלכות שאין בו רק עביות דבחי"ב, ואז יצאו עליו ע"ס ראש וגוף בקומת בינה, והוא נקרא פרצוף ס"ג דא"ק, שחסרים בו ב' הכלים דז"א ומלכות וב' האורות דחיה יחידה,
ואח"כ יצא הזווג דהכאה על מסך שאין בו רק עביות דבחי"א, ואז יצאו ע"ס ראש וגוף בקומת ת"ת, וחסרים בו ג' כלים בינה ז"א ומלכות, וג' אורות נשמה חיה יחידה, ואין בו אלא רוח ונפש מהאורות, המלובשים בכתר חכמה דכלים, והוא הנק' פרצוף מ"ה וב"ן דא"ק. וזכור כאן את ערך ההפכי שבין כלים לאורות כנ"ל באות כ"ד.

28. А после этого снова повторился тот же зивуг де-акаа на экран, установленный в кли Малхут, но в нем уже есть только авиют бхины гимель. И тогда вышел на него только уровень Хохма, рош и гуф. Ибо вследствие того, что в экране отсутствует авиют бхины далет, в нем есть только четыре кли: Кетер, Хохма, Бина, Тиферет. И поэтому в отраженном свете есть место для облачения только лишь четырех светов: хая, нешама, руах, нефеш, и не хватает в нем света ехида, и он называется АБ де-АК.

А затем снова повторился тот же, упомянутый выше, зивуг де-акаа на экран, что в кли Малхут, в котором есть только авиют бхины бет. И тогда на него вышли десять сфирот, рош и гуф, на уровне Бины, и он называется парцуф САГ де-АК, в котором не хватает двух келим: Зеир Анпина (ЗА) и Малхут, и двух светов: хая и ехида.

А потом вышел зивуг де-акаа на экран, в котором есть только авиют бхины алеф, и тогда вышли десять сфирот, рош и гуф, на уровне Тиферет, и в нем не хватает трех келим: Бины, ЗА и Малхут, и трех светов: нешама, хая, ехида, и есть в нем только света руах и нефеш, облаченные в келим Кетер и Хохма, и он называется парцуф МА и БОН де-АК. И помни здесь об обратной зависимости между келим и светами, как сказано в п. 24.

Мы видим здесь последовательное исторжение света из кли, последовательное ослабление экрана, когда в последнем кли экрана практически нет, он существует только для того, чтобы оттолкнуть свет от себя.

Таких парцуфим пять, потому что в экране есть пять уровней авиюта. Эти пять парцуфим, которые выходят последовательно, называются «пять парцуфим мира Адам Кадмон».

Посмотрите рисунки 28, 30, 31, приведенные в «Альбоме чертежей духовных миров» в конце книги. Строение парцуфа показано на рис. 32. На рис. 28 точно показано, как происходит постепенное утоньшение экрана, и как мощность каждого парцуфа становится все меньше и меньше, до самого маленького света, когда он полностью себя истощает. Рисунок так и называется: «Пять парцуфим мира Адам Кадмон». На рис. 30 тоже показаны эти парцуфим: Гальгальта, АБ, САГ, МА, БОН, в каждом из которых экран становится все меньше и меньше. На рисунке «Ступени издахехут парцуфа» (рис. 31) показано, каким образом – в зависимости от экрана – происходили изменения в парцуфим мира АК, от первоначального до самого последнего парцуфа (Кетэр, Хохма, Бина, Тиферет, Малхут), и полностью опустошенный парцуф. Все эти чертежи необходимо знать.

כט) והנה נתבארו אופן יציאתם של ה"ס פ א"ק הנק' גלגלתא ע"ב ס"ג מ"ה וב"ן זה למטה מזה, שכל תחתון חסר בחינה עליונה של העליון שלו, כי לפרצוף ע"ב חסר אור יחידה, ובפרצוף ס"ג חסר גם אור החיה שיש להעליון שלו שהוא ע"ב. ובפרצוף מ"ה וב"ן חסר גם אור הנשמה שיש בהעליון שלו שהוא ס"ג. והוא מטעם שזה תלוי בשיעור העביות שבמסך שעליו נעשה הזווג דהכאה. כמבואר באות י"ח. אמנם צריכים להבין מי ומה גרם שהמסך ילך ויתמעט בחינה אחר בחינה משיעור עביותו, עד שיתחלק לה' שיעורי קומה שבה' מיני זווגים הללו.

29. И вот выяснилось, каким образом вышли пять парцуфим мира АК, которые называются Гальгальта, АБ, САГ, МА и БОН, один ниже другого, когда каждому нижнему [парцуфу] не хватает верхней бхины его высшего [парцуфа]. Ведь парцуфу АБ не хватает света ехида, а в парцуфе САГ не хватает также света хая, который есть у его высшего парцуфа АБ. А в парцуфе МА и БОН не хватает также света нешама, который есть у его высшего – парцуфа САГ. И причина в том, что это зависит от уровня авиюта в экране, на который был сделан зивуг де-акаа, как было выяснено в п. 18. Однако нужно понять, кто и что послужил причиной того, что экран последовательно уменьшался, уровень за уровнем, по величине своего авиюта, пока не разделился на пять уровней, которые [вышли] в пяти разных зивугим.

Малхут после первого сокращения обретает экран, в котором есть все пять степеней жесткости, и поэтому она может присоединить к себе все пять уровней своих желаний. Силой этого экрана она отталкивает весь приходящий к ней свет и в отраженном свете достигает уровня Кетер, она «видит» все пять частей приходящего света: света в сфирот Кетер, Хохма, Бина, Тиферет и Малхут, находящиеся в рош. Из каждого света она может принять в тох только приблизительно 20%.

Общий уровень этого света определяется по его наивысшему свету – ехида, который соответствует уровню Кетер. Во второй парцуф Малхут может принять меньшее количество света, так как она теряет одну, самую сильную ступень желания – авиют далет и, соответственно, свет ехида.

Количество света, находящегося в третьем, четвертом и пятом парцуфим, еще меньше, их уровень каждый раз все ниже и ниже по причине уменьшения авиюта с гимель на бет в третьем парцуфе, с бет на алеф – в четвертом и с алеф на шореш – в пятом. Соответственно степени авиюта, в третьем парцуфе (САГ) отсутствуют света ехида и хая, в четвертом – ехида, хая, нешама, в пятом – ехида, хая, нешама, руах.

Парцуфим так выглядят только один относительно другого, когда каждый последующий «на голову» ниже предыдущего – по уровню света, по его силе и качеству. Но в каждом из них есть свои пять сфирот КАХАБ ТУМ и свои пять светов НАРАНХАЙ (или свои десять сфирот – как известно, сфира Тиферет состоит из шести сфирот).

Каждый парцуф обязан иметь набор всех тех десяти частей, из которых состоит все творение. Парцуфим отличаются друг от друга только величиной экрана. Поэтому, когда экран уменьшается, новый парцуф рождается на одну ступень ниже предыдущего.

После ЦА кли состоит из желания получать и экрана. Наполнение кли происходит в соответствии с силой, которой обладает экран. Экран может быть силой от одной до пяти бхинот, то есть он способен оттолкнуть от себя наслаждения, соответствующие его пяти, четырем, трем, двум или одному желаниям.

Любой парцуф состоит из пяти частей, которые мы обозначаем:

Кетер	Точка начала буквы йуд
Хохма	йуд
Бина	хей
Тиферет	вав
Малхут	хей

Эти буквы – скелет парцуфа, его пять постоянных частей, составляющих его кли. В зависимости от силы экрана парцуф наполняет эти пять частей бóльшим или меньшим светом – светом хохма или светом хасадим. Свет хохма обозначается буквой йуд, а свет хасадим – буквой хей. Соответственно, мы можем обозначить каждый парцуф, то есть каждое наполнение, буквенным кодом или числом.

Как уже объяснялось в статье «Буквы рабби Амнона-Саба»[1], каждый парцуф состоит из пяти частей, пяти сфирот – точки и четырех букв: Кетер (точка, начало буквы йуд) + Хохма (йуд) + Бина (хей) + ЗА (вав) + Малхут (хей) = АВАЯ. Все отличие между всеми 125 парцуфим – в том, какой свет их наполняет, а скелет кли, буквы АВАЯ, остается тем же. И это потому, что не может возникнуть желание, если свет Творца не пройдет предварительно пять ступеней, где только пятая ступень является рождением нового творения – нового желания.

Все мироздание, все миры представляют собою всего лишь десять сфирот, или имя Творца АВАЯ:

Сфира	Буква	Парцуф	Мир	Свет
Кетер	Точка	Гальгальта	АК	ехида
Хохма	йуд	АБ	Ацилут	хая
Бина	хей	САГ	Брия	нешама
ЗА	вав	МА	Ецира	руах
Малхут	хей	БОН	Асия	нефеш

Наполнение АВАЯ светом называется ее раскрытием, потому что это является степенью раскрытия Творца в этом желании. Этим буквы выходят наружу из скрытия, состояния, когда они не наполнены.

Всего есть пять парцуфим: Кетер (Гальгальта), АБ, САГ, МА, БОН. Первый из них, парцуф Кетер, является основным, источником всех остальных. Его десять сфирот – простая АВАЯ, или внутренняя АВАЯ, потому что каждая из четырех букв его АВАЯ выходит наружу, создавая новый парцуф, надевающийся снаружи на парцуф Гальгальта.

---

[1] Предисловие Книги Зоар, п. 22 – *Ред.*

Итак, из парцуфа Кетер – Гальгальта выходят:

' йуд	Парфуц Хохма, АБ
ה хей	Парцуф Бина, САГ
ו вав	Парцуф Зеир Анпин, МА
ה хей	Парцуф Малхут, БОН

Таким образом, парцуф Кетер обозначается простой АВАЯ, а надевающиеся на него парцуфим обозначаются АВАЯ с наполнениями. Запись АВАЯ с наполняющим ее светом называется «милуй» (наполнение). Для краткости обозначения парцуфа введено понятие «гематрия» – числовая сумма наполнений.

Буквы алфавита

Название	Произношение	Гематрия
א алеф	А, Э	1
ב бет	Б, В	2
ג гимель	Г	3
ד далет	Д	4
ה хей	А, Э	5
ו вав	В, У, О	6
ז заин	З	7
ח хет	Х	8
ט тет	Т	9
' йуд	И	10
כ хав	Х, К	20
ל ламед	Л	30
מ мем	М	40
נ нун	Н	50
ס самех	С	60
ע аин	А, Э	70
פ пэй	П	80
צ цади	Ц	90

Название	Произношение	Гематрия
ק куф	К	100
ר рэш	Р	200
ש шин	Ш, С	300
ת тав	Т	400

Гематрия парцуфа, который не наполнен светом, то есть гематрия незаполненной, пустой:

АВАЯ = йуд + хей + вав + хей = 10 + 5 + 6 + 5 = 26.

Гематрия заполненной АВАЯ образуется наполнением каждой буквы: в иврите каждая буква имеет свое полное название: А (א) – алеф, Б (ב) – бет и так далее, согласно таблице.

Поэтому есть четыре вида наполнения АВАЯ: а) АБ, б) САГ, в) МА, г) БОН.[1]

а) АВАЯ с наполнением АБ:
йуд: йуд + вав + далет = 10 + 6 + 4 = 20
хей: хей + йуд = 5 + 10 = 15
вав: вав + йуд + вав = 6 + 10 + 6 = 22
хей: хей + йуд = 5 + 10 = 15
Итого: 20 + 15 + 22 + 15 = 72 = 70 + 2 = АБ.

Буква А обозначает не букву алеф (א, гематрия 1), а букву аин (ע, гематрия 70) – в произношении они одинаковы, и потому в русском изложении обозначаются одной буквой. АБ = аин (70) + бет (2) = 72. АВАЯ, наполненная таким светом, называется «парцуф АБ», «парцуф Хохма», потому что буква йуд (') в наполнении означает ор хохма. Такое наполнение называется «АВАЯ с наполнением йуд».

б) АВАЯ с наполнением САГ.

Парцуф, наполненный ор хасадим, называется САГ, так как такова его гематрия, САГ = самех (60) + гимель (3) = 63:

---

[1] См. также гл. «Устройство духовных миров», статья «Цельность мироздания». – *Ред.*

йуд: йуд + вав + далет = 10 + 6 + 4 = 20
хей: хей + йуд = 5 + 10 = 15
вав: вав + алеф + вав = 6 + 1 + 6 = 13
хей: хей + йуд = 5 + 10 = 15

Итого: 63 = 60 + 3 = самех (ס) + гимель (ג) = САГ.

Если келим и их наполнение исходят от первого сокращения (цимцум алеф), то в наполнении АВАЯ присутствует буква йуд (').

Если келим наполняются светом от второго сокращения, то в наполнении АВАЯ присутствует буква алеф (א) вместо буквы йуд (').

Отличие между гематриями АБ и САГ – в наполнении буквы вав: в АБ гематрия вав = 22 от наполнения светом хохма, а в САГ гематрия вав = 13 от наполнения светом хасадим. Из сказанного ясно, что парцуф АБ происходит от первого сокращения, а в парцуфе САГ его буква вав, ЗА, происходит от второго сокращения.

в) АВАЯ с наполнением МА:
йуд: йуд + вав + далет = 20
хей: хей + алеф = 6
вав: вав + алеф + вав = 13
хей: хей + алеф = 6

Такое наполнение АВАЯ называется:
20 + 6 + 13 + 6 = 45 = 40 + 5 = мем (מ) + хей (ה) = МА.
Буква хей читается как «а».

г) АВАЯ с наполнением БОН:
йуд: йуд + вав + далет = 20
хей: хей + хэй = 10
вав: вав + вав = 12
хей: хей + хей = 10

Такое наполнение АВАЯ называется:
20 + 10 + 12 + 10 = 52 = 50 + 2 = нун (נ) + бет (ב).
Произносится наоборот: БОН.

Малхут мира Бесконечности – простое желание получать. Все многообразие ее форм рождается экраном, путем деления Малхут экраном на различные части:
- деление Малхут на пять общих частей называется мирами;
- деление каждого мира еще на пять называется парцуфим;
- деление каждого парцуфа еще на пять называется сфирот.

Каждая из сфирот в свою очередь состоит еще из пяти подсфирот, каждая из них состоит еще из десяти своих подсфирот, и так далее до бесконечности.

Наш мир является отображением низшего духовного мира, и в нем, как в отображении, есть те же самые типы, виды, как в духовном мире, но отпечатаны они на другом носителе, они как бы сделаны из другого вещества – материального желания самонасладиться без экрана той порцией света, которая полностью оторвалась от Творца, и которую мы ощущаем как притягивающее нас наслаждение, но мы не ощущаем ее источника. Поэтому, изучая духовный мир, можно полностью постичь всю природу нашего мира, все его законы.

30-45. Издахехут экрана для создания парцуфа

הזדככות המסך לאצילות פרצוף

ל) בכדי להבין ענין השתלשלות המדרגות בה' שיעורי קומה זה למטה מזה שנתבאר בה' פרצופין דא"ק לעיל, וכן בכל המדרגות המתבארים בה"פ של כל עולם ועולם מד' העולמות אבי"ע עד המלכות דעשיה, צריכים להבין היטב ענין הזדככות המסך דגוף הנוהג בכל פרצוף מפרצופי א"ק ועולם הנקודים ובעולם התיקון.

30. Для того, чтобы понять [, как происходило] нисхождение ступеней по пяти уровням, один ниже другого, как было выяснено выше в пяти парцуфим мира АК, а также во всех ступенях, выясняемых в пяти парцуфим каждого из четырех миров АБЕА, вплоть до Малхут мира Асия, необходимо хорошо понять, как происходит «издахехут» (очищение от авиюта – ослабление, утоньшение и осветление) экрана де-гуф, происходящее в каждом парцуфе из парцуфим АК, а также в мире Некудим и в мире Исправления.

Все ступени, начиная от мира Бесконечности (олам Эйн Соф) и до нашего мира, создаются по одному и тому же принципу. Чем ступень более удалена от мира Бесконечности, тем экран все больше и больше утончается и слабеет. В связи с этим Малхут каждый раз получает все меньше и меньше света, ее ступени спускаются все ниже и ниже, пока постепенно Малхут не спустится из своего самого высшего состояния – мира Эйн Соф и не достигнет своего самого низшего состояния – нашего мира.

לא) והענין הוא שאין לך פרצוף או איזה מדרגה שהיא, שלא יהיה לה ב' אורות הנק' אור מקיף ואור פנימי. ונבארם בא"ק, כי האור מקיף של פרצוף הא' דא"ק ה"ס אור א"ס ב"ה הממלא את כל המציאות, אשר לאחר הצמצום א' והמסך שנתתקן במלכות, נעשה זווג דהכאה מאור הא"ס על המסך הזה, וע"י האו"ח שהעלה המסך חזר והמשיך אור העליון לעולם הצמצום, בבחינת ע"ס דראש וע"ס דגוף, כנ"ל אות כ"ה אמנם המשכה זו שבפרצוף א"ק מא"ס ב"ה אינה ממלאת את כל המציאות כמטרם הצמצום, אלא שנבחן בראש וסוף, הן מבחינת מלמעלה למטה, כי אורו נפסק על

30-45. Издахехут экрана для создания парцуфа

הנקודה דעוה"ז, שה"ס מלכות המסיימת בסו"ה ועמדו רגליו על הר הזיתים. והן מבחינת מבפנים לחוץ, כי כמו שיש ע"ס ממעלה למטה כח"ב תו"מ והמלכות מסיימת את הא"ק מלמטה, כן יש ע"ס כח"ב תו"מ מפנים לחוץ, המכונים מוחא עצמות גידין בשר ועור, אשר העור, שהוא סוד המלכות, מסיימת את הפרצוף מבחוץ, אשר בערך הזה נבחן פרצוף א"ק כלפי א"ס ב"ה כלפי א"ס ב"ה הממלא את כל המציאות, רק כמו קו דק בלבד, כי פרצוף העור מסיימת אותו ומגבילה אותו סביב סביב מבחוץ, ואינו יכול להתרחב למלא את כל החלל שנצטמצם, ונשאר רק קו דק עומד באמצעו של החלל. והנה שיעור האור שנתקבל בא"ק, דהיינו קו דק הדק, נקרא אור פנימי. וכל ההפרש הגדול הזה שבין האו"פ שבא"ק ובין אור א"ס ב"ה שמטרם הצמטצום, נקרא אור מקיף, כי הוא נשאר בבחינת או"מ מסביב פרצוף א"ק, כי לא יכול להתלבש בפנימיות הפרצוף.

31. И дело в том, что нет у тебя [какого-либо] парцуфа или какой-то ступени, у которой не было бы двух светов, которые называются «ор макиф» (окружающий свет) и «ор пними» (внутренний свет). И выясним их в мире АК, ведь окружающий свет первого парцуфа АК – это свет Бесконечности, заполняющий всю реальность после того, как в результате первого сокращения и экрана, установленного в Малхут, произошел зивуг де-акаа света Бесконечности с этим экраном, и с помощью отраженного света, поднятого экраном, вернулся и распространился высший свет в мир Сокращения в качестве десяти сфирот рош и десяти сфирот гуф, как сказано в п. 25.

Однако это распространение [света] в парцуф АК из Бесконечности не заполняет всю реальность, как до сокращения, а различимы в нем рош и соф (начало и конец). Как сверху вниз, поскольку свет прекращается в точке «этого мира», которая представляет собой «Малхут месаемет» (Малхут, на которой заканчивается распространение света), как написано: «И стояли его ноги на Масличной горе»; так и изнутри наружу, потому что так же, как есть десять сфирот сверху вниз – КАХАБ ТУМ и Малхут, которая заканчивает АК снизу, так же есть десять сфирот КАХАБ ТУМ изнутри наружу, которые называются «моха» (мозг), «ацамот» (кости), «гидин» (жилы), «басар» (мясо) и «ор» (кожа). Где «ор» (кожа), то есть Малхут, заканчивает *парцуф снаружи. И в этом смысле считается парцуф АК относительно света Бесконечности, наполняющего всю реальность, лишь тончайшей линией. Поскольку парцуф Ор (кожа) заканчивает его и ограничивает его вокруг со всех сторон снаружи, и он не может расшириться и наполнить все пространство, которое было сокращено. И остается только тонкая линия, находящаяся в середине этого пустого пространства. И вот та часть света, которая принимается в АК, то есть тонкая линия, она и называется внутренним светом. А вся огромная разница между внутренним светом в АК и светом Бесконечности до сокращения, называется окружающим светом, поскольку он остался в качестве окружающего света вокруг парцуфа АК, ибо не может облачиться внутрь парцуфа.*

Любая часть Малхут называется ступенью, если она заполнила каждое свое желание светом с помощью экрана. Каждая ступень, которую Малхут получает, делит приходящий свет на две части: на ор пними, который входит внутрь парцуфа, и на отталкиваемый обратно ор макиф. Экран видит весь приходящий к нему свет с помощью ор хозер, а парцуф затем выясняет, сколько же он может получить с помощью экрана ради Творца, а сколько обязан оставить снаружи. Экран всегда делит свет на две части.

Ор пними, получаемая часть света, – это только тонкий луч света, который вошел в Малхут, то есть в пустое пространство, оставшееся после ЦА (до ЦА Малхут была полностью заполнена). Мы видим, какова сила эгоизма, позволившая лишь тонкому лучу света войти в Малхут с помощью экрана! И это касается только первого парцуфа АК – Гальгальты. Все остальные парцуфим наполнены светом еще меньше.

Далее с помощью этого лучика света образуются дополнительные парцуфим. В самом центре этой темной сферы – Малхут после ЦА – находится наш мир. В мире Ацилут рождается особый парцуф – Адам Ришон, в котором есть две составляющие – свойство Бины и свойство Малхут. Затем этот парцуф разделяется на множество отдельных парцуфим, называемых душами.

Образовавшиеся души, приобретая экран, могут постепенно наполнить всю сферу светом. Такое состояние называется «конец исправления душ с помощью экрана» – гмар тикун. Дальнейшее расширение Малхут заключается в постижении Творца не внутри себя, а выше своих свойств. Но это уже относится к той части каббалы, которая называется «ситрей Тора» (тайны Торы). Остальную же часть каббалы, всё находящееся до этой ступени и относящееся к «таамей Тора» (вкусам Торы), может и должен изучать каждый человек. Каббалисты обязаны всем раскрывать «таамей Тора» и скрывать «ситрей Тора».

Существует много видов как ор макиф, так и ор пними. Один из них светит человеку, когда тот еще не имеет никакого экрана, никакого исправленного чувства – и человек начинает желать духовного. Это происходит именно благодаря ор макиф, который ему светит. Здесь свет является первичным, а желание вторичным.

Ор макиф заранее светит человеку, и тот еще даже не понимает, откуда именно исходит свечение, но его тянет к духовному. Когда он уже начал заниматься, то этим вызывает на себя свечение другого света, постепенно исправляющего человека, и с его помощью он начинает видеть свои недостатки, открывает для себя окружающий мир все больше и больше. Постепенно свет выстраивает перед ним духовную картину, которая вырисовывается все четче и четче, она словно выходит из тумана.

Нас окружает Творец, который стоит за всеми окружающими нас объектами и хочет приблизить нас к Себе. Для этого Он пользуется объектами окружающей нас природы. В нашем мире Он это делает с помощью окружающих нас людей: семьи, начальника на работе, знакомых. Он специально посылает нам сложные ситуации и страдания, чтобы мы, стремясь убежать от них, приблизились к Нему.

Но человек склонен видеть причину всех своих несчастий именно в сварливой жене, злом начальнике, окружающих. Так и должно быть, ведь Творец скрыт от человека. Человек еще не дошел до той ступени, когда за всем происходящим будет видеть только Творца. Поэтоиу и реагирует он соответственно своим ощущениям, а не так, будто только один Творец существует в мире. Невозможно, находясь на материальном уровне, видеть в окружающих предметах какие-то духовные силы.

Мы очень условно изображаем парцуфим. Хотя и говорится, что Гальгальта представляет собой тонкий луч света, мы условно изображаем ее в виде прямоугольника, чтобы показать соотношение между частями парцуфа (см. «Альбом чертежей духовных миров» в конце книги). В чувствах человека постепенно создается парцуф, его части. Мы изучаем, как в человеке из точки создается сфира, затем зародыш – парцуф, затем он растет, когда человек начинает получать в него высший свет.

Говорится, что «взойдут его ноги на Масличную гору и будут стоять на ней». Под маслом подразумевается ор хохма. Весь процесс получения и сортировки ор хохма очень сложен. Гора – «хар» на иврите, что означает также «хирурим» – сомнения, страдания и усилия при подъеме на гору. Снизу, с нашей стороны, этот подъем продолжается до махсома, где начинается духовный мир. Ор хохма заполнит в гмар тикун не только тох, но и соф Гальгальты.

לב) ונתבאר היטב סוד האו״מ דא״ק שלגדלו אין קץ ותכלית. אמנם אין הכונה, שא״ס ב״ה הממלא את כל המציאות הוא עצמו הוא בבחינת או״מ לא״ק, אלא הכונה היא, שבעת שנעשה הזווג דהכאה על המלכות דראש א״ק, אשר א״ס הכה במסך אשר שם, שפירושו שרצה להתלבש בבחי״ד דא״ק כמו מטרם הצמצום, אלא המסך שבמלכות דראש א״ק הכה בו, שפירושו שעיכב עליו מלהתפשט בבחי״ד, והחזירו לאחוריו, כנ״ל אות י״ד, שבאמת האו״ח הזה שיצא ע״י החזרת האור לאחוריו נעשה ג״כ בחינת כלים להלבשת אור העליון, כנ״ל, אמנם יש הפרש גדול מאוד בין קבלת הבחי״ד שמטרם הצמצום ובין קבלת האור חוזר שלאחר הצמצום, שהרי לא הלביש

אלא בחינת קו דק בראש וסוף כנ"ל, אשר כל זה פעל המסך בסבת הכאתו על אור העליון, הנה זה השיעור שנדחה מא"ק בסבת המסך, כלומר כל אותו השיעור שאור העליון מא"ס ב"ה רצה להתלבש בבחי"ד לולא המסך שעיכב עליו, הוא הנעשה לאו"מ מסביב הא"ק,

והטעם הוא כי אין שינוי והעדר ברוחני, וכיון שאור א"ס נמשך להא"ק להתלבש בבחי"ד, הרי זה צריך להתקיים כן, לכן אע"פ שעתה עיכב עליו המסך והחזירו לאחוריו, עכ"ז, אין זה סותר להמשכת א"ס ח"ו, אלא אדרבא הוא מקיים אותו, רק באופן אחר, והיינו ע"י ריבוי הזווגים בה' העולמות א"ק ואבי"ע, עד לגמר התיקון, שתהיה הבחי"ד מתוקנת על ידיהם בכל שלימותה, ואז א"ס יתלבש בה כבתחילה. הרי שלא נעשה שום שינוי והעדר ע"י הכאת המסך באור העליון. וזה סוד מ"ש בזוהר, א"ס לא נחית יחודיה עליה עד דיהבינן ליה בת זוגיה [א"ס לא משרה יחודו עליו, עד שלא נותנים לו בת זוגו]. ובינתיים, כלומר עד הזמן ההוא, נבחן שאור א"ס הזה נעשה לאו"מ, שפירשו שעומד להתלבש בו לאחר מכן, ועתה הוא מסבב ומאיר עליו רק מבחוץ בהארה מסוימת, שהארה זו מסגלתו להתפשט באותם החוקים הראויים להביאהו לקבל האו"מ הזה בהשיעור שא"ס ב"ה נמשך אליו בתחילה.

32. И вот хорошо прояснилась суть окружающего света мира АК, величию которого нет конца и края. Однако не имеется в виду, что свет Бесконечности, заполняющий всю реальность, сам является окружающим светом для АК. А имеется в виду, что в тот момент, когда произошел зивуг де-акаа в Малхут де-рош [парцуфа] АК, то есть когда свет Бесконечности ударил в экран, который [находится] там, желая войти внутрь бхины далет де-АК, как [это было] до сокращения, этот экран, который [находится] в Малхут де-рош [парцуфа] АК, ударил по нему, то есть воспрепятствовал ему распространиться в бхину далет и вернул его обратно, как сказано в п. 14, и на самом деле этот отраженный свет, который вышел благодаря отражению света обратно, стал также [служить] в качестве келим для облачения высшего света, как сказано выше. Однако есть огромная разница между получением бхины далет до сокращения, и получением отраженного света после сокращения, ведь он облачил только тонкую линию, имеющую рош и соф, как было сказано выше, и все это произвел экран по причине его удара по высшему свету. И вот та мера [света], которая была оттолкнута от АК *благодаря экрану, то есть вся та мера, в которой высший свет [, исходящий] из Бесконечности желал облачиться в бхину далет, если бы не экран, задержавший его, – она и стала окружающим светом вокруг АК.*

И причина этого в том, что нет изменения и исчезновения в духовном. И поскольку свет Бесконечности продолжает стремиться к АК, чтобы облачиться в бхину далет, то так это и должно осуществиться. Поэтому, несмотря на то, что сейчас экран задержал его и вернул обратно, вместе с тем, это не противоречит распространению света Бесконечности ни в коем случае, а наоборот, он осуществляет его, но только в другом виде. То есть с помощью множества зивугим в пяти мирах АК и АБЕА до конца исправления – так, чтобы бхина далет была исправлена с их помощью целиком и полностью. И тогда свет Бесконечности облачится в нее, как и вначале. Ибо не произошло никакого изменения и исчезновения из-за соударения экрана с высшим светом. И в этом смысл написанного в Книге Зоар: «Свет Бесконечности не перестанет стремиться к единению, пока не дадут ему его пару». А пока, то есть до достижения этого времени, считается, что этот свет Бесконечности стал окружающим светом. Это значит, что он собирается облачиться в него [в кли] впоследствии, а теперь окружает и светит ему лишь извне определенным свечением, и это свечение делает его способным распространиться по тем законам, которые способны привести к получению этого окружающего света в мере, в которой свет Бесконечности хотел его заполнить изначально.

Как мы уже говорили, отраженный экраном свет надевается на прямой свет – ор яшар и служит сосудом для приема ор пними в гуф. Ор хозер – это намерение (кавана), благодаря которому свет может войти в гуф «ради Творца». У экрана есть лишь сила облачить и принять в тох только маленькую порцию высшего света – по сравнению с тем светом, который заполнял Малхут в бхине далет в мире Эйн Соф. Оставшиеся незаполненными желания образуют соф парцуфа, а свет, который не смог войти в них и остался вокруг парцуфа, называется «ор макиф».

В духовном мире все процессы происходят в причинно-следственной связи, времени нет. В духовном нет изменений, исчезновений. Все, что было, продолжает иметь место, а все новое как бы надевается на него. Предыдущее продолжает существовать и является причиной, все новое становится его следствием.

Экран, оттолкнувший ор яшар, не прекратил распространение его в Малхут, а просто придал этому процессу иной вид. Теперь это происходит путем порционных получений света с помощью множества «зивугей де-акаа» (ударных взаимодействий экрана со светом) в пяти мирах: АК, Ацилут, Брия, Ецира, Асия. Этот процесс идет до конца исправления, когда бхина далет будет исправлена во всем своем совершенстве. Тогда свет Бесконечности распространится в нее, как и раньше, до ЦА. Экран не внес в этот процесс ничего такого, что помешало бы достижению совершенства.

Свет мира Бесконечности не успокоится до тех пор, пока не заполнит всю Малхут. А пока он окружает ее снаружи в виде света, готового войти в нее, как только появится экран. Свечение окружающего света (ор макиф) способно исправить Малхут и создать в ней возможность принять свет внутрь.

Свет ударяет в экран, потому что такова его природа: как он хотел наполнить бхину алеф, так и позже он постоянно хочет заполнить собой кли – желание получить. Например, иногда у человека есть какое-то скрытое желание; внешнее наслаждение бьет в него и будит это желание, возбуждает его, и человек начинает ощущать, что это наслаждение хочет войти в него.

В духовном мире каждое действие является новым, потому что каждый раз творение делает зивуг де-акаа на новую порцию желания получать, которая еще не была вовлечена в исправление. Каждое новое действие является следствием предыдущего и причиной последующего. Свет, исходящий из Творца, – это один и тот же простой свет, но кли каждый раз своим новым желанием выделяет из него те наслаждения, которые соответствуют этому новому желанию.

Все зависит от кли. В зависимости от своих внутренних свойств, желаний – хочет ли оно получать ради себя или ради Творца, хочет ли оно получать вообще и так далее – оно выделяет в свете те или другие виды наслаждения. Кли надо создать таким, чтобы оно смогло выделить из света все те многочисленные наслаждения, которые изначально заложены в него.

С одной стороны, свет, исходящий из Творца, создает экраны, которые способствуют постепенному наполнению светом различных частей Малхут, и так продолжается до гмар тикуна. С другой стороны, мы должны сказать, что свет является причиной, которая возбуждает желание, кли, после чего оно должно тяжело работать над тем, чтобы создать свой экран.

לג) ועתה נבאר ענין הביטוש דאו"פ ואו"מ זה בזה, המביא להזדככות המסך ולאבידת בחינה אחרונה דעביות. כי בהיות ב' האורות הללו הפוכים זה מזה, וקשורים יחד שניהם במסך שבמלכות דראש א"ק, ע"כ מבטשים ומכים זה בזה. פירוש, כי אותו זווג דהכאה הנעשה בפה דראש א"ק, דהיינו במסך שבמלכות דראש, הנקראת פה, שהיה הסבה להלבשת אור פנימי דא"ק ע"י האו"ח שהעלה (כנ"ל אות יד.) הנה הוא ג"כ הסבה ליציאת האו"מ דא"ק, כי מחמת שעיכב על אור א"ס מלהתלבש בבחי"ד, יצא האור לחוץ בבחינת או"מ, דהיינו כל אותו חלק האור שהאו"ח אינו יכול להלבישו כמו הבחי"ד עצמה, הוא יצא ונעשה לאו"מ, כנ"ל בדיבור הסמוך. הרי שהמסך שבפה הוא סבה שוה לאור מקיף כמו לאו"פ.

33. А сейчас выясним понятие соударения внутреннего света с окружающим светом (битуш пним у-макиф), приводящего к ослаблению (издахехут) экрана и потере им последнего уровня авиюта. Ведь из-за того, что эти два света противоположны друг другу и оба связаны вместе экраном, что в Малхут де-рош АК, поэтому они соударяются и бьют друг по другу. Это значит, что тот же зивуг де-акаа, который произошел в пэ де-рош де-АК, то есть в экране Малхут де-рош, которая называется «пэ», что и явилось причиной облачения внутреннего света АК отраженным светом, который он поднял (как сказано в п. 14), так вот он [этот зивуг де-акаа] является также причиной выхода окружающего света де-АК. Ведь из-за того, что он задержал свет Бесконечности от облачения в бхину далет, свет вышел наружу в качестве окружающего света. То есть вся та часть света, которую отраженный свет не может облачить так же, как сама бхина далет, она вышла и стала окружающим светом, как было сказано выше. Таким образом экран в пэ является равнозначной причиной как для окружающего, так и для внутреннего света.

Экран, стоящий в пэ де-рош, делит приходящий свыше простой свет на два противоположных и связанных между собой света: на ор пними, который парцуф с помощью ор хозер частично принимает внутрь, и ор макиф, которому экран не позволяет войти в гуф, в бхину далет, а оставляет снаружи в виде окружающего. Благодаря одному и тому же намерению человека (получить ради Творца) одна часть света принимается, а другая остается снаружи. Парцуф (человек) принимает ровно столько света, сколько он может получить с намерением не ради себя, а ради Творца.

לד) ונתבאר שהאו"פ והאו"מ שניהם קשורים במסך, אלא בפעולות הפוכות זה לזה, ובה במדה שהמסך ממשיך חלק מאור העליון לפנימיות הפרצוף ע"י האו"ח המלבישו, כן הוא מרחיק את או"מ מלהתלבש בהפרצוף. ומתוך שחלק האור הנשאר מבחוץ, לאו"מ, גדול הוא מאוד, מפאת המסך המעכב עליו מלהתלבש בא"ק, כנ"ל באות ל"ב, ע"כ נבחן שהוא מכה במסך המרחיק אותו, במה שהוא רוצה להתלבש בפנימיות הפרצוף. ולעומתו נבחן ג"כ, אשר כח העביות וקשיות שבמסך מכה באו"מ, הרוצה להתלבש בפנימיותו, ומעכב עליו, ע"ד שהוא מכה באור העליון בעת הזווג.

ואלו ההכאות שהאו"מ והעביות שבמסך מכים זה בזה מכונים ביטוש האו"מ באו"פ. אמנם ביטוש זה נעשה ביניהם רק בגוף הפרצוף, כי שם ניכר ענין התלבשות האור בכלים המשאיר את האו"מ מחוץ לכלי. משא"כ בע"כ דראש, שם אינו נוהג ענין הביטוש הזה, כי שם אין האו"ח נחשב לכלים כלל, אלא לשרשים דקים לבד, ומשום זה אין האור שבהם נחשב לאו"פ מוגבל, עד להבחין באור הנשאר מבחוץ לבחינת או"מ,

וכיון שאין הבחן הזה ביניהם, לא שייך הכאה דאו"פ ואו"מ בע"מ דראש. אלא רק אחר שהאורות מתפשטים מפה ולמטה לע"ס דגוף, ששם מתלבשים האורות בכלים, שהם הע"ס דאו"ח שמפה ולמטה, ע"כ נעשה שם הכאה בין האו"פ שבתוך הכלים ובין האור מקיף שנשאר מבחוץ, כנ"ל.

34. И выяснилось, что и внутренний, и окружающий свет – оба связаны с экраном, но в действиях, противоположных друг другу. И в той мере, в которой экран проводит часть высшего света внутрь парцуфа посредством отраженного света, облачающего его, он также отталкивает окружающий свет от облачения в парцуф. И так как та часть света, которая остается снаружи в качестве окружающего света, очень велика, из-за экрана, который препятствует ему облачиться в АК, как сказано в п. 32, поэтому считается, что он (окружающий свет) бьет по экрану, отталкивающему его, тем, что он хочет облачиться внутрь парцуфа. А с другой стороны, считается также, что сила авиюта и кашиюта экрана ударяет по окружающему свету, который хочет войти внутрь, и задерживает его тем, что ударяет по высшему свету во время зивуга.

И эти удары, когда окружающий свет и авиют экрана бьют друг по другу, называются соударением (битуш) между окружающим и внутренним светом. Однако это соударение происходит между ними только в гуф парцуфа, потому что там различимо облачение света в келим, которое оставляет значительную часть окружающего света снаружи кли. Тогда как в десяти сфирот де-рош это соударение не происходит, поскольку там окружающий свет еще вообще не считается келим, а только лишь тонкими корнями (зачатками келим). Поэтому свет, находящийся в них, не считается внутренним светом, ограниченным до такой степени, чтобы считать оставшийся снаружи свет окружающим светом. А поскольку нет между ними этого различия, то соударение между внутренним и окру-

жающим светом не относится к десяти сфирот де-рош. И только после того, как света распространяются от пэ и вниз, в десять сфирот де-гуф, где происходит облачение светов в келим, которыми являются десять сфирот отраженного света от пэ и ниже, [только] тогда происходит там удар между внутренним светом, находящимся внутри келим, и окружающим светом, оставшимся снаружи, как сказано выше.

Ор макиф, который находится вокруг парцуфа в несравненно большем количестве, чем ор пними внутри него, ударяет в породивший его экран, пытаясь войти внутрь парцуфа. Что значит «ор макиф ударяет в экран»? В Малхут есть страстное желание насладиться, она чувствует, что в свете содержатся именно те самые наслаждения, которые она хотела бы получить, поэтому она начинает притягивать свет.

Это говорит нам о том, что для того чтобы почувствовать, а затем и получить наслаждение, нужно иметь соответствующее кли, прошедшее путь сложного внутреннего развития. Почему ор макиф воспринимается нами как находящийся снаружи? Потому что в соф каждого парцуфа существуют незаполненные желания, которые ощущают свет как наслаждения, пока находящиеся снаружи, вне пределов его досягаемости. Точнее, эти незаполненные желания получить наслаждение ощущают, будто наружный свет бьет в них, требует, чтобы им насладились.

Взаимные удары окружающего света (наслаждения), желания Малхут насладиться и силы экрана, противостоящей этим желаниям, называются «битуш пним у-макиф» – соударение внутреннего и окружающего света. Строго говоря, ор макиф и ор пними не соударяются между собой, а оба бьют по экрану, стоящему между ними. Это происходит в экране, стоящем в табуре парцуфа, там, где явно заканчивается прием света.

Только в табуре становится ясно, сколько света (наслаждения) вошло внутрь парцуфа, а сколько еще осталось снаружи. В десяти сфирот де-рош еще нет этого соударения, так как там ор хозер еще не является сосудом для получения ор яшар, а служит лишь только зачатком кли. Соударение начинается только после того, как ор яшар, одетый в намерение ор хозер, распространяется в тох до табура.

Духовное не постигается разумом, духовное кли – это орган, ощущающий Творца, а не понимающий Его. Но если человек ощущает Творца, духовное, то к нему постепенно приходит и понимание.

לה) והנה הביטוש הזה נמשך עד שהאו"מ מזכך את המסך מכל עביותו ומעלה אותו לשרשו העליון שבפה דראש, כלומר שמזכך ממנו כל העביות שממעלה למטה המכונה מסך ועביות דגוף, ולא נשאר בו רק השורש דגוף שהוא בחינת המסך דמלכות דראש הנק' פה, דהיינו שנזדכך מכל העביות שממעלה למטה, ששם עוד לא נעשה ההבדל מאו"פ לאו"מ, ולא נשאר רק העביות שממטה למעלה, ששם עוד לא נעשה ההבדל מאו"פ לאו"מ, כנ"ל בדיבור הסמוך.

ונודע שהשוואת הצורה מדביקה הרוחניים להיות אחד, ע"כ אחר שנזדכך המסך דגוף מכל עביות של הגוף, ולא נשאר בו רק עביות השוה למסך דפה דראש, ונעשה צורתו שוה אל המסך דראש, הנה נכלל עמו להיות אחד ממש, כי אין ביניהם מה שיחלק אותם לשנים, וזה מכונה שהמסך דגוף עלה לפה דראש.

וכיון שנכלל המסך דגוף במסך דראש נמצא שוב נכלל בהכאה שבמסך דפה דראש, ונעשה עליו זווג דהכאה מחדש, ויוצאות בו ע"ס בקומה חדשה הנק' ע"ב דא"ק, או פרצוף חכמה דא"ק, והוא נחשב לבן ותולדה של הפרצוף הא' דא"ק.

35. И это соударение (битуш) продолжается до тех пор, пока окружающий свет не очистит экран от всего его авиюта и не поднимет его к его высшему корню в пэ де-рош. То есть он очищает его от всего авиюта сверху-вниз, называемого экраном и авиютом де-гуф, пока не останется в нем только шореш («корень») де-гуф, который является экраном Малхут де-рош, называемой «пэ». Это значит, что [экран] очищается от всего авиюта сверху-вниз, отделяющего внутренний свет от окружающего света, и остается только авиют снизу-вверх, так как там еще не делается различия между внутренним и окружающим светом, как сказано в предыдущем пункте.

И известно, что подобие по форме соединяет духовные объекты воедино. Поэтому, после того как экран де-гуф очистился от всего авиюта де-гуф, и в нем остался только авиют, равный авиюту экрана пэ де-рош, его форма становится идентичной экрану де-рош, и он соединяется с ним буквально в одно целое, потому что нет между ними ничего, что разделяло бы их надвое – и это называется, что экран де-гуф поднялся в пэ де-рош.

А поскольку экран де-гуф включился в экран де-рош, то он снова становится включенным в зивуг де-акаа, который происходит в экране пэ де-рош, и на него вновь производится зивуг де-акаа, и выходят в нем десять сфирот на новом уровне, который называется АБ де-АК или парцуф Хохма де-АК. И он считается сыном и порождением первого парцуфа АК.

Окружающий свет, пытаясь войти в кли, оказывает на экран, стоящий в табуре, настолько большое давление, что экран не может этого вынести. С одной стороны, он не в состоянии принять больше света с намерением ради Творца, но, с другой стороны, оставаться под таким давлением он тоже не в состоянии.

Поэтому самое лучшее, что он может предпринять, это возвратиться в прежнее состояние, в пэ де-рош, отказаться от приема света вообще. Экран начинает подниматься из табура в пэ. По дороге он изгоняет из кли весь свет и сливается с экраном в пэ де-рош, то есть возвращается в прежнее состояние, когда свет есть только в рош парцуфа, а в гуф парцуфа он отсутствует.

То маленькое наслаждение, которое вкусило кли, принимая свет в тох, дало ему понять, какое огромное наслаждение находится снаружи. Получение этого наслаждения только ослабило экран. Намного легче совершенно отказаться от какого-то наслаждения, чем принимать его небольшую порцию, потому что наслаждение, принимаемое внутрь, ослабляет силу воли, то есть намерение наслаждаться только ради Творца.

На экран давят своими наслаждениями и ор пними, и ор макиф, он под этой обоюдной силой ослабляется и вынужден вообще прекратить получение света, освобождается от всего авиюта, поднимается в пэ де-рош и полностью сливается с экраном, который был там, который совершенно ничего не получает, а только отталкивает весь свет.

Далее изучаемый материал становится более сухим, но не надо отчаиваться. Изучение каббалы – это сложный внутренний процесс, иногда каббала воспринимается на чувственной основе, это наилучшее состояние, но иногда она вообще не воспринимается. Это закономерно.

Нужно продолжать упорное изучение. Придет момент, когда Вы ощутите изучаемый материал внутри себя. А пока, даже если он и непонятен, нужно продолжать учиться, чтобы не отрываться от общей схемы, добавляя каждый раз к ней новую частичку.

А общая схема выглядит так, что свет, постепенно огрубляясь, создает из себя и для себя кли. Кли проходит через четыре стадии своего развития, превращаясь в Малхут, то есть единственное творение. Далее целью становится ее полное отделение от света Творца, она не должна ощущать ни ор пними, ни ор макиф, то есть ни внутренние, ни наружные наслаждения, которые диктовали бы ей свои условия.

Нужно, чтобы у нее возникла полнейшая свобода воли и возможность собственных желаний и действий, направленных на исправление своих эгоистических желаний и духовного продвижения навстречу Творцу.

Первым самостоятельным решением Малхут было желание уподобиться Творцу по своим свойствам, поэтому она делает ЦА на свое желание получить, на бхину далет, и оставляет ее без света. Затем она создает миры сверху вниз. Духовные миры – это не что иное, как этапы скрытия света Творца от творения, то есть занавесы, экраны. Их всего пять: миры АК и АБЕА (Адам Кадмон, Ацилут, Брия, Ецира, Асия).

Создав миры сверху до самой нижней точки, творение оказывается в абсолютной пустоте и темноте, оно совершенно не ощущает Творца. Затем оно спускается еще ниже, когда даже не понимает, что не ощущает Творца. В этом состоянии находится все человечество.

Когда человек в результате учебы начинает где-то отдаленно ощущать, что на него светит ор макиф, что где-то за всем этим скрывается Творец, всем управляющий, что у каждого явления есть своя причина и следствие, это означает, что человек уже находится на определенном духовном уровне, который называется «олам аЗэ».

Сейчас мы с вами изучаем строение сверху вниз всех экранов, миров, скрывающих Творца от Малхут. Затем, если Малхут силой собственного желания создаст экран, защищающий ее от света-наслаждения, то она как бы становится вровень с этим экраном, с этой ступенью, и экран служит ей раскрытием Творца. Если человек сам желает соблюдать все 620 законов раскрытия Творца, то они перестают быть для него ограничительными, и тогда на каждой ступеньке нейтрализуется соответствующий ей экран. Человек приобретает свойства экрана, и нет смысла скрывать Творца на этом этапе, так как нет опасности, что человек будет получать этот свет ради собственного удовольствия.

Каббалисты постигают все эти процессы на себе при движении снизу вверх, изучив до этого спуск миров сверху вниз. Изучение каббалы, с одной стороны, необходимо как знание, с другой стороны, человек должен на себе прочувствовать изучаемое.

לו) ואחר שפרצוף ע"ב דא"ק יצא ונשלם בראש וגוף, חזר גם עליו ענין הביטוש דאו"מ באו"פ ע"ד שנתבאר לעיל בפרצוף הא' דא"ק, והמסך דגוף שלו נזדכך ג"כ מכל עביות דגוף עד שהשווה צורתו לבחינת מסך דראש שלו, ונמצא אז שנכלל בזווג שבפה דראש שלו, ונעשה עליו זווג דהכאה מחדש שהוציא קומה חדשה של ע"ס בשיעור

קומת בינה הנק' ס"ג דא"ק, והוא נחשב לבן ותולדה של פרצוף הע"ב דא"ק, כי יצא מהזיווג דפה דראש שלו. ועד"ז יצאו ג"כ הפרצופין שמס"ג דא"ק ולמטה.

36. После того, как парцуф АБ де-АК вышел и восполнился в рош и гуф, повторяется также и в нем соударение окружающего света с внутренним светом – таким же образом, как это было объяснено выше для первого парцуфа АК. И его экран де-гуф также очищается от всего авиюта де-гуф, пока не уподобится его экрану де-рош. И тогда он становится включенным в зивуг, что в его пэ де-рош, и на него снова производится зивуг де-акаа, который выводит новый уровень десяти сфирот, соответствующий уровню Бины, и он называется [парцуф] САГ де-АК, который считается также сыном и порождением парцуфа АБ де-АК, потому что выходит от зивуга в его пэ де-рош. И таким же образом выходят также парцуфим от САГ де-АК и ниже.

Как было уже сказано, второй парцуф АБ мира АК образовался после того, как первый парцуф – Гальгальта, испытывая битуш пним у-макиф, исторг весь свет и соединил экран де-гуф с экраном в пэ де-рош.

Затем и сам АБ начал ощущать давление этих двух светов и повел себя по тому же принципу, что и Гальгальта, то есть начал избавляться от своего авиюта гимель, поднял экран гуф в пэ де-рош, где постоянно происходят зивугим, и сравнялся с ним по свойствам.

Это значит, что он прекращает получать и наслаждаться ради Творца. Затем на этом экране происходит новый зивуг де-акаа, но на новую порцию эгоизма, соответствующую уровню Бина. Так образовался третий парцуф САГ де-АК.

Когда Малхут мира Бесконечности сделала ЦА и поставила экран, то между ней и Творцом оказались четыре бхины. Через эти четыре бхины к ней не доходит свет, и она понимает, что абсолютно удалена от Творца. Это страшнейшее состояние, когда она готова полностью избавиться от всего бесконечного наслаждения, отсутствие которого превращается в страдания, боль и горечь.

Теперь, благодаря экрану, она начинает видеть свет четырех бхинот и понимает, что Творец хочет, чтобы она наслаждалась. Она делает расчет и получает какую-то частичку света, маленький сектор, от пэ до табура. Как только Малхут получила эту маленькую частичку света, она начинает испытывать в табуре давление от ор макиф, который, не обращая внимания на ЦА, хочет войти в нее.

Малхут находится в тупиковом состоянии, ведь она еще не может получить свет, поэтому она должна каким-то образом выйти из этого состояния. А выходом является возвращение к исходному состоянию. Но, поставив первый экран, она уже сделала завесу между собой и Творцом, создав первый парцуф и приняв, допустим, 20% света. А что же ей делать, когда к ней приходит 80% света? Выход в том, чтобы попробовать работать с меньшим эгоизмом ради Творца и на него создать экран.

Пример: Реувен просит Семена разбудить его в два часа ночи, чтобы смог прийти на урок. Назавтра он обращается к Семену: «В два часа ночи мне тяжело встать, разбуди меня в три часа». На следующий день, раскаявшись, он просит разбудить его в четыре часа утра. Потом в пять. Видя, что и это тяжело для него, вообще не приходит учиться...

Если раньше она могла уподобиться Творцу на 20%, то теперь она пробует это сделать в еще меньшей степени, создав экран на получение 15% (число взято для примера) света. Таким образом, Малхут уже отгорожена двумя экранами от Творца и еще больше отдаляется от Него.

Создавая эти парцуфим, Малхут пытается уподобиться бхинот шореш, алеф, бет, гимель прямого света, свойствам Творца. А сама она остается эгоистическим ядром, сделавшим сокращение (цимцум). Став подобной Творцу в этих бхинот, она как бы отгородила себя этими парцуфим от Творца пустым пространством. Теперь, находясь в духовной пустоте, она сама может искать способ уподобиться Творцу.

Хотя, с одной стороны, мы наделяем эти парцуфим свойствами живых существ, с другой стороны, мы должны понимать, что на самом деле они неживые. Они представляют собой ослабляющие экраны, которые заслоняют духовное наслаждение от эгоистического желания насладиться.

Только душа человека, о которой мы будем говорить позже, ощущает Творца, и поэтому только она является живым существом. Все остальные объекты по своей сути не более чем роботы, запрограммированные Творцом на выполнение той или иной функции, так или иначе связанной с исправлением души человека.

Все вновь созданные парцуфим и ступени существуют одновременно с их предыдущими состояниями. По аналогии можно привести пример с фильмом. Пленка, которая уже прокручена, исчезла из нашего поля зрения, но она существует как бы в застывшем состоянии. То есть каждый предыдущий парцуф является кадром этой пленки.

Вся картина, начиная с первого момента и до последнего, очень многообразна, в ней происходит огромное количество действий, но все вместе они в результате слияния настоящих, прошедших и будущих состояний образуют собой один «шар», замкнутую систему. Нижестоящие парцуфим могут оказывать влияние на высшие парцуфим, потому что они через них получают свет из мира Бесконечности.

Парцуф АБ, например, получающий свет от Гальгальты, заставляет Гальгальту тоже изменяться, потому что свет, проходящий через нее, уже подобен свойствам АБ, что меняет и ее. Отсюда вся многослойность, взаимосвязанность и взаимозависимость всех духовных процессов.

Самое последнее желание в Малхут, осознавшее, что оно по своим свойствам противоположно Творцу, то есть что оно хочет получать только ради себя, ничего не отдавая взамен, называется настоящим творением, или душой. Хотя это еще не мы, именно эта часть Малхут является тем самым «материалом», из которого впоследствии будет создана человеческая душа.

Все остальное не является творением, а лишь вспомогательным орудием для слияния творения с Творцом. Это силы, с помощью которых Творец управляет творением. Существуют только двое: Творец и творение, а все остальное – это система их общения, с помощью которой они находят друг друга.

Не сами парцуфим производят действия, а каббалисты на соответствующей ступеньке, произведя соответствующие данному парцуфу действия, видят свет, который они могут оттолкнуть и вследствие этого получить его внутрь. Все каббалистические книги появились так: каббалист, который поднимается по духовным ступенькам, описывает свои духовные ощущения на бумаге.

Весь мир АК подобен Малхут Эйн Соф на уровне шореш, Ацилут подобен Малхут на уровне бхины алеф, Брия соответствует бхине бет де-Малхут, Ецира – бхине гимель, а мир Асия подобен бхине далет де-Малхут. Свет, который находится в Гальгальте – ор нефеш.

לז) והנה נתבאר יציאת הפרצופין זה למטה מזה הנעשה מכח הביטוש דאו"מ באו"פ המזכך המסך דגוף עד שמחזירו לבחי' מסך דפה דראש, ואז נכלל בזווג דהכאה הנוהג בפה דראש, ומוציא ע"י זווגו קומה חדשה של ע"ס, שקומה חדשה זו נבחן לבן אל פרצוף הקודם. ובדרך הזה יצא הע"ב מפרצוף הכתר, והס"ג מפרצוף ע"ב והמ"ה מפרצוף ס"ג, וכן יתר המדרגות בנקודים ואבי"ע. אלא עוד צריכים להבין, למה יצאו הע"ס דע"ב רק על בחי"ג ולא על בחי"ד. וכן הס"ג רק על בחי"ב וכו', דהיינו שכל תחתון נמוך במדרגה אחת כלפי עליונו, ולמה לא יצאו כולם זה מזה בקומה שוה.

37. И вот выяснился последовательный выход парцуфим, один ниже другого, происходящий благодаря соударению окружающего света с внутренним светом, которое ослабляет и очищает экран де-гуф до такой степени, что он возвращается в экран пэ де-рош, тем самым включаясь в зивуг де-акаа, который постоянно происходит в экране пэ де-рош, и выводит благодаря этому зивугу новый уровень десяти сфирот так, что этот новый уровень считается сыном предыдущего парцуфа. И таким же образом выходит АБ из парцуфа Кетер, и САГ из парцуфа АБ, и МА из парцуфа

САГ, а также остальные ступени в мире Некудим и мирах АБЕА. Однако еще необходимо понять, почему десять сфирот АБ вышли только на бхину гимель, а не на бхину далет. А САГ только на бхину бет и так далее – так, что каждый нижний парцуф на одну ступень ниже своего высшего [парцуфа]. И почему все они не вышли равными друг другу на одном уровне.

לח) ותחילה יש להבין למה נחשב הע"ס דע"ב לתולדה של פרצוף הא' דא"ק, אחר שיצא מהזווג דפה דראש דפרצוף הא' כמו הע"ס דגוף הפרצוף עצמו, וא"כ במה יצא מבחינת פרצוף הא' להיות נחשב כפרצוף שני ותולדה אליו. וצריך שתבין כאן ההפרש הגדול ממסך דראש למסך דגוף, כי יש ב' מיני מלכיות בפרצוף:
הא' הוא מלכות המזדווגת, בכח המסך המתוקן בה, עם אור העליון, כנ"ל.
הב' היא מלכות המסיימת, בכח המסך המתוקן בה, את אור העליון שבע"ס דגוף והההפרש ביניהם כרחוק מאציל מנאצל, כי המלכות דראש המזדווגת בזווג דהכאה עם אור העליון, נחשבת לבחינת מאציל אל הגוף, כי המסך המתוקן בה לא הרחיק אור העליון עם הכאתו בו, אלא אדרבא שע"י אור חוזר שהעלה, הלביש והמשיך את האור העליון בבחינת ע"ס דראש, ונמצא מתפשט ממעלה למטה עד שנתלבשו הע"ס דאור העליון בהכלי דאו"ח הנקרא גוף, וע"כ נבחן המסך והמלכות דראש בבחינת מאציל להע"ס דגוף, ולא ניכר עדיין שום בחינת מגביל ומדחה במסך ומלכות הזאת.
משא"כ המסך והמלכות דגוף, שפירושו, שאחר שהע"ס נתפשטו מפה דראש ממעלה למטה, אינם מתפשטים רק עד המלכות שבע"ס ההם, כי אור העליון אינו יכול להתפשט תוך המלכות דגוף, מפני המסך המתוקן שם המעכבו מלהתפשט אל המלכות, וע"כ נפסק הפרצוף שם ונעשה סוף וסיום על הפרצוף. הרי שכל כח הצמצום והגבול מתגלה רק במסך והמלכות הזאת של הגוף, ולפיכך כל הביטוש דאו"מ באו"פ הנ"ל, אינו נעשה רק במסך דגוף בלבד, כי הוא המגביל ומרחיק את האו"מ מלהאיר בפנימיות הפרצוף, ולא במסך דראש, כי המסך של הראש הוא רק הממשיך ומלביש האורות, ואין עדיין כח הגבול מתגלה בו אף משהו.

38. И сначала необходимо понять, почему считаются десять сфирот АБ порождением первого парцуфа АК после того, как он вышел из зивуга в пэ де-рош первого парцуфа как десять сфирот де-гуф самого этого парцуфа. И если так, то за счет чего он вышел из первого парцуфа и стал считаться вторым парцуфом и его [первого парцуфа] порождением? И необходимо, чтобы ты понял здесь огромную разницу между экраном де-рош и экраном де-гуф. Ведь в парцуфе есть два вида Малхут:

Первая – это Малхут «мездавегет» (совершающая зивуг) силой установленного в ней экрана, с высшим светом, как было сказано выше.

Вторая – это Малхут «месаемет» (которая заканчивает и ограничивает) силой установленного в ней экрана высший свет в десяти сфирот де-гуф.

И они различны настолько, насколько далеки [друг от друга] Создатель и создание. Ибо Малхут де-рош, которая соединяется в зивуге де-акаа с высшим светом, считается Создателем для гуф. Поскольку экран, установленный в ней, не оттолкнул высший свет при соударении с ним, а наоборот, подняв отраженный свет, облачил и продолжил высший свет, как десять сфирот де-рош, и стал распространяться сверху вниз, пока не облачились десять сфирот высшего света в кли отраженного света, который называется «гуф». И поэтому экран и Малхут де-рош считаются Создателем для десяти сфирот де-гуф, и пока еще не проявляется никакого свойства ограничения и отторжения в экране и в этой Малхут.

Но не так это в экране и в Малхут де-гуф. Это значит, что после того, как десять сфирот распространились от пэ де-рош сверху-вниз, они распространяются только до Малхут этих десяти сфирот, так как высший свет не может распространиться в Малхут де-гуф из-за установленного там экрана, препятствующего распространению в Малхут. И поэтому парцуф заканчивается там и образуются соф (конечная часть) и сиюм (окончание) парцуфа. Ведь вся сила сокращения и ограничения проявляется именно в экране и в этой Малхут де-гуф, и поэтому все соударение между окружающим и внутренним светом происходит только в экране де-гуф, так как он ограничивает окружающий свет и препятствует ему светить внутрь парцуфа, а не в экране де-рош. Потому что экран де-рош только продолжает и облачает света, и сила ограничения пока еще никак не проявляется в нем.

Как мы уже говорили, в каждом парцуфе есть два экрана. Один – в пэ де-рош, который говорит, что не будет получать наслаждение ради себя, и поэтому он отталкивает весь свет. Второй – это экран де-гуф, который появляется вместе с намерением принять свет ради Творца, то есть облачить его в ор хозер.

Этот экран опускается вместе со светом и поднимается, когда свет выходит из гуф. Первый экран постоянно в действии и находится в духовном мире. Второй экран определяет место расположения кли на прямой от нуля до гмар тикуна. Оба эти экрана не противоречат друг другу.

לט) ונתבאר, שמכח הביטוש דאו"מ באו"פ חזר המסך דמלכות המסיימת להיות לבחינת מסך ומלכות המזדווגת, (לעיל אות לה), כי הביטוש דאור מקיף טיהר את המסך המסיים מכל העביות דגוף שהיה בו, ולא נשאר בו רק רשימות דקות מהעביות ההיא השוות לעביות דמסך דראש, ונודע שהשתוות הצורה מדביק ומיחד הרוחניים זה בזה, לפיכך אחר שהמסך דגוף השווה צורת עביותו למסך דראש, הנה תיכף נכלל בו ונעשה עמו כאלו היו מסך אחד, ואז קבל כח לזווג דהכאה כמו מסך דראש, ויצאו עליו הע"ס דקומה החדשה, כנ"ל.

אמנם יחד עם זווגו זה, נתחדשו בו במסך דגוף, הרשימות דעביות דגוף שהיו בו מתחילה, ואז חזר וניכר בו שוב שינוי הצורה באיזה שיעור בינו למסך דראש הנכלל עמו, והכר של השינוי הזה מבדילו ומוציאהו מהפה דראש דעליון. כי אחר שחזר וניכר מקורו הראשון, שהוא מפה ולמטה דעליון, הנה אז אינו יכול לעמוד עוד למעלה מפה דעליון, כי שינוי הצורה מפריד הרוחניים זה מזה, ונמצא שהוכרח לירד משם למקום שמפה ולמטה דעליון. ולפיכך, נבחן בהכרח לגוף שני כלפי העליון, כי אפילו הראש של הקומה החדשה נבחן כלפי העליון כגופו בלבד, להיותו נמשך ממסך דגוף שלו. ולפיכך שינוי הצורה הזו מבדיל אותם לב' גופים נבדלים, וכיון שהקומה החדשה היא כולה תולדה של המסך דגוף של פרצוף הקודם, ע"כ נחשב כבן אליו, וכמו ענף הנמשך ממנו.

39. И выяснилось, что благодаря соударению окружающего света с внутренним светом, экран Малхут месаемет вернулся и снова стал подобным экрану Малхут мездавегет (см. выше в п. 35), поскольку битуш окружающего света очистил оканчивающий экран от всего авиюта де-гуф, который был в нем, и остались в нем лишь тонкие решимот от прежнего авиюта, равные авиюту экрана де-рош.

И известно, что подобие по форме приводит духовные объекты к слиянию и единению друг с другом. Поэтому, после того как экран де-гуф уподобился по форме авиюта экрану де-рош, он сразу же включился в него, став с ним как один экран, и тогда получил силу для зивуга де-акаа, как экран де-рош. И вышли на него десять сфирот новой ступени, как сказано выше.

Однако вместе с этим его зивугом обновились в нем (в экране де-гуф) решимот авиюта де-гуф, которые были в нём с самого начала, и тогда повторно проявилось в нем некоторое отличие по форме от экрана де-рош, с которым он был соединен, и проявление этого отличия отделило и вывело его из пэ де-рош высшего. Ибо после того, как повторно проявился его первоначальный источник, находящийся от пэ высшего и ниже, он уже не может больше находиться выше пэ высшего, так как изменение формы отделяет духовные объекты один от другого. И получается, что он вынужден спуститься оттуда в место, [находящееся] от пэ высшего и ниже. И поэтому он неизбежно становится различимым в качестве другого [отдельного] объекта (досл. «гуфа») относительно высшего. Ведь даже рош нового уровня считается относительно высшего лишь его гуфом, так как происходит от его экрана де-гуф. Поэтому это отличие по форме разделяет их на два отдельных объекта (досл. «гуфа»). И поскольку новый уровень весь является порождением экрана де-гуф предыдущего парцуфа, поэтому он считается как сын по отношению к нему, и как ветвь, исходящая из него.

Решимот – это тот ор макиф, который уже был внутри парцуфа и вышел из него, поэтому у него сохраняется особая связь с кли.

Экран уже сделал зивуг де-акаа на свои предыдущие желания, он уже получил свет, убедился, что достиг только табура, что этот путь порочен и не может привести к гмар тикуну. Сейчас, когда у него снова пробудились желания принять свет ради Творца, они вышли на порядок ниже; следовательно, и свéта новый парцуф получил на порядок меньше.

Первая и вторая порции света складываются вместе и составляют то общее количество света, которое вошло в Малхут мира Бесконечности. Вообще, теперь Малхут должна получить весь свет, который был внутри нее до ЦА, с новым намерением – получать не ради себя, а для того, чтобы доставить этим удовольствие Творцу, то есть с помощью экрана и ор хозер.

Второй парцуф отличается по своим свойствам от первого и поэтому выходит не из пэ, как предыдущий, а ниже пэ, то есть он как бы «на голову ниже». Даже его рош оценивается как гуф предыдущего парцуфа, потому что исходит из экрана гуф предыдущего парцуфа. Второй парцуф полностью является порождением первого и ответвляется от него, как ветвь от ствола.

Когда первый экран в пэ де-рош отталкивает свет, он ставит себя в независимое положение от дающего. Второй экран в гуф говорит, что может даже получить ради хозяина. У него есть пять желаний, каждое из них парцуф наполняет на 20%. А остальные желания остаются ненаполненными, потому что у экрана нет соответствующих сил.

При получении света внутрь второй экран опускается вниз. Ор макиф продолжает взаимодействовать с парцуфом, он давит и пытается заполнить оставшиеся желания. Экран де-гуф не может устоять, поднимается наверх, сравнивается с экраном де-рош, и свет покидает парцуф. Объединенный экран делает новый зивуг, в результате которого возникает новый парцуф, на порядок ниже предыдущего и иной по качеству света.

Особенность в том, что парцуф АБ рождается не из экрана де-рош Гальгальта, а из экрана де-гуф. Непонятно, ведь зивуг на бхине гимель произошел в рош Гальгальты. Это объясняется в ТЭС, часть 3, ответ 310. В то время, когда экран де-гуф, то есть экран де-бхина далет поднялся в пэ де-рош, он соединился с авиютом рош, называемым «авиютом снизу вверх», но авиют – бхины гимель, а не далет, потому что авиют бхины далет – это экран де-гуф, который еще ни разу не использовал авиют гимель.

Здесь можно выделить два основных понятия:

Суть. Суть этого экрана в том, что он является экраном де-гуф и поднимается в рош, требуя от него наполнения. Поэтому экран де-рош Гальгальты делает зивуг на бхине гимель. Когда проявляется суть поднявшегося экрана, имеющего авиют, называемый «сверху вниз», он спускается назад в гуф, но не в табур, то есть бхину далет, а в хазе – бхину гимель, потому что нет в нем более, чем в бхине гимель. Эта бхина называется не «сын и порождение», а «парцуф АБ пними», внутренний, то есть парцуф АБ, распространяющийся во внутренних пустых келим Гальгальты, и считается как гуф Гальгальты, потому что родился от зивуга в рош Гальгальты.

Включение. После того как экран де-гуф спускается в хазэ, возбуждаются решимот авиюта «снизу вверх» во время нахождения вверху, в Малхут де-рош.

Получается, что со стороны АБ пними – это экран, ограничивающий распространение света (месаем) и родившийся от зивуга на авиют гимель в пэ де-рош Гальгальты. Однако со стороны свойства «включение» он является экраном, взаимодействующим со светом (миздавег).

Затем он снова притягивает свет, делает зивуг де-акаа на бхине гимель, и от хазэ до пэ де-Гальгальта выходит рош де-АБ; пэ де-АБ находится на уровне хазэ де-Гальгальты, а гуф де-АБ распространяется до табура Гальгальты. Выходит, что АБ пними распространяется в келим де-Гальгальта, а АБ хицон (наружный), надевается на него снаружи таким образом, что даже его рош находится на месте гуф Гальгальты.

АБ пними распространяется от рош Гальгальты, то есть бхина далет внутрь пустых келим бхины далет, но у АБ хицон нет абсолютно никакой связи с бхиной далет.

Два объединенных объекта полностью подобны по своим желаниям. В той мере, в которой в экране есть сила противостояния эгоизму, кли становится подобным Творцу по свойствам, получая свет внутрь с намерением ради Творца. Сравнение свойств – это сравнение намерений, но это не значит, что они оба превращаются в единый объект. Их все-таки два, но их свойства настолько близки, что в этот момент с нашей точки зрения нет никакого различия.

Чем больше парцуф получает, тем больше он похож на Творца по намерению и меньше – по действию. Для того чтобы сравняться с Творцом, нужно больше развить эгоизм, чтобы больше получать ради Него, но это приведет к еще большему отличию творения от Творца по действию. Когда же экран в пэ де-рош отталкивает весь свет, он по действию как бы равен Творцу (тоже не получает), но находится в большом отрыве от Него по намерению.

Метод самоограничения – это порочный метод. Не нужно делать никаких постов, запретов, а наоборот, Творец увеличивает эгоизм человека в той мере, в которой тот способен поставить на него экран и работать с ним. То есть из двух вышеупомянутых экранов именно второй, экран де-гуф, может вывести в духовное.

А если есть только экран в пэ де-рош, то человек как камень, которому ничего не надо, у него не происходит никакого внутреннего движения. Тысячелетиями не было понятно, каким образом эгоизм может привести к духовному, при том что сама цель творения предусматривает наслаждение.

Кли не видит то, что находится вне его. Все наши названия: «ор макиф», «давит снаружи», «еще не вошедший» – все это понятия, относящиеся к языку нашего мира, необходимые нам для того, чтобы хоть каким-то образом представить духовное действие. Но на самом деле никакой свет не давит снаружи, в нем нет никакого наслаждения. Это внутри человека есть кли, которое будет испытывать наслаждение, если этот свет будет внутри.

Следовательно, для того чтобы иметь достаточный аппетит к наслаждению, я каким-то образом должен представить и ощутить это наслаждение. Свет – это внутренняя реакция кли на какое-то воздействие, идущее от Творца, то есть свет соответствует нашему «сопротивлению». Все зависит от того, как кли отреагирует на это воздействие. Только ор пними, который входит в кли, является мерой подобия Творцу.

Все парцуфим от мира Бесконечности до нашего мира родились по одному и тому же принципу: низший родился из высшего.

Человек никогда не должен думать, что будет с ним дальше. Всегда надо использовать данное мгновение, данную минуту и постоянно стараться проникнуть вглубь. Из этого мгновения будет рождаться следующее, но ждать его наступления не надо, и думать, каким оно будет, тоже. Выход в духовный мир зависит от внутреннего проникновения в настоящее.

מ) ויש עוד דבר נוסף בהבדל מהתחתון לעליון. והוא כי כל תחתון יוצא מבחינת שיעור קומה אחרת שבה' בחינות שבמסך, כנ"ל באות כ"ב וכ"ד, וכל תחתון חסר הבחינה העליונה של האורות דעליון והבחינה התחתונה של הכלים דעליון. והטעם הוא, כי מטבע הביטוש דאו"מ במסך, להאביד מהמסך את בחינה אחרונה דעביות שלו, ולמשל, בפרצוף הא' דא"ק, שהמסך יש לו כל ה' בחינות עביות שלו, דהיינו עד לבחי"ד, הנה ע"י הביטוש דאו"מ במסך דגוף, מזכך את העביות דבחי"ד לגמרי, ואינו מניח ממנו אפי' רשימו של העביות ההיא, ורק הרשימות מהעביות דבחי"ג ולמעלה נשארים במסך. ולפיכך כשהמסך ההוא נכלל בראש ומקבלשם זווג דהכאה על העביות שנשאר ברשימות שלו מהגוף, נמצא הזווג יוצא רק על בחי"ג דעביות שבמסך בלבד, כי הרשימה דעביות דבחי"ד נאבדה ואינה שם, וע"כ הקומה שיוצאת על המסך הזה הוא בשיעור קומת חכמה לבד, הנק' הוי"ה דע"ב דא"ק, או פרצוף ע"ב דא"ק. ונתבאר לעיל אות כ"ב, אשר קומת חכמה היוצאת על המסך דבחי"ג חסרה המלכות דכלים ובחינת אור יחידה מהאורות, שהוא אור הכתר, ע"ש. הרי שפרצוף הע"ב חסר הבחינה אחרונה דכלים דעליון והבחינה עליונה דאורות דעליון. ומשום שינוי הצורה הרחוקה הזו, נבחן התחתון לפרצוף נבדל מהעליון.

40. И есть еще одна дополнительная вещь в отличии нижнего [парцуфа] от высшего, которая заключается в том, что каждый нижний [парцуф] исходит из другой бхины, определяющей его уровень, одной из пяти бхинот [авиюта] в экране, как сказано выше в п. 22 и п. 24. И у каждого нижнего [парцуфа] отсутствует бхина, являющаяся высшей в светах его высшего [парцуфа], и [отсутствует] бхина, являющаяся низшей в келим его высшего [парцуфа]. И причина этого в том, что по своей природе соударение (битуш) окружающего света с экраном приводит к тому, что экран теряет последнюю бхину своего авиюта. Например, в первом парцуфе АК, в экране которого есть все пять бхинот его авиюта, то есть до бхины далет, благодаря соударению окружающего света с экраном де-гуф очищается авиют бхины далет [в экране] полностью, не оставляя в нем даже решимо от этого авиюта так, что только решимот от бхины гимель и выше остаются в экране. И согласно этому, когда этот экран включается в рош и принимает там участие в зивуге де-акаа с авиютом, который остался в его решимот от гуфа, то получается, что зивуг выходит только лишь на бхину гимель авиюта экрана, так как решимо авиюта бхины далет пропало и нет его там. И поэтому ступень, которая выходит на этот экран, она [выходит] только на уровне Хохма, который называется АВАЯ де-АБ де-АК или парцуф АБ де-АК. И как было выяснено выше в п. 22, в уровне Хохма, который выходит на экран бхины гимель, отсутствует Малхут де-келим и свет ехида из светов, то есть свет Кетер, посмотри там. Ведь в парцуфе АБ отсутствует последняя бхина келим высшего и высшая бхина светов высшего, и из-за этого отдаляющего изменения по форме нижний считается парцуфом, отделенным от высшего.

Я могу принять 20% от пяти порций, и это значит, что я получил ор ехида и бхину далет. В следующий раз рождается парцуф с меньшим светом, хая, и кли гимель, потом ор нешама и кли бет, затем парцуф с ор руах и кли алеф, и последний — с ор нефеш и кли шореш. Затем желания возобновляются, и на 20% от оставшихся желаний рождаются пять парцуфим мира Ацилут и так далее, пока не используются все желания Малхут мира Бесконечности.

Все парцуфим пяти миров получили столько света, сколько было в Малхут мира Бесконечности, но постепенно и с помощью экрана. И какую бы порцию мы ни взяли, она обязательно состоит из пяти частей, хотя они могут быть очень маленькими. Кли создано из пяти желаний, и необходимо произвести зивуг де-акаа на каждое из них.

Если у человека не исправлены келим, то чем меньше у него эгоизма, тем он ближе к Творцу. Когда у человека появляется экран, то чем больше его эгоизм, тем лучше, тем он ближе к Творцу. Все зависит от наличия экрана.

Для того чтобы сделать кли пригодным к употреблению, необходимо, чтобы свет сначала вошел в него, а затем полностью исчез, тогда кли становится полностью отдаленным от Творца, и при дальнейшем исправлении оно сможет сделать выбор и снова слиться с Творцом.

Выход в духовное возможен, только если есть экран на все твои желания. А если нет желаний, то и экран не нужен. Следовательно, человек, не имеющий желания, не может выйти в духовный мир, так как ему нечего исправлять.

Путь по духовным ступеням проходит по трем линиям: левой, правой и средней. По мере приобретения дополнительных порций эгоизма человек ставит на них все более сильный экран. Между экраном и светом происходит зивуг де-акаа, в результате которого человек получает новую порцию света и поднимается на следующий уровень.

Если у человека есть большие желания, а сила сопротивления им (экран) маленькая, то он получает свет соответственно своему экрану и рождает маленький парцуф. Затем, когда он сможет противостоять новой порции эгоизма, его парцуф расширяется и так далее, вплоть до приобретения экрана на абсолютно все свои желания.

Это называется «гмар тикун». Чем больше человек, тем больше у него желаний, тем более сильный экран он имеет, поэтому такой человек имеет большие постижения, так как он смог обуздать самые грубые свои желания. Желания дают человеку сверху тогда, когда он сможет попросить на них исправление.

Мизерные желания нашего мира, нер дакик, настолько кружат нам голову, настолько занимают наши мысли и командуют нами, что мы не знаем, как с ними справиться, как освободиться от них. Вся наша жизнь связана с поиском наполнения этих животных желаний. Сам эгоизм нельзя уничтожать, можно только установить на него экраны двух видов: сначала не получать ради себя, а затем получать ради Творца.

Зивуг де-акаа происходит в рош, то есть делается расчет, сколько я могу получить с намерением ради Творца. После расчета происходит получение света в гуф от пэ до табура. Табур – это граница получения с намерением ради Творца. Свет, который кли не могло получить, ор макиф, говорит, что нужно получить еще, иначе нельзя выполнить цель творения. Но кли знает, что больше получить ради Творца оно не может, что если оно получит хоть еще немного, это будет уже для собственного наслаждения.

Нет никакого выхода, кроме того, как выйти из этого состояния, то есть исторгнуть весь полученный свет. Кли понимает, что если в дальнейшем оно и сможет получить, то не то количество, которое получило сейчас, а меньше и с меньшей силой экрана.

Экран ослабляется, поднимается в пэ де-рош вместе с теми решимот, которые он получил от четырех светов в четыре келим. Авиют далет был потерян в табуре после соударения (битуш) окружающего света с экраном, поэтому кли в дальнейшем не сможет получить ор ехида. А на остальные уровни авиюта оно еще не делало ограничения, поэтому оно еще не знает, что сможет получить, а что нет.

Но сейчас, когда экран стоит в пэ де-рош, кли чувствует, что может все-таки получить еще. Тогда в нем пробуждаются все решимот, и оно пробует получить на бхине гимель. Масах спускается в хазе, делает там зивуг де-акаа, и так рождается новый парцуф АБ. Но все решимот парцуфа АБ идут из гуф де-Гальгальта.

В чем различие между двумя понятиями: экран и сокращение (масах и цимцум)? Сокращение означает, что вообще отказывается от получения, а экран – часть получает, а часть отталкивает.

Барух Ашлаг приводит такой пример: один пьяница каждый раз, идя на свадьбу, напивался до потери рассудка и валялся на земле, и даже его жена не хотела пускать его в дом. Устыдившись своего позора, решил человек вообще не появляться на свадьбах, поскольку не может совладать с собой. Так и сделал. Прошло время, и он решил, что может присутствовать на празднествах и позволить себе выпить полстакана вина, такое количество, которое ему не повредит. Так и сделал. Вывод: сокращение значит вообще не приходить на празднества, а экран – идет и сам решает принимать небольшое количество.

Решимот делятся на два вида. Первый вид – это решимо де-итлабшут, то есть воспоминания, какими наслаждениями я был наполнен. Второй вид – решимо де-авиют – это воспоминания о том, с помощью каких желаний я это делал, какой силой экрана как по жесткости, так и по толщине я при этом пользовался.

Желание получать в кли создано Творцом. Желание отдавать оно получило от Творца. Каким образом оно сейчас может пользоваться этими двумя противоположными желаниями? Прежде всего, кли измеряет, какой величины в нем есть желание отдавать, то есть противодействовать своему истинному, исконному желанию получать. Допустим, у меня есть желание отдавать на 20%.

Это называется жесткостью экрана. Значит, я могу противостоять своему желанию наслаждаться на 20%. Значит, в эти 20% я могу получить свет, потому что в них я получаю не для себя, а ради Творца. Подобно тому как мать получает наслаждение оттого, что ее ребенок наслаждается, Творец получает наслаждение оттого, что наслаждаюсь я. Все же остальные желания, не попавшие пока в эти 20%, остаются пустыми, я с ними не работаю.

Что такое каббала? Сначала мы берем наши внутренние желания, разбиваем их на маленькие клеточки, вектора, строим различные графики. Это внутренняя психология человека не как существа нашего мира, а человека как некоей сущности, созданной Творцом, со всеми теми силами, которые Создатель дал ему.

Затем изучается, как с помощью этих сил человек постигает Творца. Вот краткое объяснение, что такое каббала. Не надо смотреть на нее как на некое мистическое учение о тайных сверхъестественных силах, которые находятся за пределами Вселенной. Основная идея каббалы заключается в том, что по мере накопления антиэгоистических сил можно брать какую-то порцию эгоизма и работать с ней в другом направлении.

Экран, который стоял в пэ де-рош, сначала ничего не хотел принимать, а затем он начал подсчитывать, сколько он может принять ради Творца. Это еще большее усилие, чем вообще ничего не принимать ради себя. В результате этого экран, стоящий в пэ де-рош, делится на два экрана. Один говорит, что я ничего не хочу получать для себя – это полное отражение света, его неприятие, соблюдение ЦА. Второй экран, который пока бездействует, тоже стоит там. После того как я выполнил условие ЦА, я начинаю пытаться получить немного света ради Творца.

מא) ועד"ז אחר שנתפשט פרצוף ע"ב לראש וגוף, ונעשה הביטוש דאו"מ על המסך דגוף דע"ב, שהוא מסך דבחי"ג, הנה הביטוש הזה מעלים ומאביד ממנו את הרשימו דעביות של הבחינה האחרונה שבמסך, שהוא בחי"ג. ונמצא בעת עלית המסך אל הפה דראש ונכלל בו בהזווג דהכאה, נעשה ההכאה רק על עביות דבחי"ב שנשארה במסך הזה, כי הבחי"ג נאבדה ממנו ואינה, וע"כ הוא מוציא רק ע"ס בקומת בינה, הנק' הוי"ה דס"ג דא"ק, או פרצוף ס"ג, ויחסר ז"א ומלכות דכלים וחיה יחידה דאורות כנ"ל

ועד"ז כשנתפשט הפרצוף ס"ג הזה לראש וגוף, ונעשה הביטוש דאו"מ במסך
דגוף שלו שהוא מסך דבחי"ב, הנה הביטוש הזה מעלים ומאביד ממנו הבחינה אחרונה
דעביות שבמסך שהוא בחי"ב, ולא נשארו במסך אלא הרשימות דעביות שמבחי"א
ולמעלה, וע"כ בעת עלית המסך לפה דראש, ונכלל בזווג דהכאה אשר שם, נעשה
ההכאה רק על מסך דבחי"א שנשאר במסך, כי הבחי"ב כבר נאבדה ממנו, וע"כ הוא
מוציא רק ע"ס בקומת ת"ת, הנק' קומת ז"א, והוא חסר בינה ז"א ומלכות דכלים,
ונשמה חיה יחידה דאורות, וכו' עד"ז.

41. И таким же образом, после того как распространился парцуф АБ в рош и гуф, и произошел битуш окружающего света с экраном гуфа де-АБ, то есть с экраном бхины гимель, этот битуш приводит к пропаже и утрате у него решимо авиюта последней бхины в экране, то есть бхины гимель. И получается, что во время подъема экрана в пэ де-рош и его включения в зивуг де-акаа, акаа (удар) совершается только на авиют бхины бет, которая осталась в этом экране, поскольку бхина гимель утеряна из него и отсутствует [в нем]. И поэтому он выводит только десять сфирот на уровне Бина, которые называются АВАЯ де-САГ де-АК или парцуф САГ, и не хватает в его келим ЗА и Малхут, и светов хая и ехида, как было сказано выше.

И таким же образом, когда распространился этот парцуф САГ в рош и гуф, и произошел битуш окружающего света с экраном его гуфа, то есть с экраном бхины бет, этот битуш приводит к пропаже и утрате у него решимо авиюта последней бхины в экране, то есть бхины бет. И остаются в экране только решимот авиюта бхины алеф и выше. И поэтому во время подъема экрана в пэ де-рош и его включения там в зивуг де-акаа, акаа происходит только с экраном бхины алеф, которая осталась в экране, поскольку бхина бет уже утеряна из него. И поэтому он выводит только десять сфирот на уровне Тиферет, который называется уровнем ЗА. И в нем отсутствуют келим Бина, ЗА и Малхут, и света нешама, хая и ехида. И так далее таким же образом.

Когда парцуф САГ распространяется в рош и гуф, происходит битуш ор макиф на его экран де-гуф и потеря последней бхины де-авиют экрана, бхины бет. Масах с решимот де-авиют от бхины алеф и выше поднимается в пэ де-рош, делает там зивуг на бхину алеф, и выходят десять сфирот на уровне Тиферет, ступень ЗА. В этом парцуфе отсутствуют келим Бина, ЗА и Малхут и света ехида, хая, нешама.

Существуют ли в САГ желания бхины далет, и делает ли он сокращение на них и на желания бхинат гимель? Или в АБ: существуют ли в нем желания бхины далет и делает ли он сокращение на них?

Эти желания есть у всех, мы говорим только о желании получить, а без этого нет творения. Однако относительно душ было опасение, что «украдут» – получат ради самонаслаждения, поэтому произошло исправление, заключающееся в том, что не видят ничего.

Теперь поймем высказывание: «Вся земля полна Славой Его», то есть каждый должен ощутить Его существование. Но почему же в действительности мы этого не ощущаем? Потому что со стороны Творца – «Вся земля полна Славой Его», но для того чтобы творения не получили ради самонаслаждения, произошло сокрытие. Поэтому у человека нет стремления к духовному, так как не видит в нем наслаждения.

В статье Бааль Сулама «Предисловие к Учению десяти сфирот» написано, что если бы награда и наказание были открыты таким образом, что кушающий запрещенное тут же бы подавился, кто бы ел запретное? И наоборот, если бы во время облачения в цицит чувствовал огромное наслаждение, то никогда бы его не снимал. Поэтому, если бы ощутили наслаждение в духовном, тут же захотели бы его для себя.

У эгоизма существует только один закон: «Поменьше работать, побольше получать», кроме этого он ничего не знает. Что же можно сделать, если ничего не видим и не получаем? То, что Творец говорит нам: «Я отдаю безвозмездно, и вы также отдавайте безвозмездно».

Мы должны достичь такой же ступени, отдавать без всякого вознаграждения. Поэтому произошел тикун, чтобы мы ничего не видели и не «украли». Написано в Гмаре (трактат «Санедрин»): «Адам Ришон вор был». Вор, потому что выносит из владений Единого в свои владения.

В начале существовало только владение Единого, то есть все, что Адам Ришон делал, было ради отдачи, и ничего ради своей пользы. Но, увидев огромный свет, он не смог получить с намерением ради отдачи и получил его ради себя. Это называется «выносит из владений Единого в свои владения», поэтому называется «вор».

Чтобы этого больше не случилось, произошло исправление в душах, поэтому ничего не видят. Человек не должен просить постижения и духовных высот, а только келим, чтобы видеть.

Для того чтобы назвать парцуф, не обязательно говорить, что происходит зивуг на такую-то бхину, достаточно привести его численное значение, гематрию, чтобы знать, что он представляет собой качественно, потому что (йуд хей вав хей) – это скелет любого кли. Малхут мира Бесконечности, и вообще все мироздание состоит из этого единого и единственного скелета.

Количество же материи на скелете, то есть использование желания с правильным намерением, равно свету, который получает парцуф. Цифровое значение говорит о количестве и о качестве этого света в парцуфе.

Парцуф Гальгальта соответствует всей Малхут мира Бесконечности и имеет самый большой экран во всем мироздании. Если она получила максимум того, что могла получить ради Творца, то разве там есть место для еще какого-то парцуфа? Что может добавить АБ к тому, что Гальгальта еще не получила?

Оказывается, что АБ тоже соответствует Малхут мира Бесконечности, и он может принять в себя свет, который не смогла принять Гальгальта. Экран в последующем парцуфе слабее, он взаимодействует со светом иного качества, намного меньшего, чем Гальгальта, потому-то АБ может получить дополнительную порцию света.

Каждый последующий парцуф принимает свет все более низкого качества. Каждый новый парцуф – это совершенно новое состояние. АБ черпает свои желания из соф Гальгальты, то есть работает с такими желаниями, с которыми предыдущий парцуф работать не смог. Потому что Гальгальта желала получить ор ехида, а АБ – только ор хая.

Когда в мире Бесконечности Малхут отталкивает весь свет, она называется «далет де-авиют» и «далет де-итлабшут». Это говорит о том, что в ней остались решимот от всего света Бесконечности. Гальгальта начинает работать с этими решимот, делает зивуг де-акаа на далет/далет и получает соответствующий свет. Когда происходит битуш пним у-макиф (соударение внутреннего света с окружающим светом), остается далет де-итлабшут и гимель де-авиют. Далет де-авиют исчезает, потому что парцуф принимает решение больше с ним не работать, сам аннулирует его.

Существует обратная зависимость между кли и светом. Чем кли меньше, тем ближе оно по своим свойствам к свету. Допустим, у меня есть пять эгоистических желаний: от самого тонкого до самого грубого. Мое самое тонкое желание находится ближе всех к Творцу, а самое грубое – дальше всех. Малхут имеет пять желаний: шореш, алеф, бет, гимель, далет.

Точнее, это пять стадий развития одного и того же желания – получать. Шореш – это самое тонкое, самое возвышенное желание, следовательно, оно и находится ближе всех к Творцу.

Но когда та же Малхут ставит над своим эгоистическим желанием экран, то закон, говорящий о том, что самое тонкое желание находится ближе к Творцу, сохраняется, но, кроме того, на него накладывается еще и намерение получать ради Творца, и именно это намерение дает возможность получить больше света, чем вроде бы полагалось такому маленькому желанию.

Малхут с экраном «притягивает» свет, но получает не она, а Кетер, то есть самая тонкая, самая возвышенная часть кли.

Основными элементами всего мироздания являются:
- свет, идущий непосредственно от Творца;
- желание самонасладиться, которое было создано Творцом (светом);
- экран, который возник как реакция творения (желания самонасладиться) на полученный свет.

Каббала изучает эти элементы в различных состояниях. Гармоничное соответствие между экраном, светом и желанием является душой, и именно оно диктует свои законы всем внешним объектам – ангелам, левушим и материальным объектам.

Каждый парцуф наполняет Малхут мира Бесконечности, и таким образом парцуфим заслоняют от света самую ее центральную точку. А центральная точка – это мы. Таким образом, все миры, все парцуфим относительно нас являются задерживающими экранами.

С одной стороны, мы говорим, что все миры вроде бы были созданы по принципу «сверху вниз», то есть когда человека еще не было. Миры – это меры скрытия Творца. Гальгальта скрывает Творца от нижнего на 20%, и АБ видит Творца только на 80%. Но для него эти 80% и есть Творец, то есть 100%.

И так далее, пока 5 миров, состоящих из 5 парцуфим, где каждый парцуф, в свою очередь, состоит из 5 сфирот, не создадут 125 экранов, которые полностью не скроют от нас свет Творца. В наш мир свет вообще не доходит. Поэтому мы находимся за экраном, не видим и не ощущаем Творца.

С другой стороны, когда человек поднимается снизу вверх и доходит до уровня какого-либо парцуфа, то он ставит экран, равный экрану данного парцуфа. Этим он как раз и аннулирует скрытие Творца на этом уровне. Поднимаясь на следующую ступень, человек снимает с помощью своего экрана скрытие этой ступени, постигает Творца на этом уровне и так далее. А когда он снимет все фильтры, то он полностью постигнет все ступени, отделяющие нас от Творца. Миры созданы для того, чтобы научить нас, как поступать в каждой ситуации. Итак, скрытие Творца происходит сверху вниз, а раскрытие – снизу вверх. Ступеньки, по которым поднимается душа, после этого как бы исчезают.

Низший парцуф знает о предыдущем и понимает, что не может принять столько же света. Тем не менее, для того чтобы обеспечить светом нижний парцуф, каждый вышестоящий парцуф должен обратиться с просьбой о свете, называемой МАН, к своему высшему парцуфу.

Ведь каждый новый парцуф – это принципиально новое желание, которое после первого сокращения еще никогда не заполнялось светом, поэтому каждый новый парцуф ведет к новому постижению, намного большему по качеству и количеству, чем предыдущее.

Свет, который получает каждый последующий парцуф, приходит к нему через предыдущий парцуф, при этом все парцуфим, через которые он проходит, получают свою долю, которая неизмеримо превышает ту порцию света, которую получит последний в этой цепочке. Только Гальгальта получает свет непосредственно из мира Бесконечности.

Любые наши действия основываются на наших желаниях. Разум при этом играет лишь вспомогательную роль. Разум осознает только то, что входит в ощущения, он как бы просчитывает, анализирует их. Чем ощущения шире, глубже, тем больший разум требуется для их переработки.

Если взять человека, который занимается каббалой и выполняет какую-то внутреннюю работу, то чем глубже эта работа, тем разум должен быть гибче, точнее, чтобы четче дифференцировать, анализировать свои ощущения и делать соответствующие выводы. Но разум всегда остается лишь подсобным инструментом желания. Разум нужен лишь для достижения желаемого. Все мы желаем насладиться, и разум помогает нам достичь этого. Если человек желает насладиться научными поисками, то разум помогает ему именно в этом направлении. А человек думает, что он живет только разумом, и поэтому он выше других существ.

מב) ונתבאר היטב הטעם של ירידות הקומות זו למטה מזו בעת השתלשלות הפרצופין זה מזה, שהוא משום שהביטוש דאו"מ באו"פ הנוהג בכל פרצוף מאביד תמיד שם את הבחינה אחרונה דרשימו דעביות אשר שם. ויש לדעת אמנם שבאלו הרשימות הנשארות במסך לאחר הזדככותו יש בהם ב' בחינות: הא' נק' רשימו דעביות, והב' נקרא רשימו דהתלבשות.

למשל, אחר שנזדכך המסך דגוף דפרצוף הא' דא"ק, אמרנו שהבחינה האחרונה דרשימות דעביות, שהיא הרשימו דבחי"ד, נאבדה ממנו, ולא נשאר במסך אלא הרשימו דעביות דבחי"ג, אמנם הרשימו דבחי"ד כוללת ב' בחינות כנ"ל: דהתלבשות ודעביות, ולא נאבד מהמסך בסבת ההזדככות ההיא רק הרשימו דעביות דבחי"ד, אבל הרשימו דהתלבשות דבחי"ד, נשארה במסך ההוא ולא נאבד ממנו. ופירושו של הרשימו דהתלבשות הוא בחינה זכה מאד מהרשימו דבחי"ד, שאין בה עביות מספיק לזווג דהכאה עם אור העליון. ורשימו זו נשארה מהבחינה אחרונה שבכל פרצוף בעת הזדככותו, ומה שאמרנו שהבחינה אחרונה נאבדה בעת הזדככותו הוא רק הרשימו דעביות שבה בלבד.

42. И вот как следует выяснилась причина нисхождения ступеней, одна ниже другой, во время последовательного выхода парцуфим один из другого, в результате того, что соударение (битуш) окружающего и внутреннего светов, происходящее в каждом парцуфе, всегда приводит там к потере последней бхины решимо де-авиют, имеющейся там. Но следует, однако, знать, что в этих решимот, которые остаются в экране после его ослабления и очищения (издахехут), имеются две бхины: первая называется «решимо де-авиют», а вторая – «решимо де-итлабшут» (решимо облачения).

Например, после того как очистился [от авиюта] экран де-гуф первого парцуфа АК, мы сказали, что последняя бхина решимо де-авиют, то есть решимо бхины далет, пропала из него и не осталась в экране, а [осталось в нем] решимо де-авиют бхины гимель. Однако решимо бхины далет содержит две бхины, как сказано выше: де-итлабшут и де-авиют. И из экрана пропало, по причине очищения экрана, только решимо де-авиют бхины далет, но решимо *де-итлабшут бхины далет осталось в этом экране, и не пропало из него. Ведь понятие «решимо де-итлабшут» означает, что это очень чистая бхина от решимо бхины далет, и нет в нем достаточного авиюта для зивуга де-акаа с высшим светом. И это решимо остается от последней бхины в каждом парцуфе во время его очищения (издахехут). А то, что мы сказали, что последняя бхина пропадает из каждого парцуфа во время его очищения, это [касается] только лишь решимо де-авиют, что в ней.*

Решимо де-итлабшут – это очень тонкая часть решимо, которая не обладает авиютом, достаточным для зивуга де-акаа со светом. Подобно Гальгальте, любой парцуф при ослаблении экрана теряет только последнее решимо де-авиют, но не решимо де-итлабшут.

Мы учили, что есть обратная связь между светом и кли, и есть тут два правила:

1. «Лефум цаара – агра», вознаграждение – по заслугам (страданиям), то есть величина раскрывающегося человеку света зависит от величины прилагаемых усилий.
2. Свет хочет войти в самое светлое кли. Светлым называется кли, не желающее ничего получать, грубое кли – желающее взять.

Пример: во время молитвы человеку, окутанному талитом, увенчанному тфилин, легче работать с намерением ради отдачи, он ничего не хочет получать, а только выполнить заповедь. Однако во время учебы тяжелее приложить намерение ради отдачи, и еще тяжелее это сделать за семейной трапезой, и тем более очень тяжело приложить намерение отдачи во время работы.

Но в соответствии с первым правилом, насколько большие помехи он сможет преодолеть, настолько больший свет он получит. Поэтому если человек может заниматься бизнесом с намерением ради Творца, то, несомненно, он достоин высокой ступени. Про такого человека мы говорим: «Какова же глубина его учебы и какова сила его молитвы!»

Из этого вытекает второе правило: высшая ступень соответствует более светлым келим, несмотря на то что там легче намереваться ради Творца. С другой стороны, высота ступени определяется ее самым исправленным свойством и через него исходит свет на нижнюю ступень.

Итак, решимо де-авиют – это недостаток, желание получить. Но нельзя забывать, что в духовном, говоря о желании получить, имеют в виду желание с экраном. Поэтому решимо де-авиют означает, что осталось у него воспоминание, сколько он может получить ради отдачи, то есть предыдущая сила сопротивления у него исчезла, но самое светлое его кли, кли де-Кетер, не может исчезнуть под воздействием окружающего света, поскольку нет у него авиюта. Поэтому в нем осталось решимо от бывшего там света, которое и называется «решимо де-итлабшут».

От присутствия света всегда остается решимо. Необходимо выяснить два понятия:
- свет приходит со стороны Дающего;
- авиют и экран – со стороны получающего.

То, что приходит со стороны Дающего, оставляет воспоминания, а то, что со стороны получающего, – встречает сопротивление и исчезает.

Барух Ашлаг приводит такой пример: «Попал я однажды в место отдыха стариков. Смотрю, все сидят и дремлют, не обращая ни на что внимания. Сказано об этом: «Дни, в которых нет страсти». Я приблизился к одному из них и начал с ним разговаривать. Сначала спросил, откуда он, потом – чем зарабатывал на жизнь, и так разговорил его, пока он не начал рассказывать о своих прошлых занятиях.

Постепенно он разгорячался и наполнялся жизнью все больше и больше, вспоминая о былых достижениях и всевозможных событиях, которые он пережил, то есть, на языке каббалы, пробудились в нем решимот прежних удовольствий. Под конец я спросил его: «Хотелось бы тебе вернуться ко всему этому – снова ездить по городам и торговать, как раньше?» В тот же миг потухли его глаза, потому что вспомнил о настоящем, что нет уже у него тех сил».

Мы видим, что решимо от наслаждения у человека осталось, но сил уже нет. Вывод: авиют исчез у него, то есть не может принять ради отдачи, но решимо де-итлабшут – воспоминание, как наслаждение облачалось в кли-желание, осталось, но вернуться к прежним наслаждениям уже не может, потому что нет у него на это экрана.

מג) והההשארה של הרשימו דהתלבשות מהבחינה אחרונה, שנשארה בכל מסך, גרם ליציאת ב' קומות זכר ונקבה, בראשים דכל הפרצופים, החל מע"ב דא"ק, וכן בס"ג דא"ק וכן במ"ה וב"ן דא"ק, ובכל פרצופי אצילות. כי בפרצוף ע"ב דא"ק, שאין שם במסך אלא רשימו דעביות דבחי"ג, המוציא ע"ס בקומת חכמה, הנה הרשימו דהתלבשות מבחי"ד הנשארת שם במסך, שאינה ראויה כלל לזווג עם אור העליון, משום זכותה כנ"ל, הנה היא נכללת עם העביות דבחי"ג ונעשת לרשימו אחת, ואז קנתה הרשימו דהתלבשות כח להזדווגות עם אור העליון, וע"כ יצא עליה זווג דהכאה עם אור העליון, המוציא ע"ס בקירוב לקומת כתר, והוא מטעם היות בה בחי' התלבשות דבחי"ד. והתכללות זה נקרא התכללות הנקבה בזכר, כי הרשימו דעביות מבחי"ג נק' נקבה, להיותה הנושא לבחי' העביות, והרשימו דהתלבשות דבחי"ד נק' זכר, משום שבא ממקומה גבוה ממנה, ומשום שהוא זך מעביות. ולפיכך הגם שהרשימו דזכר בלבד אינו מספיק לזווג דהכאה, אמנם ע"י התכללות הנקבה בו, נעשה גם הוא ראוי לזווג דהכאה.

43. И это оставляемое решимо де-итлабшут от последней бхины, которое осталось в каждом экране, привело к выходу двух ступеней: захар (мужское свойство) и некева (женское свойство) в рошим всех парцуфим, начиная с АБ де-АК, а также в САГ де-АК, а также в МА и БОН де-АК и во всех парцуфим мира Ацилут. Ведь в парцуфе АБ де-АК, в экране которого есть только решимо авиюта бхины гимель, выводящего десять сфирот на уровне Хохма, решимо де-итлабшут от бхины далет, оставшееся там в экране, которое совершенно неспособно на зивуг с высшим светом из-за его прозрачности (закут), как сказано выше, включается в авиют бхины гимель, и становится [с ним] одним решимо. И тогда приобретает решимо де-итлабшут силу

совершить зивуг с высшим светом, и поэтому на него происходит зивуг де-акаа с высшим светом, выводящий десять сфирот близко к уровню Кетер, так как там присутствует бхинат итлабишут бхины далет. И это включение называется «включением некевы в захар», так как решимо де-авиют бхины гимель называется «некева», поскольку она является носителем авиюта, а решимо де-итлабишут бхины далет называется «захар», потому что пришло с более высокого уровня, и потому что оно очищено от авиюта. И поэтому, несмотря на то, что решимо де-захар, само по себе, недостаточно для зивуга де-акаа, однако с помощью включения в него [решимо] «некева», становится также и оно пригодным для зивуга де-акаа.

Зивуг де-захар дает рождающемуся парцуфу за счет воспоминаний о своем предыдущем состоянии, то есть предыдущем парцуфе, некое дополнительное, неосновное свечение. Такое взаимодействие захар и некева начинается с парцуфа АБ. Поэтому, начиная с него, у всех парцуфим существуют два рош и два зивуга.

Есть **правило**: верхняя ступень относительно нижней называется «совершенство» (шлемут). Совершенством называется захар, потому что это – решимо от света, и нет в нем никакого недостатка.

מד) ואחר זה יש גם התכללות הזכר בנקבה, דהיינו שהרשימו דהתלבשות נכלל ברשימו דעביות, ואז יוצא זווג דהכאה על קומת הנקבה בלבד, שהוא רק קומת בחי"ג שהיא קומת חכמה הנקרא הוי"ה דע"ב, כנ"ל.

והנה הזווג העליון, שהנקבה נכללה בהזכר, נבחן לקומת הזכר, שהיא קומת כתר בקירוב. וזווג התחתון שהזכר נכלל בהנקבה, נבחן לקומת הנקבה, שהיא קומת חכמה בלבדה.

אמנם קומת הזכר, מתוך שהעביות שבו אינו מעצמו, אלא ע"י התכללות עם הנקבה, הנה הגם שמספיק ליציאת קומת ע"ס ממטה למעלה הנק' ראש, כנ"ל, עכ"ז אין קומה זו יכולה להתפשט ממעלה למטה לבחינת גוף, שפירושו, התלבשות האורות בכלים, כי זווג דהכאה על עביות הבא מבחינת התכללות, אינו מספיק להתפשט לבחינת כלים, ולפיכך אין בקומת הזכר רק בחינת ראש בלי גוף. וגוף הפרצוף נמשך רק מקומת הנקבה, שיש לה עביות מבחי' עצמית ומשום זה אנו מכנים את הפרצוף רק על קומת

הנקבה בלבד, דהיינו בשם פרצוף ע"ב, כי עיקרו של הפרצוף הוא בחינת גוף שלו, שהוא התלבשות האורות בכלים, והוא יוצא רק מקומת הנקבה כמבואר. ע"כ נקרא הפרצוף על שמה.

44. *А после этого есть также включение «захар» в «некева» – это значит, что решимо де-итлабшут включается в решимо де-авиют, и тогда выходит зивуг де-акаа только на уровне некева, то есть на уровне бхины гимел, и это уровень Хохма, называемый АВАЯ де-АБ, как было сказано выше.*

Так вот, верхний зивуг, когда «некева» включена в «захар», считается уровнем «захар», близким к уровню Кетер. А «нижний» зивуг, когда захар включается в некева, считается уровнем «некева», являющимся только уровнем Хохма.

Однако уровень «захар», поскольку его авиют не является его собственным, а [имеется в нем] благодаря включению в него некева, хотя он и достаточен для выхода десяти сфирот снизу вверх, называемых «рош», как сказано выше, вместе с тем этот уровень [десяти сфирот] не может распространиться сверху вниз в гуф, что означает облачение светов в келим. Потому что зивуг де-акаа на авиют, приходящий от включения, не достаточен для распространения в келим, и поэтому на уровне «захар» есть только рош без гуф. А гуф парцуфа исходит только с уровня некевы, у которой есть собственный авиют. И поэтому мы называем парцуф только согласно уровню «некева», в данном случае именем «парцуф АБ», так как главной частью парцуфа является его гуф, где происходит облачение светов в келим, а он выходит только с уровеня «некева», как было выяснено. И поэтому парцуф называется по его имени.

מה) וע"ד שנתבארו ב' הקומות זכר ונקבה בראש דפרצוף ע"ב, ממש על אותו דרך יוצאים ב' הללו גם בראש הס"ג, אלא שם קומת הזכר הוא בקירוב לבחינת חכמה, משום שהוא מהרשימו דהתלבשות דבחי"ג בהתכללות העביות דבחי"ב. וקומת הנקבה היא בקומת בינה דהיינו מהעביות דבחי"ב. וגם כאן נקרא הפרצוף רק על שם קומת הנקבה, משום שהזכר הוא ראש בלי גוף.

30-45. Издахехут экрана для создания парцуфа

ועד"ז בפרצוף מ"ה דא"ק, ושם קומת הזכר הוא בקירוב לקומת בינה, המכונה קומת ישסו"ת, להיותו מרשימו דבחי"ב דהתלבשות בהתכללות עביות מבחי"א, וקומת הנקבה היא קומת ז"א לבד, כי היא רק בחי"א דעביות, וגם כאן אין הפרצוף נקרא אלא על שם הנקבה, דהיינו פרצוף מ"ה או פרצוף ו"ק, משום שהזכר הוא ראש בלי גוף. ועד"ז תשכיל בכל הפרצופין.

45. И так же, как были выяснены эти два уровня, «захар» и «некева», в рош парцуфа АБ, точно таким же образом эти два уровня выходят и в рош [парцуфа] САГ, но там уровень «захар» близок к уровню Хохма, потому что он [происходит] от решимо де-итлабшут бхины гимель с включением авиюта бхины бет. А уровень «некева» находится на уровне Бины, то есть [происходит] от авиюта бхины бет. Также и здесь парцуф называется только согласно уровню «некева», потому что «захар» – это рош без гуф.

И подобно этому в парцуфе МА де-АК – там уровень «захар» близок к уровню Бины, и он называется уровнем ИШСУТ, потому что он [происходит] от решимо бхины бет де-итлабшут с включением авиюта бхины алеф, а уровень «некева» находится только на уровне ЗА, так как она только бхина алеф де-авиют. Также и здесь парцуф называется только по имени «некева», то есть парцуф МА или парцуф ВАК, потому что «захар» – это рош без гуф. И таким же образом поймешь все парцуфим.

ВАК де-Бина называются ИШСУТ, а ГАР де-Бина называются «высшие АВИ».

46-49. Таамим, некудот, тагин и отиёт

טעמים נקודות תגין ואותיות

מו) אחר שנתבאר הביטוש דאו"מ באו"פ הנוהג אחר התפשטות הפרצוף לבחינת גוף, שבסבתו מזדכך המסך דגוף וכל האורות דגוף מסתלקים, והמסך עם הרשימות הנשארים בו עולים לפה דראש, ומתחדשים שם בזווג דהכאה מחדש, ומוציאים קומה חדשה בשיעור העביות שברשימות, נבאר עתה, ד' מיני אורות טנת"א, הנעשים עם הביטוש דאו"מ ועליות המסך לפה דראש.

46. *После того, как было выяснено соударение окружающего света с внутренним светом (битуш ор макиф с ор пними), происходящее после распространения парцуфа в гуф, вследствие чего ослабевает и очищается экран де-гуф, и все света де-гуф покидают его, а экран вместе с оставшимися в нем решимот поднимается в пэ де-рош, и они обновляются там в зивуге де-акаа заново и выводят новый уровень согласно авиюту в решимот, выясним теперь четыре вида светов ТАНТА (таамим, некудот, тагин, отиёт), возникающих в результате битуш де-ор макиф и подъема экрана в пэ де-рош.*

מז) כי נתבאר שע"י הביטוש דאו"מ במסך דגוף, הוא מזכך למסך מכל עביות דגוף עד שנזדכך ונשתוה למסך דפה דראש, שהשתוות הצורה עם הפה דראש נמצא מיחדהו כבחי' אחת עמו, ונכלל בזווג דהכאה שבו. אמנם נבחן שאין המסך מזדכך בבת אחת, אלא על פי סדר המדרגה, דהיינו מתחילה מבחי"ד לבחי"ג, ואח"כ מבחי"ג לבחי"ב ואח"כ מבחי"ב לבחי"א, ואחר כך מבחי"א לבחינת שורש, עד שנזדכך מכל בחינת עביותו ונעשה זך כמו המסך דפה דראש.

והנה אור העליון אינו פוסק מלהאיר אף רגע, והוא מזדווג עם המסך בכל מצב ומצב של הזדככותו,

47. *Ведь было выяснено, что битуш окружающего света в экран де-гуф очищает экран от всего авиюта де-гуф, пока он не очистится [полностью] и не сравняется с экраном пэ де-рош, и это равенство по форме с экраном пэ де-рош объединяет его в одну бхину с ним, и он включается в зивуг де-акаа, происходящий в нем. Однако установ-*

лено, что экран не очищается [от авиюта] за один раз, а [это происходит] по порядку ступеней – то есть сначала [он очищается] от [авиюта] бхины далет к бхине гимель, затем от бхины гимель – к бхине бет, затем от бхины бет – к бхине алеф, а затем от бхины алеф – к бхине шореш, пока не очистится от всего своего авиюта и не станет таким же чистым, как экран пэ де-рош.

При этом высший свет не прекращает светить ни на мгновение, и он производит зивуг с экраном в каждом из состояний [процесса] его очищения.

Эгоистическое желание, которое произвело ЦА, хочет сейчас работать только в альтруистическом режиме и наслаждаться от получения ради Творца. Но вначале оно принимает только 20%, а затем постепенно освобождается от света, так как в результате битуш ор макиф в ор пними оно не в состоянии больше принимать.

На самом деле свет никуда не входит и ниоткуда не выходит. Свет постоянно находится внутри кли, и все зависит от того, может данное кли ощущать свет внутри себя или нет. Так и мы заполнены светом Творца, но не чувствуем Его в силу отсутствия соответствующего исправления, экрана. Если мы начнем исправлять себя, приобретать экран на наш эгоизм, то мы ощутим Творца и Его свет.

Теперь, после того как уже принято решение об исторжении света, Малхут, желая почувствовать, раскрыть Творца, начинает менять свои внутренние ощущения. Высший свет не прекращает светить ни на один момент, а постоянно делает зивугим с экраном в каждом его состоянии во время его подъема наверх.

כי אחר שנזדכך מבחי"ד, ונסתלקה כל הקומת כתר הזו והמסך בא לעביות דבחי"ג, הרי אור העליון מזדווג עם המסך על פי העביות דבחי"ג הנשארת בו, ומוציא ע"ס בקומת חכמה, ואחר כך כשנזדכך המסך גם מבחי"ג ונסתלקה גם קומת חכמה, ולא נשאר במסך רק בחי' ב', נמצא אור העליון מזדווג עמו על בחי"ב ומוציא ע"ס בקומת בינה.

ואחר כך כשמזדכך גם מבחי"ב ונסתלקה הקומה הזו, ולא נשאר בו רק עביות דבחי"א, הנה אור העליון מזדווג עם המסך על עביות דבחי"א הנשארת בו, ומוציא קומת ע"ס בקומת הז"א.

וכשנזדכך גם מעביות דבחי"א וקומת הז"א מסתלקת, ולא נשאר בו אלא שורש העביות, מזדווג אור העליון גם על העביות דשורש הנשארת במסך, ומוציא ע"ס בקומת המלכות.

וכשנזדכך המסך גם מעביות דשורש וגם קומת המלכות נסתלקה משם, כי לא נשאר במסך עוד שום עביות דגוף, הנה אז נבחן שהמסך ורשימותיו עלו ונתחברו עם המסך דראש ונכלל שם בזווג דהכאה, ויוצאים עליו ע"ס חדשות, הנקראות בן ותולדה לפרצוף הראשון.

והנה נתבאר, שענין הביטוש דאו"מ באו"פ המזכך למסך דגוף של הפרצוף הא׳ דא"ק, ומעלהו לפה דראש שלו, שעי"ז נולד ויוצא פרצוף שני ע"ב דא"ק, אין זה נעשה בבת אחת, אלא על סדר המדרגה, אשר אור העליון מזדווג עמו בכל מצב ומצב מהד׳ מדרגות שהולך ובא עליהם במשך זמן הזדככותו, עד שנשתווה לפה דראש. וע"ד שנתבאר יציאת ד׳ קומות במשך זמן הזדככות הגוף דפרצוף א׳ לצורך ע"ב, כן יוצאות ג׳ קומות במשך זמן הזדככות המסך דגוף דפרצוף ע"ב, בעת אצילותו לפרצוף ס"ג, וכן בכל המדרגות. כי זה הכלל, אין המסך מזדכך בבת אחת אלא בסדר המדרגה, ואור העליון שאינו פוסק להתפשט לתחתון, נמצא מזדווג עמו בכל מדרגה ומדרגה שבדרך זיכוכו.

Ведь после того, как он очищается от [авиюта] бхины далет, и исторгается весь уровень Кетер, и экран приходит к авиюту бхины гимель, высший свет производит зивуг с экраном согласно авиюту бхины гимель, которая осталась в нем, и выводит десять сфирот на уровне Хохма.

А затем, когда экран очищается также от бхины гимель, и исторгается также уровень Хохма, и в экране остается только бхина бет, тогда высший свет производит зивуг с ним на бхину бет и выводит десять сфирот на уровне Бина.

А затем, когда очищается также от бхины бет, и исторгается этот уровень, и остается в экране только авиют бхины алеф, тогда высший свет производит зивуг с экраном на авиют бхины алеф, который осталась в нем, и выводит уровень десяти сфирот на уровне ЗА.

А когда очищается также от авиюта бхины алеф и исторгается уровень ЗА, и остается в нем только шореш авиюта, высший свет производит зивуг также на авиют де-шореш, оставшийся в экране, и выводит десять сфирот на уровне Малхут.

А когда очищается экран также от авиюта де-шореш, и также уровень Малхут исторгается оттуда, так как в экране не остается никакого авиюта де-гуф, вот тогда считается, что экран и его решимот поднимаются и соединяются с экраном де-рош, и включаются там в зивуг де-акаа, и выходят на него десять новых сфирот, которые называются «сын» (бен) и порождение (толада) первого парцуфа.

Таким образом, выяснилось, что соударение окружающего света с внутренним светом, которое ослабляет экран де-гуф первого парцуфа АК и поднимает его в его пэ де-рош, благодаря чему рождается и выходит второй парцуф, АБ де-АК, происходит не за один раз, а по порядку ступеней, при этом высший свет производит зивуг с экраном в каждом из состояний этих четырех ступеней, взаимодействуя с ними в процессе его очищения, пока он не сравняется с пэ де-рош. И таким же образом, как выяснился выход четырех уровней во время очищения гуфа первого парцуфа для [создания] парцуфа АБ, так же выходят три уровня в процессе очищения экрана де-гуф парцуфа АБ в момент создания парцуфа САГ. И так на каждой ступени, поскольку есть **правило**, что экран очищается не за один раз, а по порядку ступеней. И высший свет, который не прекращает распространяться к нижнему, производит с ним зивуг на каждой ступени в процессе его очищения.

מח) אמנם אלו הקומות שיוצאות על המסך במשך זמן הזדככותו ע"פ סדר המדרגה אינן נחשבות להתפשטות מדרגות אמיתיות, כמו הקומה הראשונה שיצאה מטרם התחלת הזדככות, אלא שהן נחשבות לבחינות נקודות, ומכונות בשם או"ח ודין, כי כח הדין של הסתלקות האורות כבר מעורב בהם. כי בפרצוף הא', הנה תיכף כשהביטוש התחיל לפעול וזיכך את המסך דגוף מבחי"ד, הנה נחשב כאלו כבר נזדכך כולו, כי אין מקצת ברוחני, וכיון שהתחיל להזדכך כבר מוכרחה להזדכך כולו, אלא

מתוך שמדרכך המסך להזדכך על סדר המדרגה, יש שהות לאור העליון להזדווג עמו, בכל מדריגה של עביות שהמסך מקבל במשך זמן הזדככותו, עד שמזדכך כולו, כנ"ל, וע"כ אלו הקומות היוצאות במשך זמן הסתלקותו, כח ההסתלקות מעורב בהן, ונחשבות רק לבחינות נקודות ואו"ח ודין.

48. Однако эти уровни, которые выходят на экран в процессе его ослабления и очищения (издахехут) согласно порядку ступеней, не считаются распространением настоящих ступеней, подобно первому уровню, который вышел еще до начала издахехут [экрана], а считаются свойством «некудот» (точки), и называются именем «ор хозер ве-дин» (отраженный свет и суд). Ибо сила суда исторжения светов уже присутствует в них. Так как первый парцуф сразу же, когда битуш начал действовать и очистил экран де-гуф от бхины далет, считается будто бы уже очистился весь полностью, потому что нет частичного в духовном, и поскольку начал очищаться, уже вынужден очиститься полностью. Но из-за того, что экран очищается согласно порядку ступеней, то это позволяет высшему свету совершать с ним зивуг на каждой ступени авиюта, принимаемой экраном в процессе его очищения, пока не очистится весь полностью, как было сказано выше. И поэтому эти уровни [света], выходящие в процессе его исторжения, содержат силу исторжения, включенную в них, и они считаются только свойством некудот и отраженным светом и свойством дин (суд).

Любое получение света внутрь парцуфа, в том числе и в результате такого зивуга, – это получение наслаждения. Это значит, что парцуф даже во время перехода от одного уровня на другой, меньший (например, от Гальгальты в АБ, от АБ в САГ и так далее) продолжает получать свет, то есть наслаждение.

ולפיכך אנו מבחינים בכל פרצוף ב' מיני קומות בשם: טעמים ונקודות. כי הע"ס דגוף שיצאו בראשונה בכל פרצוף, נק' בשם טעמים, ואותן הקומות היוצאות בפרצוף בדרך זיכוכו, דהיינו אחר שכבר התחיל המסך להזדכך עד שמגיע לפה דראש, כנ"ל, הן נקראות בשם נקודות.

И поэтому мы различаем в каждом парцуфе два вида уровней, называемых «таамим» (вкусы) и «некудот» (точки). Так как десять сфирот де-гуф, вышедшие вначале в каждом парцуфе, называются «таамим», а те уровни, которые выходят в парцуфе по пути его очищения, то есть после того, как экран уже начал очищаться, и до того, как достигает пэ де-рош, как сказано выше, они называются «некудот».

Первое распространение света – таамим – пришло, чтобы светить на этой ступени, но некудот, несмотря на то что есть в них прямой свет и распространяются также в виде рош, тох, соф, выходят не для того, чтобы светить этой ступени, а потому что ор макиф аннулировал экран, и вся ступень исчезает.

Но поскольку экран состоит из четырех бхинот, то свет не может оставить ступень за один раз, а поступенчато. Это похоже на человека, находящегося в четвертой комнате, которому хозяин велит выйти: этот человек не может из четвертой комнаты выйти наружу, а должен пройти через все комнаты, и когда заходит в третью комнату, то не с намерением остаться там, а только пройти через нее.

Человек, падающий с пятого этажа, разве может остановиться во время падения? Он обязан упасть на четвертый, третий этаж и так далее, пока не приземлится, только тогда он может остановиться. Сообразительный человек, падая с пятой ступени на четвертую, считает эту ступень самой низкой, в таком случае он может немедленно остановиться и не должен продолжать падение. Менее сообразительный, падая с пятой на четвертую ступень, думает: «Есть еще хуже меня». Этот человек должен упасть до конца.

Другой пример. Двое рабочих получили зарплату. Первый получил 800 долларов и очень доволен свой зарплатой, второй получил 900 долларов и печален. Первый рабочий сначала получал 600 долларов, поэтому он доволен, получив 800 долларов, второй рабочий раньше получал 1000 долларов, поэтому опечалился, когда ему уменьшили зарплату. Когда уменьшают зарплату, нет в этом удовольствия, а только суд, ограничение.

Название этому – «сила суда», сила исхода, происходящая по причине исчезновения экрана и благодаря закону, по которому запрещено получать ради самонаслаждения. Эти стадии исхода света называются «возвращенный свет», несмотря на то что на самом деле они – прямой свет, потому что светят во время исхода, «время возврата света к его корню».

Исходя из того, что в духовном не бывает половинчатых решений, мы можем для себя сделать вывод – если мы хотим постичь духовное, то мы должны предпочесть ему все и идти до конца.

מט) ואלו הרשימות הנשארות למטה בגוף אחר הסתלקות האורות דטעמים, נקראות בשם תגין. ואלו הרשימות הנשארות מקומות הנקודות נקראות בשם אותיות שהם כלים. והתגין שהם הרשימות מהאורות דטעמים הם חופפים על האותיות והכלים, ומקיימים אותם. ונתבאר ד' מיני אורות הנק' טעמים נקודות תגין ואותיות.

אשר הקומה הראשונה היוצאת בכל פרצוף, מה"פ הנקראים: גלגלתא, ע"ב, ס"ג, מ"ה, וב"ן, נק' בשם טעמים.

וקומות היוצאות בכל פרצוף אחר שכבר התחיל להזדכך, עד שמזדכך כולו, נקראות בשם נקודות.

והרשימות הנשארות מהאורות דטעמים שבכל קומה אחר הסתלקותם, נק' בשם תגין.

והרשימות, הנשארות מהאורות של קומות הנקודות אחר הסתלקותם נק' בשם אותיות או כלים.

ותזכור זה בכל ה"פ הנק', גלגלתא, ע"ב, ס"ג, מ"ה, וב"ן, כי בכולם יש הזדככות, ובכולם יש אלו ד' מיני אורות.

49. *Те решимот (записи), которые остаются внизу, в гуф, после ухода [из него] светов де-таамим, называются «тагин». А те решимот, которые остаются от уровней некудот, называются «отиёт» (буквы), и это келим. И тагин, то есть решимот от светов де-таамим, они покрывают отиёт и келим сверху и поддерживают их существование. И вот прояснились четыре вида светов, которые называются таамим, некудот, тагин, отиёт.*

*Таким образом, первый уровень, выходящий в каждом парцуфе из пяти парцуфим [АК], называемых Гальгальта, АБ, САГ, МА, БОН, называется именем **«таамим»**.*

*А уровни, которые выходят в каждом парцуфе после того, как он уже начал очищаться, пока не очистится полностью, называются именем **«некудот»**.*

*А решимот, которые остаются от светов де-таамим на каждом уровне после их исторжения, называются именем **«тагин»**.*

*А решимот, которые остаются от светов уровней некудот после их исторжения, называются именем **«отиёт»** или **«келим»**.*

И запомни это во всех пяти парцуфим, называемых Гальгальта, АБ, САГ, МА, БОН, потому что во всех них есть издахехут и во всех них есть эти четыре вида светов.

Ничего не исчезает и не появляется, а все зависит от отношения парцуфа к свету, воспринимает ли он его как наслаждение или как темноту. Малхут мира Бесконечности воспринимала свет как эгоистическое наслаждение, затем увидела в этом свете пустоту, поэтому он как бы исчез (на языке каббалы говорят, что Малхут «изгнала» из себя свет).

И теперь для нее наслаждением уже является не эгоистическое получение, а получение ради отдачи. Наполнение ее от пэ до табура – это ощущение наслаждения от отдачи Творцу. Затем Малхут, не имея сил удержать это наслаждение, теряет к нему желание, и оно уходит. Но воспоминание об этом наслаждении остается, и это воспоминание называется «решимо», то есть свет как будто слегка, издали светит снаружи этому парцуфу.

На самом деле все ощущения находятся внутри, а то, что говорится «снаружи», – это чисто условно. Существуют десятки видов решимот (воспоминаний), и все они, разумеется, ощущаются внутри. Ор макиф (свет окружающий, внешний) – это тоже не снаружи, он во мне, но отношение к нему сейчас иное. Мы должны научиться мыслить внутренне, все внимание, мысли, всего себя обращая «в себя».

Избавление от наслаждения создает в человеке келим. Человек уже испытал предыдущее состояние, прошел его, ощутил все его метаморфозы и может переходить к следующему состоянию. Без состояния наполнения и последующего опустошения невозможно приобрести настоящее кли.

Все эти состояния – хочется духовного или не хочется, больше стремление к животным наслаждениям или меньше, только это определяет продвижение человека вперед. От нас не зависит, сколько ступеней пройти, а зависит, в каком темпе это сделать. Это значит, что человек может сократить продолжительность исправления («Исраэль укорачивает время»), именно в этом и заключается главная задача каббалы.

Получается, что таамим, то есть распространение света сверху вниз, лишь намечает контуры будущего парцуфа. Это лишь Кетер, эскиз будущих десяти сфирот. Некудот – это десять сфирот, которые возникают уже по контурам, очерченным с помощью таамим. Некудот – это следующая стадия создания парцуфа, кли. Тагин – это десять сфирот, которые тоже накладываются на границы, созданные ранее таамим и некудот. Отиёт – это десять сфирот, которые возникли уже после исторжения света.

Именно отиёт, то есть состояние, когда света нет, а есть сильнейшее желание его получить, – это и есть окончательная стадия развития кли. Это надо твердо запомнить, потому что во всех парцуфим происходит ослабление экрана, исторжение света и возникновение четырех видов светов: таамим, некудот, тагин и отиёт.

Это значит, что когда свет входит – это свет, когда выходит – тоже свет. Но и решимот – это также свет, который светит с малой интенсивностью, потому что его больше невозможно удержать.

Когда человек поднимается по духовным ступеням снизу вверх, внутри него уже существуют все эти решимот. Он заранее знает, что будут взлеты и падения, поэтому, предвидя падение, может заранее использовать его как трамплин для будущего подъема. Человек, работая, вкладывая во что-то свое усилие, получает за это какие-то знания, приятные ощущения. Как только он начинает ими наслаждаться, тут же за этим следует падение.

Но пока человек спускается вниз, он еще не чувствует падения, ему еще приятно, а когда он его ощутит, то это значит, что уже находится внизу. Поэтому, чтобы обойти ощущение падения, сгладить его горечь, человек, достигая чего-то хорошего, должен тут же считать это падением. Тогда можно сразу продолжить подъем. Это относится к практическим занятиям каббалой.

Ответы на вопросы, возникающие у человека во время изучения материала, он должен постичь сам внутри себя. Если он хоть немного начинает ощущать Творца, тогда ему раскрываются ответы на те вопросы, которые он раньше задавал другим. Только получая лично ответ на вопрос, притягивая на себя каплю света, он раскрывает суть явлений, и это уже не забывается, это остается внутри него, в его ощущениях.

Такой ответ зависит от количества усилий, которые он вкладывает, и не имеет отношения к количеству знаний. Это не зависит также от уровня образования или интеллекта. В этом – основное отличие науки каббала от всех других наук. Каббала называется наукой, потому что основана на получении духовного света – ор хохма, который вселяется в духовное кли с помощью экрана, а не знаний и интеллекта.

Духовное знание – это свет, входящий в кли, являющееся желанием получить удовольствие ради Творца. В то время как другие знания входят в наши желания приобрести, а сами знания представляют собой эгоистическую информацию.

Обрести духовное – это значит заботиться не о знании, а о желании приобрести намерение получать ради Творца. Духовная информация должна войти в духовное кли. Во время изучения нужно связать себя с материалом, найти то, что говорится в нем обо мне. Где мое прошлое, настоящее и будущее, и каким образом оно связано с изучаемым материалом. Если человек еще не вышел в духовный мир, то это значит, что он еще не приложил достаточно усилий как в количественном, так и в качественном отношении.

А может быть – по количеству вложено достаточно усилий, но их не хватает по качеству, то есть во время учебы он думал не о том, что высший свет его очистит и поднимет над нашим миром, а о том, как понять материал и наполнить им разум.

50-55. Рош, тох, соф в каждом парцуфе и порядок облачения парцуфим друг на друга

עניין רת״ס שבכל פרצוף וסדר התלבשות הפרצופין דז״ן

נ) הנה כבר ידעת את ההבחן, שיש ב' מיני מלכיות בכל פרצוף, שהם, מלכות המזדווגת ומלכות המסיימת. והנה מהמסך שבמלכות המזדווגת יוצאות ע״ס דאו״ח ממנה ולמעלה, המלבישות לע״ס דאור העליון, שהם נק' ע״ס דראש, כלומר, שרשים לבד. ומשם ולמטה מתפשטות הע״ס דגוף הפרצוף, דהיינו בבחינות התלבשות האורות בכלים גמורים.

ואלו הע״ס דגוף מתחלקות לב' בחי' של ע״ס, הנק' ע״ס דתוך וע״ס דסוף. שהע״ס דתוך מקומן מפה עד הטבור, ששם מקום התלבשות של האורות בכלים. והע״ס דסיום וסוף הפרצוף, מקומן מטבורו ולמטה עד סיום רגליו, שפירושן, המלכות מסיימת לכל ספירה וספירה עד שמגיעה לבחינתה עצמה שאינה ראויה לקבל שום אור, וע״כ נפסק שם אור הפרצוף. ובבחינת הפסק זה מכונה סיום אצבעות רגלין של הפרצוף, שמשם ולמטה חלל פנוי וריקן בלי אור.

ותדע, שב' מיני ע״ס הללו נמשכים מהע״ס דשרשים הנק' ראש. כי שניהם נכללים במלכות המזדווגת כי יש שם כח הלבשה, שהוא האו״ח העולה ומלביש לאור העליון. גם יש שם כח העיכוב של המסך על המלכות, שלא תקבל האור, שעי״ז נעשה הזווג דהכאה המעלה אור חוזר.

וב' כחות הללו המה בראש רק שרשים בעלמא, אלא כשמתפשטים מלמעלה למטה, הנה כח הא' שהוא כח ההלבשה, יוצא לפועל בע״ס דתוך שמפה ולמטה עד הטבור. וכח הב' שהוא כח העיכוב על המלכות מלקבל אור, יוצא לפועל בע״ס דסוף וסיום שמטבור ולמטה עד סיום אצבעות רגלין. וב' מיני ע״ס הללו נק' תמיד חג״ת נה״י מ״מ. שהע״ס דתוך שמפה עד הטבור נק' כולן בשם חג״ת, והע״ס דסוף שמטבור ולמטה נק' כולן בשם נהי״מ, וזכור זה.

50. И вот уже известно тебе это различие, что есть два вида Малхут в каждом парцуфе: «Малхут мездавегет» (Малхут, совершающая зивуг), и «Малхут месаемет» (завершающая Малхут, которая заканчивает распространение света). И вот, из экрана, что в Малхут мездавегет, выходят десять сфирот отраженного света, от нее и вверх, которые облачают десять сфирот высшего света – они называются десять сфирот де-рош, то есть только корни. А оттуда и вниз распространяются десять сфирот де-гуф парцуфа, то есть в бхинот облачения светов в законченные келим.

И эти десять сфирот де-гуф делятся на два вида десяти сфирот, называемых десять сфирот де-тох (внутренних) и десять сфирот де-соф (оканчивающих). Десять сфирот де-тох — их место от пэ до табура, ибо там место облачения светов в келим. А десять сфирот де-сиюм и соф парцуфа — их место от табура и вниз, вплоть до сиюм раглав (окончания ног) — это значит, что Малхут заканчивает каждую сфиру, пока не достигает своей собственной бхины, которая не пригодна для получения никакого света, и поэтому там оканчивается парцуф. И эта прекращающая [распространение света] бхина, называется «сиюм эцбаот раглин» (окончание пальцев ног) парцуфа. А оттуда и ниже [находится] свободное, пустое от света пространство.

И знай, что эти два вида десяти сфирот происходят от десяти корневых сфирот, называемых «рош». Ведь оба они включены в Малхут мездавегет, так как есть там сила облачения, и это отраженный свет, поднимающийся и облачающий высший свет. А также есть там сдерживающая сила экрана относительно Малхут, чтобы она не получала свет — благодаря этому совершается зивуг де-акаа, поднимающий отраженный свет.

И две эти силы существуют в рош лишь как непроявленные корни. Но когда они распространяются сверху вниз, то первая сила, сила облачения, проявляет себя в действии в десяти сфирот де-тох, от пэ и вниз, вплоть до табура. А вторая сила, сила сдерживания Малхут от получения света, проявляет себя в действии в десяти сфирот соф и сиюме, от табура и вниз до сиюм эцбаот раглин. И два вида этих сфирот всегда называются ХАГАТ НЕХИМ: десять сфирот де-тох от пэ до табура называются все вместе именем ХАГАТ, а десять сфирот де-соф, от табура и вниз, называются все вместе именем НЕХИМ, и запомни это.

50-55. Рош, тох, соф в каждом парцуфе и порядок облачения парцуфим друг на друга

Как уже было сказано, наука каббала характерна тем, что оперирует с помощью своего особого языка: формул, определений, обозначений, графиков. Свет – это ощущение высшего наслаждения. Затем это ощущение градуируется на различные части по количеству и качеству. Отсюда пять светов НАРАНХАЙ, каждый из которых, в свою очередь, делится еще и на свои пять светов.

Каждый из них зависит от того, в каком ощущении он воспринимается, в каком желании, какого свойства и качества это желание, какого направления, каковы его избирательные способности. Далее говорится о связи свойств получателя, кли, сенсора и той чувственной информации, которую он ощущает. Или, иначе говоря, вся чувственная информация переводится на строго научную основу, с помощью которой и можно описать эти чувства.

Ни психология, ни психиатрия не могут проградуировать все это, потому что у них отсутствует строгий математический аппарат. Каждый человек в данной ситуации реагирует по-своему, нет какого-то единого подхода. А в каббале желание, которое создано Творцом, полностью раскрывается, всему дается самое точное определение и описание, дается универсальный метод определения всего мироздания.

Когда человек находится на каком-то определенном уровне, он может измерять свои действия по количеству и качеству относительно того, кто уже был на этом уровне и описал его.

Каждая частичка в мироздании включает в себя в какой-то сфире чью-то другую частичку. Поэтому каждый человек в каком-то своем частном чувстве может ощутить другого человека, то есть включить его в себя, либо самому включиться в него. Таким образом, познавая самого себя, свой источник с помощью каббалы, человек тем самым познает и других людей, и все мироздание.

Желание, бхина далет, находится от пэ до сиюма, то есть это тох и соф тела духовного парцуфа. В зависимости от своего экрана она делит себя на две части. Но сначала она отталкивает весь свет и говорит, что ни в одно из своих желаний она не хочет его принимать. В это время в Малхут распространяется ор хасадим. Затем в ней распространяется желание получить какую-то часть света ради Творца.

Что значит получение ради Творца? Приведем пример из нашего мира: допустим, есть человек, которому ты хочешь сделать что-то приятное. Если он узнает, что ты что-то сделал ради него, то тебе от этого будет определенная выгода, скажем, уважение и так далее. В духовном же мире ни я сам, ни тот, кому я хочу сделать приятное, не должны знать об этом. Иначе это не истинная отдача.

Допустим, человек раньше хотел вобрать в себя все, затем он ничего не хочет получать для себя, затем в нем рождается желание все отдать другому, чтобы сделать ему приятное, эта стадия называется «бхинат Бина». Когда человек находится в этом состоянии, в него входит ор хасадим — наслаждение от отдачи.

Но тот, кому человек хочет сделать приятное, говорит: «Если ты действительно хочешь доставить мне удовольствие, получай». Ты теперь должен действовать как бы вопреки своему предыдущему желанию отдавать ему и начать получать ради него. А сделать это очень сложно. Ты не можешь сразу все свое желание отдавать использовать на получение ради другого.

Ради кого-то получать очень тяжело. Ты должен сейчас действовать в направлении своего первозданного эгоизма, то есть получать, но с намерением, обратным эгоистическому, — получать ради дающего. Поэтому сделать это можно только постепенно. Мы видим это на примере Гальгальты, которая приняла ради дающего только в тох, а соф остался пустым, и там распространился свет хасадим.

«Халаль пануй» — это те эгоистические желания, на которые нет экрана. Но проявятся они только после разбиения келим.

Гальгальта действует по закону цимцум алеф (первого сокращения). Далее мы будем изучать строение парцуфим

50-55. Рош, тох, соф в каждом парцуфе и порядок облачения парцуфим друг на друга

по закону цимцум бет, ЦБ (второго сокращения). Все элементы, которые создаются там, отразятся на строении человеческой души.

נא) עוד יש לדעת, כי ענין הצמצום לא היה אלא על אור החכמה, שהכלי שלו הוא הרצון לקבל הנגמר בבחי"ד, שבה נעשה הצמצום והמסך, אבל על אור דחסדים לא היה שום צמצום כלל, כי הכלי שלו הוא הרצון להשפיע, שאין בו שום עביות ושינוי הצורה מהמאציל, ואינו צריך לשום תיקונים.

וע"כ ז לפי שבע"ס דאור העליון נמצאים אלו ב' האורות, חכמה וחסדים, מקושרים יחדיו בלי שום הפרש ביניהם, להיותם אור אחד המתפשט לפי תכונתו, לפיכך כשבאים בהתלבשות בכלים, אחר הצמצום, הנה גם אור דחסדים נפסק על המלכות, אעפ"י שעליו לא נעשה צמצום. כי אם היה אור דחסדים מתפשט במקום שאין אור החכמה יכול להתפשט שם אף משהו, דהיינו במלכות המסיימת, היתה נעשת שבירה באור העליון, כי האור דחסדים היה מוכרח להפרד לגמרי מאור החכמה, ולפיכך נעשת מלכות המסיימת לבחינת חלל פנוי וריקן לגמרי, ואפי' מאור דחסדים.

51. Еще необходимо знать, что сокращение было только на свет хохма, кли которого — желание получать, получившее завершение в бхине далет, в которой были сделаны сокращение и экран (цимцум и масах). Но на свет хасадим не было никакого сокращения совершенно, потому что его кли — это желание отдавать, в котором нет никакого авиюта и отличия по форме от Создателя, и оно не нуждается ни в каких исправлениях.

Вместе с тем, так как в десяти сфирот высшего света эти два света, хохма и хасадим, [неразрывно] связанны вместе без всякого различия между ними, представляя собой единый свет, распространяющийся согласно своему свойству, поэтому, когда они облачаются в келим после сокращения, то и свет хасадим прекращается на Малхут, хотя на него и не было сделано сокращение. Ведь если бы свет хасадим распространился в месте, в котором свет хохма не может распространиться даже самую малость, то есть в Малхут месаемет, то произошло бы разбиение в высшем свете, так как свет хасадим вынужден был бы полностью отделиться от света хохма. И поэтому Малхут месаемет *стала полностью свободным и пустым пространством, даже от света хасадим.*

Отдавать можно бесконечно, на это нет запрета. Все законы, верх, низ, все, что только было создано в Малхут мира Бесконечности, построено на ограничении желания получать. Если в человеке появляется сильное желание отдавать, и оно будет истинным, то человек услышит от Творца: «Если ты действительно хочешь отдавать, то получи».

Это и будет мерой отдачи. А отдавать на самом деле человеку нечего, так как он является не генератором света, а лишь получателем от источника, потребителем. «Отдавать» можно только свое намерение, а по действию можно либо получать, либо не получать, не более того.

Истинным природным желанием человека является получение. Посмотрите на маленького ребенка – это чистый эгоизм в действии. С этим мы рождаемся. Я могу в нашем мире этим желанием не пользоваться. Мне хочется что-то сделать или получить, а я себя ограничу, не воспользуюсь этим. Для того чтобы это осуществить, я должен себе представить бо́льшую выгоду от того, что я воздержусь, чем от осуществления своего желания.

Тут просто происходит процесс купли-продажи. Если я придумаю себе хорошую выгоду от ограничения, то я смогу работать с моим эгоистическим желанием. Допустим, на столе лежат деньги, которые я хочу украсть. Тогда я четко должен представить себе, что кража может привести меня в тюрьму, и я на этом только проиграю. Значит, не стоит.

Во всем есть четкая оценка: плюс-минус. Это в нашем мире. Здесь и получение, и отдача все равно эгоистичны. Просто ты делаешь то, что тебе выгодно в данной ситуации.

В духовном можно быть только под воздействием высшего света, который, приходя, меняет твое истинное природное свойство получать. Он дает тебе экран. Мы не можем понять, что это такое. Но с его помощью мы перестаем думать о том, как наполнить свой эгоизм. Первое исправление заключается в том, что ты приобретаешь силу не желать наполнить себя.

Если ты можешь выполнить такое условие, то оно называется «первое сокращение» (цимцум алеф). Ты видишь, что получать ради получения для тебя вредно. Затем тебе дают более сильное желание – получать, отдавая Творцу. Откуда оно возникает? Ты начинаешь видеть, что есть что-то такое, что называется Творцом, что Он такой большой, великий, что включает тебя в себя. Это чувство охватывает тебя настолько, что ты желаешь отдавать Ему, у тебя возникает экран на эгоистические желания.

Когда появляется экран на бхинот шореш, алеф и бет, желание еще невелико, но когда есть экран на бхинот гимель и далет, когда ты весь – желание отдавать, желание огромно, но что ты можешь отдать? И тут Творец говорит тебе, что только получая Его свет и наслаждаясь им, ты можешь как бы отдать Ему. И ты начинаешь получать, изменив намерение с «получать ради себя» на намерение «получать ради Творца». А конец исправления наступает тогда, когда все свое эгоистическое желание ты исправляешь с намерением ради Творца и получаешь весь Его свет.

Желание получать ради Творца уже не является эгоистическим, потому что оно уже прошло несколько фаз исправления. Сначала от желания получить ради себя к желанию не получать вообще. Затем появляется желание все отдать Творцу, и, наконец, все получить от Творца, но с намерением отдавать Ему.

נב) ועם זה תבין תוכנם של הע"ס דסוף הפרצוף שמטבור ולמטה, כי אי אפשר כלל לומר שהן רק בחי' אור החסדים בלי חכמה כלל, כי אין האור דחסדים נפרד לעולם לגמרי מאור החכמה, אלא שיש בהן בהכרח הארה מועטת גם מאור החכמה, ותדע שהארה מועטת הזו אנו מכנים תמיד בשם ו"ק בלי ראש. והנה נתבארו ג' בחי' הע"ס שבפרצוף, הנק' ראש תוך סוף.

52. Из сказанного пойми сущность десяти сфирот де-соф парцуфа, что от табура и ниже, ибо вообще нельзя гово-

рить, что они – это свет хасадим совершенно без света хохма, ведь свет хасадим никогда полностью не отделяется от света хохма, и в них обязательно присутствует небольшое свечение также и от света хохма. И знай, что это небольшое свечение мы всегда называем ВАК (шесть сфирот, дословно «шесть концов») без рош. И вот выяснились три вида десяти сфирот в парцуфе, называемые рош, тох, соф.

נג) ועתה נבאר ענין סדר הלבשת הפרצופין, גלגלתא ע"ב וס"ג דא"ק, זה לזה. וזה ידעת כי כל תחתון יוצא ממסך דגוף דעליון, אחר שנזדכך ונעשה בהשואת הצורה אל המלכות והמסך שבראש, כי אז נכלל במסך שבראש בזווג דהכאה שבו, כנ"ל.

ואחר שנעשה עליו הזווג דהכאה בב' הרשימות עביות והתלבשות הנשאר במסך דגוף, הנה הוכרה העביות שבו שהיא מבחינת עביות דגוף, וע"י הכר ההוא נבחן לנו, שהקומה יוצאת מבחינת ראש דפרצוף הא' דא"ק, ויורדת ומלבשת לבחי' הגוף שלו, דהיינו במקום שורשה, כי ממסך דגוף היא.

ובאמת היה צריך לירד המסך עם המלכות המזדווגת של הפרצוף החדש, למקום הטבור דפרצוף הא', כי שם מתחיל המסך דגוף עם מלכות המסיימת של פרצוף הא' שמשמש שורש הפרצוף החדש ואחיזתו. אלא מתוך שהבחינה האחרונה דעביות נאבדה מהמסך בסבת הביטוש דאו"מ באו"פ, (כנ"ל באות מ') ולא נשאר במסך זולת בחי"ג דעביות, אשר בחי"ג הזאת דעביות נק' חזה, ולפיכך אין למסך ומלכות המזדווגת דפרצוף החדש, שום אחיזה ושורש בטבור דעליון, אלא רק בחזה שלו, והוא דבוק שם כענף בשורשו.

53. А сейчас выясним порядок облачения парцуфим Гальгальта, АБ и САГ де-АК друг на друга. И уже известно тебе, что каждый нижний [парцуф] выходит из экрана де-гуф высшего [парцуфа] после того, как он, ослабляясь, очищается и становится подобным по форме Малхут и экрану, что в рош, потому что тогда он включается в экран, что в рош – в зивуг де-акаа, что в нем, как было сказано выше.

И после того как производится на него зивуг де-акаа, на два решимот: авиют и итлабшут, оставшихся в экране де-гуф, вот тогда распознается авиют в нем, что это авиют де-гуф, и благодаря этому признаку становится *различимым для нас, что уровень [следующего парцуфа] выходит из рош первого парцуфа АК и опускаясь, облачается в его гуф – в место его корня, ведь он происходит от экрана де-гуф.*

И на самом деле, должен был бы экран спуститься вместе с Малхут мездавегет нового парцуфа в место табура первого парцуфа, ибо там начинается экран де-гуф вместе с Малхут месаемет первого парцуфа, в котором находится корень нового парцуфа и место его прикрепления. Однако из-за того, что последняя бхина авиюта пропала из экрана по причине соударения окружающего света с внутренним светом (как было выяснено выше в п. 40), в экране осталась только бхина гимель де-авиют, и эта бхина гимель де-авиют называется «хазэ», и поэтому нет у экрана и у Малхут мездавегет нового парцуфа никакого закрепления и корня в табуре высшего парцуфа, а только в его хазэ, и он соединен там [с ним], как ветвь со своим корнем.

Мы изучаем, как создавалось все мироздание, которое состоит из пяти миров. Мы изучаем то, что предшествовало созданию нашей Вселенной, человека, изучаем, каким образом высшие силы постепенно трансформировались, ослабевали, разделялись, ухудшались по качеству и величине, чтобы затем создать все это, причем так, чтобы творение, тесно взаимодействуя с этими высшими силами, смогло потом дойти до самого совершенного состояния, под стать Творцу. Необходимо было создать такое взаимодействие всех сил, которое бы постепенно, в определенном порядке, взаимосогласовано влияло бы на все творение так, чтобы все элементы творения поднялись бы до самого высшего духовного уровня.

По сути, все мироздание – это оболочка, с одной стороны, отделяющая, а с другой стороны, соединяющая Творца и творение. Для создания этой оболочки потребовалось огромное количество ступеней, на которых моделировалось будущее творение, соответствующее свойствам каждой такой ступени. Для этого нужно было в каждую такую ступень заложить полное соответствие с творением. Сейчас мы как раз приступаем к изучению того, каким образом высшая система (Творец) создает в себе подобие низшей системе.

נד) ולפיכך נמצא, שהמסך דפרצוף החדש יורד למקום החזה דפרצוף הא', ומוציא שם, ע"י זווג דהכאה עם אור העליון, ע"ס דראש ממנו ולמעלה, עד הפה דעליון, שהוא המלכות דראש דפרצוף הא'. אבל את הע"ס של דראש של פרצוף העליון אין התחתון יכול להלביש אף משהו, להיותו רק מבחינת מסך דגוף של העליון כנ"ל.

ואח"כ מוציא ע"ס ממעלה למטה הנק' ע"ס דגוף בתוך וסוף של התחתון, ומקומן מחזה דפרצוף העליון ולמטה עד הטבור שלו בלבד, כי מטבור ולמטה הוא מקום הע"ס דסיום של העליון, שהיא בחי"ד, ואין להתחתון אחיזה בבחינה אחרונה של העליון, כי נאבדה ממנו בעת הזדככותו (כנ"ל באות מ'). וע"כ פרצוף התחתון ההוא הנק' פרצוף החכמה דא"ק או פרצוף ע"ב דא"ק, מוכרח להסתיים למעלה מטבור של פרצוף הא' דא"ק.

ונתבאר היטב, שכל רת"ס דפרצוף ע"ב דא"ק, שהוא התחתון דפרצוף הא' דא"ק, הם עומדים ממקום שמתחת הפה דפרצוף הא' עד מקום הטבור שלו, באופן, שהחזה דפרצוף הא' הוא מקום פה דראש של פרצוף ע"ב, דהיינו מלכות המזדווגת, והטבור דפרצוף הא' הוא מקום סיום רגלין דפרצוף ע"ב, דהיינו מלכות המסיימת.

54. И согласно этому получается, что экран нового парцуфа спускается в место хазэ первого парцуфа и выводит там посредством зивуга де-акаа с высшим светом десять сфирот де-рош, от него и выше – до [уровня] пэ высшего, то есть до Малхут де-рош первого парцуфа. Но десять сфирот де-рош высшего парцуфа нижний не может облачить вовсе, ведь он происходит только от экрана де-гуф высшего парцуфа, как было сказано выше.

А затем [экран] выводит десять сфирот сверху вниз, называемых десять сфирот де-гуф, в тох и соф нижнего, и они находятся в месте от хазэ высшего парцуфа и ниже – только до его табура, так как от табура и ниже – это место десяти сфирот сиюма высшего, то есть бхины далет, и нет у нижнего связи с последней бхиной высшего, потому что она была потеряна им во время его очищения (как сказано выше в п. 40). И поэтому этот нижний парцуф, называемый парцуф Хохма де-АК или парцуф АБ де-АК, обязан завершиться выше табура первого парцуфа де-АК.

50-55. Рош, тох, соф в каждом парцуфе и порядок облачения парцуфим друг на друга

И выяснилось как следует, что все рош, тох и соф парцуфа АБ де-АК, который является нижним по отношению к первому парцуфу АК, располагаются [, начиная] от места, что под пэ первого парцуфа, [вплоть] до места его табура, таким образом, что хазэ этого первого парцуфа является местом пэ де-рош парцуфа АБ, то есть [его] Малхут мездавегет, а табур первого парцуфа является местом сиюм раглин (окончания их ног) парцуфа АБ, то есть [его] Малхут месаемет.

נה) וכמו שנתבאר בסדר יציאת פרצוף ע"ב מפרצוף הא' דא"ק, כן הוא בכל הפרצופין עד סוף עולם העשיה, שכל תחתון יוצא ממסך דגוף דעליון שלו, אחר שנזדכך ונכלל במסך דמלכות דראש דעליון בזווג דהכאה אשר שם, ואח"ז יורד משם למקום אחיזתו בגוף דעליון, ומוציא גם במקומו ע"י זווג דהכאה עם אור העליון את הע"ס דראש ממטה למעלה, וגם מתפשט ממעלה למטה לע"ס דגוף בתוך וסוף ע"ד שנתבאר בפרצוף ע"ב דא"ק, בטעמו ונימוקו. אלא בענין סיום הפרצוף יש חילוקים כמ"ש במקומו.

55. И подобно выясненному порядку выхода парцуфа АБ из первого парцуфа АК, точно так же это [происходит] во всех парцуфим до конца мира Асия. То есть каждый нижний выходит из экрана де-гуф его высшего после того, как он [экран] очищается и включается в экран де-Малхут де-рош высшего — в происходящий там зивуг де-акаа, а потом спускается оттуда до места своего прикрепления в гуфе высшего, и выводит также на своем месте, посредством зивуга де-акаа с высшим светом, десять сфирот де-рош снизу вверх. И также распространяется сверху вниз на десять сфирот де-гуф, в тох и соф, таким же образом, как это было выяснено в парцуфе АБ де-АК, с объяснением причины и обоснованием этого. Однако в том, что касается сиюма (окончания) парцуфа, существуют различия, как будет выяснено в соответствующем месте.

56-64. Цимцум бет, называемый цимцум НЕХИ де-АК

צמצום ב' הנק' צמצום נה"י דא"ק

נו) והנה נתבאר היטב ענין הצמצום א' שנעשה על כלי המלכות שהיא הבחי"ד, שלא תקבל לתוכה אור העליון.

וכן ענין המסך והזווג דהכאה שלו עם האור העליון, המעלה או"ח, שהאו"ח הזה נעשה לכלי קבלה חדשים במקום הבחי"ד.

וכן ענין ההזדככות של המסך דגוף הנעשה בגופין דכל פרצוף, מפאת הביטוש דאו"מ באו"פ, המוציאה ד' הבחינות טנת"א דגוף דכל פרצוף, והמעלה את המסך דגוף לבחינת מסך של ראש, ומכשרתו לזווג דהכאה עם אור העליון, שעליו נולד פרצוף שני הנמוך במדרגה אחת מהפרצוף הקודם.

וכן יציאת ג' פרצופין הראשונים דא"ק, הנק' גלגלתא ע"ב ס"ג, וסדר הלבשתם זה את זה.

56. И вот выяснилось как следует понятие «цимцум алеф» (первое сокращение), которое было сделано на кли Малхут – на бхину далет (четвертую стадию), чтобы она не получала внутрь себя высший свет.

А также понятие «масах» (экран) и его «зивуг де-акаа» (ударное соединение) с высшим светом, поднимающий отраженный свет, – этот отраженный свет стал новыми получающими келим вместо бхины далет.

А также понятие «издахехут» (очищение от авиюта – ослабление, утоньшение и осветление) экрана де-гуф, происходящее в гуфе каждого парцуфа вследствие «битуша» (соударения) окружающего света с внутренним светом, выводящего четыре бхины ТАНТА де-гуф каждого парцуфа, и поднимающего экран де-гуф в состояние экрана де-рош, и делающего его пригодным для зивуга де-акаа с высшим светом, так, что на него рождается второй парцуф на одну ступень ниже, чем предыдущий парцуф.

А также выход трех первых парцуфим де-АК, называемых Гальгальта, АБ, САГ, и порядок их облачения друг на друга.

56-64. Цимцум бет, называемый цимцум НЕХИ де-АК

נז) ותדע, שבאלו הג' הפרצופין גלגלתא ע"ב וס"ג דא"ק, אין עוד אפי' שורש לד' העולמות אבי"ע, כי אפילו בחינת מקום לג' עולמות בי"ע עוד לא היה כאן, שהרי פרצוף הפנימי דא"ק היה נמשך עד הנקודה דעוה"ז. וכן לא נגלה עוד שורש לעניין תיקון הנרצה, שבסבתו נעשה הצמצום כי כל הנרצה בדבר הצמצום שנעשה בבחי"ד, היה בכדי לתקנה שלא תהיה בה שום שינוי צורה עם קבלתה את אור העליון, (כנ"ל באות יו"ד). והיינו כדי לברוא גוף האדם מבחינה ד' ההיא, ועם העסק שלו בתורה ומצוות על מנת להשפיע נ"ר ליוצרו, יהפך את כח הקבלה שבבחי"ד שהיה ע"מ להשפיע, שבזה משווה צורת הקבלה להשפעה גמורה, ואז יהיה גמר התיקון, כי בזה תחזור הבחי"ד להיות לכלי קבלה על אור העליון, וגם תהיה בדביקות גמורה עם האור, בלי שום שינוי צורה כלל, כנ"ל.

אמנם עד עתה לא נגלה עוד שורש לתיקון הזה, כי לעניין זה צריך האדם להיות כולל גם מבחינות העליוניות שלמעלה מבחי"ד, כדי שיהיה בו ההכשר לעשות מעשים טובים של השפעה, ואם היה האדם יוצא מהמצב של פרצופי א"ק, היה כולו מבחינת חלל פנוי, כי הבחי"ד הצריכה להיות לשורש גופו של האדם, היתה כולה מלמטה מרגלי א"ק, בבחינת חלל פנוי וריקן בלי אור, להיותה נמצאת בהפכיות הצורה מאור העליון, שנבחנת משום זה לבחינת פרודא ומיתה. ואם היה נברא האדם ממנה, לא היה יכול לתקן מעשיו כלל, כי לא היה בו שום ניצוצין של השפעה, והיה נמשל כבהמות, שאין בהם מבחינת השפעה ולא כלום, שכל חייהם הוא אך לעצמם. וכדוגמת הרשעים, השקועים בתאוות הקבלה לעצמם, ואפילו החסד דעבדין, לגרמייהו עבדין, שעליהם נאמר רשעים בחייהם נקראים מתים, להיותם בהפכיות הצורה מחי החיים.

57. И знай, что в этих *трех парцуфим Гальгальта, АБ и САГ де-АК* нет еще даже корня для четырех миров *АБЕА*, потому что даже места для трех миров *БЕА* еще не было здесь, ведь внутренний парцуф *АК* простирался вплоть до «точки этого мира» (*некуда де-олам аЗэ*). А также еще не раскрылся корень для желаемого исправления, по причине которого произошло сокращение. Потому что вся желаемая цель сокращения, которое было сделано в *бхине далет*, заключалась в ее исправлении – чтобы в ней не было никакого отличия по форме при получении высшего света (как сказано в п. 14). То есть для того, чтобы создать «гуф Адама» (желание человека, досл. «тело человека») из этой *бхины далет*, чтобы он своими занятиями Торой и заповедями ради доставления наслаждения Творцу обратил силу получения, что в *бхине далет*, так, чтобы она была

направлена ради отдачи, так как этим уподобит форму получения абсолютной отдаче. И тогда произойдет окончательное исправление, потому что благодаря этому бхина далет вернется и станет получающим кли для высшего света, а также будет в абсолютном слиянии со светом, без какого бы то ни было отличия по форме, как сказано выше.

Однако до сих пор еще не раскрылся корень этого исправления, потому что для этого человек должен состоять также из высших бхинот, которые выше бхины далет, чтобы в нем была способность совершать добрые дела – действия отдачи. А если бы человек возник из состояния парцуфим АК, он был бы весь пустым, [без света,] потому что бхина далет, которая должна стать корнем «тела человека», находилась бы вся полностью ниже раглей (ног) АК в виде пустого, свободного от света пространства, поскольку противоположна по форме высшему свету и поэтому считается свойством отделенности и смерти. И если бы человек был сотворен [только] из нее, он не смог бы исправить свои действия вообще, потому что не было бы в нем никаких искр отдачи, и он был бы подобен животным, совершенно не имеющим ничего общего с отдачей, которые живут только для себя. И подобен грешникам, погруженным в страсть получения для себя, и даже хорошее, что они делают, они делают для себя, и о них сказано, что грешники при жизни своей называются мертвыми, поскольку противоположны они Источнику Жизни.

Творец создал одно-единственное творение – бхину далет, желание получать, эгоизм, человека, Малхут. Бхина далет, получив в себя весь свет, увидела, что лишена всего. В духовном мире такое прямое получение света является причиной смерти.

Поняв это, она захотела быть подобной Творцу и перестала принимать свет, сделав сокращение. Этим самым она еще не уподобилась Творцу, но перестала быть ему противоположной по своим свойствам. Творец наделил первые четыре стадии развития Малхут своими свойствами. Но сама Малхут уже не является его свойством, поэтому именно она называется «творением», желанием получить.

Как сделать Малхут подобной Творцу? Для этого она должна получать, но ради Творца. Если Малхут видит, что своим получением она доставляет наслаждение Творцу, то она должна начать получать, чтобы доставить Ему наслаждение.

Откуда Малхут может получить такие альтруистические свойства? От Бины, потому что Бина – это желание отдавать. Для этого нужно смешать желание Бины «ничего не получать» и желание Малхут «все получать ради себя». Если бы это было возможно сделать, то можно было бы придать Малхут намерение получать ради Творца. Желание же изменить нельзя, оно остается, как все, что создано, это наша природа, и изменению она не поддается.

Если удастся придать Малхут такое намерение, то она сможет получить весь свет Творца и прийти к гмар тикуну. Как можно сблизить и смешать два противоположных свойства? Нужно сделать так, чтобы между ними было что-то общее. Для этого нужно «разбить» и Бину, и Малхут, то есть и желание отдавать, и желание получать, а получившиеся «осколки» тщательно перемешать между собой, так, чтобы в каждом духовном объекте, возникшем после такого разбиения, присутствовали оба эти желания.

Для этого надо «испортить» какое-то свойство Бины, чтобы она каким-то образом стала подобна Малхут. То есть нужно намерение Бины отдавать ради Творца «испортить», превратить его, скажем, в желание отдавать ради получения. Тогда она по своим намерениям станет подобной Малхут, хотя Бина ничего не получает, а Малхут хочет получить все. Итак, Бина «испортила» свое намерение и тоже стала эгоистичной, как и Малхут. Теперь необходимо внедрить свойство Бины в саму Малхут.

Делается это с помощью ударного проникновения, взрыва, который перемешает их свойства настолько, что невозможно будет разделить их. Если удастся это сделать, то эту общую массу можно будет «облучать» высшим светом до тех пор, пока Бина не приобретет свое прежнее намерение ради Творца. Тогда Малхут в общей массе приобретет также намерение получать ради Творца.

В мире Адам Кадмон парцуф Гальгальта – это Кетер, АБ – Хохма, САГ – Бина. Следует отметить, что все, что находится в соф Гальгальты, то есть под ее табуром, – это, по сути, Малхут. Поэтому для того чтобы Бину перемешать с Малхут, ее необходимо спустить под табур Гальгальты. Малхут проходит три состояния:

- когда она все получала до первого сокращения;
- состояние исправления;
- состояние получения, но уже ради Творца.

Все это время Малхут не меняла своего действия – ни до первого сокращения, ни после него. Исправление заключалось лишь в изменении намерения «получать ради себя» на намерение «получать ради Творца». Для этого и создано все мироздание. И это намерение «получать ради Творца» она получает от Бины.

Малхут мира Бесконечности, смешанная с Биной, называется «Адам», человек. Вся система миров, все мироздание только и направлено на изменение намерения Малхут. Получение ради Творца и называется каббалой.

נח) וז"ס מ"ש חז"ל (ב"ר ספי"ב) בתחלה עלה במחשבה לברא את העולם במדת הדין וראה שאין העולם מתקיים, הקדים מדת הרחמים ושתפה למדת הדין.

פירוש, כי כל תחילה ואח"כ הנאמר ברוחניות, פירושו סבה ומסובב, וז"ש, שהסבה הראשונה של העולמות, דהיינו פרצופי א"ק שנאצלו תחילת כל העולמות, נאצלו במדת הדין, דהיינו בבחינת מלכות לבד, הנק' מדת הדין, דהיינו הבחי"ד, שנצטמצמה ויצאה בבחינת חלל פנוי וסיום לרגלי א"ק. שה"ס הנקודה דעו"ה'ז, הנמצאת למטה מסיום רגלי א"ק בבחינת חלל פנוי וריקן מכל אור כנ"ל. וראה שאין העולם מתקיים, דהיינו כנ"ל, שבאופן זה לא היה שום אפשרות לאדם, הצריך להברא מבחי"ד הזו, שיוכל לסגל מעשים של השפעה, שעל ידו יתקיים העולם במדת התיקון הנרצה, לכן הקדים מדת הרחמים ושתפה למדת הדין.

58. И в этом смысл сказанного мудрецами (мидраш Берешит раба, 12:15): *сначала возник [у Творца] замысел сотворить мир в свойстве суда, но увидев, что мир [так] не может существовать, Он предварил [свойству суда] свойство милосердия, и соединил его со свойством суда.*

Объяснение: все [временные понятия] «сначала и затем» о которых говорится в духовном, означают причину и следствие. И в этом смысл сказанного, что первая причина миров, то есть парцуфим мира Адам Кадмон (АК), созданные в начале всех миров, были созданы в свойстве суда, то есть только в одном свойстве Малхут, которая называется свойством суда. И это бхина далет, которая сократилась и вышла в виде пустого пространства и сиюма (завершения) для раглей (ног) АК. И в этом суть понятия «точка этого мира» (некуда де-олам аЗэ), которая находится ниже сиюма раглей АК в виде пустого, свободного от всякого света пространства, как было сказано выше. И увидел Он, что мир [так] не может существовать, то есть, как было сказано выше, в таком виде не будет никакой возможности у человека, который должен быть сотворен из этой бхины далет, чтобы он смог совершать действия отдачи, благодаря чему мир смог бы существовать в мере желаемого исправления. Поэтому Он предварил [свойству суда] свойство милосердия и соединил его со свойством суда.

И первой причиной миров, то есть парцуфим мира АК, которые были созданы раньше всех миров, было свойство суда, то есть решение Малхут не принимать свет ради собственного удовольствия. Как уже было сказано, если бы человек был создан из бхины далет, Малхут, на этом этапе, а именно Малхут де-Малхут, далет де-далет, то есть законченного желания получать, которое является единственным творением, все остальное — это только переход от Творца к творению, то он никогда не смог бы исправить желание получать ради получения на желание получать ради отдачи.

Когда говорят, что Творец сначала создал мир со свойствами суда – это значит, что Он сначала создал мир (мир АК) четко разделенным на «отдающие» келим и на кли получения – Малхут, причем, внутри этой Малхут не было даже искры желания отдавать, то есть она вообще не могла получать, и она не выполняла этим цель творения – доставить Ему удовольствие. Для того чтобы Малхут смогла получать с намерением не ради себя, Творец смешал желание отдавать – Бину с желанием получать – Малхут.

פי׳, ספירת בינה נק׳ מדת הרחמים, וספירת המלכות נק׳ מדת הדין, משום שעליה נעשה הצמצום. והמאציל העלה מדת הדין, שהוא כח הסיום הנעשה בספירת המלכות, והעלה אותה אל הבינה, שהיא מדת הרחמים, ושיתף אותם יחד זה בזה, שע"י השתתפות הזו נעשית גם הבחי"ד שהיא מדת הדין כלולה מניצוצי השפעה שבכללי דבינה. (כנ"ל באות ה׳ ע"ש). שבזה נעשה הכשר לגוף האדם היוצא מבחי"ד, שיהיה כלול גם ממדת ההשפעה, אשר יוכל לעשות מע"ט ע"מ להשפיע נ"ר ליוצרו, עד שיהפך מדת הקבלה שבו שתהיה כולה ע"מ להשפיע, שעי"ז יתקיים העולם לתיקון הנרצה מבריאת העולם, כנ"ל.

Объяснение. Сфира Бина называется свойством милосердия, а сфира Малхут называется свойством суда, так как на нее было сделано сокращение. И Создатель поднял свойство суда, то есть силу ограничения, установленного в сфире Малхут, и поднял его (свойство суда) в Бину, в свойство милосердия, и соединил их вместе, включив друг в друга так, что благодаря этому взаимовключению также и бхина далет, представляющая собой свойство суда, стала содержать в себе искры отдачи, присущие кли Бины (как было сказано в п. 5, посмотри там). И этим была сделана подготовка для гуфа Адама (желания человека), происходящего от бхины далет, чтобы он включал в себя также и свойство отдачи, и смог бы совершать добрые дела ради того, чтобы доставлять наслаждение своему Создателю, пока не обратит свойство получения в нем, чтобы оно полностью стало [использоваться] ради отдачи. И посредством этого осуществится в мире желаемое исправление, ради которого был создан мир, как было сказано выше.

Следует отметить, что смешение Бины и Малхут – это сложнейший процесс, происходивший в несколько этапов, которые мы вскоре рассмотрим. В конечном счете Творец «разбил» и Бину, и Малхут на множество мелких осколков, тщательно перемешав их. Получилось, что каждый осколок обладает свойствами и Бины, и Малхут. Этот осколок и есть человеческая душа.

«Наш мир» – это духовная категория, духовное свойство абсолютнейшего эгоизма, который остается совершенно пустым, не может ничего в себя получить и ощущает себя абсолютно пустым.

До тех пор, пока не образовались души и не упали в самое низкое состояние, считается, что все сделано Творцом. Собственно говоря, творением можно назвать только человека, который полностью оторван от Творца.

Когда творение наполняется светом, то оно не понимает ничего, оно ослеплено, у него не остается свободы воли, все задано изнутри и снаружи. Только по мере получения экрана начинает появляться свобода воли. Тогда Малхут сама начинает подниматься снизу вверх до уровня Творца.

Все парцуфим мира АК (Гальгальта, АБ, САГ, МА и БОН) заканчиваются над табуром Гальгальты. Как же эти парцуфим вдруг могут спуститься под табур Гальгальты? И только парцуф Некудот де-САГ смог это сделать, потому что этот парцуф представляет собой чистую Бину, которая ничего не желает для себя.

На свет Бины, ор хасадим, нет сокращения, поэтому он может спускаться вниз, под табур. Парцуф Некудот де-САГ чувствует себя хорошо в любых ситуациях, в любых местах духовных пространств. Бина характеризуется свободой выбора, поведения, которая стоит выше всяких ограничений.

По мере того как душа приобретает свойства Бины, она становится все более и более свободной. Парцуф Некудот де-САГ ничего не желает получить, даже самое большое желание – авиют далет, поэтому он смог спуститься под табур Гальгальты без ограничений.

В мир Некудим, образовавшийся под табуром Гальгальты, спускается и ор САГ, Бина (хасадим), и ор АБ (хохма). Как это возможно? Для того чтобы исправить нижние парцуфим, АБ может спускаться под табур, и тогда он уподобляется по свойствам нижним парцуфим, хотя у него совершенно иная миссия. На все парцуфим нужно смотреть как на проявления Творца, облачающегося во всевозможные одеяния, чтобы действовать на души, которые появляются после разбиения парцуфа Адам. Творец ограничивает свои действия, чтобы к каждому относиться по-разному с целью приблизить его к себе.

Все миры – это не творения, а одеяния Творца, которые таковы в своей силе и качестве ограничения, что каждая душа получает строго определенную подсветку, чтобы тянуться к Творцу, не теряя при этом свободу воли, возможность выбора, какую-то иллюзию своего выбора.

Все миры и парцуфим – это неживые объекты, «роботы». У них нет никакой самостоятельности, никакой свободы выбора. Только человек, то есть сплав Малхут де-Малхут, сущности желания получать, с Биной, с желанием отдавать, является единственным творением.

Подобно всем остальным мирам, АК имеет пять парцуфим. Эти парцуфим возникают в результате одного и того же процесса – ослабления экрана и его подъема вверх. Высшие парцуфим: Кетер, Хохма и Бина – управляют нижними. Они являются прямыми представителями Творца, Его желаниями выполнить Замысел творения.

Кетер (бхинат шореш) – это сама мысль Творца создать творения для их наслаждения.

Хохма (бхина алеф) – это то, чем Творец желает насладить творения. Это и кли, и свет хохма в нем одновременно.

Бина (бхина бет) – это свойство самого Творца, желание ничего не получать.

Все три верхние сфирот – это свойства Творца, которыми Он создал творение и поместил в него два противоположных желания: с одной стороны – насладиться, с другой стороны – отдавать. Эта дуальность полностью реализуется в бхине далет.

Зеир Анпин (гимель) и **Малхут** (далет) уже не являются свойствами Творца, а следствиями из этих свойств, то есть их реализацией. В разных мирах свойства Творца называются по-разному. В мире Некудим – это Кетер и Аба ве-Има. В мире Ацилут они называются Атик, Арих Анпин и Аба ве-Има. Названия разные, но смысл один.

Пять ступеней обязательны на всем пути создания творения. Важен окончательный результат: как бхина далет приходит к своему совершенству. Как каждое из пяти свойств, которое, в свою очередь, состоит тоже из пяти, возвысить до уровня совершенного? На каждое свойство души есть своя определенная сила, которая тянет эту частичку вверх, исправляет ее и доводит до полного совершенства.

Мы скоро начнем изучать мир Некудим, который появился и разбился для того, чтобы каждый такой «испорченный» осколочек света уподобил себя осколку души, соответствовал бы ему для того, чтобы найти с ним точки соприкосновения ради его будущего исправления.

נט) והנה השיתוף הזה של המלכות בבינה נעשה בפרצוף ס"ג דא"ק, וגרם לצמצום ב' בעולמות שממנו ולמטה, כי נעשה בו סיום חדש על אור העליון, דהיינו במקום הבינה. ונמצא שהמלכות המסיימת, שהיתה עומדת בסיום רגלי הס"ג דא"ק, ממעל הנקודה דעוה"ז, עלתה וסיימה את אור העליון במקום חצי בינה דגוף הס"ג דא"ק, הנק' ת"ת, כי כח"ב דגוף נק' חג"ת, ונמצא הת"ת היא בינה דגוף. וכן מלכות המזדווגת, שהיתה עומדת במקום הפה דראש הס"ג דא"ק, עלתה למקום נקבי עינים דא"ק, שהוא חצי בינה של ראש, ונעשה שם הזווג, לצורך המ"ה דא"ק הנק' עולם הנקודים, במקום נקבי עינים.

59. И вот, этот «шитуф» (взаимовключение, партнерство, соучастие) Малхут и Бины произошло в парцуфе САГ де-АК, и привело к «цимцум бет» (второму сокращению, ЦБ) в мирах, от него и ниже, так как в нем образовался новый сиюм (окончание) на высший свет, произошедший в месте Бины. И получается, что Малхут месаемет, которая стояла в сиюме раглей САГ де-АК над «точкой этого мира», поднялась и закончила распространение высшего света в месте половины Бины де-гуф САГ де-АК, называемой Тиферет, потому что КАХАБ де-гуф называется ХАГАТ, и выходит, что Тиферет – это Бина де-гуф. И также Малхут мездавегет, которая находилась в месте пэ де-рош САГ де-АК, поднялась в место никвей эйнаим де-АК – в место половины Бины де-рош, и там произошел зивуг для МА де-АК, который называется миром Некудим – в месте никвей эйнаим.

Парцуф САГ имеет решимот гимель (3) де-итлабшут и бет (2) де-авиют. Это значит, что, в принципе, САГ – это парцуф Бина, имеющий внутри себя ор хасадим, это определяется основным решимо бет де-авиют. Однако САГ имеет также итлабшут гимель – воспоминание о предыдущем состоянии (парцуфе АБ, парцуфе Хохма). Поэтому внутри парцуфа САГ есть небольшое свечение света хохма. Пока это свечение ор хохма находится внутри САГ, он не может спуститься под табур.

Парцуф САГ до начала подъема экрана еще имеет некоторые свойства парцуфа Хохма – «Хохма бе-кирув»[1]. В результате подъема экрана и изгнания света, вызванного соударением ор пними и ор макиф, в САГ происходят радикальные изменения. Как уже было сказано, каждый подъем экрана со ступени на ступень сопровождается промежуточными зивугим де-акаа, приводящими к созданию промежуточных парцуфим, называемых «некудот» (в данном случае – Некудот де-САГ).

Первый же подъем экрана (с Малхут де-САГ в ЗА де-САГ), приводящий к изгнанию света ехида де-Бина, вызывает, разумеется, и исторжение свечения света хохма, которое было

---

[1] Букв.: «Хохма в приближении», приблизительно в свойстве Хохма. – *Ред.*

вызвано присутствием в САГ решимо де-итлабшут гимель. В результате этого «Хохма бе-кирув» исчезает, и САГ превращается в парцуф чистой Бины, имеющий бет де-авиют и бет де-итлабшут.

Бет де-итлабшут и бет де-авиют – чистая Бина – могут спуститься под табур. Поэтому Некудот де-САГ беспрепятственно спускаются под табур мира АК, поскольку даже у Гальгальты не было достаточной силы экрана наполнить эти желания под табуром светом хохма. Вообще, происходит процесс перехода от парцуфа САГ (гимель/бет) к МА (бет/алеф). Следовательно, Некудот де-САГ, имеющие решимот бет/бет, – это промежуточный парцуф.

Бина парцуфа Некудот де-САГ, как и все сфирот, в свою очередь, состоит из пяти: Кетер, Хохма, Бина, ЗА и Малхут. ЗА представляет собой переходную стадию между тремя верхними сфирот и кли получения – Малхут. Это общее совокупное свойство Творца и Малхут. ЗА как бы соединяет их между собой и поэтому состоит из шести сфирот: Хесед – это подобие Кетер, Гвура подобна Хохме, Тиферет – Бине, Нецах – это свойство самого ЗА, Ход – это подобие Малхут, а Есод – сумма всех свойств.

Итак, Тиферет в Зеир Анпине (ЗА) – это Бина. Если мы разделим ее еще и «поперек», то окажется, что она также состоит из Кетер, Хохма, Бина (КАХАБ), Хесед, Гвура, Тиферет (ХАГАТ) и Нецах, Ход, Есод и Малхут (НЕХИМ). Если эту сфиру Тиферет разделить на треть и две трети, то окажеься, что свет доходит только до верхней трети Тиферет, а ниже он не распространяется. Место, где происходит отделение «отдающих» келим от келим получения, Бины от Малхут, называется парсой.

Желания КАХАБ ХАГАТ называются ГЭ (гальгальта ве-эйнаим) – альтруистические желания. Желания НЕХИМ, эгоистические келим, называются: озэн – нижняя треть Тиферет; Нецах, Ход, Есод – хотэм; а Малхут называется «пэ». А все это вместе это называется АХАП (озэн, хотэм, пэ).

Сейчас творение может работать только с ГЭ, а с келим, в которых есть примесь эгоизма (АХАП), оно работать не может.

Цимцум бет, ЦБ (второе сокращение) является источником наших душ. Тора, глава Берешит начинается именно с этого момента. Отсюда мы начинаем понемногу говорить о человеческой душе, а до этого не было и корня творения. Для этого нужно было сначала сделать ЦА, затем спуститься до Некудот де-САГ, сделать ЦБ, разбить все хорошие и плохие свойства, перемешать их и начинать строить совершенно новую систему, состоящую из добра и зла, правой и левой линий, систем чистых и нечистых миров.

Бина, свойства Творца, должна сначала спуститься до такого уровня, чтобы сравняться со свойствами Малхут, то есть «испортить» себя настолько, чтобы уподобиться свойству получать ради себя. Как это может произойти?

Малхут разделяет Бину на ГЭ и АХАП, становясь между ними, и влияет на нижнюю часть Бины (ЗАТ – «заин тахтонот», семь нижних сфирот) так, что та становится по свойствам равной Малхут, то есть желающей получить. Верхняя же часть Бины (ГАР – «гимель ришонот», три первые сфиры) по-прежнему остается альтруистической. Это и называется второе сокращение.

Творец сознательно «портит» Бину, то есть свое свойство, чтобы она стала подобной свойству получать, слилась с ним, и постепенно показывает ей, насколько Его свойства лучше и стоит их принимать, медленно двигаясь за Творцом вверх.

Над Малхут есть возможность выбора в приложении намерения ради отдачи, ниже уровня властвования Малхут нет такой возможности выбора. Находим: если Малхут поднялась в Бину, то начиная с Бины и вниз нет выбора, а все бхинот, свойства, находящиеся под Биной, упали во власть эгоистических желаний.

Рассмотрим еще раз подъем Малхут в Бину в общих чертах. Возможно ли, что у Бины вдруг возникло желание получать?

56-64. Цимцум бет, называемый цимцум НЕХИ де-АК

Сначала выясним понятие «тет ришонот», девяти верхних сфирот и Малхут в общем.

Барух Ашлаг приводит такой пример. У человека есть келим, называемые глаза, уши, нос, рот, в которые облачаются зрение, слух, обоняние, речь. Конечно, эти келим очень важны, ведь если глаза повреждены, человек не может видеть, если повреждены уши – невозможно слышать. Но иногда человек отказывается от возможности использования органов чувств. Когда это происходит? Когда человек идет спать.

Выходит, когда человек хочет получить наслаждение через органы чувств, он использует их, а когда хочет насладиться отдыхом – отказывается от них. В соответствии с этим мы видим, что настоящее кли – это желание получить наслаждение, а органы чувств не являются келим, но только служат желанию получить.

Девять верхних сфирот – это, в соответствии с нашим примером, зрение, слух, обоняние, речь, то есть свет и кли, и каждый вид света облачается в соответствующее ему кли, но келим первых девяти сфирот не являются настоящими келим, потому что кли – это желание получить наслаждение, и оно находится только в Малхут, а эти келим необходимы только для облачения в них света по примеру зрения, слуха и так далее. Кто же получает наслаждение от первых девяти сфирот? Желание получить, называемое «Малхут».

Теперь вернемся к вопросу поднятия Малхут в Бину. Возможно ли, чтобы ухо получило желание взять? Все, о чем мы здесь говорим, относится к тому, что Малхут получает через первые девять сфирот. Начиная со второго сокращения и дальше, Малхут постигает только половину сферы Бина и выше.

ס) וזה מכונה ג"כ צמצום נה"י דא"ק, כי הס"ג דא"ק שהיה מסתיים בשוה עם פרצוף גלגלתא דא"ק ממעל הנקודה דעוה"ז, הנה ע"י השיתוף ועלית המלכות במקום בינה, נמצא מסתיים ממעל לטבור דא"ק הפנימי, דהיינו במקום חצי ת"ת, שהוא חצי בינה דגוף דא"ק הפנימי, כי שם עלתה מלכות המסיימת, ועכבה אור

העליון שלא יתפשט ממנה ולמטה, וע"כ נעשה שם חלל פנוי וריקן בלי אור, ונמצאו התנה"י דס"ג, שנצטמצמו ונתרוקנו מאור העליון. ולפיכך נקרא הצמצום ב' בשם צמצום נה"י דא"ק, כי ע"י סיום החדש שנעשה במקום הטבור, נתרוקנו הנה"י דס"ג דא"ק מאורותיהם.

וכן נבחן שאח"פ דראש הס"ג, יצאו ממדרגת ראש הס"ג, ונעשו לבחינת גוף שלו, כי המלכות המזדווגת עלתה לנקבי עינים, ויצאו הע"ס דראש מהמסך שבנקבי העינים ולמעלה, ומנקבי העינים ולמטה כבר נקרא גוף הפרצוף, כי אינו יכול לקבל רק הארה שמנקבי עינים ולמטה, שזו היא בחינת גוף.

והנה קומת הע"ס הללו שיצאה בנקבי עינים דס"ג דא"ק, הן הע"ס הנקראות עולם הנקודים, שירדו מנקבי עינים דס"ג ובאו למקומן, שהוא למטה מטבור דא"ק הפנימי, ונתפשטו שם ראש וגוף. ותדע כי הסיום החדש הנ"ל, הנעשה במקום הבינה דגוף, מכונה בשם פרסה. ויש כאן פנימיות וחיצוניות, ורק הע"ס החיצוניות נקראים עולם הנקודים, והעשר ספירות הפנימיות נק' מ"ה וב"ן דא"ק עצמו.

60. И это [сокращение] называется также «цимцум НЕХИ де-АК», потому что САГ де-АК, который заканчивался на одном уровне с парцуфом Гальгальта де-АК над «точкой этого мира», благодаря включению и подъему Малхут в место Бины, стал заканчиваться над табуром внутреннего АК, то есть в месте половины Тиферет, которая является половиной гуфа Бины внутреннего АК, ибо туда поднялась Малхут месаемет и задержала высший свет, чтобы не распространялся ниже нее. И вследствие этого образовалось там пустое свободное пространство без света. И мы находим, что ТАНХИ де-САГ сократились и опустошились от высшего света. И поэтому цимцум бет называется цимцум НЕХИ де-АК, ведь из-за нового сиюма, который был сделан в месте табура, опустошились НЕХИ де-САГ де-АК от своих светов.

А также выяснилось, что АХАП (озэн, хотэм, пэ) де-рош САГ вышли из ступени рош САГ и стали считаться его гуфом. Ведь Малхут мездавегет поднялась в никвей эйнаим, и вышли десять сфирот де-рош из экрана, что в никвей эйнаим и выше. А от никвей эйнаим и ниже это уже называется гуфом парцуфа, потому что может получить только свечение от никвей эйнаим и ниже, и это гуф.

56-64. Цимцум бет, называемый цимцум НЕХИ де-АК

И вот, ступень этих десяти сфирот, которая вышла в никвей эйнаим САГ де-АК – это десять сфирот, которые называются миром Некудим. И они спустились вниз от никвей эйнаим де-САГ и пришли на свое место, находящееся ниже табура внутреннего АК, и распространились там: рош и гуф. И знай, что этот новый, вышеупомянутый сиюм, образованный в месте Бины де-гуф, называется «парса». И есть здесь внутреннее и внешнее. И только внешние десять сфирот называются миром Некудим. А внутренние десять сфирот называются МА и БОН самого АК.

Почему же произошел ЦБ? Дело в том, что когда Некудот де-САГ, которые, по сути, представляют собой ЗАТ де-Бина (ЗАТ – это «заин тахтонот», семь нижних сфирот), то есть келим, к которым обращаются с просьбой о свете ЗА и Малхут и которые готовы передать этот свет вниз, спустились под табур, то там они встретились с НЕХИМ Гальгальты – огромными желаниями далет/гимель, близкими по своим свойствам с далет де-далет, то есть сущностью творения.

Некудот де-САГ переняли желания НЕХИМ Гальгальты. Но у них не было соответствующего экрана, поэтому возникла опасность того, что Некудот де-САГ получат свет ради собственного удовольствия. Чтобы предотвратить это, Малхут, которая сделала ЦА, поднялась в Тиферет, то есть Бину де-гуф, отсекая этим келим получения от отдающих келим. Теперь Некудот де-САГ не смогут самонасладиться. Это и есть цимцум бет.

В Малхут мира Бесконечности есть десять сфирот КАХАБ, ХАГАТ и НЕХИМ. После ЦА можно пользоваться первыми девятью сфирот и получать в них столько света ради Творца, сколько позволяет сила экрана, и только Малхут не может получить прямой свет, а есть у нее только ор хозер (отраженный свет).

ЦБ выставляет дополнительные условия. Теперь вообще нельзя получать ор хохма, даже ради Творца. Теперь можно только отдавать, получая при этом ор хасадим – наслаждение от сходства своих свойств со свойствами Творца. Если есть запрет на какие-то два-три желания, то на них не делается зивуг де-акаа, они не берутся в расчет, ими не пользуются.

Рассмотрим еще раз взаимодействие качеств суда и милосердия. При подъеме Малхут в Бину произошло сокращение Бины. Откуда нам известно, что Малхут получила подслащение, качества милосердия? Разве целью этого действия не является то, чтобы Малхут (дин, свойство суда) получила качества милосердия, а не наоборот – Бина, называемая милосердие, приобрела свойство суда?

Чтобы ответить на этот вопрос, приведем пример, показывающий, каким образом посредством ЦБ Малхут получила подслащение.

Сказали мудрецы: «Вначале задумал Творец создать мир качеством суда, но увидев, что мир не может так существовать, присоединил к качеству суда свойство милосердия». Миром называется Малхут, которая сделала на себя сокращение – проявление качества суда. Несмотря на это, в каждом парцуфе всегда есть десять сфирот, хотя Малхут парцуфа сделала на себя сокращение. У самой Малхут еще нет полного парцуфа. Однако желание Создателя – чтобы у нее был свой полный парцуф, получающий в свои келим прямой свет, как и было до сокращения.

Место, в котором происходит это исправление, – это Малхут де-ЗА мира Ацилут, она же затем отделяется от ЗА и становится самостоятельным парцуфом – Малхут мира Ацилут. В ЗА, как и во всех парцуфим, произошел подъем Малхут в Бину, то есть его Малхут поднялась в его ЗА, называемый «хазэ». И ступени от хазэ вниз (НЕХИ) упали во власть Малхут. Выходит, что благодаря подъему Малхут в Бину, ЗА сократился, то есть не использует все десять сфирот, а только до хазэ (Бина де-гуф).

Потом, благодаря зивугу АБ-САГ, отменился ЦБ, и Малхут спустилась на свое место. Тогда очистились келим НЕХИ,

56-64. Цимцум бет, называемый цимцум НЕХИ де-АК

и ЗА опять может их использовать. Здесь мы видим нечто совсем новое! Поскольку в духовном ничего не исчезает, находим, что Малхут пока еще стоит вверху и НЕХИ находятся под ее властью, однако зивуг АБ-САГ, аннулируя ЦБ, не опускает Малхут.

Находим, что Малхут приобрела келим де-НЕХИ благодаря гадлуту де-ЗА, включила их в себя. Эти келим, относящиеся к прямому свету, называемые «искры желания отдать», которые никаким образом не относятся к Малхут, упали в Малхут – желание получить ради себя, и теперь благодаря им она может отдавать.

А эти НЕХИ разделились на девять частей и присоединились к Малхут, находящейся вверху, образуя парцуф Малхут. Теперь мы видим, что если бы не ЦБ, не было бы никакой возможности у Малхут выстроить собственный парцуф.

В рош делается расчет, что только первые три сфиры – это отдающие сосуды, и ими я могу пользоваться, а ниже – получающие, то есть сфирот от Малхут – до середины Тиферет, и ими я не могу пользоваться. Зивуг де-акаа происходит только от середины Тиферет и выше. Аналогичное действие происходит и в гуф: я могу пользоваться только сфирот от Кетер и до середины Тиферет. Остальные желания остаются пустыми. Это ЦБ, он говорит, что ты можешь только отдавать ради Творца, а получать не можешь.

Экран в рош перешел с пэ в никвей эйнаим, теперь используются только отдающие сосуды, которые находятся выше экрана. На получающие желания экрана нет, но есть возможность ограничить эти желания от получения ради себя. Их просто перекрывают и говорят, что с ними не работают, а работают только с отдающими желаниями. Состояние парцуфа, когда он работает только с отдающими желаниями, называется «катнут» (маленький), потому что он использует только отдающие сосуды.

А состояние, когда парцуф, приобретя антиэгоистические силы, сможет получать свет в свои сосуды получения и работать со всеми десятью желаниями, называется «гадлут» (большой). Возникает вопрос: как же можно получать внутрь десятого желания – Малхут? Ведь этого нельзя было делать даже до ЦБ? Это можно делать с помощью АХАП де-алия и «трех линий». Но об этом мы поговорим позже.

Над экраном находятся только отдающие сосуды – ГЭ, а под экраном – сосуды получения АХАП, с которыми он не работает в катнуте. ГЭ де-рош заполняет ГЭ де-тох, а от АХАП де-рош ничего не попадает в АХАП де-тох.

Наше тело устроено по образу и подобию духовного парцуфа, в нем есть разделительная линия – диафрагма, которая отделяет дыхательную систему от пищеварительной. Дыхательная система соответствует отдающим сосудам, а пищеварительная – сосудам получения.

Поэтому и буква алеф, первая буква алфавита, состоит из наклонной линии – диафрагмы, над которой верхняя буква йуд – это ГЭ, а нижняя буква йуд – это АХАП. По сути, именно после ЦБ творение приобретает более определенную форму. Буква алеф поэтому и олицетворяет начало процесса.

Когда у человека появляются какие-то желания, и он решает, какими из них можно пользоваться, а какими – нет, это значит, что у него создается экран, и он начинает с ним работать. Что значит желание отдавать, ничего не получая? Это Бина, бхина бет.

Она говорит, что ничего не хочет получать, так как понимает, что наслаждение удаляет ее от Творца. Желательно ничего не получать и быть ближе к Нему. Она получает наслаждение от отдачи. Мы можем наслаждаться либо от получения, либо от отдачи, что на самом деле тоже является как бы получением – получением наслаждения от того, что она близка к Творцу.

Парцуф САГ тоже ничего не получает. Почему же у него есть рош, тох, соф? Почему же он делает зивуг де-акаа? На первый взгляд, в нем просто должен распространяться свет хасадим. Тем не менее это не так. Свет хасадим представляет собой огромное наслаждение от подобия Творцу, от того, что ты находишься вместе с Ним, что в тебе есть та же информация, что и в Творце.

Ты знаешь Его мысли, чувства, ты постигаешь то же, что есть в Нем, это та же ступенька. От этого испытывается огромное наслаждение, на которое тоже необходимо поставить экран, чтобы почувствовать наслаждение не эгоистически, а альтруистически.

САГ может принять в себя не все наслаждение, поэтому у него есть зивуг в рош и есть тох, а соф он не может заполнить.

На самом деле у творения не может быть отдающих келим. Ведь творение – это Малхут после ЦА, то есть кли получения. Эта Малхут ставит экран той или иной силы, и в зависимости от этого она ведет себя или как Кетер, или как Хохма, или как Бина, ЗА, Малхут. Так вот, часть этих келим получения, а именно: Кетер, Хохма и ГАР де-Бина, на которые есть соответствующий экран, можно использовать в качестве отдающих келим.

Если бы была чистая отдача (а это только Творец), то творение не ощущало бы ее, так как оно может ощутить только то, что входит в него. Высший парцуф всегда рождает нижний, потому что в нем остаются решимот. Малхут мира Бесконечности наполнилась светом, он отдал ей все свои силы, все свои свойства. В результате этого она страстно желает быть такой, как он, и готова пожертвовать всем, вплоть до исторжения света, не желая ничего получать.

И сила этого желания толкает все творение от начала до конца, к гмар тикуну. Все, что происходит с творением, все желание Малхут исправить себя, чтобы быть подобной Творцу, находит свое отражение после ЦА. И на это у Малхут есть силы, потому что ее полностью заполнял свет, передавший ей свои свойства.

Высшее состояние полностью определяет и порождает низшее, которое является им самим, но на более низком уровне. Чем, например, Гальгальта отличается от АБ? Тем, что АБ работает для Творца с меньшей силой. Но оба они используют эгоистические келим для работы на Творца.

САГ этого уже сделать не может, потому что его экран еще меньше, чем у АБ, поэтому он и не может получать ради Творца, а лишь может, подобно Бине, ничего не получать для себя. Но поскольку он ничего не получает, не использует свои келим получения ради Творца, то он может наполнить те эгоистические желания светом хасадим, которые предыдущие парцуфим наполнить не смогли. Как уже было сказано, на ор хасадим сокращение не распространяется, и поэтому парцуф САГ может спуститься под табур.

Далее он создает мир Некудим, а затем и мир Ацилут. Именно Бина, САГ – это первое и единственное желание творения, которое движет всем. Бхинат шореш – это желание Творца насладить творение. Бхина алеф – это творение, которое Творец сам создает. И лишь бхина бет, Бина, – это реакция самого творения, желание быть подобной Творцу. Это ее свойство в дальнейшем дает направление развитию всего творения вплоть до окончания исправления.

САГ распространился как над табуром Гальгальты, так и под ним в виде некудот. От решимот САГ над табуром произошли парцуфим МА Элион и БОН Элион. А на решимот, которые поднялись из-под табура Гальгальты, САГ делает зивуг и создает парцуф, который называется «мир Некудим». САГ проникся желаниями далет/гимель под табуром и захотел их заполнить.

Представьте себе, что у вас есть и желание отдавать, и желание получать. Вообще-то, у творения нет альтруистических желаний отдавать, оно создано на чистом эгоизме, желании наслаждаться. Но можно наслаждаться, и получая свет хохма, то есть наслаждаться от прямого получения удовольствия (света Творца), и получая свет хасадим, то есть получать удовольствие от сходства своих свойств со свойствами Творца, от «неполучения». Поэтому мы определяем как бы два желания творения: получать и отдавать. Но Творец создал только одно желание – получать.

Когда человек работает только с желанием отдавать, то он делает сокращение на все свои эгоистические желания и находится в катнуте. Как можно вызвать состояние катнут? Если все желания получать человека больше его экрана, то ему ничего не остается, кроме того, чтобы не использовать их в качестве кли получения. В таком состоянии находимся все мы. Единственнное, что мы можем, – это только не задействовать все наши желания получать, не работать с ними. Это состояние называется «убар», зародыш.

Малхут – это желание получать ради получения, чисто эгоистическое желание. Если все желания человека проникаются только таким намерением, это значит, что Малхут поднялась в Бину, то есть властвует над всеми своими желаниями от Бины и ниже нее. Это ЦБ.

Мы сами не можем исправить в себе подобное желание. Единственное, что возможно, это работать в группе под руководством Учителя и по надежным источникам, когда, внося в такие занятия необходимые усилия, можем вызвать на себя свет Творца, Его влияние, Его ощущение, которые помогут нам приобрести антиэгоистические силы, то есть экран.

В той мере, в которой мы сможем противостоять эгоизму, мы ощутим Творца, в нас появится намерение работать ради Него. Таков закон, что когда меньший парцуф начинает ощущать высший, то он приобретает желание, намерение все сделать ради него.

Если в нас еще нет такого желания, то только потому, что мы не ощущаем высший парцуф. Творец еще не раскрылся нам, потому что над нами властвует эгоизм, который подавляет альтруизм, и мы пока ощущаем себя самостоятельными и независимыми от Творца. Но когда Он откроется нам, мы тут же станем Его рабами. Для изменения каких-то моих качеств мне прежде всего необходимо понять, что они наносят мне вред, а затем просить Творца об изменении их на альтруистические. Этот процесс называется «осознание зла». Вся учеба только на этом и построена.

Мы являемся либо рабами своего эгоизма, либо рабами Творца. Главное – понять, что предпочтительней. Свобода заключается в свободном выборе одного по отношению к другому. Ощущение страдания определяет направление поведения человека. Творец дал матери желание быть зависимой от своего ребенка и делать все ради него. Некоторым людям Творец дает способность ощущать страдания других. Но в основном каждый страдает оттого, что не может удовлетворить собственные эгоистические желания.

סא) אמנם יש להבין, כיון שהע"ס דנקודים והמ"ה דא"ק, נאצלו ויצאו מנקבי עינים דראש הס"ג כנ"ל, הנה היו צריכים להלביש להס"ג מפה דראשו ולמטה, כמ"ש בפרצופין הקודמים, שכל תחתון מלביש לעליונו מפה דראשו ולמטה, ולמה לא היה כן, אלא שירדו להלביש במקום שלמטה מטבור דא"ק. ובכדי להבין את זה, צריכים לידע היטב, איך נתהווה השיתוף הנ"ל, שהבינה והמלכות נתחברו לאחת.

61. Однако необходимо понять, что поскольку десять сфирот Некудим и МА де-АК были созданы и вышли из никвей эйнаим де-рош САГ, как было сказано выше, то они должны были облачить САГ от его пэ де-рош и ниже, как это было в предыдущих парцуфах, когда каждый нижний облачает своего высшего от пэ де-рош и ниже. Так почему же здесь это было не так, а они спустились, чтобы облачиться в месте, находящемся ниже табура де-АК? И чтобы понять это, мы должны хорошо знать, как образовался этот «шитуф», когда Бина и Малхут соединились в одно целое.

סב) והענין הוא, כי בעת יציאת פרצוף ס"ג, הוא נסתיים כולו למעלה מטבור דא"ק הפנימי, כמו שנתבאר בפרצוף ע"ב דא"ק, כי לא יכלו להתפשט מטבור ולמטה, כי שם מתחלת שליטת הבחי"ד דא"ק הפנימי בבחינת ע"ס דסיום שלה, ובפרצופי ע"ב ס"ג אין בהם מבחי"ד ולא כלום. (כנ"ל באות נ"ד). אמנם כשהתחילו לצאת הנקודות דס"ג דא"ק, דהיינו אחר שנזדכך המסך דס"ג, שהוא בבחי"ב דעביות, ע"י הביטוש דאו"מ בו, ובא לבחי"ב דהתלבשות ובחי"א דעביות, הנה אז נסתלקו הטעמים דס"ג, ויצאה קומת הנקודות על העביות הנשארת במסך, בו"ק בלי ראש.

כי הע"ס היוצאות על בחי"א דעביות הן קומת ז"א בחסר ג"ר. וגם בקומת הזכר, שהוא בחי"ב דהתלבשות, אין שם בחינת בינה אלא בקירוב שהוא נבחן לו"ק דבינה. ולפיכך קומה זו דנקודות דס"ג, נשתוה צורתה עם הע"ס דסיום שלמטה מטבור דא"ק, שגם הן בבחינת ו"ק בלי ראש, (כנ"ל באות נ"ב), ונודע שהשתוות הצורה מקרבת הרוחניים לאחד, וע"כ ירדה קומה זו למטה מטבור דא"ק, ונתערבה שם עם הזו"ן דא"ק, ושמשו כאחד יחד, להיותם שוים בשיעור קומה.

62. *И дело в том, что во время выхода парцуфа САГ, весь он заканчивался выше табура внутреннего АК, как это было выяснено в парцуфе АБ де-АК, так как [десять сфирот парцуфа САГ] не могли распространиться от табура и ниже, ведь там начинается власть бхины далет внутреннего АК – в свойстве десяти сфирот ее сиюма, а в парцуфим АБ и САГ нет ничего, что имело бы отношение к бхине далет (как сказано в п. 54). Однако, когда начали выходить некудот де-САГ де-АК, то есть после того, как очистился экран де-САГ, имеющий авиют бхины бет, благодаря соударению окружающего света с ним, и он пришел в состояние бхины бет де-итлабшут и бхины алеф де-авиют, вот тогда исчезли [из парцуфа] таамим де-САГ, и вышел уровень некудот [де-САГ] на авиют, оставшийся в экране, как ВАК без рош.*

Потому что десять сфирот, выходящих на бхину алеф авиюта, представляют собой уровень ЗА без ГАР (гимель ришонот – три первые сфиры). А также в уровне захар, представляющем собой бхину бет де-итлабшут, нет там [полного] свойства Бины, а лишь в приближении, и он считается ВАК де-Бина. И поэтому этот уровень некудот де-САГ подобен по форме десяти сфирот сиюма, которые [располагаются] ниже табура де-АК, ведь они тоже представляют собой ВАК без рош (как сказано в п. 52), и известно, что подобие по форме сближает духовные объекты, соединяя их воедино. И поэтому спустился этот уровень [некудот де-САГ] ниже табура де-АК и смешался там с ЗОН (ЗА и Нуква) де-АК, и они стали функционировать вместе как одно целое, будучи равными по величине уровня.

Необходимо помнить, что «Некудот де-САГ» – не имеется в виду Бина, которая не желает получения света хохма, все, что мы говорим, – только о Малхут! Эта Малхут называется «Бина», потому что знает, что не сможет устоять против наслаждения светом хохма, поэтому не желает подвергать себя искушению, совершенно не заинтересована в свете хохма, а только в свете хасадим.

Рассмотрим понятие «поднятие МАН». МАН – это первые буквы слов «мэй нуквин», множественное число слов «маим» – вода и «нуквин» – женский. До соединения Бина была отдельно, и бхина далет отдельно. Когда Бина спустилась под табур, то она соединилась, перемешалась с Малхут, теперь есть две Бины: Бина де-Бина и Бина, включенная в Малхут, также есть две Малхут: Малхут де-Малхут и Малхут, включенная в Бину.

Известно, что Бина называется «маим» – вода, а множественное число от двух Малхут – «нуквин», вместе «мэй нуквин», намек на то, что, начиная с этого момента и дальше, при каждом поднятии МАН Малхут должна быть подслащена Биной. Чистая Малхут называется не МАН, а «экран» или «качество суда».

Очень многое в этом параграфе вызывает вопросы, но и Бааль Сулам не на все давал ответ. Он и не ставил перед собой такой цели, давая возможность ученикам самим приложить усилие и найти нужный ответ.

Наша работа является полем для приложения необходимых усилий, а не средством для понимания духовных миров. Понять можно только по мере **ощущения** Творца, когда у человека есть свойство, похожее на свойство Творца. Тогда это превращается в духовный сосуд получения, с помощью которого человек может ощутить духовную информацию.

Творец открывается только после приложения определенного количества и качества усилий. Если вы просто запомните текст, что Некудот де-САГ могут спуститься под табур и смешаться с НЕХИМ Гальгальты, этого будет достаточно, чтобы двигаться дальше. Факты должны четко сидеть в голове. Эта информация не исчезает с биологической смертью.

סג) ואין להקשות הרי עדיין יש ביניהם מרחק רב מצד העביות שבהם, כי הנקודות דס"ג באו מעביות דבחי"ב ואין בהם מבחי"ד ולא כלום, והגם שהם קומת ז"א, אין זה עוד דומה לקומת ז"א של הלמטה מטבור דא"ק, שהוא ז"א דבחי"ד, הרי שיש בהם הפרש גדול.

התשובה היא, כי אין העביות ניכרת בפרצוף בעת התלבשות האור, רק אחר הסתלקות האור, וע"כ בעת שהופיע פרצוף הנקודות דס"ג בקומת ז"א ירד ונתלבש בקומת זו"ן שמטבור ולמטה דא"ק ואז נתערבו הבחי"ב בבחי"ד זה בזה, וגרם לצמצום הב' הנ"ל, שנעשה סיום חדש במקום בינה דגוף של פרצוף ההוא. וכן גרם להשתנות מקום הזווג, ונעשה הפה דראש במקום נקבי העינים, כנ"ל.

63. И нет затруднения в том, что пока еще есть между ними большое расстояние со стороны авиюта, имеющегося в них, ведь некудот де-САГ пришли от авиюта бхины бет, и нет в них ничего от бхины далет. И хотя они – это ступень ЗА, она еще не подобна ступени ЗА, находящейся ниже табура де-АК, ведь это ЗА бхины далет, и между ними существует большая разница.

Ответ же заключается в том, что авиют не различим в парцуфе в то время, когда в него облачается свет, а [различим] только после ухода света. И поэтому, когда парцуф Некудот де-САГ появился на ступени ЗА, он спустился и облачился в ступень ЗОН, находящуюся от табура АК и ниже. И тогда перемешались бхина бет и бхина далет друг с другом, и это привело ко второму сокращению (цимцум бет), как было сказано выше, и образовался новый сиюм в месте Бины де-гуф этого парцуфа. И это также привело к изменению места зивуга, и пэ де-рош стал находиться в никвэй эйнаим, как было сказано выше.

Написано, что есть сходство свойств между Некудот де-САГ и ЗОН де-АК, поскольку они оба являются парцуфом ВАК (катнут, малый). Уровень парцуфа Некудот де-САГ – это бет-алеф, что определяется как ВАК, но ЗОН де-АК являются ВАК по другой причине, не по их высоте, она – далет-гимель, а потому что находятся под табуром – десять сфирот окончания парцуфа. В чем же сходство этих парцуфим?

Парцуф Гальгальта называется «внутренний АК», у него есть внутренняя АВАЯ (четырехбуквенное имя Творца – йуд (') хей (ה) вав (ו) хей (ה), основа любого кли). Это означает, что он делится по особому порядку, несмотря на высоту парцуфа.

Рош называется «Кетер», и это коцо (начало) буквы йуд ('). От пэ до хазэ – Хохма, йуд (') имени АВАЯ; от хазэ до табура – это Бина и это – первая хей (ה) имени АВАЯ; от табура вниз – МА и БОН, и это буквы вав (ו) и хей (ה) имени АВАЯ, они и есть ВАК. В соответствии с этим порядком получается, что их высота одинаковая, то есть оба – ВАК, имеют свет хасадим со свечением света хохма, но не потому, что они – вав (ו) и хей (ה), а потому, что это десять сфирот окончания парцуфа.

סד) והנך מוצא, שמקור השיתוף של המלכות בבינה, הנק' צמצום ב', נעשה רק למטה מטבור דא"ק, ע"י התפשטות פרצוף נקודות דס"ג שמה, ולפיכך לא יכלה קומת ע"ס זו דנקודים הבאה מצמצום ב', להתפשט למעלה מטבור דא"ק כי אין שום כח ושליטה יכול להתגלות למעלה ממקור יציאתו. ומתוך שמקום התהוות הצמצום ב' התחיל מהטבור ולמטה, ע"כ הוכרחה גם קומת הנקודים להתפשט שם.

64. И получается, что источник соединения Малхут с Биной, называемый «цимцум бет» (ЦБ), образовался только ниже табура де-АК благодаря распространению там парцуфа Некудот де-САГ. И поэтому не смогла эта ступень десяти сфирот де-Некудим, вышедшая из ЦБ, распространиться выше табура де-АК, поскольку никакая сила и власть не может проявлять себя выше источника своего происхождения. А из-за того, что место образования ЦБ начинается от табура и ниже, то также и ступень Некудим была вынуждена распространиться там.

У парцуфа САГ, как и у всех остальных парцуфим, под влиянием ударного взаимодействия внешнего и внутреннего светов экран начал ослабляться и подниматься в пэ де-рош.

Как уже было сказано, в результате этого начал образовываться промежуточный парцуф Некудот де-САГ, который имеет решимот бет/бет, то есть он представляет собой чистую Бину. Поэтому он может распространяться везде, в том числе и под табур Гальгальты, и заполнять такие желания, которые предыдущие парцуфим заполнить не могли.

Некудот де-САГ могут использовать свои желания таким образом, как не смогли ни Гальгальта (она использовала только 20% ради Творца над табуром, а на остальные свои желания НЕХИМ, которые находились под табуром Гальгальты, она просто сделала сокращение), ни САГ.

САГ совсем не смог получить ради Творца ни с каким авиютом. Он может только отдавать, не получая ничего. Если же он начнет получать, то получение будет эгоистическим. У него совершенно нет экрана на эгоистические желания.

Почему же САГ сразу не спускается под табур? Потому что у него есть гимель де-итлабшут, небольшое свечение ор хохма, которое не дает ему возможность спуститься под табур. Когда же при подъеме экрана к пэ де-рош гимель де-итлабшут исчезает, а остается только бет де-итлабшут – чистая Бина без ор хохма, то Некудот де-САГ могут спуститься под табур, не желая ничего получать в свои келим, а наслаждаться от отдачи, то есть получать ор хасадим. Это и есть работа чистой Бины.

Когда же он спускается под табур, то встречает там такие желания, против которых не может устоять. Гальгальта и АБ тоже не хотели получать в келим под табуром, но там вместе с ор хасадим было и небольшое свечение ор хохма от того ор хохма, который они получили в келим над табуром ради Творца.

Некудот де-САГ, которые по своему характеру не хотят ничего получать, а по строению подобны НЕХИМ Гальгальты, начинают в силу подобия смешиваться с ними, но, видя небольшую подсветку ор хохма, которая дает огромное наслаждение там, сами желают неожиданно насладиться этим, хотя и не приспособлены к получению, так как у них нет на это экрана.

Тут же немедленно срабатывает закон ЦА, не позволяющий свету войти в эгоистические келим, в результате чего свет тут же удаляется из них, а Малхут мира Бесконечности поднимается в Бину и ограничивает получение света в келим получения. Так происходит ЦБ, второе сокращение.

Уже САГ не смог использовать эгоистические келим ради Творца. Тем более, последующие парцуфим, МА и БОН, у которых нет соответствующего экрана, не смогут ничего получить ради Творца.

ЦБ раз и навсегда стоит на страже невозможности использования эгоистических келим. Ими нельзя пользоваться, их нужно изолировать. Расчет можно делать только на альтруистические келим. Когда такая информация поднимается в рош де-САГ, то там заранее проектируется строение будущего парцуфа с учетом ЦБ, и зивуг делается не в пэ де-рош, а выше, в никвей эйнаим, где от этого места и выше находятся только отдающие желания.

Такой же расчет должен происходить и в гуф парцуфа, куда свет может войти только в келим КАХАБ ХАГАТ, то есть до середины Тиферет. На самом деле и в рош, и в гуф остаются те же десять сфирот, меняется лишь степень их использования. Это значит, что каждой сфирой – Кетер, Хохма, Бина и так далее, пользуются не на 100%, а скажем, лишь на 60%. Тем не менее мы говорим, что зивуг происходит только на ГЭ, КАХАБ ХАГАТ. Но это лишь терминология.

Сосудами получения (АХАП) можно пользоваться, только относясь к ним как к отдающим келим, «поднимая» их над парсой, границей между отдающими и получающими келим. Однако, несмотря на то, что к АХАП относятся теперь как к отдающим келим, которым полагается лишь ор хасадим, поднявшиеся наверх АХАП в силу своей природы автоматически притягивают небольшое свечение ор хохма. Этот процесс называется «АХАП де-алия» – подъем эгоистических желаний, то есть их исправление в слиянии с более высшим

56-64. Цимцум бет, называемый цимцум НЕХИ де-АК

Масах в Гальгальте, стоявший в пэ де-рош, имел авиют далет и сделал зивуг на все желания, но только 20% от каждого из них используются ради Творца, а 80% в получении ради Творца не участвуют. На них в экране не хватает антиэгоистической силы. А в Некудот де-САГ после ЦБ используются только альтруистические келим, которые находятся выше никвей эйнаим, так как они имеют желание отдавать ради отдачи.

Все мироздание представляет собой единую причинно-следственную цепочку от первого состояния, когда Малхут мира Бесконечности была полностью наполнена светом, и до ее окончательного исправления, когда она вновь будет наполнена светом. Этот процесс управляется с помощью решимот. Начиная с мира Бесконечности, Малхут постепенно перебирает все свои наслаждения, выставляет на них экран, оставляя при этом решимот от каждого предыдущего состояния, вплоть до своего окончательного исправления.

Только решимот определяют рождение следующего парцуфа из предыдущего, только информация о том, что уже было, дает возможность работать с экраном. Только свет, который наполнял предыдущий парцуф, может дать информацию о наслаждении в нем, а также то, чего желает следующий парцуф. Иначе не было бы никакого представления о свете, наслаждении. Решимот, которые в парцуфе, заставляют его желать, искать, двигаться к чему-то новому. Мы лишь выполняем указания наших решимот.

В духовном нет понятий «было», «есть» и «будет» отдельно друг от друга. В духовном в каждом новом состоянии уже заложены все эти три понятия вместе: было, есть и будет. Решимо – это то состояние, в котором я существую, но оно светит издали, из будущего, маня к себе и возбуждая желание его достичь. Это свет, который был внутри кли, но вышел из него и теперь светит ему снаружи.

Есть много видов решимот, они напоминают о том, что именно данный парцуф когда-то получал. В отличие от него, ор макиф – это тот свет, который еще не вошел внутрь кли, но уже светит ему снаружи. После изгнания света из каждого парцуфа вокруг него остается много духовной информации. Пока нам необходима маленькая картинка творения, чтобы было явное представление о духовных мирах. Вокруг все находится в абсолютном покое.

Надо читать и стараться понять то, что написано. Но на это человек не должен смотреть как на мерило своего состояния: где он находится, куда идет, что ему положено. Мерилом могут являться только количественные и качественные усилия. Только они способствуют духовному росту. Творец раскрывается не в меру твоего знания, а в меру твоих усилий. Но знания тоже нужны, хотя и в самом минимальном количестве.

Если вы понимаете, что и ваша работа, и ваша семья, дети, и, конечно, занятия нужны вам только для достижения одной цели – раскрытия Творца, – то все это засчитывается вам как усилия. Что бы вы ни делали в жизни, чем бы ни занимались, все должно вам напоминать о цели творения, а это, соответственно, ведет к накоплению усилий и достижению необходимого результата.

65-68. Место четырех миров АБЕА и понятие парсы между миром Ацилут и мирами БЕА

המקום לד' העולמות אבי"ע, וענין הפרסא שבין אצילות לבי"ע

סה) והנה נתבאר, שכל עיקרו של צמצום הב' הנ"ל, נעשה רק בפרצוף נקודות דס"ג, שמקומו מטבור ולמטה דא"ק עד סיום רגליו, דהיינו עד ממעל לנקודה דעוה"ז. ותדע שכל אלו השינויים שנעשו בעקבות צמצום הב' הזה, באו רק בפרצוף נקודות דס"ג ההוא, ולא למעלה ממנו, ומה שאמרנו למעלה, שע"י עלית המלכות לחצי ת"ת דא"ק וסיימה שם הפרצוף, יצאו חצי ת"ת התחתון ונה"י"מ דא"ק לבחינת חלל פנוי, לא נעשה זה בתנה"י דא"ק עצמו אלא רק בתנה"י דפרצוף נקודות דס"ג דא"ק, אבל בא"ק עצמו נבחנים השנויים הללו רק לבחינת עלית מ"ן לבד, שפירושו, שהוא נתלבש בשינויים הללו כדי להאציל לע"ס דנקודים בבחינתן, אבל בא"ק עצמו לא נעשה שום שינוי.

65. И вот выяснилось, что вся основа ЦБ, описанного выше, сформировалась только в парцуфе Некудот де-САГ, место которого находится от табура де-АК и ниже до сиюма раглав (окончания его ног), то есть до места, находящегося выше точки «этого мира».

И знай, что все те изменения, которые произошли вследствие этого ЦБ, произошли только в парцуфе Некудот де-САГ, но не выше него. А сказанное нами выше, что благодаря подъему Малхут до середины Тиферет де-АК, которая завершила там парцуф, вышли нижняя часть Тиферет и НЕХИМ де-АК [за пределы парцуфа] и стали пустым пространством, не означает, что это произошло в ТАНХИ самого АК, а только в ТАНХИ парцуфа Некудот де-САГ де-АК. А в самом АК считаются эти изменения только лишь подъемом МАН – это значит, что он облачается в эти изменения для того, чтобы создать десять сфирот де-Некудим в их свойствах, но в самом АК не произошло никакого изменения.

После ЦА Малхут мира Бесконечности, которая во время ЦА решила не получать ничего, принимает новое решение:

получать свет хохма ради Творца с помощью построения антиэгоистического экрана, то есть приобретая намерение получать ради Творца. Первый зивуг де-акаа и заполнение светом называется «Гальгальта», второй – «АБ» и затем – «САГ». Все указанные парцуфим могли получать свет только над табуром Гальгальты, потому что под табуром находятся настолько большие эгоистические желания, что ими можно лишь не пользоваться.

Когда же произошло ослабление экрана парцуфа де-САГ и появились Некудот де-САГ, которые являются парцуфом чистой Бины, отдачи, они могут заполнить своим светом хасадим и желания, находящиеся под табуром Гальгальты, – те, которые ни Гальгальта, ни АБ, ни САГ не могли заполнить.

А Некудот де-САГ не желают ничего для себя и получают наслаждение лишь от отдачи, то есть ор хасадим. Поэтому Некудот де-САГ могут взять эти желания, на которые раньше никто не мог выставить экран, и сказать, что и они не будут пользоваться ими в качестве келим получения, заполнив их при этом светом хасадим.

Но как только желания под табуром наполняются ор хасадим, обнаруживается, что в Некудот де-САГ есть ЗАТ де-Бина, то есть ее нижняя часть, которая связывает Бину с ЗА и обязана выполнять его просьбу дать ему ор хохма, а для этого ей самой надо получить этот свет, хотя ей свойственно желание «не получать». Такое качество ЗАТ де-Бина проявилось еще при образовании четырех бхинот де-ор яшар, где Бина в конце своего развития принимает решение получить немного ор хохма, для того чтобы создать ЗА.

Для этого Бина должна была немного сократить в себе желание «не получать» и создать внутри себя желание получать, но ради отдачи, чтобы быть хоть немного похожей на Творца. Теперь, встретив под табуром де-Гальгальта огромные желания получать, Бина (Некудот де-САГ) должна была им подчиниться и передать им немного ор хохма, который она сама вынуждена попросить сверху.

65-68. Место четырех миров АБЕА и понятие парсы между миром Ацилут и мирами БЕА

Эти большие вновь приобретенные желания (далет/гимель) неизмеримо больше, чем сила экрана Некудот де-САГ, поэтому возникает угроза, что Некудот де-САГ теперь захотят получить свет ради собственного удовольствия, а не ради Творца. Чтобы это предотвратить, Малхут мира Бесконечности, которая в свое время приняла решение о ЦА, поднимается из окончания парцуфа Гальгальта, где она находилась до сих пор, в середину Тиферет парцуфа Некудот де-САГ, отсекая этим келим получения – нижнюю часть Тиферет, Нецах, Ход, Есод и Малхут, ограничивая их использование. Почему именно эти сфирот?

Высшие сфирот: Кетер, Хохма, Бина, Хесед, Гвура и верхняя часть Тиферет по своей природе являются отдающими келим, поэтому они и не переняли желания НЕХИМ Гальгальты (далет/гимель). Только ТАНХИМ Некудот де-САГ восприняли эти желания, потому что они являются аналогичными им келим, хотя и имеющими намного меньший авиут. Вспомним, что НЕХИМ Гальгальты имеют решимот далет/гимель, а Некудот де-САГ – это переход от решимот бет/бет к бет/алеф.

Высший свет может пройти через Гальгальту, АБ, САГ, спуститься под табур и пройти через Кетер, Хохма, Бина, Хесед, Гвура и половину Тиферет, то есть дойти до Малхут, которая стоит теперь в середине Тиферет. Под Малхут же свет не может спуститься, так как там находятся эгоистические желания, которые остались в абсолютной пустоте и темноте.

Таким образом, Малхут разделила Некудот де-САГ на отдающие келим, которые находятся над ней, и на келим получения, которые расположены под ней. Линия, разделяющая их, называется «парса». Над ней может быть любой свет, включая ор хохма, так как там находятся отдающие келим, или ГЭ. Это место, где в дальнейшем возникнет мир Ацилут.

Он абсолютно альтруистический и будет управлять всем творением, создаст миры БЕА, парцуф Адам Ришон, будет способствовать его «прегрешению» и разбиению на 600 тысяч душ. В дальнейшем этот же мир Ацилут начнет исправлять все разбитые келим, поднимать их наверх, вплоть до окончательного исправления (гмар тикун) в течение 6000 лет-ступеней.

Вторая половина Тиферет, которая находится под парсой, то есть ЗАТ де-Бина, все-таки имеет свойства Бины, поэтому на ее месте в дальнейшем образуется мир Брия (Бина). Ниже нее, на месте Нецах, Ход, Есод, создастся мир Ецира, а на месте Малхут – мир Асия.

Такова общая схема образования миров. А пока что у нас появилось понятие «место», которое с нашим физическим, повседневным определением понятия места не имеет ничего общего. Местом называются сфирот Некудот де-САГ, находящиеся от табура до сиюма Гальгальты и разделенные парсой на место мира Ацилут и место миров БЕА.

Еще нужно отметить такие свойства будущих миров, как подъем и спуск. При этом их место может подниматься или опускаться вместе с ними, а может оставаться на своем месте[1]. Миры всегда поднимаются или опускаются вместе с душами.

סו) והנה תיכף בעת הצמצום, דהיינו בעת עלית המלכות לבינה, עוד מטרם העלית מ"ן והזווג שנעשה בנקבי עינים דא"ק, גרם זה שיתחלק פרצוף הנקודות דס"ג דא"ק, לד' חלוקות: א) כח"ב חג"ת עד החזה שלו, הנבחנים למקום אצילות. ב) ב"ש ת"ת שמחזה ולמטה עד סיום הת"ת שנעשה למקום לבריאה. ג) ג' הספירות נה"י שלו שנעשה למקום עולם היצירה. ד) המלכות שבו שנעשה למקום עולם העשיה.

66. *И вот, сразу же в момент сокращения, то есть в момент подъема Малхут в Бину, еще до подъема МАН и зивуга, произошедшего в никвей эйнаим де-АК, это привело к тому, что парцуф Некудот де-САГ де-АК разделился на четыре части:*

1) [Сфирот] КАХАБ ХАГАТ до его хазэ, которые определяются как место мира Ацилут.

2) Две трети Тиферет от хазэ и ниже до окончания Тиферет, которые стали местом для мира Брия.

---

[1] См. также объяснения к п. 145. – *Ред.*

65-68. Место четырех миров АБЕА и понятие парсы между миром Ацилут и мирами БЕА

3) Три сфиры его НЕХИ, которые стали местом мира Ецира.

4) Малхут, что в нем, которая стала местом мира Асия.

סז) וטעם הדברים הוא, כי מקום עולם אצילות, פירושו, המקום הראוי להתפשטות אור העליון, ומתוך עלית המלכות המסיימת למקום בינה דגוף הנק' ת"ת, נמצא מסתיים שם הפרצוף, ואין האור יכול לעבור משם ולמטה, הרי שמקום האצילות נסתיים שם בחצי ת"ת על החזה, וכבר ידעת שסיום החדש הזה שנעשה כאן, נקרא בשם **פרסא** שמתחת עולם האצילות, ובאלו הספירות שהן למטה מהפרסא יש בהם ג' חלוקות.

והוא מטעם, כי באמת לא היו צריכים לצאת למטה מהאצילות רק ב' הספירות זו"ן דגופא הנקרא נהי"מ, כי מאחר שהסיום נעשה בבינה דגופא, שהוא ת"ת, נמצאים רק הזו"ן שלמטה מת"ת שהם למטה מהסיום, ולא הת"ת, אמנם גם חצי ת"ת התחתון יצא ג"כ למטה מסיום. והטעם הוא, כי הבינה דגוף נכללת ג"כ מע"ס כח"ב זו"ן, ומתוך שהזו"ן הללו דבינה, הם שרשים של הזו"ן דגוף הכוללים שנכללו בהבינה, הם נחשבים כמוהם, וע"כ יצאו גם הזו"ן דבינה למטה מהפרסא דאצילות ביחד עם הזו"ן הכוללים

67. А причина сказанного в том, что место мира Ацилут означает место, пригодное для распространения высшего света, и вследствие подъема Малхут месаемет в место Бины де-гуф, которое называется Тиферет, получается, что там заканчивается парцуф, и свет не может пройти оттуда и ниже, ведь место [мира] Ацилут оканчивается там, в середине Тиферет на [уровне] хазэ. И ты уже знаешь, что это новое окончание (сиюм), которое образовалось здесь, называется **«парса»**, [и она находится] под миром Ацилут. А в тех сфирот, которые находятся ниже парсы, есть в них три деления.

И это потому, что, по правде говоря, должны были выйти ниже Ацилута только две сфиры ЗОН де-гуф, называемые НЕХИМ, ведь из-за того, что сиюм был сделан в Бине де-гуф, то есть в Тиферет, только ЗОН, которые ниже Тиферет, находятся ниже этого сиюма, а не сама Тиферет. Однако также и нижняя половина Тиферет тоже вышла ниже этого сиюма. И причина этого в том, что Бина де-гуф содержит в себе включение также и от десяти сфирот КАХАБ ЗОН. И вследствие того, что это ЗОН Бины, они являются общими корнями ЗОН де-гуф, которые были включены в Бину, [и] они считаются такими же, как они. И поэтому вышли также ЗОН де-Бина ниже парсы де-Ацилут вместе с общими ЗОН.

Это значит, что у них уже есть желание получать, но не для себя, а для того чтобы передать свет вниз, в ЗОН.

ומטעם זה נסדקה ספירת הת"ת לרחבה במקום החזה, כי המלכות שעלתה לבינה עומדת שם, ומוציאה גם את הזו"ן דבינה לחוץ, שהם ב"ש הת"ת שמחזה ולמטה עד סיומו. ועכ"ז יש הפרש בין ב"ש ת"ת לבין נהי"מ, כי הב"ש ת"ת שייכים באמת לבינה דגוף, ולא יצאו למטה מסיום האצילות מחמת עצמם, רק מפני שהם שורשי הזו"ן, לכן אין הפגם גדול בהם, כי אין יציאתם מחמת עצמם, וע"כ נבדלו מהנהי"מ, ונעשו לעולם בפני עצמו, והוא הנקרא **עולם הבריאה**.

*И из-за этого разделилась (досл. «треснула») сфира Тиферет по своей ширине в месте хазэ, потому что Малхут, которая поднялась в Бину, находится там и выводит также ЗОН Бины наружу, то есть две трети Тиферет от хазэ и ниже, до его окончания. Но вместе с тем существует разница между двумя третями Тиферет и НЕХИМ, потому что две трети Тиферет относятся на самом деле к Бине де-гуф, и они вышли вниз, ниже окончания [мира] Ацилут не из-за себя, а лишь потому, что они являются корнями ЗОН. И поэтому в них нет большого изъяна, ведь их выход [ниже Ацилута] произошел не из-за них самих. И поэтому они отделились от НЕХИМ, и стали самостоятельным миром. И он называется **миром Брия**.*

סח) גם הזו"ן דגוף הנקרא נהי"ם נתחלקו ג"כ לב' בחינות, כי המלכות להיותה בחינת נוקבא נמצאת פגמה יותר קשה, והיא נעשית למקום **עולם העשיה**. והז"א שהוא נה"י, נעשה **לעולם היצירה** למעלה מעולם עשיה.

והנה נתבאר, איך נחלק פרצוף הנקודות דס"ג, בסבת הצמצום ב', ונעשה מקום לד' עולמות: אצילות, בריאה, יצירה, עשיה, אשר הכח"ב עד החזה שבו, נעשה מקום לעולם אצילות. וחצי ת"ת התחתון שמחזה עד סיום הת"ת, נעשה מקום לעולם הבריאה. והנה"י שבו לעולם היצירה. והמלכות שלו לעולם העשיה.

ומקומם מתחיל מנקודת הטבור דא"ק, ומסתיים ממעל לנקודת עוה"ז, דהיינו עד סיום רגליו דא"ק, שהוא סוף שיעור הלבשת פרצוף נקודות דס"ג לפרצוף גלגלתא דא"ק, כנ"ל.

65-68. Место четырех миров АБЕА и понятие парсы между миром Ацилут и мирами БЕА

68. Также и ЗОН де-гуф, называемые НЕХИМ, тоже разделились на две бхины, потому что Малхут, являясь свойством нуквы, повреждена сильнее, и она становится местом **мира Асия**. А ЗА, то есть НЕХИ, стал **миром Ецира** выше мира Асия.

И вот выяснилось, как разделился парцуф Некудлт де-САГ вследствие ЦБ, и [как] образовалось место для четырех миров Ацилут, Брия, Ецира, Асия: КАХАБ ХАГАТ до хазэ, что в нем, стали местом для мира Ацилут, нижняя половина Тиферет от хазэ и до сиюма Тиферет стала местом для мира Брия, НЕХИ, что в нем, – для мира Ецира, а его Малхут – для мира Асия.

И их место начинается от точки табура де-АК и заканчивается выше точки «этого мира», то есть до сиюма раглаим (окончания ног) де-АК, являющегося окончанием меры облачения парцуфа Некудот де-САГ на парцуф Гальгальта де-АК, как было сказано выше.

Желания созданы Творцом, и их нельзя изменить. Все желания созданы в виде Малхут мира Бесконечности. Можно только решать, каким образом и когда их применять. Каждое желание можно применять, работать с ним либо отставить его до лучших времен.

Если ты можешь это сделать, то ты уже называешься человеком в духовном понимании этого слова, и у тебя уже есть экран. Ты являешься хозяином своих действий и своих желаний. Если благодаря экрану ты уже можешь пользоваться какими-то желаниями, то в зависимости от силы экрана ты сможешь наполнить эти желания светом Творца.

Сами желания называются кли (сосудом) твоей души, а свет – ее светом. Душа – это желания, с которыми ты работаешь ради Творца. Наполненный сосуд подобен душе.

ЦА был не на ограничение использования желаний, не на то, чтобы не желать. Над этим мы не властны. Мы всегда желаем. Сокращение было сделано только как запрет получать ради себя. Но получать ради Творца можно всегда. И Малхут от пэ до табура начала получать ор хохма ради Творца в те желания, которые находятся там.

Под табуром находятся десять сфирот Некудот де-САГ. Парса разграничила Некудот де-САГ на две части – альтруистическую и эгоистическую. Альтруистические келим кончаются в Тиферет де-Тиферет.

Как уже было сказано, понимание материала нам необходимо для общей картины, для понимания смысла каббалы, о чем идет речь, куда она нас ведет, что дает. Как можно начать работу с набором наших желаний, с какого из них я могу начать, могу я ими пользоваться или нет, при каких условиях.

69-78. Состояния катнут и гадлут, возникшие в мире Некудим

ענין הקטנות והגדלות שנתחדש בעולם הנקודים

סט) והנה אחר שידעת בדרך כלל ענין הצמצום ב', שנעשה בפרצוף הנקודות דס"ג, לצורך אצילות הע"ס דעולם הנקודים, שהוא פרצוף הרביעי דא"ק, נחזור ונבאר ענין יציאת הע"ס דנקודים בפרטיות.

וכבר נתבאר ענין יציאת פרצוף מפרצוף, שכל פרצוף תחתון נולד ויוצא ממסך דגוף דעליון אחר הזדככותו ועלייתו להתחדשות הזווג להפה דעליון והגורם להזדככות הזה הוא הביטוש דאו"מ במסך דפרצוף העליון, המזכך למסך מעביות דגוף שבו, ומשווה אותו לבחינת עביות דראש. (כנ"ל באות ל"ה, עש"ה) שבדרך זה יצא פרצוף ע"ב דא"ק מפרצוף הכתר דא"ק, וכן פרצוף ס"ג דא"ק מפרצוף ע"ב דא"ק, כמ"ש שם.

והנה גם פרצוף הד' דא"ק הנקרא ע"ס דעולם הנקודים, נולד ויצא מהעליון שלו, שהוא ס"ג דא"ק, ג"כ באותו הדרך.

69. *И вот, после того как ты узнал в общем виде, что представляет собой ЦБ, произошедший в парцуфе Некудот де-САГ для создания десяти сфирот мира Некудим, который является четвертым парцуфом де-АК, вернемся и выясним порядок выхода десяти сфирот де-Некудим в подробностях.*

И уже был выяснен процесс выхода одного парцуфа из другого, когда каждый нижний парцуф рождается и выходит из экрана де-гуф высшего [парцуфа], после его ослабления и очищения [от авиюта] (издахехут) и подъема для возобновления зивуга в пэ высшего [парцуфа]. И причиной этого ослабления и очищения является соударение (битуш) окружающего света с экраном высшего парцуфа, который ослабляет и очищает экран от авиюта де-гуф, что в нем, и приводит его к равенству с бхиной авиюта де-рош (как было объяснено в п. 35 – хорошо изучи это там). И таким образом вышел парцуф АБ де-АК из парцуфа Кетер де-АК, а также парцуф САГ де-АК из парцуфа АБ де-АК, как было сказано там.

И вот, также и четвертый парцуф де-АК, называемый десятью сфирот мира Некудим, родился и вышел из своего высшего – из парцуфа САГ де-АК таким же образом.

Это означает, что если бы не было спуска Некудот де-САГ под табур Гальгальты и ЦБ, то мир, точнее – парцуф Некудим, был бы просто парцуфом ЗА мира АК. Однако вышеперечисленные события привели к тому, что парцуф Некудим принципиально отличается от предыдущих парцуфим.

Подъем экрана де-гуф в пэ де-рош означает, что он становится по своим свойствам тождественным экрану в пэ де-рош. Как уже было сказано, на самом деле в духовном мире нет никаких подъемов и спусков. Просто каббалисты пользуются этими понятиями («подъем», «спуск» и т. п.) для того, чтобы объяснить нам процессы, происходящие в духовном. Например, я нахожусь на какой-то ступени. Если у меня появляются свойства, тождественные свойствам вышестоящей ступени, это значит, что я поднимаюсь на эту ступень.

ע) אמנם יש כאן ענין נוסף, כי בפרצופין הקודמים, בעת הזדככות המסך והעליה לפה דראש דעליון, לא היה המסך כולל רק מהרשימות דעביות דגוף העליון בלבד, משא"כ כאן בהזדככות המסך דס"ג דא"ק לצורך הנקודים, היה המסך הזה כלול מב' מיני רשימות.

כי מלבד שהוא כולל מרשימות העביות של עצמו, דהיינו מבחינת הספירות דגוף דס"ג דא"ק, הנה הוא כולל עוד מרשימות העביות דזו"ן דא"ק שלמטה מטבור. והוא מטעם התערבותם יחד למטה מטבור דא"ק כמ"ש לעיל באות ס"א, שהנקודות דס"ג ירדו למטה מטבור דא"ק, ונתערבו יחד עם הזו"ן דא"ק אשר שם.

70. Однако есть здесь дополнительный фактор, ведь в предыдущих парцуфим, во время издахехут экрана и подъема в пэ де-рош высшего, экран имел включение только лишь от решимот авиюта де-гуф высшего, тогда как здесь, во время издахехут экрана САГ де-АК для [выхода] Некудим, этот экран имел включения от двух видов решимот.

Ибо кроме того, что он содержит в себе включение от своих собственных решимот авиют, то есть от сфирот де-гуф де-САГ де-АК, он [также] содержит еще включение от решимот авиюта де-ЗОН де-АК, находящихся ниже табура. И это по причине их перемешивания под табуром де-АК, как было объяснено выше в п. 61, когда Некудот де-САГ спустились ниже табура де-АК и перемешались вместе с ЗОН де-АК, которые там.

Первая пара – это обычные бет/алеф, то есть решимот, идущие по порядку после ослабления экрана парцуфа САГ (гимель/бет). На эти решимот происходит ударное взаимодействие, ведущее к созданию парцуфа МА Элион. Этот парцуф, а также следующий за ним БОН Элион, никакого отношения к нам, то есть к настоящему творению, не имеют.

Эти парцуфим существуют только для того, чтобы дополнить мир АК, ведь, как известно, каждый духовный объект должен состоять из пяти бхинот. Так вот и мир АК должен состоять из своих пяти частей.

Вторая пара решимот – это тоже бет/алеф, но это уже совершенно другие решимот. Во-первых, они несут в себе информацию о том, что в Некудот де-САГ произошел ЦБ и теперь нельзя напрямую пользоваться никакими келим получения, то есть вообще нельзя напрямую получать свет хохма, даже имея намерение получить его ради Творца.

Это значит, что теперь можно пользоваться только келим до ГАР де-Бина включительно. Во-вторых, эти решимот несут информацию о том, что Некудот де-САГ побывали под табуром. На эти решимот происходит зивуг де-акаа, ведущий к образованию катнута (маленького состояния) мира Некудим.

Третья пара решимот – это далет/гимель, то есть те огромные желания, близкие по своим свойствам к сущности творения, которые были переняты Некудот де-САГ у НЕХИМ де-Гальгальта. На эти решимот был сделан зивуг де-акаа, приведший к образованию гадлута (большого состояния) мира Некудим. Строго говоря, катнут де-Некудим – это парцуф, а гадлут де-Некудим – это уже мир.

Именно наличие таких огромных желаний, такой дополнительный авиют, и позволяет создать мир, состоящий из нескольких парцуфим. Таким образом, пробуждение решимот далет/гимель приводит к возникновению мира.

Изучение каббалы – это накапливающийся процесс. Творец точно знает, сколько вы сидите на занятиях, сколько слушаете, сколько вы боретесь со сном, учитывает все это и потом «открывает краник». У каждого – свой путь, здесь нет умных и глупых. Важны усилия, которые приложены против эгоистических желаний.

Не надо ничего делать искусственно. Нужно упорно продвигаться вперед, но при этом надо бояться, что ты будешь отброшен назад. Для того чтобы этого не произошло, нужно все время что-то делать для группы, переводить статьи, распространять каббалу везде, где это возможно. Человек до последнего момента не знает, когда он выйдет на следующую ступень. Желательно уже сейчас научиться мыслить духовными категориями.

עא) ומכח זה נתחדש כאן בפרצוף הנקודים, ענין קטנות וגדלות, אשר מבחינת הרשימות דעביות שבמסך, יצאו עליהם ע"ס דקטנות נקודים. ומבחינת הרשימות דזו"ן דא"ק שלמטה מטבור, שנתחברו ונתערבו עם הרשימות של המסך, יצאו עליהם ע"ס דגדלות נקודים.

71. И благодаря этому впервые возникли здесь, в парцуфе Некудим, два состояния: «катнут» (малое состояние) и «гадлут» (большое состояние), когда от свойства решимот де-авиют в экране на них вышли десять сфирот де-катнут Некудим. А от свойства решимот ЗОН де-АК, находящихся ниже табура, которые присоединились и смешались с решимот экрана, на них вышли десять сфирот де-гадлут Некудим.

עב) גם תדע, אשר הע"ס דקטנות נקודים שיצאו על המסך, נחשבים לעיקר הפרצוף נקודים, משום שיצאו על סדר המדרגה, דהיינו מעצם המסך דגוף העליון. ע"ד שיצאו ג' פרצופין הקודמים דא"ק. אבל הע"ס דגדלות נקודים נחשבות רק לתוספת בלבד על פרצוף הנקודים. משום שיצאו רק מזווג על הרשימות דזו"ן דא"ק שלמטה

מטבור, שלא באו על סדר המדרגה אלא שנתחברו ונתוספו על המסך מסבת ירידתו
דפרצוף נקודות דס"ג למטה מטבור דא"ק, כנ"ל אות ע'.

72. *Также знай, что десять сфирот де-катнут мира Некудим, которые вышли на сам экран, считаются основой парцуфа Некудим, поскольку они вышли по порядку ступеней, то есть из самого экрана де-гуф высшего. Таким же образом, как вышли и три предыдущих парцуфа АК. А десять сфирот де-гадлут мира Некудим считаются только лишь дополнением к парцуфу Некудим, поскольку они вышли только от зивуга на решимот ЗОН де-АК, которые ниже табура, и которые не пришли соответственно порядку ступеней, а присоединились и добавились к экрану по причине спуска парцуфа Некудот де-САГ ниже табура де-АК, как сказано выше в п. 70.*

Поначалу человек хочет понять каббалу, но понимание приходит по мере приложения усилий, а не поглощения информации. Учеба лишь позволяет нам «связаться» с духовным. Информация дает только общую схему: каким образом, что и как устроено. Но как это пощупать, узнать, где оно находится, в каком виртуальном пространстве его поймать и ощутить, какая существует связь между явлениями? Это подобно тому, как музыкант чувствует каждую ноту. Любой специалист своего дела с полуслова понимает, о чем говорится, ощущает это внутренне, мысленно и чувственно, пропускает это через себя, модулирует в себе.

Осознание всегда чувственно. Я работал много лет с самолетами-истребителями. В то время внедрялась цифровая вычислительная техника. Но для летчика все это переводилось на стрелки приборов, потому что в полете невозможно сконцентрироваться на цифрах, в то время как по стрелкам одним взглядом можно оценить ситуацию. Образы играют в нашем восприятии главенствующую роль.

То, что мы учим здесь технически, лишь дает внешнюю основу, а главное в том, насколько каждый из нас может создать в себе внутренние образы и постепенно переносить на них техническую информацию. А зависит это от тех усилий, которые мы вкладываем.

Духовное чувство рождается в человеке дополнительно к его пяти органам чувств. Оно никак не связано ни с разумом, ни с какими другими органами чувств. Поэтому неважно, на каком языке читать каббалистические книги. Важно возбудить на себя окружающий свет.

Есть методы, способствующие большему возбуждению. Ум человека не играет в этом никакой роли. Только настойчивость и желание дают возможность войти в замок Творца. Мне Учитель долгое время не разрешал переезжать в Бней Брак, и я постоянно ездил из Реховота по два раза в день. Возвращался из поездки в десять вечера, а в два ночи снова уезжал в Бней Брак.

Я уставал, спал на уроках, но Учитель говорил, что все, что должно войти, все равно войдет. Усилия сыграли свою роль. Если человек думает, что уже нет смысла идти заниматься, так как проспал, все равно не поймет ничего, — это говорит от том, что он не понимает, что в духовном усилие измеряется не временем и физической силой, а внутренним сопротивлением эгоизму и его преодолением, даже если это происходит в одно мгновение... У нас был человек, который заканчивал работу очень поздно, поэтому, чтобы успеть хотя бы к окончанию вечернего занятия, он приезжал на такси за десять минут до окончания урока. Эти десять минут давали ему больше, чем высиживающему все два часа.

У меня нет никаких претензий к тем, кто сидит в кафе или у телевизора. Им еще не дали желания заниматься каббалой. Пройдет эта жизнь, еще пара жизней, пока поспеет и их душа. У нас в предыдущих перевоплощениях было то же самое, я это вижу по людям, которые здесь сидят...

עג) והנה תחילה נבאר הע"ס דקטנות נקודים. וכבר ידעת, כי אחר התפשטות דס"ג דא"ק, נעשה בו הביטוש דאו"מ באו"פ, דהיינו על המסך שלו, וזיכך אותו על

דרך המדרגה, אשר הקומות היוצאות בדרך הזדככותו, נקראות נקודות דס"ג, והן שירדו למטה מטבור דא"ק ונתערבו עם הבחי"ד אשר שם, (כנ"ל באות ס"ב, עש"ה)

והנה אחר שנגמר להזדכך מכל העביות דגוף שבמסך, ולא נשאר בו רק בחינת עביות דראש, נבחן שעלה לראש הס"ג וקבל שם זווג מחדש על שיעור העביות שנשארו ברשימות שבמסך, ע"ד שנתבאר לעיל באות ל"ה.

73. И вначале выясним десять сфирот де-катнут Некудим. И ты уже знаешь, что после распространения САГ де-АК в нем произошел битуш окружающего света с внутренним светом, то есть на его экран, который очистил экран [от авиюта] согласно порядку ступеней так, что уровни, которые выходят в процессе его очищения, называются Некудот де-САГ – они и опустились ниже табура де-АК и смешались с бхиной далет, что там (как было объяснено выше в п. 62 – изучи там это как следует).

И вот, после того как (экран) закончил очищаться от всего авиюта де-гуф, что был в экране, и в нем осталась только бхина авиюта де-рош, считается, что он поднялся в рош де-САГ и снова принял участие в зивуге, на ту меру авиюта, которая осталась в решимот, что в экране, таким же образом, как это было выяснено выше в п. 35.

עד) וגם כאן נבחן, שבחינה אחרונה דעביות, שהיא העביות דבחי"ב שהיתה במסך, נאבדה לגמרי, ורק רשימו דהתלבשות נשאר ממנה, ומהעביות לא נשאר כי אם בחי"א בלבד. ולפיכך קבל המסך שם בראש הס"ג, ב' מיני זווגים (כנ"ל באות מ"ג), שמהתכללות בחי"א דעביות תוך בחי"ב דהתלבשות, הנקרא התכללות הרשימו דנקבה ברשימו דזכר, יצאה עליהם קומת בינה בקירוב, שהוא ו"ק דבינה, וקומה זו נקראת ספירת הכתר דנקודים.

ומהתכללות הזכר בהרשימו דנקבה, דהיינו התכללות הרשימו דבחי"ב דהתלבשות בבחי"א דעביות, יצאה קומת ז"א שהוא בחינת ו"ק בלי ראש, הנקרא אבא ואמא דנקודים אב"א.

וב' קומות הללו נקראות ג"ר דנקודים, כלומר, בחינת ע"ס דראש נקודים, כי כל ראש מכונה בשם ג"ר או כח"ב. ויש חילוק ביניהם, כי הכתר דנקודים, שהוא קומת הזכר, אינו מתפשט לגוף, ורק בראש הוא מאיר, ואו"א דנקודים, שהם קומת הנקבה, היא לבדה מתפשטת לגוף הנקרא ז"ס תחתונות דנקודים, או חג"ת נה"י דנקודים.

74. Так же и здесь считается, что последняя бхина авиюта, то есть бхина бет, которая была в экране, была

потеряна полностью, и лишь решимо де-итлабшут осталось от нее. А от авиюта осталась только лишь бхина алеф. И в соответствии с этим экран получил там, в рош САГ, два вида зивуга (как описано выше в п. 43), когда от включения бхины алеф де-авиют в бхину бет де-итлабшут, называемого включением решимо де-некева в решимо де-захар, на них вышел уровень Бины в приближении – примерно ВАК де-Бина. И этот уровень называется «сфират Кетер де-Некудим».

А вследствие включения захара в решимо де-некева, то есть вследствие включения решимо бхины бет де-итлабшут в бхину алеф де-авиют, вышел уровень ЗА, и он представляет собой ВАК без рош, и называется «Аба ве-Има (АВИ) де-Некудим» в положении «ахор бе-ахор» (досл. «спиной к спине»).

И два этих уровня называются «ГАР де-Некудим» («гимель ришонот» – три первых сфиры де-Некудим), или десять сфирот де-рош де-Некудим, так как любой рош называется ГАР или КАХАБ. И есть разделение между ними, потому что Кетер де-Некудим, то есть уровень захар, не распространяется в гуф, а светит только в рош. А АВИ де-Некудим, т.е уровень некева, только он распространяется в гуф, называемый семь нижних сфирот де-Некудим, или ХАГАТ НЕХИ де-Некудим.

Мир Некудим – это первый мир, который построен по принципу ЦБ, поэтому в нем присутствуют некоторые элементы, имеющие отражение в нашем мире.

Расстояние от Творца до нас можно разделить следующим образом: рош де-Гальгальта – это, грубо говоря, далет бхинот де-ор яшар (четыре стадии возникновения и развития кли из света). Затем от пэ де-Гальгальты и вниз – Малхут мира Бесконечности. Малхут мира Бесконечности решает принимать какую-то часть света в тох после ЦА (таамим).

Дальнейшее давление ор макиф на экран способствует ослаблению экрана и постепенному появлению парцуфим Гальгальта, АБ, САГ, МА и БОН. А затем Некудот де-САГ спустились под табур и образовали десять сфирот, в которых есть ГЭ (отдающие келим) и АХАП (келим получения). В келим получения проявилось большое желание получить свет ради себя, и тогда Малхут мира Бесконечности, выполняя ЦА, поднялась в Бину и предотвратила получение света в эти келим. Так произошел ЦБ.

Затем экран Некудот де-САГ начал подниматься вверх с решимот бет де-итлабшут/алеф де-авиют, решимот от ЦБ и решимот от НЕХИМ Гальгальты (далет/гимель). На первую пару решимот (обычные бет/алеф) происходит зивуг, приведший к созданию парцуфим МА Элион и БОН Элион. Второй зивуг происходит на решимот бет/алеф плюс информация о ЦБ, и свет распространяется только в ГЭ. Парцуф, который вышел на эту пару решимот, называется «катнут мира Некудим» (см. выше).

Когда люди, изучающие «Введение в науку каббала», доходят до этого места, в них как бы происходит какой-то перелом, и им приходится все изучать заново. Этот перелом не случайный, так как, начиная от ЦБ и дальше, мы начинаем изучать истоки нашей души. ЦА и его следствия к нашей душе прямого отношения не имеют. Только начиная с первого парцуфа, возникшего на основе ЦБ, – мира Некудим и далее, мы начинаем видеть, как развивается наша душа, наши свойства, наши стремления, которые происходят от осколков общей души Адам Ришон. Конечно, законы ЦА, не имея на нас прямого действия, оказывают общее влияние на все мироздание.

Некудот де-САГ, спустившись под табур, получили при этом дополнительные желания (далет/гимель), на которые у них не было достаточного экрана, то есть сил сопротивляться им. Возник избыток эгоистических желаний и, как следствие этого, подъем Малхут в Бину до верхней трети Тиферет. Теперь свет не может распространиться ниже парсы.

Для того чтобы свет мог распространиться от табура и до парсы, САГ должен сделать предварительный расчет в рош. Для этого он поднимает экран из пэ до никвей эйнаим (границы между ГАР де-Бина и ЗАТ де-Бина де-рош, то есть между отдающими и получающими келим), в рош САГ над табуром АК, рассчитывая при этом, что и в гуф де-Некудим под табуром АК свет распространится только до парсы. На этом месте появляется парцуф, который называется «катнут мира Некудим». У него есть два рош (Кетер и Аба ве-Има) и гуф — ЗОН. Оба рош повернуты спиной друг к другу (такое состояние называется «ахор бе-ахор»). В духовном мире есть такое понятие, как сочетание парцуфим между собой. В десяти сфирот каждого парцуфа, когда свет постепенно распространяется из одной сферы в другую, верхняя часть сферы — получающая, средняя — она сама, а нижняя отдает свет следующей сфире.

Аба ве-Има мира Некудим расположены по отношению друг к другу спина к спине (ахор бе-ахор), имеется в виду, что у обоих отсутствует свет хохма, и второе объяснение, что получили исправление, называемое «ахор бе-ахор», или «ки хафец хесед», то есть имеет только свет хасадим.

Обычно словом «ахораим» (задняя часть) обозначают ту часть, которую не используют или ради получения, или ради отдачи. «Паним», лицо — смысл противоположный, используемое качество. Исправление «ахор бе-ахор» называется также «исправление ахораим де-Има», являющиеся Биной прямого света, не желающей света хохма, а только хасадим.

Аба ве-Има — это ЗА, бхинат ВАК — отсутствует свет хохма, но благодаря полученному исправлению не желают хохма, а только хасадим, поэтому считаются рош и ГАР. Этот тикун (исправление) получили через захар, имеющий бет де-итлабшут. Аба ве-Има — бхинат алеф де-авиют включились в бет де-итлабшут, поэтому, когда произошел зивуг на их бхинот, включились в зивуг также качеством «ки хафец хесед».

69-78. Состояния катнут и гадлут, возникшие в мире Некудим

В мире Некудим происходит то же самое. Два объекта могут находиться в четырех состояниях: ахор бе-ахор, ахор бе-паним, паним бе-ахор, паним бе-паним. Когда Аба ве-Има находятся ахор бе-ахор, то и Аба ничего не хочет дать Има, и Има не желает ничего получить от него. Только в состоянии паним бе-паним можно передать свет от Аба к Има. Есть два вида зивугим: духовный, в результате которого не рождается новый парцуф, и «телесный», когда происходит рождение следующего парцуфа.

עה) באופן שיש כאן ג' מדרגות זה תחת זה:
הא' הוא הכתר דנקודים, שיש לו קומת ו"ק דבינה, הב' הוא קומת או"א דנקודים שיש להם קומת ז"א. והם שניהם בחינת ראש כנ"ל.
הג' הוא ז"ת דנקודים חג"ת נהי"מ, שהם בחינת הגוף דנקודים.

75. *Таким образом, есть здесь три ступени, одна под другой.*

Первая – это Кетер де-Некудим, который имеет уровень ВАК де-Бина. Вторая – это ступень АВИ де-Некудим, которые имеют уровень ЗА. И обе они относятся к свойству рош, как было сказано выше.

Третья – это ЗАТ (семь нижних сфирот) де-Некудим, ХАГАТ НЕХИМ, и они относятся к свойству гуф де-Некудим.

Вспомним, что Гальгальта, Кетер, имеет решимот далет/далет (4/4); АБ, Хохма, имеет решимот далет/гимель (4/3); САГ, Бина, имеет решимот гимель/бет (3/2). Следующий парцуф – это мир Некудим, который является парцуфом ЗА, или МА (усеченным, впрочем, из-за ЦБ). Так вот, Аба ве-Има и ЗОН мира Некудим как раз и являются этим самым общим Зеир Анпином (ЗА) мира Адам Кадмон.

Отметим, что в состоянии катнут мир Некудим – это не более чем четвертый парцуф (ЗА) мира АК. Кетер же мира Некудим представляет собой ВАК де-Бина – переходную ступень между парцуфом Бина (САГ) и парцуфом ЗА (мир Некудим).

Раньше мы не обращали внимания на то, что у парцуфа есть два рош, хотя это присутствует в каждом парцуфе. Так как есть два вида решимот – итлабшут и авиют, то есть и два зивуга, а следовательно, и два рош. Но раньше они не играли большой роли, и мы о них не упоминали. Здесь же, в состоянии катнут Некудим, они играют особую роль и очень важны.

Постараемся научиться «примерять» на себя законы устройства духовных миров. Есть душа, человек. Но раньше на любые его желания у него был экран, с помощью которого он мог принять определенное количество света ради Творца, а сейчас он заранее не может использовать все желания ради Творца, потому что среди них есть и те, что хотят получать ради себя. Поэтому он ими не пользуется, отставляет в сторону, а работает только с альтруистическими желаниями: Кетер, Хохма, Бина, Хесед, Гвура и часть Тиферет.

Сейчас появляются основы для возникновения исполнительных желаний-заповедей – они относятся к сфирот, находящимся выше парсы, и запретительных желаний-заповедей, которые относятся к сфирот, находящимся ниже парсы. Когда в конце исправления у парцуфа появится экран и на запретительные желания, и они превратятся в исполнительные, то он сможет полностью наполниться светом.

Свет – это наслаждение. Если я получаю и наслаждаюсь, то это эгоизм. Если же я наслаждаюсь, отдавая, то это тоже эгоизм, но уже «другого сорта». Под парсой после ЦБ нет ни ор хохма, ни ор хасадим, там абсолютная тьма. Когда же под парсой образуются миры Брия, Ецира и Асия, то в них появляется определенный свет – ор толада, то есть слабое свечение, предназначенное для духовного рождения и исправления, но не для наслаждения.

За 6000 лет-ступеней мы переходим барьер, отделяющий нас от духовных миров, и поднимаемся до парсы, затем приходит Машиах, высший свет, который там существует, и оживляет мертвые, эгоистические желания и исправляет их. Тогда их тоже можно будет удовлетворять, получая свет (наслаждение). Это и есть «воскрешение мертвых».

Следует подчеркнуть, что создание миров, а именно этот процесс мы сейчас изучаем, принципиально отличается от создания душ. Строго говоря, миры вообще не являются творением, это, по сути, лишь ступени скрытия Творца, как бы неживые объекты, роботы.

Только человек оживляет их, поднимаясь по этим ступеням, он превращает их из ступеней скрытия в ступени раскрытия Творца. Мы об этом уже говорили, но это так важно, что об этом стоит вспоминать вновь и вновь.

Сейчас, когда мы учим создание миров, мы изучаем создание духовной среды, в которой потом будут обитать души. Миры способствуют созданию души Адам Ришон. Затем его душа разбилась на множество осколков, каждый из которых представляет собой человеческую душу, которая, пройдя свое исправление, сможет получать свет, срывая ослабляющие сферы и поднимаясь вверх.

Парса называется точкой будущего мира. Сиюм Гальгальты называется точкой этого мира. Разница между этими двумя точками – расстояние, где располагаются миры БЕА. Мир Ацилут называется Ган Эден.

В нашем мире перед нами стоит задача, как приобрести отдающие келим (ГЭ). Этого мы достигаем пересечением барьера (махсома) и продвижением до парсы. Только в мире Ацилут мы начинаем исправлять и сосуды получения (АХАП). Это значит, что за 6000 лет-ступеней мы только приобретаем альтруистические желания.

Выйдя в VII тысячелетие, в мир Ацилут, мы можем постепенно исправлять эгоистические желания. Это называется воскрешением мертвых эгоистических желаний, которые раньше были запрещены к использованию. На это уходит еще 4000 лет. Десятое тысячелетие уже относится к тайнам Торы, о которых нельзя говорить. В духовном нет времени в нашем понимании. Так называемое тысячелетие можно пройти и за один день, если только сделать соответствующие исправления. Духовная ступень называется годом, потому что при прохождении ступени желания души человека совершают полный цикл изменений.

Мы изучаем самую необходимую науку в жизни, через которую познаются и все другие. Представьте себе пустое пространство, в котором появляется ваше «я». Это «я» состоит из органов чувств, возможности что-то ощутить. То, что ты ощущаешь внутри своих органов чувств, называется «твой мир». А кто тебе дает это ощущение? Творец. Он возникает непонятно откуда, существует снаружи, а ты можешь ощутить Его только внутри себя.

Люди отличаются друг от друга разным набором желаний насладиться. У одного преобладает желание к власти, у другого к деньгам. Один хочет больше животных наслаждений, другой тянется к науке. В духовном мире тоже существуют аналогичные закономерности. Нельзя «войти» в духовную сущность другого.

Поэтому никогда нельзя сравнивать свое ощущение с ощущением другого, потому что каждый пропускает его через свой набор желаний. Мы не можем сравнить ощущения разных людей от приема одной и той же пищи, хотя она и там, и здесь будет, например, сладкой. Общим для всех является только свет Творца.

То, что необходимо для существования, не считается эгоизмом, а потребности у разных людей различны. Если бы я был доволен тем, что мне ничего не нужно для существования, то я был бы свободен от всего и независим, но мне приходится какое-то время уделять на удовлетворение потребностей моего тела, потому что меня таким создал Творец. Хотя это и не считается эгоизмом, но я был бы рад и этого не делать, но это от меня не зависит.

Эгоизм – это выполнение согласно своему желанию. И тут человек сам должен определить, что для него является необходимым для существования его тела, а что излишним, идущим на удовлетворение его эгоистических желаний. Но главное, к чему нужно стремиться, – это ощутить Творца. Постепенное ощущение Творца даст нам силу, уверенность и возможность идти вперед, правильно оценивая существующую ситуацию.

Каббала не делает из человека фанатика и не обязывает от чего-то отказываться. Наоборот, она желает привести нас к полнейшему совершенству и наслаждению. Только те мысли, которые возникают у вас при чтении правильного текста с объяснением истинного Учителя, могут привести к нужному результату. Если при отрыве от книги ваши мысли отвели вас от каббалы, считайте, что вы находитесь уже вне ее.

Каббала приводит нас к такому состоянию, когда уже ощущается точка в сердце, когда оцениваешь себя не с точки зрения эгоистических желаний, а согласно пониманию мироздания и своего местонахождения в нем, то есть с точки зрения альтруизма. И тогда возникает противоречие между эгоизмом и альтруизмом, которое приводит к тому, что человек кричит Творцу с просьбой о помощи, чтобы Он избавил его от эгоизма.

В каждом парцуфе есть рош де-итлабшут и рош де-авиют. В рош де-итлабшут есть информация о том, какой свет был в предыдущем парцуфе, а в рош де-авиют известно, какой экран есть в настоящий момент. Эти два вида информации являются единственным, что вообще существует в мироздании: сила света и сила кли. Они дают нам два вида понятия о силе наслаждения в свете Творца и силе экрана в кли. Затем, после такого расчета в рош, кли получает в свой гуф какую-то часть света ради Творца.

Как уже было сказано, в мире Некудим рош де-итлабшут называется Кетером, а рош де-авиют – Аба ве-Има. Но в этом мире есть еще и третья рош – ИШСУТ, но мы ее обычно не учитываем, потому что она относится к ЦА, находится над табуром и считается частью САГ. Кетер и Аба ве-Има уже относятся к ЦБ.

На каждое решимо должна родиться мысль, которая затем воплощается в действие. Мысль, которая родилась на основании предыдущего наслаждения, решимо де-итлабшут, рош Кетер, не может сейчас ни во что воплотиться из-за отсутствия на это экрана. И только в результате зивуга на решимо де-авиут может возникнуть тело парцуфа, то есть действие.

Мир Некудим состоит из рош Кетер, рош Аба ве-Има и гуф – ЗОН, которые включают в себя семь сфирот. АХАП де-ЗОН находятся под парсой и присоединяются к парцуфу только в состоянии гадлут. Но при этом АХАП передают свои эгоистические желания даже альтруистическим келим, то есть ГЭ, что согласно ЦА приводит к потере экрана, разбиению келим и исчезновению света. Остаются только пустые эгоистические желания.

Сейчас мы изучаем состояние катнут мира Некудим, возникшее в результате зивуга, произошедшего на решимот бет/алеф. Мы сталкиваемся с совершенно новыми понятиями, которые приходится тщательно изучать, потому что на них построено наше кли, наша душа. Мы созданы на основе законов ЦБ, и, преодолев 6000 лет-ступеней, мы проходим путь от нашего мира до парсы, а затем вступаем в мир Ацилут.

Схема мироздания, описываемая каббалистами сверху вниз, и путь постижения человеком духовных миров снизу вверх проходят по одним и тем же ступеням. Собственно говоря, Творец и создал все духовные миры для того, чтобы они были ступенями постижения человека. Путь сверху вниз тщательно описан каббалистами, а путь постижения снизу вверх каждый человек постигает сам, его описать невозможно. Мы изучаем законы духовного мироздания и обязаны их знать, если мы хотим существовать в духовном мире.

Законы ЦБ – это и законы нашего мира, но мы их видим в материальном облачении: физическом, химическом, биологическом, в законах взаимодействия общества. Все эти законы предстают перед нами в чисто внешнем виде, но если покопаться в них, войти поглубже, то мы увидим, что они тоже построены на распространении света, образовании экрана и проч. Мы же с вами изучаем основополагающие законы мироздания, доходя до самых его глубин.

עו) ותדע, שמכח עלית המלכות לבינה נבחנות אלו המדרגות דנקודים, שבעת יציאתן נתבקעו לב' חצאים הנק' פנים ואחורים, כי מאחר שהזיווג נעשה בנקבי עינים, אין בראש אלא ב' ספירות וחצי, שהם גלגלתא ועינים ונקבי עינים, דהיינו כתר חכמה וחצי העליון דבינה, והם מכונים כלים דפנים.

והכלים דאח"פ, שהם חצי בינה התחתון וז"א ונוקבא, יצאו מהע"ס דראש ונעשים לבחינתה של המדרגה שלמטה מהראש, ועל כן, אלו הכלים דראש, שיצאו לחוץ מהראש, נבחנים לכלים דאחורים. ועד"ז נבקעה כל מדרגה ומדרגה.

76. И знай, что в силу подъема Малхут в Бину, выясняется различие этих ступеней де-Некудим, – что во время их выхода они разделились (досл. «раскололись») на две части, которые называются «паним» и «ахораим». Потому что из-за того, что зивуг произошел в никвэй эйнаим, в рош есть только две с половиной сферы – гальгальта ве-эйнаим (ГЭ) и никвей эйнаим (НЭ), то есть Кетер, Хохма и верхняя половина Бины, и они называются «келим де-паним».

А келим де-АХАП (озэн, хотэм, пэ), то есть нижняя половина Бины, ЗА и Нуква, вышли из десяти сфирот де-рош и стали как ступень, которая находится ниже рош. И поэтому эти келим де-рош, которые вышли наружу из рош, считаются «келим де-ахораим». И таким же образом разделилась каждая ступень.

Итак, на АХАП нельзя делать зивуг де-акаа, нельзя делать никакого расчета и получать свет. Этими сфирот нельзя пользоваться, так как они стоят под экраном. Принимаются в расчет только отдающие келим, находящиеся выше экрана. Соответственно этому в гуф парцуфа тоже заполняются только верхние две с половиной сфирот – Кетер, Хохма и ГАР де-Бина. Такое состояние называется «катнут», когда келим получения не используются, а работают только с отдающими келим.

Это аналогично тому, как хозяин выставляет перед гостем десять различных блюд, но гость говорит ему, что всем этим изобилием блюд он может только зрительно наслаждаться, ничего не получая, будучи этим подобен дающему, а получить ради хозяина, согласно силе сопротивления своему эгоизму, сможет только два вида салата.

В парцуфе САГ, который ничего не хочет получать, все равно есть рош, тох и соф. Ничего не получая, он испытывает огромное наслаждение от связи с Творцом, оттого что Он ему раскрывается. Так как САГ по своим свойствам подобен Творцу, в нем распространяется ор хасадим. Возникает вопрос: а нужно ли делать зивуг де-акаа на ор хасадим? Раньше мы сталкивались только с зивугом де-акаа на ор хохма.

Оказывается, на ор хасадим тоже нужно делать зивуг. Ведь, как мы уже говорили, свет Творца един, и только кли в зависимости от своих свойств различает в нем те или другие виды удовольствия. А раз есть экран и зивуг де-акаа, в рош, тох, соф есть келим, в которых распространяется ор хасадим, называемые ГЭ – Кетер, Хохма и ГАР де-Бина (отдающие келим), в АХАП же свет не распространяется.

Творец создал десять сфирот. Они никуда не пропадают. Все зависит только от силы нашего экрана и способности с ним работать. Сейчас экран ослабел, он может работать только с келим де-паним (отдающими келим). Келим де-паним есть в рош, тох и соф. А с келим де-ахораим (келим получения), которые тоже есть там, мы работать не можем. Поэтому экран поднимается из пэ в никвей эйнаим. Весь парцуф как бы принимает другой вид: пэ находится в никвей эйнаим, табур теперь находится там, где раньше был пэ, а соф находится в месте хазе.

Таким образом, после ЦБ парцуфим используют только наиболее высокие – отдающие части своих желаний. Свет, который их наполняет при этом, соответственно, гораздо меньше, чем тот, который наполняет парцуфим в ЦА, – согласно закону об обратной зависимости между использованием келим и наполнением светом (чем более низкие, грубые келим использует парцуф, тем более высокий свет его наполняет). И именно благодаря поднятию экрана, приводящему к использованию только отдающих келим, парцуф может целиком опуститься под табур Гальгальты и работать с грубыми желаниями, представленными там, используя только отдающую часть каждого из них. Парцуфим мира АК не способны использовать эти грубые желания, поскольку они делают расчет и на отдающую, и на получающую их части вместе. Только для передачи света нижним парцуфим, работающим в ЦБ, парцуфим мира АК могут спуститься под табур, поскольку при этом они производят расчет не на себя, а на того, на кого влияют.

Понятия «паним» и «ахораим», соответственно: паним – важная стадия, ахораим – менее важная. Паним используется в отдаче или получении. Ахораим – стадия, в которой нет использования на отдачу или на получение.

עז) ונמצא לפי"ז, שאין לך מדרגה שאין בה פנים ואחורים. כי האח"פ דקומת זכר שהם הכתר דנקודים, יצאו ממדרגת הכתר וירדו למדרגת או"א דנקודים, שהם קומת הנקבה. ואח"פ דקומת הנקבה שהם או"א דנקודים ירדו ונפלו למדרגת הגוף שלהם, דהיינו למדרגות ז"ס חג"ת נה"י דנקודים.

ונמצא שאו"א כלולים מב' בחינות פנים ואחורים, כי בפנימיותם נמצאים אחורים של מדרגת הכתר, דהיינו האח"פ דכתר, ועליהם מלביש הכלים דפנים דאו"א עצמם, דהיינו גלגלתא ועינים ונקבי עינים שלהם עצמם. וכן הז"ת דנקודים כלולים מפנים ומאחורים, כי הכלים דאחורים דאו"א, שהם אח"פ שלהם, נמצאים בפנימיות הז"ת, והכלים דפנים דז"ת נמצאים מלבישים עליהם מבחוץ.

77. *И согласно этому получается, что нет у тебя ступени, в которой бы не было паним и ахораим. Потому что АХАП уровня захар, то есть Кетер де-Некудим, вышли со ступени Кетер и опустились на ступень АВИ де-Некудим. И это уровень некева. А АХАП уровня некева, то есть АВИ де-Некудим, опустились и упали на ступень их гуфа, то есть на ступень семи сфирот ХАГАТ НЕХИ де-Некудим.*

И получается, что Аба ве-Има состоят из двух частей: паним и ахораим. Потому что внутри них находятся ахораим ступени Кетер, то есть АХАП де-Кетер, а на них обла-

чаются келим де-паним самих АВИ, то есть ГЭ (гальгальта ве-эйнаим) и НЭ (никвей эйнаим) их самих. А также и ЗАТ де-Некудим состоят из паним и ахораим, потому что келим де-ахораим де-АВИ, то есть их АХАП, находятся внутри ЗАТ, а келим де-паним де-ЗАТ облачаются на них снаружи.

Например, в рош было пять мыслей и, соответственно им, пять желаний в гуф получить наслаждение от света, находящегося в рош. Теперь осталось только две с половиной мысли в рош и, соответственно, два с половиной желания получить наслаждение. Остальные желания находятся внутри нижней ступени, и ими не пользуются.

עח) וענין זה דהתחלקות המדרגות לב' חצאים גרם ג"כ, שאי אפשר להיות בכל אלו המדרגות דנקודים יותר מבחינת נפש רוח, דהיינו ו"ק בחסר ג"ר, כי מתוך שחסר בכל מדרגה ג' הכלים בינה וזו"ן מטעם הנ"ל, הרי חסר שם ג"ר דאורות שהם נשמה חיה יחידה (כמ"ש לעיל באות כ"ד, עש"ה).

והנה נתבארו היטב הע"ס דקטנות נקודים, שהן ג' מדרגות הנק': כתר, או"א, ז"ת. ואין בכל מדרגה זולת כתר חכמה דכלים ונפש רוח דאורות, כי הבינה וזו"ן דכל מדרגה נפלה למדרגה שמתחתיה.

78. И это разделение ступеней на две половины привело также к тому, что не может быть на всех этих ступенях де-Некудим более, чем нефеш и руах, то есть ВАК без ГАР. Так как из-за того, что на каждой ступени не хватает трех келим: Бины и ЗОН по вышеуказанной причине, там также отсутствуют ГАР светов, то есть нешама, хая, ехида (как было объяснено выше в п. 24 — изучи как следует написанное там).

И вот хорошо прояснились десять сфирот де-катнут мира Некудим, и это три ступени, которые называются Кетер, Аба ве-Има, ЗАТ. И на каждой ступени есть только Кетер-Хохма де-келим и нефеш-руах светов, потому что Бина и ЗОН каждой ступени упали на ступень, которая находится под ней.

79-85. Подъем МАН и выход состояния гадлут де-Некудим

עלית מ»ן ויציאת הגדלות דנקודים

עט) ועתה נבאר הע"ס דגדלות הנקודים, שיצאו על המ"ן דרשימות של הזו"ן דא"ק שלמטה מטבורו, (כנ"ל באות ע"א). ויש לידע מקודם ענין עלית מ"ן. כי עד עתה לא דברנו, כי אם מעלית המסך דגוף לפה דראש דעליון אחר שנזדכך, שעל הרשימות הנכללות בו נעשה שם הזווג דהכאה המוציאות קומת ע"ס לצורך התחתון. אמנם עתה, נתחדש ענין עלית מיין נוקבין, כי אלו האורות שעלו מלמטה מטבור דא"ק לראש הס"ג, שהם הרשימות דזו"ן דגופא דא"ק, מכונים בשם עלית מ"ן.

*79. А сейчас мы выясним десять сфирот де-гадлут [мира] Некудим, которые вышли на МАН де-решимот ЗОН де-АК, находящихся ниже его табура (как было сказано в п. 71). И прежде следует узнать, что такое «алият МАН» (подъем МАН). Ведь до сих пор мы не говорили ни о каком другом подъеме, кроме подъема экрана де-гуф в пэ де-рош высшего [парцуфа] после его очищения [от авиюта], когда на решимот, которые включены в него, там был совершен зивуг де-акаа, выводящий уровень десяти сфирот для нижнего [парцуфа]. Однако теперь возник новый подъем – «алият мэйн нуквин» (подъем МАН, досл. «подъем вод нуквы»), потому что те света, которые поднялись из-под табура де-АК в рош САГ, то есть решимот де-ЗОН де-гуф де-АК, называются **подъемом МАН**.*

Алият МАН – это подъем желания, просьбы низшего к высшему о возможности сделать зивуг де-акаа, просьба, направленная от Малхут к Бине, или от души к Творцу, просьба заполнить хисарон, недостаток, исправить свое свойство получать – Малхут и быть подобной Бине – Творцу, то есть желанию отдавать. Почему это называется женскими водами (мэйн нуквин)? Потому что это просьба о свете хасадим, альтруистическом желании.

В мире Бесконечности Малхут тоже имела десять сфирот, которые полностью были наполнены светом. Пожелав быть подобной Творцу, она вытолкнула десять сфирот из себя, то есть не пожелала их ощущать. Но от этого они не перестали существовать. Малхут либо хочет испытывать от них наслаждение, либо нет. Но свою природу она изменить не может.

После ЦА в Малхут создаются рош, тох и соф, она начинает рассчитывать, сколько сможет получить ради Творца. Образовался парцуф, в каждой из трех частей которого было по десять сфирот. Соф образовался потому, что, начав рассчитывать свои возможности, Малхут понимает, что не все из них совпадают с ее желаниями, что только 20% своих желаний получить ради Творца она может наполнить светом, а остальные 80% удовлетворить не может, делает на них соф и оставляет его пустым.

Так будет до гмар тикуна, когда все 100% желаний ради Творца можно будет заполнить Его светом. Тогда не будет нужен рош, не потребуются расчеты. Весь свет Творца Малхут сможет получить без предварительных проверок своих сил. Не останется ни одного неисправленного желания. Ангел смерти станет ангелом святости. Останется только тох.

Но в ходе процесса исправления расчеты необходимы. Ограничения бывают количественные (Гальгальта, АБ, САГ), когда свет принимается в каждую из десяти сфирот, но в определенном проценте (согласно закону ЦА), а бывают и качественные, когда светом заполняются не все десять сфирот, а только определенные из них, в зависимости от их свойств.

Такое качественное разделение произошло после ЦБ. Когда наполняются только маленькие желания (желания отдавать), а с большими желаниями (желаниями получать) не работают, то такое состояние называется «катнут». Света, наполняющие только маленькие желания, называются «нефеш» и «руах». В таком состоянии творение чувствует только свои две с половиной сфиры из десяти, а с остальными оно не работает. Если же у творения появляются дополнительные силы, и оно может задействовать остальные сфирот в получении ради Творца, то оно переходит в состояние гадлут.

79-85. Подъем МАН и выход состояния гадлут де-Некудим

Мы сейчас рассматриваем переход из катнута в гадлут по законам ЦБ. На всем протяжении нашего продвижения от ступени к ступени снизу вверх состояния катнут и гадлут будут попеременно сменять друг друга. Как только мы выходим из нашего мира в духовный, на первую его ступень, мы постепенно из состояния катнут перейдем в гадлут. И тут же АХАП верхней ступени опять спустит нас в состояние катнут, но уже своей ступени, следующей, на которой мы потом снова должны будем достигнуть гадлута, чтобы спуститься в катнут новой ступени, следующей за этой, и так далее.

Все 6000 ступеней сверху вниз построены таким образом, что АХАП высшей ступени находится в ГЭ нижней, которая «надета» на него. Все ступени поэтому «нанизаны» одна на другую и составляют единую лестницу (сулам) от нижней точки творения к ее совершенству – Творцу. Благодаря такой тесной связи между АХАП и ГЭ каждая душа может подниматься вверх, преодолевая ступень за ступенью до полного исправления. Такое продвижение можно грубо сравнить с работой перистальтики кишечника по продвижению пищи в нужном направлении путем сокращения мышц.

Любая верхняя ступень считается внутренней по отношению к нижней, так как она находится ближе к Творцу, у нее более сильный экран и более сильные желания под экраном. Поэтому ступени сверху вниз все более и более расширяются по типу пирамиды.

פ) ודע שמקורו של עלית מ"ן הוא מהז"א ובינה של הע"ס דאו"י, שנתבארו לעיל באות ה' עש"ה. ונתבאר שם, אשר הבינה שהיא בחינת אור דחסדים, בעת שהאצילה את ספי' הת"ת הנקרא בחי"ג. חזרה להתחבר עם החכמה והמשיכה ממנו הארת חכמה בשביל הת"ת שהוא ז"א, ויצא הז"א בעיקרו מבחינת אור חסדים של הבינה ומיעוטו בהארת חכמה. עש"ה. ומכאן נעשה קשר בין הז"א והבינה, שכל אימת שהרשימות דז"א עולות אל הבינה, מתחברת הבינה עם החכמה וממשיכה ממנו הארת חכמה בשביל הז"א. והעליה הזו של הז"א אל הבינה, המחברת אותה עם החכמה, מכונה תמיד בשם עלית מ"ן. כי בלי עלית הז"א לבינה אין הבינה נחשבת לנוקבא אל החכמה, בהיותה בעצמותה רק אור דחסדים ואינה צריכה לאור החכמה.

ונבחנת שהיא תמיד אחור באחור עם החכמה, שפירושו שאינה רוצה לקבל מהחכמה, ורק בעת עלית הז"א אליה חוזרת להעשות נוקבא לחכמה, כדי לקבל ממנו הארת חכמה בשביל הז"א, כנ"ל. הרי שעלית הז"א עושה אותה לנוקבא, לפיכך מכונה עליתו בשם מיין נוקבין, כי עליתו דז"א מחזירה פנים בפנים עם החכמה, שפירושו שמקבלת ממנו כבחינת נוקבא מהדכר, והנה נתבאר היטב סוד עלית המ"ן, וזכור זה.

80. *И знай, что источником подъема МАН являются ЗА и Бина десяти сфирот прямого света, которые были выяснены выше в п. 5, изучи как следует написанное там. И там выяснилось, что Бина, которая является бхиной света хасадим, когда создавала сфиру Тиферет, которая называется «бхина гимель», снова соединилась с Хохмой, и притянула от нее свечение Хохма для Тиферет, то есть для ЗА. И [поэтому] вышел ЗА, в основе своей, от бхины света хасадим Бины, и [лишь] его малая часть – в свечении Хохма. Изучи как следует написанное там. И отсюда возникла связь между ЗА и Биной так, что всегда, когда решимот ЗА поднимаются в Бину, Бина соединяется с Хохмой, и притягивает от нее свечение Хохма для ЗА. И этот подъем ЗА в Бину, который соединяет ее с Хохмой, называется всегда подъемом МАН. Потому что без подъема ЗА в Бину, Бина не считается Нуквой по отношению к Хохме, поскольку сама она является только светом хасадим, и не нуждается в свете хохма.*

И она характеризуется тем, что всегда [находится в положении] «ахор бе-ахор» с Хохмой, что означает, что она не желает получать от Хохмы. И только во время подъема ЗА к ней, она снова становится Нуквой для Хохмы для того, чтобы получить от нее свечение Хохмы для ЗА, как было сказано выше. Ибо подъем ЗА превращает ее в Нукву, и согласно этому называется его подъем «мэйн нуквин», потому что подъем ЗА возвращает ее в состояние «паним бе-паним» с Хохмой – это значит, что она получает от него, как нуква от захара. И вот хорошо выяснилось, что такое подъем МАН, и запомни это.

79-85. Подъем МАН и выход состояния гадлут де-Некудим

Все наши исправления, все молитвы в течение 6000 лет происходят с помощью подъема МАН. Мы (то есть души) являемся частями общей Малхут, наша просьба об исправлении возбуждает Малхут, она поднимается к Бине, вынуждает Бину получить ор хохма и через ЗА передать Малхут, от которой этот свет получают души. Такая цепочка идет снизу вверх как зов о помощи (подъем МАН) со стороны нуквы, и возвращается сверху вниз в виде ор хохма (мужские воды). Здесь все наши возможности духовного озарения, ощущения, раскрытия Творца. Эти два принципа мы должны постепенно выяснить.

Мы сейчас начинаем все ближе подходить к тому материалу, который непосредственно относится к нам, к нашим душам. Материал поначалу кажется сложным, несобранным, но через это надо пройти, со временем материал начнет откладываться на наших адекватных ощущениях.

פא) וכבר ידעת שפרצוף ע"ב דא"ק הוא פרצוף החכמה, ופרצוף הס"ג דא"ק הוא פרצוף הבינה, דהיינו שהם נבחנים לפי בחינה העליונה של הקומה שלהם, כי הע"ב שבחינ' העליונה שלו היא חכמה נחשב לכולו חכמה, והס"ג שבחינה העליונה שלו היא בינה נחשב לכולו בינה. ולפיכך, בעת שהרשימות דזו"ן דגוף, שלמטה מטבורו דא"ק, עלו לראש הס"ג, נעשו שמה למ"ן אל הס"ג, שבסבתם נזדווג הס"ג, שהוא בינה, עם פרצוף ע"ב שהוא חכמה, והשפיע הע"ב להס"ג אור חדש לצורך הזו"ן שלמטה מטבור שעלה שמה.

ואחר שקבלו הזו"ן דא"ק אור חדש הזה, חזרו וירדו למקומם, למטה מטבור דא"ק, ששם נמצאים הע"ס דנקודים, והאירו את אור החדש תוך הע"ס דנקודים, והוא המוחין דגדלות של הע"ס דנקודים. והנה נתבאר הע"ס דגדלות שיצאו על המין הב' דרשימות, שהם הרשימות דזו"ן שלמטה מטבור דא"ק (המובא לעיל באות ע"א), אמנם המוחין דגדלות האלו גרמו לשבירת הכלים, כמ"ש להלן.

81. И ты уже знаешь, что парцуф АБ де-АК – это парцуф Хохма, а парцуф САГ де-АК – это парцуф Бина, то есть они определяются по высшей бхине их уровня. Ведь АБ, высшая бхина которого – Хохма, весь считается Хохмой, а САГ, высшая бхина которого – Бина, весь считается Биной. И поэтому, когда решимот ЗОН де-гуф, находящиеся ниже табура АК, поднялись в рош САГ, они стали там МАНом для САГ. И из-за них САГ, являющийся

Биной, совершил зивуг с парцуфом АБ, который является Хохмой, и АБ передал САГу новый свет для ЗОН, которые ниже табура, когда он поднялся туда.

И после того как ЗОН де-АК получили этот новый свет, они вернулись и спустились на свое место – ниже табура де-АК, где находятся десять сфирот [мира] Некудим. И стали светить этим новым светом в десять сфирот Некудим, и этот свет [называется] «мохин де-гадлут десяти сфирот де-Некудим». И таким образом выяснились десять сфирот де-гадлут, вышедшие на второй вид решимот, которые являются решимот де-ЗОН ниже табура де-АК (как приведено выше в п. 71). Однако эти мохин де-гадлут привели к разбиению келим, как выяснится ниже.

Творец создал только желание насладиться. Мощность наполнения каждого такого желания светом и определяет суть парцуфа. И все сфирот каждого парцуфа имеют качества, соответствующие его сути. Например, десять сфирот парцуфа АБ управляются высшим его свойством – Хохмой. Так, Кетер в АБ имеет свойство Хохмы, Хохма – тоже свойство Хохмы и так далее. Парцуф САГ, который является парцуфом Бины, имеет высшую сфиру Кетер уже со свойством Бина, а не Хохма, как в АБ.

Решимот, которые были получены Некудот де-САГ от НЕХИМ Гальгальты (ЗА), требуют ор хохма, которого у САГ (Бины) нет, поэтому он обращается к АБ, получает ор хохма и делает на него зивуг. Свет от этого зивуга должен, согласно требованию решимот далет/гимель НЕХИМ Гальгальты, распространиться вниз по закону ЦА от табура и до самой нижней точки. Отсюда мир Некудим получает гадлут, присоединяя к себе АХАП, то есть теперь он уже состоит из полных десяти сфирот и пользуется всеми своими желаниями.

Цимцум бет означает такое состояние, когда отказываешься что-либо получать и можешь только пассивно наблюдать.

Если ты можешь удержаться в таком состоянии и не пользоваться получающими келим, то ты находишься в катнуте. Это означает, что ты работаешь только с отдающими келим. В этом состоянии у тебя все же есть какая-то связь с Творцом хотя бы потому, что он тоже ничего не получает. Поэтому твои десять сфирот наполнены светом хасадим.

Гальгальта и АБ получали, отдавая Творцу. САГ уже не мог получать, а только отдавал, вернее, мог пассивно существовать в духовном пространстве. Некудот де-САГ, являясь частью САГ, тоже существуют пассивно и ничего не хотят получать. Но когда к ним приходит наслаждение, большее, чем их экран, имеющий решимот бет/бет, они также заражаются этим желанием и не могут против него устоять.

Любой парцуф эгоистичен, но экран, который противостоит эгоизму, защищает парцуф от получения ради себя только с той силой, которая в нем имеется, но не более. При встрече парцуфа с наслаждением далет/гимель экран сразу же теряет свою силу, и ему ничего не остается, кроме как стать рабом своих желаний и подчиниться им.

Разница между состояниями катнут и гадлут в том, что в катнуте парцуф задействует половину из своих келим, ГЭ, и соответственно, если отсутствуют келим Нецах-Ход-Есод (АХАП), следовательно, отсутствуют ГАР светов. Даже если не было бы ЦБ и зивуга на среднюю линию, не было бы больше алеф де-авиют и бет де-итлабшут на ступени, определяемой как свет хасадим. А это называется «катнут».

В гадлуте же используется авиют гимель, который определяется как кли для света хохма. В этом случае отменяется ЦБ, так как в нем возможно использование только келим де-ашпаа (отдачи). То есть гадлут – это наполнение светом хохма.

«Паним» в кли называются чистые (осветленные) части кли, то есть келим де-ашпаа, желания отдавать. Когда есть только такие келим, то есть нет экрана на использование более эгоистических желаний, «ахораим», такое состояние называется «катнут». Когда же есть экран на келим де-ахораим, желания получать свет хохма, то в кли входит внутренний свет, и это – свет гадлута.

פב) ונתבאר לעיל באות ע"ד, שיש ב' מדרגות בראש דנקודים, הנקראות כתר, ואו"א, ולפיכך כשהאירו הזו"ן דא"ק את האור החדש דע"ב ס"ג אל הע"ס דנקודים כנ"ל, האיר תחילה אל הכתר דנקודים דרך טבורו דא"ק, ששם מלביש הכתר, והשלימו בג"ר דאורות, ובינה וזו"ן דכלים. ואח"כ האיר אל או"א דנקודים דרך היסוד דא"ק, ששם מלבישים או"א, והשלימם בג"ר דאורות, ובינה וזו"ן דכלים, כמ"ש לפנינו.

82. И выяснилось выше, в п. 74, что есть две ступени в рош де-Некудим, называемые Кетер и Аба ве-Има. И согласно этому, когда ЗОН де-АК стали светить новым светом АБ-САГ в десять сфирот де-Некудим, как было сказано выше, он сначала светил Кетеру де-Некудим через табур де-АК, там, где облачает Кетер, и дополнил его ГАР светов, и Бину и ЗОН де-келим. А потом стал светить Аба ве-Има де-Некудим через Есод де-АК, где облачают Аба ве-Има, и дополнил их ГАР светов, и Бину и ЗОН де-келим, как это выяснится перед нами.

Мы видим, что просьба, поднимающаяся от ЗОН, просьба творения к Творцу дать силы и возможность получить свет ради Него, впервые появляется после ЦБ. Далее мы постоянно будем наблюдать просьбы низшего к высшему, будем видеть эту связь, позволяющую включиться в общую систему мироздания, быть подобной ей и стать постоянным ее партнером.

В духовном считается, что желание существует, если им можно пользоваться во имя Творца, то есть отдавая. Если же такого намерения нет, то можно сказать, что желание как бы отсутствует, потому что парцуф его подавляет. Любой парцуф состоит из десяти сфирот, десяти желаний, но если работают только с одним из них, то фактически существует только оно. А остальных нет, потому что они не участвуют в получении.

В гадлуте к желаниям Кетер, Хохма, Бина, Хесед, Гвура, Тиферет (которые задействованы в катнуте) присоединяются также и остальные четыре: Нецах, Ход, Есод, Малхут.

Эти желания подключаются потому, что на них появился антиэгоистический экран.

Когда нижняя часть Тиферет, Нецах, Ход, Есод и Малхут (АХАП каждого парцуфа) не задействованы, то схематически они тоже не изображаются. В каждом парцуфе мира Некудим находятся только ГЭ, а его АХАП спускаются в нижний парцуф и как бы скрыты внутри его ГЭ, которые «надеты» на них. Это значит, что когда свет АБ-САГ наполняет ГЭ верхнего парцуфа и затем спускается вниз в ГЭ нижнего, то одновременно с этим свет попадает и в АХАП верхнего, что означает равенство свойств ГЭ нижнего с АХАП верхнего. Такое временное падение АХАП верхнего необходимо для подтягивания ГЭ нижнего вверх вместе с подъемом самих АХАП верхнего на свое место в состоянии гадлут. ГЭ нижнего объединяются с АХАП верхнего на ступеньке нижнего парцуфа, то есть в состоянии катнут. Происходит это благодаря тому, что у обоих есть общее намерение отдавать одному и тому же верхнему парцуфу. Общность намерения сохраняется и при поднятии их на уровень верхнего парцуфа, где они уже образуют полные десять сфирот. Этот парцуф, образованный из ГЭ нижнего и АХАП верхнего, – новый в творении. Именно его образование зависит от духовной молитвы человека, в то время как верхний и нижний парцуфим заданы Творцом.

Таким образом, у нижнего есть возможность подняться на более высокий уровень с помощью верхнего, который временно уподобил себя, то есть свои свойства, нижнему. Эти же законы распространяются и на человеческие души. Главное – ощутить высший парцуф в себе, приложить силы для этого в учебе, найти связь с ним, соединиться с ним настолько, что когда он будет увеличивать свой уровень, то есть подниматься, то он, поднимая свои АХАП, находящиеся в твоих ГЭ, сможет поднять и тебя на следующую степень.

Когда АХАП верхнего парцуфа спускается в нижний, в его ГЭ, соединяясь с ними, это соединение происходит пока лишь только с точки зрения верхнего парцуфа. Теперь уже нижний должен приложить усилия, чтобы слиться с ним, чтобы предпочесть соединение с Творцом несмотря на ту пустоту, ту незаполненность, которую он ощущает в АХАП верхнего парцуфа. Более того, когда верхний парцуф начинает наполнять свои АХАП светом, поднимая их, нижний парцуф должен тем не менее продолжать держаться за эти АХАП не из-за наслаждения, которое теперь в них чувствует, а из желания слиться с верхним парцуфом, уподобиться ему.

Это видно на примере дарования Торы. Желания ГЭ в парцуфе, в человеке, это желания, стремящиеся к Творцу. Они называются «Исраэль», от ивритских слов «яшар Эль» (прямо к Творцу). Весь процесс их возникновения, исправления и наполнения описан в Торе. Эта книга является инструкцией духовной работы. Все, описанное в ней, происходит в желаниях человека, в его сердце, в той его точке, которая называется его истинным «Я» и которая ищет лишь слияния с Творцом.

Величайшим заблуждением является воспринимать эту книгу лишь исторически, хотя исторические факты также имели место, поскольку все в нашем мире является отражением духовных миров, находящихся в сердце человека. У горы Синай происходит лишь дарование Торы, света исправления, исходящего от АХАП верхнего парцуфа. Воспринять его Исраэль (ГЭ нижнего парцуфа) еще не в состоянии. Дарование Торы уже произошло, а получение – еще нет. Только лишь единственное желание в человеке, называемое Моше (Моисей), может подняться на гору Синай, то есть подняться над своими сомнениями и получить там Тору. Затем это желание тянет (мошех) за собой весь Израиль. Но сколько еще должно произойти войн, рождений и внутренней работы в сердце человека, пока не будет построен Храм – кли, пригодное для восприятия света Торы.

На этом примере мы видим, что есть большая разница между спуском АХАП верхнего парцуфа в ГЭ нижнего и тем состоянием, когда благодаря своим усилиям ГЭ нижнего будут

79-85. Подъем МАН и выход состояния гадлут де-Некудим

слиты с этими АХАП до такой степени, что верхний парцуф сможет всех их наполнить светом цели творения.

פג) ונבאר תחילה ענין הגדלות, שגרם אור חדש הזה אל הע"ס דנקודים. והענין הוא, כי יש להקשות על מ"ש לעיל (באות ע"ד), שקומת הכתר ואו"א דנקודים היו בבחינת ו"ק, משום שיצאו על עביות דבחי"א, והלא אמרנו שע"י ירידת הנקודות דס"ג למטה מטבור דא"ק, נתחברה הבחי"ד במסך דנקודות דס"ג שהוא בינה, הרי יש במסך הזה גם רשימו של בחי"ד דעביות וא"כ היה צריך לצאת על המסך בעת התכללותו בראש הס"ג, ע"ס בקומת כתר ואור היחידה, ולא קומת ו"ק דבינה בספירת הכתר, וקומת ו"ק בלי ראש באו"א.

והתשובה היא, כי המקום גורם, כי מתוך שהבחי"ד נכללה בבינה שהיא נקבי עינים, נעלמה שם העביות דבחי"ד בפנימיות הבינה, ודומה כמו שאיננה שם, וע"כ לא נעשה הזווג רק על הרשימות דבחי"ב דהתלבשות ובחי"א דעביות, שהם מעצם המסך דבינה לבד, כנ"ל באות ע"ד, ולא יצאו שם אלא ב' הקומות: ו"ק דבינה, וו"ק גמורים.

83. И сначала выясним состояние «гадлут», к которому привел этот новый свет десять сфирот мира Некудим. И дело в том, что нужно прояснить затруднение, имеющееся в сказанном выше (в п. 74), что ступени Кетер и Аба ве-Има мира Некудим были на уровне ВАК, так как вышли на авиют бхины алеф. Но ведь мы сказали, что благодаря нисхождению Некудот де-САГ под табур де-АК, присоединилась бхина далет к экрану Некудот де-САГ, то есть к Бине. А значит есть в этом экране также решимо бхины далет де-авиют, и согласно этому должны были выйти на этот экран, во время его включения в рош де-САГ, десять сфирот на уровне Кетер и свет ехида, а не на уровне ВАК де-Бина в сфире Кетер и ВАК без рош в Аба ве-Има.

А ответ в том, что место [нахождения] является определяющим фактором. Ибо из-за того, что бхина далет включилась в Бину, то есть в никвей эйнаим, пропал там авиют бхины далет внутри Бины, как будто вовсе не существует там. И поэтому зивуг был произведен только на решимот бхины бет де-итлабуш и бхины алеф де-авиют, которые относятся только к экрану самой Бины, как сказано в п. 74. И там вышли только эти два уровня: ВАК де-Бина и завершенные ВАК.

פד) ולפיכך עתה, אחר שהזו"ן דא"ק שלמטה מטבור המשיכו את האור החדש, ע"י המ"ן שלהם, מע"ב ס"ג דא"ק, והאירו אותו לראש דנקודים, כנ"ל (באות פ"א, ע"ש), הנה מתוך שפרצוף ע"ב דא"ק אין לו שום נגיעה בצמצום ב' הזה שהעלה את הבחי"ד למקום נקבי עינים, ע"כ כשהאור שלו נמשך לראש דנקודים, חזר וביטל בו את הצמצום ב' שהעלה מקום הזווג לנקבי עינים, והוריד בחזרה את הבחי"ד למקומה לפה, כמו שהיתה בעת הצמצום הא', דהיינו במקום הפה דראש.

ונמצאו ג' הכלים אוזן חוטם ופה, שמסבבת צמצום הב' נפלו מהמדרגה, (כנ"ל באות ע"ו), הנה עתה חזרו ועלו למקומם למדרגתם כבתחילה, ואז ירד שוב מקום הזווג מנקבי עינים אל הבחי"ד במקום הפה דראש, ומאחר שהבחי"ד כבר היא במקומה, יצאו שם ע"ס בקומת כתר. והנה נתבאר, שע"י אור החדש שהמשיך הזו"ן דא"ק אל הראש דנקודים, הרויח ג' האורות נשמה חיה יחידה, וג' הכלים אח"פ, שהם בינה וזו"ן, שהיו חסרים לו בעת יציאתו מתחילה.

84. *И поэтому теперь, после того как ЗОН де-АК, находящиеся ниже табура, притянули новый свет посредством своего МАН, от АБ-САГ де-АК, и стали светить им в рош де-Некудим, как сказано выше (см. п. 81), то вследствие того, что у парцуфа АБ де-АК нет никакой связи с ЦБ, который поднял бхину далет в никвэй эйнаим, поэтому, когда его свет распространился к рош де-Некудим, он снова отменил в нем этот ЦБ, поднявший место зивуга в никвэй эйнаим, и опустил обратно бхину далет на ее место в пэ – в котором она была во время ЦА, то есть на место пэ де-рош.*

И тогда оказались три келим: озен, хотэм, пэ (АХАП), которые по причине ЦБ упали со ступени (как сказано в п. 76), что сейчас они вернулись и поднялись на свое место – на свою ступень, так же как было вначале. И тогда снова опустилось место зивуга из никвэй эйнаим в бхину далет, на место пэ де-рош. А так как бхина далет уже [оказалась] на своем месте, вышли там десять сфирот на уровне Кетер. И вот выяснилось, что с помощью нового света, который притянул ЗОН де-АК к рош де-Некудим, он приобрел эти три света – нешама, хая, ехида, и три кли АХАП – Бину и ЗОН, которых не хватало ему во время его выхода вначале.

Основной задачей является полное наполнение Малхут мира Бесконечности светом. Малхут олицетворяет собою Гальгальту. Если бы удалось наполнить ее светом от пэ до табура и от табура до сиюма, то тогда наступило бы окончательное исправление. Но наполнить светом пока можно только часть Малхут от пэ до табура, по закону ЦА. Заполнить же светом Малхут от табура и ниже просто с помощью ЦА, с помощью обычного зивуга де-акаа – невозможно. Этого не смогли сделать ни Гальгальта, ни АБ, ни тем более все последующие парцуфим, у которых экран был еще слабее, чем у Гальгальты.

Единственная возможность – это каким-то образом уподобить свойства Малхут свойствам Бины, смешать эгоистические келим НЕХИМ Гальгальты с альтруистическими келим де-САГ – Бины, получить от них альтруистические свойства и постепенно начать наполнять исправленные келим светом.

Парцуф Некудот де-САГ, являясь промежуточным парцуфом между Биной (САГ) и ЗА (МА, мир Некудим), с одной стороны, имеет свойства Бины, с другой стороны, у него авиют алеф, поэтому он имеет и свойства ЗА (точнее, ВАК), следовательно, у него есть определенное подобие свойств с НЕХИМ Гальгальты (ЗА). Поэтому именно парцуф Некудот де-САГ пригоден для осуществления этой цели – заполнения светом Малхут мира Бесконечности под табуром. Он спустился под табур и наполнил НЕХИМ Гальгальты светом хасадим.

Затем, как мы уже знаем, из-за проявления в нижней части Некудот де-САГ желания получить ради себя, сработал закон ЦА. Малхут тут же поднялась в Тиферет (Бину де-гуф) и ограничила поступление света в ее нижние две трети и НЕХИ. Новое сокращение получило название ЦБ и разделило каждую ступень на ГАР и ЗАТ, на ГЭ и АХАП.

В результате ЦБ происходит общее смешение свойств. САГ приобретает эгоистические свойства, а Малхут – альтруистические келим. Общее смешивание свойств олицетворяет собою мир Некудим в катнуте, который говорит, что из всех желаний сейчас можно пользоваться только альтруистическими, то есть ГЭ. Мир Некудим на самом деле тоже состоит из десяти сфирот, но из этих десяти своих желаний он может использовать только альтруистические, поэтому говорят, что у него есть только ГЭ.

После появления мира Некудим в состоянии катнут (экран стоит в никвей эйнаим, решимот бет/алеф) его ЗОН поднимают МАН на решимот далет/гимель с просьбой наполнить его желания. Для получения ор хохма и передачи его ЗОН, САГ обращается к АБ, потому что только у парцуфа АБ есть достаточно силы экрана работать с решимот далет/гимель.

Свет АБ-САГ проходит через табур в рош Кетер и рош Аба ве-Има мира Некудим, диктуя там свои свойства, аннулирует ЦБ, поднимает АХАП к ГЭ в рош Кетер и Аба ве-Има и приводит их в состояние гадлут. Свет исправляет келим и дает возможность наполнить их. Таким же образом в дальнейшем будет происходить и исправление наших душ с помощью подъема МАН. Существуют всего три компонента в этом процессе: эгоистическое желание получить, созданное Творцом, экран и свет.

Весь процесс перехода Малхут мира Бесконечности от первого состояния (полного заполнения светом) к третьему состоянию (гмар тикун) медленно проходит на протяжении шести тысяч ступеней. Этот процесс является второй стадией, стадией постепенного исправления келим и порционного заполнения их светом. Каббала – это практическая наука, которая как раз и занимается наполнением желаний светом. Как и у других наук, у нее есть свой инструмент, называемый экран, и способы его построения, так называемые «бирур» (выяснение) и «тикун» (исправление). Экран является не только инструментом, кли наполнения, в нем также хранятся решимот – информация о предыдущем состоянии.

Каждый духовный объект может существовать только тогда, когда он имеет полную информацию о своих предыдущем и настоящем уровнях и о свете, который наполнял прежний парцуф (предыдущее состояние, решимо де-итлабшут), и о силе экрана, решимо де-авиют, которое уже относится к настоящему состоянию.

Раньше мы никогда не сталкивались с тем, что сверху вдруг приходит какой-то дополнительный свет и дает возможность кли себя как-то менять. Парцуф, находящийся в состоянии катнут, наполненный ор хасадим, не может сам ничего изменить, родить новое состояние. Это способен сделать только парцуф с ор хохма.

Гальгальта над табуром уже исчерпала все свои решимот в результате зивугим, на которые возникли пять парцуфим мира АК. Под табуром находится в настоящее время мир Некудим в катнуте и решимо далет/гимель на четыре неиспользованных желания после ЦБ. И сейчас эти келим хотят получить свет, так как они ощущают его недостаток, имея незаполненные желания. Они требуют у высшего парцуфа ор хохма. Но для этого кли должно приобрести экран с силой сопротивления, способной противостоять своим эгоистическим желаниям, то есть приобрести намерение получать ради Творца.

Для исправления келим мира Некудим, САГ обращается к АБ, получает у него ор хохма, затем передает в Некудим объединенный ор хохма-хасадим (АБ-САГ), который является не светом наслаждения, а светом исправления. Это значит, что он дает возможность получения ради Творца даже эгоистическим сосудам.

Как вообще такой свет может войти в эгоистические сосуды при действии закона ЦА, запрещающего свету войти в кли без экрана? Свет АБ-САГ действует так: он позволяет кли издали увидеть величие Творца. Такое внешнее ощущение величия духовного дает кли возможность действовать альтруистически.

Свет АБ-САГ – это очень специфический свет, о котором мы еще будем говорить. САГ обращается к АБ, потому что у него самого нет света хохма. Свет АБ-САГ – это свет исправления творения. Чтобы исправиться, необходимо знать, что такое исправление, что значит быть наполненным мудростью, познанием. Вся эта информация находится в свете АБ. Чтобы развернуть перед нижним парцуфом всю палитру духовного постижения, необходим как свет АБ, так и свет САГ.

Малхут мира Бесконечности, с тех пор как была полностью опустошена, совершая каждое новое действие ради Творца, все больше накапливает альтруистические свойства. Это и есть парцуфим Гальгальта, АБ, САГ. Казалось бы, она все больше и больше должна приближаться к Творцу. Рождение каждого нового парцуфа – это как бы рождение нового альтруистического действия Малхут. Но на самом деле каждое новое действие вроде бы все больше и больше удаляет Малхут от Творца. А может быть, это не удаление, а приближение? С одной стороны, чем дальше от Творца, тем парцуф становится все более самостоятельной личностью. Но в этом и его слабость: он меньше видит Творца, меньше чувствует силу Его света.

Любое действие в духовном совершенно и должно все более приближать к совершенству. Малхут сейчас реализует цель Творца – полностью наполниться Его светом. Значит, каждое новое действие должно приближать ее к этой цели и должно быть лучше предыдущего. А сейчас происходит все большее и большее раскрытие свойств келим, все большее удаление Малхут от Творца по свойствам, но именно это и положительно с точки зрения самопознания Малхут. Однако познать себя можно с помощью большого света, но в каждом последующем парцуфе света все меньше и меньше.

Рассматривать явление в целом можно, только суммируя все действия вместе. На все надо смотреть со стороны творения, то есть Малхут мира Бесконечности. Сначала она, превращаясь во все новые и новые миры и парцуфим, все больше и больше удаляется от Творца. Потом, дойдя до точки нашего мира, превратившись в человеческую душу, она начинает подниматься вверх, теперь она уже является инициатором всех действий. А сверху вниз проявляются исключительно действия Творца.

פה) ונתבאר היטב הקטנות והגדלות דנקודים, אשר צמצום הב' שהעלה את ה"ת שהיא בבחי"ד, למקום נקבי עינים ונגנזה שם, גרם לקומת הקטנות דנקודים, שהוא קומת ו"ק או ז"א באורות דנפש רוח, והיו חסרים שם בינה וזו"ן דכלים ונשמה חיה יחידה דאורות. וע"י ביאת אור חדש דע"ב ס"ג דא"ק אל הנקודים, חזר הצמצום א' למקומו, וחזרו הבינה וזו"ן דכלים לראש, כי ה"ת מנקבי עינים וחזרה למקומה למלכות הנק' פה, ואז נעשה הזווג על בחי"ד שחזרה למקומה, ויצאו הע"ס בקומת כתר ויחידה, ונשלמו הנרנח"י דאורות והכח"ב וזו"ן דכלים.

ולשם הקיצור, מכאן ואילך נכנה לצמצום ב' והקטנות בשם עלית ה"ת לנקבי עינים וירידת אח"פ למטה. ואת הגדלות נכנה בשם ביאת אור דע"ב ס"ג המוריד ה"ת מנקבי עינים ומחזיר האח"פ למקומם. ואתה תזכור כל הביאור הנ"ל.

גם תזכור תמיד שגו"ע ואח"פ הם שמות דע"ס כח"ב זו"ן דראש, והע"ס דגוף מכונים בשם חג"ת נהי"מ, וגם הם נחלקים לפי גו"ע ואח"פ כי החסד וגבורה ושליש עליון דת"ת עד החזה הם גלגלתא ועינים ונקבי עינים, וב"ש ת"ת ונהי"מ הם האח"פ כמו"ש לעיל. גם תזכור, שגלגלתא ועינים ונ"ע, או חג"ת עד החזה, הם מכונים כלים דפנים. ואח"פ או ב"ש ת"ת ונהי"מ שמחזה ולמטה, מכונים כלים דאחוריים, כנ"ל באות ע"ו, ע"ש. וכן תזכור ענין בקיעת המדרגה שנעשה עם צמצום ב', אשר לא נשאר בכל מדרגה רק הכלים דפנים לבד, וכל תחתון יש בפנימיותו הכלים דאחוריים של העליון, כנ"ל באות ע"ז, ע"ש.

85. И вот хорошо прояснились понятия «катнут» и «гадлут» де-Некудим, когда ЦБ, подняв нижнюю хэй (ה), то есть бхину далет, в место никвэй эйнаим (НЭ) и скрыв ее там, привел к выходу ступени катнут де-Некудим, на уровне ВАК или ЗА, в светах нефеш-руах. И не хватало там Бины и ЗОН де-келим и нешама, хая, ехида светов. А благодаря приходу нового света АБ-САГ де-АК к Некудим, вернулся цимцум алеф на свое место и вернулись Бина и ЗОН де-келим в рош, поскольку нижняя хэй (ה) опустилась из НЭ и вернулась на свое место в Малхут, которая называется «пэ». И тогда произошел зивуг на бхину далет, которая вернулась на свое место, и вышли десять сфирот на уровне Кетер и ехида, и восполнили НАРАНХАЙ светов и КАХАБ ЗОН келим.

И для краткости отсюда и далее мы будем называть ЦБ и катнут подъемом нижней хэй (ה) в НЭ и нисхождением АХАПа вниз. А гадлут мы будем называть приходом света АБ-САГ, опускающим нижнюю хэй (ה) из НЭ и возвращающим АХАП на свои места. И запомни все это объяснение. Так же помни всегда, что ГЭ и АХАП – это названия десяти сфирот КАХАБ ЗОН де-рош, а десять сфирот де-гуф называются ХАГАТ НЕХИМ. И они тоже делятся в соответствии с ГЭ и АХАП, поскольку Хесед, Гвура и верхняя треть Тиферет до хазэ – это ГЭ и НЭ, а две трети Тиферет и НЕХИМ – это АХАП, как написано выше.

Также запомни, что ГЭ и НЭ, или ХАГАТ до хазэ, они называются келим де-паним. А АХАП, или две трети Тиферет и НЕХИМ, которые от хазэ и ниже, называются келим де-ахораим, как сказано выше в п. 76 – посмотри там. И также запомни понятие расщепления ступени, которое произошло при втором сокращении, когда на каждой ступени остались только келим де-паним, и у каждого нижнего есть внутри келим де-ахораим высшего, как объяснено выше в п. 77 – посмотри там.

86-91. Объяснение трех некудот: холам, шурук, хирик

ביאור ג' הנקודות חולם שורק חירק

פו) דע, שהנקודות נחלקות לג' בחינות ראש תוך סוף, שהם:
נקודות עליונות שממעל לאותיות הנכללות בשם חולם.
ונקודות אמצעיות שבתוך האותיות הנכללות בשם שורק או מלאפום, דהיינו ו'
ובתוכה נקודה.
ונקודות תחתונות שמתחת האותיות הנכללות בשם חירק.

86. Знай, что некудот (точки) делятся на три категории (бхинот) – рош, тох, соф:
- верхние некудот, находящиеся над буквами, называются общим именем «холам»;
- средние некудот, находящиеся внутри букв, называются общим именем «шурук» или «мелафом», то есть вав (ו) и внутри нее точка;
- нижние некудот, находящиеся под буквами, называются общим именем «хирик».

פז) וזה ביאורם. כי אותיות פירושם כלים, דהיינו הספירות דגוף, כי הע"ס דראש הם רק שרשים לכלים ולא כלים ממש. ונקודות פירושם אורות המחיים את הכלים ומנענעים אותם, והיינו אור החכמה הנקרא אור חיה, והוא בחינת אור חדש הנ"ל שהזו"ן דא"ק קבלו מע"ב ס"ג והאירו להכלים דנקודים, והורידו את ה"ת בחזרה לפה דכל מדרגה, והשיבו להמדרגה את האח"פ דכלים וג"ר דאורות, כנ"ל הרי שאור הזה מנענע הכלים דאח"פ ומעלה אותם מהמדרגה שלמטה ומחבר אותם לעליונה כבתחילה, שז"ס נקודות המנענעות להאותיות. וזה האור להיותו נמשך מע"ב דא"ק שהוא אור חיה, ע"כ הוא מחיה לאותם הכלים דאח"פ ע"י התלבשותו בתוכם.

87. И вот их объяснение. Ведь «отиёт» (буквы) – это келим, то есть сфирот де-гуф, ибо десять сфирот де-рош это только корни келим, а не настоящие келим. А некудот – это света, которые оживляют келим и приводят их в движение (досл. «встряхивают»). И это свет хохма, который называется светом хая, и это свойство нового света, как сказано выше, который ЗОН де-АК получили от АБ-САГ

и осветили им келим де-Некудим, и опустили нижнюю хэй (ה) обратно в пэ каждой ступени, и вернули [каждой] ступени АХАП де-келим и ГАР де-орот (светов), как сказано выше, что этот свет приводит в движение келим де-АХАП и поднимает их с нижней ступени и присоединяет к высшей, как это было в начале – и в этом смысл того, что некудот «встряхивают» отиёт. И так этот свет приходит от АБ де-АК, который является светом «хая» (жизни), поэтому он «мехайе» (оживляет) эти келим де-АХАП посредством облачения в них.

В мире Некудим в состоянии катнут Аба ве-Има надевались на АХАП Кетера, ЗОН надевались на АХАП Аба ве-Има, а АХАП де-ЗОН находились под парсой. Такое состояние произошло после зивуга в никвей эйнаим рош де-САГ. Сейчас под влиянием нового света АБ-САГ экран в рош де-САГ спустился с никвей эйнаим в пэ де-рош и сделал там зивуг с ор хохма де-АБ. Прежде всего свет спустился в рош Кетера и присоединил к Кетеру его АХАП и свет ГАР. Этот свет дал понять кли, что такое Творец. Кли полностью проникается альтруизмом и может теперь работать со всеми своими десятью желаниями, делая на них зивуг де-акаа. Таким образом кли переходит из состояния катнут в состояние гадлут.

פח) וכבר ידעת שהזו"ן דא"ק האירו את אור החדש הזה לע"ס דנקודים, דרך ב' מקומות: דרך הטבור האיר לכתר דנקודים, ודרך היסוד האיר לאו"א דנקודים. ותדע, שהארה דרך הטבור מכונה בשם חולם המאיר לאותיות מלמעלה מהם. והוא מטעם, שהארת הטבור אינו מגיע אלא לכתר דנקודים, שהוא קומת הזכר, דראש הנקודים (כנ"ל באות ע"ד), וקומת הזכר אינו מתפשט לז"ת של הנקודים, שהם הכלים דגוף שנקראים אותיות, כמ"ש שם, לפיכך נבחן שהוא מאיר אליהם רק ממקומו למעלה ואינו מתפשט באותיות עצמם. והארה דרך היסוד מכונה בשם שורק דהיינו ו עם נקודה, וּ, שהיא עומדת תוך שורת האותיות, והטעם, כי הארה זו מגיעה לאו"א דנקודים, שהם קומת הנקבה דראש הנקודים, שאורותיה מתפשטים גם לגוף, שהם הז"ת דנקודים הנק' אותיות, וע"כ נמצא נקודת השורק תוך שורת האותיות.

88. *И ты уже знаешь, что ЗОН де-АК светили этим новым светом десяти сфирот де-Некудим через два места:*

через табур он светил Кетеру де-Некудим, а через Есод светил [парцуфу] Аба ве-Има де-Некудим. И знай, что свечение через табур называется «холам», который светит буквам сверху над ними. И причина этого в том, что свечение табура доходит только до Кетер де-Некудим, и это уровень захар де-рош Некудим (как объяснено выше в п. 74), а уровень захар не распространяется в ЗАТ Некудим — в келим де-гуф, которые называются «отиёт» (буквы), как написано там. Согласно этому считается, что он светит им только со своего места сверху и не распространяется в сами буквы. А свечение через Есод называется «шурук», то есть вав с точкой (וּ), которая стоит внутри ряда букв, и причина этого в том, что это свечение приходит в Аба ве-Има де-Некудим, которые являются уровнем некева де-рош Некудим — ее света распространяются также и в гуф, то есть в ЗАТ де-Некудим, которые называются буквами. И потому получается, что точка шурук находится внутри ряда букв.

Если мы возьмем ивритский алфавит, Тору, то увидим, что там есть много точек внутри букв, а не только вав с точкой. Например, пэй и фей, бет и вет. Но с точками могут быть и мэм, и тав. Все эти законы исходят из правил духовного мира. Мы с вами потом будем изучать алфавит, который, вообще-то, происходит от Бины, ЗА и Малхут мира Ацилут, которые полностью соответствуют ЗОН и АХАП де-Аба ве-Има мира Некудим. В Бине находятся первые буквы, от алеф до тет, в ЗА — буквы от хав до цадик, а последние четыре буквы — кув, рейш, шин и тав — находятся в Малхут.

Все точки над буквами (короны), точки внутри букв или под ними — все они говорят только о духовном состоянии парцуфа. Любое слово в иврите говорит что-то о мироздании и означает, что ты в свое кли получаешь какой-то духовный свет. Сочетание кли и света выражается кодом, называемым «слово», и в этом коде зафиксированы все соотношения между светом и кли, экран, авиют и так далее. Каждая буква несет в себе огромное количество информации своим очертанием, отношением к предыдущей букве. Все это указывает исключительно на духовные действия. Когда человек произносит какое-то слово, он выражает этим свое чувство в каждом слове, которое в нем записывается и говорит о духовном уровне парцуфа.

В нашем мире мы не ощущаем духовных соответствий между кли и светом; используя язык, мы не понимаем внутреннего, духовного смысла слов, которые исходят из Торы и несут четкую духовную информацию. Нельзя назвать какую-то вещь другим словом, наименованием. Например, слово «маим», которое состоит из двух мэм (מ'ם, одна из них конечная – софит) и определенных точек, точно выражает нам суть воды. И так каждое слово. Известно, что каббалисты производят какие-то действия над буквами. Под этим ни в коем случае не надо понимать, что они что-то пишут на пергаменте, бумаге и так далее. Когда говорится, что каббалисты оперируют буквами, то имеются в виду исключительно духовные действия, то есть получение света в келим с помощью экрана и отраженного света. Эти действия не видны материальному глазу.

פט) והנה נתבארו היטב החולם והשורק, אשר הארת אור חדש דרך הטבור המוריד ה"ת מנקבי עינים דכתר לפה, ומעלה בחזרה האח"פ דכתר, הוא סוד נקודת החולם שממעל לאותיות. והארת אור חדש דרך היסוד המוריד ה"ת מנקבי עינים דאו"א לפה שלהם, ומשיב להם את האח"פ, ה"ס נקודת השורק שבתוך האותיות, מטעם שמוחין אלו באים גם בז"ת דנקודים הנק' אותיות.

89. И вот хорошо прояснились понятия «холам» и «шурук», когда свечение нового света через табур, опускающее нижнюю хэй (ה) из никвэй эйнаим де-Кетер в пэ, и поднимающее обратно АХАП де-Кетер, называется «некудат холам» (точка холам), которая над отиёт (буквами). А свечение нового света через Есод, опускающее нижнюю хэй (ה) из никвэй эйнаим Аба ве-Има в их пэ, и возвращающее им АХАП, называется «некудат шурук» (точка шурук), что внутри отиёт (букв), поскольку эти мохин приходят также и в ЗАТ де-Некудим, называемые «отиёт».

Но из рош Аба ве-Има, которая называется «рош де-авиют», в отличие от рош Кетер, которая называется «рош де-итлабшут», свет распространяется в гуф де-ЗОН.

צ) וסוד החיר"ק, הוא בחינת האור חדש, שהז"ת עצמם מקבלים מאו"א, להוריד בחינת הה"ת המסיימת, העומדת בחזה שלהם, אל מקום סיום רגלי א"ק, שעי"ז חוזרים אליהם האח"פ שלהם, שהם הכלים שמחזה ולמטה שנעשו למקום בי"ע, אשר אז יוחזרו הבי"ע להיות כמו אצילות.

אמנם הז"ת דנקודים לא יכלו להוריד הה"ת המחזה, ולבטל לגמרי את הצמצום ב', והפרסא, והמקום בי"ע, כי בעת שהמשיכו האור לבי"ע, נשברו תיכף כל הכלים דז"ת. כי כח הה"ת המסיימת העומדת בפרסא היה מעורב בכלים האלו, והיה האור מוכרח תיכף להסתלק משם, והכלים נשברו ומתו ונפלו לבי"ע. ונשברו גם הכלים דפנים שלהם העומדים למעלה מפרסא, דהיינו הכלים שמחזה ולמעלה, כי גם מהם נסתלק כל האור ונשברו ומתו ונפלו לבי"ע, וזה היה מחמת חיבורם עם הכלים דאחוריים לגוף אחד.

90. А понятие «хирик» – это свойство нового света, который сами ЗАТ получают от Аба ве-Има, чтобы опустить завершающую нижнюю хэй (ה), которая стоит в их хазэ, в место сиюма раглей АК, чтобы с помощью этого вернулись к ним их АХАП, то есть келим от хазэ и ниже, которые стали местом миров БЕА. И тогда вернутся БЕА и станут как Ацилут.

Однако ЗАТ де-Некудим не смогли опустить нижнюю хэй (ה) с [уровня] хазэ, полностью отменив второе сокращение (ЦБ), парсу и место миров БЕА, ибо когда они притянули свет к БЕА, разбились сразу же все келим де-ЗАТ. Ибо сила [ограничения] завершающей нижней хэй (ה), которая стоит в парсе, была примешана к этим келим, и свет был вынужден сразу же удалиться оттуда, и келим разбились, и умерли, и упали в БЕА. И разбились также их келим де-паним, которые стоят выше парсы, то есть келим от хазэ и выше, потому что из них тоже ушел весь свет, и они разбились, умерли и упали в БЕА. И это произошло из-за их соединения с келим де-ахораим в одно целое (досл. «в одно тело»).

Они тоже умерли и упали в БЕА, потому что из них также исчез свет. Строго говоря, миры Ацилут и БЕА еще не существовали, но келим, из которых они впоследствии будут созданы, уже были.

Пока свет был в Кетер и Аба ве-Има, все было хорошо. Когда же свет начал спускаться под парсу в АХАП де-ЗОН, началось разбиение келим. Выше парсы у ГЭ раньше был экран, у которого была возможность все отдавать ради Творца, под парсой же (получающие келим) царствовал закон – «ничего не получать», хотя именно там сосредоточено желание получать этого парцуфа. Когда пришел свет АБ-САГ, он дал общему кли – гуфу мира Некудим – силу и возможность получить весь этот свет ради Творца и заполнить им НЕХИ Гальгальты.

Но рошим Кетер и Аба ве-Има не учли, что свет АБ-САГ, пройдя под парсу, вызовет у келим, находящихся там, желание получить ради себя. Дело в том, что парса удерживается не только двумя рош, Кетером и Аба ве-Има, но еще и третьим рош – ИШСУТ, который находится над табуром. Он-то и удерживает свет АБ-САГ, не давая ему проникнуть под парсу. Это сделано специально для того, чтобы разбить все келим, лишить их экрана, максимально удалить от Творца, но благодаря этому происходит полное смешение альтруистических и эгоистических келим. Теперь в каждом осколке есть и желание отдавать, и желание получать. Именно это и было целью разбиения келим.

ЗОН мира Некудим олицетворяют собой всю Малхут мира Бесконечности. Задача заключается в наполнении ее части под парсой светом Творца. Как же это можно сделать? Только вышеприведенным взрывным методом, когда у Аба ве-Има и ЗОН создается обманчивое впечатление, что они могут под парсой получить свет ради Творца. И действительно, ЗОН

86-91. Объяснение трех некудот: холам, шурук, хирик

вроде бы начинают получать свет ради Творца, но затем они убеждаются, что это только ради себя.

Свет улетучивается, кли остается в совершенно безвыходном состоянии, когда не только его свойства, но и свойства ГЭ становятся эгоистическими. Они падают вниз, смешиваясь под парсой с эгоистическими келим. Но теперь эти осколки эгоистических келим имеют искорки альтруизма. Когда им будет светить свет, он возбудит в них альтруистические искры и исправит все желания.

צא) והנך רואה, שנקודת החיריק לא יכלה לצאת לשליטתה בעולם הנקודים, כי אדרבה היא גרמה לשבירת הכלים. והיינו משום שרצתה להתלבש בתוך האותיות, דהיינו בתנה"י מ שלמטה מפרסא דאצילות שנעשו לבי"ע. אמנם אח"כ בעולם התיקון, קבלה נקודת החיריק את תיקונה, כי שם נתקנה להאיר מתחת האותיות, דהיינו שבעת שהז"ת דאצילות מקבלים את אור הגדלות מאו"א, הצריך להוריד את ה"ת המסיימת ממקום החזה לסיום רגלין דא"ק, ולחבר את הכלים דתנה"י מ לאצילות, והאורות יתפשטו למטה עד סיום רגלין דא"ק, אינם עושים כן, אלא שהם מעלים התנה"י הללו ממקום בי"ע אל מקום האצילות שלמעלה מפרסא, ומקבלים האורות בהיותם למעלה מפרסא דאצילות, כדי שלא יארע בהם שוב שביה"כ כבעולם הנקודים.

וזה נבחן שנקודת החיריק המעלה את הכלים דתנה"י דז"ת דאצילות עומדת מתחת אלו הכלים תנה"י מ שהעלתה, דהיינו שעומדת במקום הפרסא דאצילות. הרי שנקודת החיריק משמשת מתחת האותיות. והנה נתבאר סוד ג' נקודות חולם שורק חיריק, בדרך כלל.

91. И ты видишь, что точка хирик не смогла проявить свою власть в мире Некудим, а наоборот, она привела к разбиению келим. И это потому, что хотела облачиться внутрь букв, то есть в ТАНХИМ, находящиеся ниже парсы мира Ацилут, которые стали БЕА. Однако впоследствии, в мире Исправления, получила точка хирик свое исправление, ведь там она стала устойчиво светить под буквами. То есть в тот момент, когда ЗАТ де-Ацилут получают свет гадлут от Аба ве-Има, который должен опустить завершающую нижнюю хэй (ה) с места хазэ в сиюм раглин де-АК, и присоединить келим ТАНХИМ к Ацилуту, и [тогда] света распространятся вниз до сиюм раглин де-АК – они не делают так, а поднимают эти ТАНХИ с места БЕА на место мира Ацилут, которое находится выше парсы, и получают света, будучи выше парсы де-Ацилут, для того чтобы не произошло в них снова разбиение келим, как это было в мире Некудим.

И это означает, что точка хирик, поднимающая келим ТАНХИ де-ЗАТ де-Ацилут, стоит под этими келим ТАНХИМ, которые она подняла, то есть она стоит на месте парсы де-Ацилут. Таким образом точка хирик выполняет свою функцию под буквами. И вот, прояснился смысл трех некудот: холам, шурук, хирик в общем виде.

Как же поднять желание над парсой? А вот это-то как раз и возможно только после разбиения келим, когда каждое желание Малхут смешивается с Биной, получая шанс на исправление.

Материал непростой, чтобы его понять, нужны какие-то внутренние ощущения. Только умом каббалу осмыслить невозможно. Если человек все же старается это сделать, то он совершает самое большое нарушение. Но пока у нас нет другого выхода, так как пока у нас нет другой связи с духовным.

Повторим пройденный материал. Мы изучали, что Некудот де-САГ спустились под табур Гальгальты и смешались там с НЕХИМ Гальгальты, потом они поднялись в рош де-САГ с решимот бет/алеф и информацией о произошедшем ЦБ, на которые затем вышел катнут мира Некудим с Кетером, Аба ве-Има и ЗОН, доходящими до парсы. Кетер – это рош де-итлабшут, Аба ве-Има – рош де-авиют, ЗОН – это гуф.

Строго говоря, Некудим в состоянии катнут еще не является миром, пока это только маленький парцуф. Но он называется миром, потому что впоследствии там действительно возникнет мир. Это произойдет в результате зивуга на решимот далет/гимель, которые были получены от НЕХИМ Гальгальты и которые также были в поднимающемся в рош де-САГ экране.

После того как возник мир Некудим в состоянии катнут, в рош де-САГ пробуждаются решимот далет/гимель, которые сейчас захотели получить весь свет хохма, предназначенный для келим Гальгальты, находящихся под табуром ради Творца. В ответ на эту просьбу вниз спускается свет АБ-САГ. САГ показывает, что такое желание отдавать, АБ показывает, как можно получать ради Творца. Оба они дают кли, находящемуся в катнуте, возможность перейти в состояние гадлут.

Для получения света АБ-САГ зивуг делается не в никвей эйнаим, а снова в пэ де-рош, куда и опускается экран. Этот новый свет спускается сначала через табур в Кетер мира Некудим и, заполняя его, дает ему силу присоединить к себе свои АХАП и перейти в гадлут. Из Кетера (рош де-итлабшут) свет дальше распространяться не может. Свет через Гальгальту распространяется до ее сфиры Есод, на которую надета рош Аба ве-Има. Таким образом, и второй рош (Аба ве-Има) может получить свет АБ-САГ и с помощью этого выйти в гадлут.

Свет в Кетер называется «холам» (точка над буквой). Это значит, что он дальше рош не распространяется. Свет, находящийся в Аба ве-Има, называется «шурук», то есть точка внутри буквы. Далее свет проходит в ГЭ де-ЗОН и пытается спуститься в АХАП де-ЗОН под парсу, в эгоистические келим. Если бы он смог пройти под парсу, то он соединил бы ГЭ де-ЗОН с их АХАП. Но пройти под парсой и придать АХАП альтруистические свойства он не может.

Поэтому АХАП не присоединяются к ГЭ де-ЗОН, в них остается то же желание получать ради себя, и поэтому происходит разбиение келим. Свет исчезает, так как он, согласно ЦА, не может находиться в эгоистических келим. Келим ГЭ и АХАП де-ЗОН становятся абсолютно эгоистическими, у них нет экрана, и поэтому они падают под парсу, что означает полное удаление от Творца по свойствам. Свет же, который пытается пройти под парсу, называется «некудат хирик».

Впоследствии в мире Ацилут происходит исправление. Мир Ацилут устроен следующим образом. У него также есть Кетер, Аба ве-Има и ЗОН. Каков принцип исправления? Очень прост. Парсу аннулировать нельзя. Единственное, что можно сделать, это поднять АХАП, то есть келим получения, над парсой и присоединить их к ГЭ де-ЗОН, создав этим полных десять сфирот, но не на своем месте, а над парсой, а затем наполнить их светом. Этот процесс называется «АХАП де-алия» – поднимающиеся келим получения. Такое состояние называется концом исправления.

А потом сверху придет свет, который сможет аннулировать парсу, чтобы она не мешала, и опустить АХАП на свое место, под уже не существующую парсу. Этот процесс называется «АХАП амитиим» – истинные АХАП, или «АХАП де-ерида» – опускающиеся АХАП. Таким образом, свет заполнит всю Гальгальту сверху вниз до сиюма раглав (окончания его ног). Этот свет называется светом Машиаха. Он исправляет и заполняет все келим.

Такое вот исправление происходит в мироздании. Вопрос – где место нахождения человека? Все, о чем мы сейчас говорим, происходит ради душ, которые в дальнейшем будут созданы и должны будут пройти все подготовленные для них ступени. Но сейчас кажется, что миры как бы являются самоцелью, что для человека в них места нет. Это не так. Миры являются системой, управляющей душами, а души, в свою очередь, могут управлять мирами. Об этом мы еще будем говорить.

Состояние, при котором АХАП поднимаются над парсой, называется «подъем миров в шаббат и праздники». Когда же АХАП находятся под парсой, это называется «будни». В этом и заключается происхождение времени.

Почему до мира Ацилут нет букв? Потому что до мира Ацилут нет келим, а есть только их зачатки. Кли образуется постепенно. Для образования четкого кли-желания необходима информация о решимо, желании сосуда, и чтобы абсолютно отсутствовало желаемое. Свет сначала должен войти в кли, желания которого противоположны свету. Настоящее кли первично, а свет вторичен. В предварительном же кли свет первичен, а реакция кли на него вторична. Из истинного кли исходит его собственное желание, стремление к чему-то, что находится вне его состояния полной тьмы и оторванности от Творца.

Когда человек изучает каббалу, он знает, что ему сообщают какую-то информацию: свет, сфирот, парцуфим, миры и так далее, о которой он никогда раньше не слышал. А для ощущения этого он должен иметь экран, тогда вся информация преобразовывается в свет, который до этого был вокруг нас. Эта информация как бы существует вокруг, но нет еще келим, способных ее воспринять.

Представлять не надо ничего, потому что все представления будут неверными до отсутствия экрана. Если бы перед вами сейчас была книга с рецептами о вкусной и здоровой пище, то вы, читая ее, тут же представляли и ощущали бы все запахи и вкусы прочитанного. В каббале же любые представления не имеют под собой никакой основы, если на это не существует адекватных келим.

Программа, Замысел творения, все дальнейшие действия, их начальное и конечное состояние в скрытом виде заключены в бхине алеф прямого света, в самой первой ее точке, называемой Кетер прямого света. Затем это все только разворачивается в виде четырех бхинот, Малхут мира Бесконечности, мира АК, мира Некудим, миров АБЕА, разбиения келим, Адама Ришон и так далее.

В Замысле творения заданы как свойства света, так и свойства кли, поэтому заранее известно, как из начального состояния прийти в конечное. На этом пути нет никаких случайно появляющихся помех или посторонних действий, которые не были бы заранее предусмотрены и могли бы привести к каким-то неожиданным, незапланированным результатам. Все идет по заранее четко спланированной программе. Либо на тебя будет жестко действовать природа, давая каждый раз толчки и удары, постоянно подталкивая сзади к осуществлению цели творения, либо ты сам берешь управление в свои руки и уже бежишь вперед, опережая удары, а не ожидая их сзади. Этим ты ускоряешь все движение. Тогда такой бег не будет тебе в тягость, наоборот, он покажется тебе наслаждением.

Относительно Творца самая первая точка творения тут же соприкасается с последней точкой творения, и вместе они существуют в одной точке. Но относительно нас первая точка постепенно разворачивается в целый ряд последовательных действий, пока этот путь не завершится в своей последней точке. А все гадания и гороскопы, изменение судьбы не смогут защитить, избавить нас от ударов.

Свет аморфен. Кли, находящееся внутри света, может в большей или меньшей степени ощущать его согласно своим духовным свойствам – экрану. Существуют 12 видов ор хозер, 12 видов решимот, 10 видов келим, 7 видов экрана, 6 видов ор яшар. Для того чтобы ощутить все это, нужно иметь соответствующие келим. Например, при слове «лехем» (хлеб) мы можем почувствовать его аромат, ощутить его вкус. А что мы ощущаем при слове «свет», «решимо», «кли»?..

Гадлут мира Некудим полностью символизирует гмар тикун, когда свет заполнит АХАП де-ЗОН, но произойдет это в ощущениях душ. Состояние каждой души, когда она сможет себя исправлять, называется ее рождением.

92-100. Подъем МАН де-ЗАТ де-Некудим к Аба ве-Има и объяснение сфиры Даат

ענין עלית מ"ן דז"ת דנקודים לאו"א וביאור ספירת הדעת

צב) כבר נתבאר, שבסבת עלית ה"ת לנקבי עינים שנעשה בצמצום ב', דהיינו לעת יציאת הקטנות דע"ס דנקודים, נחלקה כל מדרגה לב' חצאים: גלגלתא ועינים נשארים במדרגה ונקראים משום זה כלים דפנים, ואזן חוטם פה, הנפולים מהמדרגה להמדרגה שמתחתיה, נקראים משום זה כלים דאחורים. כנ"ל באות ע"ו, באופן שכל מדרגה ומדרגה נעשית כפולה מפנימיות וחיצוניות, באשר הכלים דאחורים דעליונה נפלו בפנימיות הכלים דפנים של עצמה, ונמצאים אח"פ הנפולים דכתר נקודים מלובשים תוך גלגלתא ועינים דאו"א, ואח"פ הנפולים דאו"א מלובשים תוך גלגלתא ועינים דז"ת דנקודים, עש"ה.

92. Уже было выяснено, что по причине подъема нижней *хэй (ה)* в *никвэй эйнаим*, произошедшего во втором сокращении, то есть тогда, когда вышло малое состояние *(катнут)* десяти сфирот Некудим, разделилась каждая ступень на две половины: ГЭ остаются на [своей] ступени и называются поэтому келим де-паним, а озэн, хотэм, пэ (АХАП), упавшие со своей ступени на ступень, которая находится под ней, называются поэтому келим де-ахораим. Как было сказано в п. 76, [это произошло] таким образом, что каждая ступень становится двойной, состоящей из внутренней и внешней части, при этом келим де-ахораим высшей ступени упали во внутреннюю часть келим де-паним самой ступени. И находятся упавшие АХАП Кетера Некудим облаченными внутрь ГЭ де-Аба ве-Има. А упавшие АХАП де-Аба ве-Има облачены в ГЭ де-ЗАТ де-Некудим, – изучи как следует написанное там.

Так, начиная с ЦБ, каждая ступень, состоящая из десяти сфирот, делится на ГЭ, куда входят Кетер, Хохма, Бина, Хесед, Гвура и верхняя треть Тиферет, и АХАП, включающие в себя нижние две трети Тиферет, Нецах, Ход, Есод и Малхут.

В верхнюю часть (ГЭ) может войти свет, и ею можно пользоваться, в АХАП же свет не входит, и этими желаниями пользоваться нельзя. Верхние сфирот называются альтруистическими желаниями, а нижние – эгоистическими. Первые отдают, а вторые получают. Каждая ступень активно может работать только со своей верхней частью, то есть ГЭ.

Если до ЦБ все ступени находились одна под другой, то после ЦБ все АХАП верхних ступеней находятся внутри ГЭ нижних, что дало возможность обмена информацией как сверху вниз, так и снизу вверх. Эта общая лестница называется «сулам», по ней спускаются и поднимаются души.

Есть два объекта: Творец и творение. Творец – это абсолютно альтруистическое желание, и наоборот, творение – это абсолютно эгоистическое желание.

Цель Творца – сделать творение подобным себе, чтобы оно в конце своего исправления достигло полного совершенства. Это можно сделать только путем передачи Малхут свойств Творца, то есть смешать девять верхних альтруистических сфирот с эгоистической – самой Малхут. Но они совершенно противоположны друг другу. Для их сближения в системе миров создается определенная сила, с помощью которой можно будет смешать эгоистические свойства Малхут с искрами альтруистических свойств путем ударного проникновения одних в другие. И сейчас мы начинаем изучать образование этих сил в мирах, являющихся внешними по отношению к душам, чтобы затем с помощью внешних сил можно было поднять души до уровня Творца.

Мы изучали, что существуют четыре стадии распространения света: Хохма, Бина, ЗА и Малхут. Малхут, полностью наполнившись светом, исторгает его и делает ЦА, оставаясь совершенно пустой. Затем она изобретает систему, с помощью которой она начинает принимать немного света, но ради Творца. Переходная стадия между Малхут и Кетер – Бина. В ней есть две части: ГАР (гимель ришонот, три верхних) и ЗАТ (заин тахтонот, семь нижних). В первые три (ГАР) Бина ничего не хочет получать, а в нижние семь (ЗАТ) она согласна получить, если кому-то сможет отдать, но не для себя. И этим «кем-то» является Зэир Анпин, который на 90% не желает получать, а может получить лишь на 10%, но не для себя, а для Малхут. Таково свойство ЗАТ де-Бина: получать для отдачи кому-то.

Но если к Бине придет свет, более сильный, чем ее экран, то она начинает желать получить этот свет для себя. Однако на эгоистическое получение наложен запрет (ЦА), согласно этому запрету ЗАТ де-Бина начинают сокращаться и принимают эгоистические свойства Малхут. Дальнейшей целью является осуществление обратного процесса: исчезновение эгоистических свойств в ЗАТ де-Бина и передача своих истинных альтруистических свойств Малхут. Этого можно достичь с помощью разбиения келим, что мы будем изучать позднее. При этом вся система становится смешанной, состоящей как из альтруистических, так и из эгоистических келим настолько, что между ними не будет никакой разницы, как в нашем мире.

Для изменения такого положения необходима дополнительная порция света Творца, с помощью которого появляется возможность различить, какое из наших желаний является эгоистическим, а какое – истинно альтруистическим. На этом принципе построено все исправление.

ЗАТ де-Бина, по сути, являются самой центральной частью творения, от нее много зависит и о ней нам еще много придется говорить. При спуске Некудот де-САГ под табур, то есть при встрече ЗАТ де-Бина с более сильными желаниями – НЕХИМ Гальгальты, ЗАТ де-Бина сокращаются и принимают свойства Малхут. ЦА был принят Малхут для ее сокращения, ЦБ – это сокращение Бины, то есть Творец как бы принимает на себя эгоистические свойства творения.

Это делается для того, чтобы Творец смог постепенно передавать творению свои альтруистические свойства для его исправления и наполнения светом. Чтобы исправлять кого-то, необходимо самому иметь те же свойства, которые в дальнейшем нужно исправить в другом. Духовная лестница построена именно на таком принципе, что ее последняя духовная ступень, АХАП, опускается в нас, приобретая частично наши эгоистические свойства, чтобы в дальнейшем иметь возможность контакта с нами для поднятия нас в духовный мир.

На самом деле миры не становятся эгоистическими, они полностью альтруистичны, но на них специально накладывается такая внешняя завеса огрубления, которая позволяет им контактировать в дальнейшем с душами нашего мира. А еще точнее, миры являются завесами, которые Творец надевает на себя, ослабляя свой свет настолько, чтобы как бы уподобиться испорченным творениям ради возможности контакта с ними. Итак, в мирах, на каждой из ступеней и есть уже та мера испорченности, которая есть в творениях. ЦБ – это цимцум (сокращение) в мирах.

Затем появится душа Адам Ришон, которая пройдет процесс расщепления, раздвоения и нисхождения до нашего мира. Ступени нисхождения миров вниз и ступени подъема души совершенно идентичны. Поэтому, когда душа уже оказывается в нашем мире, ей уготована целая лестница миров, по которой она сможет подняться вверх.

В четырех стадиях прямого света заложены свойства всего творения, которые затем оказывают влияние на саму Малхут в мирах. Миры – это Малхут, которая воздействует на первые девять сфирот. Душа – это та Малхут, десятая сфира, которая уже получила свойства девяти сфирот. Девять сфирот постепенно сокращаются, огрубляются, «портятся», превращаясь в эгоистическое желание Малхут. Это состояние называется мирами.

То есть миры – это свойства Творца, которые постепенно нисходят, огрубляются, сокращаются, чтобы уподобиться свойствам Малхут. Каждый включает в себя свойства другого. Первые девять сфирот постепенно проникаются свойствами Малхут, чтобы в дальнейшем повлиять на ее эгоистические желания для их исправления до самого высшего уровня.

92-100. Подъем МАН де-ЗАТ де-Некудим к Аба ве-Има и объяснение сферы Даат

צג) ומכאן נמשך, שגם בביאת האור חדש דע"ב ס"ג דא"ק להמדרגה, המוריד בחזרה את הה"ת למקומה לפה, דהיינו לעת הגדלות דנקודים כנ"ל, אשר אז מחזרת המדרגה אליה את האח"פ שלה, ונשלמים לה הע"ס דכלים והע"ס דאורות, כנ"ל, נבחן אז, אשר גם המדרגה התחתונה שהיתה דבוקה על אח"פ דעליונה, עולה גם היא עמהם ביחד לעליונה.

כי זה הכלל שאין העדר ברוחני, וכמו שהתחתונה היתה דבוקה באח"פ דעליון בעת הקטנות, כן אינם נפרדים זה מזה בעת הגדלות, דהיינו בעת שהאח"פ דעליונה שבים למדרגתם. ונמצא, שמדרגה התחתונה נעשתה עתה לבחינת מדרגה עליונה ממש. כי התחתון העולה לעליון נעשה כמוהו.

93. И отсюда следует, что также и с приходом нового света АБ-САГ де-АК на ступень, который опускает обратно нижнюю хэй (ה), возвращая ее на свое место в пэ, то есть во время большого состояния (гадлут) де-Некудим, о котором сказано выше, что тогда ступень возвращает к себе свой АХАП, и дополняются у нее десять сфирот келим и десять сфирот светов, как сказано выше, выявляется тогда, что также и нижняя ступень, которая была прилеплена к АХАП высшего, также и она поднимается вместе с ним к высшей ступени.

*Ибо таково **правило**, что нет исчезновения в духовном, и так же, как нижняя [ступень] была прилеплена к АХАП высшего во время малого состояния (катнут), так же они не отделяются друг от друга и во время большого состояния (гадлут), то есть в то время, когда АХАП высшей ступени возвращается к ней. И получается, что нижняя ступень стала сейчас буквально свойством высшей ступени. Ибо низший, поднимающийся к высшему, становится таким же, как он.*

Свет АБ-САГ обладает таким свойством, что, попадая в кли, он придает ему свои альтруистические качества настолько, что теперь кли может использовать свои АХАП, с которыми раньше он работать не мог. Но, кроме того, исправляются и ГЭ нижней ступени, то есть Аба ве-Има, куда упали АХАП верхней ступени Кетер. Теперь на ступени Кетер есть ГЭ Кетера, АХАП Кетера и ГЭ Аба ве-Има, которые поднялись вместе с АХАП Кетера.

Сейчас мы находимся в нашем мире, внутри нас существует духовная точка – «некуда ше ба лев», которая не имеет в данный момент никакого экрана, поэтому она совершенно эгоистична. Внутри нашего эгоистического кли находятся АХАП самой нижней духовной ступени ближайшего к нам духовного мира – Асия. Если сейчас придет свет АБ-САГ, то мир Асия поднимет свои АХАП, а вместе с ним и наш духовный сосуд.

Это значит, что человек перейдет барьер, отделяющий наш мир от духовного, и выйдет в духовный мир, то есть совершит не просто подъем с одной духовной ступени на другую, а качественный переход из мира материального в мир духовный. Такую возможность перехода от нижней ступени к более высокой и так далее, вплоть до самой высшей, с помощью света АБ-САГ, создал для нас ЦБ, разделивший каждую ступень на две части и спустивший АХАП верхней ступени в ГЭ нижней.

Мы видим, что в Кетер есть теперь ГЭ Кетера, АХАП Кетера и ГЭ Аба ве-Има от нижней ступени. Но это еще не все. ГЭ Аба ве-Има могут получить от АХАП Кетера свои АХАП, которых им не хватает до своих десяти сфирот, потому что сила АХАП Кетера значительно больше, чем требуется для ГЭ Аба ве-Има.

Таким образом, Аба ве-Има начинают использовать эгоистические желания – входят в гадлут, однако это не их собственные желания, поэтому такой гадлут называется «гадлут первого вида», в отличие от гадлута второго вида, когда Аба ве-Има начинают пользоваться собственным АХАП. Нижний парцуф при вхождении в гадлут первого вида как бы учится у верхнего, как нужно пользоваться желаниями, подражает ему. Это переходное состояние между катнутом и настоящим гадлутом (подробнее в п. 134).

צז) ונמצא בעת שאו"א קבלו האור חדש דע"ב ס"ג, והורידו הה"ת מנקבי עינים בחזרה אל הפה שלהם, והעלו אליהם את האח"פ שלהם. הנה גם הז"ת המלבישים

92-100. Подъем МАН де-ЗАТ де-Некудим к Аба ве-Има и объяснение сфиры Даат

הא"ח' אלו בעת קטנות, עלו גם אתה גם הם עמהם ביחד לאו"א ונעשו הז"ת למדרגה אחת עם או"א, והנה עליה הזו של הז"ת לאו"א, נקרא בשם עלית מ"ן ובהיותם מדרגה אחת עם או"א נמצאים מקבלים גם אורותיהם דאו"א.

94. И получается, что когда Аба ве-Има (АВИ) получили новый свет АБ-САГ, и опустили нижнюю хэй (ה) из никвэй эйнаим обратно в их пэ, и подняли к себе свой АХАП, то также и ЗАТ, облачающие эти АХАП во время состояния катнут, поднялись сейчас также и они вместе с ними в АВИ, и стали ЗАТ одной ступенью с АВИ. И вот этот подъем ЗАТ в АВИ называется именем «подъем МАН». И став одной ступенью с АВИ, они стали получать также и света де-АВИ.

Вообще, ГЭ нижнего парцуфа часто так и называются – МАН, а АХАП верхнего называются в этом случае «кли, поднимающий МАН».

צה) ומה שנקרא בשם מ"ן, הוא מטעם המתבאר לעיל אות פ', שעלית הז"א אל הבינה מחזיר אותה פנים בפנים עם החכמה, ונודע שכל ז"ת הם זו"ן, וע"כ בעת שהז"ת נתעלו עם האח"פ דאו"א למדרגת או"א כנ"ל, נעשו מ"ן אל הבינה דע"ס דאו"א, והיא חוזרת עם החכמה דאו"א פב"פ, ומשפעת הארת חכמה אל הזו"ן, שהם הז"ת דנקודים שעלו אליהם.

95. А то, что он называется именем «МАН», причина этого была выяснена выше в п. 80, что подъем ЗА в Бину возвращает ее в состояние «паним бе-паним» (лицом к лицу) с Хохмой. И известно, что все ЗАТ (семь нижних сфирот) – это ЗОН (ЗА и Нуква), и поэтому, когда ЗАТ поднялись вместе с АХАПом АВИ на ступень АВИ, как сказано выше, они стали МАНом к Бине десяти сфирот АВИ, и [тогда] она возвращается с Хохмой де-АВИ в состояние «паним бе-паним», и дает свечение Хохмы ЗОН, представляющим собой ЗАТ де-Некудим, которые поднялись к ним.

НЕХИМ Гальгальты являются для нас меркой, по которой мы можем видеть, сколько уже исправлено, а сколько еще нужно исправить до гмар тикуна. НЕХИМ Гальгальты, как и любой другой парцуф, наполняется оттого, что через него проходит свет в низший парцуф. Все высшие парцуфим проводят свет в низшие. Свет не может пройти иначе. Он спускается из мира Бесконечности и должен пройти через парцуфим АБ, САГ и так далее, пока он доходит до самого низшего. Высшие миры наполняются согласно пройденному через них в нижние миры света.

Как происходит переход света из парцуфа в парцуф, из Малхут высшего в Кетер низшего? Малхут все получает, Кетер все отдает. Возможно ли такое? Эта тема изучается в третьей части «Учения десяти сфирот». Мы имеем дело с инверсивным переходом Малхут в Кетер и Кетер в Малхут. Существует понятие: «ницуц Боре и ницуц нивра» (искра Творца и искра творения). Творение – это создание чего-то из ничего. «Отсутствие» Творца в каком-либо месте и является корнем творения.

Существуют пять келим: Кетер, Хохма, Бина, ЗА и Малхут, и пять светов: нефеш, руах, нешама, хая и ехида. Вообще-то, нет понятия «разновидность света». Свет зависит от ощущения кли, который, получая аморфный свет, выделяет из него то, что в данный момент кли чувствует, и дает этому свету соответствующее наименование. Вне кли никаких светов не существует, а есть только один общий свет, называемый Творцом.

В общем виде света́ делятся на ор хохма и ор хасадим. Если кли может только отдавать, а получать ради Творца еще не может из-за отсутствия экрана, то в нем распространяются света нефеш, руах, нешама. Хая и ехида отсутствуют. Если же кли приобретает экран и начинает получать свет ради Творца, то у него появляется свет хая или ехида.

ЗОН, которые поднимаются вместе с АХАП в Аба ве-Има, становятся МАН, просьбой к Аба ве-Има сделать между собой зивуг де-акаа и передать вниз, в ГЭ ЗОН, ор хохма. Эта просьба подобна просьбе ребенка к матери, в которой заложен корень рождения ребенка, его начало. К этому началу он и обращается с просьбой о помощи.

צו) אמנם עלית הז"ת לאו"א שאמרנו, אין הפירוש שנעדרו ממקומם לגמרי ועלו לאו"א, כי אין העדר ברוחני, וכל שינוי מקום הנאמר ברוחניות, אין הפירוש שנעדרה ממקומה הקודם ובאה למקום החדש, כדרך העתקת מקום בגשמיות, אלא רק תוספת יש כאן, כי באו למקום החדש וגם נשארו במקומם הקודם. באופן, שהגם שהז"ת עלו לאו"א למ"ן כנ"ל, מ"מ נשארו ג"כ במקומם במדרגתם למטה כמקודם לכן.

96. Однако подъем ЗАТ в АВИ, о котором мы говорили, не означает, что они исчезли со своего места в полной мере и поднялись в АВИ, ведь нет исчезновения в духовном, а каждое изменение места, о котором говорится в духовном, не означает, что исчезает с предыдущего места и переходит на новое место, как это происходит с переменой места в материальном. А лишь добавление присутствует здесь, ибо перешли на новое место, и в то же время остались на прежнем. Таким образом, несмотря на то, что ЗАТ поднялись в АВИ, подняв МАН, как сказано выше, они все равно остались также и на своем месте – на их ступени внизу, как и прежде.

צז) וכן עד"ז תבין, אע"פ שאנו אומרים, שאחר שעלו הזו"ן לאו"א למ"ן וקבלו שם אורותיהם, הם יוצאים משם וחוזרים למקומם למטה. הנה גם כאן, אין הפירוש שנעדרו ממקומם למעלה ובאו להמקום שלמטה. כי אם היו הזו"ן נעדרים ממקומם למעלה באו"א, היה נפסק הזווג פב"פ דאו"א תיכף, והיו חוזרים אב"א כמקודם לכן, ואז היה נפסק השפע שלהם, וגם הזו"ן שלמטה היו אובדים את המוחין שלהם. כי כבר נתבאר למעלה שהשבינה מטבעה חושקת רק באור דחסדים, בסו"ה כי חפץ חסד הוא, ואין לה ענין כלל לקבל אור חכמה, וע"כ נמצאת עם החכמה אב"א, ורק בעת עלית הזו"ן להם למ"ן, חוזרת הבינה בזווג פב"פ עם החכמה, בכדי להשפיע הארת חכמה אל הזו"א. כנ"ל באות פ' ע"ש.

ולפיכך, הכרח הוא, שהזו"ן ישארו שם תמיד, כדי ליתן קיום והעמדה אל הזווג דאו"א פב"פ. וע"כ אי אפשר לומר שהזו"ן נעדרו ממקומם או"א בעת שבאים למקומם למטה, אלא כמו שאמרנו, שכל שינוי מקום אינו אלא תוספת בלבד, באופן שהגם שהזו"ן ירדו למקומם למטה, מ"מ נשארו ג"כ למעלה.

97. И точно таким же образом пойми: несмотря на то, что мы говорим, что после того, как ЗОН поднялись в ка-

честве МАН к АВИ и получили там свои света, они уходят оттуда и возвращаются на свое место вниз, также и здесь это не означает, что они исчезли со своего места наверху и перешли на место внизу. Ведь если бы ЗОН исчезли со своего места наверху в АВИ, сразу же прервался бы зивуг АВИ паним бе-паним, и вернулись бы АВИ [в положение] ахор бе-ахор, как прежде, и тогда прервалось бы их наполнение (шефа), и также ЗОН, что внизу, потеряли бы свои мохин.

Ведь уже выяснилось выше, что Бина по своей природе стремится только к свету хасадим, согласно сказанному, что она «хафэц хесед» (желающая хасадим), и она совершенно не заинтересована получать свет хохма. И поэтому она находится с Хохмой [в положении] «ахор бе-ахор». И только при подъеме ЗОН к ним в качестве МАН, возвращается Бина к зивугу паним бе-паним с Хохмой для того, чтобы передать свечение Хохмы Зэир Анпину, как сказано в п. 80, посмотри там об этом.

И поэтому жизненно необходимо, чтобы ЗОН оставались там постоянно, чтобы осуществлять и поддерживать положение для зивуга АВИ паним бе-паним. И поэтому нельзя сказать, что ЗОН исчезли из места АВИ в то время, когда они переходят на свое место вниз, а, как мы уже сказали, любая перемена места является только лишь дополнением. Таким образом, что хотя ЗОН и опустились на свое место вниз, в любом случае они остались также и наверху.

На этом примере мы видим, что происходит обмен свойствами. Одно и то же свойство может быть помещено в различное количество мест. Если я напишу какое-то письмо с просьбой к начальнику, то это не значит, что, передав письмо по назначению, я перестану желать того, что изложено в моей просьбе. Это желание будет одновременно находиться у меня, а также будет передано начальству.

Мы изучаем процесс перехода мира Некудим к состоянию гадлут. Так, Кетер, Аба ве-Има и ЗОН в катнуте состояли

92-100. Подъем МАН де-ЗАТ де-Некудим к Аба ве-Има и объяснение сферы Даат

только из ГЭ. Сейчас Кетер, который снова использует все свои десять сфирот, поднял к себе ГЭ Аба ве-Има. Аба ве-Има, получив свои десять сфирот, подняли к себе ГЭ ЗОН. Далее мы будем изучать, как свет АБ-САГ, подойдя к парсе, захотел проникнуть внутрь, но встретил там большие желания, что и привело затем к разбиению келим.

Сейчас мы впервые столкнемся с понятием «сфира Даат». До сих пор мы говорили, что в парцуфим АК есть только пять бхинот: Кетер, Хохма, Бина, ЗА и Малхут. Начиная с мира Некудим и далее, у нас появляется дополнительная сфира — Даат, которую мы включаем в общее число сфирот под наименованием ХАБАД: Кетер, Хохма, Бина, Даат (Кетер обычно не упоминают). В мире АК не было понятия «подъем МАН».

Творцом были созданы первые четыре стадии ор яшар: Хохма, Бина, ЗА и Малхут, которые вышли из Кетера (четыре стадии развития сосуда). Все остальное происходит как следствие этих четырех стадий, которые называются (йуд хей вав хей), четырехбуквенное имя Творца. Любое желание, любое развитие проходит в пределах этих четырех стадий, в них заложена вся информация о свете и кли.

А далее свет наполняет четвертую стадию, Малхут, передает ей свои свойства, она делает сокращение, а затем начинает выяснять свои отношения со светом: она хочет получать свет на разных условиях, согласно свойствам, которые заложены как в Малхут, так и в свете. Ничего нового не происходит, а только развитие все новых и новых отношений между светом и кли. И если в дальнейшем что-то непонятно, нужно каждый раз возвращаться к этим четырем стадиям.

Свет от Творца в Малхут может попасть только тогда, когда Бина наполнит свои семь нижних сфирот светом хохма и передаст его в ЗА, а от него в Малхут. Как Бина получает свет хохма? Она обращается к Хохме, делает с ней зивуг де-акаа на этот свет и передает его в ЗА. Если по каким-то причинам ЗА и Малхут не могут или не хотят получать свет, Бина это понимает и не передает им свет. В этот момент ее семь нижних сфирот заполнены только светом хасадим. Свойство Бины получать ор хохма проявляется только тогда, когда она может этот свет реализовать, то есть передать кому-то. Ей самой он не нужен.

Эту картину мы можем наблюдать в мире Некудим: когда семь нижних сфирот Бины, то есть парцуфа Аба ве-Има, находятся в состоянии ахор бе-ахор, то Бина для себя ничего не хочет получать. Она ждет, когда ЗОН смогут получать свет хохма, а это может произойти только тогда, когда ЗОН захотят перейти из состояния катнут в гадлут. Такую возможность им предоставляет свет АБ-САГ.

Для этого ЗОН должны обратиться к Аба ве-Има, которые повернутся друг к другу лицом, сделают зивуг на свет хохма и передадут его в ЗОН. Просьба, которую поднимают ЗОН к Име, и называется «подъем МАН». Когда Има начинает давать свет хохма, ЗОН опускаются с этой просьбой вниз и становятся получателем света хохма. Но находясь внизу и получая свет, ЗОН одновременно должны все время присутствовать со своей просьбой возле Имы, чтобы постоянно просить ее делать зивуг с Аба на свет хохма для передачи его вниз. Просьба ЗОН должна быть истинной, в противном случае она не называется «подъем МАН» и на нее не будет ответа. Просьба ЗОН, которая осталась наверху во время спуска ЗОН вниз, и называется «сфират Даат». Она не является дополнительной шестой бхиной или одиннадцатой сфирой, а только указывает на состояние парцуфа.

Аба ве-Има могут находиться в трех состояниях.

Первое – ахор бе-ахор (спина к спине), когда ЗОН не требует свет хохма, и его также нет и в Аба ве-Има. Такое состояние называется «холам» и «катнут».

Второе состояние наступает, когда в Кетер и сфире Аба мира Некудим уже имеется свет хохма, тогда сфира Аба стоит лицом к Име, а Има по-прежнему спиной к нему. Такое состояние называется «шурук» и «еника».

92-100. Подъем МАН де-ЗАТ де-Некудим к Аба ве-Има и объяснение сфиры Даат

В третьем состоянии ЗОН поднимают МАН к сфире Има, и она поворачивается к сфире Аба лицом. Это состояние называется «хирик» и «гадлут».

ЗОН приобретают от света АБ-САГ возможность получать свет хохма, как АБ, и желание отдавать, присущее парцуфу САГ.

Существуют два вида решимот: решимо на катнут – бет/алеф и на гадлут – далет/гимель. Первое дает возможность миру Некудим выйти в катнут. Когда же пробуждается второй вид решимо, то кли начинает просить АБ-САГ дать силы для получения ор хохма. Без просьбы снизу нет давления сверху, хотя такую просьбу и провоцируют решимот, и кли уверено, что это его личная просьба.

Свет АБ-САГ – это свет исправления, то есть свет, который дает силы и огромное желание ощутить Творца и что-то сделать для Него. Свет хохма, который сосуд получает ради Творца, это следствие исправления, сделанного светом АБ-САГ, и называется он – свет цели творения. Таким образом, речь идет о двух разных светах.

צח) ומכאן תבין סוד ספירת הדעת, שנתחדש בעולם הנקודים. כי בכל פרצופי א"ק עד הנקודים, אין שם כי אם ע"ס כח"ב ז"ן, ומעולם הנקודים ואילך יש גם ספירת הדעת, ואנו חושבים כחב"ד ז"ן, והענין הוא כי כבר נתבאר לעיל באות ע"ט, שגם ענין עלית מ"ן לא היה בפרצופי א"ק, אלא רק ענין עלית המסך לפה דראש, ע"ש ותדע, שספירת הדעת נמשך מעלית מ"ן דזו"ן אל או"א. כי נתבאר, שזו"ן שעלו שם למ"ן לחו"ב, המה נשארים שם גם אחר יציאתם משם למקומם למטה, בכדי ליתן קיום והעמדה להזווג דאו"א פב"פ, והזו"ן האלו הנשארים באו"א, נקראים ספירת **הדעת**. וע"כ יש עתה לחו"ב ספירת הדעת המקיים ומעמיד אותם בזווג פב"פ, שהם הזו"ן שעלו שמה למ"ן, ונשארו שמה גם אחר יציאת הזו"ן למקומם. וע"כ אנו חושבים מכאן ואילך את הע"ס בשמות כחב"ד זו"ן, אבל בפרצופי א"ק, שמקודם עולם הנקודים שעוד לא היה שם ענין עלית מ"ן, ע"כ לא היתה שם ספירת הדעת. גם תדע שספירת הדעת מכונה תמיד בשם ה' חסדים וה' גבורות. כי הז"א הנשאר שם הוא בחינת ה"ח, והנוקבא שנשארה שם היא בחינת ה"ג.

98. И отсюда пойми суть сфиры Даат, появившейся как нечто новое в мире Некудим. Потому что во всех парцуфим АК до Некудим – нет там ничего, кроме десяти сфирот КАХАБ ЗОН, а начиная с мира Некудим и далее, уже есть

также и сфира Даат, и мы считаем их КАХБАД ЗОН. И дело в том, что уже было выяснено выше в п. 79, что также и подъема МАН не было в парцуфим АК, а только подъем экрана в пэ де-рош, посмотри там об этом.

И знай, что сфира Даат происходит от подъема МАН де-ЗОН к АВИ. Ведь было выяснено, что ЗОН, которые поднялись там в качестве МАН к ХУБ (Хохме и Бине), остаются там также после их выхода оттуда на их место внизу, чтобы осуществлять и поддерживать положение, [необходимое] для зивуга де-АВИ паним бе-паним. И эти ЗОН, которые остаются в АВИ, называются «сфира **Даат**». И поэтому есть сейчас у ХУБ сфира Даат, которая поддерживает и ставит их в положение зивуга паним бе-паним – это те ЗОН, которые поднялись туда в качестве МАН, и остались там также после ухода ЗОН на свое место. И поэтому мы считаем, отсюда и далее, что десять сфирот называются именами КАХБАД ЗОН. Однако в парцуфим АК, [вышедших] прежде мира Некудим, там еще не было подъема МАН, и поэтому там еще не было сфиры Даат. И также знай, что сфира Даат называется всегда пятью хасадим и пятью гвурот. Потому что ЗА, который остался там, является свойством пяти хасадим, а Нуква, которая осталась там – свойством пяти гвурот.

ק) ואיו להקשות הרי איתא בספר יצירה, שהע"ס, הן עשר ולא תשע, עשר ולא אחד עשר. ולפי האמור שבעולם הנקודים נתחדש ספירת הדעת הרי יש אחד עשר ספירות: כחב"ד זו"ן. והתשובה היא, שאין זה הוספה של כלום על הע"ס, כי נתבאר, שספירת הדעת היא הזו"ן שעלו למ"ן ונשארו שם, וא"כ אין כאן הוספה אלא שיש ב' בחינות זו"ן:

הא' הם הזו"ן שבמקומם למטה, שהם בחינת גוף,

והב' הם הזו"ן שנשארו בראש באו"א, מטעם שכבר היו שם בעת עלית מ"ן ואין העדר ברוחני,

הרי שאין כאן שום הוספה על הע"ס, כי סוף סוף אין כאן אלא ע"ס כח"ב זו"ן בלבד, ואם נשארו גם בחינת הזו"ן בראש באו"א, אין זה מוסיף כלום על בחינת הע"ס.

100. И нет затруднения в том, что написано в книге Ецира, что десять сфирот – это десять, а не девять, десять, а не одиннадцать. А согласно сказанному, что в мире Некудим появляется сфира Даат, вроде как есть одиннадцать сфирот – КАХБАД ЗОН. И ответ заключается в том, что это ничего не добавляет к десяти сфирот, ведь было выяснено, что сфира Даат – это ЗОН, которые поднялись в качестве МАН и остались там, и поэтому нет здесь добавления, а есть две бхины в ЗОН:

Первая – это ЗОН, которые находятся на своем месте внизу, и это гуф.

Вторая – это ЗОН, которые остались в рош в АВИ по причине того, что они уже были там во время подъема МАН, и нет исчезновения в духовном.

Выходит, что нет здесь никакого добавления к десяти сфирот, ибо, в конце концов, есть здесь только десять сфирот КАХАБ ЗОН. И если остались также и ЗОН в рош в АВИ, это ничего не добавляет к десяти сфирот.

Совершенным состоянием Малхут является получение всего света хасадим от сфиры Бина и всего света хохма от сфиры Хохма. Сначала Бина должна получить силу использовать свои АХАП ради Творца, а затем получить информацию, что ЗОН желают получить свет хохма, то есть те должны поднять свой МАН. Тогда-то она и передает свет хохма вниз, в ЗОН.

101-111. Разбиение келим и их падение в БЕА

עניין שבירת הכלים ונפילתם לבי"ע

קא) ונתבאר היטב סוד עלית מ"ן וספירת הדעת, שהם בחינת הכלים דפנים דז"ת דנקודים שנמשכו ועלו לאו"א, כי או"א קבלו אור החדש דע"ב ס"ג דא"ק מן הזו"ן דא"ק בסוד נקודת השורק, והורידו הה"ת מנקבי עינים שלהם אל הפה, והעלו את הכלים דאחוריים שלהם שהיו נפולים בהז"ת דנקודים, שמתוך כך עלו גם הכלים דפנים דז"ת הדבוקים בהכלים דאחוריים דאו"א (עי' לעיל אות פ"ט ואות צ"ד), ונעשו הז"ת דנקודים שם בבחי' מ"ן, והחזירו או"א בבחינת פב"פ.

ומתוך שה"ת שהיא בחי"ד כבר חזרה למקומה במקום הפה, ע"כ הזווג דהכאה שנעשה על המסך הזה דבחי"ד, הוציא ע"ס שלמות בקומת כתר באור היחידה (כנ"ל באות פ"ד), ונמצאים הז"ת הנכללות שם בסוד מ"ן, שגם הן קבלו אורות הגדולים ההם דאו"א. וכל זה הוא רק בבחינת ממטה למעלה, כי או"א הם בחינת הראש דנקודים, ששם נעשה הזווג המוציא ע"ס ממטה למעלה. ואח"ז מתפשטים ג"כ לבחינת גוף דהיינו ממעלה למטה (כנ"ל באות נ'), ואז נמשכו הז"ת עם כל האורות שקבלו באו"א, אל מקומם למטה. ונגמר הראש והגוף של פרצוף הגדלות דנקודים, והתפשטות זו נבחן לבחינת הטעמים דפרצוף גדלות הנקודים. עי' לעיל אות כ"ו.

101. И прояснилась как следует суть подъема МАН и сфиры Даат, представляющих собой свойство келим де-паним де-ЗАТ де-Некудим, которые притянулись и поднялись в Аба ве-Има (АВИ), потому что АВИ получили новый свет АБ-САГ де-АК от ЗОН де-АК в виде точки шурук, и опустили нижнюю хэй (ה) из своих никвэй эйнаим в пэ, и подняли свои келим де-ахораим, которые были упавшими в ЗАТ де-Некудим, вследствие чего поднялись также и келим де-паним де-ЗАТ, соединенные с келим де-ахораим де-АВИ (см. выше п. 89 и п. 94), и стали ЗАТ де-Некудим там в качестве МАН, и вернули АВИ в состояние паним бе-паним.

И вследствие того, что нижняя хэй (ה), которая является бхиной далет, уже вернулась на свое место в пэ, поэтому зивуг де-акаа, который был совершен на этот экран бхины далет, вывел полные десять сфирот на уровне Кетер в свете ехида (как сказано в п. 84). И получается, что ЗАТ, которые включены там в качестве МАН, также и они получили эти большие света де-АВИ. И все это только в виде снизу вверх, потому что АВИ – это свойство рош де-Некудим, в котором произошел зивуг, выводящий десять сфирот снизу вверх. А после этого они распространяются также в гуф, то есть сверху вниз (как сказано в п. 50), и тогда продолжились ЗАТ со всеми светами, которые получили от АВИ, на свое место вниз. И завершился рош и гуф парцуфа Гадлут де-Некудим, и это распространение считается свойством таамим парцуфа Гадлут де-Некудим (см. выше в п. 26).

Как уже было сказано, подъем желания снизу вверх от ЗОН в Бину называется «подъем МАН». До этого Аба ве-Има не взаимодействуют друг с другом, и такое их состояние называется «паним бе-ахор». В парцуфе Аба уже есть свет хохма, но Има не желает принимать его. МАН вызывает необходимость у Имы получать свет хохма от Аба, и поэтому она поворачивается к нему лицом. Мир Некудим состоит из трех частей: Кетер и Аба, где находится свет, вторая часть – это Има, которая не хочет получать свет, и третья часть – ЗОН. Если ЗОН попросят свет у Имы, то это заставляет ее войти в контакт с Аба, получить свет и передать его вниз, в ЗА.

Желания, которые говорят в нас помимо животных желаний, являются следствием разбиения келим, приведшим к попаданию маленьких искорок света в нас.

После ЦБ рождается специальный парцуф – катнут мира Некудим. Он, как мы уже говорили, состоит из трех частей: Кетер, Аба ве-Има и ЗОН. ЦБ накладывает ограничения на келим получения и позволяет работать только с отдающими келим. Поэтому в рош Кетер есть только ГЭ, а его АХАП находятся в ГЭ Аба ве-Има. АХАП Аба ве-Има находятся в ГЭ ЗОН, а АХАП ЗОН находятся под парсой, у них есть желание получать только ради себя, и с ними вообще нельзя работать. Все АХАП не имеют света и у них нет экрана, они получают только маленькое свечение от ГЭ – кроме АХАП де-ЗОН, которые вообще ни от кого не получают света.

Далее возбуждаются решимот далет/гимель, которые просят что-то сделать для АХАП. Почему возникает такое желание? ЦБ был на бет де-авиют. А парцуф Некудим возник в результате зивуга на алеф де-авиют. И вот этот парцуф решает попробовать работать с АХАП. После этого парцуфим АБ-САГ делают между собой зивуг, посылают вниз свет, который дает силу Кетеру перейти в состояние гадлут, то есть поднять его АХАП из ГЭ де-Аба ве-Има. Для этого Малхут в рош Кетер спускается в пэ из никвей эйнаим и делает зивуг на полные десять сфирот.

Одновременно с подъемом АХАП де-Кетер поднимается Аба, который надевался на АХАП де-Кетер, то есть тоже переходит в состояние гадлут. Теперь свет хохма есть как в десяти сфирот Кетера, так и в Аба, в результате этого он поворачивается к Име лицом. Но Има хочет только свет хасадим, а не свет хохма, поэтому она по-прежнему повернута к Абе спиной. Как можно заставить ее получить свет хохма? Только снизу, со стороны ЗОН, которым, по их желанию, можно будет отдать свет хохма. Для этого нужно возбудить в ЗОН желание получать.

ЗОН мира Некудим одевается на НЕХИМ Гальгальты мира АК, которые передают свет хохма в ЗОН. ЗОН обращаются с просьбой к Има, она, в свою очередь, к Аба, становясь к нему паним бе-паним (лицом к лицу), и таким образом свет поступает вниз. Но когда он доходит до парсы и хочет проникнуть под нее, он сталкивается там с огромным желанием получить ради себя, которое вопреки ЦБ получило какую-то долю света. Свет тут же улетучивается, а келим ГЭ де-ЗОН и АХАП де-ЗОН разбиваются, перемешиваются между собой так, что в каждом осколке остается немного света хохма, и все они падают под парсу, на самый низкий уровень, максимально удаляясь от Творца. Это привело к тому, что во всех эгоистических желаниях Малхут есть искорки света. С другой стороны, их эгоизм уже достаточно сформировался, потому что в него уже получен свет хохма.

В мире Бесконечности еще не было такого развитого эгоизма и не было такого желания получить свет хохма. В Некудот де-САГ впервые были созданы эгоистические сосуды АХАП, которые потом почувствовали свет. Начиная с мира Некудим, такие келим называются «клипот», «тума». Свет совершенно противоположен по свойствам этим келим, но желание получать настолько огромно, что оно жаждет насладиться даже искрой света, которую оно и удерживает в себе, но насладиться им оно не может. Поэтому мы всю жизнь гоняемся за любым проявлением света в любом одеянии. Порой нам кажется, что мы вот-вот коснемся этой искры наслаждения, но она тут же исчезает.

Затем мы гонимся за проявлением этой же искры света в другом облачении. Таким образом, искорки света являются движущей силой нашего эгоизма, они тянут человека вперед, дают ему стремление захватить весь этот мир. Но есть искры, которые, вселяясь в нас, дают стремление к духовному.

Гадлут мира Некудим зависит только от решимот далет/гимель. Они запускают всю эту систему, приводя в итоге к разбиению келим. После этого разбиения Малхут на своей самой низкой стадии называется «Адам», а его части – это мы.

Только величина экрана определяет местонахождение творения, то есть той или иной части Малхут мира Бесконечности. Под парсой нет экрана, поэтому там находятся эгоистические желания, которые тоже занимают определенное место в мирах БЕА, в зависимости от близости к Творцу или удаления от Него, согласно мере своего эгоизма. Все взаимодействует между собой только в меру подобия кли свету, а это определяется с помощью экрана, который и является связующим звеном между светом и кли, когда творение переходит барьер (масах) между материальным и духовным.

(קב) כי גם בפרצוף נקודים נבחנים ד' הבחינות: טעמים נקודות תגין אותיות (כנ"ל באות מ"ז והמשך ע"ש). כי כל הכחות שישנם בעליונים, הכרח הוא שיהיו גם בתחתונים, אלא בתחתון נתוספים ענינים על העליון. ונתבאר שם שעיקר התפשטות

כל פרצוף נק' בשם טעמים, ואחר התפשטותו נעשה בו הביטוש דאו"מ באו"פ, שע"י הביטוש הזה מזדכך המסך בדרך המדרגה, עד שמשתווה לפה דראש,

ומתוך שאור העליון אינו פוסק, נמצא אור העליון מזדווג במסך בכל מצב של עביות שבדרך זיכוכו, דהיינו, כשמזדכך מבחי"ד לבחי"ג, יוצא עליו קומת חכמה, וכשבא לבחי"ב יוצא עליו קומת בינה, וכשבא לבחינה א' יוצא עליו קומת ז"א, וכשבא לבחינת שורש יוצא עליו קומת מלכות. וכל אלו הקומות שיוצאים על המסך בעת הזדככותו נקראים בשם נקודות. והרשימות הנשארים מהאורות אחר הסתלקותם נק' בשם תגין, והכלים הנשארים אחר הסתלקות האורות מהם נק' בשם אותיות. ואחר שהמסך מזדכך כולו מהעביות דגוף, נמצא נכלל במסך דפה דראש בזווג אשר שם, ויוצא עליו שם פרצוף שני. עש"ה כל ההמשך בטעמם ונימוקם.

102. Ибо также и в парцуфе Некудим различаются четыре бхины: таамим, некудот, тагин, отиёт (как сказано в п. 47 и далее, посмотри там). Так как все силы, которые есть в высших, обязательно должны быть также и в нижних, однако в нижнем добавляются дополнения к тому, что есть у высшего. И выясняется там, что основное распространение каждого парцуфа называется именем «таамим», а после его распространения в нем происходит соударение (битуш) окружающего света с внутренним светом, и с помощью этого соударения ослабляется экран, очищаясь [от авиюта] по порядку ступеней, пока не сравняется с пэ де-рош.

И из-за того, что высший свет не прекращает [светить], получается, что высший свет совершает зивуг с экраном в каждом из состояний авиюта, [которые экран проходит] на пути его ослабления и очищения (издахехут). то есть когда он очищается от [авиюта] бхины далет [и поднимается] к бхине гимель, на него выходит уровень Хохма; а когда приходит к бхине бет, на него выходит уровень Бина; а когда приходит к бхине алеф, на него выходит уровень ЗА; а когда приходит к бхине шореш, на него выходит уровень Малхут. И все эти уровни, которые выходят на экран во время его ослабления и очищения, называются именем «некудот». А решимот, которые остаются от светов после их исторжения, называются именем «тагин», а келим, которые остаются после исторжения светов, называются именем «отиёт». И после того как экран полностью очищается от авиюта де-гуф, он становится включенным в экран де-пэ де-рош – в зивуг, который происходит там, и выходит на него там следующий парцуф. Изучи все изложенное там как следует, со всем продолжением, причинами и доводами.

Отход от света, падение, удаление от него является положительным фактором в развитии келим. Когда у человека возникают различные тяжелые состояния, разочарования, депрессии в отношении духовного, он должен понимать, что в нем развивают настоящие келим, желание получить свет, но ради духовного. Для этого сначала решается, сколько человек может получить ради Творца, и только потом он может получать. Решение принимается заранее в рош, там делается расчет количества и качества света, который затем принимается в тох. Не заполненная светом часть кли называется «соф». В Малхут мира Бесконечности не было рош, ей ничего не надо было рассчитывать, она все получала только в тох.

Ни Гальгальта, ни АБ, ни САГ не могли наполнить светом свои соф, то есть части, которые находятся под табуром. И только Некудот де-САГ смогли проникнуть туда и наполнить Малхут, но не светом хохма, а светом хасадим. Конечно, Малхут желает для своего наслаждения свет хохма, но свет хасадим тоже доставляет огромное наслаждение от отдачи.

Духовное движение можно осуществить только под действием света. Если свет наполняет кли, то он придает ему силу совершить действие против своей природы, эта сила света сильнее, чем сила кли. Кли при этом делает сокращение на получение наслаждения, а также приобретает небольшую возможность получать ради Творца.

Первые три действия Малхут ради Творца называются Гальгальта, АБ, САГ. Четвертое же действие не дает ей возможность получить ради Творца в силу маленького авиюта бет, теперь она может только отдавать, поэтому когда она все же пытается получить что-то, то возникают огромные желания получать ради себя и происходит ЦБ на желания, с которыми она не может работать.

Следующее порционное получение света – это катнут мира Некудим, в этом состоянии кли может только отдавать ради отдачи. В результате этого в него входит свет хасадим.

Затем к этому парцуфу сверху приходит огромная подкрепляющая сила – свет АБ-САГ. Парцуф АБ может получить огромное количество света хохма, парцуф САГ может получить только свет хасадим. Оба эти парцуфа кажутся противоположными, но противоположны они только по своим действиям, а не по намерениям, которое в обоих случаях одно – отдавать, поэтому они могут придать парцуфу, на который они влияют, максимальную силу. В данном случае оба этих света нисходят на маленький парцуф, который работает только со своими альтруистическими желаниями – катнут мира Некудим, который не использует ни одно из наслаждений ради себя.

Свет АБ-САГ раскрывает в Некудим величие духовного, величие Творца, важность полного слияния с Творцом, а не искушает его какими-то наслаждениями. В результате этого у парцуфа возникают силы действовать ради духовного, получать ради Творца, приобрести экран и перейти в парцуфим Кетер и Аба ве-Има, в состояние гадлута. АХАП де-ЗОН тоже пытаются перейти в состояние гадлут, но они не могут получить свет, из-за чего происходит разбиение келим. Они вкусили, что значат наслаждения, относящиеся к гадлуту. В них остаются решимот после разбиения келим, которые говорят о наслаждении только ради себя, поэтому осколки разбитых келим попадают в клипот. А место, где находятся клипот, называется «мадор (отдел) клипот».

Мы проходили, что в ЦБ Малхут поднялась до уровня Бина де-гуф и ограничила там получение света только в келим де-ГЭ. Сама Малхут вместе с захваченными ею

101-111. Разбиение келим и их падение в БЕА

таким образом келим де-АХАП еще не являются на этом этапе клипой, потому что она сама ограничивает распространение света в себя, не желая быть только получающей. Теперь же, во время разбиения келим, эгоистическое желание Малхут, почувствовав в себе наслаждение без соответствующего экрана, начинает желать его ради себя, и превращается тем самым в клипу. Однако клипа не обладает настоящим светом. У нее есть только решимот – осколки разбитого экрана.

Если творение не пройдет стадию, которая называется «клипот», то в нем не будет истинного, своего собственного желания. Все предыдущие желания созданы Творцом и составляют с Ним единое целое. У настоящих же творений нет никакой связи с Творцом, поэтому они чувствуют себя независимыми и самостоятельными. А теперь, чтобы творение прошло весь обратный путь вплоть до окончательного слияния с Творцом, необходимо заложить в него какую-то искру альтруистического желания, что и достигается с помощью разбиения келим и смешения всех осколков келим друг с другом.

Решимот от внутреннего света, которые остаются после его выхода, называются «тагин». Кли, желания, которые остаются после исчезновения из них света, называются «отиёт».

О мире АК существует такое объяснение: решимот от таамим называются «тагин», решимот от некудот называются «отиёт».

Таким образом, мы находим дополнительное объяснение: таамим – Кетер; некудот – Хохма; тагин – Бина; отиёт – ЗОН.

קג) והנה ממש על דרך זה נעשה גם כאן בפרצוף נקודים, כי גם כאן יוצאים ב' פרצופין: ע"ב, ס"ג, זה תחת זה, ובכל אחד מהם, טעמים, נקודות, תגין, אותיות. וכל ההפרש הוא, כי ענין הזדככות המסך לא נעשה כאן מחמת הביטוש דאו"מ באו"פ, אלא מחמת כח הדין דמלכות המסיימת שהיה כלול בכלים ההם, כנ"ל באות צ', ומטעם זה לא נשארו הכלים הריקים בפרצוף אחר הסתלקות האורות, כמו בג' הפרצופין דגלגלתא ע"ב ס"ג דא"ק, אלא נשברו ומתו ונפלו לבי"ע.

103. И вот буквально таким же образом произошло также и здесь, в парцуфе Некудим, ведь также и здесь выходят два парцуфа: АБ и САГ, один под другим, и в каждом из них – таамим, некудот, тагин и отиёт. И вся разница заключается в том, что ослабление и очищение экрана (издахехут) происходит здесь не из-за соударения окружающего света с внутренним светом, а благодаря силе суда Малхут месаемет, которая была включена в эти келим, как сказано в п. 90. И по этой причине не остались в парцуфе пустые келим после исторжения светов, как это произошло в трех парцуфим – Гальгальта, АБ, САГ де-АК, а они разбились и умерли, и упали в БЕА.

קד) והנה פרצוף הטעמים שיצא בעולם הנקודים, שהוא פרצוף א' דנקודים, יצא בקומת כתר, כבר נתבאר (לעיל באות ק"א), שיצא בראש וגוף, שהראש יצא באו"א, והגוף הוא התפשטות הז"ת מפה דאו"א ולמטה. והנה התפשטות הזאת שמפה דאו"א ולמטה נקרא מלך הדעת, והוא באמת כללות כל הז"ת דנקודים, שחזרו ונתפשטו למקומן אחר העלית מ"ן, אלא מתוך ששרשם נשאר באו"א לקיום והעמדה לפב"פ דאו"א, (כנ"ל באות צ"ח), שנק' שם בשם מוח הדעת המזווג לאו"א, לפיכך גם התפשטותם ממעלה למטה לבחינת גוף נק' ג"כ בשם הזה, דהיינו מלך הדעת, והוא מלך הא' דנקודים.

104. И вот парцуф таамим, который вышел в мире Некудим, то есть первый парцуф Некудим, который вышел на уровне Кетер, уже выяснилось [про него] (см. выше в п.101), что он вышел в рош и гуф: рош вышел в Аба ве-Има (АВИ), а гуф – это распространение ЗАТ от пэ де-АВИ и вниз. И вот это распространение от пэ де-АВИ и вниз называется «мелех Даат», и он на самом деле является совокупностью всех ЗАТ де-Некудим, которые вернулись и распространились на свои места после подъема МАН. Но поскольку их корень остался в АВИ для осуществления и поддержания положения паним бе-паним де-АВИ (как сказано в п. 98), и там он называется именем «моах Даат», который обеспечивает зивуг АВИ, поэтому и их распространение сверху вниз в гуф также называется этим именем, то есть «мелех Даат», и он первый мелех де-Некудим.

В отличие от верхних парцуфим АБ-САГ, нижние парцуфим называются «мелахим». Аба ве-Има делают зивуг де-акаа на решимот далет/гимель и спускают вниз большой свет. Состояние совместного действия Аба ве-Има называется «Даат», потому что зивуг происходит на свет хохма. Парцуф, который распространяется от них вниз, называется «мелех Даат». Эти парцуфим называются «мелахим», потому что они происходят от Малхут. Затем этот парцуф разбивается, и от него остаются разбитые сосуды, которые, соединяясь с АХАП, тоже падают вниз.

В мире Некудим происходят действия, аналогичные действиям, происходящим в мире АК. Сначала происходит зивуг на решимо далет/гимель, когда соответственно парцуфу АБ выходит парцуф мелех Даат, а затем – потеря авиюта гимель и зивуг на гимель/бет, как в САГ, далее бет/алеф, алеф/шореш.

Желание, которое создано Творцом, изменить нельзя, можно только постараться изменить намерение. Все дело в экране и намерении – ради отдачи или ради получения, увеличить или уменьшить их в зависимости от каких-либо условий.

Если у меня есть желания на все пять блюд, которые поставили передо мной, и нет никаких ограничивающих, сдерживающих центров, то, естественно, я уплетаю все блюда, мои желания соответствуют наслаждению. Такое положение было в Малхут мира Бесконечности, когда она желала насладиться всем тем, что ей дал Творец. Это не называется клипой, потому что не было никакого запрета со стороны Творца. Но свет, наполнив Малхут, дал ей такую силу, что теперь она может противостоять силе наслаждения, не желая его принимать ради себя, хотя желание насладиться остается. Более того, Малхут не только отказывается получать ради себя, но и приобретает дополнительные силы получить какую-то часть света ради Творца.

ЦБ означает, что больше нет сил принимать ради Творца, единственное, что теперь можно делать, это сидеть возле накрытого стола и ничего не получать, это дает право быть в духовном, имея с Творцом одинаковые свойства. Но такое состояние нежелательно ни для Творца, ни для творения. Поэтому Аба ве-Има делают зивуг на свет хохма, чтобы передать его ниже, не учитывая при этом, что свет АБ-САГ не может спуститься под парсу и исправить там келим. Намерения в рош были хорошими, но осуществить их не удалось.

Так бывает и с нами: мы вдруг начинаем что-то делать с хорошими намерениями, но затем забываем о намерениях и падаем в эгоистические желания, становясь их рабами. Происходит это потому, что первое же ощущение наслаждения полностью овладевает нашими желаниями, и нет никаких сил с ними справиться.

В итоге все желания кли под парсой разбились, лишились экрана и перешли в мадор клипот. Человек сидит перед всеми блюдами, страстно желает их проглотить, он руководствуется только своими эгоистическими желаниями и не обращает никакого внимания на хозяина.

Существует огромная разница между желаниями Малхут после ЦА, когда она наложила запрет на свои эгоистические желания и ничего не хотела принимать, хотя видела перед собой все наслаждения, и Малхут после разбиения келим, когда она только и желает, что принимать наслаждения любым путем, используя при этом дающего, но получить их не может. Потом мы будем изучать, каким образом клипот действуют на человека, так что он всю жизнь будет гоняться за ними, но окончательного наслаждения так и не сможет получить.

Все эти желания насладиться ради себя не являются настоящими творениями, так как они были созданы Творцом. Единственным истинным творением называется такое, в котором пробуждается его **собственное** желание к духовному, к сближению с Творцом, желание наслаждаться только ради Него. Такого желания нет в Творце, оно исходит из самой нижней черной точки творения в результате постоянного воздействия света на кли, подобно действию воды на камень. Такое желание называется душой, и она определяет рождение человека из животного. Далее происходит постепенное раскрытие Творца творением по мере получения им какой-то определенной порции света ради Творца – сначала небольшой, а затем душа получает все больше и больше, вплоть до полного слияния с Творцом.

Как уже было сказано, мир Некудим возникает под табуром в состоянии катнут на решимот бет/алеф, затем он переходит в состояние гадлут на решимот далет/гимель. Этот первый парцуф мира Некудим похож на АБ мира АК, который над табуром тоже вышел на решимот далет/ гимель. Затем происходит ослабление экрана вплоть до решимот гимель/бет, но не в результате битуш пним у-макиф, как это было в мире АК, а в результате разбиения, и на это решимо под табуром выходит второй парцуф, который подобен парцуфу САГ мира АК. Но оба эти парцуфа называются «мелахим», потому что над ними властвует Малхут, которая поднялась в Бину. Эти парцуфим, называемые АБ и САГ мира Некудим, включают в себя по четыре частных парцуфа: один от таамим и три от некудот, то есть всего восемь мелахим. Промежуточные парцуфим, выходящие на авиют шореш, не в счет, потому что они не имеют распространения в гуф.

Первый парцуф называется «мелех Даат», который при ослаблении экрана включает в себя еще три: мелех Хесед, мелех Гвура и мелех шлиш элион де-Тиферет (мелех верхняя треть Тиферет). Второй парцуф – это «мелех шней шлиш тахтон де-Тиферет» (мелех две нижние трети Тиферет), мелех Нецах ве-Ход, мелех Есод и мелех Малхут. Парцуфим мира Некудим называются по именам сфирот де-гуф, потому что они возникают на материале гуф парцуфа Некудим. Все эти восемь мелахим – это возможные меры получения света под парсой ради Творца. Но экраны с силой противостояния эгоизму исчезли, свет из них исчез, и они считаются падшими, то есть упавшими ниже всех духовных желаний.

Почему в разных местах по-разному определяется, сколько уровней авиюта есть в парцуфе? Язык десяти сфирот очень лаконичен. Описывая с его помощью конкретные явления в конкретном аспекте, зачастую пользуются одними и теми же терминами и понятиями для описания различных соотношений. Так, рассматривая парцуф АБ, мы говорим, что он состоит из пяти частных парцуфим. Вообще, в каждом духовном объекте, поскольку он является частью Малхут мира Бесконечности, можно выделить пять уровней авиюта. Однако, рассматривая АБ по отношению к Гальгальте, мы говорим, что в нем есть только четыре уровня авиюта, поскольку в нем отсутствует авиют далет. Таким образом, описание духовного объекта зависит от того, в каком контексте он рассматривается. Так, описывая одного человека, можно сказать, что он на голову ниже другого, но это не означает, что у него нет головы.

Все, что описывается в этой книге, происходит в душе человека. Поэтому, чтобы разобраться в материале, не нужно обладать абстрактным мышлением, умением смотреть на один предмет с разных сторон. Для этого необходимо найти в себе, в своем отношении к Творцу все описываемые явления и процессы. Тогда придет и понимание, и все встанет на свои места. Если же человек представляет себе духовные миры как нечто находящееся вне его, как некую абстрактную схему, вне собственных чувств, то рано или поздно он все равно попадет в тупик. Только теперь ему уже придется гораздо тяжелее в изучении каббалы, потому что придется отказываться от собственных абстрактных представлений. Если же вам тяжело воспринимать материал правильным образом, то попытайтесь читать эту книгу параллельно с другими книгами, скажем, параллельно с книгой «Постижение высших миров».

Попытайтесь почувствовать, что в них говорится об одном и том же.

Что такое мидат дин (категория суда)? Дин – это единственный запрет или единственное желание получать ради себя. Этот запрет был принят Малхут еще во время ЦА, когда она отказалась получать ради себя и осталась пустой. До этого можно было свободно получать свет ради собственного наслаждения. После ЦА каждый, нарушающий этот запрет, считается грешником, клипой, нечистой силой и так далее.

Желание насладиться в четырех стадиях – это единственное, что было создано Творцом. Затем, если кто-то пожелает изменить эту природу и приобрести альтруистические желания, то это будет являться его личным делом. Но так как он сам осуществить такой переворот не сможет, то он должен будет обратиться к Творцу за помощью. При этом желание насладиться не исчезает, меняется только намерение использовать это желание.

Сама Малхут называется «мидат дин» (свойство суда). Она требует насыщения. Если на это желание нет антиэгоистического экрана, то желания остаются эгоистическими. Если же с помощью силы, полученной сверху, Малхут приобретает экран, то ее намерения становятся альтруистическими, и мидат дин спускается, а на ее месте появляются мидат рахамим (свойства милосердия), свет хасадим, отраженный свет, экран.

קה) ונודע, שכל הכמות והאיכות שבע"ס דראש מתגלה ג"כ בהתפשטות ממעלה למטה לגוף, ולפיכך כמו שבאורות דראש חזרה ירדה מלכות המזדווגת ממקום נקבי עינים למקום הפה, וגו"ע ונה"י שהם הכלים דפנים חזרו וחיברו להם את הכלים דאחורים, שהם האח"פ, והאורות נתפשטו בהם, כן בהתפשטותם ממעלה למטה לגוף נמשכו האורות גם לכלים דאחורים שלהם, שהם התנה"י"מ שבבי"ע למטה מפרסא דאצילות.

אמנם לפי שכח מלכות המסיימת שבפרסא דאצילות מעורב בכלים ההם, ע"כ תיכף בפגישת האורות דמלך הדעת בכח הזה, נסתלקו לגמרי מהכלים ועלו לשורשם, וכל הכלים דמלך הדעת נשברו פנים ואחור, ומתו ונפלו לבי"ע, כי הסתלקות האורות

מהכלים הוא כמו הסתלקות החיות מגוף הגשמי, הנק' מיתה. ואז נזדכך המסך מהעביות דבחי"ד, מאחר שהכלים האלו כבר נשברו ומתו, ונשאר בו רק עביות דבחי"ג.

105. И известно, что все то количество и качество, которое [есть] в десяти сфирот де-рош, проявляется также в распространении сверху вниз в гуф. И поэтому так же, как в светах де-рош, вернулась и [снова] опустилась Малхут мездавегет с места никвэй эйнаим (НЭ) в место пэ, а ГЭ и НЭ, которые являются келим де-паним, вернулись и присоединили к себе келим де-ахораим, то есть АХАП, и света распространились в них, точно так же и при их распространении сверху вниз в гуф, продолжились света также и в их келим де-ахораим, которые представляют собой ТАНХИМ, что в БЕА ниже парсы де-Ацилут.

Но так как сила Малхут месаемет, которая находится в парсе де-Ацилут, присутствует (досл. «замешана») в этих келим, поэтому сразу же при встрече светов де-мелех Даат с этой силой, они полностью ушли из этих келим и поднялись к своим корням. А все келим де-мелех Даат разбились – паним и ахор, и умерли, и упали в БЕА, поскольку уход светов из келим подобен уходу жизненной силы из материального тела, называемого смертью. И после этого очистился экран от авиюта бхины далет, так как эти келим уже разбились и умерли, и остался в нем только авиют бхины гимель.

Когда мы говорим об авиюте гимель, мы должны понимать, что речь идет о первом парцуфе мира Некудим, который вышел на итлабшут далет и авиют гимель. Но в парцуфе с авиютом гимель есть свои частные парцуфим с авиютами далет, гимель, бет, алеф, шореш. Сейчас исчез только первый частный парцуф с авиютом далет, и остался авиют гимель. Свет не может распространиться в те желания, которые не имеют намерения наполниться, и они пока не наполняются и не разбиваются.

קו) וכמו שנתבטלה העביות דבחי"ד מהמסך דגוף מחמת השבירה, כן נתבטלה העביות ההיא גם במלכות המזדווגת של ראש באו"א, כי העביות דראש ועביות דגוף, דבר אחד הוא אלא שזה כח וזה פועל (כנ"ל באות נ). ולכן נפסק הזיווג דקומת כתר גם בראש באו"א, והכלים דאחוריים, שהם האח"פ שהשלימו לקומת כתר, חזרו ונפלו למדרגה שמתחתיה דהיינו להז"ת. וזה מכונה ביטול האחוריים דקומת כתר מאו"א. ונמצא שכל קומת הטעמים דנקודים, ראש וגוף, נסתלקה.

106. И так же, как отменился авиют бхины далет из экрана де-гуф вследствие разбиения, так же отменился этот авиют и в Малхут мездавегет де-рош в АВИ, поскольку авиют де-рош и авиют де-гуф, это один тот же [авиют], но первый – в потенциале, а второй – в действии (как объяснено в п. 50). И поэтому прекратился зивуг уровня Кетер также и в рош АВИ, а келим де-ахораим, то есть АХАП, которые дополняли ступень до уровня Кетер, вернулись и [снова] упали на ступень, что под ней, то есть на уровень ЗАТ. И это называется отменой ахораим уровня Кетер в АВИ. И получается, что вся ступень таамим де-Некудим, рош и гуф, исчезла.

Аба ве-Има делают зивуг только для того, чтобы наполнить своим светом ЗОН. Как только ЗОН лишились возможности получать свет и исчезла их просьба, обращенная к Име, о наполнении их светом, то Има немедленно прекращает зивуг с Аба. В данном случае мы видим, что гуф дает команду рош, и в ней тут же прекращается зивуг.

В мире Некудим был катнут, затем, в результате подъема МАН, АХАП поднялись к своим ГЭ, но произошло разбиение келим, которые затем будут разбиваться на следующие и следующие желания, пока все желания ЗОН мира Некудим не разобьются полностью: это далет, гимель, бет, алеф, шореш уровня гимель, затем происходит то же самое, но уже с уровнями бет, алеф, шореш, до самого последнего желания. Все это было необходимо для смешивания альтруистических и эгоистических свойств. Разбиение келим имеет далеко идущие и положительные последствия.

Только самая первая ступенька – шореш, называется намерением Творца относительно будущего творения, а остальные ступени – это развитие, реализация намерения и превращение его в творение. И первым творением называется далет де-далет (Малхут де-Малхут) мира Бесконечности. И на этом все могло бы и остановиться, но первое творение под влиянием света захотело стать подобным Творцу по намерению, хотя его действия остались неизменными.

Для изменения намерения сначала надо полностью отказаться от получения света, затем создать силу сопротивления эгоизму, то есть экран, который нужен для получения света ради Творца, начиная с небольшого количества и вплоть до полного слияния с Творцом. Такой процесс развития экрана начинается после ЦА. Для этого необходимо разбить желание далет де-далет на определенные части и создать экран, начиная с самого маленького желания и до самого большого.

Подготовка использования экрана происходит в распространении миров сверху вниз. Для создания минимального экрана нужно смешать намерение творения и намерение Творца, перемешать их желания. Только тогда в творении, то есть далет де-далет, в его сути, появятся какие-то искры альтруистического желания, дающие возможность создания экрана. Это достигается с помощью разбиения келим.

Но все происходящие процессы никуда не исчезают, а существуют постоянно, в них зарождается будущая связь с Творцом. Во время разбиения келим свет не входит в гуф, он находится в рош. Он входит только в ГЭ каждой сферы, хотя он желает войти и в АХАП, то есть в эгоистические келим, но согласно ЦА, он не может этого сделать. Однако какой-то молниеносный контакт все же происходит, и кли начинает желать получить свет ради себя, понимая, что значит для него это получение.

Раньше творение этого не понимало. Речь идет о развитии эгоизма от стадии, в которой накладывается запрет на получение света, до страстного желания получить его несмотря ни на что и ни с чем не считаясь. Каждый раз при распространении миров и парцуфим сверху вниз мы имеем дело с постепенным формированием все более развитого, более грубого эгоизма, который понимает, что значит насладиться светом, и желает этого все в большей и большей степени. Когда кли доходит до самой последней стадии своего развития – нашего мира, то оно становится наиболее пригодным для своей роли.

При разбиении кли в нем остается эгоистическое желание, решимо от того экрана, который был и исчез, а свет, который должен был войти в кли, поднялся вверх. Однако еще существует связь между решимо экрана и исчезнувшим светом, которая дает кли маленькое свечение, воспоминание о том, что у него когда-то был экран, с помощью которого он мог получить свет.

В чем заключается разница между ослаблением экрана от битуш пним у-макиф и от разбиения келим? В первом случае кли, испытывая давление ор макиф, который хочет войти внутрь, понимает, что больше не может получить свет альтруистически, а на получение в эгоизм есть запрет, поэтому считает, что лучше исторгнуть имеющийся в нем свет, но не нарушить запрет. Во втором случае намерения кли вначале как бы хорошие, но вдруг оно обнаруживает, что хочет насладиться светом чисто эгоистически, поэтому тут же срабатывает запрет ЦА, и ослабление экрана здесь проявляется как разбиение кли, как смерть.

Ранее мы говорили о том, как произошло разбиение келим. Пришел свет АБ-САГ, начал распространяться в рош Кетер, рош Аба ве-Има, ГЭ де-ЗОН, и как только дошел до парсы, келим начали разбиваться, лишаться экрана, потому что свет столкнулся с желаниями получить ради себя без экрана. Тут сработал запрет ЦА, свет поднялся в рош мира Некудим, а затем в рош САГ, а келим, желающие получить ради себя, разбились и упали в клипот.

Есть свет Замысла творения и свет исправления творения. Свет, который создал Малхут и желание в ней насладиться им, называется светом Хохма, светом Замысла творения. Свет, который исправляет Малхут, вызывает в ней проявление свойств высшего и дает возможность Малхут ощущать наслаждение от отдачи, называется светом хасадим. Творца можно ощущать либо, наслаждаясь оттого что ощущаешь Его (наслаждение светом Хохма от получения), либо ощущать Его свойства и наслаждаться от подобия Ему (наслаждение светом хасадим от отдачи).

Если бы эгоизм не начал ощущать свойства Творца, то он никогда бы не сделал ЦА, никогда бы не захотел быть похожим на Творца. Творец создал такой эгоизм, который бы смог развиваться и почувствовать, кроме наслаждения, еще и Дающего это наслаждение. В начальной стадии развития эгоизма уже заложена возможность быть в дальнейшем подобным Творцу.

Информация, которая вызывает ощущение Дающего, приходит в кли со светом АБ-САГ. Это свет исправления, свет совершенно иной природы, возбуждающий в человеке тонкие ощущения, ощущения значимости Дающего и желание быть подобным Ему. ЦА – это очень жестокое действие со стороны творения, которое как бы отодвинуло Творца в сторону, говоря, что ничего не хочет от Него получать. Оно лишило Его возможности быть Дающим, сделало Его желания невостребованными до тех пор, пока творение не начинает понимать, что Замыслом творения является не отказ от получения света, а его получение, но ради Творца.

В создании парцуфим после ЦА первичным является экран, а действие вторично, и весь процесс идет от большего к меньшему. После ЦБ, когда парцуф сократился, впервые появилось желание перейти из меньшего состояния, катнут, в гадлут. Для этого надо было получить силу. И такая сила приходит от света АБ-САГ. Все келим, которые находятся над парсой: Кетер, Аба ве-Има, ГЭ де-ЗОН могут ощутить возможность перейти в гадлут. Но под парсу этот свет войти не может, АХАП де-ЗОН не могут ощутить его и поэтому остаются в прежнем состоянии. Некудот де-САГ после ЦБ под парсой остаются пустыми и образуют от табура до парсы место мира Ацилут, а от парсы до сиюма – место миров Брия, Ецира и Асия.

Когда мы говорим, что где-то нет света, то это означает, что кли просто не способно его ощутить. Свет сам по себе простой, в нем нет никаких различий, то есть кли пока еще не может выявить в свете никаких оттенков, никаких разновидностей удовольствия. Таким было состояние Малхут в мире Бесконечности. А когда она почувствовала свойства света, то сделала ЦА. Она начала выделять в свете девять сфирот, предшествующих ей, начиная от ближайшей, а когда дошла до последней, Кетер, и ощутила в нем свою полную противоположность по свойствам (он только отдает – она только получает), то тут же сделала сокращение.

Зеир Анпин состоит из Хохмы и Бины. Он называется «маленькое лицо», что относится к количеству света хохма в нем по сравнению, например, с Малхут, которая желает быть большой и получить весь свет хохма. Кетер все отдает, Хохма все получает, Бина ничего не получает. Такова характеристика четырех стадий прямого света и их корня, называемого Кетер.

Изучая каббалу, необходимо все время помнить, что в духовном нет места, времени и пространства в нашем обычном понимании. Понятие места возникло только после ЦБ. Некудот де-САГ после ЦБ остаются под парсой пустыми и образуют от табура до парсы место мира Ацилут, а от парсы до сиюма – место миров Брия, Ецира и Асия. Таким образом, местом обычно называются Некудот де-САГ, то есть келим, работающие по принципу ЦА, относительно сосудов, работающих по принципу ЦБ, которые образуют миры, начиная с мира Ацилут. Отсюда становится немного понятней, насколько большая разница есть между этими двумя формами работы с желаниями. Келим ЦБ – это не просто те же келим ЦА, использующие только половину своих желаний, это кардинально другой принцип работы. Мы будем изучать так называемые поднятия миров. При этом «место» может подниматься вместе с мирами, а может и не подниматься.

Под временем в духовном понимается количество необходимых действий для достижения определенного духовного уровня. Эти действия выстраиваются в причинно-следственную цепочку. Чем меньше исправлен человек, тем больше скрывается от него Творец, тем больше путь от человека к Творцу превращается из последовательности духовных действий в неосмысленно текущее время.

В духовном все связано единым намерением – ради Творца, и поэтому там нет исчезновений. Только клипот – желания получать ради себя – могут исчезнуть. Наш мир находится ниже клипот, и поэтому мы наблюдаем в нем такое явление, как исчезновение.

Мы говорили о том, как произошло разбиение сосудов. Пришел свет АБ-САГ, начал распространяться в рош Кетер, рош Аба ве-Има, ГЭ де-ЗОН и как только дошел до парсы, сосуды начали разбиваться, лишаться экрана, потому что свет столкнулся с желаниями получить ради себя без экрана. Тут сработал запрет ЦА, свет поднялся в рош мира Некудим, а затем в рош САГ, а келим, желающие получить ради себя, разбились и упали в клипот.

קז) ומתוך שאור העליון אינו פוסק מלהאיר, נמצא שחזר ונזדווג על העביות דבחי"ג הנשאר במסך של ראש באו"א, ויצאו ע"ס בקומת חכמה. והגוף שממעלה למטה, נתפשט לספירת החסד, והוא מלך הב' דנקודים. וגם הוא נמשך לבי"ע ונשבר ומת, ואז נתבטלה גם העביות דבחי"ג מהמסך דגוף ודראש כנ"ל, וגם הכלים דאחורים, האח"פ שהשלימו לקומת חכמה זו דאו"א, חזרו ונתבטלו ונפלו למדרגה שמתחתיה, לז"ת, כנ"ל בקומת כתר.

ואח"כ נעשה הזווג על העביות דבחי"ב שנשאר במסך ויצאו ע"ס בקומת בינה, והגוף שממעלה למטה נתפשט לספירת הגבורה, והוא מלך הג' דנקודים. וגם הוא נמשך לבי"ע ונשבר ומת. ונתבטלה גם העביות דבחי"ב בראש וגוף, ונפסק הזווג דקומת בינה גם בראש, והאחורים של קומת בינה דראש נפלו למדרגה שמתחתיה בז"ת.

ואח"כ נעשה הזווג על העביות דבחי"א שנשאר במסך, ויצאו עליה ע"ס בקומת ז"א, והגוף שלו ממעלה למטה נתפשט בשליש עליון דת"ת, וגם הוא לא נתקיים ונסתלק האור ממנו, ונזדככה גם העביות דבחי"א בגוף וראש, והאחורים דקומת ז"א נפל למדרגה שמתחתיה, לז"ת.

107. И из-за того, что высший свет никогда не прекращает светить, получается, что он повторил зивуг [но уже] на авиют бхины гимель, который остался в экране рош АВИ, и вышли десять сфирот на уровне Хохма. А гуф, нисходящий сверху вниз, распространился в сфиру Хесед, и это второй мелех де-Некудим. И он также продолжился в БЕА, разбился и умер, и тогда отменился также авиют бхины гимель в экране, в гуф и в рош, как сказано выше. И также келим де-ахораим – АХАП, которые дополняли эту ступень до уровня Хохма де-АВИ, [тоже] вернулись и отменились, и упали на ступень, что под ней – на [уровень] ЗАТ, [так же, как это произошло], согласно сказанному выше, на уровне Кетер.

А затем произошел зивуг на авиют бхины бет, который остался в экране, и вышли десять сфирот на уровне Бина. И гуф, нисходящий сверху вниз, распространился в сфиру Гвура, и это третий мелех де-Некудим, и он так же продолжился в БЕА, разбился и умер. И отменился также авиют бхины бет в рош и гуф, и прекратился зивуг уровня Бина также и в рош, и ахораим уровня Бина де-рош упали на ступень под ней – на [уровень] ЗАТ.

А затем произошел зивуг на авиют бхины алеф, который остался в экране, и вышли на нее десять сфирот на уровне ЗА, и его гуф сверху вниз распространился в верхнюю треть сферы де-Тиферет, и также он не смог просуществовать, и ушел свет из него, и очистился также авиют бхины алеф в гуф и в рош, и ахораим уровня ЗА упали на ступень, что под ней – на [уровень] ЗАТ.

Почему в мире Некудим парцуфим называются мелахим? Потому что они находятся в гадлуте, большом состоянии, которое выходит из катнута, малого состояния, с ор нефеш, который называется «ор Малхут». Несмотря на то что есть восемь уровней, существуют только семь мелахим, потому что есть всего семь нижних частей, ступеней. И также в рош есть только семь шорашим (корней) для их распространения.

קח) וכאן נגמרו כל האחוריים דאו"א לירד, שהם האח"פ, כי בשבירת מלך הדעת נתבטלו באו"א רק אח"פ השייכים לקומת כתר. ובשבירת מלך החסד נתבטלו באו"א רק אח"פ השייכים לקומת חכמה. ובשבירת מלך הגבורה נתבטלו האח"פ השייכים לקומת בינה. ובהסתלקות שליש עליון דת"ת נתבטלו האח"פ דקומת ז"א. ונמצא שנתבטלה כל בחינת הגדלות דאו"א ולא נשאר בהם רק הג"ו"ע דקטנות. ונשאר במסך רק עביות דשורש, ואח"כ נזדכך המסך דגוף מכל עביותו ונשתוה למסך דראש, אשר אז נמצא נכלל בזווג דהכאה של ראש, ומתחדשים שמה הרשימות שבו חוץ מהבחינה האחרונה, (כנ"ל באות מ"א), ובכח התחדשות הזה יצא עליו קומה חדשה הנק' ישסו"ת.

108. И на этом закончили опускаться все ахораим де-АВИ, представляющие собой АХАП, потому что при разбиении мелеха Даат отменились в АВИ только АХАП, которые относятся к ступени уровня Кетер. А при разбиении мелеха Хесед отменились в АВИ только АХАП, которые относятся к ступени уровня Хохма. А при разбиении мелеха Гвура, отменились АХАП, которые относятся к ступени уровня Бина. А при исчезновении [света из] верхней трети Тиферет отменились АХАП ступени уровня ЗА. И получается, что отменилось все большое состояние (гадлут) де-АВИ и остались в них только ГЭ малого состояния (катнут). И остался в экране только авиют де-шореш. А затем очистился экран де-гуф от всего своего авиюта и сравнялся с экраном де-рош, и тогда он стал включенным в зивуг де-акаа де-рош, и там обновились в нем решимот, кроме последней бхины (как сказано в п. 41), и в силу этого обновления вышла на него новая ступень, называемая «ИШСУТ».

Вкратце вспомним весь процесс. В мире Некудим был катнут, когда в Кетер, Аба ве-Има и ЗОН были только

101-111. Разбиение келим и их падение в БЕА

келим ГЭ. Затем Кетер и Аба ве-Има сделали зивуг на далет де-итлабшут и гимель де-авиют, свет прошел в гуф, и гуф разбился. Остался авиют гимель-бет, на него Кетер и Аба ве-Има хотят сделать зивуг и надеются, что гуф сможет получить этот свет ради Творца, так как он на порядок меньше. В результате этого зивуга выходит парцуф на другом духовном уровне, поэтому он называется уже не Аба ве-Има, а ИШСУТ.

קט) ומתוך שהבחינה אחרונה נאבדה לא נשאר בו כי אם בחי"ג, ויוצאים עליו ע"ס בקומת חכמה וכשהוכרה עביות דגוף שבו, יצא מהראש מאו"א, וירד והלביש במקום החזה דגוף דנקודים. (כנ"ל באות נ"ה), ומוציא מחזה ולמעלה העו"ס דראש, והראש הזה מכונה ישסו"ת. והגוף שלו הוא מוציא מהחזה ולמטה בב"ש ת"ת עד סיום הת"ת. והוא מלך הד' דנקודים, וגם הוא נמשך לבי"ע ונשבר ומת, ונזדככה העביות דבחי"ג ראש וגוף, והכלים דאחורים של ראש נפלו למדרגה שמתחתיה במקום גוף שלהם.

ואח"כ נעשה הזיווג על עביות דבחי"ב הנשאר בו, ויצא עליו קומת בינה, והגוף שלו, שממעלה למטה, נתפשט בב' הכלים נצח והוד. והם שניהם מלך אחד, דהיינו מלך ה' דנקודים, וגם הם נמשכו לבי"ע ונשברו ומתו, ונזדככה גם העביות דבחי"ב בראש וגוף, והכלים דאחורים של הקומה נפלו להמדרגה שמתחתיה, לגוף.

ואח"כ נעשה הזיווג על עביות דבחי"א שנשארה בו, ויצא עליו קומת ז"א, והגוף שלו, שממעלה למטה, נתפשט בכלי דיסוד, והוא מלך הו' דנקודים. וגם הוא נמשך לבי"ע ונשבר ומת, ונזדככה גם העביות דבחי"א בראש וגוף, והכלים דאחורים שבראש נפלו למדרגה שמתחתיהם, לגוף.

ואח"כ נעשה הזיווג על העביות דבחינת שורש הנשאר במסך, ויצא עליו קומת מלכות, והממעלה למטה נמשך לכלי דמלכות, והוא מלך הז' דנקודים. וגם הוא נמשך לבי"ע ונשבר ומת, ונזדככה גם העביות דשורש בראש וגוף, והאחורים דראש נפלו למדרגה שמתחתיה, בגוף.

ועתה נגמרו להתבטל כל הכלים דאחורים דישסו"ת. וכן שביה"כ דכל ז"ת דנקודים, הנק' ז' מלכים.

109. И из-за того, что последняя бхина пропала, в нем осталась только бхина гимель, и выходят на него десять сфирот на уровне Хохма. А когда проявился в нем авиют де-гуф, то он вышел из рош Аба ве-Има и опустился, и облачился на место хазэ де-гуф де-Некудим (как сказано в п. 55), и вывел от хазэ и выше десять сфирот де-рош, и этот рош называется ИШСУТ. А свой гуф он вывел от хазэ и вниз на две трети Тиферет до сиюма Тиферет. И это четвертый мелех де-Некудим. И также и он продолжился в БЕА и разбился, и умер, и очистился авиют бхины гимель, рош и гуф, и келим де-ахораим де-рош упали на ступень, что под ней, на место их гуфа.

А затем произошел зивуг на авиют бхины бет, который остался в нем, и на него вышла ступень уровня Бина, а его гуф сверху вниз распространился в два кли: Нецах и Ход. И они вместе являются одним мелехом, то есть пятым мелехом де-Некудим. И они также продолжились в БЕА, разбились и умерли, и очистился также и авиют бхины бет в рош и гуф, а келим де-ахораим этой ступени упали на ступень, что под ней – в гуф.

А затем произошел зивуг на авиют бхины алеф, который остался в нем, и на него вышла ступень уровня ЗА, и его гуф, нисходя сверху вниз, распространился в кли Есод, и это шестой мелех де-Некудим. И он также продолжился в БЕА, разбился и умер, и очистился также авиют бхины алеф в рош и гуф, и келим де-ахораим, что в рош, упали на ступень, что под ними – в гуф.

А затем произошел зивуг на авиют бхины шореш, который остался в экране, и на него вышла ступень уровня Малхут, и от него сверху вниз продолжился [гуф] в кли Малхут, и это седьмой мелех де-Некудим. И он также продолжился в БЕА, разбился и умер, и очистился также авиют де-шореш в рош и гуф, и ахораим де-рош упали на ступень, что под ней – в гуф.

И на этом закончилась отмена всех келим де-ахораим де-ИШСУТ. А также разбиение келим всех ЗАТ де-Некудим, называемых «семью мелахим».

Далее происходит последний зивуг на авиют де-шореш, который остался в экране, на него выходит ступень Малхут на кли Малхут. Это седьмой мелех мира Некудим, который, как и все предыдущие мелахим, разбивается и умирает. Исчезает последняя ступень, авиют де-шореш, в рош и гуф, и АХАП де-рош падают на нижнюю ступень в свой гуф. Так аннулировались все АХАП де-ИШСУТ и закончилось разбиение всех семи нижних сфирот мира Некудим, то есть всех семи мелахим.

Тиферет – это весь гуф парцуфа. Вследствие ЦБ Тиферет делится на три части: высшая треть Тиферет называется «хазе», средняя треть Тиферет называется «табур», нижняя треть Тиферет называется «Есод».

קי) והנה נתבארו הטעמים ונקודות שיצאו בב' הפרצופין או"א וישסו"ת דנקודים,
הנק' ע"ב ס"ג, שבאו"א יצאו ד' קומות זה למטה מזה שהם:
קומת כתר הנק' הסתכלות עיינין דאו"א,
וקומת חכמה הנקראת גופא דאבא,
וקומת בינה הנקראת גופא דאמא,
וקומת ז"א הנק' יסודות דאו"א
שמהם נתפשטו ד' גופין, שהם מלך הדעת ומלך החסד ומלך הגבורה ומלך ש"ע דת"ת עד החזה. וד' הגופין אלו נשברו פנים ואחורים יחד, אבל מבחי' הראשים דהיינו בד' הקומות שבאו"א נשארו בקומות כל הכלים דפנים שבהם, דהיינו בחינת הגו"ע ונ"ע דכל קומה שהיה בהם מעט הקטנות דנקודים. ורק הכלים דאחורים שבכל קומה שנתחברו בהם בעת הגדלות, הם בלבדם חזרו ונתבטלו בסבת השבירה ונפלו למדרגה שמתחתיהם, ונשארו כמו שהיו לפני יציאת הגדלות דנקודים כנ"ל באות ע"ו ע"ז ע"ש

110. И вот выяснились таамим и некудот, которые вышли в двух парцуфим – Аба ве-Има (АВИ) и ИШСУТ де-Некудим, называемые АБ САГ, причем в АВИ вышли четыре ступени, одна ниже другой:
– ступень уровня Кетер, называемая «истаклют эйнаим (досл. «созерцание глаз») де-АВИ»,
– ступень уровня Хохма, называемая «гуфа¹ де-Аба»,
– ступень уровня Бина, называемая «гуфа де-Има»,
– ступень уровня ЗА, называемая «Есодот де-АВИ».

И от них распространились четыре гуфа: мелех Даат, мелех Хесед, мелех Гвура и мелех верхней трети Тиферет до хазэ. И эти четыре гуфа разбились, паним и ахораим

---

¹ Гуфа (арамейский) – то же, что и гуф (иврит). Так в данном случае дает название Бааль Сулам. – *Прим. перев.*

вместе, однако в их бхинот «рош» – в четырех ступенях АВИ, остались в ступенях все их келим де-паним, то есть бхинот ГЭ и НЭ каждой ступени, которые были в них в состоянии катнут де-Некудим. И только келим де-ахораим каждой ступени, которые присоединились к ним [к этим ступеням] во время нахождения в состоянии «гадлут», только лишь они вернулись [в предыдущее состояние] и отменились из-за разбиения, и упали на ступень, что под ними, и остались такими же, какими были до выхода состояния «гадлут де-Некудим» (как сказано выше – см. пп. 76–77).

קיא) ועד"ז ממש היה בפרצוף ישסו"ת יציאת ד' קומות זה למטה מזה, שקומה הא' היא קומת חכמה, ונק' הסתכלות עיינין דישסו"ת זה בזה, וקומת בינה, וקומת ז"א, וקומת מלכות, שמהם נתפשטו ד' גופין, שהם: מלך ב"ש תתאין דת"ת, ומלך נו"ה, ומלך היסוד, והמלכות. וד' הגופים שלהם נשברו פנים ואחור יחד, אבל בהראשים, דהיינו בד' הקומות דישסו"ת, נשארו הכלים דפנים שבהם, ורק האחורים בלבד נתבטלו בסבת השבירה, ונפלו למדרגה שמתחתיהם.

והנה אחר ביטול אלו ב' הפרצופין או"א וישסו"ת, יצא עוד קומת מ"ה בנקודים, ולפי שלא נתפשט ממנה לבחינת גוף אלא רק תיקוני כלים בלבד, לא אאריך בו. וכבר נתבאר בתלמוד ע"ס דף תקמ"ג אות ע', ובאו"פ ד"ה וכאשר, ע"ש.

111. Точно таким же образом произошел и в парцуфе ИШСУТ выход четырех ступеней, одна ниже другой, и первая ступень – это ступень уровня Хохма, называемая «истаклют эйнаим» де-ИШСУТ друг на друга, и также ступень уровня Бина, и ступень уровня ЗА, и ступень уровня Малхут, от которых распространились четыре гуфа: мелех двух нижних третей Тиферет, мелех Нецах и Ход, мелех Есод и Малхут. И четыре их гуфа разбились паним и ахор вместе. Но в их рошим, то есть в четырех ступенях ИШСУТ, остались их келим де-паним, и только их ахораим отменились из-за разбиения и упали на ступень под ними.

И вот, после отмены этих двух парцуфим, АВИ и ИШСУТ, вышла еще ступень МА в Некудим. Но поскольку не произошло от нее распространения в гуф, а только *лишь исправление келим, не буду распространяться о ней. И уже было выяснено это в Учении десяти сфирот, том 2, часть 7, п. 70 АРИ и п. 70 Ор пними – прочитай там.*

Итак, в результате зивуга на решимот далет/гимель в рош Аба ве-Има (гадлут мира Некудим) возникли четыре мелахим, затем был зивуг в рош ИШСУТ на авиют гимель/бет, в результате чего возникли еще четыре мелахим. Все они получили свет хохма, но не ради Творца, поэтому они лишились экрана, разбились и упали со своего духовного уровня. Но в каждом из них осталось решимо от света и ор хозер – маленькая частичка света от экрана, с которым они хотели работать, но не смогли.

Эта частичка света называется «ницуц» (искра), она находится внутри эгоистического желания, и благодаря этому можно начать исправлять разбитые келим. Если бы не было разбиения келим, то такая альтруистическая частичка никогда не попала бы под парсу, и находящиеся там келим (АХАП) никогда нельзя было бы исправить. Но этим будет уже заниматься МА хадаш (новый МА), или мир Исправления, мир Ацилут, который вышел из рош мира АК в результате зивуга на авиют де-шореш, и этот уровень называется «мэцах» (лоб).

У нас была Гальгальта, в ней произошло ослабление экрана, свет удалился, экран де-гуф поднялся наверх и соединился там с экраном де-рош, в нем остались решимот далет/гимель в тох от света хохма и далет/гимель в соф от света хасадим. Решимот далет/гимель от света хасадим означают, что хотя ор хохма ощущается и является чрезвычайно желанным, благодаря авиюту гимель, тем не менее творение стремится всего лишь слиться с Творцом, то есть наполниться светом хасадим, а не светом хохма (светом цели творения), поскольку получить ор хохма ради Творца оно не в состоянии. На решимот в тох выходит парцуф АБ, а на решимот в соф выходит гадлут мира Некудим. После выхода света из парцуфа АБ в мире АК над табуром появляется парцуф САГ. Тот же процесс проходит и под табуром.

В результате зивуга на решимот далет/гимель под табуром возникает гадлут мира Некудим, который называется «нижний АБ», или Аба ве-Има. После его аннулирования под табуром происходит зивуг на решимот гимель/бет, в результате чего возникает второй парцуф, который называется «нижний САГ», или ИШСУТ. Свойства парцуфим над табуром и под табуром похожи в том смысле, что в парцуф «нижний АБ» тоже распространяется свет хохма, а в парцуф «нижний САГ» – свет хасадим со свечением света хохма. Исправление ЗОН и Малхут под табуром будет заключаться в том, чтобы поднять их до уровня парцуфим АБ и САГ.

После исчезновения света в парцуфим остается чистый эгоизм, который к тому же помнит, что значит получать свет. Все решимот, которые раньше остались, были основаны на получении света ради Творца. А теперь, после разбиения келим в Малхут, впервые проявилось желание получить ради себя любой ценой. Но это еще не является самой последней точкой развития эгоизма, ему еще предстоит пройти длинный путь.

Малхут чувствует свет еще до того, как он вошел в нее. В нашем мире происходит то же самое. Мы чувствуем наслаждение, еще не получая его, а как только получаем, то оно тут же исчезает. Нам только кажется, что мы наслаждаемся, но мы каждый раз должны производить какие-то действия, помогающие ощутить наслаждение, но при соприкосновении с наслаждением кли тут же аннулируется, а само наслаждение исчезает. Но все мы живем только ради такого соприкосновения. Если бы мы смогли наполниться наслаждением настолько, чтобы оно никуда не исчезало, то мы бы больше не сделали ни шага в направлении нового наслаждения, потому что были бы заполнены предыдущим. Мы бы, как наркоманы, наслаждались той порцией наркотика, которую влили в себя, и бездействовали до тех пор, пока не понадобилась бы новая порция. Только эгоизм, достигший полной противоположности Творцу, если его исправить, может сравняться с Творцом. И тогда полученное наслаждение не исчезнет, желание к нему не пропадет, а мы, не переставая наслаждаться, устремимся к новому получению ради Творца.

Под табуром свет хотел войти в кли, и кли хотело его получить ради Творца соответственно экрану, но тут кли обнаруживает, что экрана нет, но было уже поздно. Все наслаждения были уже внутри него и навязывали ему свои желания. Но ЦБ изгоняет свет, и кли остается без света, с желаниями, которые оно не может удовлетворить. Это страшное состояние, сопутствующее разбиению келим, смерти и падению. Все желания разрознены и не подчинены одной цели.

Когда человек целеустремлен, то все его желания (и альтруистические, и эгоистические) подчинены одной цели, если же нет, то у него много различных желаний, они не устремлены в одну точку. Такой человек ничего добиться не сможет.

При падении мелахим тот из них, кто был выше всех, лишившись экрана, падает ниже всех. Все восемь мелахим были разными по уровню. Если это было кли Кетера, то оно упало в Малхут. Если же это было кли Бины, то есть отдающее кли, то оно падает не так низко.

Сфирот де-рош имеют такие названия:
- ГАР де-Кетер – мэцах (лоб);
- Хохма – эйнаим (глаза);
- ГАР де-Бина – никвей эйнаим (зрачки глаз);
- ЗАТ де-Бина – озэн (ухо);
- ЗА – хотэм (нос);
- Малхут – пэ (рот).

112-119. Мир Исправления и Новый МА, вышедший из мэцах де-АК

עולם התיקון ומ"ה החדש שיצא מהמצח דא"ק

קיב) והנה נתבאר היטב, מתחילת הפתיחה [פתיחה לחכמת הקבלה] עד כאן, ד' פרצופין הראשונים דא"ק:

פרצוף הא' דא"ק הנקרא פרצוף גלגלתא, שהזווג דהכאה נעשה בו על בחי"ד והע"ס שבו הן בקומת כתר.

112. И вот хорошо выяснилось, с начала Птихи [Введения в науку каббала] и до сих пор, [что представляют собой] четыре первые парцуфа мира АК:

Первый парцуф де-АК называется «парцуф Гальгальта». Зивуг де-акаа произошел в нем на бхину далет, и десять сфирот в нем [вышли] на уровне Кетер.

Фактически экран тогда стоял в Малхут (**пэ**) некоего общего рош всего мироздания (этот рош, по сути, и есть рош Малхут мира Бесконечности).

פרצוף הב' דא"ק נק' ע"ב דא"ק, אשר הזווג דהכאה נעשה בו על עביות דבחי"ג והע"ס שלו הן בקומת חכמה. והוא מלביש מפה ולמטה דפרצוף הגלגלתא.

פרצוף הג' דא"ק נקרא ס"ג דא"ק, שהזווג דהכאה נעשה בו על עביות דבחי"ב, והע"ס שלו הן בקומת בינה, והוא מלביש מפה ולמטה דפרצוף ע"ב דא"ק.

Второй парцуф де-АК называется «АБ де-АК». Зивуг де-акаа произошел в нем на авиют бхины гимель, и десять сфирот его [вышли] на уровне Хохма. И он облачает парцуф Гальгальта от пэ и ниже.

Третий парцуф де-АК называется «САГ де-АК». Зивуг де-акаа произошел в нем на авиют бхины бет, и десять сфирот его [вышли] на уровне Бина, и он облачает парцуф АБ де-АК от пэ и ниже.

Дальше, как мы знаем, происходит ЦБ, после которого нельзя пользоваться АХАП (т.е. келим ЗАТ де-Бина, ЗА и Малхут) каждой сфиры. В результате ЦБ Бина общего рош оказывается разделенной на две части: ГАР (**никвей эйнаим**) и ЗАТ (озэн). Сейчас экран стоит на границе между этими ГАР и ЗАТ, то есть между **никвей эйнаим** и **озэн**. С некоторой натяжкой можно сказать, что парцуф Некудот де-САГ, который является промежуточным парцуфом между Биной и ЗА всего мироздания (то есть, по сути, это ЗАТ де-Бина, ИШСУТ), возник в результате зивуга, произошедшего на экране, стоявшем в этом месте.

Затем экран продолжает «подниматься» наверх, в Хохму общего рош – то есть **эйнаим**, но следует подчеркнуть, что теперь, после ЦБ, экран стоит не внизу каждой ступени, как это было раньше, а в **никвей эйнаим** каждой ступени, т.е. на границе между ГАР де-Бина и ЗАТ де-Бина. Поэтому мир Некудим, который является Зеир Анпином (ЗА) всего мироздания и парцуфом МА, возникает в результате зивуга в **никвей эйнаим** де-**эйнаим**, то есть экран стоит на границе между ГАР и ЗАТ де-Хохма общего рош.

Этот зивуг произошел на решимот бет/алеф с дополнительной информацией о ЦБ, о том, что получающими келим теперь пользоваться нельзя. Поэтому теперь парцуфим как бы состоят только из двух с половиной сфирот. Затем, после разбиения келим, экран оказывается в **никвей эйнаим** де-Кетер общего рош, который называется «мэцах», там и происходит зивуг, на решимот алеф/шореш, создающий мир Ацилут, называемый также мир Врудим (от «перуд» – отделенный), или МА Хадаш (Новый МА). Почему мир Ацилут называется «МА Хадаш», мы поговорим позже. Мир Ацилут исправляет разбитые келим, рождает душу Адам Ришон, душу, которая нисходит до самой низкой точки и только тогда становится настоящим творением, потому что теперь она максимально удалена от Творца и получает возможность исправляться и подниматься снова к Творцу.

Необходимо иметь общее понятие о мире Ацилут, который заведует всем, от него все зависит, это та система, с которой постоянно связано творение. В результате исправления, которое достигается постепенно, мы поднимаемся по шести тысячам ступеней в мир Ацилут. А далее идут уже седьмое, восьмое, девятое и десятое тысячелетия, которые доступны лишь тем, кто поднялся на уровень окончательного исправления (гмар тикун).

פרצוף הד' דא"ק נקרא מ"ה דא"ק, שהזיווג דהכאה נעשה בו על עביות דבחי"א, והע"ס שבו הן בקומת ז"א, ופרצוף זה מלביש מטבור ולמטה דס"ג דא"ק, והוא נחלק לפנימיות וחיצוניות, שהפנימיות נק' מ"ה וב"ן דא"ק, והחיצוניות, נק' עולם הנקודים. וכאן נעשה, ענין השיתוף של המלכות בבינה הנק' צמצום ב', והקטנות והגדלות, ועלית מ"ן, וענין הדעת המכריע והמזווג החו"ב פב"פ, וענין שבירת הכלים. כי כל אלו נתחדשו בפרצוף הד' דא"ק הנק' מ"ה, או עולם הנקודים.

Четвертый парцуф де-АК называется «МА де-АК». Зивуг де-акаа произошел в нем на авиют бхины алеф, и десять сфирот его [вышли] на уровне ЗА. И этот парцуф облачает [парцуф] САГ де-АК от табура и ниже, и он делится на внутреннюю и внешнюю части, внутренняя часть называется «МА и БОН де-АК», а внешняя часть называется «мир Некудим». И здесь произошло включение Малхут в Бину, называемое цимцум бет (второе сокращение), и катнут, и гадлут, и подъем МАН, и [образование сфиры] Даат, которая определяет и управляет зивугом Хохмы и Бины паним бе-паним, и разбиение келим. Ибо все они возникли в четвертом парцуфе АК, который называется «МА» или «мир Некудим».

Парцуф МА, который родился от САГ на авиют бет/алеф, относится к первому сокращению и является внутренним по отношению к МА, который родился от Некудот де-САГ, относится к ЦБ и находится под табуром. Весь этот процесс мы рассматриваем как причинно-следственный, а на самом деле это не процесс, а постоянно существующая и неподвижная картина.

В каждом парцуфе есть таамим, некудот, тагин и отиёт. Процессы, которые происходят в Некудот де-САГ: спуск под табур и смешивание с НЕХИ Гальгальта, ЦБ, на решимо которого возникает мир Некудим в состояниях катнут и гадлут, разбиение келим – все это можно отнести к Некудот де-САГ и к одной из частей парцуфа САГ.

Гематрия САГ состоит из (йуд хей вав хей), но наполнение, свет, который находится в келим Хохма, Бина, ЗА, Малхут, дает нам число 63. Наполнение буквы вав (вав-алеф-вав), содержит в себе букву алеф, что указывает на ЦБ и парцуф Некудим, а следующая за ней буква хей снова содержит в себе букву йуд, а не алеф, что указывает на гадлут де-Некудим. Поэтому мы отдельно не рассматриваем мир Некудим как мир. Почему же мы не говорим, что САГ разбился? Потому что на САГ эти изменения не отражаются, так как он находится над табуром, а все происшедшее относится к его внешним парцуфим (парцуфей сэарот), которые надеваются на него.

Парцуфим мира Некудим не происходят непосредственно от САГ, поэтому относительно САГ они называются «парцуфей сэарот», то есть «парцуфы волос». Это целая система парцуфов. Подобно тому как наш волосяной покров является как бы наружным покровом тела, так же и в духовном мире – когда один парцуф одевается во что-то внешнее, то этот внешний парцуф называется «сэарот».

Сэарот – мн. ч. от «сэара», а сэара – от слова «страдание». Но есть здесь и слово «милосердие», и слово «жалость». Это потому, что у внутреннего парцуфа есть огромное желание дать, а где-то внизу находится какое-то маленькое желание получить, и он должен это свое огромное желание, огромный свет, пропустить через некий «ослабитель», который дал бы маленькому желанию получить только ту порцию света, которую нижний в состоянии принять. У всех больших парцуфим, за исключением парцуфим мира АК над табуром, есть некий буфер для связи между собой – такой буферный парцуф, с помощью которого они друг с другом связываются, чтобы не передавать другому больше, чем тот способен принять, абсорбировать в себя.

Подобная система начинает работать уже с мира Некудим, когда САГ, вместо того, чтобы сделать полный зивуг, как он делал это ранее в своем рош, делает зивуг только на маленькую часть от своего рош, на никвей эйнаим. И только на эту часть дает свет вниз. Если бы он сделал зивуг, как обычно – на пэ де-САГ, тогда бы этот свет прошел до конца. А до конца – нельзя, ниже парсы уже существует ЦБ.

Высший парцуф специально сжимает себя, подобно диафрагме в объективе фотоаппарата, пропуская только определенное количество света. В результате рождается промежуточный парцуф, который высший одевает на себя, чтобы контактировать с низшим, и он называется «сэарот».

Все это говорит нам о том, что в мире Ацилут парцуф не может действовать «от себя» – для взаимодействия с низшим пацуфом он одевает на себя специальный буферный парцуф, некую ослабляющую маску, которая производит исправление, ослабление света, необходимые для того, чтобы нижний парцуф не получил избыточный свет.

Так работают все парцуфим в мире Ацилут. Потому что каждый большой парцуф, для того чтобы передать что-то маленькому, должен достичь с ним определенного сопряжения. И эту промежуточную муфту, переходник, мы называвм «парцуфей сэарот». Парцуфей сэарот подробно изучаются в ТЭС, часть 13 на примере парцуфа Арих Анпин мира Ацилут.

Первое распространение света сверху вниз от пэ де-рош до табура на авиют далет называется «таамим», а потом выходят следующие парцуфим-некудот на гимель де-далет, бет де-далет, алеф де-далет и шореш де-далет, но мы их никак не называем над табуром в мире АК. А под табуром в мире Некудим мы их называем сфират Даат и мелех Даат, мелех Хесед, мелех Гвура и мелех верхней трети Тиферет. При этом парцуф, возникающий на авиют шореш, не распространяется в гуф, и поэтому он не берется в расчет и не называется мелехом.

Когда мы видим, что гуф влияет на рош? При подъеме МАН, который заставляет Аба ве-Има повернуться паним бе-паним и сделать зивуг на свет хохма для передачи нижним. Такая просьба ЗА к Аба ве-Има создает в них состояние, которое называется «сфират Даат». При разбиении келим такое желание в Аба ве-Има исчезает, и они перестают делать зивуг. Низший при обращении к высшему изменяет управление собой. Когда мы очень захотим изменить наше состояние снизу, мы должны поднять МАН к высшему и получить сверху исправление.

קיג) ואלו ה' בחינות עביות שבמסך, נקראים על שם הספירות שבראש, דהיינו גלגלתא עינים ואח"פ. שהעביות דבחי"ד נק' פה, שעליה יצא פרצוף הא' דא"ק. ועביות דבחי"ג נק' חוטם, שעליה יצא פרצוף ע"ב דא"ק, ועביות דבחי"ב נק' אזן, שעליה יצא פרצוף ס"ג דא"ק. ועביות דבחי"א נקרא נקבי עינים, שעליה יצא פרצוף מ"ה דא"ק ועולם הנקודים. ועביות דבחינת שורש, נקרא גלגלתא או מצח, שעליה יצא עולם התיקון, והוא נקרא מ"ה החדש.

כי פרצוף הד' דא"ק הוא עיקר פרצוף מ"ה דא"ק, כי יצא מנקבי עינים בקומת ז"א, המכוונה בשם הוי"ה דמ"ה. אבל פרצוף החמישי דא"ק שיצא מן המצח דהיינו בחינת הגלגלתא, שהיא בחינת עביות דשורש. אין בו באמת אלא קומת מלכות הנק' ב"ן, אמנם מטעם שנשארה שם גם בחי"א דהתלבשות, שהוא בחינת ז"א ע"כ נק' גם הוא בשם מ"ה, אלא בשם מ"ה שיצא מהמצח דא"ק, שפירושו מהתכללות עביות דשורש הנק' מצח. וכן הוא נקרא בשם מ"ה החדש, בכדי להבדילו מהמ"ה שיצא מנקבי עינים דא"ק, ופרצוף מ"ה החדש הזה, נקרא בשם עולם התיקון, או עולם אצילות.

113. И эти пять бхинот авиюта в экране называются по имени сфирот, что в рош, то есть гальгальта эйнаим (ГЭ) и АХАП. Авиют бхины далет называется «пэ», и на него вышел первый парцуф де-АК. А авиют бхины гимель называется «хотэм», и на него вышел парцуф АБ де-АК. А авиют бхины бет называется «озен», и на него вышел парцуф САГ де-АК. А авиют бхины алеф, называется «никвэй эйнаим» (НЭ), и на него вышел парцуф МА де-АК и мир Некудим. А авиют бхины шореш, называется «гальгальта» или «мэцах», и на него вышел мир Исправления, и он называется «Новый МА».

Ибо четвертый парцуф де-АК является основой парцуфа МА де-АК, так как он вышел из никвэй эйнаим на уровне ЗА, который называется именем «АВАЯ де-МА». Однако пятый парцуф де-АК, вышедший из мэцах, то есть из бхины «гальгальта» – бхины авиюта де-шореш, нет в нем, на самом деле, ничего, кроме [авиюта] уровня Малхут, который называется БОН. Но из-за того, что там осталась также бхина алеф де-итлабшут, и это бхина ЗА, поэтому также и он называется именем МА, но именем МА, который вышел из мэцаха де-АК, то есть из включения авиюта де-шореш, называемого мэцах. И поэтому он называется именем «Новый МА», чтобы отличать его от МА, который вышел из никвэй эйнаим де-АК. И вот этот парцуф «Новый МА», называется именем «мир Исправления», или «мир Ацилут».

Не говорит ли появление МА Хадаш о том, что до сих пор весь путь от Малхут мира Бесконечности был порочен? В духовном нет понятия «ошибка». Весь путь – это этапы зарождения настоящего желания.

Любая самая маленькая ступень соответствует всему мирозданию, всей действительности, но на низших ступенях это происходит в самой грубой, а на высших – в самой открытой, продуманной, проанализированной форме. И это различие дает всю силу, весь вкус ощущения Творца. На всех ступенях есть НАРАНХАЙ, все видят одну и ту же картину, но каждый понимает ее на всех ступенях по-разному. Вернее, каждая ступень несет в себе все более глубокое постижение, которое предоставляет и бóльшую информацию. Эти ощущения невозможно выразить словами нашего мира. Нижняя ступень не может понять верхнюю.

קיד) אמנם יש להבין למה ג' הקומות הראשונות דא"ק, הנק' גלגלתא ע"ב ס"ג, אינן נבחנות לג' עולמות, אלא לג' פרצופין, ולמה נשתנה פרצוף הד' דא"ק להקרא בשם עולם, וכן פרצוף החמישי דא"ק, כי פרצוף הד' נקרא בשם עולם הנקודים, ופרצוף הה' נקרא בשם עולם האצילות או בשם **עולם התיקון.**

*114. Однако следует понять, почему три первые ступени де-АК, которые называются Гальгальта, АБ и САГ не считаются тремя мирами, а считаются тремя парцуфим. И почему изменился четвертый парцуф де-АК так, что стал называться миром, а также и пятый парцуф де-АК, ведь четвертый парцуф называется «мир Некудим», а пятый парцуф называется «мир Ацилут» или **«мир Исправления»**.*

Первые три ступени мира АК, называемые Гальгальта, АБ, САГ, являются ступенями Кетер, Хохма, Бина. Почему четвертый парцуф, если он только парцуф ЗА с авиютом алеф, называется «мир Некудим», а пятый парцуф, когда он только авиют шореш, называется «мир Ацилут»?

Точка – свет Малхут в кли Кетер. Задача творения – расширить эту точку до полного исправленного парцуфа Адам Ришон. Стадии подготовки:

- Наружное тело – подобно нашему материалу (хомер) «прах из земли», то есть желание самонасладиться.
- Достижение уровня «нефеш-руах» в мирах Ецира и Асия, а затем достижение уровня «нешама» в мире Брия.
- Достижение, в соответствии с уровнями подъема, ступеней «нефеш-руах-нешама» в мире Ацилут.
- Вследствие прегрешения, Малхут падает из мира Ацилут в миры БЕА и приобретает свойства «прах из земли», теряет все, чего достигла, находясь в мире Ацилут, и остается в ней только точка Кетер.
- Душа после разбиения разделилась на 600 тысяч осколков, из чего и образовались наши души.
- Таким образом образовалась бхина далет, то есть Адам Ришон, для того чтобы приступить к исправлению намерения.

קטו) וצריכים לידע ההפרש מפרצוף לעולם. והוא כי בשם פרצוף נקרא, כל קומת ע"ס היוצאת על המסך דגוף דעליון, אחר שנזדכך ונכלל בפה דראש דעליון,

(כנ"ל באות נ'), שאחר יציאתו מהראש דעליון הוא מתפשט בעצמו לרת"ס, גם יש בו ה' קומות זה למטה מזה הנק' טעמים ונקודות (כנ"ל באות מ"ז), אמנם נקרא רק על שם קומת הטעמים שבו. ועד"ז יצאו ג' פרצופין הראשונים דא"ק: גלגלתא, ע"ב, ס"ג, (כנ"ל באות מ"ז). אבל עולם, פירושו שהוא כולל כל מה שנמצא בעולם העליון ממנו כעין חותם ונחתם, שכל מה שיש בחותם עובר כולו על הנחתם ממנו.

115. И необходимо знать, в чем разница между парцуфом и миром. И она заключается в том, что парцуфом называется любая ступень десяти сфирот, которая выходит на экран гуфа высшего, после того как он очистился [от авиюта] и включился в пэ де-рош высшего (как сказано выше в п. 50), когда после его выхода из рош высшего он распространяется сам в рош, тох, соф. И также есть в нем пять уровней, один ниже другого, которые называются таамим и некудот (как сказано выше в п. 47), хотя он и называется только по уровню таамим, что в нем. И таким же образом вышли три первых парцуфа АК: Гальгальта, АБ, САГ (как сказано выше в п. 47). Тогда как «мир» означает, что он включает в себя все, что находится в мире, который выше него, подобно печати и отпечатку, когда все, что есть в печати, полностью переходит в отпечаток с нее.

Вся Тора называется именами Творца, каждый раз, когда человек поднимается на определенную ступень и наполняется на ней определенным светом, то он ощущает эту ступень и дает ей соответствующее наименование, которое получает и он сам. Экран и ор хозер называются «милуй», наполнением, потому что от него зависит свет, который наполняет кли.

קטז) ולפי זה תבין, שג' פרצופין הראשונים, גלגלתא ע"ב ס"ג דא"ק, נבחנים רק לעולם אחד, דהיינו עולם הא"ק, שיצא בצמצום הראשון. אבל פרצוף הד' דא"ק, שבו נעשה ענין הצמצום ב', נעשה לעולם בפני עצמו, מטעם הכפילות שנעשה במסך דנקודות דס"ג בירידתו למטה מטבור דא"ק, כי נכפל עליו גם העביות דבחי"ד, בסוד ה"ת בעינים (כנ"ל באות ס"ג). אשר בעת גדלות חזרה הבחי"ד למקומה לפה והוציאה קומת כתר (כנ"ל באות פ"ד), ונמצאת קומה זו נשתוה לפרצוף הא' דא"ק.

ואחר שנתפשט לרת"ס בטעמים ובנקודות יצא עליו פרצוף ב' בקומת חכמה הנק' ישסו"ת, והוא דומה לפרצוף ב' דא"ק הנק' ע"ב דא"ק. ואחר התפשטותו לטעמים

ונקודות יצא פרצוף ג' הנק' מ"ה דנקודים (כנ"ל באות קי"א). והוא דומה לפרצוף ג' דא"ק.

הרי שיצא כאן בעולם הנקודים כל מה שהיה בעולם א"ק, דהיינו ג' פרצופין זה תחת זה שבכל אחד מהם טעמים ונקודות וכל מקריהם, בדומה לג' פרצופין גלגלתא ע"ב ס"ג דא"ק שבעולם הא"ק. וע" נבחן עולם הנקודים שהוא נחתם מעולם הא"ק, ונקרא משום זה עולם שלם בפני עצמו. (ומה שג' פרצופי נקודים אינם נקראים גלגלתא ע"ב ס"ג, אלא ע"ב ס"ג מ"ה, הוא מטעם שהבחי"ד שנתחברה במסך דס"ג אין עביותה שלמה, מפאת מקרה ההזדככות שהיה מכבר בפרצוף הא' דא"ק, וע"כ ירדו לבחינת ע"ב ס"ג מ"ה.)

116. *И согласно этому пойми, что три первых парцуфа Гальгальта, АБ и САГ де-АК считаются одним миром, то есть миром АК, который вышел при первом сокращении (цимцум алеф). Но четвертый парцуф де-АК, в котором было произведено второе сокращение (цимцум бет), стал самостоятельным миром из-за двойственности, которая возникла в экране [парцуфа] Некудот де-САГ при его спуске ниже табура де-АК, потому что к нему дополнительно добавился также авиют бхины далет в качестве нижней хэй (ה) в эйнаим (как сказано в п. 63). Когда во время большого состояния (гадлут) вернулась бхина далет на свое место в пэ и вывела ступень уровня Кетер (как сказано в п. 84), и эта ступень стала подобной первому парцуфу АК.*

А после того как он распространился в рош, тох, соф в таамим и некудот, вышел на него второй парцуф на уровне Хохма, который называется ИШСУТ. И он подобен второму парцуфу АК, который называется АБ де-АК. А после его распространения в таамим и некудот, вышел третий парцуф, который называется МА де-Некудим (как сказано в п. 111), и он подобен третьему парцуфу АК.

Таким образом здесь, в мире Некудим, вышло все то, что было в мире АК, то есть три парцуфа один под другим, и в каждом из них таамим и некудот, и все их состояния, подобно трем парцуфим Гальгальта, АБ и САГ де-АК в мире АК. И потому считается мир Некудим отпечатком мира АК, и называется поэтому полным самостоятельным миром. (А то, что три парцуфа Некудим не называются Гальгальта, АБ, САГ, а называются АБ, САГ, МА, это по причине того, что бхина далет, присоединившаяся к экрану де-САГ, не обладает полным авиютом из-за произошедшего очищения [экрана от авиюта], которое уже произошло раньше в первом парцуфе АК, и поэтому они спустились на ступень АБ, САГ и МА).

קיז) והנה נתבאר, איך עולם הנקודים נחתם מעולם הא"ק. ועד"ז נחתם פרצוף הה' דא"ק, דהיינו המ"ה החדש, שנחתם כולו מעולם הנקודים, באופן שכל הבחינות ששמשו בנקודים, אע"פ שנשברו ונתבטלו שם, מ"מ חזרו כולם ונתחדשו במ"ה החדש, וע"כ הוא נק' עולם בפני עצמו. ונק' עולם האצילות, מטעם שנסתיים כולו למעלה מפרסא שנתקנה בצמצום ב'.

ונק' ג"כ עולם התיקון מטעם שעולם הנקודים לא נתקיים, כי היה בו ביטול ושבירה, כנ"ל, אלא אחר כך במ"ה החדש, שחזרו כל הבחינות ההם שהיו בעולם הנקודים ובאו במ"ה החדש, הנה נתקנו שם ונתקיימו, וע"כ נקרא עולם התיקון, כי באמת הוא עולם הנקודים עצמו, אלא שמקבל כאן במ"ה החדש את תיקונו משלם. כי ע"י מ"ה החדש חוזרים ומתחברים לג"ר, כל אלו האחורים שנפלו לגוף, מן או"א וישסו"ת, וכן הפנים ואחורים דכל הז"ת שנפלו לבי"ע ומתו חוזרים ועולים על ידו לאצילות.

117. И вот выяснилось, как мир Некудим стал отпечатком мира АК. И таким же образом отпечатался пятый парцуф АК, то есть Новый МА, который полностью отпечатался с мира Некудим так, что все бхинот, которые использовались в мире Некудим, несмотря на то, что они разбились и отменились там, тем не менее они все вернулись и обновились в Новом МА, и поэтому он называется самостоятельным миром. И он называется миром Ацилут, потому что весь он заканчивается выше парсы, которая была установлена во втором сокращении (ЦБ).

И он называется также миром Исправления по причине того, что мир Некудим перестал существовать, так как в нем произошли отмена и разбиение, как было сказано выше.

Однако затем, в Новом МА, когда вернулись все те бхинот, которые были в мире Некудим, и пришли в Новый МА, они исправились там и стали существовать [вновь]. И поэтому он называется «мир Исправления», ведь на самом деле это и есть сам мир Некудим, однако он получает здесь, в этом Новом МА, свое полное исправление. Ибо посредством Нового МА возвращаются и присоединяются к ГАР все те ахораим, которые упали в гуф из Аба ве-Има и ИШСУТ. А также паним и ахораим всех ЗАТ, которые упали в БЕА и умерли, возвращаются и поднимаются благодаря ему в Ацилут.

Табур – это та воображаемая линия, выше которой можно получить свет хохма, а под ней нельзя, пока нет экрана. Парса – это тоже воображаемая линия, над ней находятся отдающие келим – ГЭ, не нуждающиеся в свете хохма, а под ней расположены келим получения, которым запрещено получать ор хохма.

Мир Ацилут находится между табуром Гальгальты и парсой и является миром исправления, в нем есть ор хохма. Как это может быть? Он поднимает упавшие получающие келим и присоединяет их к отдающим келим, наполняя их светом хохма. Это действие происходит постепенно. Когда АХАП всех ступеней поднимутся в мир Ацилут, такое состояние будет называться гмар тикун, или седьмое тысячелетие.

Затем еще существуют восьмое, девятое, десятое тысячелетия, когда АХАП начинают наполняться светом и под парсой. Когда мир Ацилут опустит АХАП на место мира Брия, то это будет восьмое тысячелетие, на место мира Ецира – девятое, на место мира Асия – десятое тысячелетие, тогда абсолютно все келим будут наполнены светом согласно Замыслу творения. Но гмар тикун – это 6000 ступеней, все то, что мы сами можем исправить, а дальнейшее исправление идет с помощью света Машиаха.

קיח) וטעם הדברים, כי כל פרצוף תחתון חוזר וממלא הכלים דעליון אחר הסתלקות אורותיהם בעת הזדככות המסך, כי אחר הסתלקות האורות דגוף דפרצוף הא' דא"ק מפאת הזדככות המסך, קבל המסך זווג חדש בקומת ע"ב, אשר חזר ומילא הכלים הריקים דגוף דעליון, דהיינו דפרצוף הא'.

וכן אחר הסתלקות האורות דגוף דע"ב, מפאת הזדככות המסך, קבל המסך זווג חדש בקומת ס"ג, שחזר ומילא הכלים הריקים דעליון שהוא ע"ב.

וכן אחר הסתלקות האורות דס"ג, מפאת הזדככות המסך, קבל המסך זווג חדש בקומת מ"ה שיצא מנקבי עינים שהם הנקודים, שחזר ומילא את הכלים הריקים דעליון שהוא הנקודות דס"ג.

וממש עד"ז אחר הסתלקות האורות דנקודים, מחמת ביטול האחורים ושבירת הכלים, קבל המסך זווג חדש בקומת מ"ה שיצא מהמצח דפרצוף ס"ג דא"ק, וממלא את הכלים הריקים דגוף דעליון, שהם הכלים דנקודים שנתבטלו ונשברו.

118. И смысл сказанного в том, что каждый нижний парцуф заново наполняет келим высшего, после выхода их светов во время ослабления и очищения экрана [от авиюта]. Ибо после выхода светов де-гуф первого парцуфа АК, вследствие ослабления и очищения экрана, экран получил новый зивуг на уровне АБ, который вновь наполнил пустые келим де-гуф высшего, то есть первого парцуфа.

И так же после выхода светов де-гуф де-АБ, вследствие ослабления и очищения экрана, экран получил новый зивуг на уровне САГ, который вновь наполнил пустые келим высшего, то есть АБ.

И так же после выхода светов САГ вследствие ослабления и очищения экрана, экран получил новый зивуг на уровне МА, вышедшего из никвэй эйнаим, то есть из Некудим, и вновь наполнил пустые келим высшего, то есть Некудот де-САГ.

И точно таким же образом, после выхода светов де-Некудим вследствие отмены ахораим и разбиения келим, экран получил новый зивуг на уровне МА, который вышел из мэцах парцуфа САГ де-АК, и он наполняет пустые келим де-гуф высшего, то есть келим де-Некудим, которые отменились и разбились.

Мы всегда изучали распространение сверху вниз. Творцом создано единственное творение – Малхут мира Бесконечности.

Она представляет собой все единство желаний – келим и все наслаждение – света. Все, что происходит потом, это различные намерения, которые Малхут принимает, чтобы наполниться.

Мы изучаем, что Малхут постепенно начинает отдаляться от Творца, чтобы стать совершенно независимой от Него. Малхут перестает ощущать Творца, она при этом огрубляется, меняет свои свойства на эгоистические, становится противоположной Творцу, максимально отдаляясь от Него. Когда процесс эволюции достигает своего наинизшего уровня, творение становится готовым для начала обратного процесса – постепенного сближения с Творцом.

Каждый вышестоящий парцуф более совершенен, имеет более сильный экран, более близок к Творцу по свойствам. Как же происходит, что каждый последующий парцуф наполняет предыдущий светом, ведь он более слабый и является порождением предыдущего? А наполняет он предыдущий парцуф тем, что прежде всего требует наполнить себя.

Когда парцуф Гальгальта полностью освобождается от света, его экран де-гуф соединяется с экраном де-рош и теряется нижняя ступень авиюта, то рождается новый парцуф, который требует от предыдущего силы, чтобы наполнить себя. Чтобы получить такой свет, предыдущий парцуф должен сделать зивуг де-акаа со светом мира Бесконечности, уменьшить этот свет на ступень ниже своей и передать его последующему, который ощущает этот свет в рош и воспринимает его как свет мира Бесконечности. Так, например, Малхут мира Асия в своем рош видит свет, уменьшенный в 125 раз, но воспринимает его как свет мира Бесконечности. Хотя он прошел все 125 ступеней ослабления, но ею он воспринимается как Бесконечность, не ограниченная ничем. А наполнение предыдущего парцуфа происходит через желание последующего наполниться светом от предыдущего.

Когда САГ просит у АБ наполнить его светом, парцуфу АБ нечего ему дать, он обращается Гальгальте, которой ничего не остается, как обратиться с аналогичной просьбой к Малхут мира Бесконечности. Почему? Мы говорим, что в рош Гальгальты есть весь свет. Действительно, так, но она сейчас должна дать парцуфу САГ соответствующий ему свет – свет Бина. Поэтому Гальгальта обращается к Малхут мира Бесконечности, вернее, к ее бхине бет, соответствующей свету Бина, который она проводит сначала через Бину де-Гальгальта, затем через Бину де-АБ и только потом в рош де-САГ.

Всего есть пять парцуфим и пять светов. И каждый свет парцуф получает соответственно из Малхут мира Бесконечности, вернее, из определенной ее сферы. Любая Бина любого парцуфа и любого мира может получить свет только через бхинот Бина всех миров и всех парцуфим, предшествующих ей. А остальные сфирот – Кетер, Хохма, ЗА и Малхут – получают свет от включения себя в желания просящего. Последующий парцуф дополняет предыдущий желаниями-келим, а предыдущий наполняет эти желания светом.

Нижний всегда обращается к верхнему, от которого он произошел. Парцуф АБ родился от Хохмы де-Гальгальта, у него есть связь с Гальгальтой только через Хохму. Гальгальта обращается к сфире Хохма Малхут мира Бесконечности, получает свет хохма, но не может именно эту этот свет хохма передать АБ, а должна внутри себя переделать ее в свет хохма, подходящий парцуфу АБ, и лишь затем передает ему.

Самая маленькая, но истинная просьба наименьшего из парцуфим наполняет светом все миры, вплоть до Гальгальты. Причем чем выше парцуф, тем больший свет он при этом получает. Так, от поднятия МАН оживает, наполняясь светом, Древо Жизни.

קיט) אמנם יש הפרש גדול כאן במ"ה החדש כי הוא נעשה לבחינת דכר ובחינת עליון לכלים דנקודים, שהוא מתקן אותם, משא"כ בפרצופין הקודמים אין התחתון נעשה לדכר ולעליון אל הכלים דגוף דעליון אע"פ שהוא ממלא אותם ע"י קומתו.

והשינוי הזה הוא כי בפרצופים הקודמים לא היה שום פגם בהסתלקות האורות, כי רק הזדככות המסך גרם להסתלקותם, אבל כאן בעולם הנקודים היה פגם בכלים, כי כח מלכות המסיימת היה מעורב בהכלים דאחורים דז"ת כנ"ל, ואינם ראוים לקבל האורות, שמסבה זו נשברו ומתו ונפלו לבי"ע. לפיכך הם תלויים לגמרי בם"ה החדש, להחיותם לברר ולהעלותם לאצילות,

ומתוך זה נחשב המ"ה החדש לבחינת זכר ומשפיע, ואלו הכלים דנקודים הנבררים על ידו נעשו בבחינת נוקבא אל המ"ה, ולכן נשתנה שמם, לשם ב"ן, כלומר שנעשו בבחינת תחתון אל המ"ה. וא"ע"פ שהם עליון למ"ה החדש, כי הם כלים מעולם הנקודים ובחינת מ"ה ונקבי עינים, שבחינה עליונה שבו הוא ו"ק דס"ג דא"ק, (כנ"ל באות ע"ד) מ"מ נעשו עתה לתחתון אל המ"ה החדש, ונק' ב"ן, מטעם האמור.

119. Однако есть большая разница здесь, в Новом МА, потому что он стал как «захар» и как высший для келим де-Некудим, который исправляет их, тогда как в предыдущих парцуфим низший не становится захаром и высшим для келим де-гуф высшего, несмотря на то, что он наполняет их своим уровнем.

И это изменение заключается в том, что в предыдущих парцуфим не было никакого изъяна при выходе светов, ибо лишь ослабление и очищение экрана являлось причиной их выхода. Однако здесь, в мире Некудим, имелся изъян в келим, ведь сила завершающей Малхут месаемет присутствовала в келим де-ахораим де-ЗАТ, как было сказано выше, и они были не пригодны для получения светов, и по этой причине они разбились и умерли, и упали в БЕА. Поэтому они полностью зависят от Нового МА, чтобы их оживить, выяснить и поднять в Ацилут.

Вследствие этого Новый МА считается захаром и отдающим, а те келим де-Некудим, которые выясняются с его помощью, стали свойством «нуква» по отношению к этому МА, и поэтому изменилось их имя на имя «БОН» — то есть они стали свойством «низший» относительно этого МА. И несмотря на то, что они являются высшим для Нового МА, ведь они келим из мира Некудим и являются свойством МА и «никвэй эйнаим», верхней бхиной которого является ВАК де-САГ де-АК (как сказано в п. 74), тем *не менее, они стали сейчас нижним относительно Нового МА, и называются БОН по вышеуказанной причине.*

Мир Некудим вышел на экран, который стоял в никвей эйнаим де-эйнаим (Бина де-Хохма), а мир Ацилут вышел на экран, стоящий в никвей эйнаим де-мэцах (Бина де-Кетер) рош де-САГ. Мир Некудим должен бы быть МА, а мир Ацилут – БОН, но из-за разбиения келим все становится наоборот – мир Ацилут становится МА, а разбитые келим мира Некудим, которые он присоединяет к себе, – БОН.

120-133. Пять парцуфим мира Ацилут и понятие МА и БОН в каждом парцуфе

ה"פ אצילות וענין מ"ה וב"ן שבכל פרצוף

קכ) ונתבאר, שקומת מ"ה החדש נתפשטה ג"כ לעולם שלם בפני עצמו כמו עולם הנקודים.

120. И выяснилось, что ступень Нового МА так же распространилась и стала полностью самостоятельным миром, как и мир Некудим.

В мире АК каждый последующий парцуф выходил на одну пару решимот (например, далет/далет и так далее). Как уже было сказано, Некудот де-САГ под табуром получили еще и решимот далет/гимель от НЕХИМ де-Гальгальта дополнительно к решимот, на которые возник этот парцуф.

Таким образом, под табуром есть два вида решимот: бет де-итлабшут, алеф де-авиют и далет де-итлабшут, гимель де-авиют. На первые вышел мир Некудим в состоянии катнут, а на вторые начала выходить целая серия парцуфим, подобная АБ-САГ. Мир Ацилут вышел на алеф де-итлабшут, шореш де-авиют, но решимо далет/гимель остается.

Поэтому в экране, который тоже поднимается в рош де-САГ, возникает и второе желание: получить свет от далет/гимель. Мир Ацилут поэтому сначала тоже выходит в катнуте, как и мир Некудим, а затем желает перейти в гадлут.

וטעם הדבר הוא, כמו שנתבאר בקומת הנקודים שהוא מכח כפילות המסך גם מבחי"ד. (כנ"ל באות קט"ז), כי הגם שהארת הזו"ן דא"ק שהאיר דרך הטבור והיסוד לג"ר דנקודים החזירה הצמצום א' למקומו, וה"ת ירדה מנקבי עינים לפה, שעי"ז יצאו כל אלו הקומות דגדלות נקודים, (כנ"ל באות ק"א ע"ש), אמנם כל אלו הקומות חזרו ונתבטלו ונשברו, וכל האורות נסתלקו, וע"כ חזר הצמצום ב' למקומו, והבחי"ד חזרה ונתחברה במסך.

И причина этого, как было выяснено на уровне Некудим, заключается в двойственности экрана, [состоящего] также из бхины далет (как было объяснено выше в п. 116).

Ведь хотя свечение ЗОН де-АК, которое светило через табур и Есод в ГАР де-Некудим, вернуло первое сокращение на свое место, и нижняя хэй (ה) опустилась из никвэй эйнаим в пэ, благодаря чему вышли все эти ступени большого состояния «гадлут» мира Некудим (как было сказано выше в п. 101, посмотри там), однако все эти ступени снова отменились и разбились, и все света ушли. И поэтому вернулось второе сокращение на свое место, и бхина далет вернулась и соединилась с экраном.

Состояние гадлута, которое произошло в мире Некудим, нашло место и в мире Ацилут, но по законам, которые предотвратили в нем разбиение сосудов.

קכא) ולפיכך גם במ"ה החדש שיצא מהמצח נוהג ג"כ ב' בחינות קטנות וגדלות כמו בעולם הנקודים, אשר תחילה יוצאת הקטנות, דהיינו לפי העביות המגולה במסך, שהוא קומת ז"א דהתלבשות המכונה חג"ת, וקומת מלכות דעביות הנק' נה"י מטעם ג' הקוין שנעשה בקומת מלכות, שקו ימין נק' נצח וקו שמאל נק' הוד וקו אמצעי יסוד. אמנם כיון שאין מבחי"א רק בחינת התלבשות בלי עביות ע"כ אין בה כלים, ונמצאת קומת חג"ת בלי כלים, והיא מתלבשת בכלים דנה"י.

וקומה זו נקראת עובר, שפירושו שאין שם אלא שיעור עביות דשורש, שנשאר במסך אחר הזדככותו, בעת עליתו לזווג במצח דעליון, שקומה היוצאת שם, היא רק קומת מלכות. אמנם בפנימיותה יש בחינת ה"ת בגניזו, והוא בחינת ה"ת במצח ואחר שהעובר מקבל הזווג בעליון יורד משם למקומו, (כנ"ל באות נ"ד), ואז מקבל מוחין דיניקה מהעליון שהם עביות דבחי"א, בבחינת ה"ת בנקבי עינים, ועי"ז קונה כלים גם לחג"ת ומתפשטים החג"ת מתוך הנה"י, ויש לו קומת ז"א.

121. И поэтому также и в Новом МА, который вышел из мэцах, тоже имеются два состояния: «катнут» и «гадлут», как и в мире Некудим, когда вначале выходит катнут, согласно авиюту, проявленному в экране, и это уровень ЗА де-итлабшут, называемый ХАГАТ, и уровень Малхут де-авиют, называемый НЕХИ по причине 3-х линий, которые образовались на уровне Малхут: правая линия называется «Нецах», левая линия называется «Ход», а средняя линия – «Есод». Но поскольку от бхины алеф есть только итлабшут без авиюта, то нет в ней келим, и ступень

ХАГАТ находится [в состоянии] без келим, и она облачается в келим де-НЕХИ.

И эта ступень называется «убар» (зародыш), что означает, что в ней нет ничего, кроме авиюта де-шореш, который остался в экране после его очищения [от авиюта] в тот момент, когда он поднялся к зивугу в мэцах высшего. И ступень, выходящая там, выходит только на уровне Малхут. Однако внутри нее есть свойство нижней хэй (ה), которая скрыта в ней, и это свойство нижней хэй (ה) в мэцах. И после того как убар получает зивуг в высшем, он спускается оттуда на свое место (как сказано выше в п. 54), и тогда получает [свет] мохин де-еника (вскармливания) от высшего, которые [выходят на] авиют бхины алеф – на свойство нижней хэй (ה) в никвэй эйнаим. И благодаря этому он приобретает келим также и для ХАГАТ, и распространяются ХАГАТ из НЕХИ, и у него [уже] есть уровень ЗА.

В мире Некудим было только два состояния: катнут и гадлут, а в мире Ацилут – три. В мире АК сразу рождался гадлут. Мир Некудим называется ЗА, или ХАГАТ, мир Ацилут называется сначала убар (зародыш), или НЕХИ, затем катан (маленький) – ЗА, или ХАГАТ НЕХИ. А в гадлуте он называется ХАБАД ХАГАТ НЕХИ, авиют бет-гимель-далет. Когда парцуф рождается в состоянии убар, то у него есть авиют де-шореш, кли Кетер и свет нефеш и руах.

Спрашивается, где же находится ор руах? Оказывается, вместе с ор нефеш. Но внутри убара скрывается и настоящая Малхут, потому что там еще находится решимо далет/гимель, на которое не было зивуга. Далее, в состоянии авиют де-шореш, убар получает свет из предыдущего парцуфа и растет до авиют де-алеф, и экран из мэцах спускается в никвей эйнаим (де-эйнаим). В этом состоянии парцуф называется «катан». Если экран спустится ниже, то парцуф будет в гадлуте, постепенно проходя стадии от авиюта бет к авиюту гимель и затем к авиюту далет.

Когда рождается парцуф, то это значит, что рождается экран, и ничего более. Желания созданы Творцом, свет был еще раньше желаний, сейчас создается только намерение получать во имя Творца. Экран – это инверсия того, что я могу делать с тем наслаждением, которое возможно ощутить. Вся лестница от нас до Творца проградуирована согласно экранам – от 0% экрана на самой нижней ступеньке до 100% экрана на самой высшей ступеньке. Парцуф – это мера реакции экрана на высший свет. При рождении парцуф тут же спускается согласно своему экрану на свое место. В ЦБ при всех состояниях парцуфа от шореш до далет используются только ГЭ, то есть отдающие келим.

ккбב) והנה אח"ז עולה פעם ב' למ"ן להעליון ונקרא עיבור ב'. ומקבל שם מוחין מע"ב ס"ג דא"ק, ואז יורדת הבחי"ד מנקבי עינים למקומה לפה (כנ"ל באות ק"א), ואז נעשה הזווג על בחי"ד במקומה, ויוצאות ע"ס בקומת כתר, והכלים דאח"פ מתעלים וחוזרים למקומם בראש ונשלם הפרצוף בע"ס דאורות וכלים. ואלו המוחין נקראים מוחין דגדלות של הפרצוף. וזהו קומת פרצוף הא' דאצילות, הנק' פרצוף הכתר או פרצוף עתיק דאצילות.

122. И вот, после этого он поднимается второй раз в качестве МАН к высшему и называется вторым ибуром. И получает там мохин от АБ САГ де-АК, и тогда опускается бхина далет из никвэй эйнаим на свое место в пэ (как сказано выше в п. 101). И тогда происходит зивуг на бхину далет на ее месте, и выходят десять сфирот на уровне Кетер, а келим де-АХАП поднимаются и возвращаются на свое место в рош, и восполняется парцуф до десяти сфирот светов и келим. И эти мохин называются мохин де-гадлут парцуфа. И это уровень первого парцуфа мира Ацилут, называемого парцуф Кетер или парцуф Атик мира Ацилут.

Первый парцуф называется «Атик» от слова «нээтак», то есть изолированный от остальных нижестоящих парцуфим. Он

120-133. Пять парцуфим мира Ацилут и понятие МА и БОН в каждом парцуфе

является посредником между мирами АК и Ацилут. Работает он по законам ЦА, но одевает на себя одеяние в виде «сэарот» (внешних парцуфим), которое было уже в рош де-САГ, и проявляется остальным парцуфим как парцуф, существующий по законам ЦБ. Атик относительно Гальгальты находится на ступени Хохма, так как выходит на решимот далет/гимель, что соответствует парцуфу АБ, который является Хохма по отношению к Гальгальте. Но по отношению к миру Ацилут он является первым парцуфом с уровнем Кетер и открывает собой целую сеть парцуфим мира Ацилут, для которых он будет дающим.

На самом деле Кетер мира Ацилут – это не Атик, который настолько завуалирован и изолирован, что фактически не может контактировать ни с кем. Он передает свои функции второму парцуфу мира Ацилут – Арих Анпину, который, по сути, и является Кетером и осуществляет всю деятельность по исправлению келим.

О мире Ацилут говорят четыре из шести томов Учения десяти сфирот, из него исходит все высшее управление, связь душ с Творцом. Об Атике там почти ничего не говорится, потому что он как бы и не имеет отношения к миру Ацилут. Фактически мир Ацилут начинается с Арих Анпина, который для всех остальных парцуфим выполняет роль, аналогичную Гальгальте мира АК. На него тоже надеваются все остальные парцуфим мира Ацилут.

קכג) וכבר ידעת, שאחר שביה"כ חזרו ונפלו כלהו אח"פ מהמדרגות כל אחד למדרגה שמתחתיו. (כנ"ל באות ע"ז, ובאות ק"ו). ונמצאים אח"פ דקומת כתר דנקודים בגו"ע דקומת חכמה, ואח"פ דקומת חכמה בגו"ע דקומת בינה, וכו', ולפיכך בעת העיבור ב' דגדלות דפרצוף הא' דאצילות הנקרא עתיק, שחזרו ונתעלו האח"פ שלו כנ"ל, הנה עלו עמהם יחד גם הגו"ע דקומת חכמה ונתקנו יחד עם האח"פ דקומת עתיק, וקבלו שם עיבור הא'.

123. И уже известно тебе, что после разбиения келим вернулись и [снова] упали все АХАП со своих ступеней, каждый – на ступень, что под ним (как сказано выше в п. 77 и в п. 106). И находятся АХАП уровня Кетер де-Некудим в ГЭ уровня Хохма. А АХАП уровня Хохма – в ГЭ уровня Бина и так далее. И согласно этому, во время второго ибура де-гадлут первого парцуфа мира Ацилут, который называется «Атик», когда вернулись и [снова] поднялись его келим де-АХАП, как было сказано выше, тогда вместе с ними поднялись также и ГЭ уровня Хохма, и исправились вместе с АХАП уровня Атик, и получили там первый ибур.

Когда парцуф рождается в состоянии катнут, то его АХАП не задействованы в получении света и находятся внутри ГЭ нижней ступени. Когда верхний парцуф начинает поднимать свои АХАП и наполнять их светом, то одновременно с ними поднимаются и решимот ГЭ нижнего парцуфа, который еще не родился и для которого АХАП верхнего парцуфа является местом зарождения. Сам высший парцуф проходит ибур бет (второе зарождение), а ГЭ нижнего парцуфа проходят ибур алеф (первое зарождене).

Таким образом, падение каждых АХАП на ступень ниже дало возможность вместе с подъемом его на свою ступень поднять и исправить также и ГЭ нижней ступени, то есть вместе с получением ибура бет верхним парцуфом получить нижнему парцуфу ибур алеф для его ГЭ.

После разбиения келим мира Некудим остались эгоистические желания без экрана, то есть решимот. Сами себя они вытащить из этого состояния не могут. Только благодаря тому, что в каждых упавших АХАП находятся решимот ГЭ следующего парцуфа, можно при подъеме и исправлении АХАП исправить и ГЭ нижнего. В этом и заключается чудесность ЦБ и разбиения келим.

קכד) ואחר שהגו״ע דחכמה קבלו קומת העיבור והיניקה שלהם, (כנ״ל באות קכ״א). חזרו ועלו לראש דעתיק, וקבלו שם עיבור ב׳ שלהם למוחין דגדלות, וירדה הבחי״ג למקומה לפה, ויצאו עליה ע״ס בקומת חכמה, והכלים דאח״פ שלהם חזרו ועלו למקומם בראש, ונשלם פרצוף החכמה בע״ס דאורות וכלים. ופרצוף זה נקרא פרצוף אריך אנפין דאצילות.

124. А после того как ГЭ де-Хохма получили свой уровень ибур и еника (как сказано выше в п. 121), они снова поднялись в рош де-Атик и получили там свой второй ибур для [обретения] мохин де-гадлут. И спустилась бхина гимель на свое место в пэ, и на нее вышли десять сфирот на уровне Хохма, а их келим де-АХАП снова поднялись и вернулись на свое место в рош, и восполнился парцуф Хохма до десяти сфирот светов и келим. И этот парцуф называется «Арих Анпин (АА) де-Ацилут».

Переход в гадлут произошел с помощью света АБ-САГ, который дал возможность приобрести экран и начать работать с получающими келим – АХАП. Арих Анпин означает «длинное лицо». Хохма символизирует собой лицо. «Длинное» – это значит, что в парцуфе Арих Анпин есть много света хохма, в отличие от парцуфа Зэир Анпин («маленькое лицо»), где есть лишь небольшое количество света хохма. Когда творение с помощью света АБ-САГ начинает понимать величие Творца, то оно может начинать работать с получающими келим, которые раньше не были использованы.

קכה) ועם אח"פ הללו דא"א עלו ביחד גם גו"ע דקומת בינה כנ"ל, וקבלו שם עיבור הא' ויניקה שלהם. ואח"ז עלו לראש דא"א לעיבור ב', והעלו האח"פ שלהם וקבלו המוחין דגדלות, ונשלם פרצוף הבינה בע"ס דאורות וכלים. ופרצוף זה נקרא או"א וישסו"ת, כי הג"ר נקראות או"א, והז"ת נקראות ישסו"ת.

125. И вместе с этими АХАП де-АА поднялись также ГЭ уровня Бина, как было сказано выше, и получили там свой первый ибур и еника. А после этого поднялись в рош де-АА для второго ибура, и подняли свои АХАП, и получили мохин де-гадлут, и восполнился парцуф Бина до десяти сфирот светов и келим. И этот парцуф называется «Аба ве-Има и ИШСУТ», потому что ГАР называются Аба ве-Има, а ЗАТ называются ИШСУТ.

ГЭ имеют авиют шореш и алеф. Когда парцуф проходит все стадии появления экрана: шореш, алеф, бет, гимель и далет авиюта де-шореш, то это зарождение. Затем появляется экран от шореш до далет авиюта де-алеф. Это состояние еника и рождение парцуфа в состоянии катнут, то есть использование только ГЭ (авиют шореш и алеф). Затем этот парцуф в состоянии катнут снова поднимается в рош предыдущего парцуфа. Это стадия ибура бет, второго зарождения. При этом он поднимает свои АХАП и получает мохин де-гадлут, то есть полные десять сфирот.

קכו) ועם אח"פ הללו דאו"א, עלו ביחד גם גו"ע דזו"ן, וקבלו שם העיבור א' שלהם והיניקה, ובזה נשלמים הזו"ן בבחינת ו"ק דז"א, ונקודה להנוקבא. והנה נתבארו ה"פ מ"ה החדש שיצאו בעולם האצילות בבחינת קביעות, הנקראים עתיק וא"א ואו"א וזו"ן, שעתיק יצא בקומת כתר, וא"א בקומת חכמה, ואו"א בקומת בינה, וזו"ן בו"ק ונקודה, שהוא קומת ז"א.

ובאלו ה' הקומות לא יארע שום מיעוט לעולם. כי בג"ר, אין מעשי התחתונים מגיעים אליהם שיוכלו לפוגמם, והז"א ונוקבא, שאליהם מגיעים מעשי התחתונים, היינו דוקא בכלים דאחורים שלהם, שמשיגים בעת הגדלות, אבל בכלים דפנים, שהם גו"ע באורות דו"ק ונקודה, הנה גם בהם לא יגיעו מעשי התחתונים. ולפיכך נבחנים ה' הקומות הנ"ל, לבחינת מוחין הקבועים באצילות.

126. И с этими АХАП де-Аба ве-Има поднялись вместе также ГЭ де-ЗОН, и получили там свой первый ибур и еника, и этим восполняются ЗОН в качестве «ВАК» ЗА и «некуда» Нуквы. И вот прояснились пять парцуфим Нового МА, которые вышли в мире Ацилут в качестве постоянного состояния, и называются они: Атик, Арих Анпин (АА), Аба ве-Има (АВИ), ЗА и Нуква (ЗОН). При этом Атик вышел на уровне Кетер, АА – на уровне Хохма, АВИ – на уровне Бина, а ЗОН – как ВАК и некуда, и это уровень ЗА.

И в этих пяти ступенях никогда не произойдет никакого уменьшения. Ибо в ГАР действия нижних не достигают влияния на них так, чтобы они могли причинить им ущерб. А в ЗА и Нукве, которых достигают действия нижних, это происходит именно в их келим де-ахораим, которые они обретают в состоянии «гадлут». Однако в келим де-паним, которыми являются ГЭ в светах де-ВАК и некуда, их тоже не смогут достичь действия нижних. И поэтому считаются пять этих ступеней постоянными мохин в мире Ацилут.

Низшие – это те души, которые находятся в АХАП де-ЗОН мира Ацилут. Сами они исправиться не могут, но они могут поднять МАН в ЗОН де-Ацилут, который поднимает свои АХАП, и когда он делает зивуг на них, то одновременно рождает и катнут данной души.

Задача заключается в том, чтобы разбитые келим снабдить вновь экраном и постепенно наполнить светом. Эта работа происходит уже снизу вверх. Начинается с келим менее грубых, менее эгоистичных и заканчивается наиболее эгоистичными, то есть от легкого к тяжелому. Работа эта начинается с рождения мира Ацилут.

После разбиения келим экран поднимается в рош де-САГ, берет самые светлые решимот и делает на них зивуг де-акаа, в результате которого возникает первый парцуф Атик. Затем Атик берет из оставшихся решимот тоже наиболее светлые, и на этот зивуг выходит Арих Анпин. На наиболее светлые решимот из оставшихся Арих Анпин делает зивуг, создающий парцуф Аба ве-Има. Аба ве-Има из оставшихся наиболее светлых решимот создают парцуф ЗОН.

После этого светлых решимот, на которые можно было бы продолжить зивуг, не остается. То есть задействованы только те решимот, на которые можно получить катнут мира Ацилут, подобно тому как в свое время был создан катнут мира Некудим. Эти миры похожи друг на друга, с той разницей, что мир Ацилут построен так, что в нем уже не может произойти разбиение келим.

В мире Ацилут вообще-то есть двенадцать парцуфим, каждый из которых разбит на две части: верх и низ, левую и правую сторону и так далее. Все эти промежуточные состояния созданы для того, чтобы максимально использовать АХАП, исправляя их и не доводя дело до разбиения келим.

Как можно использовать АХАП после разбиения келим, когда с ним нельзя работать? ЦБ и ЦА нельзя нарушать, но ЦА никогда нельзя нарушить, а ЦБ – только в течение шести тысяч ступеней. Все исправление совершается при четком контроле ЦБ. О чем говорит ЦБ? Что из пяти желаний можно использовать только Кетер и Хохма, которые почти не эгоистичны. А вот три остальных желания: Бина, ЗА и Малхут, то есть АХАП, нельзя использовать из-за их эгоистичности, для них нужна большая сила воли, очень сильный экран.

Начиная с ЦБ и далее рождаются келим, у которых нет сил работать с самыми эгоистическими желаниями. Тем не менее желания не пропадают. Можно только запретить себе их использовать. А желания ГЭ можно использовать только в каких-то рамках. Когда ты находишься в состоянии катнут, то ничего не получаешь и наслаждаешься от сходства свойств с Творцом. Ты подобен Творцу – это немало, но недостаточно для выполнения цели творения, наполнения тебя светом Хохма. Для этого нужно иметь получающие келим. Такой возможности у тебя пока нет.

Единственное, что можно сделать, это использовать эгоистические келим АХАП, включая их в альтруистические ГЭ. Но келим АХАП хотят получать только свет хохма, а этого нельзя сделать – можно получать только свет хасадим. Но во время отталкивания света хохма все равно какое-то его небольшое количество входит в келим. АХАП можно использовать исключительно в том случае, если поднять их над парсой. Если бы в мире Некудим подняли все АХАП над парсой и получили бы в образовавшиеся десять сфирот свет хохма, то разбиения сосудов бы не произошло. Поднять свои АХАП, наполнить их светом можно, только используя для передачи этого света нижнему парцуфу.

В этом состоит одно из исправлений, сделанное миром Ацилут. Поднимая МАН и наполняя нижние парцуфим светом, в ответ на их просьбу об исправлении разбитые келим исправляются и начинают частично получать свет. Так возникает система распространения и получения (каббалы) све́та в духовном. Также и в нашем мире: прийти к раскрытию Творца можно только в группе желающих исправиться, включившись в систему распространения каббалы.

Желания постоянны, это наша суть, это то, что создано Творцом. Себя изменить мы не можем, но мы можем изменить намерения. Над действиями работать не надо, нужно работать над намерением, которое сопровождает действие. То ли ты выполняешь какое-то действие для того, чтобы тебе было хорошо, не болели жена, дети, были деньги, то ли ты это делаешь ради вознаграждения, получаемого от Творца в грядущем мире – все это остается в рамках эгоизма.

Другое дело, если Творец дарит тебе возможность осознать Его величие настолько, что все, что бы ты ни делал, ты делаешь ради Него. Для этого необходимо раскрытие Творца. Только постоянная работа над книгами и в группе под руководством истинного Учителя могут возбудить ор макиф и привести к раскрытию Творца. Духовный путь начинается не с действия, а с внутреннего размышления.

В духовном ничего не исчезает. Это правило действует относительно самих душ. Сегодня я нахожусь на одном уровне, завтра, скажем, перейду на другой. Все предыдущие мои состояния включаются в это новое. Я помню сегодня то, что было двадцать лет назад. Прошлые состояния как бы освещаются сегодняшним состоянием. Свет, который светит в настоящем состоянии, наполняет и все прошлые состояния. А в гмар тикуне все предыдущие состояния сворачиваются в один большой парцуф, полностью наполненный светом. Все последующие келим дают предыдущим добавочные желания, отчего те каждый раз наполняются все большим светом.

Во время разбиения келим все экраны сломались. Во время исправления они начинают расти от нуля до 100%. Для перехода на следующую ступень добавляются дополнительные желания, на которые у тебя еще нет экрана, а предыдущий экран себя уже исчерпал. Такое состояние называется падением.

Только что ты находился в прекрасном состоянии, у тебя был экран, ты получал свет. А сейчас ты «упал». Тебе добавили эгоистические желания, поэтому тебе не хочется ничего духовного. В этом состоянии предстоит большая внутренняя работа по приобретению нового экрана, с помощью которого ты получишь еще больший свет. Работа над экраном заключается только в активной учебе.

При первом знакомстве с «Введением в науку каббала» мозг еще не может воспринять всего, создается путаница, особенно при изучении мира Некудим, а затем мира Ацилут и далее. Нужно немного остановиться, продумать услышанное, может быть, возвратиться немного назад, повторить некоторые главы, желательно прослушивание записей уроков. Постепенно это укладывается и усваивается, потому что для построения духовных келим, а именно это с вами сейчас происходит, необходимо время и ваши усилия.

קכז) וסדר הלבשתם זא"ז ולפרצוף א"ק, הוא, כי פרצוף עתיק דאצילות אע"פ שיצא מראש הס"ג דא"ק (כנ"ל באות קי"ח), מ"מ לא יכול להלביש מפה ולמטה דס"ג דא"ק רק למטה מטבור, כי למעלה מטבור דא"ק הוא בחינת צמצום א' ונק' עקודים והן אמת, שפרצוף עתיק, להיותו בחינת ראש הא' דאצילות, עדיין אין הצמצום ב' שולט בו, וא"כ היה ראוי שילביש למעלה מטבור דא"ק, אמנם כיון שהצמצום ב' כבר נתקן בפה דראשו, בשביל שאר פרצופי אצילות שממנו ולמטה, ע"כ אינו יכול להלביש רק למטה מטבור דא"ק.

ונמצא קומת עתיק מתחלת מטבור דא"ק, והיא מסתיימת בשוה עם רגלי א"ק, דהיינו למעלה מנקודה דעוה"ז. וזהו מפאת פרצופו עצמו, אמנם מפאת התקשרותו עם שאר פרצופי אצילות, שמבחינתם נבחן שהוא כלול ג"כ מצמצום ב', הנה מבחינה זו הוא נבחן שרגליו מסתיימים למעלה מפרסא דאצילות, כי הפרסא הוא הסיום החדש של הצמצום ב' כנ"ל באות ס"ח.

127. А порядок их облачения друг на друга и на парцуф АК таков, потому что парцуф Атик мира Ацилут, хотя он и вышел из рош САГ де-АК (как было сказано выше в п. 118), в любом случае он не может облачиться от пэ де-САГ де-АК и ниже, а только ниже табура. Потому что то, что выше табура де-АК, относится к первому сокращению и называется «Акудим».

120-133. Пять парцуфим мира Ацилут и понятие МА и БОН в каждом парцуфе

И по правде говоря, так как парцуф Атик представляет собой первый рош мира Ацилут, второе сокращение все еще не властвует над ним, и поэтому подобало бы ему облачиться выше табура де-АК. Но поскольку второе сокращение уже было установлено в его пэ де-рош ради всех остальных парцуфим мира Ацилут, находящихся от него и ниже, поэтому он может облачиться только ниже табура де-АК.

И получается, что уровень Атик начинается с табура де-АК, и завершается наравне с раглаим де-АК, то есть над «точкой этого мира». И это со стороны самого парцуфа, однако со стороны его связи с другими парцуфим мира Ацилут, относительно которых считается, что он включает в себя также и второе сокращение, – в этом аспекте считается, что его раглаим завершаются выше парсы мира Ацилут, потому что парса является новым окончанием второго сокращения, как было сказано выше в п. 68.

Таким образом, существуют два парцуфа Атик: один подчиняется законам ЦА, а второй зависит от ЦБ. Все остальные парцуфим мира Ацилут, которые рождаются после него, подчиняются законам ЦБ. В Атике находится вся информация обо всех парцуфим, следующих за ним, вплоть до нашего мира.

Все парцуфим мира Ацилут возникли в состоянии катнут, им не нужен свет хохма, но они всегда могут его получить по просьбе нижних, перейдя в гадлут, и передать этот свет хохма по назначению. Из всех решимот, которые остались от разбиения келим, парцуф Атик выбирает самые чистые, самые лучшие и делает зивуг на уровне Кетер. Когда Атик достигает наивысшего состояния, он пропускает через себя только свет хохма и рождает парцуф Арих Анпин. По аналогии Арих Анпин выбирает из всех решимот самые чистые, но относящиеся уже к Бине, и рождает парцуф Аба ве-Има.

קכח) ופרצוף הב' דמ"ה החדש הנק' א"א, שהוא נאצל ויצא מפה דראש עתיק, הנה קומתו מתחיל ממקום יציאתו, דהיינו מפה דראש עתיק ומלביש את הז"ת דעתיק המסתיימים למעלה מפרסא דאצילות, כנ"ל.

ופרצוף הג' הנק' או"א, שנאצלו מפה דראש א"א, הם מתחילים מפה דראש א"א ומסתיימים למעלה מטבור דא"א.

והזו"ן מתחילים מטבור דא"א ומסתיימים בשוה עם סיום א"א, דהיינו למעלה מפרסא דאצילות.

128. *А второй парцуф Нового МА, называемый Арих Анпин (АА), который был создан и вышел из пэ де-рош Атика, его уровень начинается с места его выхода, то есть от пэ де-рош парцуфа Атик, и облачает ЗАТ де-Атик, которые завершаются выше парсы Ацилута, как сказано выше.*

А третий парцуф, который называется Аба ве-Има (АВИ), которые были созданы из пэ де-рош АА, они начинаются от пэ де-рош АА и завершаются выше табура АА.

А ЗОН начинаются от табура АА и заканчиваются наравне с сиюмом АА, то есть выше парсы Ацилута.

Атик рождается из мэцах рош де-САГ и распространяется под влиянием ЦА от табура до сиюма Гальгальты. ЦА не влияет далее ни на один из парцуфим мира Ацилут. Атик же создан по законам ЦА, потому что он получает свет от парцуфим АК, созданных на основе ЦА, но затем он трансформирует свет нижним парцуфим, над которыми властвует ЦБ.

Арих Анпин, который родился от парцуфа Атик, распространяется от пэ де-рош де-Атик и до того места, куда может распространяться свет хохма, то есть до парсы. Из пэ де-рош Арих Анпина рождается и выходит третий парцуф мира Ацилут Аба ве-Има и оканчивается на уровне табура Арих Анпина. Арих Анпин, Аба ве-Има, то есть Бина мира Ацилут, рождает следующие два парцуфим, которые можно рассматривать как один: ЗА и Малхут – ЗОН. Этот парцуф надевается на ЗОН де-Арих Анпин и доходит до парсы.

Далее мы будем изучать, как меняется мир Ацилут под влиянием высших и нижних духовных объектов. Возбуждение свыше – это праздники, субботы, начала месяца, которые появляются вне зависимости от происходящего внизу, в мирах БЕА. Возбуждение снизу – это возбуждение, идущее от душ, находящихся в мирах БЕА, которые требуют от мира Ацилут поднять их, исправить и наполнить светом. В этом случае Ацилут обязан реагировать на просьбу снизу. Его реакция проявляется в том, что он получает свет сверху и передает его вниз.

Как и в мире Некудим, в мире Ацилут во время состояния катнут шесть верхних сфирот Зеир Анпина (ХАБАД ХАГАТ) и только одна сфира от Малхут (Кетер де-Малхут) находятся над парсой, а три нижние сфиры (НЕХИ) Зеир Анпина и девять нижних сфирот Малхут (от сфиры Хохма де-Малхут до сфиры Малхут де-Малхут) находятся под парсой. Как уже было сказано выше, до второго сокращения Малхут не имела своих сфирот, она была точкой. В результате ЦБ Малхут поднялась, и благодаря этому она получает в свое распоряжение все сфирот, которые теперь находятся ниже нее (нижнюю треть Тиферет, Нецах, Ход и Есод), превращаясь в самостоятельный парцуф. Затем по специальным законам эти четыре сфирот перестраиваются в десять сфирот.

Сфира – это четкое определенное свойство Творца, которое воспринимается Малхут как незыблемое. Сфира Даат – это та просьба, которая поднимается от Зеир Анпина и Малхут в Бину, дать им свет хохма. Сфира Даат не имеет своего постоянного места, это то желание получить свет хохма, «недостаток», который испытывает Бина в связи с просьбой от ЗОН. Как только ЗА начал разбиваться, тут же его просьба в Бине стала постепенно уменьшаться: сначала на сфиру Кетер, затем Хохма и так далее вплоть до окончательного исчезновения.

קכט) ותדע, שכל קומה וקומה מה"פ אלו דמ"ה החדש בעת שיצאה, בירדה וחיברה לעצמה חלק מהכלים דנקודים, שנעשה לה לבחינת נוקבא. כי הנה בעת שיצא

פרצוף עתיק, לקח וחיבר אליו, כל הג"ר דנקודים, שנשארו שלמים בעת שביה"כ, דהיינו בחינת הגו"ע שבהם שיצאו בעת קטנותם, הנק' כלים דפנים, (כנ"ל באות ע"ו) שבקטנות הנקודים לא באו עמהם רק מחציתה העליונה דכל מדרגה, שהם גו"ע ונקבי עינים, ומחציתה התחתונה דכל אחת, הנק' אח"פ, ירדו למדרגה התחתונה, עש"ה.

ולפיכך נבחן שפרצוף עתיק דמ"ה החדש לקח לו מהכלים דנקודים, את מחציתה העליונה דכתר, ומחציתה העליונה דחו"ב, וז' השרשים דז"ת הכלולים בג"ר דנקודים, והם נעשו לבחינת פרצוף נוקבא אל העתיק דמ"ה החדש. ונתחברו יחד זה בזה. והם המכונים מ"ה וב"ן דעתיק דאצילות, כי הזכר דעתיק נק' מ"ה, והכלים דנקודים הנ"ל שנתחברו אליו נקראים ב"ן, (מטעם הנ"ל באות קי"ט, ע"ש). וסדר עמידתם הוא פו"א, העתיק דמ"ה בפנים והעתיק דב"ן באחוריו.

129. *И знай, что каждая ступень из этих пяти парцуфим Нового МА во время своего выхода, выяснив, выбирала и присоединяла к себе часть келим де-Некудим, которые стали для них Нуквой. Ибо в момент, когда вышел парцуф Атик, он взял и присоединил к себе все ГАР мира Некудим, которые остались целыми во время разбиения келим, то есть их ГЭ, вышедшие во время их состояния «катнут». И они называются келим де-паним (как было сказано выше в п. 76), ведь в состоянии «катнут» мира Некудим с ними вышла только верхняя половина каждой ступени, и они – это ГЭ и НЭ, а нижние половины каждой ступени, которая называется АХАП, опустились на нижнюю ступень, посмотри там как следует.*

И поэтому считается, что парцуф Атик Нового МА, взял себе из келим де-Некудим верхнюю половину Кетера и верхнюю половину ХУБ (Хохмы и Бины), а также семь шорашим (корней) де-ЗАТ, которые включены в ГАР де-Некудим, и они стали парцуфом Нуква для Атика Нового МА. И соединились вместе друг с другом. И они называются МА и БОН де-Атик мира Ацилут, потому что захар де-Атик называется МА. А вышеупомянутые келим де-Некудим, которые присоединились к нему, называются БОН (по причине, изложенной выше в п. 119, посмотри там). И порядок их расположения – это паним и ахораим: Атик де-МА находится в состоянии «паним», а Атик де-БОН – в его «ахораим».

120-133. Пять парцуфим мира Ацилут и понятие МА и БОН в каждом парцуфе

Вообще, все парцуфим мира Ацилут построены по такому же принципу. Все келим собственно мира Ацилут, возникшие в результате зивуга на решимот алеф/шореш, то есть его собственные сфирот Кетер, Хохма и так далее, образуют правую линию мира Ацилут, в них есть свет, и называются они «МА» и «захар».

Каждая из этих сфирот (парцуфим) берет себе соответствующие ей разбитые или опустошенные, аннулированные келим из мира Некудим и строит себе из них левую линию, требующую исправления и последующего наполнения светом, эти келим называются «БОН» или «нуква». Таким образом, мир Ацилут содержит пять пар парцуфим (вообще-то их шесть, мы будем подробно изучать это в ТЭС):

- Атик и его нуква – Кетер;
- Арих Анпин и нуква – Хохма;
- Аба (захар) ве-Има (нуква) – парцуф ГАР де-Бина;
- Исраэль Саба (захар) ве-Твуна (нуква), сокращенно ИШСУТ – парцуф ЗАТ де-Бина;
- ЗА и его нуква, а также Малхут, по отношению к которой нуквой являются души, требующие исправления.

Твуна, это та часть Бины, в которой появляется зародыш будущей сфиры (или парцуфа) – ЗА. Другими словами, эту часть Бины можно назвать маткой. На иврите она так и называется: «рехем». Это место зивуга, зарождения и рождения.

Атик, который не имеет никакого отношения к разбиению келим, выбирает и присоединяет к себе неразбитые келим ГЭ Кетера и Аба ве-Има, которые после разбиения остались пустыми, и обязуется их наполнить своим светом. Мир Ацилут – это, по сути, тот же мир Некудим, но имеющий специальную систему предохранения от разбиения келим. Основой этой системы является принцип получения большими келим маленьких порций света. То, что было сфирой в мире Некудим, превращается в целый парцуф в мире Ацилут. Сила сопротивления эгоизму будет намного больше его самого.

Любая дающая часть в парцуфе называется «МА», а получающая – «БОН». Но в мире АК в МА и БОН светит хохма, а в мире Ацилут – свет хасадим. Мир Ацилут называется дающим, захаром – влияющим, исправляющим и мужской частью. А мир Некудим по отношению к миру Ацилут называется некевой, получающим – исправляющимся с помощью мира Ацилут. Не всякое вышестоящее кли можно назвать дающим, а последующее – получающим. Например, Бина ничего не хочет получать, она МА или БОН? Только ЗА и Малхут (нуква) могут называться МА и БОН. Если дающий и получающий стоят лицом к лицу (паним бе-паним), то они оба готовы: один – давать, а другой – получать свет.

Если речь идет о передаче света хасадим, то появляются понятия «правый» и «левый», так как свет хасадим дает не высоту, а широту духовного постижения: там, где много света хасадим, называется «правый», а там, где мало света хасадим, называется «левый».

קל) ופרצוף א"א דמ"ה החדש, שיצא בקומת חכמה, בירר וחיבר אליו את חציו התחתון דכתר הנקודים, שהם האח"פ דכתר, שבעת הקטנות היו בהמדרגה שמתחת הכתר, דהיינו בחכמה ובינה דנקודים (כנ"ל באות ע"ז), ונעשה לבחינת נוקבא אל הא"א דמ"ה החדש, ונתחברו יחד זה בזה. וסדר עמידתם הוא ימין ושמאל, שא"א דמ"ה שהוא הזכר עומד בימין, וא"א דב"ן שהיא הנוקבא, עומדת בשמאל.

ומה שפרצוף עתיק דמ"ה לא לקח את חצי התחתון דכתר נקודים, הוא, כי עתיק מתוך שהוא ראש הא' דאצילות, שמעלתו גבוהה מאד, לכן לא חיבר אליו רק הכלים דפנים דג"ר דנקודים, שבהם לא אירע שום פגם בעת השבירה, מה שאין כן בחצי הכתר התחתון, שהם אח"פ שהיו נפולים בעת הקטנות בחו"ב, ואח"כ בעת הגדלות עלו מחו"ב ונתחברו בכתר דנקודים (כנ"ל באות פ"ד), אשר אח"כ בעת שבירת הכלים, חזרו ונפלו מהכתר דנקודים ונתבטלו, כנ"ל, הרי המה כבר נפגמו עם נפילתם וביטולם, ואינם ראוים משום זה לעתיק, ולכן לקח אותם א"א דמ"ה.

130. А парцуф АА Нового МА, вышедший на уровне Хохма, выяснив, выбрал и присоединил к себе нижнюю половину Кетера де-Некудим, представляющую собой АХАП де-Кетер, которые во время состояния «катнут» находились на ступени, стоящей под Кетером, то есть в Хохме и Бине де-Некудим (как сказано выше в п. 77), и они стали

Нуквой по отношению к АА Нового МА, и соединились вместе друг с другом. И они расположены справа и слева: АА де-МА, то есть захар, стоит справа, а АА де-БОН, то есть Нуква, стоит слева.

А то, что парцуф Атик де-МА не взял нижнюю половину Кетера де-Некудим, это потому, что Атик, как первый рош де-Ацилут, находится на очень высокой ступени, поэтому он присоединил к себе только келим де-паним де-ГАР де-Некудим, в которых не произошло никакого повреждения во время разбиения. Тогда как нижняя половина Кетера, то есть АХАП, выпавшие во время состояния «катнут» в ХУБ, а затем в состоянии «гадлут» поднявшиеся из ХУБ и соединившиеся с Кетером де-Некудим (как сказано выше в п. 84), а потом, во время разбиения келим, опять выпавшие из Кетера де-Некудим и отменившиеся, как было сказано выше, поскольку они уже были повреждены во время их падения и отмены, и из-за этого не пригодны для Атика, поэтому взял их АА де-МА.

Есть только свет и кли, но существуют столько их сочетаний и взаимоотношений, что это не поддается учету. Только человек, поднявшийся на этот уровень, может четко сказать, так это или иначе. Нам же мало что известно. Это больше плод нашей фантазии. Ни один из каббалистов не задавался целью изложить все. Писали они для того, чтобы мы сами поднялись и почувствовали, а не читали толстые фолианты. В нашем мире можно жить, и лишь затем начать постигать природу, в духовном же мире необходимо сначала постичь, а только потом начать жить. Духовное постижение – это постижение чувственное.

קלא) ופרצוף או"א דמ"ה החדש, שהם בקומת בינה, בירור וחיברו להם את חצים התחתון דחו"ב דנקודים, שהם האח"פ דחו"ב, שבעת הקטנות היו נפולים בהז"ת דנקודים, אלא אח"כ בעת הגדלות נקודים, עלו ונתחברו לחו"ב דנקודים (כנ"ל באות צ"ד), ואשר בעת שביה"כ חזרו ונפלו להז"ת דנקודים ונתבטלו (כנ"ל באות ק"ז), ואותם ביררו להם או"א דמ"ה לבחינת נוקבא אליהם, והם מכונים ז"ת דחכמה וו"ת

דבינה דב"ן, כי בחינת החסד דבינה נשארה עם הג"ר דחו"ב דב"ן בפרצוף עתיק, ולא נשאר בחצייה התחתון דבינה כי אם ו"ת מגבורה ולמטה.

ונמצא הזכר דאו"א הוא קומת בינה דמ"ה, והנוקבא דאו"א היא ז"ת דחו"ב דב"ן. ועמידתם הם בימין ושמאל, או"א דמ"ה בימין ואו"א דב"ן בשמאל, והישסו"ת דמ"ה שהם הז"ת דאו"א, לקחו המלכיות דחו"ב דב"ן.

131. А парцуф Аба ве-Има (АВИ) Нового МА, находящиеся на уровне Бина, выяснив, выбрали и присоединили к себе нижнюю половину де-ХУБ де-Некудим, то есть АХАП де-ХУБ, которые во время состоянии «катнут» выпали в ЗАТ де-Некудим, а затем, во время состояния «гадлут» мира Некудим, поднялись и соединились с ХУБ де-Некудим (как сказано выше в п. 94), а во время разбиения келим, они снова упали в ЗАТ де-Некудим и отменились (как сказано выше в п. 107) – их, выяснив, выбрали для себя АВИ де-МА в качестве своей Нуквы, и они называются ЗАТ де-Хохма и ВАК (шесть нижних сфирот) Бины де-БОН, потому что ступень Хесед де-Бина осталась с ГАР де-ХУБ де-БОН в парцуфе Атик, а в нижней половине Бины остались только шесть нижних сфирот от Гвуры и ниже.

И получается, что захар де-АВИ – это ступень Бины де-МА, а Нуква АВИ – это ЗАТ де-ХУБ де-БОН. И они стоят справа и слева: АВИ де-МА справа и АВИ де-БОН слева. А ИШСУТ де-МА, то есть ЗАТ АВИ, взяли малхует де-ХУБ де-БОН.

Здесь говорится о том, каким образом рошим мира Ацилут присоединили к себе рошим мира Некудим. Мир Некудим сначала был в состоянии катнут, затем в гадлут, когда его рошим, Кетер и Аба ве-Има, присоединили к себе свои АХАП и получили свет гадлута, передав его в ГЭ де-ЗОН, но какие-то искры света прошли под парсу, что привело к разбиению келим, падению их вниз и смерти. Рошим мира Некудим снова пришли в состояние катнут с потерей света гадлута. Далее вместо мира Некудим появляется мир Ацилут.

Цель существования мира Ацилут – исправить разбитые келим, поднять их наверх, присоединить к себе и наполнить светом, но так, чтобы не допустить нового разбиения. Мир Ацилут – это по сути тот же мир Некудим, только работающий в правильном режиме, у него не может быть ошибки, потому что он уже имеет решимот от разбиения келим и знает, как поступать, чтобы это состояние не повторилось.

Парцуф Атик де-Ацилут присоединил к себе самые чистые келим: верхнюю часть Кетера мира Некудим, верхнюю часть Аба ве-Има мира Некудим и ЗАТ мира Некудим, то есть семь корней (Кетеров) – зачатков с информацией о будущем гуфе мира Некудим.

Парцуф Арих Анпин после своего появления берет на себя ответственность исправить, присоединить и наполнить светом АХАП Кетера мира Некудим.

Парцуф Аба ве-Има отвечает за исправление и наполнение АХАП де-Аба ве-Има мира Некудим. Аба ве-Има – это как бы два парцуфа вместе: Хохма и Бина. Парцуф Хохма, то есть Аба мира Ацилут присоединил к себе АХАП де-Аба мира Некудим, а Има мира Ацелут присоединила не все АХАП де-Има мира Некудим, а на сфиру Хесед меньше, потому что в Бине Хесед считается отдающей частью и относится к рош.

При изучении взаимного соединения исправленных и неисправленных свойств (келим) в мире Ацилут, мы лучше понимаем, чем мы будем обладать в будущем, как и с какими высшими свойствами будем связаны, ведь наши души – это и есть разбитые келим.

Присоединение келим мира Некудим, которые находятся слева по отношению к келим мира Ацилут, говорит о том, что там распространяется свет хасадим, направление которого всегда по ширине справа налево. Свет хохма распространяется сверху вниз. Отсюда ясно, что высота парцуфа зависит от количества света хохма, а емкость парцуфа – от количества света хасадим (исправления). Эти параметры дополняют друг друга. Свет хохма распространяется только согласно распространению света хасадим.

קלב) ופרצוף זו"ן דמ"ה החדש, שהם בקומת ו"ק ונקודה, ביררו וחיברו אליהם, את הכלים דפנים דז"ת דנקודים מתוך שבירתם בבי"ע, דהיינו בחינת הג"ע של הז"ת דנקודים (כנ"ל באות ע"ח), והם נעשו לנוקבא אל הזו"ן דמ"ה ועמידתם הוא בימין ושמאל, הזו"ן דמ"ה בימין, והזו"ן דב"ן בשמאל.

132. А парцуф ЗОН (Зеир Анпин и Нуква) Нового МА, которые [находятся] на уровне ВАК и некуда, выяснив, выбрали и присоединили к себе келим де-паним де-ЗАТ де-Некудим из их разбиения в БЕА, то есть ГЭ де-ЗАТ де-Некудим (как сказано выше в п. 78). И они стали Нуквой для ЗОН де-МА, и они стоят справа и слева: ЗОН де-МА – справа, а ЗОН де-БОН – слева.

ГЭ де-ЗАТ мира Некудим не просто были аннулированы, они разбились вместе с келим, находившимися под парсой. Следовательно, они не могут быть просто присоединены к ЗОН мира Ацилут подобно тому, как другие парцуфим МА Хадаш присоединяют к себе нуквот (мн.ч. от «нуква») из мира Некудим. Кли ЗАТ мира Некудим необходимо сначала исправить подъемом МАН и следующими за этим действиями. Существует только одно кли – желание насладиться, которое затем приобретает свойства Творца, то есть девять верхних сфирот, используя их для работы со своим эгоизмом. А по мере исправленности эгоизма Малхут начинает иначе подходить к свойствам, полученным от Творца в свои девять сфирот. Сочетания девяти свойств и Малхут на каждом отдельном уровне совершенно различны и не похожи на те, которые были на предыдущем уровне.

Так же и люди. Каждый отличается от другого по свойствам своего характера. Мы даже не способны уловить все нюансы различий этих свойств ни по внешнему виду, ни тем более по их внутреннему содержанию.

С одной стороны, нам кажется, что духовные силы, объекты довольно просты. От Кетер до Малхут есть десять частей с десятью в каждой из них – и все. Но мы должны понять, почему в духовном мире есть такое огромное количество дроблений

120-133. Пять парцуфим мира Ацилут и понятие МА и БОН в каждом парцуфе

и что оно нам дает. Главное, чтобы у всего множества этих желаний было одно намерение, объединяющее их всех вместе и придающее им полную завершенность, совершенство: намерение ради Творца.

Совершенство само по себе очень просто, оно не делится, а если делится, то это уже не совершенство, уже в чем-то есть различие. Общность намерения приводит в духовном к совершенству. Пока же этого нет, нас захлестывает огромное множество желаний со всеми своими связями, со страшной системой управления и непредсказуемостью. В идеальном же виде, в том, что существует вне нас, есть одна Малхут мира Бесконечности, полностью наполненная светом.

Бааль Сулам пишет в своих рукописях (которые, кстати, еще не вышли в свет, потому что люди еще не созрели для того, что там написано) о таких сложных взаимодействиях, дает им такие наименования, на таком уровне постижения кли, которых в ТЭС вообще нет. Говорить о таких сложных процессах он может потому, что сам находится в абсолютно простом совершенстве, то есть одно определяет другое: чем выше твоя голова, которая видит всю простоту и общность системы, тем в более мелкие детали ты можешь проникнуть, видя в их внешней путанице то же совершенство и ту же простоту. Это подобно ученому, который, чем глубже проникает в науку, тем большую взаимосвязанность видит во всех элементах, составляющих общую картину.

קלג) והנה נתבאר המ"ה וב"ן שבה"פ אצילות, אשר ה' הקומות דמ"ה החדש, שיצאו בעולם האצילות, ביררו להם מהכלים הישנים ששימשו בזמן הנקודים, ותקנו להם לבחינת נוקבא הנקראת בשם ב"ן. שהב"ן דעתיק נעשה ונתקן ממחציתן העליונה דג"ר דנקודים, והב"ן דא"א ואו"א נבררו ונתקנו ממחציתן התחתונה דג"ר דנקודים, ששימשו להם בעת גדלות דנקודים וחזרו ונתבטלו. והב"ן דזו"ן נברר ונתקן מהכלים דפנים, שיצאו בעת קטנות דנקודים, שבעת הגדלות נשברו ונפלו ביחד עם הכלים דאחורים שלהם.

133. И вот выяснились МА и БОН в пяти парцуфим мира Ацилут, когда пять ступеней Нового МА, которые вышли в мире Ацилут, выбрали для себя [келим] из старых келим, которые использовались в мире Некудим, и исправили их для себя в качестве Нуквы, которая называется БОН. При этом БОН де-Атик был сформирован и исправлен из верхней половины ГАР де-Некудим, а БОН де-АА и АВИ были выбраны и исправлены из нижней половины ГАР де-Некудим, которые использовались ими во время большого состояния «гадлут» мира Некудим, а потом снова отменились. А БОН де-ЗОН был выбран и исправлен из келим де-паним, которые вышли во время малого состояния «катнут» де-Некудим, а во время большого состояния «гадлут» разбились и упали вместе с их келим де-ахораим.

Всего разбилось 320 частей. Расчет таков: восемь мелахим, в каждом из них АВАЯ (йуд хей вав хей), и в каждой из них десять сфирот. Итого: 8×4×10=320. Из этих трехсот двадцати частей – всего тридцать две малхуйот, которые называются «лев аЭвен» (каменное сердце), их невозможно исправить. Остальные 288 частей называются РАПАХ (рэш-пэй-хет, 200+80+8=288) и относятся к первым девяти сфирот.

Каждый осколок разбитого кли – это искорка, оставшаяся от экрана, которым обладал парцуф в своем предыдущем, неиспорченном состоянии.

Над парсой находятся ГЭ Кетера и ГЭ де-Аба ве-Има, на месте бывших ГЭ де-ЗОН де-Некудим находятся упавшие АХАП де-Аба ве-Има, а под парсой – разбитые келим. На месте мира Некудим возник мир Ацилут с пятью парцуфим. Весь ГАР де-Ацилут берет себе ГАР де-Некудим, исправляет их, наполняя светом гадлут. ЗОН де-Ацилут исправляет ГЭ де-ЗОН мира Некудим. Как ГЭ, так и АХАП де-ЗОН мира Некудим, разбились и упали под парсу. После разбиения все осколки келим смешиваются, включаясь друг в друга.

Почему ГЭ и АХАП включаются друг в друга именно при разбиении? Неужели намерение «ради получения» объединяет больше, чем намерение «ради отдачи»? До разбиения

ГЭ и АХАП имеют единое намерение отдавать. После разбиения, в неисправленном состоянии, их намерение опять одинаковое – получать. Поэтому связь между ними сохраняется и после разбиения, несмотря на то, что каждый осколок ощущает себя теперь отдельно от других. Однако ГЭ и АХАП уже не составляют единое целое, поэтому и связь между ними, если она есть, характеризуется только как включение. Таким образом, существуют (остались) следующие четыре вида разбитых келим:

- ГЭ (отдающие келим);
- ГЭ внутри АХАП;
- АХАП внутри ГЭ;
- АХАП (получающие келим).

ЗОН мира Ацилут берет себе только келим, относящиеся к ГЭ. АХАП – это эгоистические келим, их пока исправить нельзя, это и есть лев аЭвен. Остаются еще два вида келим – ГЭ внутри АХАП и АХАП внутри ГЭ. Эти келим можно как-то исправить. ГЭ внутри АХАП – это отдающие келим, которые находятся внутри получающих. Такое вкрапление можно использовать для образования миров БЕА под парсой: Брия – ГЭ в озэн (Бина), Ецира – ГЭ в хотэм (ЗА) и Асия – ГЭ в пэ (Малхут).

Сортировкой и рождением этих келим занимается Малхут мира Ацилут. С помощью АХАП, которые находятся в ГЭ, мы можем перейти в состояние гадлут мира Ацилут. Если мир Ацилут останется только в катнуте, то он не сможет ничего исправить под парсой, то есть келим, относящиеся к АХАП де-ЗОН мира Некудим. Именно потому, что АХАП находятся внутри ГЭ разбитых келим, можно поднять эти АХАП и вовлечь их наверху, над парсой, в исправление, используя их в качестве отдающих келим.

В этом и заключается работа человека. Создается особый парцуф (общая душа) – Адам, от которого зависит исправление этой части по мере того, как он исправит себя. Но эта тема пока не будет нами рассматриваться. Невозможно исправить получающие келим, когда они существуют сами по себе. Это можно сделать, только когда они соединены с отдающими келим. Творец взрывом, разбиением перемешивает эти келим, то есть по сути Он перемешивает свое желание отдавать с желанием творения получить. Теперь часть разбитых осколков будут иметь и желание получать, и желание отдавать, хотя и каждый в своей пропорции. Для этого и нужны были разбиение келим, «грехопадение» Адама и другие «разбиения».

134-143. Великое правило для мохин в постоянном состоянии и при подъемах парцуфим и миров, происходящих в течение 6000 лет

כלל גדול בעניני המוחין שבקביעות ובעליות הפרצופין
והעולמות הנוהגין בשתא אלפי שני

Поскольку мир Некудим не смог существовать, так как он не смог получить за один раз весь свет в свои келим, то свет остался над парсой в мире Ацилут, а под парсой продолжается исправление келим. Все количество света над парсой делится на 600 000 частей, и каждая из этих частей проходит 6000 ступеней-исправлений. Это как бы огромная колонна из шестисот тысяч людей (это называется «одним поколением»). Каждое поколение должно пройти 6000 ступеней.

Миром Ацилут исправляются келим до атэрет Есод, то есть келим Малхут и ЗАТ де-Есод не наполняются светом. Поэтому, вследствие обратного соотношения между светами и келим, в мире Ацилут в парцуфим могут войти только следующие света: нефеш, руах, нешама и ВАК де-хая. Света ехида и ГАР де-хая не входят в парцуф. Это значит, что мы используем только сосуды ГЭ (в них входят света нефеш и руах), а из АХАП используется только их включение в ГЭ (в них входят света нешама и ГАР де-хая). Ацилут использует такое условие исправления для того, чтобы ЦБ больше никогда не нарушался. С настоящими АХАП работать нельзя, их невозможно наполнить светом. Единственное, что возможно, это поднять АХАП в ГЭ, то есть работать только с теми АХАП, которые способны уподобиться ГЭ.

Каждая частичка, в которой проявляется желание к исправлению, состоит из десяти сфирот, или четырех бхинот. Из них Кетер, Хохма и ГАР де-Бина можно исправить и наполнить светом, а ЗАТ де-Бина, ЗА и Малхут – нет. Исправляется очень маленькая часть желаний, получающая в себя относительно незначительный свет. И так до прихода Машиаха, когда все

АХАП поднимаются в мир Ацилут и наполняются там светом, это и означает гмар тикун.

קלד) כבר נתבאר לעיל (באות פ"ו ואילך), שיציאת הגדלות של הג"ר וז"ת דנקודים באו בג' סדרים, בסוד ג' הנקודות חולם שורק חיריק. עש"ה כל העניין. ומשם תבין שיש ב' מינים של השלמת הע"ס לקבלת המוחין דגדלות:

הא' מצד עלייתו והתכללותו בעליון. דהיינו בעת שהזו"ן דא"ק האירו את האור חדש דרך הטבור אל הכתר דנקודים, והורידו הה"ת מנקבי עיניים דכתר להפה שלו, שבזה נתעלו האח"פ הנפולים דכתר שהיו באו"א, וחזרו למדרגתם לכתר והשלימו הע"ס שלו, הנה נבחן אז שעלו עמהם גם גו"ע דאו"א, שהיו דבוקים על האח"פ דכתר, ונמצאים גם או"א נכללים בהע"ס השלמות של הכתר (כנ"ל באות צ"ג). עש"ה, כי התחתון העולה לעליון נעשה כמוהו. ונבחן משום זה שגם או"א השיגו האח"פ, החסרים להם להשלמת ע"ס שלהם, מכח התכללותם בהכתר. וזהו מין הא' של מוחין דגדלות

134. Уже было выяснено выше (начиная с п. 86 и далее), что выход большого состояния «гадлут» ГАР и ЗАТ де-Некудим происходит в три приема, обозначаемых тремя точками (некудот): холам, шурук, хирик – изучи сказанное там как следует. И оттуда поймешь, что есть два вида восполнения десяти сфирот для получения мохин де-гадлут.

Первый вид – со стороны его подъема и включения в высшего. То есть когда ЗОН де-АК стали светить новым светом через табур Кетеру де-Некудим, и опустили нижнюю хэй (ה) из никвэй эйнаим Кетера в его пэ, благодаря чему поднялись выпавшие АХАП де-Кетер, которые были в АВИ, и вернулись на свою ступень в Кетер, и восполнили его десять сфирот. И вот тогда считается, что вместе с ними поднялись и ГЭ де-АВИ, которые были прилеплены к АХАП де-Кетер, и стали также АВИ включенными в десять полных сфирот Кетера (как сказано выше в п. 93). И посмотри там об этом как следует, что нижний, поднимающийся к высшему, становится подобным ему. И по этой причине считается, что и АВИ обрели АХАП, которых им не хватает для восполнения своих десяти сфирот, в силу их включения в Кетер. И это первый вид мохин де-гадлут.

134-143. Великое правило для мохин в постоянном состоянии и при подъемах парцуфим и миров, происходящих в течение 6000 лет

Кетер получает свои собственные АХАП, дополняет свой парцуф до десяти сфирот и получает свет мохин – гадлут. А какие же АХАП получают ГЭ де-Аба ве-Има? Естественно, не свои. Для подъема своих АХАП нужна значительно бо́льшая сила, потому что каждый низший намного хуже высшего. Кетер получил свет согласно своей антиэгоистической силе. Для поднятия АХАП де-Аба ве-Има нужен свет больший, чем для подъема АХАП Кетера, поэтому ГЭ де-Аба ве-Има берут АХАП Кетера. В духовном нет деления по количеству, можно получить сколько хочешь. Есть разделение по качеству. Кетер и Аба ве-Има перешли в состояние гадлут с помощью одних и тех же АХАП Кетера. Такое дополнение Аба ве-Има до десяти сфирот называется «дополнением первого типа».

Когда человек поднимается на очередную ступень, то это значит, что он становится равным ей по мере исправления, но не равным ей по своим личным свойствам, «хромосомам». То есть два человека на одной ступени сливаются в новое кли согласно мере альтруистического намерения. Только мера исправления объединяет людей, находящихся на одной ступени, и делает их равными ей в этой же мере.

Свет, который приходит сверху для исправления какого-то парцуфа, не имеет силы исправить находящийся под ним парцуф, потому что нижний более эгоистичен, и для его исправления требуется еще бо́льшая сила. Свет АБ-САГ дает кли возможность ощутить величие Творца и стать подобным ему, то есть начать желать совершать альтруистические действия.

Кетер мира Некудим получает эту силу, но ГЭ де-Аба ве-Има получают свет от АХАП Кетера и приобретают возможность подняться вместе с ним в Кетер. Но это уровень АХАП Кетера, а АХАП де-Аба ве-Има пока остается на прежнем месте. ГЭ де-Аба ве-Има тоже пока поднимаются, но также и остаются на прежнем месте, так как в духовном ничего не исчезает. Поэтому поднявшиеся ГЭ де-Аба ве-Има, подобно ГЭ де-Кетер, тоже дополняются новым состоянием с помощью АХАП Кетера.

Если происходит изменение в мире Ацилут, то он сам и все миры БЕА сдвигаются вверх одновременно на одну или несколько ступеней. Таким же образом они могут и опускаться, но не ниже своего постоянного состояния, катнута. В гадлуте есть три состояния: использование бет де-авиют (озэн), гимель де-авиют (хотэм), далет де-авиют (пэ). Соответственно этим трем состояниям гадлута происходят и три состояния подъема всех миров АБЕА.

В состоянии катнут келим работают только с ГЭ, а с АХАП они не работают, поэтому те спрятаны внутри нижележащих ГЭ. Сверху приходит свет АБ-САГ, который дает, например, парцуфу Кетер силу поднять и присоединить свои АХАП, которые упали в ГЭ де-Аба ве-Има. Этот процесс называется «АХАП де-алия» (АХАП подъема). ГЭ де-Аба ве-Има получают частичное наполнение за счет АХАП Кетера, для полного наполнения они должны использовать свои собственные АХАП.

קלה) ומין הב' הוא, שהמדרגה נשלמת בע"ס בכחה עצמה. דהיינו בעת שהזו"ן דא"ק האירו את האור חדש דרך היסוד דא"ק, הנק' נקודת השורק, לאו"א, והוריד הה"ת מנקבי עינים דאו"א עצמם לפה שלהם, שבזה העלה את הכלים דאח"פ דאו"א, ממקום נפילתם בז"ת אל הראש דאו"א, והשלימו להם הע"ס, שעתה נשלמים או"א ע"י עצמם, כי עתה השיגו הכלים דאח"פ ממש החסרים להם. משא"כ במין הא' בעת שקבלו שלמותם מהכתר ע"י הדבקות באח"פ שלו, הרי באמת היו עוד חסרים אח"פ, אלא ע"י התכללותם בכתר, קבלו על ידו הארה מאח"פ שלהם, שהספיק רק להשלימם בע"ס בעודם במקום הכתר, ולא כלל בעת יציאתם משם למקומם עצמם.

135. *А второй* вид – это, когда ступень восполняется до десяти сфирот своими силами. То есть, когда ЗОН де-АК стали светить новым светом через Есод де-АК, называемый точкой шурук, Абе и Име (АВИ), и он опустил нижнюю хэй (ה) из никвэй эйнаим самих АВИ в их пэ, и этим поднял келим де-АХАП де-АВИ из места их падения в ЗАТ – в рош АВИ, и они восполнили свои десять сфирот. И теперь восполняются АВИ самостоятельно, поскольку теперь обрели келим де-АХАП, которых им по-настоящему не хватает.

134-143. Великое правило для мохин в постоянном состоянии и при подъемах парцуфим и миров, происходящих в течение 6000 лет

Тогда как в первом виде [восполнения десяти сфирот], когда они получили восполнение от Кетера с помощью соединения с его АХАПом, у них по-настоящему еще не хватало АХАПа, ведь с помощью их включения в Кетер они получили через него свечение из его АХАПа, которого хватало только для восполнения десяти сфирот, когда они находятся на месте Кетера, но совершенно не хватает, когда они выходят оттуда на свое собственное место.

קלו) ועד"ז נמצא ב' מיני השלמות הנ"ל גם בז"ת:
הא' בעת הארת השורק ועלית אח"פ דאו"א, שאז גם הגו"ע דז"ת הדבוקים בהם נתעלו יחד עמהם ועלו לאו"א, וקבלו שם בחינת אח"פ להשלמת הע"ס שלהם, שאח"פ אלו אינם עוד אח"פ הממשיים שלהם, אלא רק הארת אח"פ המספיק להשלמת ע"ס בעודם באו"א, ולא כלל בירידתם למקומם עצמם. כנ"ל.
ומין הב' דהשלמת הע"ס, השיגו הז"ת בעת התפשטות המוחין מאו"א אל הז"ת, שע"י' הורידו גם הם בחינת ה"ת המסיימת מהחזה שלהם אל מקום סיום רגלי א"ק, והעלו את התנה"י שלהם מבי"ע וחיברו אותם למדרגתם לאצילות, שאז לולא נשברו ומתו, היו נשלמים בע"ס שלהם ע"י עצמם, כי עתה השיגו את האח"פ הממשיים החסרים להם.

136. И подобно этому есть два вида вышеуказанных восполнений также и в ЗАТ:

Первый вид – во время свечения шурук и подъема АХАП де-АВИ, когда и ГЭ де-ЗАТ, прилепленные к ним, поднявшись вместе с ними, поднялись в АВИ и получили там АХАП для восполнения их десяти сфирот. Но эти АХАП – это еще не их настоящие АХАП, а только свечение АХАП, достаточное для восполнения десяти сфирот, когда они находятся в АВИ, но его совершенно недостаточно, когда они спускаются на свое собственное место, как сказано выше.

А второй вид восполнения десяти сфирот ЗАТ обрели во время распространения мохин от АВИ к ЗАТ, ведь с помощью этого опустили также и они свою нижнюю завершающую хэй (ה) от их хазэ в место сиюма раглей (окончания ног) АК, и подняли свои ТАНХИ из БЕА и присоединили их к своим ступеням, к Ацилут. И тогда, если бы они не разбились и не умерли, они бы восполнились до полных десяти сфирот самостоятельно, поскольку в этот момент они обрели свои настоящие АХАП, недостающие им.

Как только ЗОН захотели дополнить себя до десяти сфирот, произошло разбиение келим. Далее мы будем изучать, каким образом в мире Ацилут АХАП будут присоединяться к своим ГЭ, чтобы не произошло нового разбиения келим. Этот метод в мире Ацилут будет основан на том, чтобы не было присоединения собственных АХАП своими силами, то есть нужно ликвидировать второй метод присоединения, который и привел к разбиению келим.

Кетер – это просто десять сфирот. Аба ве-Има состоят из двух частей: Аба – верхняя часть, паним, может получить свет, Има является ахораим по отношению к Аба и получает свет только по просьбе ЗОН, тогда она поворачивается лицом к Аба, берет у него свет и передает его в ЗОН. ГЭ и АХАП есть как в Аба, так и в Има, только Аба все же выше, чем Има, поэтому его ГЭ и АХАП наполняются и дополняются Кетером. А ГЭ и АХАП де-Има могут получать только в зависимости от МАН, поднимаемого ЗОН. Свет, который дает гадлут Кетеру, поднимает также и Аба, а Има остается внизу. По этому принципу мы можем сказать, что Аба – это ГЭ их общего парцуфа, а Има – их общие АХАП. Деление и определение происходит в зависимости от того, что мы хотим подчеркнуть.

Таким образом, мы выяснили два вида дополнения до десяти сфирот. Например, Аба ве-Има может получить гадлут с помощью АХАП Кетера, то есть подъема ГЭ де-Има в Кетер, или, находясь на месте, получить дополнение с помощью своих АХАП. То же самое относится и к ЗОН мира Некудим, если бы его келим не разбились.

קלז) וגם בד' פרצופים שיצאו מאו"א לכלים דחג"ת וכן בד' הפרצופין שיצאו מהישסו"ת לכלים דתנהי"מ (כנ"ל באות ק"ז וק"ט) הנה גם בהם נמצאים אלו ב' מיני

134-143. Великое правило для мохин в постоянном состоянии и при подъемах парцуфим и миров, происходящих в течение 6000 лет

השלמות הע"ס הנ"ל, כי מבחינה אחת היה נשלם כל אחד מהם, ע"י התדבקותם באח"פ דאו"א וישסו"ת בעודם בראש, שהיא השלמת ע"ס דמין הא'. ואח"כ שנתפשטו לבי"ע, היו רוצים להשתלם בהשלמת הע"ס דמין הב'. ועניין זה נוהג גם בפרטי פרטיות.

137. Также и в четырех парцуфим, которые вышли из АВИ в келим де-ХАГАТ, и также в четырех парцуфим, которые вышли из ИШСУТ в келим ТАНХИМ (как сказано в п. 107 и 109) – также и в них присутствуют эти два вида восполнения десяти сфирот, о которых было сказано выше. Потому что, с одной стороны, восполнился каждый из них с помощью их присоединения к АХАП де-АВИ и ИШСУТ, когда они были в рош, и это восполнение десяти сфирот первого вида. А затем, когда они распространились в БЕА, они хотели восполниться с помощью восполнения десяти сфирот второго вида. И так это происходит также во всех частных деталях.

Разделение парцуфа на ГЭ и АХАП чисто качественное и означает, что работают только с отдающими келим, а келим получения не задействованы. Но теперь АХАП верхнего находятся не в ГЭ нижнего, как это было раньше, а точно под своими ГЭ, но при этом они не работают. Они могут пропускать свет через себя вниз. Таким творение создано и не может изменить себя, свою структуру и расположение; можно изменить только намерение, каким образом работать со своими частями.

קלח) ותדע, כי אלו ה"פ אצילות הנ"ל עתיק וא"א ואו"א וזו"ן שנתקנו בקביעות ואין שום מיעוט נוהג בהם, (כנ"ל באות קכ"ו), שעתיק יצא בקומת כתר וא"א בקומת חכמה ואו"א בקומת בינה וזו"ן בקומת ז"א, ו"ק בלי ראש. הנה הכלים דאח"פ שנתבררו להם מעת הגדלות, היו מבחינת השלמת ע"ס דמין הא', והיינו על דרך נקודת החולם שהאיר בכתר דנקודים, שאז נשלמו גם או"א על ידי הכתר והשיגו הארת כלים דאח"פ, (כנ"ל באות קל"ד), ולפיכך אע"ג שהיה לכל אחד מעתיק וא"א ואו"א ע"ס שלמות בראש, מ"מ לא הגיע מזה בחי' ג"ר לגופין שלהם, ואפילו פרצוף עתיק לא היה לו בגוף אלא בחינת ו"ק בלי ראש, וכן א"א ואו"א.

והטעם הוא, כי כל הזך נברר תחילה, וע"כ לא נברר בהם רק השלמת ע"ס דמין הא', שהוא מצד עליתו בעליון, דהיינו בחינת הארת כלים דאח"פ המספיק להשלים הע"ס בראש, אבל אין עוד התפשטות מהראש לגוף. כי בעת שאו"א נכללו בכתר

דנקודים היה מספיק להם הארת אח"פ מכח הכתר, ולא כלל בהתפשטותם למקומם עצמם מפה דכתר דנקודים ולמטה. (כנ"ל באות קל"ה). וכיון שהגופין דעתיק וא"א ואו"א היו בו"ק בלי ראש, מכ"ש הזו"ן עצמם שהם בחינת גוף הכולל דאצילות, שיצאו בו"ק בלי ראש.

138. И знай, что эти пять вышеупомянутых парцуфим мира Ацилут: Атик, АА, АВИ и ЗОН, которые были установлены в постоянном виде, и в которых не происходит никакого уменьшения (как сказано выше в п. 126), так, что Атик вышел на уровне Кетер, АА на уровне Хохма, АВИ на уровне Бина, а ЗОН на уровне ЗА – ВАК без рош. Так вот, келим де-АХАП, которые были выяснены и выбраны для них во время большого состояния «гадлут», являлись восполнением десяти сфирот первого вида – то есть через некудат холам, которая светила в Кетер де-Некудим, когда восполнились также и АВИ с помощью Кетера и обрели свечение келим де-АХАП (как сказано выше в п. 134). И поэтому, несмотря на то, что были у каждого из Атика, и АА, и АВИ десять полных сфирот в рош, тем не менее они не приобрели благодаря этому ступень ГАР в их гуфим. И даже в гуфе парцуфа Атик были только ВАК без рош, и также в парцуфим АА и АВИ.

А причина этого в том, что более чистые [келим] выясняются вначале, и поэтому было выяснено в них только восполнение десяти сфирот первого вида – со стороны подъема в высшем, то есть благодаря свечению келим де-АХАП, достаточному, чтобы восполнить десять сфирот в рош, но еще не было распространения из рош в гуф. Потому что в то время, когда АВИ включились в Кетер де-Некудим, им было достаточно свечения АХАП, исходящего от Кетера, но совершенно не так это при их распространении на их собственные места от пэ Кетера де-Некудим и ниже (как сказано выше в п. 135). И поскольку гуфим Атика и Арих Антина и АВИ были в ВАК без рош, то, конечно, и сами ЗОН, которые являются свойством общего гуфа де-Ацилут, вышли с ВАК без рош.

134-143. Великое правило для мохин в постоянном состоянии и при подъемах парцуфим и миров, происходящих в течение 6000 лет

Ни один гуф парцуфа в мире Ацилут не получает гадлут. Гадлут получает только рош каждого, а гуф остается в состоянии катнут.

В мире Ацилут гадлут можно получить только при подъеме нижнего парцуфа в верхний парцуф. На этом принципе основаны все подъемы миров в праздники, субботы и новолуния. Этот принцип предотвращает разбиение келим.

קלט) אמנם בא"ק לא היה כן, אלא כל הכמות שיצא בהראשים דפרצופי א"ק, נתפשט ג"כ לגופין שלהם. ולפיכך נבחנים כל ה"פ אצילות שהם רק בחינת ו"ק דפרצופי א"ק, וע"כ הם מכונים מ"ה החדש, או מ"ה דה"פ א"ק, דהיינו קומת ז"א, שהוא מ"ה בחוסר ג"ר, שהן גלגלתא ע"ב ס"ג. כי עיקר המדרגה נבחנת ע"פ התפשטותה אל הגוף מפה ולמטה, וכיון שגם לג' פרצופין הראשונים אין מהם התפשטות לגוף רק ו"ק בלי ראש, ע"כ הם נבחנים לבחינת מ"ה, שהוא קומת ו"ק בלי ראש, אל ה"פ א"ק.

139. Однако в АК было не так, а все количество [света], которое вышло в рошим парцуфим АК, также распространилось в их гуфим. И поэтому считаются все пять парцуфим мира Ацилут, что они представляют собой только ВАК парцуфим АК, и поэтому они называются Новым МА или МА пяти парцуфим АК, то есть ступенью ЗА, являющейся МА с недостающими ГАР (тремя первыми сфирот), которыми являются Гальгальта, АБ, САГ. Ибо основа ступени определяется согласно ее распространению в гуф, от пэ и ниже. И поскольку также и у трех первых парцуфим нет от них распространения в гуф, а только ВАК без рош, поэтому они считаются ступенью МА, то есть уровнем ВАК без рош относительно пяти парцуфим АК.

Это равноценно состоянию парцуфим мира АК в том случае, если от каждого из них отнять ГАР и оставить ВАК. Или подробнее: каждый парцуф мира АК, то есть Гальгальта, АБ, САГ, МА и БОН (Кетер, Хохма, Бина, ЗА, Малхут), в свою очередь, состоят из ГАР (Гальгальта – Кетер, АБ – Хохма, САГ – Бина) и ВАК – МА и БОН.

Итак, все парцуфим мира Ацилут соответствуют только МА мира АК. Атик мира Ацилут равен МА Гальгальты,

Арих Анпин равен МА де-АБ, Аба ве-Има соответствует МА де-САГ, ЗОН приравнивается к МА и БОН мира АК. У них нет распространения света в гуф, то есть они все находятся в состоянии ВАК.

קמ) באופן, שעתיק דאצילות, שיש לו בראש קומת כתר, נבחן לבחינת ו"ק לפרצוף הכתר דא"ק, וחסר נשמה חיה יחידה דכתר א"ק.

וא"א דאצילות שיש לו בראש קומת חכמה, נבחן לבחינת ו"ק לפרצוף ע"ב דא"ק שהיא חכמה, וחסר נשמה חיה יחידה דע"ב דא"ק.

ואו"א דאצילות, שיש להם בראש קומת בינה, נבחנים לבחינת ו"ק של פרצוף ס"ג דא"ק וחסר לו נשמה חיה יחידה דס"ג דא"ק.

והזו"ן דאצילות נבחנים לבחינת ו"ק דפרצוף מ"ה וב"ן דא"ק, וחסר להם נשמה חיה יחידה דמ"ה וב"ן דא"ק. וישסו"ת וזו"ן הם תמיד במדרגה א'. זה ראש וזה גוף.

140. Таким образом, Атик де-Ацилут, у которого в рош есть уровень Кетер, считается свойством ВАК по отношению к парцуфу Кетер де-АК, и ему недостает нешама, хая и ехида Кетера де-АК.

А Арих Анпин де-Ацилут, у которого есть в рош уровень Хохма, считается свойством ВАК по отношению к парцуфу АБ де-АК, который Хохма, и ему недостает нешама, хая и ехида де-АБ де-АК.

А Аба ве-Има де-Ацилут, у которых в рош есть уровень Бина, считаются свойством ВАК парцуфа САГ де-АК, и ему недостает нешама, хая и ехида де-САГ де-АК.

А ЗОН де-Ацилут считаются свойством ВАК парцуфа МА и БОН де-АК, и недостает им нешама, хая и ехида де-МА и БОН де-АК. А ИШСУТ и ЗОН всегда находятся на одной ступени: первый – рош, а второй – гуф.

קמא) וע"י העלאת מ"ן ממע"ט של התחתונים נבררים השלמת האח"פ דע"ס דמין הב', דהיינו השלמתם דאו"א מבחי' עצמם, על דרך בחינת נקודת השורק, שאז או"א עצמם מורידים הה"ת מנקבי עינים שלהם, ומעלים אליהם האח"פ שלהם, שאז יש להם כח גם להשפיע אל הז"ת, שהם זו"ן, דהיינו אל הגופין ממעלה למטה. כי הגו"ע דזו"ן הדבוקים באח"פ דאו"א, נמשכים עמהם לאו"א ומקבלים מהם השלמת ע"ס (כנ"ל באות צ"ד), ואז נמצא כל קומת המוחין באו"א מושפעים ג"כ לזו"ן, שעלו אליהם ביחד עם האח"פ שלהם.

134-143. Великое правило для мохин в постоянном состоянии и при подъемах парцуфим и миров, происходящих в течение 6000 лет

ולפיכך בעת שה"פ אצילות מקבלים השלמה זו דמין הב' אז יש ג"ר גם לגופין דג' פרצופין הראשונים שהם עתיק וא"א ואו"א דאצילות וכן להזו"ן דאצילות, שהם גוף הכולל דאצילות. ואז עולים ה' פרצופי אצילות ומלבישים לה"פ א"ק, כי בעת התפשטות הג"ר גם אל הגופין דה"פ אצילות, הרי הם משתוים עם ה"פ א"ק. ועתיק דאצילות עולה ומלביש לפרצוף כתר דא"ק וא"א לע"ב דא"ק. ואו"א לס"ג דא"ק. וזו"ן למ"ה וב"ן דא"ק. ואז מקבל כל אחד מהם נשמה חיה יחידה מהבחינה שכנגדו בא"ק

141. И с помощью подъема МАН, вызванного добрыми делами нижних, выясняются восполнения АХАП десяти сфирот второго вида, то есть восполнение АВИ в качестве самих себя через свойство некудат шурук, когда сами АВИ опускают нижнюю хэй (ה) из своих никвэй эйнаим и поднимают к себе свой АХАП, и тогда есть у них сила также передать [свет] ЗАТ, которые ЗОН, то есть гуфим, сверху вниз. Потому что ГЭ де-ЗОН, прилепленные к АХАП де-АВИ, притягиваются вместе с ними к АВИ и получают от них восполнение десяти сфирот (как сказано выше в п. 94). И тогда получается, что все количество мохин, которое есть в АВИ, передается также в ЗОН, которые поднялись к ним вместе с их АХАП.

И поэтому в то время, когда пять парцуфим мира Ацилут получают это восполнение второго вида, тогда есть ГАР также и у гуфим трех первых парцуфим, которыми являются Атик, АА и АВИ де-Ацилут. А также у ЗОН де-Ацилут, которые являются общим гуфом Ацилута. И тогда поднимаются пять парцуфим мира Ацилут и облачают пять парцуфим АК, ибо во время распространения ГАР также к гуфим пяти парцуфим мира Ацилут, они достигают равенства с пятью парцуфим АК. И Атик де-Ацилут поднимается и облачается на парцуф Кетер де-АК, а АА – на АБ де-АК. А АВИ – на САГ де-АК. А ЗОН – на МА и БОН де-АК. И тогда получает каждый из них нешама, хая, ехида от соответствующей ему ступени в АК.

После разбиения келим все парцуфим мира Ацилут возникли в состоянии катнут – как в рош, так и в гуф. Родился первый парцуф Атик. В нем начинают зарождаться решимот Арих Анпина, который тоже потом рождается из Атика. При этом Атик переходит не в полный гадлут, а лишь настолько, чтобы родить Арих Анпин. Так возникли все парцуфим мира Ацилут и все парцуфим миров БЕА. Затем сверху приходит свет холам на решимот далет/гимель, как и в мире Некудим, этот свет входит в Кетер, который поднимает свои АХАП с Аба ве-Има к себе и так далее. Это первый вид, когда все рошим получают гадлут, а все тела остаются в катнуте.

Для получения гадлута второго вида необходимо пробуждение снизу, желание. В мире Некудим желание было получено снизу от НЕХИ де-Гальгальта, когда им посветил свет, и ЗОН мира Некудим начал просить свет у Аба ве-Има. Истинные просьбы к Аба ве-Има об исправлении в мире Ацилут приводят к тому, что все парцуфим начинают переходить в гадлут по второму виду.

Если рошим мира Ацилут получают гадлут по первому виду, почему этот свет не переходит в тела? Потому что гадлут рошим по первому виду происходит не за счет самих рошим, а за счет поднятия их к себе более высокими парцуфим и наполнения их своим светом. Рош поднялась на высший уровень не своими силами и наполнилась тоже не своими силами. Поэтому, получив гадлут сверху, она также осталась в катнуте на своем месте внизу и никоим образом не может дать свет своему гуфу внизу. Такой гадлут получили все рошим мира Ацилут.

Второе состояние гадлута в гуфим происходит потому, что сами нижние просят у верхних силы, чтобы сделать зивуг и перейти в большое состояние на своем месте, без подъема наверх, а следовательно, могут распространить свет и в свои гуфим (тела).

Все состояния в духовном сохраняются. Все зависит от того, что ты хочешь увидеть в данный момент и под каким углом зрения. Но нас сейчас интересуют конкретные состояния, сначала по первому методу: гадлут рошим, а затем по второму — гадлут гуфим.

134-143. Великое правило для мохин в постоянном состоянии и при подъемах парцуфим и миров, происходящих в течение 6000 лет

До разбиения келим мы говорили о битуш пним у-макиф. После разбиения келим мы больше об этом не говорим, потому что начинается работа по исправлению келим, оснащению их экраном и наполнению с его помощью светом снизу вверх. Мы из самых различных желаний берем самое слабенькое, наименее эгоистичное, которое мы можем исправить самым легким способом и наполнить его светом согласно исправлению.

Свет теперь никогда не приходит в большем количестве, чем кли может получить. Там, в мире АК, был сделан зивуг на весь ЦА, и можно было выстоять против всего света Бесконечности, который давил на сосуд, вынуждая его получить. После разбиения келим больше нет возможности выстоять даже перед граммом света, и только тогда, когда мы получаем самый маленький экранчик, мы, согласно его силе, можем получить свет.

קמב) אמנם כלפי הזו"ן דאצילות נבחנים המוחין הללו רק לבחינת מין הא' דהשלמת הע"ס, כי אלו האח"פ אינם אח"פ גמורין, רק הארת אח"פ שהם מקבלים ע"י או"א, הוא בעת שהם במקום או"א, אבל בהתפשטותם למקומם עצמם, הרי הם עוד חסרים האח"פ שלהם, (כנ"ל באות קלו). ומטעם זה נבחנים כל המוחין שהזו"ן משיג בשתא אלפי שני בשם מוחין דעליה, כי אי אפשר להם להשיג מוחין דג"ר רק בעת עליתם למקום ג"ר, כי אז נשלמים על ידם, אמנם אם אינם עולים למעלה למקום הג"ר אי אפשר להיות להם מוחין, כי עדיין לא נבררו לזו"ן בחינת המוחין דמין הב', שזה לא יהיה זולת בגמר התיקון.

142. Однако относительно ЗОН де-Ацилут считаются эти мохин только первым видом восполнения десяти сфирот, потому что эти АХАП – это не законченные АХАП, а лишь свечение АХАП, которое они получают с помощью АВИ в тот момент, когда они находятся на месте АВИ. Но при их распространении на свое место им еще не хватает их АХАП (как сказано выше в п. 136). И по этой причине называются все мохин, которые обретают ЗОН в течение 6000 лет, именем «мохин подъема», потому что они не могут обрести мохин де-ГАР иначе как при подъеме их в место ГАР, и тогда они восполняются с их помощью. Но если они не поднима-

ются наверх в место ГАР, у них не может быть мохин, так как пока еще не выяснились у ЗОН мохин второго вида, а это произойдет не иначе как в гмар тикун (в состоянии окончательного исправления).

Когда ЗОН поднимаются в Аба ве-Има, то заставляют их сделать зивуг и получить в себя свет. Просьба ЗОН делается на четко отобранные желания, которые сейчас являются порочными. Необходимо выяснить, можно ли их исправить. Для этого в рош Арих Анпина есть такое устройство, через которое он управляет парцуфом Аба ве-Има, которые затем управляют ЗОН.

Свет, который спускает вниз Арих Анпин, позволяет видеть порочность келим только в девяти сфирот, но не в десятой – самой Малхут. Поэтому свет Арих Анпина меньше, чем он должен быть, но он дает возможность исправлять получающие келим, которые поднимаются наверх и присоединяются к отдающим келим.

קמג) והנה נתבאר, שהמוחין דה"פ הקבועים באצילות, הם מבחינת בירורי כלים דמין הא' דאו"א, שבעולם הנקודים מכונה הארה זו בשם הארת הטבור, או נקודת החולם, שאפילו או"א אין להם השלמה אלא מבחינת מין הא'. וע"כ אין מגיע מהראשים דעתיק וא"א ואו"א, להגופין שלהם עצמם וכן לזו"ן, שום הארת ג"ר, כי גם הז"ת דנקודים לא קבלו כלום מהארה זו דבחינת החולם (כנ"ל אות פ"ח).

והמוחין דשתא אלפי שני עד גמר התיקון הבאים ע"י העלאת מ"ן של התחתונים, הם מבחינת בירורי כלים להשלמת ע"ס דמין הב' דאו"א, שבעולם הנקודים מכונה הארה זו בשם הארת היסוד, או נקודת השורק, כי אז מעלה או"א את האח"פ של עצמם, שעליהם דבוקים גם הגו"ע דז"ת, וע"כ גם הז"ת מקבלים במקום או"א בחינת מוחין דג"ר. ולפיכך מגיע המוחין הללו גם להגופין דה"פ אצילות ולזו"ן הכוללים, אלא בלבד שהם צריכים להיות למעלה במקום הג"ר ולהלבישם אותם.

ולעתיד לבא בגמר התיקון, יקבלו אז הזו"ן את בחינת השלמת ע"ס דמין הב', ויורידו ה"ת המסיימת מבחינת החזה שלהם, שהוא הפרסא דאצילות, אל מקום סיום רגלי א"ק. (כנ"ל אות קל"ו). ואז יתחברו התנה"י דזו"ן שבבי"ע, אל מדרגת הזו"ן דאצילות, וישתוה סיום רגלין דאצילות לסיום רגלים דא"ק, ואז יתגלה מלכא משיחא. בסו"ה ועמדו רגליו על הר הזיתים.

ונתבאר היטב שבשתא אלפי שני אין תיקון לעולמות רק בדרך עליה.

143. И вот выяснилось, что мохин пяти парцуфим, которые постоянно находятся в мире Ацилут, отно-

134-143. Великое правило для мохин в постоянном состоянии и при подъемах парцуфим и миров, происходящих в течение 6000 лет

сятся к выяснению келим первого вида де-АВИ, и в мире Некудим это свечение называется «свечением табура» или «точкой холам». И даже в АВИ нет иного восполнения, кроме восполнения первого вида. И поэтому не приходит от рошим Атика, Арих Анпина и АВИ к их собственным гуфим, а также к ЗОН, никакого свечения ГАР, ведь и ЗАТ де-Некудим ничего не получили от этого свечения категории «холам» (как сказано в п. 88).

А мохин 6000 лет до гмар тикуна, приходящие благодаря подъему МАН нижних, относятся к выяснению келим для восполнения десяти сфирот второго вида АВИ, и в мире Некудим это свечение называется «свечением Есода» или «точкой шурук», ибо тогда АВИ поднимают свои АХАП, к которым прилеплены также ГЭ де-ЗАТ, и поэтому также и ЗАТ получают на месте АВИ мохин де-ГАР. И поэтому эти мохин приходят также в гуфим пяти парцуфим мира Ацилут и в общие ЗОН. Но только для этого они должны быть наверху, в месте ГАР, и облачать их.

А в будущем, в гмар тикун, получат тогда ЗОН восполнение десяти сфирот второго вида, и опустят нижнюю завершающую хэй (ה) из своего хазэ, то есть от парсы де-Ацилут, в место сиюм раглаим де-АК (как сказано выше в п. 136). И тогда соединятся ТАНХИ де-ЗОН, находящиеся в БЕА, со ступенью ЗОН де-Ацилут, и сравняется сиюм раглаим де-Ацилут с сиюмом раглаим де-АК. И тогда раскроется царь Машиах, как сказано «и стояли ноги его на Масличной горе».

И вот как следует выяснилось, что в течение 6000 лет невозможно исправление миров иначе как только путем подъема.

144-154. Объяснение трех миров: Брия, Ецира, Асия

ביאור ג' העולמות: בריאה יצירה ועשיה

קמד) ז' עיקרים כוללים יש להבחין בג' העולמות בי"ע:

הא' הוא, מהיכן נעשה המקום לג' העולמות הללו.

הב' הוא, שיעורי קומת פרצופי בי"ע ועמידת העולמות בראשונה, בעת שנאצלו ויצאו מהנוקבא דאצילות.

הג' הוא, כל אלו שיעורי קומה מהמוחין דתוספת ומצב עמידתם, שהשיגו מטרם חטאו של אדה"ר.

הד' הוא, המוחין שנשתיירו בפרצופי בי"ע ומקום נפילת העולמות לאחר שנפגמו בחטאו של אדה"ר.

הה' הוא, המוחין דאמא שקבלו פרצופי בי"ע אחר נפילתם למטה מפרסא דאצילות.

הו' הוא, בחינת פרצופי האחור דה"פ אצילות שירדו ונתלבשו בפרצופי בי"ע ונעשו להם לבחינת נשמה לנשמה.

הז' הוא, בחי' המלכות דאצילות שירדה ונעשית בחינת עתיק לפרצופי בי"ע.

144. Семь основных общих положений следует различать в трех мирах БЕА:

1. Откуда возникло место для этих трех миров.

2. Уровни парцуфим БЕА и начальное расположение миров в момент, когда они были созданы и вышли из Нуквы де-Ацилут.

3. Все те уровни от дополнительных мохин и порядок их расположения, которые они обрели до грехопадения Адама Ришона.

4. Мохин, которые остались в парцуфим БЕА и место падения миров, после их повреждения грехопадением Адама Ришона.

5. Мохин де-Има, которые получили парцуфим БЕА после их падения ниже парсы де-Ацилут.

6. Бхина парцуфим «ахор» пяти парцуфим мира Ацилут, которые опустились и облачились в парцуфим БЕА, и стали для них бхиной «нешама ле-нешама».

7. Бхина Малхут де-Ацилут, которая опустилась и стала бхиной Атик для парцуфим БЕА.

Мы изучали, что есть Источник Всего, Творец, которого мы не можем постичь. В Нем возникла мысль создать и насладить будущие творения. Из Него исходит свет, Замысел творения и наслаждения, который строит под себя такое кли, которое пожелает им насладиться. Все желание творения соответствует тому замыслу, свету, который исходит из Творца. И если бы это кли наполнилось светом, то это было бы совершенное состояние. Но так как существует только одно совершенство – Творец, то творение обязано самостоятельно достичь Его уровня.

Для этого необходимо поставить творение в состояние, аналогичное Творцу, то есть чтобы оно само начало создавать из ничего. Творение из себя должно создать Творца. Это достигается работой снизу вверх. Для совершения такой работы нужно соблюсти несколько условий:

1. Предварительное создание лестницы сверху вниз в виде миров и парцуфим.
2. Создание необходимых условий творению, находящемуся внизу в полном отрыве от Творца, для возможности его подъема снизу вверх по уже заготовленным ступеням.

Мы с вами проходили образование ступеней сверху вниз: строение мира АК, мира Некудим и затем мира Ацилут. Если бы мир Некудим получил весь свет, то произошел бы гмар тикун. Малхут мира Бесконечности была бы полностью заполнена светом, что соответствовало бы Замыслу творения. Но, как мы знаем, этого не случилось, произошло разбиение келим и падение их под парсу. И сейчас на мир Ацилут возложена функция по исправлению разбитых келим и их подъем над парсой.

Ацилут состоит из пяти парцуфим: Атик, Арих Анпин, Аба ве-Има и ЗОН. Затем Малхут поднимается в Бину, чтобы перейти из состояния катнут в гадлут и приобрести возможность создать свое следующее состояние – мир Брия. До этого Малхут представляла собой точку, а для рождения следующего состояния необходимо приобрести авиют бет. Поэтому она поднимается в Бину и сортирует свои келим. До разбиения келим у нас были только отдающие и получающие келим. После него к этим двум видам келим добавляются еще получающие келим, перемешанные с отдающими келим, и отдающие келим, перемешанные с получающими.

ЗОН мира Ацилут создаются только из келим ГЭ, отсортированных из всех разбитых и смешанных келим, которые упали под парсу. Все келим, у которых есть только желание получать, откладываются в сторону – их пока исправить нельзя. Это так называемый лев аЭвен, который исправится только после гмар тикун.

После этого остаются только келим получения, смешанные с отдающими келим, и отдающие келим, перемешанные с получающими. Таким образом, свойства Творца и творения перемешались между собой.

Как можно их использовать? Миры БЕА создаются из отдающих келим, находящихся внутри получающих келим (ГЭ в АХАП). Получающие келим, которые находятся внутри отдающих келим (АХАП в ГЭ), можно использовать путем их подъема в мир Ацилут.

Под парсой ничего не может существовать. Там находится район ярко выраженных эгоистических келим. Но при падении в них осколков альтруистических келим во время их разбиения там уже может светить хоть какое-то подобие духовного света, который называется «ор толада», вторичный свет.

Это нужно для того, чтобы души, находящиеся еще ниже миров БЕА, под сиюмом, под барьером, в точке нашего мира, созрели для того, чтобы выйти в духовный мир, получить духовное свойство, без которого не могут жить, пройти этот барьер и приступить к созданию экрана для обращения эгоистических свойств в альтруистические.

Попадая затем в область нахождения отдающих келим в получающих келим, они имеют возможность общаться с ними: получать свет от осколков отдающих келим (правой линии) и одновременно с этим дополнительные желания от осколков получающих келим (левой линии) в мирах БЕА, шаг за шагом поднимаясь по ступеням миров БЕА. Вот для чего созданы миры БЕА.

Все миры, в общем, построены по одному и тому же принципу. Отличие их в том, что чем ниже находится мир, тем больше он заслоняет свет Творца. В основе всей природы лежит эгоизм. Если он приобретает экран, то называется исправленным, он приобретает альтруистические свойства. Из неисправленных келим есть такие, которые поддаются исправлению в течение 6000 лет (ступени миров БЕА, в каждом по 2000). Неисправленные в течение 6000 лет келим называются «клипот». Они исправляются только после прихода Машиаха. В душе, которая поднимается наверх, существуют все виды келим: те, которые можно исправить, а также клипот. Важно при подъеме правильно отсортировать келим, чтобы отделить от них клипот и не пользоваться ими, а использовать остальные келим. Такая работа называется работой в трех линиях.

Весь путь подъема происходит в потемках. Каждую следующую ступень можно ощутить только тогда, когда получаешь в исправленные келим свет хохма. Идти можно, только меняя попеременно правую линию на левую.

Творение создано Творцом не просто получающим, как Малхут мира Бесконечности. Состояние человека поэтому и является подвешенным между землей (эгоизмом) и небом (альтруизмом). На каждой ступени нужно пройти все состояния от катнута к гадлуту. Человек, поднявшись на очередную ступень, думает, что он уже достиг всего. Но тут ему добавляют желания, и он опять стремится вверх, не зная, что его ждет там, и так далее.

קמה) הנה הבחן הא' כבר נתבאר (לעיל מאות ס"ו ואילך), שמפאת עלית המלכות המסיימת שמתחת סיום רגלי א"ק, למקום החזה דז"ת דנקודות דס"ג, נעשה בזמן צמצום ב', יצאו ונפלו ב"ש תתאין דת"ת ונהי"ם למטה מנקודת הסיום החדשה שבחזה דנקודות, ואינם ראויים עוד לקבל אור העליון, ונעשו מהם המקום לג' העולמות בי"ע, שמב"ש תתאין דת"ת נעשה מקום עולם הבריאה, ומג' ספירות נה"י נעשה מקום עולם היצירה, ומהמלכות נעשה מקום עולם העשיה. עש"ה.

145. И вот, первое различаемое положение уже было выяснено выше (начиная с п. 66 и далее), когда из-за подъема завершающей Малхут месаемет, которая [находилась] под сиюмом раглей АК, в место хазэ де-ЗАТ [парцуфа] Некудот де-САГ, произошедшего во время второго сокращения, вышли и упали две нижних трети Тиферет и НЕХИМ ниже точки нового сиюма в хазэ де-Некудот, и они не пригодны больше для того, чтобы получать высший свет, и из них образовалось место для трех миров БЕА так, что из двух нижних третей Тиферет образовалось место мира Брия, а из трех сфирот НЕХИ образовалось место мира Ецира, а из Малхут образовалось место мира Асия. Посмотри там об этом как следует.

Итак, место миров БЕА — это келим Некудот де-САГ, то есть, по сути, келим, относящиеся к миру АК и подчиняющиеся законам ЦА.

Каждый последующий парцуф надевается на предыдущий, который после этого оказывается внутри него. Место — это желание. Чем желание больше, тем больше место. Так было до ЦА. После ЦА уже не размер желания характеризует место, а размер экрана, и получить внутрь себя кли может только согласно величине своего экрана, а не всего желания, так как обычно в парцуфе есть еще и желания, на которые экран не распространяется.

Следует уточнить, что миры БЕА были созданы Малхут мира Ацилут, и поэтому они фактически представляют собой АХАП Малхут мира Ацилут или мира Ацилут в целом. Миры БЕА спустились в существовавшее ранее «место БЕА», которое, как уже сказано выше, было образовано келим Некудот де-САГ. При разбиении келим в «место БЕА» упали также и отдающие келим (ГЭ) де-ЗОН.

После создания миров БЕА внутри них был создан еще один парцуф, который называется «Адам Ришон». Когда миры начали подниматься, то с ними начал подниматься и Адам Ришон. Эти подъемы происходили до тех пор, пока он не «согрешил». Вместе с мирами БЕА поднимались и их места, то есть келим Некудот де-САГ. После согрешения Адама и его падения миры БЕА вместе со своим местом спустились, и теперь, после грехопадения, их место (то есть келим Некудот де-САГ, образующие как бы каркас миров БЕА) уже не поднимается, а постоянно остается под парсой. Миры БЕА поднимаются вместе с населяющими их душами.

קמו) והבחן הב' שהוא שיעורי קומת פרצופי בי"ע ומקום עמידתם בעת יציאתם ולידתם מבטן הנוקבא דאצילות.

דע, שבעת הזאת כבר השיג הז"א בחינת חיה מאבא, והנוקבא כבר השיגה בחינת נשמה מאמא. וכבר ידעת שאין הזו"ן מקבלים המוחין מאו"א אלא בדרך עליה והלבשה, כנ"ל באות קמ"ב ע"ש. וע"כ נמצא הז"א מלביש את אבא דאצילות הנק' או"א עילאין. והנוקבא מלבשת לאמא דאצילות הנק' ישסו"ת. ואז הנוקבא דאצילות בירדה והאצילה את עולם הבריאה בכללות ה"פ שבו.

146. А второе различаемое положение – это уровни парцуфим БЕА, и место их расположения в момент их выхода и рождения из бэтена (досл. «живота») Нуквы мира Ацилут.

Знай, что в этот момент ЗА уже обрел ступень «хая» от Аба. А Нуква уже обрела ступень нешама от Има. И ты уже знаешь, что ЗОН не могут получить мохин от Аба ве-Има, кроме как через подъем и облачение (как объяснено выше в п. 142, посмотри там). Из этого следует, что ЗА облачается на Аба де-Ацилут, который называется «высшие Аба ве-Има», а Нуква облачается на Има де-Ацилут, которая называется ИШСУТ. И тогда Нуква де-Ацилут, *выяснив, выбрала [подходящие келим] и создала мир Брия, со всеми пятью парцуфим, что в нем.*

Мы всегда изучали, что последующий парцуф рождается от экрана предыдущего, поднявшегося в пэ де-рош и сделавшего там зивуг, откуда рождается следующий парцуф. Так было в мире АК. Однако в мирах АБЕА парцуфим рождаются из бэтена, «живота» предыдущего парцуфа.

В четырех бхинот де-ор яшар мы видим, что шореш создает бхину алеф, желающую получать свет, затем из нее создается бхина бет, которая отказывается от света, а далее в ней рождается следующее желание частично получить свет, и эта бхина называется «ЗА». Но такое ее желание рождается именно в нижней части Бины, ЗАТ де-Бина, которая хочет получать для отдачи Творцу. Только нижняя часть Бины имеет отношение к творениям, а не ее верхняя часть, которая ничего не желает получать.

Малхут поднимается в ЗАТ де-Бина, только эта часть Бины рождает следующий парцуф из своего пэ (если рассматривать ЗАТ де-Бина как самостоятельный парцуф, то она будет занимать место от табура Бины и вниз, а от табура вверх находятся ГАР де-Бина – тоже самостоятельный парцуф внутри общего парцуфа Бина), таким образом, по отношению к общему парцуфу Бина пэ (рот) парцуфа ЗАТ де-Бина находится на уровне бэтена (живота) общего парцуфа Бина.

קמז) וכיון שהנוקבא עומדת במקום אמא, הרי היא נחשבת למדרגת אמא, כי התחתון העולה לעליון נעשה כמוהו, ולפיכך עולם הבריאה שנבררה על ידה נבחנת למדרגת ז"א, להיותה מדרגה תחתונה להנוקבא שהיא בחינת אמא והתחתון מאמא הוא ז"א. ונמצא אז עולם הבריאה, שעומדת במקום ז"א דאצילות מתחת להנוקבא דאצילות, שהיתה אז בחינת אמא דאצילות.

147. И поскольку Нуква находится на месте Имы, она считается ступенью Има, потому что нижний, который поднимается к высшему, становится подобным ему. И согласно этому, мир Брия, который был выяснен ею, счита-

144-154. Объяснение трех миров: Брия, Ецира, Асия

ется ступенью ЗА, поскольку эта ступень является нижней ступенью относительно Нуквы, являющейся бхиной Има, а нижний относительно Имы, это ЗА. И получается тогда, что мир Брия располагается на месте ЗА мира Ацилут, под Нуквой мира Ацилут, которая была тогда бхиной Има де-Ацилут.

קמח) ועפ"ז נבחן עולם היצירה שנברר ונאצל ע"י עולם הבריאה שהוא אז במדרגת הנוקבא דאצילות, להיותה מדרגה תחתונה לעולם הבריאה שהיה אז בחינת הז"א דאצילות, והתחתון מהז"א היא בחינת נוקבא.

אמנם לא כל הע"ס דעולם היצירה הם בחינת הנוקבא דאצילות אלא רק הד' ראשונות דיצירה בלבד. והטעם הוא, כי יש ב' מצבים בנוקבא, שהם פב"פ ואב"א, שבהיותה פב"פ עם הז"א קומתה שוה אל הז"א, ובהיותה אב"א, היא תופשת רק ד' ספירות תנה"י דז"א. ומשום שאז היה מצב כל העולמות רק אב"א, לא היה בבחינת הנוקבא אלא ד"ס לבד, וע"כ גם עולם היצירה אין לו במקום הנוקבא דאצילות, רק ד"ס ראשונות שלו, ושאר שש תחתונות דיצירה, היו בשש ספירות ראשונות דעולם הבריאה של עתה. דהיינו ע"ד תכוונות מקום בי"ע שבהבהבחן הא' הנ"ל (באות קמ"ה), ששם נפלו העולמות בי"ע אחר חטאו של אדה"ר, ושם הוא מקום קביעותם עתה.

148. И согласно этому считается, что мир Ецира, который был выяснен и создан миром Брия, находился тогда на ступени Нуква де-Ацилут, поскольку эта ступень находится ниже мира Брия, которая была тогда бхиной ЗА де-Ацилут, а нижний относительно ЗА – это Нуква.

Однако не все десять сфирот мира Ецира являются бхиной Нуква де-Ацилут, а только четыре первых сфиры де-Ецира. И причина этого в том, что есть два состояния в Нукве: «паним бе-паним» (лицом к лицу) и «ахор бе-ахор» (спиной к спине). И когда она находится паним бе-паним с ЗА, ее уровень равен уровню ЗА, а когда она находится ахор бе-ахор, она охватывает только четыре сфиры ТАНХИ Зеир Антина. И поскольку тогда состояние всех миров было только ахор бе-ахор, бхиной Нуква [де-Ацилут] было только четыре сфиры, и поэтому также и у мира Ецира в месте Нуквы де-Ацилут есть только его первые четыре сфиры, а остальные шесть нижних сфирот мира Ецира находились в шести первых сфирот мира

Брия в его теперешнем положении. То есть согласно свойствам места БЕА в их первом, указанном выше, различаемом положении (в п. 145), и туда упали миры БЕА после грехопадения Адама Ришона, и теперь там их постоянное место.

Место само по себе – это келим в состоянии ЦА. Малхут мира Бесконечности, Гальгальта, на которую надеваются все парцуфим, мир Ацилут, миры БЕА являются как бы наполнением места, которое никогда не меняется. Относительно места мы измеряем подъемы и падения. Если бы места не были постоянны, то нельзя было бы определить движение, которым называется изменение одного по отношению к другому.

Как мы уже говорили, нужно отличать место миров БЕА от них самих. Место миров БЕА образовано келим Некудот де-САГ, и находятся они под парсой: две трети Тиферет – место мира Брия; Нецах, Ход, Есод – место мира Ецира; Малхут – место мира Асия. Что касается самих миров, то мир Брия в момент своего рождения находится на месте ЗА мира Ацилут, то есть имеет с ним один уровень, а мир Ецира либо находится на уровне Нуквы мира Ацилут (состояние паним бе-паним), либо имеет на этом уровне только четыре первых сфирот, а шесть последних находятся под парсой на месте шести первых сфирот мира Брия.

Десятая часть, то есть самая низшая, в любом парцуфе называется Малхут, и после ЦБ, вплоть до гмар тикуна, ею пользоваться нельзя, поэтому делается обрезание, удаление этой сфиры и происходит зивуг только на атэрет Есод.

קמט) ועולם העשיה שנברר ע"י עולם היצירה נבחן למדרגת בריאה של עתה, כי מתוך שעולם היצירה היה אז במדרגת הנוקבא דאצילות, נמצא המדרגה שמתחתיה, עולם העשיה, שהוא בבחינת עולם הבריאה של עתה.

אלא מתוך שרק הד"ר דיצירה היו בבחינת הנוקבא דאצילות, והשש תחתונות שלה היו בעולם הבריאה, לכן גם עולם העשיה שמתחתיה, נמצאים רק הד"ר שלו בבחינת ד"ס תחתונות דעולם הבריאה, והשש תחתונות דעולם העשיה היו במקום שש ראשונות דעולם היצירה של עתה.

144-154. Объяснение трех миров: Брия, Ецира, Асия

ונמצאו אז י"ד הספירות, שהם נה"י'ם דיצירה של עתה וכל הע"ס דעולם עשיה של עתה, היו ריקנות מכל קדושה ונעשו למדור הקליפות, כי רק הקליפות היו נמצאות במקום י"ד ספירות הללו. כי העולמות דקדושה נסתיימו במקום החזה דעולם היצירה של עתה כמבואר.

והנה נתבאר מדרגות שיעורי הקומה של פרצופי בי"ע ומקום עמידתם בעת שנאצלו בראשונה.

149. А мир Асия, который был выяснен миром Ецира, считается ступенью теперешнего мира Брия, потому что из-за того, что мир Ецира был тогда на ступени Нуквы мира Ацилут, получается, что ступень, находящаяся под ней, мир Асия, считается теперешним миром Брия.

Но из-за того, что только четыре первые сфиры мира Ецира были бхиной Нуква мира Ацилут, а шесть его нижних сфирот были в мире Брия, поэтому также и у мира Асия, который находится под ним, только его первые четыре сфиры считаются четырьмя нижними сфирот мира Брия, а шесть нижних сфирот мира Асия находились на месте шести первых сфирот теперешнего мира Ецира.

И тогда получается, что четырнадцать сфирот, то есть НЕХИМ теперешнего мира Ецира и все десять сфирот теперешнего мира Асия были пустыми, не содержащими никакой святости, и стали отделом (мадор) клипот, потому что лишь клипот находились на месте этих четырнадцати сфирот. Ибо миры святости завершались на месте хазэ теперешнего мира Ецира, как было выяснено.

И вот выяснились уровни ступеней парцуфим БЕА, а также место их расположения в то время, когда они были созданы впервые.

Итак, до грехопадения Адама Ришон, в момент создания миров БЕА, миры и парцуфим располагались так:
- ЗА мира Ацилут находился на сегодняшнем уровне Арих Анпина (Аба, Хохма).
- Малхут (Нуква) мира Ацилут находилась на уровне Аба ве-Има (Бина).

- Мир Брия находился на уровне сегодняшнего ЗА мира Ацилут.
- Верхние четыре сфирот мира Ецира находились на уровне Малхут мира Ацилут, а нижние шесть – на уровне шести верхних сфирот сегоднешнего мира Брия. Можно сказать, что места Малхут и ЗА мира Ацилут в состоянии гадлут (десять сфирот каждый) находятся не одно под другим, а параллельно, на одном уровне. Когда Малхут находится в катнуте, то ее верхние четыре сфирот находятся на уровне четырех нижних сфирот ЗА, затем идет парса, шесть ее нижних сфирот находятся под парсой.
- Верхние четыре сфирот мира Асия находились на уровне четырех нижних сфирот сегодняшнего мира Брия, а нижние шесть сфирот находились на уровне сегодняшнего мира Ецира. Таким образом, все миры находились тогда на 14 сфирот выше, чем сейчас.

После разбиения келим экран поднялся в рош де-САГ со всеми решимот, которые остались после разбиения над парсой, и со всеми осколками, которые упали вниз. В никвей эйнаим де-Кетер де-рош де-САГ находится экран, который начинает делать зивугим на оставшиеся в нем после разбиения решимот. Так как разбиение келим произошло на всю Малхут мира Бесконечности, то остались решимот на все виды разбитых и упавших под парсу келим.

Экран сначала выбирает самые лучшие решимот и делает на них зивуг, дальнейшие зивугим производятся на решимот в порядке их ухудшения. От этих зивугим последовательно рождаются парцуфим от самого лучшего до наихудшего. Сначала рождается Атик, затем Арих Анпин, Аба ве-Има, ИШСУТ, ЗА и Нуква мира Ацилут. На этом заканчиваются все решимот ГЭ, отдающих келим.

Кроме келим, у которых есть только одно желание – или отдавать, или получать, появились келим, у которых эти желания перемешаны. Сейчас их можно отсортировать и сделать

144-154. Объяснение трех миров: Брия, Ецира, Асия

из них дополнительные парцуфим. Этой работой начинает заниматься Малхут мира Ацилут.

Сначала она является лишь точкой, имея только одну сфиру – Кетер, потом она поднимается в ЗА и получает там состояние катнут, затем поднимается в Бину и становится такой же большой, как и та, – теперь она в состоянии рожать, как более высшие парцуфим. Находясь на уровне Бина, она делает зивуг на бет де-авиют и рожает мир Брия, который, родившись в Бине, должен спуститься на ступень ниже своей матери, то есть на уровень ЗА мира Ацилут.

Мир Ецира рождается от зивуга де-акаа на гимель де-авиют и спускается уже ниже уровня ЗА, то есть в Нукву мира Ацилут. Нуква не находится полностью под ЗА, а накладывается на него своими четырьмя верхними сфирот, а шесть ее нижних сфирот находятся под парсой. Поэтому мир Ецира занимает место Нуквы, и его четыре первых сфирот тоже накрывают четыре нижних сфирот ЗА, а шесть нижних накладываются на шесть нижних сфирот Нуквы под парсой, то есть совпадают с шестью первыми сфирот места мира Брия в его настоящем расположении.

Если какой-то парцуф поднимается или опускается на какой-то духовный уровень, то это означает, что он принимает на себя свойства того духовного уровня, где он находится в данный момент.

Даже в нашем мире, если у человека вдруг появляется желание сделать какое-то доброе дело, то считается, что он улучшает свои свойства и поднимается. «Я поднимаюсь» – это значит, что при этом мои свойства уже соответствуют не той ступени, где я находился до этого, а более высокой, на которую я как бы надеваюсь.

Скоро мы начнем изучать, как все парцуфим мира Ацилут будут последовательно одеваться на соответствующие парцуфим Адам Кадмон. Сама по себе лестница духовных миров неизменна, она может только в целом сдвигаться вверх и вниз по отношению к чему-либо. Но в духовном ничего не исчезает.

Поэтому лестница, сдвигаясь, одновременно находится и на своем месте.

קנב) ועתה נבאר הבחן הג׳, שהוא שיעורי קומה דפרצופי בי"ע ומצב עמידתם, שהיה להם מהמוחין דתוספת, מטרם חטאו של אדה"ר, והוא כי ע"י הארת תוספת שבת היה להם אז ב' עליות,

הא׳ בשעה חמשית בערב שבת, שבו נולד אדה"ר, שאז מתחיל להאיר תוספת שבת, בסוד הה' דיום הששי, ואז השיג הז"א בחינת יחידה, ועלה והלביש לא"א דאצילות, והנוקבא בחינת חיה, ועלתה והלבישה לאו"א דאצילות, והבריאה עלתה לישסו"ת, והיצירה עלתה כולה לז"א, והד"ס ראשונות דעשיה, עלו למקום הנוקבא דאצילות, והשש תחתונות דעשיה, עלו במקום שש ראשונות דבריאה.

ועליה הב' היתה בערב שבת בין הערבים, שע"י תוספת שבת, עלו גם הו' תחתונות דעשיה למקום הנוקבא דאצילות, והרי עומדים עולם היצירה ועולם העשיה בעולם האצילות במקום זו"ן דאצילות בבחינת פב"פ.

150. А теперь выясним третье различаемое положение, то есть меры уровней парцуфим БЕА и их расположение, которое было у них от дополнительных мохин до грехопадения Адама Ришона. И дело в том, что благодаря дополнительному свечению шаббата, у них были тогда два подъема.

Первый – в «пятом часу вечера в канун шаббата», когда родился Адам Ришон. Тогда начало светить шаббатнее дополнение, называемое «хэй (ה) шестого дня». И тогда обрел ЗА бхину «ехида» и, поднявшись, облачился на парцуф Арих Антин мира Ацилут, а Нуква обрела бхину «хая» и, поднявшись, облачилась на парцуф Аба ве-Има мира Ацилут. И мир Брия поднялся в ИШСУТ, а весь мир Ецира поднялся в ЗА, а четыре первые сфирот мира Асия поднялись на место Нуквы мира Ацилут, а шесть нижних сфирот Асия поднялись на место шести первых сфирот мира Брия.

А второй подъем произошел «в канун шаббата в сумерки», когда, благодаря дополнительному свечению шаббата, поднялись также шесть нижних сфирот мира Асия на место Нуквы мира Ацилут. И находились миры Ецира и Асия в мире Ацилут на месте ЗОН де-Ацилут в состоянии паним бе-паним.

144-154. Объяснение трех миров: Брия, Ецира, Асия

Рождение миров БЕА произошло еще до рождения Адама Ришона. Затем появился парцуф Адам Ришон. Его родила Малхут де-Ацилут, поднявшись в Бину. Чем же отличается рождение Адама Ришон от рождения миров БЕА?

Миры БЕА создаются из ГЭ, которые упали в АХАП ЗОН де-Некудим. Адам Ришон – это совершенно иная конструкция, исходящая из самого внутреннего Замысла творения. Когда закончились четыре стадии де-ор яшар и возникла Малхут мира Бесконечности, то она начинает получать свет, в котором постепенно раскрывает свои предыдущие части: гимель, бет, алеф, шореш, которые ее породили.

Малхут не может выйти из своих границ, но она раскрывает предыдущие стадии за счет более глубинного постижения света, который ее наполняет. Постепенно Малхут из точки начинает строить еще девять сфирот, то есть свойств света, и постепенно постигает их. А десятая часть – это она сама.

Именно на десятую часть, на саму себя, она сделала сокращение и хочет уподобиться девяти сфирот, парцуфим. Все парцуфим и миры не являются самой Малхут, а лишь ее подражанием свету, они всего лишь неодушевленные объекты. Центральная точка творения – Малхут мира Бесконечности, начинает работать после создания всех миров, после разбиения келим.

Особое сочетание между Малхут де-Малхут, являющейся сущностью творения, и девятью первых сфирот называется «Адам Ришон». Его предназначением является стать подобным Творцу.

Во время ЦБ сама Малхут мира Бесконечности поднялась в Тиферет Некудот де-САГ, отделив келим получения от отдающих келим. С тех пор она находится там. Малхут мира Ацилут, которая тоже находится на уровне парсы, является ее прямым представителем. Затем Малхут мира Ацилут поднимается в Бину, делает там зивуг де-акаа только на ГЭ, с АХАП она не работает.

Созданный парцуф, имеющий пока только келим ГЭ, и называется «Адам Ришон». Именно прямое участие Малхут мира Бесконечности в создании Адама Ришона превращает его в самый важный парцуф. Собственно говоря, только он и является настоящим творением. Разница между ним и всеми остальными духовными объектами огромна.

Поскольку этот парцуф родился также от Малхут мира Ацилут, которая родила и миры БЕА, то он находится внутри этих миров. Его рош (голова) начинается под Малхут, стоящей в Бине, на месте ЗА мира Ацилут, гарон (горло) совпадает с четырьмя верхними сфирот Малхут мира Ацилут, находящимися над парсой, его гуф (тело) от ктефаим (плечи) и до табура (пуп) находится под парсой на месте шести первых сфирот мира Брия, или на месте шести последних сфирот мира Ецира, или на месте шести последних сфирот Малхут де-Ацилут.

Далее парцуф Адам Ришон распространяется от хазе мира Брия до конца мира Брия, а раглаим (ноги) кончаются на месте хазе (груди) мира Ецира там, где кончается мир Асия в данном состоянии. По своему росту Адам Ришон полностью равен мирам БЕА. Такое состояние было у Адама Ришона в момент рождения.

Родилась совершенно новая структура. Если раньше только создавалась среда обитания, в которой можно было исправить творение, которое называется центральной черной точкой – Малхут мира Бесконечности, то теперь ее можно исправить окончательно. Далее нужно произвести разбиение общей души Адама на отдельные частицы, в которые войдут искры альтруистических желаний. Разбиение парцуфа Адам Ришон произошло по тому же принципу, как и келим мира Некудим. В центральную точку войдут отдающие келим. Раньше она не могла этого достичь.

Теперь разберем, как произошло разбиение парцуфа Адам Ришон, который находится внутри миров БЕА и может подниматься и опускаться только вместе с ними.

144-154. Объяснение трех миров: Брия, Ецира, Асия

Адам Ришон со своими отдающими келим производил самые различные действия, но затем понял, что самое сильное действие ради Творца он может сделать, только получая свет хохма, то есть нужно иметь получающие келим, которых у него нет, вернее, они еще не исправлены. Намерения у него были совершенно четкие.

Поэтому он начинает присоединять к себе получающие келим, после чего в его гуфе происходит то же самое, что и в мире Некудим, то есть разбиение келим – и ГЭ, и АХАП. После разбиения в эгоистические келим попали искры альтруизма. Далее начинается работа каждой частички его души, которые чувствуют себя отдельными друг от друга.

Все это соответствует тому, что должен делать каждый человек в этом мире. При разбиении души Адама, кроме падения келим с высоты мира Ацилут, еще создалась целая система нечистых миров: Ацилут, Брия, Ецира, Асия де-тума (досл. «скверны»), которые соответствуют четырем чистым мирам. Между этими двумя системами и находятся человеческие души.

Наше сегодняшнее состояние является следствием разбиения души Адам Ришон. Мы – это такая конструкция, которая состоит из биологического тела, внутри которого существуют эгоистические желания, в которые, как мы говорили, упали искры альтруистических желаний, называемых «нер дакик» – маленькая свеча. Если нер дакик в какой-то момент заявляет о себе, проявляясь в каком-то альтруистическом желании, то такой человек, не понимая этого, вдруг начинает чего-то хотеть, пытаться чем-то заполнить это альтруистическое желание.

Но в нашем мире его нечем заполнить – все наслаждения нашего мира эгоистичны. Человек будет бегать, что-то искать, пока его не прибьет к какому-то источнику, в котором, как ему покажется, он получит что-то или сможет получить в дальнейшем. Если это окажется группа учеников во главе с учителем-каббалистом, то такой человек начнет постепенно исправлять свои эгоистические келим на альтруистические, постигая в них Творца.

Как происходит исправление? В каждом человеке существуют 320 искр, он должен сделать то же, что происходило в мире Ацилут, то есть отсортировать 288 искр от лев аЭвен (тридцати двух эгоистических искр), от его центральной точки, эгоистической сути, его природы и сказать, что с ними он перестает работать, чтобы уподобиться альтруистическим желаниям.

Делается это осознанно: прилагая большие усилия, преодолевая огромное сопротивление со стороны своего эгоизма. При такой усиленной работе у него рождаются келим, которых раньше не было. В результате достигается возможность работать только с девятью альтруистическими сфирот, а его лев аЭвен не задействован. Отсортировав все альтруистические желания и сделав сокращение на оставшиеся 32 эгоистических желания, человек приходит к гмар тикуну. Борясь со своим эгоизмом, он предпочел быть таким, как Творец.

После этого сверху нисходит высший свет, который исправляет и лев аЭвен так, что его можно тоже использовать для получения света хохма ради Творца. Свет АБ-САГ каким-то образом действует на эту точку и исправляет ее. Такое исправление называется «приход Машиаха», и тогда Малхут мира Бесконечности полностью сливается с Творцом, то есть приходит к своему третьему и окончательному состоянию. Напомним, что первое состояние – это Малхут мира Бесконечности до ЦА. Второе состояние – распространение миров сверху вниз и исправление творения снизу вверх.

Дополнительный свет для подъема Адама Ришона называется «хей де-йом шиши», то есть «пятый час шестого дня». На этот уровень поднимается Адам Ришон вместе с мирами БЕА. Это первое предсубботнее возвышение на одну ступень (десять сфирот одного мира). Если до этого подъема ноги (раглаим) Адама Ришона и мира Асия находились на хазе де-Ецира, то после него они находятся на уровне хазе де-Брия.

144-154. Объяснение трех миров: Брия, Ецира, Асия

В мире Ацилут есть множество состояний. К изучению мира Ацилут нужно относиться очень внимательно – в соответствии с изменением ощущений человека по мере его исправления. Все имена Торы имеют определенные корни в мире Ацилут как единственном источнике всего существующего.

Сюда относятся общее и частное управления, перевоплощения душ, подъемы, спуски и так далее. Если человек правильно изучает материал, то он, берясь за мир Ацилут, каждый раз отступает, понимая, что это ему не по плечу. Такое происходит несколько раз, в течение нескольких лет, пока человек не начнет вступать постепенно в контакт с этим огромным аппаратом, когда внутри него уже проявляются какие-то наметки связи с миром Ацилут.

При первом подъеме наиболее светлые желания поднимаются вверх, а темные, эгоистические спускаются вниз. Происходит разрыв между исправленными и неисправленными желаниями и в человеке, и в мирах. Пустота, которая образуется между ними, называется «тхум шаббат» (досл. «ограничение шаббата»). В нашем мире – это расстояние, на которое человек может выйти за пределы городской стены, не нарушая субботы.

В субботу нельзя выходить из «владения Единого» во «владение многих». «Владение Единого» («решут яхид») – это такое состояние, когда все помыслы, все желания, все молитвы человека направлены к Творцу, когда человек оправдывает Творца всегда и во всем и воспринимает Его действия как действия доброго и творящего добро («тов ве-мейтив»). Такие желания полностью исправлены и находятся в мире Ацилут.

Кроме этого, у человека остаются еще неисправленные желания. У него еще есть сомнения: Творец ли управляет всем или нет, а если управляет Он, то хорошо или плохо? А может, во всем виноваты общество, начальники, жена, дети? Такие разнородные стремления и мысли называются в человеке «решут рабим» (владение многих). Эти желания находятся внизу от хазе мира Ецира и вниз до сиюма. Их всего 14 сфирот, и называются они «мадор (отдел) клипот».

После шаббатних подъемов, от парсы мира Ацилут и до мадора клипот находится пустое пространство, состоящее из шестнадцати сфирот, которое состоит из двух частей: первая часть – шесть первых сфирот мира Брия и вторая часть – десять сфирот от хазе мира Брия до хазе мира Ецира. Первые шесть сфирот мира Брия называются «ибуро шель Ир» – «зародыш города». Это можно сравнить с беременной женщиной, живот которой, с одной стороны, принадлежит ей, с другой – он выпячивается вперед потому, что в нем есть плод, инородное тело, которое пока относится к ней, но в то же время его можно считать не относящимся к ней.

Такое состояние называется ибуром: еще относящееся к высшему, но также имеющее отношение к новому творению.

Мир Ацилут, владение Творца, называется «город». В своих мыслях человек может выйти за городскую черту, но не далее, чем хазе де-Брия, ничего при этом не нарушая. Эта дополнительная площадь, «ибуро шель Ир», находится на расстоянии 70 ама (60 см от косточки на руке до локтя), то есть семь сфирот: ХАБАД ХАГАТ, до хазе. Это еще относится к городу, хотя и находится вне городской стены.

После окончания 70 ама от хазе мира Ецира до хазе мира Брия – простирается дополнительная площадь в 2000 ама, то есть еще десять сфирот, которая называется «тхум шаббат». Человек может выйти и в эти 2000 ама, не нарушая единства с Творцом, которое называется субботой, потому что в этом месте еще не существует никаких нечистых желаний. Такова сила субботнего высшего свечения, что она позволяет человеку, находящемуся в мире Ацилут, спуститься на этот уровень, не отрываясь от Творца. Итак, шестнадцать верхних сфирот миров БЕА еще являются отдающими келим, и поэтому человек может в них находиться, и это не будет считаться, что он не в Ацилуте.

144-154. Объяснение трех миров: Брия, Ецира, Асия

Мы рассмотрели два предсубботних подъема миров БЕА и Адама Ришон в мир Ацилут сначала на десять сфирот, затем еще на шесть. В этом состоянии под миром Ацилут находятся 16 пустых сфирот до хазе мира Ецира, которые еще являются отдающими келим, и поэтому они по своим свойствам еще очень близки к миру Ацилут.

Как уже было сказано выше, миры БЕА были созданы из келим, которые разбились в мире Некудим, упали под парсу и перемешались, создав четыре вида келим: отдающие келим; получающие келим; келим получения, смешанные с отдающими келим; отдающие келим, смешанные с получающими.

Сначала парцуф САГ делает селекцию, выбирая отдающие келим из всех разрушенных частиц. Из них создается мир Ацилут, состоящий исключительно из ГЭ, альтруистических желаний, которые и до разбиения находились в мире Некудим в качестве ГЭ де-ЗОН. ЗОН мира Ацилут соответствует ЗОН мира Некудим.

Затем остаются неиспользованными еще три вида келим:
1. Получающие, эгоистические келим. САГ их отсортировывает, откладывает в сторону и не работает с ними. Это – лев аЭвен, его нельзя исправить никакими альтруистическими намерениями до гмар тикуна.
2. Далее идут отдающие келим, которые упали в получающие келим, и их невозможно отделить друг от друга. Это миры БЕА, которые похожи на узкую светлую альтруистическую полоску в массиве эгоистических желаний;
3. Затем идут получающие келим, включенные в отдающие келим. Они называются «АХАП де-алия» мира Ацилут, с помощью которых в мире Ацилут дополнительно к свету хасадим, находящемуся там, можно получить также и свет хохма, то есть привести мир Ацилут в состояние гадлута.

Таким образом, мы разобрали, что именно можно получить из всех четырех видов разбитых сосудов ЗОН мира Некудим.

При разбиении души Адам Ришон также образовалось четыре вида разбитых келим, которые уже не находятся в мирах БЕА, а упали в наш мир, под сиюм Гальгальты. Все эти разбиения привели к тому, что внутри ГЭ нижнего парцуфа находятся зародыши альтруистических желаний – АХАП верхнего. Так создалась возможность исправления келим.

Теперь, если человек начинает заниматься в правильной группе и под руководством истинного Учителя, то он вызывает на себя действие окружающего света (ор макиф), который постепенно очищает искорки ГЭ, находящиеся в эгоистических келим человека. Из исправленных келим ГЭ человек строит в себе свой мир Ацилут. На каждой ступени лев аЭвен откладываются в сторону, с ними не работают.

Таким образом получается, что в человеке происходит полное отражение того, что якобы происходит вне его, то есть миров АК и АБЕА. По мере исправления своих келим он, соответственно, получает свет АК и АБЕА, а полностью исправившись, он становится вровень с расстоянием от центральной точки нашего мира до мира Бесконечности, то есть он становится величиной с Гальгальту, а все исправленные частички (души всех людей) полностью заполняют светом всю Малхут мира Бесконечности.

קנא) ועתה נבאר הבחן הד׳, שהוא קומת המוחין שנשתיירו בבי"ע, ומקום נפילתן לאחר החטא. והוא, כי מחמת פגם חטאו של עצה"ד, נסתלקו מהעולמות כל המוחין דתוספת, שהשיגו ע"י ב' העליות הנ"ל, והזו"ן חזר לו"ק ונקודה.

151. А теперь выясним четвертое различаемое положение – уровень мохин, которые остались в БЕА, и место их падения после прегрешения (Адама Ришона). Ведь из-за повреждения, нанесенного грехом Древа познания, ушли из миров все дополнительные мохин, достигнутые благодаря двум вышеупомянутым подъемам, и ЗОН вернулись в состояние «ВАК и некуда».

Это значит, что ЗА теперь опять имеет только шесть верхних сфирот ХАБАД ХАГАТ с точки зрения келим, в которых находятся шесть «нижних» светов ХАГАТ НЕХИ (обратная зависимость между сосудами и светами), а Малхут мира Ацилут теперь имеет над парсой только одну сфиру – Кетер, в которой находится свет нефеш.

וג' העולמות בי"ע, נשתיירו בהם רק המוחין שיצאו בהם בראשונה בעת אצילותם, שעולם הבריאה היה במדרגת הז"א שפירושו ו"ק, וכן היצירה ועשיה בשיעור הנ"ל (באות קמ"ח), ונוסף ע"ז, כי נסתלק מהם כל בחינת אצילות ונפלו למתחת הפרסא דאצילות בתכונת מקום בי"ע שהוכן ע"י צמצום ב', (כנ"ל באות קמ"ה). ונמצאו ד"ת דיצירה וע"ס דעולם העשיה, שנפלו ועמדו במקום הי"ד ספירות של הקליפות, (כנ"ל באות קמ"ט). הנק' מדור הקליפות ע"ש.

И в трех мирах БЕА остались только мохин, которые вышли в них вначале, в момент их создания, когда мир Брия был на ступени ЗА, который называется ВАК. А также в мирах Ецира и Асия – в мере, указанной выше (в п. 148) и дополнительно к этому, поскольку исчезли из них все бхинот мира Ацилут, и они упали под парсу де-Ацилут в свойство места БЕА, которое было приготовлено благодаря второму сокращению (как сказано выше в п. 145). И получается, что четыре нижних сфирот мира Ецира и десять сфирот мира Асия упали и расположились в месте четырнадцати сфирот клипот (как сказано выше в п. 149), которое называется «мадор клипот», посмотри там.

קנב) הבחן הה', הוא המוחין דאמא, שקבלו בי"ע במקום נפילתן. כי אחר שיצאו הבי"ע מאצילות, ונפלו למתחת הפרסא דאצילות, לא היה בהם אלא בחינת ו"ק (כנ"ל באות קנ"א), ואז נתלבשו הישסו"ת בזו"ן דאצילות, ונזדווגו הישסו"ת מבחינת התלבשות בזו"ן, והשפיעו מוחין דנשמה לפרצופי בי"ע במקומם, שעולם הבריאה קבל מהם ע"ס שלמות בקומת בינה. ועולם היצירה קבל מהם ו"ק. ועולם העשיה רק בחינת אב"א.

152. Пятое различаемое положение – это мохин де-Има, которые получили БЕА в месте их падения. Ибо после того, как вышли БЕА из мира Ацилут, и упали под парсу де-Ацилут, не осталось в них ничего, кроме бхины ВАК (как сказано выше в п. 151). И тогда облачились ИШСУТ на ЗОН де-Ацилут, и ИШСУТ совершили зивуг, соответствующий этому облачению на ЗОН и передали мохин де-нешама парцуфам БЕА на их местах так, что мир Брия получил от них десять полных сфирот на уровне Бина, а мир Ецира получил от них ВАК, а мир Асия только бхину «ахор бе-ахор».

קנג) הבחן הו', הוא בחינת נשמה לנשמה, שהשיגו פרצופי בי"ע מפרצופי האחור דה"פ אצילות. כי בעת מיעוט הירח, נפל פרצוף האחור דנוקבא דאצילות ונתלבש בפרצופי בי"ע, והוא כולל ג' פרצופין המכונים, עיבור, יניקה, מוחין, ובחינת המוחין נפלה לבריאה, ובחינת היניקה נפלה ליצירה, ובחינת עיבור נפלה לעשיה, ונעשו בחינת נשמה לנשמה לכל פרצופי בי"ע, שהיא בחינת חיה אליהם.

153. Шестое различаемое положение – это бхина «нешама ле-нешама», которую обрели парцуфим БЕА от парцуфим ахор пяти парцуфим Ацилута. Ибо в момент «сокращения луны» (миут яреах), упал парцуф Ахор Нуквы де-Ацилут и облачился на парцуфим БЕА. И он содержит три парцуфа, которые называются Ибур, Еника, Мохин. И бхина «Мохин» упала в Брия, а бхина «Еника» упала в Ецира, а бхина «Ибур» упала в Асия. И они стали бхиной «нешама ле-нешама» для всех парцуфим БЕА, и это бхина «хая» для них.

ЗА строит Малхут, дает ей все силы. Самое конечное наивысшее состояние – когда ЗА и Малхут подобны друг другу и полностью входят в контакт друг с другом, тогда Малхут полностью получает от ЗА и наслаждается тем, что при этом доставляет ему наслаждение.

Такое конечное состояние мироздания называется «зивуг де-ЗОН паним бе-паним». Малхут хотела достичь такого состояния еще в четвертый день творения – она поднялась вровень с ЗА, захотела вместе с ним получить такой же свет от Бины, и тут выяснилось, что ее келим не исправлены, и поэтому она вместо света ощутила полную тьму.

144-154. Объяснение трех миров: Брия, Ецира, Асия

Тьма – это свет хохма без облачения в свет хасадим. Тогда она начала жаловаться, сказав, что не могут два парцуфа получать свет от одного источника. У ЗА есть и свет хасадим, и свет хохма, в Малхут же от рождения нет света хасадим – она должна исправить свои келим, свои намерения.

Единственным выходом из этого состояния является уменьшение себя до точки (одной сфиры), до естественных своих размеров, и начать постепенное исправление своих келим, то есть приобретение экрана. Уменьшение Малхут называется «китруг яреах», то есть «жалоба луны» (Малхут) на то, что она не может светить, как солнце (ЗА), а должна уменьшить себя до точки и постепенно расти от точки до максимального состояния. Но все равно она не сможет светить, как солнце, то есть все равно она будет получать свет от ЗА.

קנד) הבחן הז', הוא הנוק' דאצילות שנעשתה לרדל"א ולהארת יחידה בבי"ע, כי נתבאר שבעת מיעוט הירח, נפלו ג' הבחינות עי"מ דפרצוף האחור דנוקבא דאצילות ונתלבשו בבי"ע. והם בחינת אחורים דט"ת דנוק', שהם עי"מ, שנה"י נק' עיבור, וחג"ת נק' יניקה, וחב"ד נק' מוחין. אמנם בחינת האחור דבחינת הכתר דנוקבא, נעשתה לבחינת עתיק לפרצופי בי"ע. באופן שבחי' עיקר אורותיהם דפרצופי בי"ע של עתה, הם מהשירים שנשארו בהם אחר חטאו של אדה"ר, שהוא בחינת הו"ק דכל פרט מהם (כנ"ל באות קנ"א). ובחינת נשמה קבלו ממוחין דאמא (כנ"ל באות קנ"ב). ובחינת נשמה לנשמה, שהוא בחינת חיה, קבלו מט"ת דפרצוף האחור דנוקבא. ובחינת יחידה, קבלו מבחינת האחור דכתר דנוקבא דאצילות.

154. *Седьмое различаемое положение – это Нуква де-Ацилут, которая стала РАДЛА (непознаваемый рош) и свечением ехида в БЕА. Ибо выяснилось, что в момент «миут яреах» («сокращения луны») упали три бхины ибур, еника, мохин парцуфа Ахор Нуквы де-Ацилут, и облачились в БЕА. И они представляют собой ахораим (обратную сторону) девяти нижних сфирот Нуквы, и это ибур, еника, мохин: НЕХИ называется «ибур», ХАГАТ называется «еника», а ХАБАД называется «мохин». Но бхина «ахор» Кетера де-Нуква [де-Ацилут] стала Атиком для парцуфим БЕА так, что основные света парцуфим БЕА в данном*

состоянии – *это остатки, которые остались у них после грехопадения Адама Ришона, и это бхина ВАК каждой их части (как сказано выше в п. 151). А бхину «нешама» они получили от мохин де-Има (как сказано выше в п. 152). А бхину «нешама ле-нешама», то есть бхину «хая», они получили от девяти нижних сфирот парцуфа Ахор де-Нуква. А бхину «ехида» они получили от бхины ахор де-Кетер де-Нуква де-Ацилут.*

Мы уже говорили, что в четвертый день творения произошло явление, называемое «уменьшением луны». Малхут мира Ацилут желает быть такой же, как ЗА мира Ацилут. Поэтому она поднимается вместе с ним в Бину, но не в состоянии получить такой же свет, как он, из-за отсутствия у нее определенного намерения получать ради Творца и экрана, противостоящего эгоистическим желаниям.

Только при появлении у нее света хасадим, который наденется на свет хохма и сможет принять его внутрь, она сможет получить свойства ЗА. Отсюда и отказ в получении света хохма в Бине. Вместо света хохма она ощутила тьму. Это происходит при наличии желаний и отсутствии намерения на них.

Находясь в нашем мире, мы не чувствуем ни тьмы, ни света. У нас даже нет предварительного состояния тьмы из-за отсутствия необходимого желания к наслаждению даже ради себя. Когда у нас появится огромное желание к духовному наслаждению в такой степени, что невозможно уснуть, как в большой любви, то появится и намерение принять свет ради Творца.

Как это делается? Как ей советует Бина: иди и уменьши себя. Малхут уменьшается до точки и начинает приобретать постепенно экран в трех стадиях: ибур, еника, мохин.

155-179. Объяснение подъемов миров

ביאור ענין עליות העולמות

קנה) עיקר ההפרש מפרצופי א"ק לפרצופי עולם האצילות הוא, כי פרצופי א"ק הם מבחינת צמצום א', שבכל מדרגה שבו יש בה ע"ס שלמות ואין בע"ס רק בחינת כלי אחד, שהוא כלי מלכות, אבל הט"ס ראשונות הן רק בחינת אורות לבד.

משא"כ פרצופי אצילות הם מבחי' צמצום הב', בסו"ה ביום עשות הוי"ה אלהים ארץ ושמים, ששיתף רחמים בדין (כנ"ל באות נ"ט). שמדת הדין שהיא מלכות עלתה ונתחברה בבינה שהיא מדת הרחמים, ונשתתפו יחד ע"ש. שעי"ז נעשה סיום חדש על אור העליון במקום הבינה, שהמלכות המסיימת את הגוף עלתה לבינה דגוף, שהיא ת"ת, במקום החזה. והמלכות המזדווגת שבפה דראש, עלתה לבינה דראש הנק' נקבי עינים, (כנ"ל באות ס"א), שעי"ז נתמעטו שיעור קומת הפרצופין לגו"ע, שהם כתר חכמה דכלים, בקומת ו"ק בלי ראש, שהוא נפש רוח דאורות (כנ"ל באות ע"ד), ונמצאו חסרים מאח"פ דכלים שהם בינה וזו"ן, ומנשמה חיה יחידה דאורות.

155. Основное отличие парцуфим мира Адам Кадмон (АК) от парцуфим мира Ацилут заключается в том, что парцуфим мира АК относятся к первому сокращению (ЦА). И на каждой его ступени есть десять полных сфирот, и в десяти сфирот есть только одно кли – кли Малхут, а девять первых сфирот представляют собой только лишь свойства светов.

Тогда как парцуфим мира Ацилут относятся ко второму сокращению (ЦБ), как сказано: «Когда сделал Творец Всесильный землю и небо, включив свойство милосердия в свойство суда» (как сказано выше в п. 59). Ведь свойство суда – это Малхут, которая поднялась и соединилась с Биной, являющейся свойством милосердия, и они стали действовать совместно, посмотри там об этом. И благодаря этому образовалось новое окончание на высший свет в месте Бины, когда Малхут месаемет, завершающая гуф, поднялась в Бину де-гуф, то есть в Тиферет, в место его хазэ. А Малхут мездавегет, совершающая зивуг в пэ де-рош, поднялась в Бину де-рош, которая называется «никвэй эйнаим» (как сказано выше в п. 61), и с помощью этого уменьшился уровень парцуфим до ГЭ, и это Кетер-Хохма де-келим на уровне ВАК без рош и нефеш-руах светов (как сказано выше в п. 74). И получается, что в них отсутствуют АХАП де-келим, то есть Бина и ЗОН, и нешама, хая и ехида светов.

Есть внутренняя и внешняя части миров: место Ацилут и БЕА называется наружными, внешними мирами. Внутри этого места должна быть внутренняя часть, в которой находится мир Некудим. Корень внешней части миров – Некудот де-САГ, которые во время нисхождения под табур смешались со стадией далет, находящейся под табуром Гальгальты. Вследствие этого смешивания стадий бет и далет, место от табура до сиюма разделилось на два: место мира Ацилут и место миров БЕА.

В мирах АБЕА и Некудим есть в каждом парцуфе десять келим, потому что Малхут поднялась со своего места до Бины каждой сферы. В ЦА – кли одно, так как есть только одна Малхут внизу, которая получает свет от девяти первых сфирот.

В ЦБ образовываются десять келим. Малхут поднимается на девять первых сфирот (тет ришонот) вследствие ЦБ. Являются ли эти девять первых сфирот светами? Малхут поднимается к светам? Есть **правило**: бхина далет называется «кли», а девять первых сфирот называются «света». Желание получать – стадия далет, и потому она отделена от света. В духовном мире стадия далет – стадия получения ради себя без отдачи.

Первые девять сфирот – это света, а Малхут – стадия получения, которая получает все, что есть в девяти первых сфирот. Теперь эта бхина отталкивает свет, говоря: если я могу работать с намерением отдачи, подобно свету, то мне можно получать ради отдачи. И это изменение намерения и есть вся суть, отличающая работу ради Творца от получения ради себя.

155-179. Объяснение подъемов миров

קנו) והגם שנתבאר לעיל באות קכ"ד, שע"י עלית מ"ן לעיבור ב', השיגו פרצופי אצילות הארת המוחין מע"ב ס"ג דא"ק, המוריד הה"ת מנקבי עינים בחזרה למקומה לפה, כבצמצום א', ומשיגים שוב האח"פ דכלים והנשמה חיה יחידה דאורות. אמנם זה הועיל רק לבחינת הע"ס דראש של הפרצופין, ולא להגופין שלהם, כי המוחין הללו לא נמשכו מפה ולמטה אל הגופין שלהם (כנ"ל באות קל"ח), וע"כ גם לאחר המוחין דגדלות, נשארו הגופין בצמצום ב' כמו בזמן הקטנות ע"ש. ומשום זה נחשבו כל ה"פ אצילות שאין להם רק קומת ע"ס היוצאת על עביות דבחי"א, שהוא קומת ז"א, ו"ק בלי ראש, הנק' קומת מ"ה. והם מלבישים על קומת מ"ה דה"פ א"ק, דהיינו מטבור ולמטה דה"פ א"ק.

156. И хотя, как выяснилось ранее в п. 124, что с помощью подъема МАН ко второму ибуру, обрели парцуфим мира Ацилут свечение мохин от АБ-САГ де-АК, которое опускает нижнюю хэй (ה) из никвэй эйнаим обратно на свое место в пэ, как при первом сокращении, и они снова обретают АХАП де-келим и нешама, хая, ехида светов, однако это помогло только десяти сфирот де-рош парцуфим, но не их гуфим. Потому что эти мохин не распространились от пэ вниз в их гуфим (как сказано выше в п. 138), и поэтому также и после [получения] мохин де-гадлут остались их гуфим во втором сокращении, как и во время состояния «катнут» – посмотри там. И поэтому считаются все пять парцуфим мира Ацилут имеющими только уровень десяти сфирот, выходящих на авиют бхины алеф, и это уровень ЗА – ВАК без рош, который называется уровнем МА. И они облачаются на ступень МА пяти парцуфим мира АК, то есть от табура и ниже пяти парцуфим мира АК.

В мире Ацилут существует определенный запрет: свет, находящийся в рош, не распространяется в гуф. Однажды гадлут из рош распространился в гуф в мире Некудим, что привело к разбиению келим. В мире АК мы наблюдаем, что все, имеющееся в рош, распространяется затем и в гуф.

После разбиения келим в мире Некудим остались решимот, которые четко говорят о том, что гадлут, произошедший в рош после подъема МАН, не может перейти в гуф – на это есть запрет. Поэтому в мире Ацилут свет гадлут никогда из рош не перейдет в гуф. Значит, нельзя пользоваться получающими келим? А как же тогда произойдет исправление?

Весь дальнейший процесс, происходящий с эгоизмом, является его исправлением с помощью особой методики, называемой АХАП де-алия, или средней линией. Но в мире Ацилут и далее никогда свет гадлут не пройдет в гуф, даже если будет точный расчет, что это безопасно и делается ради Творца. В духовном мире этого больше не произойдет в силу оставшихся решимот.

Все парцуфим мира АК делятся следующим образом: рош называется Кетером, место от пэ до хазе называется Хохмой, от хазе и до табура – Биной, от табура до Есода – ЗА, место от Есода до сиюма называется Малхут. Если же мы возьмем Гальгальту, то ее рош называется Кетером, от пэ до хазе – АБ, от хазе до табура – САГ, от табура до Есода – МА и от Есода до сиюма – БОН.

Каждый из парцуфим мира Ацилут надевается на соответствующую ему часть тела парцуфа АК. Например, парцуф Атик де-Ацилут относится к парцуфу Гальгальта как МА, то есть как ЗА относится к Кетеру.

Рош любого парцуфа является порождением предыдущего состояния, которое уже произошло, поэтому оставило решимот. Новое состояние появляется на основании этих решимот со всеми подробностями. Поэтому в рош известно все, что было раньше.

Ничего необычного или неизвестного нет. Так же, как и в нашем мире. При рождении ребенка известны родители, по свойствам которых можно описать будущего ребенка. При выходе каждого нового парцуфа можно совершенно ясно предсказать, каким он будет.

Однако то, что произошло в мире Некудим, на первый взгляд, не было запрограммировано. Но есть еще один рош – ИШСУТ, который находится над табуром Гальгальты и относится к ЦА. От нижних рош скрыто то, что происходит в рамках ЦА, они могут ориентироваться только в своих рамках, то есть в рамках ЦБ.

А ИШСУТ содержит в себе всю информацию. Он, с точки зрения ЦА, заинтересован в дальнейшем разбиении. Сами же келим гуфа мира Некудим, если бы имели полную информацию о ЦБ, не смогли бы пойти на такое получение ради Творца, так как этого не выдержал бы их экран.

После разбиения келим в рош мира Ацилут есть специальное решимо, которое предохраняет от распространения света из рош в гуф. Гуф может находиться только в состоянии ВАК.

קנז) באופן, שפרצוף עתיק דאצילות, מלביש על פרצוף הכתר דא"ק מטבורו ולמטה, ומקבל שפעו מקומת מ"ה דפרצוף הכתר דא"ק אשר שם.

ופרצוף א"א דאצילות, מלביש מטבור ולמטה דפרצוף ע"ב דא"ק, ומקבל שפעו מקומת מ"ה דע"ב דא"ק אשר שם.

ואו"א דאצילות, מלבישים מטבור ולמטה דפרצוף ס"ג דא"ק, ומקבלים שפעם מקומת מ"ה דס"ג אשר שם.

וזו"ן דאצילות, מלבישים מטבור ולמטה דפרצוף מ"ה וב"ן דא"ק, ומקבלים שפעם מקומת מ"ה דפרצוף מ"ה וב"ן דא"ק.

הרי שכל פרצוף מה"ס אצילות אינו מקבל מפרצוף שכנגדו בא"ק, רק בחינת ו"ק בלי ראש, הנק' קומת מ"ה. ואע"פ שיש בראשים דה"פ אצילות בחי' ג"ר, מ"מ אנו מתחשבים רק במוחין המתפשטים מפה ולמטה לגופים שלהם שהוא רק ו"ק בלי ראש, כנ"ל באות קל"ט.

157. [Это происходит] таким образом, что парцуф Атик де-Ацилут облачается на парцуф Кетер де-АК от его табура и ниже, и получает свое наполнение от ступени МА парцуфа Кетер де-АК, которая [находится] там.

А парцуф Арих Анпин де-Ацилут облачается от табура и ниже парцуфа АБ де-АК и получает свое наполнение от ступени МА де-АБ де-АК, которая [находится] там.

А Аба ве-Има де-Ацилут облачаются от табура и ниже парцуфа САГ де-АК, и получают свое наполнение от ступени МА де-САГ, которая [находится] там.

А ЗОН де-Ацилут облачаются от табура и ниже парцуфим МА и БОН де-АК и получают свое наполнение от ступени МА парцуфа МА и БОН де-АК.

Ведь каждый парцуф из пяти парцуфим мира Ацилут получает от соответствующего ему парцуфа мира АК только ВАК без рош, который называется ступенью МА. И несмотря на то, что есть в рошим пяти парцуфим Ацилута свойство ГАР, тем не менее мы принимаем в расчет только мохин, которые распространяются от пэ и ниже, в их гуфим, а это только ВАК без рош (как сказано выше в п. 139).

Все мироздание представляет собой пять миров, которые, в свою очередь, делятся на пять парцуфим, каждый из которых делится на пять частей по степени своего авиюта. Начиная с ЦБ, каждый парцуф имеет три состояния: ибур, еника, мохин, расположенные одно в другом. АХАП высшего парцуфа находится в ГЭ низшего. Кетер низшего парцуфа может получать свет только от Малхут высшего.

Каждый парцуф надевается на предыдущий от его пэ и вниз, как в ЦА. Однако в парцуфим, построенных по законам ЦБ, есть свои законы. Все зависит от того, какую функцию при этом хотят выразить. Кроме того, все Кетеры связаны между собой, все Хохмот между собой и так далее, не может Хохма низшего получать свет от ЗА высшего или от его Бины. Хохма получает от Хохмы через всю эту цепочку. В целом и в частности все подводится под закон подобия свойств.

Человек начинает постигать всю эту тесно связанную между собой систему только тогда, когда у него появляются соответствующие ей келим. Он становится ее интегральной частью, может влиять на нее и подвержен ее постоянному влиянию.

קנח) ואין הכוונה, שה"פ אצילות מלבישים כל אחד על הבחינה שכנגדו בא"ק, כי זה אי אפשר, שהרי ה"פ א"ק מלבישים זה על זה, וכן ה"פ אצילות. אלא הכוונה היא, שקומת כל פרצוף מפרצופי אצילות, מכוונת לעומת הבחינה שכנגדו שבה"פ א"ק, שמשם מקבל שפעו, (וצריך שתעיין באילן שסדרתי, ציור ג').

158. И не имеется в виду, что каждый из пяти парцуфим мира Ацилут облачается на соответствующую ему бхину мира АК. Ибо это невозможно, ведь пять парцуфим мира АК облачаются друг на друга, как и пять парцуфим мира Ацилут. А имеется в виду, что уровень каждого парцуфа из парцуфим мира Ацилут настроен на соответствующую ему бхину в пяти парцуфим мира АК, и оттуда он получает свое наполнение (и нужно, чтобы ты посмотрел это в «Книге Илан», составленной мной, чертеж 3).

А сейчас мы обратимся к чертежу 3 «Книги Илан»[1] и краткому объяснению к ней. В ней показано состояние пяти парцуфим АК в своем постоянном состоянии, из которого вышли пять парцуфим МА Хадаш, или пять парцуфим мира Ацилут, в своем постоянстве, то есть в них никогда более не происходило никакого уменьшения, так как это отдающие келим, а может произойти только увеличение, гадлут.

В ней также рассматривается разделение каждого парцуфа на Кетер и АБЕА, называемых еще Кетер, АБ, САГ, МА и БОН, или ехида, хая, нешама, руах, нефеш. Каждый рош до пэ называется «Кетер», или ехида. Расстояние от пэ и до хазе в каждом из них называется «Ацилут», или АБ, или хая. Расстояние от хазе до табура в каждом парцуфе носит наименование «Брия», или САГ, или нешама. Место от табура вниз каждого из них называется «Ецира» и «Асия», или МА и БОН, или руах и нефеш.

Разберем также порядок надевания одного парцуфа на другой. Каждый нижний из них надевается на верхний от пэ и ниже по следующему закону: рош каждого нижнего надевается на АБ – Ацилут высшего. АБ – Ацилут нижнего надеваются на САГ – Брия высшего. САГ – Брия нижнего одевается на МА и БОН (Ецира и Асия) высшего.

---

[1] См. главу Бааль Сулам. Книга Илан. Чертеж 3. Исходное состояние миров АК и Ацилут, ниже которого не бывает. – *Ред.*

Таким образом, пэ высшего является уровнем гальгальта нижнего. Хазе высшего служит пэ для нижнего. Табур высшего является хазе для нижнего. Выясняется также выход МА Хадаш в каждом из пяти парцуфим мира Ацилут и в соответствующем ему парцуфе в мире АК.

קנט) ובכדי שיושפעו המוחין מפה ולמטה אל הגופין דה"פ אצילות, נתבאר לעיל באות קמ"א, שצריכים לעלית מ"ן מהתחתונים, שאז מושפעים להם השלמת הע"ס דמין הב' המספיק גם להגופין, עש"ה. והנה באלו המ"ן שהתחתונים מעלים, יש ג' בחינות, כי כשמעלים מ"ן מבחינת עביות דבחי"ב, יוצאות עליהם ע"ס בקומת בינה, הנק' קומת ס"ג, שהן מוחין דאור הנשמה. וכשמעלים מ"ן מעביות דבחי"ג, יוצאות עליהם ע"ס בקומת חכמה, הנק' קומת ע"ב, שהן מוחין דאור החיה וכשמעלים מ"ן מעביות דבחי"ד, יוצאות עליהם ע"ס בקומת כתר, הנק' קומת גלגלתא, שהן מוחין דאור היחידה. כנ"ל באות כ"ט ע"ש.

159. А для того, чтобы были переданы мохин от пэ и ниже в гуфим пяти парцуфим мира Ацилут, было выяснено выше в п. 141, что [для этого] необходим подъем МАН от нижних, и тогда даются им [мохин для] восполнения десяти сфирот второго вида, достаточные и для гуфим – посмотри там как следует. И вот, в тех МАН, который поднимают нижние, есть три бхины. Потому что, когда они поднимают МАН от авиюта бхины бет, на них выходят десять сфирот на уровне Бина, который называется ступенью САГ, и это мохин света нешама. А когда они поднимают МАН от авиюта бхины гимель, на них выходят десять сфирот на уровне Хохма, который называется ступенью АБ, и это мохин света хая. А когда они поднимают МАН от авиюта бхины далет, на них выходят десять сфирот на уровне Кетер, который называется ступенью Гальгальта, и это мохин света ехида, как сказано в п. 29 – посмотри там.

Свет, приходящий сверху в ответ на подъем МАН, дополняет нижние парцуфим до десяти сфирот и дает им силу настолько, что они могут создать экран на свои неисправленные свойства и перейти из состояния катнут в состояние гадлут вторым путем, то есть путем добавления АХАП к ГЭ до десяти сфирот.

Свет, который входит в парцуф, зависит от авиюта в экране, от того желания, которым может пользоваться парцуф. Насколько парцуф может вобрать в себя свет, настолько он может действовать во имя Творца.

Как только что-то меняется в одном из парцуфим, тут же происходят изменения и во всех остальных, потому что существует взаимное сочетание, взаимная связь и взаимное проникновение одного парцуфа в другой. Если человек делает хоть одно малейшее исправление, то тут же возбуждает огромный свет во всех парцуфим и мирах. Настолько важна роль человека как единственно разумного создания для изменения состояния в мире. Каждый элемент творения испытывает то, что испытывают все остальные.

После исчезновения света остаются решимот в экране, а экран поднимается в рош и просит силы в соответствии с решимот, которые остались в нем. В мире Некудим после разбиения келим экран поднимается вверх со всеми решимот и хочет снова наполнения, новой силы намерения.

Каждая последующая ступень может родиться только после того, как полностью родилась предыдущая, то есть пока не образован парцуф Атик, не может родиться парцуф Арих Анпин. Рош САГ проверяет решимот далет-гимель и рождает на них парцуф Атик. До его рождения не может выйти стадия Хохма.

После того как рош де-САГ наполняет Атик до состояния гадлут, передает ему рош де-САГ все решимот, которые были у него, чтобы отобрал из них следующие, самые маленькие. Так Атик выбирает МАН, который является экраном, и решимот в стадии Хохма.

Затем, после образования катнута и гадлута в АА, он получает все решимот и отбирает из них наименьшие, для стадии Бина. Теперь, когда в АА есть гадлут де-нешама, он способен уже родить катнут в Аба ве-Има на месте Бины мира Ацилут (Бина де-МА). Чтобы дать силы АХАП де-Аба ве-Има получить свет «ради Творца», должен произойти зивуг АБ-САГ, и этот свет нисходит от САГ под табур через все парцуфим мира Ацилут к нужному месту.

קס) ודע שהתחתונים הראויים להעלות מ"ן הנ"ל, הם רק בחינת נר"ן דצדיקים, שכבר כלולים מבי"ע, ויכולים להעלות מ"ן לזו"ן דאצילות, הנחשבים לבחינת העליון שלהם, ואז הזו"ן מעלים מ"ן אל העליון שלהם, שהם או"א, ואו"א יותר למעלה, עד שמגיעים לפרצופי א"ק, ואז יורד אור העליון מא"ס ב"ה לפרצופי א"ק, על המ"ן שנתעלו שמה, ויוצאות קומת ע"ס ע"פ מדת העביות של המ"ן שהעלו, אם הוא מבחי"ב הוא קומת נשמה, אם מבחי"ג הוא קומת חיה וכו' כנ"ל. ומשם יורדים המוחין ממדרגה למדרגה דרך פרצופי א"ק, עד שבאים לפרצופי אצילות, וכן עוברים ממדרגה למדרגה דרך כל פרצופי אצילות, עד שבאים להזו"ן דאצילות, שהם משפיעים המוחין האלו אל הנר"ן דצדיקים שהעלו את המ"ן הללו מבי"ע. וזה הכלל שכל חידוש מוחין אינו בא אלא רק מא"ס ב"ה לבדו. ואין מדרגה יכולה להעלות מ"ן או לקבל שפע, רק מהעליון הסמוך לו.

*160. И знай, что нижние, достойные поднять вышеупомянутые МАН, это только [имеющие] свойства НАРАН де-цадиким (НАРАН праведников), которые уже содержат включения от БЕА и способны поднять МАН к ЗОН де-Ацилут, которые считаются для них высшими. И тогда ЗОН поднимают МАН к своему высшему, то есть к Аба ве-Има, а Аба ве-Има – еще выше, пока не достигнут парцуфим мира АК. И тогда спускается высший свет из Бесконечности к парцуфим мира АК на МАН, которые поднялись туда. И выходит ступень десяти сфирот в соответствии с мерой авиюта МАН, которые были подняты. Если он от бхины бет, то это ступень уровня нешама, если он от бхины гимель, то это ступень уровня хая и так далее, как было сказано выше. И оттуда нисходят мохин, со ступени на ступень, через парцуфим АК, пока не приходят к парцуфим мира Ацилут, и так же переходят со ступени на ступень через все парцуфим мира Ацилут, пока не приходят к ЗОН де-Ацилут, которые передают эти мохин к НАРАН праведников, которые подняли эти МАН из БЕА. И таково **правило**, что каждое обновление мохин приходит только*

155-179. Объяснение подъемов миров

исключительно из Бесконечности. А ступень не может поднять МАН или получить наполнение, кроме как от высшего, ближайшего к нему.

Мир Ацилут расположен от табура мира АК до парсы, под парсой находятся миры БЕА, в которых находятся неисправленные души. Если эти души с помощью каких-то действий могут возбудить своей просьбой получение сил для исправления ЗОН мира Ацилут, то они поднимают эту просьбу выше, до рош де-Гальгальта мира АК, которая соприкасается с миром Бесконечности и вызывает высший свет для передачи в БЕА.

Свет, распространяющийся сверху, многократно больше просьбы миров БЕА, но, спускаясь вниз и проходя все парцуфим и миры, он уменьшается до размеров просьбы – настолько, чтобы не навредить просящему.

Где бы ни находился парцуф, он ощущает только стоящего на одну ступень выше него. К нему он и обращается с просьбой о помощи, и только к нему, а не выше на несколько ступеней. В соответствии с работой по исправлению, в соответствии со вновь приобретенным экраном его местонахождение, то есть его ступень, будет меняться, но обращаться он всегда должен только к первой ступени, которая над ним.

Исправление души начинается из нашего мира. Человек нашего мира, двуногое белковое существо, получает сверху сигнал внутрь, начинает стремиться к чему-то ему непонятному, ищет и находит Учителя, группу и книги, по которым он занимается. На основании усиленной учебы совместно с групой, ведомой Учителем, ученик может достичь ибура в самом низшем духовном парцуфе.

Далее постепенно будут рождаться его отдающие келим, ГЭ. Такое состояние называется «катнут». Появление ГЭ говорит о возникновении внутри человека своего маленького мира Ацилут с авиютом шореш и алеф.

Продолжение занятий рождает в нем желание обратиться с просьбой к следующей ступени: дать ему возможность получить получающие келим, то есть перейти в гадлут, чтобы, отдавая, получать. Но как известно, на получающие келим был сделан ЦБ. Мир Некудим хотел получить их и разбился. Адам Ришон захотел работать с ними – и тоже разбился.

Как же все-таки получить их? Только с помощью АХАП де-алия. Человек просит о том, чтобы получить силы, позволяющие ему работать с получающими келим в границах, не допускающих разбиения келим. Если человек просит именно о той мере исправления, к которой он подготовил свои келим, если он точно знает, что ему необходимо, то к нему сразу же приходит духовная сила, точно отвечающая его просьбе о возможности работать с получающими келим, согласно его антиэгоистической готовности.

Если раньше у него были только ГЭ с авиютом шореш/алеф, то теперь он начинает работать с АХАП, скажем, на авиюте бет. Он переходит ступень катнут и получает первый уровень гадлута, бхину бет, то есть поднимается первый раз. При дальнейшей работе он приобретает силу работать с авиютом гимель и снова поднимается. И наконец, он приобретает получающие келим уровня далет и поднимается в третий раз, приобретая полный гадлут.

Когда у человека есть ГЭ, то он находится на уровне ЗОН мира Ацилут. В первый раз при гадлуте он поднимается на уровень ИШСУТ, во второй – на уровень Аба ве-Има мира Ацилут. В третий раз он приобретает уровень Арих Анпина мира Ацилут, а значит, полностью надевается на ЗОН мира Некудим, которые разбились, то есть полностью исправляет ЗОН мира Некудим. Так, самостоятельно, собственными усилиями человек возвращается к своему духовному корню, полностью получив в себя весь духовный свет.

Цадики (праведники) – это души, находящиеся в определенном духовном состоянии в мирах БЕА, желающие полностью оправдать Творца. Вся наша задача – достичь уровня цадик гамур (полный праведник), когда полностью открываются все действия Творца. Человек, видя, что все действия Творца правильные, дает Ему имя Праведник. Поэтому и сам человек называется праведником. Если человеку открываются не все действия Творца, или Творец скрыт от него, полностью или частично, то он, соответственно, называется неполным праведником, неполным грешником или полным грешником.

Наше состояние и имя зависят только от меры раскрытия Творца. В зависимости от этого будут меняться наши желания, наши свойства. Почему душа называется нешама? Потому что это самый большой свет, который наша душа может получить. Мир АК состоит из пяти парцуфим, потому что Творец влияет на все пять частей Малхут.

ЗОН мира Ацилут являются высшим парцуфом для всех миров БЕА, он является включением всего того, что находится под парсой и ниже. Любой МАН прежде всего поднимается в ГАР ЗОН мира Ацилут. Но ЗОН не могут удовлетворить просьбу от миров БЕА. Такой свет, как свет исправления или свет наполнения, может прийти только свыше.

Свет, который был во время разбиения, которым наслаждались и самонаслаждались парцуфим, не похож на свет, который приходит во время исправления и наполнения. Наслаждение от этого света говорит о том, как я наслаждаюсь от наслаждения Творца. Поэтому такой свет спускается из мира Бесконечности, он не может находиться в ЗОН мира Ацилут.

Любое движение в духовном мире альтруистично. Не может предыдущий парцуф дать последующему то, что было бы ему во вред. Последующий парцуф – это естественное продолжение развития предыдущего, его мыслей, его желаний. Гальгальта себя полностью исчерпала. Она больше ничего не может сделать для Творца. Поэтому у нее раскрывается следующая возможность: принять еще какое-то количество света, но на меньшем авиюте, то есть на уровне АБ, который продолжает действия Гальгальты.

После мира Ацилут семь первых сфирот от парсы до хазе мира Брия (70 ама) еще как бы относятся к миру Ацилут. Затем десять полных сфирот от хазе мира Брия до хазе мира Ецира (2000 ама) еще можно использовать в субботу в состояниях, когда парцуфим поднимаются в мир Ацилут. Мы видим, что пройти от хазе мира Ецира до хазе мира Брия значительно труднее, чем от парсы до хазе мира Брия. Эти измерения относительны.

קסא) ומכאן תדע, שאי אפשר שהתחתונים יקבלו משהו מהזו"ן דאצילות מטרם שיתגדלו על ידיהם כל הפרצופים העליונים דעולם האצילות ועולם הא"ק. כי נתבאר, שאין חידוש מוחין אלא מא"ס ב"ה, אמנם אין הנר"ן דצדיקים יכולים לקבלם אלא מהעליון הסמוך להם, שהם זו"ן דאצילות, ולפיכך צריכים המוחין להשתלשל דרך העולמות והפרצופים העליונים עד שמגיעים אל הזו"ן, שהם המשפיעים לנר"ן דצדיקים.

וכבר ידעת שאין העדר ברוחני, וענין העברה ממקום למקום, אין הפירוש שנעדרים ממקום הא' ובאים למקום הב', כנוהג בגשמיים, אלא שנשארים במקום הא' גם אחר שעברו ובאו למקום הב', כמו מדליק נר מנר ואין חברו חסר. ולא עוד, אלא זה הכלל, שעיקר ושורש האור נשאר במקום הא', ובמקום הב' נמשך רק בחינת ענף ממנו. ועם זה תבין שאותו השפע העובר דרך העליונים עד שמגיע לנר"ן דצדיקים, נשאר בכל מדרגה ומדרגה שעבר דרכה, ונמצאות כל המדרגות מתגדלות בסבת השפע שהם מעבירים לצורך נר"ן דצדיקים.

161. И, следовательно, знай, что невозможно, чтобы нижние получили что-то от ЗОН де-Ацилут прежде, чем не вырастут с их помощью все высшие парцуфим мира Ацилут и мира АК. Ведь было выяснено, что нет обновления в мохин, кроме как из Бесконечности, однако НАРАН праведников могут получать только от своего высшего, ближайшего к ним, то есть от ЗОН мира Ацилут. И поэтому мохин должны спускаться, проходя через миры и высшие парцуфим, пока не придут к ЗОН, которые передают их НАРАН праведников.

И ты уже знаешь, что нет исчезновения в духовном, и переход с места на место не означает, что они оставляют одно место и переходят на другое место, как это происходит в материальном, но они остаются в первом месте также и после того, как перешли и появились во втором, подобно тому, как зажигают свечу от свечи и свет в первой свече не исчезает. И более того, **правило** таково, что основной источник и корень света остается в первом месте, а во второе место простирается только его ветвь. И согласно этому пойми, что шефа (высшее благо, изобилие, наполнение), которое проходит через высших, пока оно не достигнет НАРАН де-цадиким (праведников), остается на каждой ступени, через которую проходит. И все ступени растут по причине этого шефа, которое они передают ими для НАРАН де-цадиким.

Маленькая работа маленького человечка внизу возбуждает огромный свет во всех мирах. Заслугой человека является то, что полученный им свет считается его личным приобретением.

קסב) ובהאמור תבין, איך התחתונים במעשיהם גורמים עליות וירידות להפרצופין והעולמות העליונים. כי בעת שמטיבים מעשיהם ומעלים מ"ן וממשיכים שפע, הרי כל העולמות והמדרגות, שדרכם עברה השפע, מתגדלים ועולים למעלה בסבת השפע שמעבירים, כנ"ל, ובעת שחוזרים ומקלקלים מעשיהם, הנה מתקלקל המ"ן, והמוחין מסתלקים גם ממדרגות העליונות, כי נפסק ענין העברת השפע מהן לצורך התחתונים, ונמצאות חוזרות ויורדות למצבן הקבוע כבתחילה.

162. Из сказанного пойми, как нижние своими действиями вызывают подъемы и падения высших парцуфим и миров. Потому что в тот момент, когда они улучшают свои действия и поднимают МАН, и притягивают шефа, все миры и ступени, через которые прошло шефа, растут и поднимаются вверх благодаря этому шефа, которое они проводят, как сказано выше. А в тот момент, когда они снова портят свои действия, тут же портится и их МАН, и мохин уходят также и с высших ступеней, потому что прекращается передача шефа от них для нижних. И они опять возвращаются и опускаются в свое постоянное состояние, в котором были вначале.

Мы знаем, что ничего не исчезает. Что было, то остается. Подъем и спуск миров определяется только относительно душ, которые, ухудшая свои действия, опускают миры относительно себя, а совершая хорошие дела, способствуют подъему миров.

Нет ничего происходящего в мире, что бы не способствовало движению к исправлению и приближению к гмар тикуну. Каждая ступенька, каждое событие, каждое действие – это еще один шаг к исправлению. Что значит, что какая-то душа испортилась? Она работала над собой, хотела сделать какое-то духовное действие, подняться, слиться с Творцом на какой-то ступени. Она подняла МАН, получила сверху свет и силы подняться на какую-то ступень. На достигнутой ступени она не может оставаться неподвижно.

Чтобы было какое-то движение, ей добавляют еще больший эгоизм, на который у нее пока нет экрана. Поэтому под воздействием этого балласта она падает, портится. Каждое падение происходит для того, чтобы вновь приобрести силы для нового подъема и, соответственно, тут же получить еще больший эгоизм. Так постепенно переводят из эгоизма в альтруизм все исконные эгоистические желания.

Бааль Сулам приводит пример с царем, который, желая переехать из одной столицы в другую, не знал, как перевезти свои сокровища. Поэтому он раздал каждому из своих подданных по одной золотой монете. На эту сумму можно было им доверять. Таким образом, маленькими порциями он смог перевезти все свое состояние. Здесь виден намек на исправление общего эгоизма путем деления его на мелкие части и перевода их в мир Ацилут, где они снова сольются в одно целое, в одно кли, в одну общую душу.

קסג) ועתה נבאר סדר עליות ה"פ אצילות לה"פ א"ק, וג' העולמות בי"ע לישסו"ת וזו"ן דאצילות, החל ממצבם הקבוע, עד להגובה שאפשר להיות בהשתא אלפי שני מטרם גמר התיקון. שבדרך כלל, הן רק ג' עליות, אמנם הן מתחלקות לפרטים מרובים.

והנה מצב העולמות א"ק ואבי"ע בקביעות כבר נתבאר לעיל, כי פרצוף הראשון הנאצל לאחר צמצום א', הוא פרצוף גלגלתא דא"ק, שעליו מלבישים ד' פרצופי א"ק: ע"ב ס"ג מ"ה וב"ן, וסיום רגלי א"ק הוא למעלה מנקודת העוה"ז (כנ"ל באות כ"ז ואות ל"א ע"ש), ועליו מסבבים המקיפים דא"ק מא"ס ב"ה, שלגדלם אין קץ ושיעור, (כנ"ל באות ל"ב, ע"ש). וכמו שא"ס ב"ה מקיף מסביב לו, כן הוא מתלבש בפנימיותו, **והוא המכונה קו א"ס ב"ה.**

163. А теперь выясним порядок подъемов пяти парцуфим мира Ацилут к пяти парцуфим мира Адам Кадмон, и трех миров БЕА к ИШСУТ и ЗОН де-Ацилут, начиная с их постоянного состояния и до высоты, которая только возможна в течение 6000 лет до достижения окончательного исправления. И обычно это только три подъема, хотя они и делятся на множество деталей.

И вот, положение миров АК и АБЕА в их постоянном состоянии уже было выяснено выше, ибо первый парцуф, который был создан после первого сокращения – это парцуф Гальгальта де-АК, на который облачаются четыре парцуфа АК: АБ, САГ, МА и БОН. И сиюм раглей (завершение ног) АК находится выше точки «этого мира» (как было сказано выше в п. 27 и п. 31, посмотри там). И его окружают со всех сторон окружающие света де-АК, исходящие из Бесконечности, величию которых нет меры и предела (как сказано выше в п. 32, посмотри там). И так же, как свет Бесконечности окружает его со всех сторон, так же он облачается и в его внутреннюю часть, и [этот свет] называется **кав Эйн Соф** *(линия Бесконечности).*

קסד) ובפנימיות מ"ה וב"ן דא"ק, יש פרצוף תנהי"מ דא"ק, המכונה ג"כ נקודות דס"ג דא"ק, (לעיל באות ס"ג וס"ו עש"ה), שבעת צמצום הב', עלתה מלכות המסיימת, שעמדה מעל לנקודת דעוה"ז וקבעה מקומה בחזה דפרצוף הזה, מתחת שליש עליון דת"ת שלו, ונעשה שם סיום חדש על אור העליון, שלא יתפשט משם ולמטה, וסיום חדש הזה נק' בשם **פרסא שמתחת האצילות.** (כנ"ל באות ס"ח), ואלו הספירות שמחזה ולמטה דפרצוף נקודות דס"ג דא"ק, שנשארו מתחת הפרסא, נעשו מקום לג' העולמות בי"ע: ב"ש ת"ת עד החזה, נעשה מקום לעולם הבריאה. ונה"י נעשו מקום

לעולם היצירה. והמלכות, נעשה מקום לעולם העשיה. (כנ"ל באות ס"ז), ונמצא שמקום ג' העולמות בי"ע, מתחיל מתחת הפרסא ומסתיים ממעל לנקודה דעוה"ז.

164. А внутри парцуфим МА и БОН де-АК есть парцуф ТАНХИМ де-АК, который называется также Некудот де-САГ де-АК (см. выше в пп. 63 и 66, посмотри там об этом как следует). И во время второго сокращения поднялась Малхут месаемет, которая находилась над точкой «этого мира», и установила свое место в хазэ этого парцуфа под верхней третью его Тиферет, и образовался там новый сиюм (окончание) на высший свет, чтобы он не мог распространиться с этого места и вниз, и этот новый сиюм называется **«парса», что под миром Ацилут** (как сказано выше в п. 68). А сфирот, находящиеся от хазэ и ниже парцуфа Некудот де-САГ де-АК, которые остались под парсой, образовали место для трех миров БЕА: две трети Тиферет до хазэ стали местом для мира Брия, НЕХИ стали местом для мира Ецира, а Малхут стала местом для мира Асия (как сказано выше в п. 67). И получается, что место для трех миров БЕА начинается под парсой и заканчивается над точкой «этого мира».

Парса, Тиферет, называется Бина де-гуфа[1], которая при воздействии сокращения оказывается под ГАР (гимель ришонот) де-Бина. Следует помнить, что гуф парцуфа, Тиферет, делится на три части: верхняя треть Тиферет – ХАБАД, средняя треть Тиферет – ХАГАТ, нижняя треть Тиферет – НЕХИ. Малхут поднимается под ГАР де-Бина, в место, называемое хазе. С этого места и ниже действует закон ЦБ и образуется парса под миром Ацилут.

קסה) ונמצאים ד' העולמות, **אצילות, בריאה, יצירה ועשיה**, שמתחילים ממקום למטה מטבור דא"ק, ומסתיימים ממעל לנקודת העוה"ז כי ה"פ עולם

---

[1] См. комментарии к п. 59, а также главу «Устройство духовных миров», статья «Второе сокращение» со слов: «Получается, что сфира Тиферет – это Бина де-гуф парцуфа». – *Ред.*

155-179. Объяснение подъемов миров

האצילות, מתחילים ממקום שלמטה מטבור דא"ק, ומסתיימים ממעל להפרסא הנ"ל ומהפרסא ולמטה עד לעוה"ז, עומדים ג' העולמות בי"ע, וזהו מצב הקבוע של העולמות א"ק ואבי"ע, שלעולם לא יארע בהם שום מיעוט. וכבר נתבאר לעיל (באות קל"ח) שבמצב הזה אין בכל הפרצופין והעולמות אלא רק בחינת ו"ק בלי ראש, כי אפילו בג' הפרצופין הראשונים דאצילות שיש ג"ר בראשים שלהם, מ"מ אינן מושפעות מפה ולמטה שלהם, וכל הגופים הם ו"ק בלי ראש, וכ"ש בפרצופי בי"ע. ואפילו פרצופי א"ק, בערך המקיפים שלו, נבחנים ג"כ שהם חסרי ג"ר. והתבונן היטב לעיל באות ל"ב.

165. *А четыре мира **Ацилут, Брия, Ецира и Асия** располагаются, начиная с места ниже табура де-АК, и заканчиваются выше точки «этого мира». Ведь пять парцуфим мира Ацилут начинаются с места, которое ниже табура де-АК, и завершаются над парсой, как сказано выше. А от парсы и ниже, вплоть до «этого мира», располагаются три мира БЕА. И это постоянное состояние миров АК и АБЕА, и в них никогда не произойдет никакого уменьшения. И уже было выяснено выше (в п. 138), что в этом состоянии во всех парцуфим и мирах есть только бхина ВАК без рош, ибо даже у трех первых парцуфим мира Ацилут, у которых в рошим есть ГАР, в любом случае они не передаются от их пэ и ниже, и все гуфим находятся в состоянии ВАК без рош, и тем более парцуфим БЕА. И даже парцуфим мира АК в том, что относится к его окружающим светам, считаются также не имеющими ГАР. И изучи как следует сказанное выше в п. 32.*

ГАР – это рош и настоящий свет хохма, а ВАК – это свет хасадим с частичкой света хохма.

Что же происходит в мире Ацилут? Начнем объяснение издалека, с Гальгальты. Гальгальта получает свет из мира Бесконечности. Мы знаем, что существует обратная зависимость между светами и келим. Чем грубее кли, тем с бо́льшим экраном он может работать, тем больший свет он может получить, и наоборот: чем меньше кли, тем меньше у него экран и тем меньше света он получит.

Все зависит от того, насколько самые низкие духовные объекты, то есть души, будут требовать силы для исправления своего эгоизма. Пока низшие не исправляются, в Гальгальте, АБ и САГ находится самый маленький свет.

Сначала в кли Кетер входит свет нефеш. Когда появляется кли Хохма, в него переходит свет нефеш, а свет руах входит в Кетер. И так далее, пока в действие не приводится кли Малхут, тогда в Кетер входит самый большой свет – ехида. Мы видим, что для получения самого высшего света должно включиться в работу самое эгоистическое кли – Малхут, и построить для себя экран.

А до гмар тикуна вообще нельзя работать с Малхут де-Малхут мира Бесконечности. Человек не в состоянии ее исправить до прихода Машиаха и получить в нее настоящий свет хохма. Поэтому в парцуфим Гальгальта, АБ и САГ нет ГАР – истинного света хохма. Он появляется только при использовании Малхут.

Разбиение келим показало, что невозможно работать с получающими келим, но можно постепенно включать их в альтруистические келим – АХАП де-алия. Это значит, что никогда свет хохма в своей полноте и совершенстве не может войти в кли до настоящего исправления, до гмар тикуна.

Как уже не раз говорилось, после второго сокращения можно работать только с отдающими келим, ГЭ, которые наполняются светом хасадим, и с келим АХАП, которые ничего не получают, а включаются в ГЭ. Но поскольку они все же эгоистичны, то они автоматически, в силу своей природы, притягивают свечение хохмы, то есть в них есть ВАК де-Хохма, или ВАК без рош, но не ГАР.

Все законы мира Ацилут созданы таким образом, чтобы не пропускать вниз большой свет. В рошим парцуфим мира Ацилут есть свет хохма, но лишь его небольшая часть проходит вниз. Если в рош есть ГАР, то в гуф проходит всего лишь ВАК от этого света.

155-179. Объяснение подъемов миров

Свет АБ-САГ – это не свет удовольствия, а свет, который приходит для исправления келим, для придания желаниям альтруистического намерения. Над желаниями мы не властны, – их дает Творец. Им можно только придать альтруистическое намерение. Я желаю выпить чашку кофе. Это желание я не могу изменить. Но выпить ее я могу по-разному: либо потому, что хочу насладиться, либо потому, что доставляю этим наслаждение Творцу. Это происходит только тогда, когда я Его ощущаю и понимаю, что Он дает мне, и поэтому хочу вернуть Ему наслаждение. Для этого необходимо ощущать Дающего.

Для того чтобы исправить желание, вернее, придать ему альтруистическое намерение, и существует приходящий свет АБ-САГ. Человеку раскрывается Творец, величие которого он начинает ощущать, и тогда для Творца человек готов сделать все. Важность и величие духовного, которые выше нашего наслаждения, дают нам силы все делать ради Творца. В нашем мире мы тоже, видя большого, важного человека, с удовольствием соглашаемся все сделать ради него.

קסו) ולפיכך נוהגות ג' עליות כוללות, בכדי להשלים העולמות בג' הקומות, נשמה חיה יחידה החסרות להם. ועליות האלו תלויות בהעלאת מ"ן של התחתונים כנ"ל העליה הא' היא, בעת שהתחתונים מעלים מ"ן מבחינת העביות דבחי"ב, שאז נבררים האח"פ דקומת בינה ונשמה, מבחי' השלמת הע"ס דמין הב', דהיינו מהארת נקודת השורק, (כנ"ל באות קל"ה, עש"ה), אשר המוחין האלו מאירים גם לבחינת הז"ת והגופין, כמו בפרצופי א"ק, שכל הכמות שיש בע"ס דראשי פרצופי א"ק, עוברת ומתפשטת גם לגופים.

166. И согласно этому происходят три общих подъема для того, чтобы восполнить миры в трех уровнях: нешама, хая, ехида, которых им недостает. И эти подъемы зависят от подъема МАН со стороны нижних, как было сказано выше.

Первый подъем происходит в то время, когда нижние поднимают МАН исходя из авиюта бхины бет, и тогда выясняются АХАП уровня Бина и нешама, в виде восполнения десяти сфирот второго вида – то есть от свечения точки шурук (как сказано выше в п. 135 – посмотри там об этом как следует), когда эти мохин светят также в ЗАТ и гуфим, как в парцуфим мира АК, где все количество [света], которое есть в десяти сфирот де-рош у парцуфим мира АК, переходит и распространяется также и в [их] гуфим.

Все миры АБЕА не используют свои истинные АХАП. Тем не менее каждый из этих миров начинает получать свет в свои АХАП и постепенно наполняться всем светом, необходимым для конца исправления, достигая своего самого большого состояния. Как это происходит?

Сначала все парцуфим, дополнительно к ГЭ (авиют шореш и алеф), приобретают еще озэн (авиют бет). Приходит сила, помогающая приобрести бет де-авиют и свет нешама. Но поскольку используются не свои АХАП, а АХАП де-алия, то при этом происходит еще и подъем миров на одну ступень, или на десять сфирот. Затем парцуфим получают свет, помогающий приобрести гимель де-авиют, то есть хотэм, и свет хая, что соответствует еще одному подъему миров на одну ступень, или на десять сфирот.

И наконец, приходит свет, исправляющий бхинат далет, то есть пэ, и свет ехида, что характеризуется третьим подъемом миров еще на одну ступень, или десять сфирот. Требуется всего три подъема миров, чтобы получить все необходимые и недостающие света: нешама, хая и ехида.

Все пять парцуфим мира Ацилут одеваются соответственно на пять парцуфим мира АК: каждый парцуф мира Ацилут надевается от табура и вниз на соответствующий ему высший парцуф мира АК. Часть парцуфа от табура до сиюма называется ВАК.

В своем первом подъеме парцуф из состояния катнут (нефеш-руах, ГЭ) дополняется уровнем нешама, САГ. И тогда надевается на расположенную против этого уровня соответствующую часть мира АК, от хазе до табура, потому что там находится Бина де-гуф, САГ каждого парцуфа.

155-179. Объяснение подъемов миров

Во втором подъеме каждый парцуф надевается на соответствующий ему парцуф мира АК, от пэ до хазе его, то есть на уровень Хохма, хая, АБ. В третьем подъеме каждый парцуф мира Ацилут надевается на рош соответствующего парцуфа мира АК и получает мохин (свет) де-ехида.

Каждый парцуф должен надеваться на место, где светят решимот предыдущей, исчезнувшей ступени гуфа де-Гальгальта. Рош де-АБ должна надеться не на рош де-Гальгальта, а от пэ до хазе Гальгальты, ведь его корень там, где исчез свет, там свет и должен распространиться, т.е. в хазе де-Гальгальта, а не в ее рош.

Рош мира Некудим ИШСУТ одевается на рош Гальгальты. Кетер одевается на АБ де-АК, Аба ве-Има – на САГ де-АК. И каждый должен наполнить парцуфим в АК. В соответствии с тем, что в гуфим парцуфим ГАР мира Ацилут в мацав акаваа (исходном состоянии) есть только свет ВАК, возможны только три подъема миров АБЕА.

Когда нижние парцуфим поднимают МАН, то есть говорят: «Дай нам силу преодолеть желания, дай свойства Бины, находящейся в мире Брия!», то от света шурук, то есть от света, нисходящего от АВИ паним бе-паним с помощью подъема МАН нижнего парцуфа, можно получить силу и начать подниматься.

קסז) ונמצא, בעת שמוחין אלו עוברים דרך פרצופי האצילות, מקבל כל אחד מה"פ אצילות, בחינת מוחין דבינה ונשמה הנק' מוחין דס"ג, המאירים ג"ר גם לפרצופין שלהם כמו בא"ק, וע"כ נבחן אז, שהם מתגדלים ועולים ומלבישים על פרצופי א"ק, כפי מדת המוחין שהשיגו.

167. И получается, что в то время, когда эти мохин проходят через парцуфим мира Ацилут, каждый из пяти парцуфим мира Ацилут получает мохин де-Бина и нешама, которые называются мохин де-САГ, которые светят [в качестве] ГАР также и их парцуфим, таким же образом, как и в АК. И поэтому тогда считается, что они растут, поднимаются и облачаются на парцуфим АК, согласно размеру мохин, которые они обрели.

קסח) באופן, שבעת שפרצוף עתיק דאצילות השיג המוחין האלו דבינה, נמצא עולה ומלביש לפרצוף בינה דא"ק, המכוון נגד קומת ס"ג דפרצוף גלגלתא דא"ק, והוא מקבל משם בחינת נשמה דיחידה דא"ק, המאירה גם להז"ת שלו.

וכשהמוחין באים לפרצוף א"א דאצילות, הוא עולה ומלביש על ראש דעתיק דקביעות, המכוון נגד קומת הס"ג דפרצוף ע"ב דא"ק, והוא מקבל משם בחינת נשמה דחיה דא"ק, המאירה לז"ת שלו.

וכשהמוחין באים לפרצוף או"א דאצילות, הם עולים ומלבישים לג"ר דא"א דקביעות, המכוון נגד קומת בינה דס"ג דא"ק, והם מקבלים משם בחינת נשמה דנשמה דא"ק, המאירה גם להז"ת שלהם.

וכשהמוחין אלו באים לישסו"ת וזו"ן דאצילות, הם עולים ומלבישים על או"א דקביעות, המכוון נגד קומת בינה דפרצוף מ"ה וב"ן דא"ק, ומקבלים משם בחינת נשמה דנפש רוח דא"ק. ואז מקבלים הנר"ן דצדיקים את המוחין דנשמה דאצילות.

וכשהמוחין באים לפרצופי עולם הבריאה, עולה עולם הבריאה ומלביש את הנוקבא דאצילות, ומקבל ממנה בחינת נפש דאצילות.

וכשבאים המוחין לעולם היצירה, הוא עולה ומלביש לעולם הבריאה דקביעות, ומקבל ממנו בחינת נשמה וג"ר דבריאה.

וכשהמוחין באים לעולם העשיה, הוא עולה ומלביש על עולם היצירה, ומקבל משם בחינת מוחין דו"ק שביצירה.

והנה נתבאר העליה הא' שהשיג כל פרצוף מאבי"ע, בסבת המ"ן דבחי"ב שהעלו התחתונים. (ועיין באילן הנדפס בסוף ספרי, בית שער לכוונות, ציור ז').

168. Таким образом, что в то время, когда парцуф Атик де-Ацилут обретает эти мохин Бины, он поднимается и облачается на парцуф Бина де-АК, который соответствует уровню САГ парцуфа Гальгальта де-АК. И он получает оттуда бхину «нешама де-ехида де-АК», которая светит также и в его ЗАТ.

А когда мохин приходят к парцуфу Арих Анпин де-Ацилут, он поднимается и облачается на рош де-Атик в его постоянном состоянии, который соответствует уровню САГ парцуфа АБ де-АК. И он получает оттуда бхину «нешама де-хая де-АК», которая светит в его ЗАТ.

А когда мохин приходят к парцуфу Аба ве-Има де-Ацилут, они поднимаются и облачаются на ГАР де-Арих Анпин в его постоянном состоянии, который соответ-

ствуюет уровню Бины де-САГ де-АК, и они получают оттуда бхину «нешама де-нешама де-АК», которая также светит в их ЗАТ.

А когда эти мохин приходят к ИШСУТ и ЗОН де-Ацилут, они поднимаются и облачаются на парцуф Аба ве-Има в его постоянном состоянии, который соответствует уровню Бины парцуфа МА и БОН де-АК, и получают оттуда бхину «нешама де-нефеш-руах де-АК». И тогда получают НАРАН де-цадиким мохин де-нешама де-Ацилут.

А когда мохин приходят к парцуфим мира Брия, поднимается мир Брия и облачает Нукву де-Ацилут и получает от нее бхину «нефеш де-Ацилут».

А когда мохин приходят в мир Ецира, он поднимается и облачается на мир Брия в его постоянном состоянии и получает от него бхину «нешама и ГАР де-Брия».

А когда мохин приходят в мир Асия, он поднимается и облачается на мир Ецира, и получает оттуда бхину «мохин де-ВАК, что в Ецира».

И вот, выяснился первый подъем, который достигает каждый парцуф из миров АБЕА благодаря МАН бхины бет, который подняли нижние (и посмотри в чертежах «Илан», напечатанных в конце моей книги «Бейт Шаар Каванот», чертеж 7[1]).

Мы видим, как под влиянием просьб-молитв душ, находящихся внутри миров БЕА, они поднимаются через все миры к рош Гальгальты, которая делает зивуг со светом мира Бесконечности, получает там свет, и он проходит через все парцуфим миров АК, Ацилут, БЕА и доходит до той души, которая вызвала появление этого света, наполняя ее. Душа и все миры находятся в состоянии подъема. Та нить, которая соединяет данную душу с миром Бесконечности, и является связующим звеном между душой и Творцом.

---

[1] См. главу «Бааль Сулам. Книга Илан». Чертеж 7. Подъем миров АБЕА до уровня нешама относительно исходного состояния мира АК. – *Ред.*

Нэфеш и руах – это постоянные света в мирах, а при подъеме к ним сначала добавляется свет нешама. Каждый парцуф поднимается на ступеньку выше. Рош нижнего достигает рош вышестоящего, от нее нижний постигает все мысли, все замыслы, все расчеты.

Посмотрим на чертеж 7 Книги Илан. Ранее, на чертеже 3, мы видели постоянное наименьшее состояние миров БЕА, меньше которого быть не может. А на этом чертеже мы видим, в каком состоянии находятся миры АБЕА после первого подъема, когда они получили свет нешама. Отметим снова, что в состоянии, показанном на чертеже 3, рош каждого парцуфа надевалась на МА соответствующего парцуфа мира АК. Здесь же рош каждого парцуфа мира Ацилут надевается на САГ соответствующего парцуфа мира АК.

Таким образом, произошел сдвиг миров АБЕА на одну ступень вверх по сравнению с прежним состоянием и миром АК. Мир АК тоже поднимается, получая соответствующий свет из мира Бесконечности. Но здесь нашей целью является увидеть добавку, которую получили миры Ацилут и БЕА. Мы можем сказать, что благодаря просьбе душ, все миры получили свет нешама, и образовались новые келим, которые наполнились светом, начиная от мира Бесконечности и до нашего мира.

קסט) העליה הב' היא, בעת שהתחתונים מעלים מ"ן מבחינת העביות דבחי"ג, שאז נבררין האח"פ דקומת חכמה וחיה, מבחינת השלמת הע"ס דמין הב'. שמוחין אלו מאירים גם לבחינת הז"ת והגופין כמו בפרצופי א"ק. כנ"ל. וכשהמוחין עוברים דרך הפרצופין דאבי"ע, נמצא כל פרצוף עולה ומתגדל על ידיהם כפי המוחין שהשיג

169. Второй подъем происходит в то время, когда нижние поднимают МАН исходя из авиюта бхины гимель. И тогда выясняются АХАП уровней Хохма и хая, в виде восполнения десяти сфирот второго вида. И эти мохин светят также в ЗАТ и в гуфим, как в парцуфим АК, как сказано выше. И когда эти мохин проходят через парцуфим миров АБЕА, каждый парцуф поднимается и растет благодаря им, в мере тех мохин, которые он приобрел.

155-179. Объяснение подъемов миров

Дополнительное наполнение светом называется подъемом. Как уже было сказано, на самом деле в духовном нет ни подъемов, ни спусков. Для подъема нужно иметь дополнительное кли, для создания которого должна прийти просьба снизу.

Какие еще есть методы исправления и наполнения келим? За счет прихода света свыше. Он временно дает возбуждение к духовному, исправляет и поддерживает все парцуфим и души в мирах БЕА, наполняя их небольшим светом. Это происходит в рош ходеш (досл. «голова месяца», новомесячье по лунному календарю), шаббат, праздники.

В зависимости от света, идущего сверху, можно знать, что это за дни и праздники. Всю разновидность вносит свет, его вид. Отсюда и весь временной календарь, запущенный Творцом. Свет приходит сверху, возбуждает келим, наполняет их, опустошает. Этот свет не связан с просьбой душ.

В зависимости от вида и силы просьбы, поднимаемой душой, эта душа может подняться на одну, две или три ступени. Подъем на все три ступени собственными силами означает гмар тикун для этой души. Она исправила максимум, что можно было исправить с помощью АХАП де-алия, то есть она включает собственные келим в отдающие келим и не работает с лев аЭвен, который исправляется с приходом Машиаха.

Таким образом, существуют два вида подъема душ: первый – это возбуждение свыше, оно не в нашей власти, это дело самого Творца, который запускает весь этот сложнейший механизм, называемый природой. Второй вид – это как можно лучше подготовиться к возбуждению снизу, обогнать все влияния света сверху, не обращать на них внимания, а подниматься самим.

При этом клипот опускаются вниз, а не находятся параллельно чистым мирам, что лишает их возможности отрицательного влияния. Поэтому души, сделав три подъема в мир Ацилут, полностью отрываются от клипот. А до этого времени есть противостояние чистых и нечистых миров. От человека требуется сделать в своих мыслях полный анализ, какие чувства им руководят, какие намерения, и стараться отделить альтруистические от эгоистических.

קע) באופן, כשבאו המוחין לפרצוף עתיק דאצילות עולה ומלביש לג"ר דפרצוף חכמה דא"ק, הנק' ע"ב דא"ק, המכוון נגד קומת ע"ב דגלגלתא דא"ק, ומקבל משם בחינת אור החיה דיחידה.

וכשהמוחין מגיעים לפרצוף א"א דאצילות, הוא עולה ומלביש לג"ר דס"ג דא"ק, המכוונים נגד קומת ע"ב דפרצוף ע"ב דא"ק, ומקבל משם בחי' אור החיה דחיה דא"ק

וכשהמוחין מגיעים לפרצופי או"א דאצילות, הם עולים ומלבישים לג"ר דעתיק דקביעות, המכוונות נגד קומת ע"ב דפרצוף ס"ג דא"ק, ומקבל משם בחינת אור החיה דנשמה דא"ק, המאירה גם להז"ת והגופין.

וכשהמוחין באים לישסו"ת דאצילות, הם עולים ומלבישים לג"ר דא"א דקביעות, המכוונות נגד קומת ע"ב דמ"ה דא"ק, ומקבלות משם אור החיה דמ"ה דא"ק.

וכשהמוחין באים לזו"ן דאצילות, הם עולים לג"ר דאו"א, המכוונים נגד קומת ע"ב דב"ן דא"ק, ומקבלים משם בחינת אור החיה דב"ן דא"ק. ומהזו"ן מקבלים נשמת הצדיקים. וכשמגיעים המוחין לעולם הבריאה, הוא עולה ומלביש על הז"א דאצילות, ומקבל ממנו בחינת רוח דאצילות,

וכשהמוחין באים לעולם היצירה, עולה היצירה ומלביש על הנוקבא דאצילות, ומקבל ממנה אור הנפש דאצילות.

וכשבאים המוחין לעולם העשיה עולה ומלביש לעולם הבריאה ומקבל ממנו בחי' ג"ר ונשמה דבריאה, ואז נשלם עולם העשיה בכל הנר"ן דבי"ע.

והנה נתבאר העליה הב' של כל פרצוף מפרצופי אבי"ע, שעלו ונתגדלו בסבת המ"ן דבחי"ג שהעלו הנר"ן דצדיקים. (ועיין באילן ציור ח').

170. Таким образом, когда мохин приходят к парцуфу Атик де-Ацилут, он поднимается и облачается на ГАР парцуфа Хохма де-АК, называемого АБ де-АК, который соответствует уровню АБ де-Гальгальта де-АК, и он получает оттуда бхину света хая де-ехида.

А когда мохин приходят к парцуфу Арих Антин де-Ацилут, он поднимается и облачается на ГАР де-САГ де-АК, которые соответствуют уровню АБ парцуфа АБ де-АК. И получает оттуда бхину света хая де-хая де-АК.

А когда мохин приходят к парцуфим Аба ве-Има де-Ацилут, они поднимаются и облачаются на ГАР де-Атик в его постоянном состоянии, которые соответствуют уровню АБ парцуфа САГ де-АК, и получают оттуда

бхину света хая де-нешама де-АК, который светит также в ЗАТ и в гуфим.

А когда мохин приходят к ИШСУТ де-Ацилут, они поднимаются и облачаются на ГАР де-Арих Анпин в его постоянном состоянии, которые соответствуют уровню АБ де-МА де-АК, и получают оттуда свет хая де-МА де-АК.

А когда мохин приходят к ЗОН де-Ацилут, они поднимаются к ГАР де-Аба ве-Има, которые соответствуют уровню АБ де-БОН де-АК, и получают оттуда бхину света хая де-БОН де-АК. А от ЗОН получают нешама де-цадиким.

А когда приходят мохин в мир Брия, он поднимается и облачается на ЗА де-Ацилут и получает от него бхину «руах де-Ацилут».

А когда мохин приходят в мир Ецира, поднимается Ецира и облачается на Нукву де-Ацилут, и получает от нее свет нэфэш де-Ацилут.

А когда приходят мохин в мир Асия, он поднимается и облачается на мир Брия и получает от него бхину «ГАР и нешама де-Брия», и тогда восполняется мир Асия всеми НАРАН де-БЕА.

И вот выяснился второй подъем каждого парцуфа из парцуфим АБЕА, которые поднялись и выросли благодаря МАН де-бхина гимель, который подняли НАРАН де-цадиким. (И посмотри в «Илан» чертеж 8[1]).

Второй подъем происходит точно по той же системе, как и первый. Мир АК остается на своем месте, а миры АБЕА поднимаются по отношению к нему. По чертежу № 8 в конце книги видно, как рош каждого парцуфа надевается на соответствующее место уже не парцуфа САГ, как это было при первом подъеме, а парцуфа АБ де-АК. Атик надевается на АБ де-Гальгальта, Арих Анпин – на АБ де-АБ, Аба ве-Има – на АБ де-САГ, то есть все они получают свет хохма от АБ.

---

[1] См. главу «Бааль Сулам. Книга Илан». Чертеж 7. Подъем миров АБЕА до уровня хая относительно исходного состояния мира АК. – *Ред.*

קעא) העליה הג' היא, בעת שהתחתונים מעלים מ"ן מעביות דבחי"ד, שאז נבררים האח"פ דקומת כתר ויחידה, מבחינת השלמת הע"ס דמין הב', אשר מוחין אלו מאירים גם להז"ת והגופין שלהם כמו בפרצופי א"ק. וכשהמוחין אלו עוברים דרך פרצופי אבי"ע, הרי כל פרצוף עולה ומתגדל ומלביש לעליונו כפי מדת המוחין ההם

171. Третий подъем происходит, когда нижние поднимают МАН от авиюта бхины далет, и тогда выясняются АХАП уровня Кетер и ехида, в виде восполнения десяти сфирот второго вида, и эти мохин светят также в ЗАТ и в их гуфим, как в парцуфим АК. И когда эти мохин проходят через парцуфим АБЕА, каждый парцуф поднимается и растет, и облачается на свой высший парцуф, в мере этих мохин.

О третьем подъеме рассказывается и в следующем параграфе. Это видно на чертеже 9 [1], когда все парцуфим миров Ацилут, Брия, Ецира и Асия поднимаются еще на один уровень и получают, соответственно, свет ехида. При этом все парцуфим мира Ацилут надеваются на соответствующие парцуфим мира АК. Таким образом, все миры АБЕА, которые сначала были на уровне ГЭ (Кетер, Хохма), сейчас приобрели келим Бины, ЗА и Малхут с помощью трех подъемов, и таким образом полностью наполнили себя светом.

При первом подъеме мир Брия поднялся над парсой в мир Ацилут, при втором подъеме мир Ецира достиг мира Ацилут, а при третьем подъеме мир Асия тоже поднялся над парсой в мир Ацилут. При первом подъеме мир Асия поднялся на уровень мира Ецира, при втором – на уровень мира Брия, а при третьем подъеме миров поднялся на уровень Ацилут.

Все решимот от разбиения келим выстраиваются в определенную цепочку: от самого слабого до наиболее сильного, грубого, от легкого исправления к более сложному. Каждый раз цикл исправлений определенных душ называется поко-

---

[1] См. главу «Бааль Сулам. Книга Илан». Чертеж 9. Подъем миров АБЕА до уровня ехида относительно исходного состояния мира АК. – *Ред.*

лением, тогда исходит соответствующий им свет. При спуске более грубых душ требуется более сильный свет, что приводит к большему исправлению и в нашем, и в духовных мирах. Все это идет от малых исправлений к сложным, пока не происходит окончательное исправление – гмар тикун.

קעב) באופן, שבעת ביאת המוחין לפרצוף עתיק דאצילות, עולה ומלביש לג"ר דפרצוף גלגלתא דא"ק, ומקבל משם בחינת אור היחידה דיחידה.

וכשהמוחין מגיעים לפרצוף א"א דאצילות עולה ומלביש לג"ר דפרצוף ע"ב דא"ק, ומקבל משם אור היחידה דחיה דא"ק.

וכשהמוחין מגיעים לפרצוף או"א דאצילות, הם עולים ומלבישים לג"ר דס"ג דא"ק, ומקבלים משם אור היחידה דנשמה דא"ק.

וכשהמוחין מגיעים לפרצוף ישסו"ת, הם עולים ומלבישים לג"ר דמ"ה דא"ק, ומקבלים משם אור היחידה דמ"ה דא"ק.

וכשהמוחין מגיעים לזו"ן דאצילות, הם עולים ומלבישים לג"ר דב"ן דא"ק, ומקבלים משם אור היחידה דב"ן דא"ק. ואז מקבלים הנר"ן דצדיקים את אור היחידה מהזו"ן דאצילות.

ובעת שהמוחין מגיעים לעולם הבריאה, עולה ומלביש לפרצוף ישסו"ת דאצילות ומקבל משם נשמה דאצילות.

וכשהמוחין מגיעים לעולם היצירה עולה ומלביש לפרצוף ז"א דאצילות, ומקבל ממנו בחינת רוח דאצילות.

וכשהמוחין מגיעים לעולם העשיה, עולה ומלביש לנוקבא דאצילות, ומקבל ממנה בחינת אור הנפש דאצילות. (וע׳ באילן ציור ט׳).

172. Таким образом, что в то время, когда мохин приходят к парцуфу Атик де-Ацилут, он поднимается и облачается на ГАР парцуфа Гальгальта де-АК и получает оттуда бхину света ехида де-ехида.

А когда мохин приходят к парцуфу Арих Анпин де-Ацилут, он поднимается и облачается на ГАР парцуфа АБ де-АК и получает оттуда свет ехида де-хая де-АК.

А когда мохин приходят к парцуфу Аба ве-Има де-Ацилут, они поднимаются и облачаются на ГАР де-САГ де-АК, и получают оттуда свет ехида де-нешама де-АК.

А когда мохин приходят к парцуфу ИШСУТ, они поднимаются и облачаются на ГАР де-МА де-АК, и получают оттуда свет ехида де-МА де-АК.

А когда мохин приходят к ЗОН де-Ацилут, они поднимаются и облачаются на ГАР де-БОН де-АК, и получают оттуда свет ехида де-БОН де-АК, и тогда получают НАРАН де-цадиким свет ехида от ЗОН де-Ацилут.

А в то время, когда мохин приходят в мир Брия, он поднимается и облачается на парцуф ИШСУТ де-Ацилут, и получает оттуда [бхину] «нешама де-Ацилут».

А когда мохин приходят в мир Ецира, он поднимается и облачается на парцуф ЗА де-Ацилут, и получает от него бхину «руах де-Ацилут».

А когда мохин приходят в мир Асия, он поднимается и облачается на Нукву де-Ацилут и получает от нее бхину света нефеш де-Ацилут. (И посмотри в «Илан» чертеж 9).

קעג) ונמצא עתה בעת עליה הג', אשר ה"ס אצילות, נשלמו כל אחד בג' הקומות נשמה חיה יחידה מא"ק, שהיו חסרים להם מבחינת הקביעות. ונבחן, שה"ס אצילות עלו והלבישו את ה"ס א"ק, כל אחד לבחינה שכנגדו בפרצופי א"ק. וגם הנר"ן דצדיקים קבלו בחינת הג"ר שהיה חסר להם, וגם ג' העולמות בי"ע שהיו נמצאים מתחת הפרסא דאצילות, שמבחינת הקביעות לא היה בהם אלא בחי' נר"ן דאור חסדים, הנפרשים מחכמה מכח הפרסא שעליהם, ועתה עלו למעלה מפרסא, והלבישו לישסו"ת וזו"ן דאצילות, ויש להם נר"ן דאצילות, שאור החכמה מאיר בחסדים שלהם.

173. И получается теперь, во время третьего подъема, что каждый из пяти парцуфим [мира] Ацилут восполняется тремя уровнями нешама, хая и ехида от [мира] АК, которых не хватало им в их постоянном состоянии. И считается, что пять парцуфим мира Ацилут поднялись и облачились на пять парцуфим АК, каждый – на соответствующую ему бхину в парцуфим АК. А также НАРАН де-цадиким получили ГАР, которых им не хватало. А также три мира БЕА, которые находились под парсой де-Ацилут, когда в постоянном состоянии у них были только НАРАН света хасадим, лишенные [света] хохма из-за парсы над ними, сейчас поднялись над парсой и облачились на ИШСУТ и ЗОН де-Ацилут, и у них есть НАРАН де-Ацилут, ведь свет хохма светит в их хасадим.

155-179. Объяснение подъемов миров

קעד) ויש לדעת שהנר"ן דצדיקים מלבישים בקביעות רק לפרצופי בי"ע שמתחת הפרסא: הנפש מלביש לע"ס דעשיה, והרוח לע"ס דיצירה, והנשמה לע"ס דבריאה. ונמצא שהגם שהם מקבלים מז"ן דאצילות, עכ"ז הוא מגיע אליהם רק דרך פרצופי בי"ע שמלבישים עליהם. באופן, שגם הנר"ן דצדיקים עולים בשוה עם עליות הג' עולמות בי"ע שנתבאר לעיל: ונמצא שגם עולמות בי"ע אינם מתגדלים, אלא לפי מדת קבלת השפע של הנר"ן דצדיקים, דהיינו ע"פ המ"ן הנבררים על ידיהם.

174. И следует знать, что НАРАН де-цадиким облачаются в постоянном состоянии только на парцуфим БЕА, которые под парсой: нефеш облачается на десять сфирот де-Асия, руах – на десять сфирот де-Ецира, нешама – на десять сфирот де-Брия. Получается, что хотя они получают [свет] от ЗОН де-Ацилут, все равно он приходит к ним только через парцуфим БЕА, на которые они облачаются. Так, что и НАРАН де-цадиким поднимаются в мере, равной подъему трех миров БЕА, как было выяснено выше. И получается, что также и миры БЕА растут только в мере получения шефа НАРАН де-цадиким, то есть согласно МАН, которые выясняются ими.

Мы говорили о парцуфе Адам Ришон, который разбился, и все его келим перемешались между собой и находятся сейчас в мирах БЕА. Согласно просьбе, которую поднимает каждый из этих осколков, происходит возбуждение миров БЕА, которые, в свою очередь, возбуждают ЗОН мира Ацилут, затем это переходит в ГАР де-Ацилут, далее в АК, который берет свет из мира Бесконечности и постепенно через все миры спускает его к той душе, которая подняла свой МАН. Душа поднимается согласно полученному свету к своему частному конечному исправлению.

קעה) והנה נתבאר, שמבחינת הקביעות אין בכל העולמות והפרצופים שבהם רק בחינת ו"ק בלי ראש, כל אחד כפי בחינתו, כי אפילו הנר"ן דצדיקים אינם אלא בחינת ו"ק, כי הגם שיש להם ג"ר דנשמה מעולם הבריאה, עכ"ז ג"ר אלו, נחשבים רק בבחינת ו"ק בערך עולם האצילות, מטעם שהם בבחינת אור חסדים הנפרשים מחכמה כנ"ל.

וכן פרצופי אצילות, אע"פ שיש ג"ר בראשים שלהם, מ"מ כיון שאינם מאירים לגופין, הם נחשבים רק לבחינת ו"ק. וכל המוחין המגיעים לעולמות, שהם יותר מבחינת

ו"ק, אינם אלא ע"י המ"ן שמעלים הצדיקים. אמנם המוחין האלו לא יוכלו להתקבל בפרצופין, זולת דרך עלית התחתון למקום העליון, כמו שנתבאר. והוא מטעם, כי אע"פ שהם נחשבים לבחינת השלמת הע"ס דמין הב', מ"מ, כלפי הגופים והז"ת עצמם עוד הם נחשבים לבירורי אח"פ דמין הא', דהיינו שאינם נשלמים במקומם עצמם, אלא רק כשהם נמצאים במקום העליון. (כנ"ל באות קמ"ב). ולפיכך, לא יוכלו ה"פ אצילות לקבל נשמה חיה יחידה דא"ק, זולת בעת שהם עולים ומלבישים אותם. וכן הנר"ן וג' עולמות בי"ע, לא יוכלו לקבל נר"ן דאצילות, זולת רק בעת שהם עולים ומלבישים לישסו"ת וזו"ן דאצילות. עש"ה.

כי אלו האח"פ דמין הב' השייכים לז"ת, שיש להם התפשטות ממעלה למטה, למקום הז"ת, לא יתבררו רק בגמר התיקון, כנ"ל. ולפיכך בעת שהג' עולמות בי"ע עולים ומלבישים לישסו"ת וזו"ן דאצילות, נמצא אז, שמקומם הקבוע מפרסא ולמטה, נשאר ריקן לגמרי מכל אור קדושה. ויש שם הפרש בין מחזה ולמעלה דעולם היצירה, לבין מחזה ולמטה שלו, כי נתבאר לעיל, שמחזה ולמטה דעולם היצירה, הוא מקום הקבוע רק לקליפות, (כנ"ל באות קמ"ט), אלא מסבת פגם חטאו של אדה"ר, ירדו ד"ת דיצירה דקדושה וע"ס דעשיה דקדושה ונתלבשו שם. (כנ"ל באות קנ"ו). ולפיכך בעת עליות בי"ע לאצילות, נמצא שמחזה דיצירה ולמעלה, אין שם לא קדושה ולא קליפות, אבל מחזה דיצירה ולמטה, יש שם קליפות. כי שם המדור שלהם.

175. *И вот выяснилось, что в том, что касается постоянного состояния, у всех миров и парцуфим есть только ВАК без рош, у каждого – согласно его бхине, потому что даже НАРАН де-цадиким представляют собой не что иное, как ВАК. И хотя есть у них ГАР де-нешама от мира Брия, вместе с тем эти ГАР считаются только как ВАК по отношению к миру Ацилут, поскольку они являются светом хасадим, лишенным Хохма, как было сказано выше.*

И также парцуфим мира Ацилут, несмотря на то что имеют ГАР в их рошим, тем не менее, поскольку они не светят в гуфим, они считаются только ВАК. А все мохин, приходящие в миры, которые больше, чем ВАК, приходят только благодаря МАН, которые поднимают праведники. Однако эти мохин не могут быть получены в парцуфим иначе, чем через подъем нижнего на место высшего, как было выяснено. И причина этого в том, что, несмотря на то что они считаются восполнением десяти сфирот второго вида, тем не менее, по отношению к гуфим и самим ЗАТ, они все еще считаются выяснениями АХАП первого вида,

155-179. Объяснение подъемов миров

то есть такими, которые не восполняются на своих собственных местах, а только тогда, когда они находятся на месте высшего (как сказано выше в п. 142). Поэтому не смогут пять парцуфим мира Ацилут получить нешама, хая и ехида де-АК, кроме как в то время, когда они поднимаются и облачают их. И так же НАРАН и три мира БЕА не смогут получить НАРАН де-Ацилут, а только во время их подъема и облачения на ИШСУТ и ЗОН де-Ацилут – посмотри там как следует.

Ведь эти АХАП второго вида, относящиеся к ЗАТ, у которых есть распространение сверху вниз, на место ЗАТ, смогут быть выяснены только в окончательном исправлении, как было сказано выше. И таким образом, в то время, когда три мира БЕА поднимаются и облачаются на ИШСУТ и ЗОН де-Ацилут, получается тогда, что их постоянное место от парсы и ниже остается полностью пустым от всего света святости. И там существует различие между местом, расположенным от хазэ и выше мира Ецира, и местом, расположенным от его хазэ и ниже. Поскольку выяснилось выше, что от хазэ и ниже мира Ецира – это постоянное место только для клипот (как сказано выше в п. 149), однако из-за повреждения, [нанесенного] прегрешением Адама Ришона, спустились четыре нижних сфирот де-Ецира де-кдуша и десять сфирот де-Асия де-кдуша и облачились там (как сказано выше в п. 156). Таким образом, во время подъема БЕА в Ацилут получается, что от хазэ де-Ецира и выше нет ни святости, ни клипот, но от хазэ де-Ецира и ниже – там есть клипот, поскольку там находится их мадор (отдел).

קעו) ולפי שהמוחין היתירים מקומת ו"ק, אינם באים רק ע"י מ"ן של התחתונים, אינם נמצאים משום זה בקביעות בפרצופין, כי תלוים במעשי התחתונים, ובעת שהם מקלקלים מעשיהם נמצאים המוחין מסתלקים כנ"ל (באות קס"ב עש"ה). אמנם המוחין דקביעות שבפרצופין שנתקנו מכח המאציל עצמו לא יארע בהם שום שינוי לעולם, שהרי אינם מתגדלים ע"י התחתונים, ולכן אינם נפגמים על ידיהם. כנ"ל.

176. И так как мохин, бо́льшие, чем ступень ВАК, приходят только с помощью МАН нижних, поэтому они постоянно не находятся в парцуфим, а зависят от действий нижних. И в то время, когда они портят свои действия, эти мохин уходят, как было сказано выше (в п. 162 – посмотри там как следует). Однако в постоянных мохин, имеющихся в парцуфим, которые установлены силой самого Создателя, в них никогда не произойдет никакого изменения, ведь они не увеличиваются с помощью нижних, и поэтому не могут быть повреждены ими (как сказано выше).

קעז) ולא יקשה לך, הרי א"א דב"ן הוא נבחן לכתר דאצילות, ואו"א לע"ב, (כנ"ל באות ק"ל), כי א"א הוא מחצית הכתר התחתונה דב"ן ואו"א הם מחצית התחתונה דחו"ב דנקודים, וא"כ הבחינה שכנגדו דא"א בא"ק, היה צריך להיות פרצוף הכתר דא"ק, והבחינה שכנגדם דאו"א בא"ק היה צריך להיות ע"ב דא"ק.

והתשובה היא, כי פרצופי הב"ן הן נוקבין, שאין להם שום קבלה מעצמם, אלא רק מה שהזכרים, שהם פרצופי המ"ה, משפיעים להם. ולפיכך, כל אלו ההבחנות שבעליות, שפירושם השגת מוחין מהעליון, נבחנים רק בהזכרים, שהם פרצופי המ"ה, וכיון שא"א דמ"ה אין לו מבחינת כתר כלום, אלא רק קומת חכמה בלבד, ואו"א דמ"ה אין להם מבחינת חכמה כלום, אלא קומת בינה בלבד, (כנ"ל קכ"ו) ע"כ נבחן הבחינה שכנגדם בא"ק: ע"ב דא"ק לא"א, וס"ג דא"ק לאו"א. ופרצוף הכתר דא"ק מתיחס רק לעתיק בלבד, שלקח כל הקומת כתר דמ"ה. כנ"ל.

177. И пусть не затруднит тебя то, что Арих Анпин де-БОН считается Кетером де-Ацилут, а Аба ве-Има – АБ [де-Ацилут] (как сказано в п. 130). Ведь Арих Анпин – это нижняя половина Кетера де-БОН, а Аба ве-Има являются нижней половиной Хохмы и Бины де-Некудим. И если так, то ступень, соответствующая Арих Анпину в АК, должна быть парцуфом Кетер де-АК, а ступень, соответствующая Аба ве-Има в АК, должна была быть АБ де-АК.

А ответ в том, что парцуфим БОН – это нуквы, которым не присуще никакого самостоятельного получения, а получают только то, что зхарим, которые являются парцуфим МА, дают им. И поэтому все постигаемые в подъемах отличительные свойства, означающие обретение мохин от высшего, различаются только в зхарим, и это парцуфим МА. А поскольку у парцуфа Арих Анпин де-МА нет ничего от бхины Кетер, а есть только ступень Хохма, а у Аба ве-Има де-МА нет ничего от бхины Хохма, а есть только ступень Бина (как сказано в п. 126), поэтому бхина, соответствующая им в АК, определяется следующим образом: АБ де-АК соответствует парцуфу Арих Анпин, САГ де-АК соответствуют парцуфу Аба ве-Има, а парцуф Кетер де-АК относится только к Атику, который взял всю ступень Кетера де-МА, как было сказано выше.

Во время гадлута де-Некудим рош ИШСУТ поднялся в рош Гальгальты, рош Кетер поднялся в АБ мира АК, Аба ве-Има поднялись в рош САГ. Во время гадлута мира Некудим у Аба ве-Има был уровень Кетер. Почему здесь сказано, что был уровень Хохмы и Бины?

От десяти сфирот прямого света считается иной уровень, чем от состояния гадлут. Так как стадия прямого света – это первая точка, и называется она Кетер. В состоянии катнут ГЭ Кетера были на его ступени, а его АХАП – в ГЭ де-Аба ве-Има.

В гадлуте у Кетера был уровень Кетер. А Аба ве-Има, которые называются Хохма и Бина в стадии ор яшар, получили в гадлуте уровень (кома) Кетер (в катнуте у них был авиют алеф).

קעח) גם צריך שתבחין בהאמור, כי סולם המדרגות כפי שהם בהמוחין דקביעות, אינו משתנה לעולם בסבת כל העליות הנ"ל, שהרי נתבאר לעיל (באות קס"א). שסבת כל אלו העליות, הם מפאת שהנר"ן דצדיקים העומדים בבי"ע, אי אפשר להם לקבל משהו, מטרם שכל הפרצופין העליונים מעבירים אותה להם מא"ס ב"ה, שבשיעור הזה נמצאים העליונים עצמם, עד א"ס ב"ה, מתגדלים ועולים גם הם, כל אחד להעליון שלהם. (עש"ה כל ההמשך). ונמצא, שבשיעור התעלות מדרגה אחת, כן מחויבים להתעלות כל המדרגות כולן, עד א"ס ב"ה, כי למשל, בהתעלות הזו"ן ממצבם הקבוע, שהוא למטה מטבור דא"א, ומלביש מחזה ולמטה דא"א, הרי גם א"א נתעלה באותה העת במדרגה אחת ממצבו הקבוע, שהיה מפה דעתיק ולמטה, ומלביש לג"ר דעתיק, שאחריו מתעלים גם מדרגות הפרטיות שלו, כי החג"ת שלו, עלו למקום ג"ר הקבועות,

והמחזה עד הטבור שלו, עלו למקום חג"ת הקבועים, והמטבור ולמטה שלו, עלו למקום המחזה עד הטבור.

אשר לפי זה נמצא הזו"ן שעלה למקום מחזה עד הטבור דא"א הקבוע, שהוא עדיין למטה מטבור דא"א, שהרי בעת הזאת כבר עלה גם הלמטה מטבור דא"א למקום המחזה עד הטבור (עי' באילן ציור ד' ששם תראה עליות הזו"ן בערך הקבוע דה"פ דאצילות, שעולה ומלביש בעת השגת נשמה, לג"ר דישסו"ת, שעל גבי מפה ולמטה דאו"א, שעל גבי מחזה ולמטה דא"א).

אמנם גם כל פרצופי אצילות עולים בעת הזאת, (כמו שתראה באילן בציור ז' בעת השגת נשמה) לכן תמצא שם את הזו"ן עדיין מלביש מפה ולמטה דישסו"ת, שעל גבי מחזה ולמטה דאו"א, שעל גבי מטבור ולמטה דא"א, הרי שסולם המדרגות לא נשתנה כלום מחמת העליה. ועד"ז בכל מיני העליות. (ע"ש באילן בכל הציורים, מציור הג' עד סופו).

178. Также необходимо, чтобы ты усвоил из сказанного, что лестница [духовных] ступеней, какими они являются в [состоянии] постоянных мохин, не изменяется никогда из-за всех этих вышеописанных подъемов. Ведь, как было выяснено выше (в п. 161), причиной всех этих подъемов является то, что поскольку НАРАН праведников находятся в БЕА, они не могут ничего получить прежде, чем все высшие парцуфим не передадут им это из Бесконечности. И в той же мере сами высшие [парцуфим], вплоть до Бесконечности, также и они растут и поднимаются, каждый к своему высшему (посмотри там все написанное об этом как следует). И получается, что в мере подъема одной ступени, также обязаны подняться все ступени полностью, вплоть до Бесконечности.

Ведь, например, при подъеме ЗОН из их постоянного состояния, когда они находятся ниже табура Арих Анпина и они облачаются от хазэ и ниже Арих Анпина, ведь также и Арих Анпин поднимается в этот момент на одну ступень выше своего постоянного состояния, которое было от пэ де-Атик и ниже, и облачается на ГАР де-Атик. А вслед за ним поднимаются также его частные ступени, потому что его ХАГАТ поднялись на место постоянных ГАР, а [сфирот] от его хазэ до табура поднялись на место постоянных

ХАГАТ, *а от его табура и ниже* – *поднялись в место от хазэ до табура*.

И согласно этому получается, что [парцуф] ЗОН, который поднялся в место от хазэ до табура Арих Анпина в его постоянном состоянии, все еще находится ниже табура Арих Анпина. Ибо в это время уже поднялась также часть Арих Анпина, находившаяся ниже табура, в место от хазэ до табура (посмотри в «Илан» четвертый чертеж[1] – *там показаны подъемы ЗОН относительно постоянного состояния пяти парцуфим мира Ацилут, который поднимается и облачается, во время обретения ступени нешама, на ГАР де-ИШСУТ, который [облачен] от пэ и ниже Аба ве-Има, которые [в свою очередь, облачены] от хазэ и ниже Арих Анпина).*

Но также и все парцуфим Ацилута поднимаются в это время (как показано в «Илан» на седьмом чертеже[2]*, во время обретения [ступени] нешама). Поэтому ты найдешь там, что ЗОН все еще облачается от пэ и ниже ИШСУТ, который [облачается] на область от хазэ и ниже Аба ве-Има, которые [облачены] от табура и ниже Арих Анпина, ибо лестница ступеней совершенно не меняется из-за подъема. И таким же образом происходит во всех видах подъемов (посмотри в «Илан» все чертежи, начиная с третьего и до конца).*

קעט) גם יש לדעת, שגם אחר עליות הפרצופין הם משאירים כל מדרגתם במקום הקבוע או במקום שהיו שם מתחילה, כי אין העדר ברוחני. (כנ"ל באות צ"ו) באופן, שבעת שהג"ר דאו"א עולים לג"ר דא"א, עוד נשארו הג"ר דאו"א במקום הקבוע מפה ולמטה דא"א, ונמצאים הישסו"ת, שעלו אז על גבי החג"ת דאו"א דעליה, שהם מקבלים מהג"ר דאו"א ממש, אשר היו שם מטרם העליה.

---

[1] См. главу «Бааль Сулам. Книга Илан». Чертеж 4. Подъем мира Ацилут до уровня нешама относительно исходного состояния мира АК. – *Ред.*

[2] Там же. Чертеж 7. Подъем миров АБЕА до уровня нешама относительно исходного состояния мира АК. – *Ред.*

ולא עוד, אלא שנבחן שיש שם ג׳ מדרגות ביחד, כי הג״ר דאו״א דעליה, העומדות במקום ג״ר דא״א דקביעות, נמצאות משפיעות למקומן הקבוע שמפה ולמטה דא״א, ששם נמצאים עתה ישסו״ת, הרי הג״ר דא״א ואו״א וישסו״ת מאירים בבת אחת במקום אחד.

ועד״ז נבחנים כל הפרצופים דא״ק ואבי״ע בעת העליות. ומטעם זה יש להבחין תמיד בעלית הפרצוף, את ערך העליה כלפי העליונים במצבם הקבוע, ואת ערך שלו, כלפי העליונים, שגם הם עלו מדרגה אחת כמותו. (וע״י כל זה באילן, כי בציור ג׳ תמצא מצב הפרצופין במצבם הקבוע. וג׳ עליות הז״א לפי ערכם של ה״פ אצילות הקבועים תמצא בציור: ד׳ ה׳ ו׳. וג׳ עליות של כל ה״פ אצילות לפי ערכם של ה״פ א״ק הקבועים, תמצא בציורים: ז׳ ח׳ ט׳. וג׳ עליות של כל ה״פ א״ק בערך קו א״ס ב״ה הקבוע, תמצא בציורים: י׳ י״א וי״ב).

179. Также следует знать, что также и после подъема парцуфим, они сохраняют все их [предыдущие] ступени на их постоянном месте или на месте, в котором они были изначально, потому что нет исчезновения в духовном (как было сказано выше в п. 96). [Это происходит] таким образом, что в то время, когда ГАР де-Аба ве-Има поднимаются в ГАР де-Арих Анпин, ГАР де-Аба ве-Има остаются еще и в постоянном месте, от пэ и ниже Арих Анпин. И находим, что ИШСУТ, которые поднялись при этом, будучи облаченными на поднимающиеся ХАГАТ де-Аба ве-Има, что они действительно получают от ГАР де-Аба ве-Има, находившихся там до подъема.

И более того, считается, что есть там три ступени вместе, потому что поднимающиеся ГАР де-Аба ве-Има, стоящие в месте постоянных ГАР де-Арих Анпин, передают [свет] в их постоянное место от пэ и ниже Арих Анпина, где сейчас находятся ИШСУТ. Таким образом, ГАР де-Арих Анпин и Аба ве-Има и ИШСУТ светят одновременно в одном месте.

И таким же образом проявляют себя все парцуфим АК и АБЕА во время подъемов. И по этой причине необходимо всегда различать в подъеме парцуфа величину его подъема относительно высших в их постоянном состоянии, и его величину относительно высших, когда и они поднялись на одну ступень, как и он (и посмотри обо всем этом в «Илан»: на чертеже 3 показано расположение парцуфим в их постоянном состоянии. А три подъема ЗА относительно расположения пяти парцуфим Ацилута в их постоянном состоянии показаны на чертежах 4, 5, 6. А три подъема всех пяти парцуфим Ацилута относительно расположения пяти парцуфим АК в их постоянном состоянии, показаны на чертежах 7, 8, 9. А три подъема всех пяти миров АК относительно линии Бесконечности в постоянном состоянии, показаны на чертежах 10, 11, 12).

180-188. Деление каждого парцуфа на Кетер и АБЕА

עניין התחלקות כל פרצוף לכתר ואבי"ע

קפ) יש לדעת, שהכלל ופרט שוים זה לזה, וכל הנבחן בכלל כולו יחד, נמצא גם בפרטי פרטיות שבו ובפרט האחרון שאך אפשר להפרט ולפיכך כיון שהמציאות בדרך כלל נבחנת לה' עולמות א"ק ואבי"ע, שעולם הא"ק נבחן להכתר של העולמות, וד' עולמות אבי"ע, נבחנים לחו"ב וזו"ן, (כנ"ל, באות ג'). כמו כן אין לך פרט קטן בכל ד' העולמות אבי"ע, שאינו כלול מכל ה' האלו, כי **הראש** של כל פרצוף נבחן להכתר שבו, שהוא כנגד עולם הא"ק. והגוף **מפה עד החזה**, נבחן לאצילות שבו, **וממקום החזה עד הטבור**, נבחן לבריאה שבו, **ומטבור ולמטה** עד סיום רגליו, נבחן ליצירה ועשיה שלו.

*180. Следует знать, что общее и частное равны друг другу, и все, различимое в общей совокупности всего вместе, находится также и во всех его частных деталях, вплоть до самой последней, насколько это возможно мельчайшей детали. И поэтому, поскольку в реальности, как правило, различают пять миров: АК и АБЕА, причем мир АК считается Кетером миров, а четыре мира АБЕА считаются ХУБ и ЗОН (как было сказано выше в п. 3), то также и не существует ни одной малейшей детали во всех четырех мирах АБЕА, которая бы не состояла из всех этих пяти частей. Ибо **рош** каждого парцуфа считается Кетером в нем и соответствует миру АК, а гуф **от пэ до хазэ** считается Ацилутом в нем, а **от места хазэ до табура** считается его [миром] Брия в нем, а **от табура и ниже**, до сиюма раглаим, считается его [мирами] Ецира и Асия.*

קפא) וצריך שתדע, שיש כינויים מרובים לעשר ספירות כח"ב חג"ת נהי"מ, כי פעמים נק' גו"ע ואח"פ, או כח"ב זו"ן, או נרנח"י, או קוצו של יוד וד' אותיות י"ה ו"ה, או הוי"ה פשוטה וע"ב ס"ג מ"ה וב"ן, שהם ד' מיני מילואים שבהוי"ה: מילוי **ע"ב** הוא יוד הי ויו הי, מילוי **ס"ג** הוא יוד הי ואו הי, מילוי **מ"ה** הוא יוד הא ואו הא, מילוי **ב"ן** הוא יוד הה וו הה. וכן הם נק' א"א ואו"א וזו"ן, שא"א הוא כתר, ואבא הוא חכמה, ואמא היא בינה, וז"א הוא חג"ת נה"י, והנוק' דז"א היא מלכות.

180-188. Деление каждого парцуфа на Кетер и АБЕА

וכן נק' א"ק ואבי"ע או כתר ואבי"ע, והמלכות דכתר נקרא **פה**, והמלכות דאצילות נקרא **חזה**, והמלכות דבריאה נק' **טבור**, והמלכות דיצירה נק' עטרת יסוד, והמלכות דכללות נק' **סיום רגלין**.

181. И следует тебе знать, что есть много названий десяти сфирот КАХАБ, ХАГАТ, НЕХИМ, так как иногда они называются ГЭ и АХАП; или КАХАБ ЗОН; или НАРАНХАЙ; или куцо шель йуд (начальной точкой буквы йуд) и четырьмя буквами йуд (י) хэй (ה) вав (ו) хэй (ה); или простой АВАЯ и **АБ, САГ, МА и БОН**, представляющими собой четыре вида наполнения в АВАЯ: наполнение АБ – это йуд-вав-далет, хэй-йуд, вав-йуд-вав, хэй-йуд (יוד הי ויו הי); наполнение САГ – это йуд-вав-далет, хэй-йуд, вав-алеф-вав, хэй-йуд (יוד הי ואו הי); наполнение МА – это йуд-вав-далет, хэй-алеф, вав-алеф-вав, хэй-алеф (יוד הא ואו הא); наполнение БОН – это йуд-вав-далет, хэй-хэй, вав-вав, хэй-хэй (יוד הה וו הה). И также они называются Арих Анпин, Аба ве-Има и ЗОН: Арих Анпин – это Кетер, Аба – это Хохма, Има – это Бина, Зэир Анпин – ХАГАТ НЕХИ, а Нуква Зэир Анпина – это Малхут. И также называются АК и АБЕА или Кетер и АБЕА. И Малхут Кетера называется **«пэ»**, Малхут Ацилута называется **«хазэ»**, Малхут Брия называется **«табур»**, Малхут Ецира называется **«атэрет Есод»**, а общая Малхут называется **«сиюм раглин»**.

קפב) ותדע שיש תמיד להבחין באלו שינוי השמות של הע"ב ב' הוראות: הא' הוא ענין השואתו לספירה שעל שמה הוא מתיחס, והב' הוא ענין השינוי שבו מאותו הספירה שמתיחס אחריה, שמסבה זו נשתנה שמו בכינוי המיוחד.

למשל, הכתר דע"ס דאו"י ה"ס א"ס ב"ה, וכל ראש של פרצוף נק' ג"כ כתר, וכן כל ה"פ א"ק נק' ג"כ כתר, וכן פרצוף עתיק נק' כתר, וכן א"א נק' כתר. וע"כ יש להתבונן, אם הם כולם כתר, למה נשתנה שמם להקרא בכינויים הללו. וכן אם הם מתיחסים כולם לכתר, הרי צריכים להשתוות להכתר.

אמנם האמת הוא, שמבחינה אחת הם כולם שוים לכתר, שהם בחינת א"ס, כי זה הכלל, שכל עוד שאור העליון לא נתלבש בכלי, הוא בחינת א"ס, ולכן כל ה"פ א"ק, נחשבים כלפי עולם התיקון שהם אור בלי כלי, כי אין לנו שום תפיסא בכלים דצמצום א', ולכן נחשב אצלנו אורותיו לבחינת א"ס ב"ה. וכן עתיק וא"א דאצילות, הם שניהם מבחינת הכתר דנקודים, כנ"ל.

אמנם מבחינה אחרת הם רחוקים זה מזה, כי הכתר דאו"י הוא ספירה אחת, אבל בא"ק יש בו ה"פ שלמים, שבכל אחד מהם רת"ס, (כנ"ל באות קמ"ב). וכן פרצוף עתיק הוא רק ממחצית הכתר העליון דנקודים, ופרצוף א"א הוא ממחצית הכתר התחתון דנקודים, (כנ"ל באות קכט). ועל דרך זה צריכים להבחין בכל מיני הכינוים של הספירות אותם ב' ההוראות.

182. И знай, что всегда следует различать в этих изменениях имен десяти сфирот два указывающих аспекта: первый – это соответствие сфире, к которой это имя относится, а второй – это отличие, заключенное в этом имени, от той сфиры, к которой оно относится, что по этой причине ее имя изменилось и приобрело особое название.

Например, Кетер десяти сфирот прямого света суть Бесконечность, и всякий рош парцуфа тоже называется Кетер, и также все пять парцуфим АК тоже называются Кетер, и также парцуф Атик называется Кетер, и также Арих Анпин называется Кетер. И поэтому следует рассмотреть это: если все они Кетер, почему же их имена изменились и стали называться такими названиями? А также если все они относятся к Кетеру, то они должны быть подобны Кетеру?

И действительно, с одной стороны, они все подобны Кетеру тем, что они относятся к свойству Бесконечности. Потому что есть правило, что до тех пор, пока высший свет не облачается в кли, он суть Бесконечность, и поэтому все пять парцуфим АК считаются относительно мира исправления светом без кли, ибо для нашего восприятия совершенно недоступны келим первого сокращения, и поэтому считаются для нас их света светом Бесконечности. И так же Атик и Арих Анпин де-Ацилут, оба они считаются Кетером де-Некудим, как было сказано выше.

Однако, с другой стороны, они далеки друг от друга, потому что Кетер прямого света – это одна сфира, но в АК есть пять целых парцуфим, в каждом из которых есть рош, тох, соф (как сказано выше в п. 142). И так же парцуф

180-188. Деление каждого парцуфа на Кетер и АБЕА

Атик, который [происходит] только от верхней половины Кетера де-Некудим, а парцуф Арих Анпин [происходит] от нижней половины Кетера де-Некудим. И таким же образом нужно различать во всевозможных названиях сфирот эти два указывающих аспекта.

Парцуфим Атик и Арих Анпин, оба соответствуют Кетеру мира Некудим. Тем не менее они имеют существенные различия. Атик соответствует верхней, а Арих Анпин – нижней половине Кетера мира Некудим. Следует отметить, что во время катнута мира Ацилут Арих Анпин вообще не является Кетером, в этом состоянии его уровень – Хохма, а единственным Кетером пока является Атик.

Однако во время гадлута все парцуфим мира Ацилут поднимаются, причем Атик уходит в мир АК, а Арих Анпин, воспользовавшись своими АХАП де-алия, становится парцуфом Кетер мира Ацилут. Кроме того, парцуф Атик, как и парцуфим АК, построен по законам ЦА и, следовательно, он для нижних парцуфим и миров непостижим («атик» от слова «нээтак», «отделен»).

קפג) ותדע שההוראה המיוחדת לעצמה שבאלו הכינויים דע"ס בשם כתר ואבי"ע, הוא להורות, שהכוונה היא, על בחינת התחלקות הע"ס לכלים דפנים ולכלים דאחורים, שנעשו בסבת הצמצום ב'. כי נתבאר לעיל (באות ס') שאז עלתה מלכות המסיימת למקום בינה דגוף, הנק' ת"ת במקום החזה, וסיימה שם את המדרגה, ונעשה שם סיום חדש, הנק' **פרסא** שמתחת האצילות (כנ"ל באות ס"ח). והכלים שמחזה ולמטה יצאו לבר מאצילות ונק' **בי"ע**, שב"ש ת"ת, שמחזה עד הסיום נק' **בריאה**, ונה"י נק' **יצירה**, והמלכות נק' **עשיה**. ע"ש. גם נתבאר שמטעם זה, נחלקה כל מדרגה לכלים דפנים וכלים דאחורים, שמחזה ולמעלה נק' כלים דפנים ולמטה נק' כלים דאחורים.

183. И знай, что само по себе это особое указание, содержащееся в этих названиях десяти сфирот «Кетер» и «АБЕА», призвано указать, что имеется в виду деление десяти сфирот на келим де-паним и келим де-ахораим, возникших по причине второго сокращения. Ведь уже было

выяснено выше (*в п. 60*), что тогда Малхут месаемет поднялась в место Бины де-гуф, которая называется Тиферет в месте хазэ, и завершила там ступень, и возник там новый сиюм, который называется **парса**, находящаяся под [миром] Ацилут (как сказано выше в п. 68). А келим от хазэ и ниже вышли наружу из [мира] Ацилут и называются **БЕА**, причем две трети Тиферет от хазэ до сиюма называются **Брия**, а НЕХИ называются **Ецира**, а Малхут называется **Асия**. Посмотри об этом там. Также выяснилось, что по этой причине каждая ступень разделилась на келим де-паним и келим де-ахораим: келим от хазэ и выше называются келим де-паним, а от хазэ и ниже называются келим де-ахораим.

קפד) ולפיכך, הבחן זה של הפרסא במקום החזה, מחלק המדרגה לד' בחינות מיוחדות הנק' אבי"ע כנ"ל: האצילות עד החזה, והבי"ע מחזה ולמטה. וראשית ההבחן הוא בא"ק עצמו, אלא בו ירדה הפרסא עד הטבור שלו (מטעם הנ"ל באות ס"ח), ונמצא בחי' אצילות שלו, הוא הע"ב ס"ג המסתיימים למעלה מטבורו, ומטבורו ולמטה הוא בי"ע שלו, ששם ב' הפרצופין מ"ה וב"ן שבו, כנ"ל. הרי איך ה"פ א"ק נחלקים על אבי"ע, מכח הסיום דצמצום ב' שנק' פרסא: שהגלגלתא הוא הראש, והע"ב ס"ג עד טבורו הוא אצילות, והמ"ה וב"ן שמטבורו ולמטה הוא בי"ע.

184. И поэтому это отличительное свойство парсы в месте хазэ разделяет ступень на четыре особые бхины, которые называются АБЕА, как сказано выше: Ацилут – до хазэ, а БЕА – от хазэ и ниже. И начало этого свойства заложено в самом АК, однако в нем парса опустилась до его табура (по причине, указанной выше в п. 68), и получается, что его бхина «Ацилут» – это парцуфим АБ-САГ, которые заканчиваются выше его табура. А от табура и ниже это его «БЕА» – там находятся в нем два парцуфа МА и БОН, как было сказано выше. Ведь как пять парцуфим АК разделяются на АБЕА? Благодаря сиюму второго сокращения, который называется «парса»: Гальгальта – это рош, АБ-САГ до его табура – это Ацилут, а МА и БОН от табура и ниже – это БЕА.

180-188. Деление каждого парцуфа на Кетер и АБЕА

קפה) ועד"ז, נחלקים ה"ע עולם האצילות בפ"ע, לכתר ואבי"ע: כי א"א הוא הראש דכללות אצילות, ואו"א עלאין שהם ע"ב המלבישים מפה ולמטה דא"א עד החזה, הם אצילות, ושם בנקודת **החזה**, עומדת **הפרסא** המסיימת בחי' האצילות של עולם האצילות. וישסו"ת שהם ס"ג, המלבישים מחזה דא"א עד טבורו, הם **בריאה דאצילות**. והזו"ן, שהם מ"ה וב"ן המלבישים מטבור דא"א עד סיום האצילות, הם **יצירה ועשיה דאצילות**. הרי שגם עולם האצילות, בכללות ה"פ שבו, מתחלק לראש ואבי"ע כמו ה"פ א"ק, אלא כאן עומדת הפרסא על מקומה, שהוא בחזה דא"א, ששם מקומה האמיתי. (כנ"ל באות קכ"ז).

185. И подобно этому делятся пять парцуфим мира Ацилут в нем самом на Кетер и АБЕА: ведь Арих Анпин – это общий рош мира Ацилут, а высшие Аба ве-Има, то есть АБ, которые облачают от пэ и ниже Арих Анпина до хазэ – это [его] «Ацилут», и там, в точке **хазэ**, находится **парса**, оканчивающая бхину «Ацилут» мира Ацилут. А ИШСУТ, то есть [его] САГ, которые облачают от хазэ Арих Анпина и до его табура – это **«Брия» мира Ацилут**. А ЗОН, то есть [его] МА и БОН, которые облачают от табура Арих Анпина и до сиюма (окончания) мира Ацилут – это **«Ецира» и «Асия» мира Ацилут**. Таким образом, также и мир Ацилут, в общем [рассмотрении] пяти парцуфим, что в нем, делится на рош и АБЕА так же, как и пять парцуфим АК. Однако здесь парса стоит на своем месте, то есть в хазэ де-Арих Анпин, ведь там ее настоящее место (как сказано выше в п. 127).

У основного парцуфа мира Ацилут, Арих Анпина, есть четыре одеяния: Аба, Има, Исраэль Саба, Твуна. Все они – йуд-хей имени АВАЯ и надеваются от пэ до табура Арих Анпина. ЗА и Малхут мира Ацилут одеваются от табура Арих Анпина вниз до парсы, и они – вав-хей имени АВАЯ. В рош Арих Анпина есть только Кетер и Хохма, а Бина его вышла из рош и разделилась на ГАР и ЗАТ.

Аба ве-Има одевают свет на ГАР де-Бина и как бы не выходят из совершенства, ощущаемого в рош, потому что у них свойства Бины, которая ничего не желает, и поэтому на нее ничего не влияет. ИШСУТ берет на себя часть ЗАТ де-Бина парцуфа АА, находящуюся ниже хазе АА, где ощущается отсутствие света хохма, и эта стадия называется «Брия мира Ацилут».

קפו) אמנם בכללות כל העולמות, נבחנים כל ג' הפרצופין גלגלתא ע"ב ס"ג דא"ק, לבחינת **הראש דכללות**, וה"פ עולם האצילות, המלבישים מטבור דא"ק ולמטה עד הפרסא דכללות, שהיא הפרסא שנעשתה בחזה דנקודות דס"ג, (כנ"ל באות ס"ו ע"ש). הנה שם הוא **אצילות דכללות**, מפרסא ולמטה, עומדים ג' העולמות **בי"ע דכללות** (כנ"ל באות ס"ז. ובאות ס"ח ואילך ע"ש).

186. Однако, в общем [рассмотрении] всех миров, считаются все три парцуфим – Гальгальта, АБ и САГ де-АК – как общий рош. А пять парцуфим мира Ацилут, которые облачают от табура де-АК и ниже, вплоть до общей парсы, то есть той парсы, которая возникла в хазэ Некудот де-САГ (как сказано выше в п. 66, посмотри там как следует) – там это Ацилут в общем [рассмотрении]. А от парсы и ниже располагаются три мира БЕА в общем [рассмотрении] (как сказано выше в п. 67 и в п. 68 и далее, посмотри там).

קפז) וממש על דרך הנ"ל. מתחלקת כל מדרגה דפרטיות שבכל עולם מאבי"ע, לראש ואבי"ע, ואפילו בחינת מלכות דמלכות שבעשיה: כי נבחן בו ראש וגוף, והגוף נחלק, לחזה וטבור וסיום רגלין, והפרסא שמתחת האצילות של אותו המדרגה, עומדת בחזה שלו ומסיימת האצילות. ומחזה עד הטבור, הוא בחינת בריאה של המדרגה, שנקודת הטבור מסיימתה. ומטבור ולמטה עד סיום רגליו הוא בחינת יצירה ועשיה של המדרגה. ומבחינת הספירות, נבחנים החג"ת עד החזה לאצילות. וב"ש תתאין דת"ת, שמחזה עד הטבור לבריאה. ונה"י ליצירה. והמלכות לעשיה.

187. И точно таким же образом делится каждая частная ступень во всех своих деталях в каждом из миров АБЕА на рош и АБЕА, и даже бхина Малхут де-Малхут, что в Асия. Потому что в ней различаются рош и гуф, а гуф делится на хазэ, табур и сиюм ее раглаим. А парса, которая под Ацилутом этой ступени, находится в его хазэ и завершает Ацилут. А от хазэ до табура находится Брия этой ступени, и точка табура завершает ее. А от табура

и ниже до сиюма раглаим находятся Ецира и Асия этой ступени. А с точки зрения сфирот, ХАГАТ до хазэ считается [бхиной] Ацилут. А две нижних трети Тиферет от хазэ до табура – [бхиной] Брия. А НЕХИ – [бхиной] Ецира. А Малхут – [бхиной] Асия.

קפח) ולכן הראש דכל מדרגה מיוחס לבחינת כתר או יחידה או לפרצוף גלגלתא והאצילות שבו שמפה עד החזה, מיוחס לחכמה או לאור החיה או לפרצוף ע"ב. והבריאה שבו שמחזה עד הטבור, מיוחס לבינה או לאור הנשמה או לפרצוף ס"ג והיצירה ועשיה שבו שמטבור ולמטה, מיוחס לזו"ן או לאורות דרוח נפש או לפרצוף מ"ה וב"ן.
ועי' באילן בציורים מציור ג' ואילך ותראה איך כל פרצוף מתחלק לפי הבחינות הנ"ל.

188. И поэтому рош каждой ступени относится к бхине «Кетер», или к ехида, или к парцуфу Гальгальта.

А Ацилут, что в ней, от пэ до хазэ, относится к Хохме, или к свету хая, или к парцуфу АБ.

А Брия, что в ней, от хазэ до табура, относится к Бине, или к свету нешама, или к парцуфу САГ.

А Ецира и Асия, что в ней, от табура и ниже, относятся к ЗОН, или к светам руах, нефеш, или к парцуфим МА и БОН.

И изучи чертежи в «Илан», начиная с чертежа 3 и далее, и посмотри там, как каждый парцуф делится согласно этим вышеуказанным бхинот.

Бааль Сулам

Контрольные вопросы к статье «Введение в науку каббала»

Приводимые здесь контрольные вопросы написаны самим Бааль Суламом и их проработка по тексту «Птихи»[1] важна для понимания материала и следования указаниям и советам нашего Учителя. Вначале необходимо написать ответ на каждый вопрос самому. Причем ответ должен быть обязательно написан в максимально полном виде, включая сам вопрос, чертежи, пояснения и выводы. Затем необходимо обратиться к тому месту в «Птихе», где та тема изложена Бааль Суламом, сравнить расхождения и вновь написать свой ответ, не заглядывая в предыдущий и в оригинальный материал. Только после ответа на все 86 вопросов можно считать, что «Птиха» пройдена и переходить к изучению следующих материалов – ТЭС и «Бейт Шаар Каванот».

Удачи в постижении!
Михаэль Лайтман

1. Что такое вещество («хомер»), из которого создано творение? (п. 1)
2. Что такое свет и кли, описываемые в десяти сфирот? (п. 2)
3. Почему десять сфирот называются только четырьмя бхинот ХУБ ТУМ, откуда появляется число «десять»? (п. 3)
4. В чем причина деления каждого творения на десять сфирот? (п. 5)
5. Какова разница между мирами АБЕА? (пп. 6, 7, 8 и 9)
6. Почему мир Ацилут считается относящимся только к Творцу? (п. 6)
7. Как душа (нешама) отделилась от Творца? (п. 7)

---

[1] «Птиха» – краткое устное название статьи Бааль Сулама «Птиха леХохмат аКаббала» («Введение в науку каббала»), которая положена в основу этой книги. – *Ред.*

8. Что такое «зивуг де-акаа» высшего света с экраном? (п. 14)
9. Как возникли новые келим, относящиеся к желанию отдавать? (п. 15)
10. Почему авиют, присущий желанию получать, присутствует и в новых келим? (п. 18)
11. В чем причина того, что парцуфим после своего возникновения становятся один под другим? (п. 22)
12. Почему сосуды КАХАБ ТУМ располагаются сверху вниз? (п. 24)
13. Почему света называют по порядку снизу вверх – НАРАНХАЙ? (п. 24)
14. Почему есть обратная зависимость между светами и келим? (п. 25)
15. В чем заключается разница между рош и гуф парцуфа? (п. 26)
16. Как возникли пять парцуфим мира АК (рош и гуф), один под другим? (пп. 27, 28)
17. Почему АК стал тонкой линией и не наполняет светом все мироздание? (п. 31)
18. Почему свечение АК прекратилось над точкой нашего мира? (п. 31)
19. Какова величина окружающего света по отношению к внутреннему свету в АК? (п. 32)
20. Как и в чем проявляется окружающий свет мира АК? (п. 32)
21. Почему окружающий и внутренний света связаны между собой в одном кли? (п. 33)
22. Что такое соударение окружающего и внутреннего светов? (п. 34)
23. Как экран и решимот де-гуф поднимаются в пэ де-рош? (п. 38)
24. В чем причина того, что нижний парцуф образуется из пэ высшего? (п. 39)

25. Почему каждый нижний парцуф на один уровень (бхину) меньше, чем высший? (п. 40)
26. Почему нижний парцуф отделяется от верхнего, и почему он считается «сыном» и «порождением» высшего парцуфа? (п. 40)
27. Что такое решимо де-итлабшут и решимо де-авиют? (пп. 42, 43)
28. Почему во всех парцуфим возникают два уровня в рош – захар и некева? (п. 43)
29. Почему уровень парцуфа определяется уровнем некевы, а не уровнем захара? (п. 44)
30. Что такое таамим, некудот, тагин и отиёт? (пп. 48, 49)
31. Почему уровень таамим – это милосердие (рахамим), а уровень некудот – категория суда (дин)? (п. 48)
32. Почему каждый парцуф делится на рош, тох и соф, причем каждая из этих частей состоит из десяти сфирот? (п. 50)
33. Почему каждый нижний парцуф надевается на верхний от хазе и вниз? (п. 53)
34. В чем заключается разница между ЦА и ЦБ? (п. 58)
35. Почему миры не могли существовать по законам ЦА? (п. 57)
36. В чем заключается главная польза ЦБ? (пп. 57, 58)
37. Что такое цимцум НЕХИ де-АК и что послужило его причиной? (п. 60)
38. Почему мир Некудим не оделся на парцуф САГ над табуром? (п. 62)
39. В чем заключается сущность парсы, находящейся под миром Ацилут? (п. 67)
40. Как возникли три места для миров БЕА? (п. 67)
41. Почему возникают катнут и гадлут в каждом парцуфе? (п. 71)
42. Почему у парцуфим АК не было катнута и гадлута? (пп. 70, 71)

43. Почему у ГАР де-Некудим, то есть у Кетер и АВИ, возникли захар и некева (дхар ве-нуква)? (п. 74)
44. Почему Кетер мира Некудим не распространяется в ЗАТ? (п. 74)
45. Почему каждая ступень в мире Некудим разделилась на две части? (п. 76)
46. Что привело к появлению «паним» и «ахораим» в мире Некудим? (п. 76)
47. Почему ахораим верхнего парцуфа находятся в паним нижнего? (п. 77)
48. Какова причина подъема МАН? (п. 80)
49. Какова причина появления мохин де-гадлут? (п. 84)
50. Какой свет поднимают АХАП келим и ГАР светов? (п. 84)
51. Что такое подъем Малхут в никвей эйнаим и спуск АХАП вниз? (п. 85)
52. В чем разница между названиями сфирот ГЭ АХАП и КАХАБ ТУМ? (п. 85)
53. Почему Хесед, Гвура и верхняя треть Тиферет относятся к келим де-паним? (п. 85)
54. Почему нижние две трети Тиферет и НЕХИМ относятся к келим де-ахораим? (п. 85)
55. Что такое света холам, шурук и хирик? (п. 89)
56. Почему точка хирик во время своего выхода в мире Некудим разбивается? (п. 90)
57. Почему хирик стоит под буквами (отиёт)? (п. 91)
58. Как ЗАТ подняли МАН в ГАР мира Некудим? (пп. 93, 94, 95)
59. Что такое сфира Даат, которая впервые появляется в мире Некудим? (п. 98)
60. Почему сфира Даат не становится 11-й сфирой? (п. 100)
61. Каков уровень парцуфа таамим рош и гуф в мире Некудим? (п. 104)
62. Каков уровень парцуфим некудот рош и гуф в мире Некудим? (п. 104)

63. Что такое мелех Даат мира Некудим и его уровень? (п. 107)
64. В чем причина разбиения келим? (п. 105)
65. Почему гадлут в мире Некудим – это только что-то дополнительное к основному? (п. 72)
66. Как называются в мире Некудим ступени АВИ и ИШСУТ? (пп. 110, 111)
67. Чем отличается МА мира Некудим от Нового МА (мир Ацилут)? (п. 113)
68. Чем отличается парцуф от мира? (пп. 115, 116)
69. Что такое первый и второй ибур? (пп. 121, 122)
70. Что такое ибур, еника и гадлут? (пп. 121, 122)
71. Как возникли пять ступеней мира Ацилут, одна под другой? (пп. 122–129)
72. Каков порядок наложения («одевания») пяти парцуфим мира Ацилут друг на друга? (пп. 122 – 129)
73. Что такое МА и БОН в каждом парцуфе мира Ацилут? (пп. 129, 133)
74. Какие два вида гадлута могут существовать в мире Ацилут? (пп. 134, 135)
75. Какая разница между дополнением до десяти сфирот нижнего парцуфа за счет АХАП верхнего и использованием для этой цели своего собственного АХАП? (пп. 135 – 138)
76. С помощью какого вида дополнения до десяти сфирот образуют свой гадлут постоянные пять парцуфим в мире Ацилут? (п. 138)
77. Какой размер у гуфим АК и у гуфим мира Ацилут? (п. 139)
78. Почему миры дополняют свои десять сфирот с помощью АХАП де-алия? (пп. 142, 143)
79. Каковы семь основных моментов в мирах БЕА? (пп. 144, 154)
80. Почему миры растут при достижении душами цадиким мохин? (пп. 161, 162)

81. Каков порядок трех подъемов в это время? (пп. 163 – 176)
82. Как пять парцуфим мира Ацилут одеваются на пять парцуфим мира АК во время каждого из этих подъемов? (пп. 163 – 176)
83. Что такое четыре наполнения имени АВАЯ: АБ, САГ, МА и БОН? (п. 181)
84. На какие четыре части делится парцуф? (п. 180)
85. В чем смысл понятий «пэ», «хазе», «табур» и «сиюм раглин»? (п. 181)
86. В чем причина деления парцуфа на Кетер и АБЕА? (пп. 180 – 185)

Устройство духовных миров

Краткий конспект лекций Михаэля Лайтмана

- ◊ Правильное восприятие реальности
- ◊ Четыре стадии развития кли
- ◊ Первое сокращение. Экран. Парцуф.
- ◊ Распространение и изгнание света
- ◊ К моим ученикам
- ◊ Решимот
- ◊ Рождение парцуфа
- ◊ Цельность мироздания
- ◊ Второе сокращение
- ◊ Мир Некудим
- ◊ Мир Исправления
- ◊ Причинно-следственное развитие (краткое повторение)

Правильное восприятие реальности

1. В Книге Зоар сказано, что все духовные миры, как высшие, так и низшие, находятся внутри человека, и что все эти миры, вся реальность были созданы только для человека. Однако мы воспринимаем реальность иначе – что мы находимся внутри реального мира, а не реальный мир находится внутри нас.

Если это так, то почему же человеку недостаточно нашего, материального мира? Зачем ему нужны еще и высшие, духовные миры и то, что в них находится?

2. Причиной для создания реальности послужило желание Творца доставить удовольствие своим творениям. Поэтому Творец создал творение обладающим желанием наслаждаться тем, что Творец хочет ему дать. Для того чтобы понять это, нужно учить каббалу.

Творец находится над временем и пространством, и Его идея сразу же претворяется в действие. Собственно, Его идея и является действием. Поэтому как только Творец захотел создать творения и дать им наслаждение, то это немедленно претворилось в жизнь – в одно мгновение возникли все творения, содержащие внутри себя все миры и наполненные всеми теми удовольствиями, которыми Творец хотел насладить их.

В ходе создания из своей сущности всех миров, вплоть до нашего мира, Творец максимально отдалил от себя творение, так что теперь творение находится на самом нижнем уровне. Зачем же Он это сделал? Ведь это указывает на несовершенство его действий?

АРИ в своей книге «Эц хаим» («Древо Жизни») отвечает на этот вопрос так: «Для того, чтобы проявить совершенство своих действий». Это значит, что творения сами должны дополнить, исправить себя и благодаря этому подняться на уровень самого Творца, то есть на уровень абсолютного совершенства.

Для этого Творец создал лестницу, состоящую из миров. Души людей (творения) сначала спускаются по этой лестнице вниз, отделяясь от сущности Творца, достигая самой нижней ступени, где они одеваются в тела нашего мира, которые называются желанием получать. С помощью изучения каббалы эти души начинают по ступеням этой же лестницы подниматься вверх, возвращаясь к Творцу.

3. Душа (нешама) включает в себя свет и кли. Свет души исходит из сущности Творца. С помощью этого света создается кли, которое представляет собой желание насладиться этим светом. Поэтому кли в точности соответствует порции света, которая должна наполнить его. По сути, нешама это все-таки кли, потому что свет – это часть Творца, и поэтому именно кли является творением.

Это кли создается из ничего (ми аин), то есть этого желания не существовало до того, как Творец решил создать творение. Так как Творец захотел насладить это кли во всем совершенстве, которое было бы под стать Ему, то Он создал это кли, это желание получать очень большим, согласно количеству света (наслаждения), которое Он захотел дать творениям.

4. Творение – это нечто принципиально новое, чего не было раньше. Это появление «из ничего» называется «еш ми аин». Однако если Творец совершенен и включает в себя все, то как может существовать что-либо вне Его?

Как уже было сказано, понятно, что до начала творения у Творца не было даже тени желания получать. Творец совершенен, и у Него есть только желание отдавать. Поэтому единственное, чего не было у Творца, что Он должен создать – это желание получать от Него.

5. В духовных мирах нет физических тел. Духовный мир – это мир желаний, сил, не облаченных в какую-либо материю. Словами «материя» и «тело» в духовных мирах называется желание получать ради собственного удовольствия.

Поэтому если у двух духовных объектов существует одно и то же желание, одна и та же цель, то они вследствие сходства духовных свойств (желаний) сливаются в одно целое. Это состояние в духовных мирах называется «ашваат цура» (сходство свойств).

И наоборот, если у двух духовных объектов нет одинаковых желаний, нет общей цели, то они отделены друг от друга вследствие разницы в желаниях. Это состояние в духовных мирах называется «шинуй цура» (различие в свойствах).

Поэтому если все желания двух духовных объектов сходны, то они сливаются в одно целое, потому что нет чего-либо, способного разделить их. Можно различить, что есть два объекта, а не один, только когда есть различие между их желаниями. Согласно величине различия в желаниях, они отделяются друг от друга – чем больше различие в желаниях, тем дальше они находятся друг от друга.

6. Мы не можем постичь сущность Творца, кто Он на самом деле. Поэтому мы ничего не можем сказать о Его сущности. Однако мы можем узнать Его по Его действиям, которые мы ощущаем на себе. Когда мы ощущаем Его действия, мы можем в соответствии с ними дать Ему то или иное имя.

7. Каббалисты (от ивритского слова «лекабель» – получать, то есть люди, которые получают от Творца) поднимаются в духовные миры, находясь еще в физическом теле, то есть когда они еще живут в нашем мире, вместе с нами. Эти люди сообщают нам, что у Творца есть только одно желание – желание давать хорошее. Поэтому Он и создал все мироздание, чтобы доставить нам удовольствие.

Это является причиной того, что Творец создал нас наделенными желанием получать, чтобы мы могли получать то, что Творец хочет нам дать. Желание получать ради собственного удовольствия является нашей натурой. Однако из-за этой нашей натуры мы по своим духовным свойствам прямо противоположны Творцу. Ведь Творцу присуще только желание отдавать, у Него нет даже намека на желание получать. Если мы навсегда останемся под властью желания получать, то мы всегда будем противоположны Творцу.

Каббалисты сообщают нам, что целью Творца является приблизить творение к себе, так как Он является Абсолютным Добром, и поэтому Он хочет дать хорошее всем. Еще они говорят, что причиной создания миров является то, что Творец должен быть совершенен во всех своих действиях и проявлениях.

Однако как от совершенного Творца могут исходить несовершенные, незаконченные действия – действия, которые требуют последующего исправления? Творец создал только желание получать, которое и называется «творение». Но когда это творение получает то, что Творец хочет ему дать, то этим оно отдаляется от Творца, потому что Творец дает, а творение получает. Сходство свойств, форм в духовном определяется сходством желаний.

Поэтому, когда творение получает, оно отделяется от Творца. Получается, что творение несовершенно, так как его желание противоположно желанию Творца. Если бы творение оставалось в этом состоянии, то и самого Творца нельзя было бы назвать совершенным. Ведь от Совершенного должны исходить совершенные действия.

Для того чтобы предоставить возможность творению самому, согласно своему собственному свободному выбору, достигнуть совершенства, Творец сократил свет, исходящий от Него, и создал миры, сокращение за сокращением, мир за миром. Творец одел душу (нешама), то есть Его свет, в тело, то есть в желание получать нашего мира.

Творец дал этому желанию получать, которое называется «человек», средство, с помощью которого творение достигнет совершенства. Это средство называется «Тора и мицвот» (Тора и заповеди). Когда человек использует это средство правильно, то он достигает совершенства, которого ему недоставало с начала творения.

Совершенство заключается в том, что творение достигает сходства свойств, желаний и мыслей с Творцом. И тогда творение начинает принимать все то удовольствие, которое Творец хочет ему дать, которое заключено в Замысле творения.

8. В Торе и заповедях содержится способность, являющаяся духовной силой, которая приводит человека к сходству его желаний с желаниями Творца. Но эта духовная сила действует, только когда человек занимается Торой и заповедями не для того, чтобы получить за это какую-либо оплату, а для того, чтобы доставить этим удовольствие Творцу. Только при этом условии человек постепенно приобретает сходство свойств с Творцом. Этим человек выполняет желание Творца относительно творений.

На пути достижения сходства свойств с Творцом есть пять ступеней: нефеш, руах, нешама, хая и ехида. Эти пять ступеней есть в каждом из пяти миров: Адам Кадмон (АК), Ацилут, Брия, Ецира и Асия, и в каждой из этих ступеней есть пять своих собственных ступеней. Таким образом, между нашим миром и Творцом расположены 125 ступеней.

С помощью занятий Торой и заповедями ради Творца человек постепенно постигает ступень за ступенью. При этом он приобретает келим желания отдавать. Так человек поднимается со ступени на ступень, пока не достигает сходства свойств с Творцом.

И лишь тогда осуществляется в этом человеке Замысел творения, а именно: получить все то удовольствие и совершенство, которые Творец приготовил для творения. Кроме того, к этому еще прибавляется то, что человек удостаивается истинного слияния с Творцом, ведь человек приобретает желание отдавать, присущее Творцу.

9. Теперь мы можем понять, что подразумевается под словами: «Все миры, как высшие, так и низшие, и все, что внутри них, созданы только ради человека». Это значит, что все эти ступени и миры созданы только для того, чтобы дополнить желание человека и помочь ему достичь сходства желаний с Творцом, которого недоставало человеку с момента творения.

Сначала возникли все ступени и миры, ступень за ступенью, мир за миром, вплоть до нашего материального мира, чтобы достигнуть состояния, которое называется «тело этого мира», то есть исключительно желания получать без малейших искорок желания отдавать.

Находясь на этой ступени, человек имеет практически те же желания, что и животные, – то есть окончательное желание получать. В этом состоянии человек по своим свойствам абсолютно противоположен Творцу, и не существует в мироздании большей противоположности и большего различия, чем эти.

Человек, который изучает каббалу, пробуждает и вызывает на себя ор макиф (окружающий свет). Этот свет находится вне кли и ждет, когда человек исправит свое желание, свое кли, то есть начнет получать не ради себя, а ради Творца, тогда этот свет войдет внутрь кли. Поэтому окружающий свет называется «ор нешама» (свет души) человека. С помощью изучения каббалы этот свет входит в желание человека и помогает ему приобрести намерение отдавать.

Человек приобретает желание отдавать постепенно, поднимаясь вверх по той самой лестнице, которую во время своего спуска вниз образовали миры и парцуфим. Все ступени этой лестницы – это различные уровни желания отдавать, то есть шкала этих желаний и есть духовные миры.

Чем выше расположена данная ступень, тем дальше она от желания получать и тем ближе она к абсолютному желанию отдавать. Поднимаясь по этим ступеням, человек приобретает это желание: отдавать, ничего не получая взамен. В результате этого человек сливается с Творцом, – ведь теперь у них есть одинаковые желания.

Это и является целью творения, ради которой был создан человек. Все миры не были созданы сами по себе –

единственной целью их создания является их способность помочь человеку подняться к Творцу.

10. Если человек хорошо понял все вышесказанное, то он может изучать каббалу без страха «материализовать», приземлить и вульгаризировать ее. Изучение же каббалы без правильного инструктирования лишь запутывает изучающего – с одной стороны, все сфирот и парцуфим вплоть до мира Асия полностью слиты с Творцом, фактически это и есть проявления Творца, с другой стороны, в них вроде бы происходят какие-то процессы: подъемы, спуски, зивугим. Как же в том, что фактически является частью Творца, могут происходить какие-то изменения?

11. Из того, что было сказано выше, можно понять, что все эти изменения, процессы: подъемы, спуски, сокращения, зивугим – происходят только относительно души человека, которая получает свет Творца. В реальности все происходит в два этапа – действие в потенциале и само действие.

Например, человек хочет построить дом. Сначала у него в голове рождается проект этого дома. Однако проект дома, находящийся в мыслях человека, – это еще не сам дом, построенный из камня, стекла и так далее. Проект дома – это дом в потенциале, он состоит из совершенно другого «вещества» – человеческой мысли. Когда же дом начинает строиться, то он создается из настоящих кирпичей, бетона и других строительных материалов.

Нечто подобное происходит и с человеческими душами. Все миры, начиная от мира Бесконечности и до мира Брия, – это еще только действие Творца в потенциале, то есть это все еще замысел Творца, Его проект будущего творения.

Поэтому все процессы, происходящие в этих мирах, являются еще только потенциальными действиями. Души в этих мирах еще фактически не отделены от Творца. Только начиная с мира Брия, души начинают отделяться от Творца.

Все человеческие души – это, по сути, части Малхут мира Бесконечности, центральной точки всего мироздания. Эта точка в потенциале включает в себя келим всех душ, которые впоследствии проявятся, сформируются в мирах Брия, Ецира и Асия (БЕА). Первое сокращение произошло в центральной точке на души, которые в потенциале возникнут в будущем.

Для душ все келим сфирот и миров, вплоть до мира Брия, которые выходят и развиваются из центральной точки после первого сокращения, являются только потенциалом. Только когда души в мирах БЕА начинают возникать в действительности, на них начинают действовать изменения и процессы, соответствующие ступеням этих миров.

12. Это похоже на то, как человек скрывает себя за одеждами, однако для самого себя он остается неизменным. Десять сфирот: Кетер, Хохма, Бина, Хесед, Гвура, Тиферет, Нецах, Ход, Есод и Малхут – это, по сути, лишь десять скрытий, фильтров (экранов), с помощью которых мир Бесконечности скрывает себя от душ.

Свет мира Бесконечности находится в полном покое и неподвижности, светя сквозь эти скрытия (ослабляющие фильтры). Однако так как души получают этот свет, когда он уже прошел через ослабляющие фильтры, то им кажется, что свет претерпел какие-то изменения. Поэтому души, которые получают свет, как и фильтры, тоже делятся на десять ступеней (сфирот).

Все эти скрытия по-настоящему начинают действовать только в мирах БЕА, там, где находятся уже сформировавшиеся души, отделившиеся от Творца. В мирах Адам Кадмон (АК) и Ацилут души еще находятся в потенциале.

Хотя десять скрытий (сфирот) властвуют в мирах БЕА, даже там эти десять сфирот являются абсолютной Элокут, высшей, духовной жизнью *(от слова «Элоким» – «Творец»)*, как это было и до первого сокращения. Разница между десятью сфирот миров АК и Ацилут, и между десятью сфирот миров БЕА заключается только в том, что у первых скрытия еще не начали действовать, они еще пока только в потенциале, в то время как у вторых эти скрытия (фильтры) уже начали действовать, ослабляя свет. Отметим еще раз, что в самом свете никаких изменений не происходит.

13. Возникает вопрос – если в мирах АК и Ацилут души еще не проявились, то зачем же эти миры вообще существуют? От кого они скрывают свет мира Бесконечности? В будущем души вместе с мирами БЕА поднимутся на уровень миров АК и Ацилут, и тогда они получат свет из этих миров. Поэтому в мирах АК и Ацилут тоже происходят изменения, ведь в будущем они тоже будут светить душам, когда те поднимутся на их уровень.

14. Как уже было сказано, всё – миры, нововведения, изменения, ступени – всё это касается только келим, которые дают душам, влияют на них, отмеряют им свет мира Бесконечности. Однако души, когда они поднимаются по ступеням, ничего не меняют в самом этом свете, потому что все эти скрытия влияют не на Того, Кто Скрывается, а на того, кто хочет Его ощутить и получить от Него.

15. Во всех сфирот и парцуфим, находящихся в любом месте, можно различить: сущность Творца, келим и света. Сущность Творца нами совершенно непознаваема. В келим же всегда есть два противоположных понятия: скрытие и проявление. Сначала кли скрывает сущность Творца так, что десять келим, которые находятся в десяти сфирот, представляют собой десять ступеней скрытия.

Однако после того как души приняли эти условия, скрытие превращается в раскрытие, в постижение. Эти два противоположных понятия становятся одним целым, потому что мера раскрытия в кли в точности соответствует мере скрытия. Чем большее желание получать имеет данное кли, чем больше он скрывает сущность Творца, тем больше света он получит.

Света, находящиеся в сфирот, это как раз то количество света, которое впоследствии будет принято душами. Все исходит от сущности Творца, хотя постижение света полностью зависит от свойств кли. Поэтому десять светов находятся в десяти келим, то есть в десяти ступенях скрытия, которое впоследствии становится раскрытием, постижением.

Мы не можем ощутить различия между светом Творца и сущностью Творца, напомним только, что сущность Творца совершенно непостижима: то, что доходит до нас от Творца через все миры, парцуфим и сфирот, мы и называем «свет». В принципе, для нас любая вышестоящая ступень уже является светом, Творцом.

Четыре стадии развития кли

Мы знаем о духовном лишь то, что каббалисты постигли и после этого написали каббалистические книги. Они постигли, что корнем, источником всего существующего в действительности является высшая сила. Эту высшую силу они назвали «сущностью Творца», но саму эту сущность они постичь не смогли.

Максимум того, что они смогли постичь, это то, что из сущности Творца исходит замысел создать творения, для того чтобы доставить этим творениям наслаждение. Этот замысел они назвали Замыслом творения, или высшим светом.

Поэтому для творения Творцом является этот высший свет, а не сущность Творца, которую творение постичь не может. Связь между Творцом и творением происходит при помощи высшего света.

Итак, из сущности Творца выходит свет, который хочет создать творение и доставить ему удовольствие. Целью света является создание творения, которое бы воспринимало свет в качестве удовольствия. Поэтому каббалисты называют творение сосудом (кли) для получения света.

Свет, который выходит из сущности Творца для того, чтобы создать творение, называется «бхинат шореш» – стадия корня (или нулевая стадия, Кетер), потому что этот свет является корнем, источником всего мироздания. Этот свет создает *из себя* желание наслаждаться им самим. Желание наслаждаться светом называется также желанием получить свет.

Величина удовольствия зависит только от величины желания получить это удовольствие. Приведем пример из нашего мира: живот может быть пустым, но без желания человек есть не станет. Поэтому желание – это кли (сосуд) для наполнения, и без желания нет наслаждения. В духовном не бывает принуждения, поэтому там наполнение всегда соответствует желанию.

Свет, выходящий из сущности Творца, создает для себя кли и наполняет его. Удовольствие, которое при этом ощущает творение, называется «свет хохма». Желание, которое рождается с помощью света (Кетера), называется **«бхина алеф»** – первая стадия. Это первая стадия создания будущего кли.

Но это желание еще не самостоятельно, потому что оно было напрямую создано светом, *это значит, что и желание получить свет, и удовлетворение этого желания было получено сверху от света, Кетера*. Настоящее творение само должно захотеть насладиться всем светом Творца.

Для того чтобы творение могло почувствовать удовольствие от света, оно должно само захотеть наполниться светом. Это значит, что его желание и решение насладиться светом должны исходить от самого творения, а не от Творца *(Кетера)*.

Для того чтобы захотеть получить свет, творение должно хорошо знать, какое удовольствие содержится в свете. Поэтому творение должно сначала получить свет, а затем почувствовать, что такое быть без света. Только тогда у него появляется настоящее желание получить свет.

Приведем пример из нашего мира. Когда человеку дают попробовать новый фрукт, то у него нет особого желания его съесть. Когда же человек попробовал этот фрукт, и он ему понравился, а теперь у него нет этого фрукта, только тогда он начинает по-настоящему желать его съесть, чтобы снова получить уже знакомое удовольствие. Именно это вновь возникшее желание человек ощущает как свое собственное.

Поэтому невозможно создать кли одним действием. Для того чтобы желание знало, от чего оно может насладиться, и почувствовало, что оно хочет насладиться, оно должно пройти целый цикл развития.

Это условие является в каббале законом: «Распространение света внутрь желания получать и его выход оттуда делают кли пригодным для выполнения его функции – получения всего света и наслаждения им». Стадии развития желания называются бхинот.

Свет наполняет кли и передает ему вместе с удовольствием также и свое свойство – желание отдавать. Кли, наслаждаясь светом, вдруг начинает ощущать, что оно, как и свет, хочет отдавать. Причиной этого является то, что Творец с самого начала создал свет способным передавать кли свое желание отдавать. После того как свет создал бхину алеф и наполнил ее собой, бхина алеф почувствовала, что она хочет быть похожей на Творца (свет). Так как это – новое желание, то оно становится следующей стадией развития кли, бхиной бет.

Бхина бет – это желание отдавать. Она получает удовольствие от того, что она по своим свойствам похожа на Творца. Это удовольствие называется «свет хасадим».

Получается, что бхина алеф противоположна по своим свойствам бхине бет – желанием бхины алеф является желание получать, а желанием бхины бет – желание отдавать. Свет, который находится в бхине алеф, – это свет хохма, а свет, находящийся внутри бхины бет, – это свет хасадим.

Когда желание получать, составляющее сущность бхины алеф, начинает наслаждаться светом, который наполняет его, то оно немедленно начинает ощущать, что свет является дающим началом, а оно само – получателем. Тогда-то кли и начинает хотеть быть, как сам свет, то есть оно теперь не хочет получать, а хочет отдавать. Поэтому содержащееся в нем желание получать исчезает, свет хохма выходит из кли, так как удовольствие не может ощущаться без желания насладиться им.

Однако желание получать не может оставаться без света хохма, потому что этот свет дает ему жизнь. Поэтому оно вынуждено получить внутрь себя небольшую порцию света хохма. Так появляется новое желание – **бхина гимель**, или следующая стадия развития кли.

Эта бхина содержит в себе два желания:
- желание быть подобным свету, желание отдавать;
- желание получить немного света хохма.

Поэтому теперь кли ощущает два света: свет хасадим ощущается внутри желания отдавать, а свет хохма – внутри желания получать.

Когда бхина гимель почувствовала, что из этих двух видов света именно свет хохма соответствует ей, что это ее свет жизни, то она самостоятельно решила получить не только небольшую порцию света хохма, а весь свет хохма.

На самом деле бхина бет, а затем и бхина гимель захотели получить сначала немного света хохма, а потом и весь свет хохма не столько потому, что они почувствовали, что не могут жить без него, а потому, что свет, остававшийся «вне» кли, сообщил им, что, не принимая весь свет, они не выполняют цель творения – насладить творения. Творения как раз должны получать свет, а не изгонять его. Поэтому главной причиной, приведшей к тому, что и бхина бет, и бхина гимель приняли свет, перейдя в следующие стадии, является то, что они захотели выполнить цель творения.

Итак, мы видим, что свет, вышедший из сущности Творца, создал для себя кли за четыре этапа. Поэтому окончательное желание называется **«бхина далет»** (четвертая стадия). Собственно говоря, это и есть единственное творение. Все предыдущие стадии – это лишь этапы развития кли. Фактически все мироздание – это только бхина далет: все, что существует в реальности, кроме Творца, это и есть бхина далет. Эта бхина называется «Малхут» (царство), потому что в ней царствует желание получать.

Далее мы будем изучать, как эта бхина далет, в свою очередь, делится на четыре части. Эти части называются сфирот, парцуфим, миры, наш мир, неживая природа, растительный мир, животный мир и человек. Разница между этими частями состоит только в величине желания получать, находящегося в них.

Бхина далет, которая полностью наполнилась светом хохма, называется миром Бесконечности, потому что желание, которое находится там, не имеет никаких ограничений в получении света.

Бхина далет хочет получить весь свет, который был перед ней, и ее собственный свет, поэтому она состоит из пяти бхинот (стадий) развития желания получать, которые включают в себя желания к светам, которые наполняли предыдущие этапы, и ее собственное желание получить положенный ей свет.

Первое сокращение. Экран. Парцуф

Когда свет хохма наполнил собой желание получать, он передал желанию получать свою природу – желание отдавать. Это послужило причиной того, что бхина алеф изменила свое желание – желание получать она поменяла на желание отдавать.

После того как бхина далет возникла и наполнилась светом хохма, с ней произошел подобный процесс – внутри нее тоже действует свет, и она тоже приобрела у света желание отдавать, поэтому у бхины далет исчезает желание получать.

Почему свет хохма, когда он наполняет кли, передает ему свое желание отдавать? Потому что кли ощущает не только удовольствие от света, но также и желание Дающего. Творец мог бы создать кли таким образом, чтобы тот не воспринимал Его в качестве Дающего, а ощущал бы только удовольствие от получения.

В нашем мире получают удовольствие, не обращая внимания на то, от кого это удовольствие исходит, – только те, у кого желание получать не развито (дети), а также грубые, примитивные люди и психически больные. Когда ребенок вырастает, он начинает стесняться получения.

В человеке это чувство развивается до такой степени, что он предпочитает стыду от получения любые страдания. Творец создал в нас эту черту специально, для того чтобы с ее помощью мы бы смогли подняться над нашей природой, то есть над желанием получать.

Для того чтобы испытывать чувство стыда и ощущать страдания от получения, мы должны чувствовать, что мы получаем. Это возможно только тогда, когда мы ощущаем существование дающего. Если я знаю, что у данной вещи нет хозяина, то я не стесняюсь – я, не задумываясь, беру эту вещь себе. Но если я знаю, что у этой вещи есть хозяин, если я вижу его, то стыд не дает мне взять эту вещь. Я чувствую, что я должен дать ему что-то взамен того, что я у него получаю. Тогда я уже не получаю, а меняюсь с ним, то есть он тоже что-то меня получает.

Ощущение Творца вызывает у Малхут настолько большие страдания от получения, что она решает никогда не пользоваться своим желанием получать только ради собственного удовольствия. Это решение Малхут называется «цимцум» (сокращение), и так как это решение было принято Малхут впервые, то это сокращение называется «цимцум алеф», то есть первое сокращение.

Малхут прекращает получать свет – в результате этого она перестает быть получающей. Но она еще не достигла своей главной цели – быть подобной свету, который доставляет удовольствие. Ведь свет, Творец доставляет Малхут удовольствие. Но тем, что Малхут не получает от Творца свет, она не доставляет Ему удовольствие. Как известно, для Творца является наслаждением доставлять удовольствие творениям. Поэтому Малхут не становится похожей на Творца и после того, как перестает получать свет.

Целью творения является получение удовольствия творением, Малхут. Эта цель творения абсолютна и постоянна. Поэтому свет, продолжает воздействовать на Малхут, требуя, чтобы она получила его. *Свет «говорит» Малхут, что из-за того, что она не получает его, она не выполняет цель творения.* Малхут начинает ощущать, что только изгнания света (сокращения) недостаточно. Но как творение, чьей единственной чертой является получение, может что-то отдать Творцу?

Поэтому Малхут принимает решение получать свет не ради себя, а ради Творца. Тогда получение превратится в отдачу. Получение удовольствия во имя Творца превращает действие получения в действие отдачи.

Если Малхут получит весь свет, все удовольствие, которое Творец для нее приготовил, не ради себя, а ради Творца, то получается, что она дает Ему столько же удовольствия, сколько и Он доставляет ей.

Приведем пример из нашего мира. Человек пришел в гости. Для того чтобы доставить удовольствие гостю, хозяин приготовил для него всевозможные яства, как раз такие и в таком количестве, как гость больше всего любит (ведь свет сам создал для себя из себя кли в точном соответствии с количеством удовольствия, содержащегося в нем).

Хотя гость очень хочет есть, присутствие хозяина стесняет его. Гость ощущает себя получателем, ничего не дающим взамен, – это приводит к тому, что страдания от стыда не дают гостю приступить к еде. Но после этого хозяин начинает настаивать, чтобы гость начал есть. Он объясняет гостю, что все это он приготовил именно для него, и, отведав эту еду, гость доставит удовольствие именно ему, хозяину.

Гость начинает чувствовать, что теперь, после того как он много раз отказался от еды, а хозяин продолжал настаивать, эта трапеза действительно доставит удовольствие именно хозяину, а не ему, гостю. В этот момент получение превращается в отдачу. Гость превращается из получателя в дающего, в человека, доставляющего удовольствие другому, а хозяин начинает получать удовольствие от него.

На языке каббалы это описывается так: желание получать, кли (гость) ощущает свет (удовольствие), который хочет войти в него. Кли отталкивает свет (гость отказывается от еды, чувствуя себя получающим у хозяина). Сила, отталкивающая удовольствие, называется «масах» (экран).

С помощью экрана, силы сопротивления наслаждению, кли может противостоять само себе, бороться со своим собственным желанием получать. Хотя можно подумать, что кли отталкивает свет, но на самом деле кли отталкивает свое желание наслаждаться и не дает себе пользоваться им.

Кли не может вернуть свет Творцу, однако внутри него возникает желание доставить удовольствие Творцу, и это намерение называется «ор хозер» (отраженный свет). Светом называется удовольствие. Прямой свет – это удовольствие, которое

Творец хочет доставить творению, а отраженный свет – это удовольствие, которое творение хочет доставить Творцу.

После того как кли (гость) уверено в том, что не получит свет ради себя, оно с помощью отраженного света проверяет, сколько света оно сможет получить ради Творца. Эта проверка происходит согласно величине желания доставлять удовольствие Творцу.

Свет распространяется напрямую от Творца, поэтому он и называется прямым светом. Он хочет войти внутрь кли, но наталкивается на экран. Экран отталкивает свет и не хочет получить его ради себя. Этим кли выполняет первое условие – не получать ради себя.

Расчет, сколько света кли может получить света ради Творца, происходит с помощью экрана. Место, где это происходит, называется «пэ» (рот). Экран стоит в пэ. Все ощущения и решения относительно получения света происходят в той части кли, которая называется «рош» (голова).

После принятия решения кли получает внутрь ту порцию света, которая была отмерена в рош. Внутренняя часть парцуфа, тох – это та часть, в которой в действительности происходит получение света. После того как тох кли получает свет хохма, для того чтобы доставить этим удовольствие Творцу, этот свет облачается в ор хасадим – свет милосердия, который является намерением доставить удовольствие Творцу.

Кли получает лишь небольшую часть света, идущего от Творца. Часть кли остается пустой, потому что у экрана нет силы, достаточной для получения всего света. Та часть парцуфа, которая остается пустой, называется «соф» – конечная часть парцуфа. Рош, тох и соф кли вместе называются «парцуф». Каждый парцуф состоит из рош и гуф. Гуф, в свою очередь, делится на тох и соф.

Граница в гуф парцуфа, на которой прекращается получение света, называется «табур». Та часть света, которая была получена внутрь парцуфа, называется «ор пними» – внутренний свет. Та часть света, которая еще не вошла внутрь кли, называется «ор макиф» – окружающий свет.

Прямой свет делится экраном на внутренний и окружающий света. Малхут состоит из пяти бхинот. Экран решает, сколько света получит каждая бхина, поэтому каждая бхина делится на часть, которая получает свет, и на часть, которая не получает. Пять бхинот есть в тох, и пять бхинот есть в соф.

Заключение: свет исправляет кли, он передает кли свои свойства, то есть свойства Творца. Это, в принципе, как раз то, чего нам недостает – чтобы пришел свет и исправил нас, чтобы мы захотели быть, как Творец. В этом заключается особенность каббалы – само изучение каббалы возбуждает окружающий свет, который находится вокруг нас.

Распространение и изгнание света

После того как Малхут с помощью экрана получила определенную порцию прямого света, она прекратила получение, и теперь она пока не может получать свет. Малхут всегда просчитывает в рош, какую максимальную порцию света она может получить ради Творца. Однако согласно силе экрана, она получает лишь небольшую порцию света, потому что получение ради Творца противоположно ее первичной природе – желанию насладиться.

Свет, оставшийся вне кли, называется «окружающий свет». Он продолжает давить на экран, который ограничивает его распространение внутрь кли. Этот свет пытается пробить себе дорогу и заполнить собой всё кли, как это было до первого сокращения.

Малхут соглашается со светом – она чувствует, что если останется в таком состоянии, то не сможет достигнуть цели творения – насладить творение всем светом, находившимся в свое время внутри Малхут мира Бесконечности, но уже с новым намерением – доставить своим получением удовольствие Творцу.

Однако если Малхут получит больше, чем она уже получила, это будет получение не ради Творца, а ради собственного удовольствия. Поэтому Малхут не может получить больше, но и оставаться в данном состоянии она больше не может.

Малхут принимает решение – прекратить получение света, изгнать из себя тот свет, который находился в ней, и вернуться в состояние до начала получения. Это решение, как и все остальные, принимается в рош парцуфа. После принятия этого решения экран, стоявший до этого в табуре, начинает подниматься в пэ. Этот подъем экрана приводит к выходу света из тох парцуфа.

Окружающий свет, который хочет войти внутрь парцуфа, снаружи давит на экран, стоящий в табуре. Внутренний свет тоже давит на этот экран, но изнутри парцуфа. Оба этих света хотят ликвидировать экран, который ограничивает распространение света.

Это двустороннее давление на экран называется соударением внутреннего света с окружающим светом. В принципе, оба эти света хотят, чтобы экран опустился вниз, с табура в сиюм (окончание) парцуфа, и тогда весь окружающий свет сможет войти внутрь парцуфа.

Это состояние похоже на гостя, который получил часть того, что ему предлагал хозяин. Он ощущает огромное удовольствие от полученного, это ослабляет его сопротивление, потому что он теперь чувствует, что еще большее удовольствие содержится в той части, которую он еще не получил.

В результате этого подъема экран поднимается из табура назад, в пэ, и свет выходит из парцуфа. Свет выходит из парцуфа тем же путем, как он входил в него – через пэ. Распространение света сверху вниз, от пэ к табуру, называется «таамим». Выход света из парцуфа называется «некудот».

После того как свет вышел из парцуфа, внутри парцуфа о нем остается воспоминание (рошем, решимо). Решимот остаются и от светов таамим, и от светов некудот. Решимо от таамим называется «тагим», а решимо от некудот называется «отиёт» (буквы).

Распространение света сверху вниз вместе с последующим выходом этого света создает кли – после того, как кли ощутило удовольствие, а потом это удовольствие исчезло – именно тогда у кли рождается настоящее желание получить это удовольствие. Это происходит потому, что после выхода света в кли остаются решимот от полученного удовольствия. Это решимо остается от некудот.

После того как кли становится пустым, именно решимо определяет желание этого кли. Поэтому именно решимо от выхода света, то есть отиёт, и является настоящим кли.

До первого сокращения бхина далет получает света от всех предшествующих ей четырех бхинот. Это происходит потому, что свет приходит к ней от сущности Творца через бхинот

шореш-алеф-бет-гимель-далет. Поэтому Малхут состоит из пяти бхинот. Каждая из этих пяти собственных бхинот Малхут получает свет от соответствующей ей бхины, предшествовавшей Малхут:
- бхина шореш де-далет получает **свет ехида** от бхины шореш;
- бхина алеф де-далет получает **свет хая** от бхины алеф;
- бхина бет де-далет получает **свет нешама** от бхины бет;
- бхина гимель де-далет получает **свет руах** от бхины гимель;
- бхина далет де-далет получает **свет нэфеш** от бхины далет.

Именно бхина далет бхины далет (Малхут де-Малхут) является настоящим творением, то есть сознательным желанием получать удовольствие. Предшествующие ей четыре бхинот бхины далет не являются желанием получать. Это желания, которые Малхут получила от предыдущих бхинот (шореш-алеф-бет-гимель), фактически – это желания, идущие от Творца.

Все духовные миры, наш мир, а также все их обитатели – неживая природа, растения, животные и люди и их духовные корни создаются из этих четырех первых бхинот Малхут. Ни у кого из них нет самостоятельного желания получать. Все их действия запрограммированы Творцом. Они, подобно роботам, выполняют только то, что заложено в их природе.

Только тот, у кого есть желание к духовному, желание, которое выходит за пределы этого мира, выходит за рамки своей природы и становится самостоятельной силой. Необходимым условием для этого является наличие экрана. Чем больше сила экрана, тем более самостоятельным становится человек. Настоящее желание получать ради себя рождается только в бхине далет бхины далет. Поэтому только она ощущает себя получающей.

Но когда бхина далет решает сократить свое желание получать свет, то свет выходит из всех ее бхинот. Итак, только бхина далет бхины далет получает свет, а все остальные ее бхинот – это только этапы развития желания получать.

После того как бхина гимель приняла решение получать свет ради себя, это желание постепенно развивается в четыре этапа – бхинот шореш-алеф-бет-гимель бхины далет, пока не достигнет своего максимального развития в бхине далет бхины далет. Поэтому только эта бхина является истинным творением. После первого сокращения, когда свет выходит из бхины далет бхины далет, то он выходит и из остальных четырех бхинот бхины далет.

После первого сокращения Малхут получает свет в свои пять бхинот с помощью экрана. Пять светов входят в эти пять частей Малхут. Это называется «тох», то есть внутренняя часть парцуфа. Порядок вхождения светов таков: нефеш, руах, нешама, хая и ехида – НАРАНХАЙ. Распространение света идет сверху вниз – от пэ в тох. Самым маленьким светом является нефеш.

Пять частей Малхут называются «бхинот шореш-алеф-бет-гимель-далет». После первого сокращения, когда эти части получают свет с помощью экрана, они начинают называться «сфирот», от слова «сапир» – светящийся, так как теперь свет светит внутри них. Теперь мы называем эти части не бхинот шореш-алеф-бет-гимель-далет, а сфирот Кетер, Хохма, Бина, ЗА и Малхут.

Решимот от выхода светов называются «отиёт». После пяти светов нефеш, руах, нешама, хая и ехида, которые вышли из пяти сфирот Кетер, Хохма, Бина, ЗА и Малхут, остались пять решимот, или отиёт: точка буквы йуд, йуд, хей, вав и хей. Позже мы будем учить, как из этих букв (отиёт) складываются слова и имена. По этому принципу сложены все слова, записанные в Торе.

На первый взгляд, в Торе описываются исторические события, но на самом деле это все имена Творца, то есть все слова в Торе указывают нам либо на келим во всех своих состояниях, либо на действия этих келим. По сути, вся Тора — это есть каббала, но написанная другим языком.

Вообще, существуют четыре языка, которые были созданы каббалистами для того, чтобы передавать нам информацию о духовных мирах: язык Торы, язык Агады, язык Талмуда и язык каббалы. Для того чтобы передать нам (то есть тем, кто еще не постиг высшие миры) информацию, каббалист должен подобрать понятный нам язык.

К моим ученикам

Для того чтобы творение стало самостоятельным, оно должно быть удалено от Творца. Оно абсолютно не должно чувствовать Творца, потому что свет выше, чем кли, и когда он наполняет собой кли, то он полностью управляет им и определяет его желания.

Поэтому творение, для того чтобы стать самостоятельным, должно родиться в состоянии сокрытия света, без ощущения существования Творца и духовных миров. Творение рождается на самой низшей, самой удаленной от Творца, ступени. Эта ступень называется «этот мир».

Кроме того, что творение становится самостоятельным, оно еще полностью лишено влияния высшего света, и у него нет сил осознать свое состояние и цель своей жизни. Получается, что Творец должен создать для творения среду, подходящую для его рождения и развития.

1. Сократить свет до возможного минимума с помощью ряда последовательных сокращений. В результате этого возникает шкала, состоящая из ряда ступеней, направленная сверху вниз от ступени «мир Бесконечности», которая находится ближе всех к Творцу, к максимально удаленной от Него ступени, которая называется «этот мир». Это называется «познание распространения миров и парцуфим».

2. Но после того, как для творения было создано это состояние, нужно еще создать для него возможность выйти из него, подняться наверх и достигнуть уровня самого Творца. Как это можно сделать? Ведь после первого сокращения свет не доходит до кли и не может войти в него. Для этой цели Творец создал окружающий свет, который светит кли даже после сокращения.

Рав Йегуда Ашлаг (Бааль Сулам) так описывает это в «Предисловии к Учению десяти сфирот», п. 155: «И следует спросить: почему обязали каббалисты каждого изучать науку каббала? Однако же кроется в этом великая и достойная оглашения вещь, поскольку существует неоценимо чудесное свойство для занимающихся наукой каббала, и хотя не понимают того, что учат, но благодаря сильному желанию и стремлению понять изучаемый материал пробуждают на себя света, окружающие их души».

Это значит, что каждому гарантировано, что он достигнет высочайших духовных вершин, которые ему приготовил Творец, согласно цели творения – доставить удовольствие каждому творению. Тот, кто не удостоился этого в этом перевоплощении, удостоится во втором, третьем – и так далее, пока он не выполнит цель творения.

Пока человек не достиг этого, то свет, который предназначен ему для получения в будущем, является окружающим светом. Это значит, этот свет точно войдет в него, что приготовлен для него, а причиной того, что этот свет пока не вошел в него, является то, что человек еще не очистил свой сосуд получения.

Когда же это произойдет, то окружающий свет немедленно войдет внутрь исправленного кли. Даже когда у человека келим еще отсутствуют, но он во время изучения каббалы вспоминает названия светов и келим, у которых есть связь с его душой, то эти света сразу же начинают светить человеку с определенной силой, но не входят в его кли, в его душу, ведь келим этого человека еще не исправлены. Но то свечение, которое он раз за разом получает во время занятий каббалой, поднимает его и влияет на него, давая ему святость и чистоту, которые приближают человека к цели, пока он не достигнет совершенства.

Но существует строгое условие для изучения каббалы – ни в коем случае не материализовать, не приземлять, не огрублять духовные понятия. Тот, кто нарушает это, тот нарушает запрет Торы: не создавай себе образа. В этом случае человек приносит себе вред, а не пользу.

Получается, что только правильное изучение каббалы *(а не какой-либо другой части Торы)* может привести человека к цели его жизни. Каббалисты буквально кричат о необходимости изучения каббалы, что это единственная возможность выполнить волю Творца. А кто лучше их знает реальность?!

С помощью изучения каббалы каждый человек может начать подниматься из нашего мира в духовный. Это происходит только с помощью свечения окружающего света. Если бы не окружающий свет, то у нас не было бы никакой возможности выйти за рамки нашего мира. Прямой свет никогда не сможет достичь нашего эгоистического мира.

Целью изучения каббалы является достижение духовного продвижения, а не ее понимание разумом. Целью изучения каббалы является слияние с Творцом, именно для этого каббалисты написали нам все каббалистические книги.

Человек, изучающий каббалу, должен уметь правильно понимать все слова, которые он встречает в каббалистических книгах. Только в этом случае он сможет правильно понять, о чем говорится в Торе. В противном случае он воспримет Тору как некие исторические рассказы.

Каббалистические книги написаны на «языке ветвей» – каббалисты берут слова из этого мира *(ветви)* и с их помощью описывают духовные понятия *(корни)*. Когда каббалист постигает духовность, то он ее чувствует, но не может выразить ее словами, потому что духовный мир – это мир чувств.

В нашем мире мы тоже не можем точно выразить наши чувства с помощью слов. Тем более, мы не можем измерять наши чувства и сравнивать их между собой.

Духовный мир – это мир абстракций, в котором находятся и действуют только силы и чувства без их материальных облачений (облачений неживой природы, растений, животных и людей). Поэтому очень тяжело правильно понять духовные понятия, все время нужно напоминать себе их истинный смысл. Пока у нас нет еще чувственной связи с духовным, мы читаем слова без малейшего понятия о том, что стоит за ними.

Тем не менее существуют «каббалисты», которые утверждают, что есть связь между материальным телом человека и его духовным кли. Они утверждают, что духовное кли находится внутри тела человека, в каждом материальном органе – духовный орган. Получается, что если человек делает какое-либо действие в материальном мире, то у этого действия есть духовный смысл, как будто человек произвел духовное действие.

Ошибка этих так называемых «каббалистов» проистекает из их неверного, буквального понимания того, что написано в каббалистических книгах. Как было уже сказано, эти книги написаны на «языке ветвей» – то есть каббалисты использовали слова нашего мира для обозначения соответствующих духовных объектов. На самом деле в этих книгах ни слова не сказано о материальном мире, хотя использование слов, взятых из нашего мира, может привести к неправильному истолкованию.

Поэтому в Торе существует строгий запрет: «Не сотвори себе образа». Это значит, что человеку запрещено представлять духовность и Творца в какой-либо материальной форме. Этот запрет существует не потому, что человек, находящийся в нашем мире, сможет причинить какой-либо вред Творцу или духовности, а потому, что человек, нарушив этот запрет, никогда не сможет правильно понять, что такое в действительности духовное!

Поэтому человек должен быть очень осторожен с основными понятиями в каббале: «место», «время», «движение», «вечность», «тело», «части тела», «совокупление», «поцелуй», «объятия» и так далее. Человек во время изучения должен все время напоминать себе, что здесь речь идет не о материальных объектах, пока он не начнет правильно ощущать внутренний смысл этих понятий.

Тому, кто хочет правильно изучать каббалу, мы можем посоветовать следующее.

1. Не читать никакие книги по каббале кроме: Книги Зоар, книг АРИ, книг Бааль Сулама (рава Йегуды Ашлага) и книг РАБАШа (рава Баруха Ашлага).

2. Не обращать внимания на «каббалистов», которые утверждают, что если в каком-либо месте написано «тело», то речь идет о нашем физиологическом теле. Например, что в правой руке человека заключена категория милосердия, а в его левой руке – духовная категория «Гвура». Такой подход, как раз, является прямым нарушением запрета Торы и каббалистов – «Не сотвори себе образа».

Почему же эти «каббалисты» объясняют каббалу именно так? Потому что они понимают каббалу именно таким образом, другого объяснения они никогда не слышали, а сами они в духовные миры не вышли, каббалу они знают только понаслышке. Если, как они утверждают, есть связь между духовными силами и физическим телом человека, то тогда можно «научить» человека, как преуспеть в этом мире, можно «лечить» тело человека, и, главное, можно получить хорошую плату за такого рода «каббалистические» услуги.

Всех людей на первых порах притягивает к каббале надежда преуспеть. Ведь мы все сделаны из одного теста – желания получить удовольствие. Мы надеемся получить с помощью каббалы некие сверхъестественные силы, которыми мы потом будем пользоваться по нашему усмотрению.

Однако тот, кто правильно учит каббалу, оставляет эти свои первоначальные заблуждения и выходит в духовные миры, сливается с Творцом, оставаясь в физическом теле, а тот, кто учит каббалу неправильно, – живет иллюзиями, что постигает что-то духовное.

Тот, кто учит Тору, понимая ее как исторический рассказ, тоже заблуждается, забывая, что вся Тора – это имена Творца. В Торе речь идет исключительно о духовных мирах. О событиях, происходящих в нашем мире, там не сказано ни строчки.

Все имена и названия в Торе святы, даже такие слова, как фараон, Билам, Балак и имена других грешников. В Книге Зоар про все эти имена сказано, что это – разные духовные ступени.

Решимот

Для того чтобы сделать правильное действие, человек должен:
- точно знать, чего он хочет достичь;
- знать, как он может достичь того, что он хочет;
- у него должны быть силы достичь того, что он хочет.

Но если человеку непонятно, чего он хочет, и что он должен делать для того, чтобы достичь желаемого, или у него нет сил для этого, то он не сможет достичь желаемого. Это справедливо и для духовного мира, и для материального, потому что на самом деле единственное отличие между ними заключается в способе использования желания получать удовольствие.

Кроме Творца в реальности существует только единственное творение – желание получать удовольствие. Поэтому все творение – это или свет (удовольствие), или кли (желание получить удовольствие). Каждый объект, совершающий в духовном любое целостное действие, должен иметь информацию об обеих составляющих – и о кли, и о свете.

Это происходит потому, что, как уже было сказано, в духовной реальности всегда есть только эти две составляющие: свет и кли. Поэтому каждое предыдущее состояние кли, содержащего свет, оставляет после себя два вида «заметок», «воспоминаний», которые называются «решимот».

У каждого кли есть два вида решимот: решимо от света и решимо от кли. Решимо, остающееся от света, это лишь маленькая часть света, который был в кли и вышел из него. Решимо кли – это не решимо о силе экрана, который был у кли, а информация о силе экрана в настоящее время.

Поэтому у каждого кли всегда есть:
- решимо от света, который был внутри кли;
- решимо от силы экрана, который у него есть в настоящее время.

Эти два вида решимот рассматриваются в качестве одного решимо, которое должно быть у кли для того, чтобы была возможность совершить определенное действие. Если после предыдущего действия в кли не осталось решимо, то это кли не будет знать, чего ему хотеть и как достигнуть желаемого. Это состояние можно сравнить с состоянием человека, больного амнезией (потерей памяти).

Весь процесс развития мироздания – от начала и до конца – это различные состояния Малхут мира Бесконечности. Она проходит цепь этих состояний с помощью окружающего света, который пробуждает в ней решимот, оставшиеся в ней от предыдущего состояния.

Бхина далет наполняется светом, а затем она начинает ощущать себя получающей, и в результате этого она принимает решение сократить свое получение света. Свет выходит из нее, и в ней остается решимо от этого света. После первого сокращения свет снова пытается наполнить собой Малхут. Малхут решает получить только такую порцию света, какую она сможет получить не ради себя, а ради Творца.

Малхут имеет следующие данные:
- решимо от света, который у нее был в предыдущем состоянии;
- желание получить ради Творца.

После того как Малхут проанализировала эти решимот в рош, она принимает решение, сколько света она может получить в гуф, а потом она начинает в действительности получать эту порцию света в гуф. Когда кли прекращает получение той части света, принять которую оно решило раньше, то окружающий свет начинает давить на экран, «очищая», «утоньшая» его. В результате этого экран поднимается назад, в пэ, и свет выходит из парцуфа.

Когда экран поднимается из табура Гальгальты в ее пэ, то внутренний свет выходит из нее, оставляя после себя на экране гуфа решимо. Но решимо о силе экрана, который получал этот свет, не остается – это происходит потому, что сам экран решил прекратить получение света, запретив себе работать с этой силой. Он как бы «стирает» решимо. Поэтому решимо экрана исчезает.

Так как экран теперь снова стоит в пэ, то он ощущает высший свет, который давит на него, требуя, чтобы им насладились. В результате этого в Малхут снова пробуждается желание получать свет ради Творца, но уже на новые решимот.

Итак, решимо от света – это небольшая порция света, которую свет оставляет после своего выхода из парцуфа. Это решимо является ядром и корнем для создания нового парцуфа. Таким образом, свет проходит сквозь все миры в самые нижние парцуфим. Получается, что решимо является единственным фактором последовательного развития мироздания.

Решимот, участвующие в рождении парцуфим и миров

Мир Адам Кадмон

1. Парцуф Кетер, Гальгальта: решимо света – далет, решимо кли – далет.
2. Парцуф Хохма, АБ: решимо света – далет, решимо кли – гимель.
3. Парцуф Бина, САГ: решимо света – гимель, решимо кли – бет.
4. Парцуф ЗА, МА: решимо света – бет, решимо кли – алеф.
5. Парцуф Малхут, БОН: решимо света – алеф, решимо кли – шореш.

Парцуф Некудот де-САГ

1. Парцуф Некудот де-САГ: решимо света – бет, решимо кли – бет.

Мир Некудим

1. Парцуф в состоянии катнут: решимо света – бет, решимо кли – алеф.
2. Парцуф в состоянии гадлут: решимо света – далет, решимо кли – гимель.

Мир Ацилут

1. Парцуф Кетер, Атик: решимо света – далет, решимо кли – далет.
2. Парцуф Хохма, АА: решимо света – далет, решимо кли – гимель.
3. Парцуф Бина, АВИ: решимо света – гимель, решимо кли – бет.
4. Парцуф ЗА, ЗА: решимо света – бет, решимо кли – алеф.
5. Парцуф Малхут, Нуква: решимо света – алеф, решимо кли – шореш.

Мир Брия

1. Парцуф Кетер, Атик: решимо света – далет, решимо кли – далет.
2. Парцуф Хохма, АА: решимо света – далет, решимо кли – гимель.
3. Парцуф Бина, АВИ: решимо света – гимель, решимо кли – бет.
4. Парцуф ЗА, ЗА: решимо света – бет, решимо кли – алеф.
5. Парцуф Малхут, Нуква: решимо света – алеф, решимо кли – шореш.

Мир Ецира

1. Парцуф Кетер, Атик: решимо света – далет, решимо кли – далет.
2. Парцуф Хохма, АА, решимо света – далет, решимо кли – гимель.
3. Парцуф Бина, АВИ: решимо света – гимель, решимо кли – бет.
4. Парцуф ЗА, ЗА: решимо света – бет, решимо кли – алеф.
5. Парцуф Малхут, Нуква: решимо света – алеф, решимо кли – шореш.

Мир Асия

1. Парцуф Кетер, Атик: решимо света – далет, решимо кли – далет.

2. Парцуф Хохма, АА: решимо света – далет, решимо кли – гимель.
3. Парцуф Бина, АВИ: решимо света – гимель, решимо кли – бет.
4. Парцуф ЗА, ЗА: решимо света – бет, решимо кли – алеф.
5. Парцуф Малхут, Нуква: решимо света – алеф, решимо кли – шореш.

Решимот силы экранов (авиюта) миров
1. Мир Кетер – мир Адам Кадмон – авиют далет.
2. Мир Хохма – мир Ацилут – авиют гимель.
3. Мир Бина – мир Брия – авиют бет.
4. Мир ЗА – мир Ецира – авиют алеф.
5. Мир Малхут – мир Асия – авиют шореш.

Когда развитие творения достигает состояния, при котором в экране не остается ни одного решимо, то есть окончания мира Асия, то Малхут создает еще один парцуф, который называется «Адам Ришон». Этот парцуф разбивается на большое количество осколков, которые падают еще ниже, чем мир Асия, в то место, которое называется «наш мир». В каждой такой частичке остается решимо, которое пробуждается и заставляет разбитое кли исправляться.

Самое маленькое решимо в самом маленьком кли называется «некуда ше ба лев» (точка в сердце) – это то, что человек ощущает как стремление к духовному. Эти решимот находятся в определенных людях в нашем мире, они не дают им покоя, пока человек не наполнит их светом Творца.

Если ты думаешь, что у тебя есть такое решимо, то ты сможешь постичь духовное, выйти в высшие миры и познать все творение. Инструкция, как это сделать, находится в каббале. Для каждого поколения есть книги по каббале, написанные каббалистами того времени. Для нашего поколения больше всего подходят книги Бааль Сулама (рава Йегуды Ашлага) и РАБАШа (рава Баруха Ашлага). Кроме изучения этих книг, существуют еще два условия изучения каббалы: нужно учиться в группе и с равом-каббалистом.

Во время развития творения сверху вниз были созданы ступени, предназначенные для подъема человека снизу вверх. Поэтому каждый раз, когда человек постигает какую-либо духовную ступень, то в нем проявляются решимот более высокой ступени. Таким образом человек поднимается наверх, к Творцу.

Внутри человека, находящегося в нашем мире, проявляются решимот ближайшей к нему духовной ступени. Работая с этими решимот, человек выходит из нашего мира в мир духовный.

Рождение парцуфа

После того как бхина далет получила весь свет, она начинает называться Малхут мира Бесконечности. Она называется «Малхут» (царство), потому что внутри нее царствует огромное желание получать. А почему «мира Бесконечности»? Потому что она получает свет без всяких ограничений.

Малхут является единственным творением. Ее всевозможные состояния называются «оламот» (миры), это название происходит от иритского слова «алама» – скрытие, исчезновение. Творец «скрывается» за этими мирами, это значит, что свет по мере удаления от Творца постепенно «исчезает». Малхут из-за слабости экрана сама принимает решение получать не весь свет, а только его определенную часть, – то есть она сама является причиной скрытия, ослабления света.

Когда бхина далет получает свет, то она ощущает, что свет напрямую приходит к ней от Творца, то есть от Дающего. Ощущение наличия Дающего вызывает у Малхут осознание, что она является получателем. Малхут начинает от этого испытывать страдания настолько большие, что решает никогда больше не быть получателем.

Так как желание и свободный выбор духовного объекта (Малхут) в определенном состоянии становятся непреложными законами для его последующих состояний, то даже если в будущем какая-то часть Малхут вдруг захочет получить свет ради себя, то она не сможет это сделать, так как Малхут уже решила не делать этого, и она будет следить за тем, чтобы этот закон всегда соблюдался всеми ее частями.

В будущем Малхут примет еще целый ряд различных решений, и каждый раз ее решение будет действовать на все ее последующие состояния – сверху вниз, от совершенного к несовершенному. Каждое новое решение принимается из-за дополнительных ослаблений экрана, что ведет к уменьшению уровня ступеней. Поэтому каждое новое решение становится дополнительным ограничением.

Малхут, находящаяся в состоянии, которое называется «мир Бесконечности», принимает решение больше не быть получателем, в результате этого решения свет выходит из нее, и Малхут переходит в следующее состояние, которое называется «мир Сокращения».

Свет вынужден подчиниться этому решению Малхут, потому что желанием Творца является доставление удовольствия творению, а в данном состоянии Малхут испытывает лишь страдания от получения света. Невозможно получать наслаждение из-под палки, то есть когда имеет место насилие над твоим желанием.

Получать удовольствие можно только тогда, когда к чему-то явное желание, стремление, идущее от самого кли. Поэтому существует строгий закон: в духовном ничего не навязывается против желания. Если же мы видим, что в материальном мире кто-то навязывает свое желание другому, то это исходит не от святости!

После первого сокращения в Малхут остаются следующие решимот:
- от света наслаждения, который в ней был до этого;
- от ощущения страданий, которые заставили ее изгнать свет.

После первого сокращения свет снова возвращается к Малхут, он снова пытается наполнить Малхут – ведь желание Творца доставить творению удовольствие неизменно. Это желание действует во всех частях творения, даже если нам кажется, что это не соответствует окружающей нас реальности.

Малхут, стоящая в пэ, понимает намерения Творца, подобно тому как гость понимает намерения хозяина в нашем примере. Малхут чувствует, что если она не будет получать свет Творца, то она, в отличие от Творца, не сможет ничего дать Ему.

Вследствие этого Малхут решает получать – для того чтобы своим получением доставить удовольствие Творцу. Малхут может точно рассчитать, сколько она может получать ради

Творца, с помощью решимот. Решимо о ранее полученном удовольствии называется «решимо де-итлабшут».

На это решимо Малхут делает зивуг, в результате которого рождается рош нового парцуфа. Так как это решимо является только решимо от света, находившегося раньше в Малхут, а сейчас у нее нет достаточной силы экрана для того, чтобы получить этот свет, то этот рош называется «рош де-итлабшут», согласно названию решимо.

После этого происходит зивуг на решимо де-авиют (сила экрана). В результате этого рождается второй рош, который называется «рош де-авиют». Именно из этого рош свет распространяется в гуф, то есть свет входит в кли, в Малхут. Малхут сравнивает это решимо с силой экрана, которая у нее есть сейчас. На основании этого она решает, сколько удовольствия она сможет получить таким образом, чтобы получение этого удовольствия было только ради Творца.

Та часть Малхут, которая принимает решение, сколько света она может получить ради Творца, называется «рош». После принятия решения в рош, Малхут получает данное количество света внутрь себя, внутрь парцуфа. Этот свет называется «таамим». Когда эта порция света вошла внутрь гуфа, то получающий экран прекращает поступление света.

Экран больше не дает свету войти внутрь кли, так как Малхут приняла решение о получении ради Творца максимальной на данный момент порции света. Если она получит больше, то это уже будет получение ради собственного удовольствия.

В том месте, где экран прекратил получение света, Малхут снова начинает ощущать давление света, требующего, чтобы Малхут получила его. Это место называется «табур». Как уже было сказано, если Малхут получит еще свет, то это уже будет получение ради собственного удовольствия. Поэтому у Малхут не остается выбора, кроме как изгнать свет из себя.

Все решения Малхут принимает только в рош парцуфа и лишь потом осуществляет их в гуф. После того, как в рош

было принято решение прекратить получать свет, экран поднимается из табура в пэ, изгоняя света из гуф парцуфа. Экран прибывает в пэ со следующими данными:
- решимо от света, наполнявшего парцуф;
- решение больше не работать с данной силой экрана.

В результате взаимодействия со светом в рош парцуфа, в экране снова пробуждается желание получать свет ради Творца. Поэтому в нем проявляется новое решимо от Малхут мира Бесконечности. Экран делает зивуг на это решимо и на решимо от внутреннего света, оставшееся от предыдущего парцуфа. В результате этого возникает новый парцуф.

В любом парцуфе есть два экрана: экран, который отталкивает свет, и экран, который получает свет. Экран, который отталкивает свет, постоянно стоит в пэ парцуфа. Он отталкивает весь свет, который хочет войти внутрь парцуфа, – этим он выполняет условие первого сокращения.

После того как первый экран отразил весь свет назад и парцуф уверен в том, что он больше не получит свет для себя и что теперь он будет получать только ради Творца, то тогда подключается к работе второй экран, который получает свет. Второй экран подсчитывает, какую именно порцию из всего высшего света он может получить ради Творца.

После принятия решения экран начинает получать свет – он опускается из пэ вниз, и свет вслед за ним входит в парцуф. Когда количество света, о получении которого было принято решение, вошло в парцуф, то экран прекращает опускаться. Это происходит потому, что экран де-гуф всегда выполняет только приказы и решения экрана де-рош.

Когда экран де-гуф возвращается в пэ, то он содержит в себе решимо от света, побывавшего внутри парцуфа. После того, как он сливается с экраном, стоящим в рош парцуфа, он снова начинает ощущать удовольствие от высшего света, который стоит в рош парцуфа.

В результате этого в нем снова пробуждается желание получать. Кроме того, экран ощущает на себе давление со стороны

Творца, который требует, чтобы парцуф получил весь свет, приготовленный Творцом для творения. Экран чувствует, что существует Дающий, который хочет, чтобы творение получило.

После первого сокращения Малхут приняла решение, сколько света она может получить, получила его и затем прекратила получать. Сейчас, с помощью решимо, оставшегося от внутреннего света (таамим), она принимает решение, сколько света она может получить второй раз. Во время изгнания света в предыдущем состоянии она уже решила не получать свет на авиют далет, поэтому сейчас она вообще не ощущает этот авиют. В данный момент она чувствует только авиют гимель.

Поэтому, согласно решимо, оставшемуся от света, который в ней был (авиют далет), и согласно решимо авиют гимель она принимает решение, какую порцию света она теперь может получить ради Творца.

Этот подсчет происходит в экране де-рош, но так как величина авиюта (силы экрана) меньше предыдущей, то экран относительно предшествующего парцуфа стоит не в пэ, а в хазе. Вообще, величина авиюта далет соответствует пэ, гимель – хазэ, бет – табуру, алеф – Есоду, а авиюта шореш – окончанию парцуфа.

После того, как экран поднялся из табура в пэ, он получает там желание сделать новый зивуг. Он опускается в хазэ и там делает расчет, сколько света он может получить. Этот расчет создает рош второго парцуфа. После того как решение принято, экран начинает спускаться от пэ вниз, вплоть до места, в которое было решено получить свет. Это место будет табуром второго парцуфа. Все келим, которые остались пустыми, находятся в пространстве от табура до окончания парцуфа. Пэ всегда является местом нахождения экрана, под словами «экран стоит в хазе» имеется в виду хазе предыдущего парцуфа.

Окончания второго и всех последующих парцуфим не могут быть ниже табура первого парцуфа, потому что ни у одного из них нет экрана с авиютом далет.

После того, как возник второй парцуф и он получил ту порцию света, которая была ему предназначена, в его экране в табуре тоже произошло ударное столкновение внутреннего и окружающего светов. Экран снова понял, что он не сможет продолжать стоять в табуре, потому что у него нет возможности получить больше, чем раньше и, следовательно, он не сможет продвигаться к цели творения.

Поэтому экран решает уменьшить свой авиют. Он поднимается в пэ и изгоняет свет из парцуфа. В нем, как и в предыдущем случае, остается решимо от света, побывавшего внутри парцуфа. Когда экран поднимается в пэ и сливается со стоящим там экраном, то в нем снова пробуждается желание получить свет ради Творца. В нем проявляется решимо от бывшей Малхут – решимо авиют бет.

Так как это решимо меньше предыдущего, то экран опускается на уровень хазэ второго парцуфа, делает там зивуг и получает свет. Порция света, которую получил экран, создает третий парцуф. После того как этот парцуф возник, в нем, в свою очередь, происходит ударное столкновение внутреннего и окружающего светов. Его экран поднимается в пэ, затем опускается в хазе и создает следующий парцуф с величиной авиют алеф.

Этот экран тоже наполняется светом, создавая парцуф. Когда он останавливает распространение света, то в результате ударного столкновения он тоже принимает решение уменьшить свой авиют. Экран возвращается в пэ и авиют шореш. Так как у экрана больше нет силы кашиюта (жесткости) для того, чтобы получить свет, то больше парцуфим рождаться не могут.

Цельность мироздания

После того как произошло сокращение, с помощью экрана в Малхут возникает целая серия парцуфим. С помощью экрана, у которого есть сила получать на авиют далет, возникает парцуф Гальгальта. С помощью экрана, у которого есть сила получать на авиют гимель, возникает парцуф АБ. С помощью экрана, у которого есть сила получать на авиют бет, возникает парцуф САГ. С помощью экрана, у которого есть сила получать на авиют алеф, возникает парцуф МА. На экране, у которого есть сила получать на авиют шореш, возникает парцуф БОН.

Названия парцуфим зависят от количества и качества света, который их наполняет. Так как Малхут является единственным творением, которое возникло в результате пяти действий света, то она после своего создания получает свет от всех предыдущих стадий своего развития, приобретая их свойства.

Поэтому у Малхут мира Бесконечности тоже есть пять бхинот. Бхинот – это желания: от самого маленького желания – бхины шореш, до самого большого желания – бхины далет. Малхут мира Бесконечности получает свет без каких-либо ограничений. После первого сокращения Малхут решает получать свет только ради Творца. Так как этот вид получения противоречит ее природе, то она теперь не может получать свет без ограничений.

Теперь она не может получить все, что у нее было до первого сокращения, за один прием. Поэтому она решает получать свет маленькими порциями, чтобы в конце концов наполниться светом и выполнить этим цель творения, то есть желание Творца.

Как и вся Малхут, так и каждая ее часть содержат в себе пять частей желания получать, так как это желание не может существовать, не пройдя четыре этапа развития. Поэтому каждый парцуф, каждое кли, где бы они ни находились в высших мирах, имеет пять уровней авиюта: шореш, алеф, бет, гимель, далет, которые называются сфирот Кетер, Хохма, Бина, ЗА и Малхут, которые соответствуют буквам (отиёт): точка буквы йуд, йуд, хей, вав и хей.

Малхут мира Бесконечности делится на пять основных частей, которые называются мирами Адам Кадмон, Ацилут, Брия, Ецира и Асия. Каждый мир делится на пять парцуфим: Атик, Арих Анпин, Аба ве-Има, Зэир Анпин и Нуква. В каждом парцуфе есть пять сфирот: Кетер, Хохма, Бина, ЗА и Малхут.

Получается, что во всех пяти мирах, от нашего мира до мира Бесконечности, есть 5 x 5 = 25 парцуфим, а так как в каждом парцуфе есть пять сфирот, то во всех мирах есть 25 x 5 = 125 сфирот, или ступеней, которые должна пройти каждая душа, для того чтобы достигнуть слияния с Творцом.

Каждая ступень, парцуф, мир — это часть Малхут мира Бесконечности с определенным экраном, который соответствует желанию получить свет. Каждая, даже самая маленькая часть Малхут состоит из пяти частей желания получать и соответствующего экрана. Поэтому все части творения отличаются друг от друга только величиной экрана. Эта величина определяет вид и количество получаемого света.

Отличия между парцуфим похожи на различия между нашими телами в материальном мире — в каждом теле есть те же органы, но кто-то может быть выше, кто-то ниже, у кого-то какой-либо орган может быть больше или меньше. У духовных объектов есть все те же пять частей, отличие заключается только в их наполнении — милуй.

Пять отиёт — точка буквы йуд, йуд, хей, вав и хей составляют имя Творца, потому что именно по этой матрице Творец создал творение. Согласно тому, как творение наполняется светом, согласно тому, как оно ощущает свет, оно дает имена этому свету, то есть Творцу.

Поэтому название каждого кли зависит от того, насколько оно ощущает Творца. У каждой ступени, начиная с нашего мира и вплоть до мира Бесконечности, есть свое собственное название. Души людей поднимаются по этим ступеням. Самой низкой ступенью является наш мир. Каждый раз, когда душа поднимается на следующую ступень, она получает свет, соответствующий этой ступени.

Это и называется, что душа получает название этой ступени. Поэтому и говорят, что каждый человек обязан быть как Моше Рабейну. Это значит, что каждый человек должен достичь ступени в духовных мирах, которая называется «Моше». Теперь мы сможем понять то, что мы отметили раньше: все имена в Торе и других каббалистических книгах – это названия ступеней в духовных мирах.

Вообще, все, что написано в каббалистических книгах, является инструкцией – как достигнуть слияния с Творцом. Поэтому и говорят, что вся Тора – это имена Творца, включая имена фараона, Билама, Балака и так далее. Название ступени определяется светом, наполняющим парцуф, то есть отиёт йуд, хей, вав и хей. Например, кли, наполненное светом Хохма, символом которого является буква «йуд», будет называться так:

יוד-הי-ויו-הי

Так как каждая буква ивритского алфавита имеет свое числовое значение, то получается, что числовое значение букв этого имени будет АБ:

$(10+5)+(6+10+6)+(10+5)+(4+6+10)=72=$ ע"ב

Поэтому парцуф Хохма называется АБ.

Парцуф, который получает свет хасадим, называется САГ:

ס"ג $=$ יוד-הי-ואו-הי $=63=$

Таким же образом получают названия ступени во всех мирах. Зная, как обозначается каждый вид света, мы сможем узнать, что обозначают названия всех парцуфим. Читая Тору, мы теперь сможем понять, о каких духовных действиях и о каких ступенях в духовных мирах идет речь.

Как уже было сказано, в Торе ничего не говорится о нашей животной жизни или истории, короче, о нашем материальном мире. Не говорится в ней и о том, как лучше устроиться в материальной жизни. Все каббалистические книги – это инструкция, как достигнуть цели творения еще в этой жизни, чтобы не нужно было потом еще и еще раз перевоплощаться, страдать.

Парцуф – это десять сфирот: Кетер, Хохма, Бина, ЗА и Малхут. Им соответствуют буквы: йуд – Хохма, хэй – Бина, вав – ЗА, хей – Малхут. Но вид парцуфа, его нефеш, руах, нешама, хая и ехида, не описываются четырехбуквенным именем «йуд хей вав хей». Так как эти буквы – это только каркас любого парцуфа, они описывают состояния кли, пустого от света.

Размер кли определяется величиной его экрана. Экран наполняет десять сфирот каркаса парцуфа светами. Экран может наполнить его светом нефеш, или руах, или нешама, или хая, или ехида. Свет, находящийся в кли, определяет место расположения кли в духовных мирах.

В принципе, существуют только два вида света: свет хохма и свет хасадим. Буквой йуд обозначают свет хохма, а буквой хей – свет хасадим.

1. Для того чтобы обозначить уровень кли ехида (парцуф Кетер), пишут просто:

י-ה-ו-ה
5+6+5+10=26 (без наполнения).

2. Уровень хая (парцуф Хохма) – это י-ה-ו-ה с наполнением «йуд»:

יוד-הי-ויו-הי
(10+5)+(6+10+6)+(10+5)+(4+6+10)=72, или АБ

3. Уровень нешама (парцуф Бина) – это частичное заполнение י-ה-ו-ה буквой «йуд». Буква «вав» этого парцуфа наполняется буквой «алеф»:

יוד-הי-ואו-הי
(10+5)+(6+1+6)+(10+5)+(4+6+10)=63, или САГ.

4. Уровень руах (парцуф ЗА) – это вся наполняется буквой «хэй», только буква «вав» наполняется буквой «алеф»:

יוד-הא-ואו-הא
$(1+5)+(6+1+6)+(1+5)+(4+6+10)=45$, или МА.

5. Уровень нефеш (парцуф Малхут) – это вся י-ה-ו-ה наполняется буквой «хей», только буква «вав» остается без наполнения:

יוד-הה-וו-הה
$(5+5)+(6+6)+(5+5)+(4+6+10)=52$, или БОН.

На самом деле существует только один, единый и неделимый свет Творца, но кли, творение, в зависимости от своих духовных свойств, получает от света разные виды удовольствия, называя их разными светами.

Второе сокращение

Некудот де-САГ опустились вниз, под табур Гальгальты, и наполнили там пустые келим окончания Гальгальты светом хасадим. Они почувствовали, что в этих пустых келим Гальгальты есть решимот от света, который наполнял этот парцуф до того, как он опустел.

Свет, наполнявший окончание Гальгальты, это свет хасадим с небольшой добавкой света хохма. После него остались решимот: решимо от света – уровня далет (4) и решимо от экрана – уровня гимель (3). Эти решимот похожи на свет, находящийся в Некудот де-САГ. Поэтому Некудот де-САГ смешиваются с окончанием Гальгальты и наполняют ее пустые келим. По своим желаниям Некудот де-САГ и окончание Гальгальты тоже похожи – они не хотят получать свет.

В результате смешения Некудот де-САГ с окончанием Гальгальты первые получили решимот, оставшиеся в окончании Гальгальты. Так как решимот от Гальгальты намного больше, чем величина экрана Некудот де-САГ, то Некудот де-САГ начинают хотеть получить то же удовольствие, что и Гальгальта, но, в отличие от нее, не ради Творца, а ради себя. Это соответствует закону, гласящему, что если удовольствие, ощущаемое желанием получать, больше, чем сила экрана, то кли начинает хотеть получить его ради себя.

Все миры и парцуфим – это части Малхут мира Бесконечности. Эта Малхут сделала сокращение (первое сокращение) и решила больше никогда не получать ради себя. Поэтому сейчас, когда в парцуфе Некудот де-САГ вдруг пробудилось желание получать ради себя, то Малхут мира Бесконечности, которая в свое время сделала сокращение и которая сейчас стоит под окончанием Гальгальты, поднимается вверх, в то место, начиная с которого Некудот де-САГ хотят получить свет ради себя.

Каждый парцуф состоит из десяти сфирот: Кетер, Хохма, Бина, Хесед, Гвура, Тиферет, Нецах, Ход, Есод и Малхут.

Некудот де-САГ – это парцуф Бина. Бина, подобно бхине бет, делится на две части.

1. Верхняя часть Бины – сфирот Кетер, Хохма, Бина, Хесед, Гвура и Тиферет. Эти сфирот совершенно не хотят получать, они хотят только отдавать.
2. Нижняя часть Бины – сфирот Нецах, Ход, Есод и Малхут. Эти сфирот, в принципе, к Бине не относятся. Функция этих сфирот в Бине заключается в том, чтобы получить свет и передать его дальше, в ЗА. Это значит, что у этих сфирот есть желание получить свет и есть экран получать этот свет не ради себя, а для того чтобы передать его дальше.

Однако если этот экран исчезает, то эти сфирот немедленно начинают желать получить свет для себя, не передавая его дальше.

Например, человек привык постоянно получать определенную сумму денег для того, чтобы передать ее нуждающимся. Неожиданно он получил сумму бо́льшую, чем обычно. Человек начинает ощущать, что он не сможет передать эту сумму дальше, потому что он, не выдерживая искушения, хочет взять эти деньги себе.

Все то время, когда удовольствие от денег не превышало величину его экрана, он мог противостоять искушению забрать деньги себе, так как удовольствие от того, что он раздавал деньги нуждающимся, превышало удовольствие от присвоения денег себе. Но когда удовольствие от присвоения стало больше, чем удовольствие от помощи бедным, человек немедленно захотел забрать эти деньги себе.

Так же действует желание получать в каждом человеке, в каждом творении, ведь единственным материалом, из которого создано творение, является желание получать. Если же мы делаем какие-либо действия ради других, то это только потому, что мы чувствуем, что эти действия могут принести нам больше пользы, чем простое получение.

То же самое произошло и в парцуфе Некудот де-САГ – в той части парцуфа, которая получала свет для того, чтобы передать его дальше, удовольствие от получения превысило силу экрана, и немедленно экран исчез, и парцуф захотел получать для себя. Желание получать для себя пробудилось в парцуфе Некудот де-САГ, начиная со сфиры Тиферет и ниже, так как вышестоящие сфирот вообще не хотят получать.

Сфирот Кетер, Хохма и Бина – это сфирот рош. Сфирот Хесед, Гвура и Тиферет по своим духовным свойствам подобны первым трем сфирот (рош), это как бы Кетер, Хохма и Бина де-гуф. Хесед подобен Кетеру, Гвура – Хохме, Тиферет – Бине. Получается, что сфира Тиферет – это Бина де-гуф парцуфа.

Каждая сфира, в свою очередь, состоит из своих собственных десяти сфирот. Поэтому сфира Тиферет тоже делится на свои десять сфирот. Кроме того, так как Тиферет – это Бина де-гуф, то она, как и любая Бина (вспомним, что весь парцуф Некудот де-САГ – это тоже Бина), делится на две основные части:

- келим, которые не получают, – верхняя часть Бины, то есть сфирот Кетер, Хохма, Бина, Хесед, Гвура и Тиферет;
- келим нижней части Бины, которые получают свет для того, чтобы передать его дальше, то есть сфирот Нецах, Ход, Есод и Малхут.

Следовательно, если мы делим весь парцуф Бина, то есть Некудот де-САГ, на келим, которые не получают свет, и на келим, которые его получают, то получается, что линия разграничения будет проходить под частной сфирой Тиферет сфиры Тиферет парцуфа Некудот де-САГ. Это место называется «хазе (грудь) парцуфа Некудот де-САГ».

Поэтому Малхут, сделавшая первое сокращение, поднимается именно в это место, не давая свету пройти ниже. Эта граница распространения света называется «парса». Подъем Малхут в хазэ Некудот де-САГ с целью ограничить распространение света называется «второе сокращение» (цимцум бет).

Первое сокращение (цимцум алеф) запрещало получать свет хохма ради себя. Второе сокращение запрещает вообще получать свет хохма, даже с намерением получать ради Творца. Это происходит потому, что уже у парцуфа Некудот де-САГ не было сил получать свет ради Творца.

Так как желание высшего парцуфа становится непреложным законом для нижнего, то все парцуфим, возникающие после второго сокращения, подчиняются его правилам. Это значит, что в них парса не дает свету пройти через нее вниз. Все эти парцуфим возникают как бы разделенными на две части.

Следствием этого является разделение всего пространства под табуром Гальгальты на части.

1. Место мира Ацилут, где еще может светить свет хохма.
2. Место мира Брия, которое находится под парсой, и там уже не может появляться свет хохма. Там светит только свет хасадим.
3. Место мира Ецира, которое находится ниже места мира Брия.
4. Место мира Асия, которое находится ниже места мира Ецира. В окончании мира Асия оканчивается святость (кдуша).
5. Барьер (махсом) между духовным и материальным, отделяющий мир Асия от точки «этого» мира (олам аЗэ).
6. «Этот» мир.
7. Наш мир.

Мир Некудим

Весь процесс спуска Некудот де-САГ вниз, под табур Гальгальты, смешение их желаний с желаниями соф Гальгальты и последующее второе сокращение произошли во время подъема экрана от табура до пэ в парцуфе САГ. Поэтому, когда этот экран поднялся в пэ, на нем уже были решимот о том, что произошло в Некудот де-САГ, выше и ниже табура Гальгальты.

После выхода света из табура Гальгальты на экране оставалась пара решимот: далет де-итлабшут (решимо от света, прежде находившегося в Гальгальте) и гимель де-авиют (решимо экрана). После выхода света из парцуфа АБ на его экране тоже осталась пара решимот: гимель де-итлабшут и бет де-авиют. Но после выхода света из парцуфа САГ на его экране, поднявшемся от табура в пэ, есть вместо одной – три пары решимот, и экран делает зивугим на все эти решимот, согласно их важности.

1. *Первый зивуг происходит на решимот итлабшут бет и авиют алеф.* В результате этого зивуга возникает следующий по порядку парцуф с уровнем ЗА (САГ, как известно, парцуф Бина), который называется «МА Элион» (Высший МА).

2. После этого экран в рош САГ делает зивуг на следующую по значению пару решимот – решимот из той части гуфа САГ, которая была под табуром Гальгальты. *Это тоже решимот итлабшут бет и авиют алеф, но с дополнительной информацией о втором сокращении, произошедшем в Некудот де-САГ под табуром Гальгальты.*

По требованию этих решимот экран гуфа САГ, который поднялся из табура в пэ, поднимается дальше, в место, которое называется «никвей эйнаим» – граница между ГАР де-Бина (верхними, неполучающими келим) и ЗАТ де-Бина (нижними, келим получения) в рош САГ, и делает там зивуг на эти решимот.

Это происходит потому, что в этих решимот содержится информация о запрете пользоваться получающими сосудами, поэтому свет может распространяться только до хазе в каждом парцуфе, в каждой сфире, так как над хазе в каждом парцуфе находятся альтруистические сосуды. Ниже хазе в парцуфе располагаются сосуды получения.

В результате этого зивуга возникает парцуф, в котором свет наполняет только альтруистические келим, а келим получения остаются пустыми. Так как парцуф может пользоваться только частью своих келим, то он называется «маленький» (катан).

Почему по требованию решимот экран поднимается из пэ в никвей эйнаим и делает там зивуг? Потому что если решимот требуют сделать зивуг только на отдающие сосуды, то экран должен подняться на границу между ГАР де-Бина и ЗАТ де-Бина, где заканчиваются отдающие сосуды рош. Решимот, поднявшиеся из-под табура Гальгальты, требуют сделать зивуг только на отдающие сосуды.

Но может ли существовать парцуф, состоящий только из отдающих сосудов? Парцуф может состоять только из десяти сфирот, не бывает парцуфим без сосудов получения. В каждом творении есть десять сфирот. Но может быть парцуф, который не пользуется частью своих желаний, то есть сфирот. Поэтому рош де-САГ должен создать парцуф, чьи келим получения не действовали бы.

К келим получения относятся ЗАТ де-Бина, ЗА и Малхут. Для того, чтобы эти келим не действовали в парцуфе, экран САГ должен создать этот парцуф таким образом, чтобы с самого начала было невозможно пользоваться келим получения. Для этого экран должен сделать зивуг только на отдающие келим рош.

Келим рош называются:
- Кетер – гальгальта;
- Хохма – эйнаим (глаза);
- Бина – ознаим (уши);
- ЗА – хотем (нос);
- Малхут – пэ (рот).

Келим Кетер, Хохма и верхняя часть Бины (ГАР де-Бина) вместе называются «гальгальта ве-эйнаим» (ГЭ), или отдающие, альтруистические келим. Верхняя часть Бины относится к отдающим келим, потому что она полна светом хохма, и поэтому она ничего не хочет получать, она желает только свет хасадим. Но нижняя часть Бины (ЗАТ де-Бина) уже хочет получить свет для того, чтобы передать его вниз, в ЗА.

Парцуф Некудот де-САГ – это парцуф Бина. Нижняя часть этого парцуфа, то есть начиная со сфиры Тиферет, – это келим получения. Поэтому эта часть парцуфа Некудот де-САГ приобрела у соф Гальгальты желание получать ради себя.

Нижняя часть Бины хочет получить свет для ЗА. ЗА хочет получить свет хасадим и немного света хохма. Поэтому ему нельзя участвовать в зивуге на свет хохма. Малхут же хочет получить свет хохма во всей его полноте.

Место, где находится экран, определяет форму будущего парцуфа – если экран хочет создать парцуф, который будет получать свет во все его десять сфирот, то экран должен делать зивуг в пэ. Кашиют (жесткость, сила сопротивления) экрана определяет размер будущего парцуфа, то есть сколько процентов из всех его пяти келим он будет использовать.

Если же экран хочет создать парцуф, который будет получать свет только в свои отдающие келим, то экран должен стоять не в пэ де-рош, а в никвей эйнаим. Когда экран стоит в никвей эйнаим, то в будущем парцуфе будут использоваться только верхние две с половиной сфиры каждой бхины.

Парцуф, рожденный таким образом экраном рош де-САГ, называется «катнут» (маленькое, неполное состояние) мира Некудим. После того как в рош САГ произошел зивуг на решимот бет/алеф с информацией о ЦБ (втором сокращении), то вновь возникший парцуф спустился под табур Гальгальты, то есть в то место, откуда поднялись эти решимот. Его первый рош (рош де-итлабшут) называется «Кетер», его второй рош (рош де-авиют) называется «Аба ве-Има», а его гуф называется «ЗОН».

Все части этого парцуфа – и рошим, и гуф, и все их частные сфирот разделены на две половины: ГЭ и АХАП (озэн, хотэм и пэ). ГЭ всегда являются отдающими келим, и ими всегда можно пользоваться, ведь сокращение произошло только на свет хохма. АХАП всегда являются келим получения. Ни в одном из парцуфим, возникших после ЦБ, нет сил и возможностей получить свет хохма в келим АХАП ради Творца.

3. Третья пара решимот, которые поднялись с экраном в рош де-САГ, – это решимот, которые остались в соф Гальгальты после того, как из нее вышел свет, и которые некудот переняли у Гальгальты во время их смешения. *Это решимот итлабшут далет и авиют гимель*. Эти решимот требуют получения света хохма.

После того, как парцуф катнут мира Некудим спустился на свое место, то есть в пространство от табура Гальгальты и до парсы, то рош де-САГ передал ему решимот далет/гимель. Поэтому, согласно требованию этих решимот, экран, стоявший в никвей эйнаим рош АВИ, опустился в пэ этого парцуфа и сделал там зивуг на эти решимот.

В результате этого зивуга свет хохма спускается в гуф, достигает парсы и проходит через нее. Когда рош де-АВИ делал расчет света на эти решимот, то он думал, что келим, находящиеся под парсой, хотят получать свет ради Творца, а не ради себя. Поэтому АВИ сделали зивуг на эти решимот и передали свет хохма вниз.

Состояние парцуфа, рождающегося в результате зивуга на решимот далет/гимель, называется «гадлут» – это большое, полное состояние парцуфа. Но АВИ не поняли, что парса – это ограничение, создаваемое самой Малхут мира Бесконечности, то есть внешней для мира Некудим силой.

Когда свет хохма начинает проходить сквозь парсу, то келим начинают разбиваться, так как келим, находящиеся под парсой, хотят получить свет ради себя, а не ради Творца. А поскольку отдающие келим, находящиеся над парсой во время гадлута, составляют с келим получения одно целое, то и они разбились.

Малхут – это желание получать ради себя. Это желание после ЦБ начинает властвовать и над келим Тиферет, Нецах и Ход, вплоть до парсы. Когда келим ГЭ соединились с келим АХАП, то желание получать Малхут входит и в отдающие келим гуфа парцуфа, которые находятся над парсой. Получается, что теперь Малхут властвует над всеми сфирот и над всеми желаниями гуфа мира Некудим.

Когда рош де-АВИ сделал зивуг на решимот далет/гимель, то свет хохма спустился из этого парцуфа в гуф Некудим. Свет прошел через ГЭ, хотел пройти парсу и войти в АХАП де-гуф. Келим АХАП немедленно начинают получать свет хохма ради себя. Когда гуф Некудим получил свет хохма, то он разделился на восемь частей, которые называются **«восемь мелахим»** («царей»).

Мелех – это от слова Малхут, которая внесла в них свое желание получать ради себя, *то есть теперь мелахим это как бы Малхут*. В каждой такой части есть пять бхинот: Кетер, Хохма, Бина, ЗА и Малхут. Каждая бхина содержит десять своих собственных сфирот.

Поэтому в общей сложности получается $8 \times 4 \times 10 = 320$ частей *(Кетеры не считаются)*. Гематрия этого числа – ШАХ, так как «шин» = 300, а «хаф» = 20. Поскольку разбиение келим произошло в каждой сфире, то каждая сфира включает в себя элементы всех остальных сфирот. Таким образом, каждая разбитая частица содержит 320 частичек.

Работа по исправлению заключается в выбирании каждой частицы из осколков келим. Сначала из всех трехсот двадцати разбитых частиц выбираются частички, относящиеся к Малхут, из-за которой, собственно, и произошло разбиение. Малхут – это одна из десяти сфирот, следовательно, $320/10 = 32$ частицы, относящиеся к Малхут.

Отбор частей Малхут происходит с помощью света хохма: когда свет хохма светит во все 320 осколков, то он может быть воспринят только осколками, относящимися к девяти первым сфирот (288 осколков).

Таким образом, происходит выбирание только Малхут, которая является «плохой», мешающей частью в парцуфе, из-за которой свет не может светить в парцуфе и которая не дает человеку выйти в духовные миры. Одной из основных черт нашей природы является стремление уйти, убежать от плохого.

Поэтому человек начинает ненавидеть зло. Так как в духовном ненависть разделяет один объект от другого, то человек отделяется от своего зла, то есть от желания получать для себя (от Малхут).

Таким образом, после выбирания частей Малхут (32 осколка) остаются 288 разбитых частей, относящиеся к первым девяти сфирот разбитого ЗОН мира Некудим. Затем выбирают отдающие келим, ГЭ. Из этих келим создают ЗОН мира Ацилут.

Мир Исправления

После разбиения мира Некудим:
- **света**, которые наполняли парцуф гадлут мира Некудим, поднялись наверх, в рош парцуфа Некудим;
- **решимот**, которые остались на экране, – поднялись в рош парцуфа Некудим, затем в рош де-САГ;
- **нецуцим** (искры), частицы отраженного света, или частицы разбившегося экрана – остались внутри келим, потерявших экран;
- **келим** – так как они потеряли экран и снова стали желать получить свет ради себя, то это называется, что келим упали под парсу, в место миров Брия, Ецира и Асия.

Есть разница между выходом света из парцуфа в результате утоньшения экрана после взаимного соударения внутреннего и окружающего светов, и выходом света из парцуфа в результате разбиения. После разбиения сначала нужно исправить келим и лишь потом делать на них зивугим для создания новых парцуфим.

Рош мира Некудим намеревался получить весь свет ради Творца, наполняя им окончание Гальгальты. Если бы это произошло, то это привело бы к полному заполнению Малхут мира Бесконечности.

Поэтому, когда исправляют последствия разбиения келим, то этим исправляют практически все келим получения, то есть речь идет о полном исправлении (гмар тикун). Однако Малхут мира Бесконечности при этом была бы исправлена не полностью. Были бы исправлены только ее первые четыре бхинот. Бхина далет этой Малхут, которая как раз и является единственным творением, по-прежнему была бы не исправлена.

Как уже было сказано, первые четыре бхинот Малхут являются лишь стадиями ее развития, то есть по сути они представляют собой желание Творца. Творением называется только то желание, которое полностью самостоятельно от Творца.

Только бхина далет бхины далет, которая является желанием получать ради получения (то есть ради себя), ощущает себя самостоятельной. Поэтому только она совершает ЦА на свое желание получать.

После ЦА происходит заполнение светом всех частей опустевшей Малхут мира Бесконечности, но уже с другим намерением – с намерением получать ради Творца. Это происходит с использованием экрана и отраженного света. Все миры и парцуфим заполняют собой первые четыре бхинот этой Малхут: шореш, алеф, бет и гимель, но не бхину далет бхины далет.

Возникает вопрос – если нужно исправлять как раз бхину далет бхины далет, то почему получают света в первые четыре бхинот? Желания, относящиеся к этим бхинот, не являются желаниями творения, это еще проявления Творца, с помощью которых Он управляет творением, то есть бхиной далет бхины далет. Эти проявления силы Творца называются «малахим» (не путать с мелахим), которые наполняют собой духовные миры. К ним относятся все духовные объекты, находящиеся в высших мирах, исключение составляют человеческие души.

Все зивугим, которые делаются после ЦА, происходят на желания, относящиеся к первым четырем бхинот. В результате этих зивугим возникают по порядку сверху вниз все парцуфим, миры и их обитатели (кроме человеческих душ). Все пять миров, каждый из которых состоит из пяти парцуфим, образуют лестницу между Дающим (Творцом) и получающим (творением). Ступени этой лестницы – это степени сходства желаний творения с Творцом.

Развитие парцуфим и миров сверху вниз создает скрытия света Бесконечности. Каждый парцуф, получая положенную ему порцию света ради Творца, скрывает эту порцию от нижестоящих парцуфим. Получение света ради Творца является естественной, природной чертой всех парцуфим, им не нужно преодолевать свое желание, и этим они отличаются от человека, который поднимается по этим ступеням снизу вверх.

Поэтому мы можем представить все миры и парцуфим как листья луковицы, точнее, как концентрические сферы, находящиеся одна внутри другой. Самая внутренняя из них больше всех скрывает свет мира Бесконечности. В центральной точке всех этих сфер находится самая темная точка.

Для того чтобы предоставить творению максимальную свободу действий, Творец создал мироздание таким образом, что творение рождается в этой темной точке. У творения должна быть свобода выбора, оно само должно захотеть сблизиться, слиться с Творцом.

Рождение в темной центральной точке дает возможность творению развиваться, подниматься из наиболее удаленного от Творца состояния на уровень самого Творца. Творение должно само захотеть исправить свои желания. Из-за первоначальной слабости творения исправление происходит постепенно.

Для этого приготовлена лестница: пять миров, каждый из которых состоит из пяти парцуфим, каждый парцуф состоит из пяти сфирот. Итак, между первоначальным состоянием творения и его окончательно исправленным состоянием существуют 125 ступеней.

Таким образом, миры выполняют две функции.

1) Они постепенно, поэтапно скрывают, ослабляют свет Бесконечности. Это происходит при создании миров сверху вниз. Эти ступени скрытия называются мирами – оламот, от слова «алама» – скрытие, исчезновение;

2) Миры предоставляют творению (душам) возможность исправления. С помощью миров, по ступеням, образованным ими, можно подниматься снизу вверх. Каждая ступень – это парцуф, который возник во время создания миров сверху вниз, от Творца к творению. Для того чтобы подниматься по духовным ступеням, творение должно получать помощь от той ступени, на которую оно хочет подняться.

Когда творение получает эту помощь, то оно приобретает экран и поднимается на эту ступень. Когда творение поднимается на эту ступень, то оно начинает именоваться так же, как и эта ступень, потому что оно приобретает те же духовные свойства.

Итак, все миры и все, что их составляет, представляет собой лестницу, которую Творец приготовил для того, чтобы человек мог подняться к Нему. Когда человек поднимается по этим ступеням, то все миры поднимаются вместе с ним. Ведь все миры и все, что в них находится, на самом деле находятся внутри человека. Поэтому кроме постигающего человека – творения, существует только Творец!

Единственное, что есть вокруг человека, – это простой, неразделимый высший свет, который никогда не меняется. Человек ощущает Творца согласно степени сходства его свойств с главным свойством Творца – с желанием отдавать.

Если свойства, желания человека полностью противоположны Творцу, то человек вообще не ощущает Творца, это состояние называется «этот мир». Если человеку удается изменить какое-либо свое желание таким образом, что оно становится похожим на желание Творца отдавать, то это называется, что человек поднялся на вышестоящую ступень, приблизился к Творцу.

Все изменения происходят только внутри человека, в его келим получения, и зависят они только от степени исправления экрана внутри человека. Кроме человека существует только высший свет, в котором никаких изменений не происходит.

Тем, что человек постигает часть высшего света, он постигает и начинает ощущать часть самого Творца, и согласно этому ощущению он сам дает названия проявлениям Творца – так, как он их ощущает: «Творец милостив», «Творец добр», «Творец, вызывающий трепет» и так далее. Так как вся Тора – это только ощущения человека, постигшего духовные миры, получается, что вся Тора – это имена Творца.

Человек, который постиг Тору, постиг часть света. Ступени постижения света называются согласно названиям сфирот, парцуфим и миров или согласно названиям светов, которые он получил (НАРАНХАЙ). Так как вне человека есть только Творец, то все, что человек ощущает, видит, хочет в нашем мире, на самом деле является его ощущениями Творца.

Между самой нижней точкой, от которой человек начинает подниматься, приближаясь к Творцу, и до того места, где человек достигает полного сходства своих свойств с Творцом, находятся 620 ступеней, которые называются «613 заповедей Торы» и «семь заповедей мудрецов».

Заповедь (мицва) – это зивуг с высшим светом на экране. Свет, который человек при этом получает, то есть внутренний свет, свет таамим, называется Тора. Поэтому каббалисты говорят: «Попробуйте, и вы увидите, как хорош Творец!» «Попробуйте» – на иврите – «тааму», от слова «таам» – вкус, то есть «получите свет **таамим**».

Бхина далет бхины далет исправляет свое желание получать, она добавляет к нему намерение – получать ради Творца, то есть пулчать для того, чтобы доставить этим удовольствие Творцу. Это исправление происходит постепенно, по частям, при этом творение поднимается со ступени на ступень в духовных мирах.

Это исправление желания получать – очень тяжелый и сложный процесс, потому что оно противоположно природе творения. Поэтому Творец разделил весь путь на 620 маленьких ступеней, а само творение – на 600 тысяч маленьких частей (человеческих душ). Когда все души объединяются в одно целое, это называется «общая душа» или «Адам Ришон».

Однако работа по исправлению желания получать начинается раньше, еще в нашем мире, то есть еще до выхода в духовные миры. В нашем мире частички творения находятся в бессознательном состоянии, без ощущения духовного, Творца. Они могут только верить в то, что им говорят о существовании Высшей Силы, которая называется Творец.

Все рождаются в этом состоянии, когда есть только желание насладиться теми удовольствиями, которые находятся перед нашими глазами. Весь наш мир управляется законами слепой природы. Человек, как и другие части творения (неживая природа, растения, животные) выполняет только приказы своего желания получать.

Но Творец в каждом поколении «всаживает» некуда ше ба лев (точку в сердце), то есть желание ощутить, познать Его, в небольшое количество людей. Человек, имеющий такое желание, начинает метаться в поисках чего-то такого, что бы могло удовлетворить это его новое желание. Но он еще не знает, что на самом деле он ищет Творца и удовлетворить это желание можно только с помощью высшего света.

Все духовные миры, возникшие после разбиения келим, называются мирами исправления. Все действия Творца, от начала творения и до его конца, были определены и запрограммированы заранее, поэтому все, что происходит, происходит не случайно.

Все, что происходит, направлено на исправление творения, кли, для того чтобы творение смогло ощутить совершенство действий Творца и насладиться тем, что Творец приготовил для него. Поэтому и разбиение келим, произошедшее в мире Некудим, которое называется «разбиение келим в мирах», и разбиение Адама Ришон, которое называется «разбиение келим в душах» – оба должны произойти в творении.

В результате разбиения келим в мире Некудим все осколки келим перемешались. Келим получения перемешались с отдающими келим. Это привело к тому, что каждая из трехсот двадцати разбившихся частей содержит в себе желания остальных трехсот девятнадцати, то есть каждое желание содержит в себе все остальные.

В результате этого:

1. С помощью смешения свойств отдающих келим с келим получения происходит исправление последних;

2. Каждое из желаний теперь ощущает намного больше разновидностей удовольствия в свете, так как разбиение намного увеличило каждое желание у всех;
3. Без этого смешения у получающих келим не было бы никакой возможности получить свет, так как они отделены парсой от того места (Ацилут), где может распространяться высший свет. Теперь появляется возможность поднять в Ацилут частички желания получать (АХАП де-алия) и наполнить их там светом.

Разбиение келим в мире Некудим называется «разбиение келим в мирах», потому что Малхут мира Бесконечности состоит из пяти частей, и первые четыре части, распространяясь сверху вниз, создают миры и всех их обитателей, кроме человеческих душ, которые были созданы из бхины далет бхины далет (Малхут де-Малхут), то есть из истинного, самостоятельного желания получать, которое полностью отделено от желания Творца отдавать.

Поэтому только человек является сущностью творения. Все миры, парцуфим, словом, все духовное мироздание было создано ради него. Все остальные части творения не являются самостоятельными и являются частью желания Творца, так как Творец определяет и направляет их действия и поведение.

Они действуют автоматически, подобно тому, как в нашем мире существуют живая природа, растения, животные и подавляющее большинство людей. Желания этих людей в нашем мире так же не является самостоятельными, как и желания животных, растений и так далее.

Хотя желания людей намного превосходят желания животных, тем не менее качественно эти желания от желаний животных не отличаются. Только человек, у которого есть частичка желания Адама Ришон, называется на языке каббалы «человек» (адам). То есть только бхина далет бхины далет, когда она начинает исправлять себя с помощью экрана и приобретает желание получать ради Творца, становится самостоятельной, становится истинным творением.

Этот мир состоит из четырех основных групп: неживая природа, растения, животные и человек.

- **Неживая природа** имеет возможность произвести из себя растения, животных и человека.
- **Растения** обладают общей способностью приблизить полезное и оттолкнуть вредное для него.
- **Животные** обладают индивидуальной для каждой особи способностью приблизить полезное и оттолкнуть вредное для него. Но эта способность ограничена временем и местом. Животные не ощущают прошлое и будущее, они ощущают только настоящее, и они ощущают только то место, в котором они находятся в данный момент.
- **Человек** обладает чувствами и разумом. Благодаря науке, он не ограничен пространством и временем, он может быть связан со всей реальностью во все времена. Поэтому его способности приблизить полезное и оттолкнуть вредное безграничны.

Как природа вообще, так и человек в этом мире должны пройти эти четыре стадии (бхинот): неживая природа, растения, животные и человек. Это происходит для того, чтобы с их помощью достичь цели, которая является совершенным удовольствием. Поэтому все человечество в течение тысяч лет своего существования проходит естественным путем стадии развития желания получать, от стадии «неживая природа» до стадии «человек». Это, в сущности, развитие поколений, которое мы знаем из истории.

Подобно тому, как человечество проходит четыре стадии развития в течение истории, так и каждый человек проходит четыре стадии развития, которые являются частями желания получать.

«Большинство народа» – соответствует уровню неживой природы. С помощью страстей, которые есть у «большинства народа», происходит дальнейшее развитие желания получать к следующей ступени – «богатые».

«**Богатые**» – соответствует растительному уровню. С помощью стремления к почету (власти), которая есть у «богатых», происходит дальнейшее развитие желания получать к следующей ступени – «герои».

«**Герои**» – соответствует животному уровню. С помощью стремления к знаниям, мудрости, которая есть у «героев», происходит дальнейшее развитие желания получать к следующей ступени – «мудрые».

«**Мудрые**» – соответствует уровню «человек». На этой стадии развития желания человека не ограничены временем и пространством. Человек может завидовать кому-либо в прошлом, в будущем, в любом месте земного шара, он может завидовать даже себе самому. На этой стадии желание получать развивается с помощью того, что человек видит то, что есть у других, и начинает хотеть получить то же самое. Так как теперь человек может безгранично увеличивать свое желание получать, то он может достичь цели творения.

Если Творец дает такому человеку точку в сердце, то у него начинает пробуждаться желание найти Творца и корень (шореш) своей души. Порядок исправления – снизу вверх. Человек поднимается снизу вверх согласно величине исправленного желания получать. Желание человека определяет его духовное состояние.

- Желание получать ради получения (ради себя) – «наш мир».
- Желание отдавать ради получения – «этот мир».
- Желание отдавать ради отдачи – миры БЕА.
- Желание получать, чтобы отдавать (ради Творца) – мир Ацилут.

Вся система мироздания достигает окончательного исправления с помощью мира Ацилут, поэтому он называется «мир Исправления».

Причинно-следственное развитие (краткое повторение)

Четыре стадии развития прямого света

Из сущности Творца вышел свет, который является желанием Творца доставить удовольствие творениям, которые Он хочет создать. Этот свет называется «бхина (стадия) шореш».

Свет (бхина шореш), осуществляя желание Творца доставить удовольствие творениям, создает бхину алеф, которая является желанием получить этот свет и насладиться им.

Бхина алеф, ощутив себя получающей, решает не получать больше свет. Это новое желание называется «бхина бет».

После того, как бхина бет остается совершенно пустой от света хохма, она начинает чувствовать недостаток этого света. В результате этого она принимает решение получить немного света хохма в дополнение к свету хасадим, превращаясь в бхину гимель.

Бхина гимель, получив свет хохма и свет хасадим, решает получить весь свет, превращаясь в бхину далет, которая называется «Малхут». Она имеет не только то желание, которое имела бхина алеф, но и добавочное желание. Новое кли называется «иштокекут» (страстное желание).

Это дает кли ощущение, что его желание самостоятельное, исходящее от него самого. Бхина далет получает весь свет без ограничений и поэтому называется «мир Бесконечности». Свет всегда является дающим, мужским началом (захар), а кли – получающим, женским началом (некева).

Цимцум алеф

Бхина далет делает цимцум алеф (первое сокращение). Сократившая себя бхина далет называется «мир Сокращения».

Работа экрана

Бхина далет называется «Малхут». Малхут решает получать свет в те свои бхинот, которые относятся к желанию отдавать, то есть в бхинот шореш, алеф, бет, гимель, но не в бхину далет, которая является желанием получать.

Парцуф Гальгальта

Малхут с помощью экрана с решимот далет/далет делает зивуг со светом мира Бесконечности. Экран решает, сколько света он может получить ради Творца. Экран спускается в гуф, пропуская внутрь это количество света. Света, которые вошли внутрь парцуфа, называются «таамим».

Место, в котором экран останавливается и прекращает получение света, называется «табур». На экране, стоящем в табуре, происходит столкновение внутреннего и окружающего светов, которые хотят ликвидировать эту границу, не дающую свету распространиться внутрь парцуфа.

Экран решает не пользоваться решимо далет де-авиют, что приводит к утоньшению экрана. Экран поднимается из табура в пэ, и внутренний свет выходит из парцуфа. Света, которые выходят из парцуфа, называются «некудот». Весь парцуф, от начала зивуга и до выхода света, называется «Гальгальта».

Парцуф АБ

Экран гуфа Гальгальты, который поднялся в пэ, сливается с экраном, который постоянно стоял там, включаясь в постоянный зивуг. Экран хочет получить часть света, согласно решимот далет/гимель, так как последнее решимо (далет) исчезло. Затем экран спускается из пэ вниз, и света таамим входят внутрь нового парцуфа.

Подчиняясь решению, принятому в рош, экран останавливается, образуя табур. На этом экране тоже происходит столкновение внутреннего и окружающего светов, которые хотят ликвидировать эту границу.

Экран решает уменьшить свой авиют, решимо гимель исчезает, и экран поднимается из табура в пэ. Света, которые при этом выходят из парцуфа, называются «некудот АБ».

Парцуф САГ

Экран гуфа АБ, который поднялся в пэ, сливается с экраном, который постоянно стоял там, включаясь в постоянный зивуг. Экран хочет получить часть света, находящегося в рош. Экран согласно решимо де-авиют опускается вниз, в хазе парцуфа АБ, и делает там зивуг со светом на решимот гимель/бет.

Подчиняясь решению, принятому в рош, экран останавливается, образуя табур. На этом экране тоже происходит столкновение внутреннего и окружающего светов, которые хотят ликвидировать эту границу, то есть экран внутренней части (тох) парцуфа. Экран решает уменьшить свой авиют, и экран поднимается из табура в пэ.

Некудот де-САГ

Света, которые выходят из парцуфа, называются «некудот». Некудот де-САГ имеют решимот бет/бет, эти решимот соответствуют чистой Бине. Поэтому эти света могут находиться в любом месте, в любом желании.

Света некудот опускаются под табур Гальгальты, заполняя ее окончание (соф). Окончание Гальгальты и Некудот де-САГ смешиваются между собой. Решимот, которые остались в соф Гальгальты после выхода света, влияют на парцуф Некудот де-САГ, который в результате этого хочет получить эти света ради себя.

Желание получать ради получения, ради себя, становится частью парцуфа Некудот де-САГ, которая расположена ниже его хазе. Появление желания получать ради себя в части парцуфа Некудот де-САГ заставляет Малхут, которая сделала первое сокращение, подняться из самой нижней точки окончания Гальгальты – в хазэ Некудот де-САГ и ограничить получение света в пространство, расположенное ниже хазе.

Цимцум бет

Подъем Малхут, сделавшей ранее первое сокращение, в хазэ парцуфа Некудот де-САГ называется «цимцум бет» (второе сокращение). Все процессы, которые проходят в Некудот де-САГ, происходят во время подъема экрана гуфа САГ из его табура в рош. Экран продолжает подниматься в рош парцуфа САГ, и с ним поднимаются решимот с информацией о произошедшем ЦБ.

МА и БОН, находящиеся над табуром Гальгальты

Когда экран гуфа САГ поднимается в пэ, то он осуществляет зивуг на следующие по порядку решимот бет/алеф, которые остались от светов таамим САГ, находившихся над табуром. В результате этого зивуга возникает парцуф МА Элион (Высший МА), который располагается между пэ парцуфа САГ и табуром Гальгальты. После утоньшения его экрана возникает парцуф БОН Элион, расположенный между пэ парцуфа МА и табуром Гальгальты.

Катнут мира Некудим

Экран гуфа парцуфа САГ, который поднялся в пэ парцуфа САГ, поднимает вместе с собой решимот бет/алеф, которые находятся под табуром Гальгальты. Эти решимот прошли ЦБ (второе сокращение). Поэтому экран после своего подъема в пэ парцуфа САГ поднимается из пэ в никвей эйнаим рош де-САГ, то есть теперь экран стоит между отдающими келим, Кетер и Хохма, и келим получения в рош де-САГ. Экран теперь делает зивуг только на бхинот Кетер и Хохма, находящиеся над ним.

Положение экрана в рош САГ для создания мира Некудим

Парцуф Некудим распространяется в пространство, находящееся ниже табура Гальгальты, то есть в то место, откуда поднялись решимот с информацией о ЦБ. Название «Некудим» происходит от слова «некудот» – этим подчеркивается, что он возник в результате зивуга на решимот Некудот де-САГ.

Парцуф Некудим состоит из рош итлабшут, который называется «Кетер», рош авиют, который называется «Аба ве-Има», и гуф, который называется «ЗОН» (Зэир Анпин и Нуква). В каждой из этих частей фактически используют только отдающие келим. Их келим получения находятся внутри ГЭ (отдающих келим) нижестоящей ступени.

Гадлут мира Некудим

После возникновения мира (парцуфа) Некудим в состоянии катнут, экран, стоящий в рош де-САГ, под воздействием решимот далет/гимель опускается из никвей эйнаим в пэ де-САГ, и там происходит новый зивуг.

В результате этого зивуга свет хохма появляется в Кетере Некудим и в Аба ступени Аба ве-Има. В Име этот свет пока не появляется, потому что Има – это сфира Бина, которая не хочет получать свет хохма.

Этот свет светит из рош де-Некудим в окончание Гальгальты и оттуда – в ЗОН мира Некудим, вызывая у них желание обратиться к парцуфу Аба ве-Има с просьбой перевести ЗОН в состояние гадлута, то есть фактически они просят свет хохма. В результате этой просьбы Аба ве-Има немедленно делают зивуг и предоставляют ЗОН свет хохма.

Разбиение сосудов

Свет хохма идет из рош АВИ и входит в ЗОН. Проходя сквозь ГЭ де-ЗОН, он достигает парсы. Когда свет хохма пытается пройти сквозь парсу, он встречает на своем пути желание получать. В результате этого свет выходит из парцуфа, а келим ГЭ и АХАП разбиваются и падают вниз, под парсу.

Так как в гуфе мира Некудим были восемь частей, каждая из которых состоит из четырех букв имени АВАЯ, каждая из которых, в свою очередь, состоит из десяти сфирот, то получается, что существуют $8 \times 4 \times 10 = 320$ разбитых частей. Гематрия числа 320 называется «ШАХ». Каждая из разбитых частей содержит в себе свойства всех остальных 319 разбитых частей.

Что нужно исправлять?

В результате разбиения отдающие келим (ГЭ) перемешались с келим получения (АХАП). Таким образом, возникли четыре типа келим.

1. ГЭ – из них впоследствии возникли ГЭ де-ЗОН мира Ацилут.
2. Объединение ГЭ с АХАП – из него впоследствии возникли миры БЕА.
3. Объединение АХАП с ГЭ – из него впоследствии возникли АХАП де-алия.
4. АХАП – из них возникли клипот, то есть желания получать ради себя, эти желания не могут получать свет. Они называются «малхуёт» – 320 частей, в которые невозможно получать ради Творца, и вместе они состоят из девяти первых сфирот и Малхут. Число малхуёт в Махут: $8 \times 4 = 32$, гематрия этого числа – «ламед-бет», лев (сердце). Поэтому они называются «лев аЭвен» – каменное сердце. Их исправление заключается в том, что их нужно отделить от остальных разбитых частей и не использовать их.

Остальные $320 - 32 = 288$ частей, которые присутствуют в каждой разбитой части, можно исправить, так как они не являются частями Малхут, они представляют собой части первых девяти сфирот. Часть из этих келим относятся к разбитым ГЭ де-ЗОН, для исправления достаточно только извлечь их из смешения с другими келим. Ведь ГЭ де-ЗОН являются, по сути, отдающими келим. Из всех этих частей создается катнут (ГЭ) де-ЗОН мира Ацилут.

Возникновение мира Ацилут

Экран с решимот поднимается в рош Некудим, и оттуда в рош де-САГ. Экран выбирает из этих решимот самую чистую, самую возвышенную пару (алеф/шореш) и делает на них зивуг. В результате этого зивуга возникает парцуф Кетер, который называется «Атик».

Для этого зивуга экран поднимается из пэ сначала на границу с Кетером, а потом еще дальше – в Бину Кетера. Теперь экран стоит после частных сфирот Кетера КАХАБ ХАГАТ (Тиферет, как известно, является Биной гуфа).

Получается, что над экраном находятся только отдающие келим Кетера, то есть относящиеся к авиют шореш. Это место называется «мэцах» (лоб). Экран делает зивуг с высшим светом. Парцуф, возникший в результате этого зивуга, называется «убар» (зародыш), так как у него есть только отдающие, альтруистические келим с авиютом шореш. Это самая маленькая ступень.

После зивуга этот парцуф спускается в то место, откуда поднялись решимот, – в пространство, находящееся под табуром Гальгальты. Когда возникший парцуф спустился под табур, в нем пробуждаются решимот далет/гимель, которые требуют перехода парцуфа в состояние гадлут. Экран делает зивуг с высшим светом на эти решимот, и вместо убара появляется парцуф с уровнем гадлут.

Этот парцуф распространяется вниз, в пространство между табуром Гальгальты и парсой. Этот парцуф называется «Атик», от слова «нээтак» – «отделенный». Он так называется потому, что он отделен от всех остальных парцуфим, возникающих после него. Это означает, что нижележащие парцуфим не могут постичь его.

Начиная с этого парцуфа, появляется новая серия из пяти парцуфим, которая называется «мир Ацилут». После того как парцуф Атик перешел в состояние гадлут, рош де-САГ передает ему все решимот, которые после разбиения келим поднялись в рош де-САГ.

Атик выбирает из всех решимот самые чистые, делает на них зивуг и рождает новый парцуф. Сначала он создает парцуф Хохма с уровнем «убар», после этого он делает зивуг, создающий гадлут этого парцуфа. В результате этого зивуга парцуф Хохма, который называется «Арих Анпин» (АА) и распространяется от пэ Атика до парсы.

Причинно-следственное развитие (краткое повторение)

После того как возник гадлут парцуфа АА, Атик передает ему все решимот, оставшиеся после разбиения келим. АА выбирает из всех решимот самые чистые и делает на них зивуг, в результате которого возникает парцуф Бина мира Ацилут. Этот парцуф тоже сначала возникает в состоянии убар, переходя потом в состояние гадлут. Этот парцуф распространяется от пэ АА до парсы.

После того как возник гадлут парцуфа АВИ, АА передает ему все решимот, оставшиеся после разбиения келим. АВИ выбирает из всех решимот самые чистые, делает на них зивуг, в результате которого возникает парцуф ЗА мира Ацилут, сначала катнут, затем гадлут. Этот парцуф распространяется от пэ АВИ до парсы.

После того как возник катнут парцуфа ЗА, АВИ передают ему все решимот, которые еще не были исправлены предыдущими парцуфим. Парцуф ЗА выбирает то, что ему подходит, и создает парцуф Малхут мира Ацилут с тем же уровнем, какой у нее был в мире Некудим. Этот уровень состоит всего лишь из одной сферы, и поэтому он называется «некуда» (точка).

На этом заканчивается исправление решимот катнута мира Некудим, которые после разбиения келим поднялись в рош де-САГ.

Возникновение миров БЕА

В результате разбиения келим в мире Некудим отдающие келим, которые находились между хазе и парсой, смешались с получающими келим, находившимися под парсой. Вследствие этого смешения все келим переняли свойства друг друга таким образом, что в каждом из 320 разбитых осколков есть четыре вида келим:

1. Отдающие келим.
2. Отдающие келим, которые смешались с получающими келим.

3. Получающие келим, которые смешались с отдающими келим.

4. Получающие келим.

Сначала выбирают только отдающие келим (1) из всех 320 частей, согласно порядку их авиюта – от самого возвышенного, чистого, к более грубому. На эти келим делают зивугим. Экран, спускающийся из рош де-САГ, рожает все парцуфим мира Ацилут: сначала катнут, затем гадлут. Катнут мира Ацилут соответствует катнуту мира Некудим.

После этого ЗОН мира Ацилут поднимаются на уровень АВИ мира Ацилут таким образом, что ЗА становится как Аба, а Малхут становится как Има, так как нижний парцуф, поднявшись на уровень высшего, становится как он.

Так как Малхут приобрела уровень Бины, то она теперь может сделать зивуг со светом хохма и создать новые парцуфим. Ведь парцуф – это получение света хохма с помощью экрана, находящегося в кли. Таким образом, если есть решимот и сила экрана, то можно родить новые порции получения света.

Когда Малхут мира Ацилут поднялась в Има, то она выбирает из всех 320 разбитых частей отдающие келим, которые смешались с получающими келим (2), согласно их авиюту – от возвышенного, чистого, к более грубому.

Согласно этому порядку, Малхут мира Ацилут создает новые парцуфим: в результате отбора отдающих келим (ГЭ), которые упали в часть Бины, находящуюся ниже парсы (эти келим называются «ГЭ, которые смешались с авиютом бет АХАП»), и последующего зивуга на них, возникли пять парцуфим: Кетер – Атик, Хохма – АА, Бина – АВИ, ЗА – ЗА, Малхут – Нуква мира Брия.

В результате отбора отдающих келим (ГЭ), которые упали в ЗА, находящийся под парсой (эти келим называются «ГЭ, которые смешались с авиютом гимель АХАП»), и последующего зивуга на них, возникли пять парцуфим: Кетер – Атик, Хохма – АА, Бина – АВИ, ЗА – ЗА, Малхут – Нуква мира Ецира.

Причинно-следственное развитие (краткое повторение)

В результате отбора отдающих келим (ГЭ), которые упали в Малхут, находящуюся под парсой (эти келим называются «ГЭ, которые смешались с авиютом далет АХАП»), и последующего зивуга на них, возникли пять парцуфим: Кетер – Атик, Хохма – АА, Бина – АВИ, ЗА – ЗА, Малхут – Нуква мира Асия.

Так как Малхут мира Ацилут делает эти зивугим, находясь на уровне Има (Бина), то созданный ею мир Брия находится прямо под ней – то есть на уровне ЗА мира Ацилут. Мир Ецира, рожденный Малхут мира Ацилут следом за миром Брия, занимает место ниже мира Брия, то есть место четырех сфирот Малхут мира Ацилут и шести сфирот места мира Брия. Мир Асия, рожденный Малхут мира Ацилут следом за миром Ецира, занимает место ниже мира Ецира, то есть пространство от хазе места мира Брия и до хазе места мира Ецира.

Получается, что нижней границей распространения всех миров является хазэ места мира Ецира. Это происходит потому, что из всех разбитых частей выбираются отдающие келим и отдающие келим, смешавшиеся с келим получения, это соответствует хазе места миров БЕА, где оканчиваются их ГЭ. Ниже хазе мира Ецира начинаются АХАП места БЕА, место получающих келим, которые смешались с отдающими келим (3), и место получающих келим (4).

Исправление келим получения, которые смешались с отдающими келим (3), добавило в мире Ацилут получающие келим (АХАП). В эти келим распространяется свет хохма, и мир Ацилут переходит в состояние гадлут. Свет хохма распространяется только в настоящие келим получения.

В мире Ацилут есть лишь получающие келим, которые смешались с отдающими келим во время разбиения келим в мире Некудим. Поэтому в мире Ацилут распространяется не обычный свет хохма, а только свечение света хохма.

Для того чтобы в мире Ацилут не произошло разбиение келим, в его рош действуют специальные исправления. В рош парцуфа АА есть ограничение, действующее на все парцуфим, начиная с АА, которое запрещает делать зивуг на Малхут. Теперь зивуг можно делать только на сочетание Малхут со сфирот, находящимися над ней (то есть желанием отдавать).

В результате этого мир Ацилут возникает в состоянии катнут, когда каждый парцуф состоит только из отдающих келим (ГЭ), а келим получения (АХАП) находятся под парсой. Однако теперь невозможно соединить АХАП и ГЭ и сделать зивуг на все десять сфирот, как это произошло в мире Некудим, что и привело к разбиению келим.

Поэтому любое прибавление келим получения в мире Ацилут происходит только за счет того, что из-под парсы небольшими порциями поднимают только келим получения, смешанные с отдающими келим. В результате этого в мире Ацилут оказываются не настоящие келим получения, а только их сочетание с отдающими келим.

Итак, осколки келим поднимаются из-под парсы и вовлекаются в исправление в мире Ацилут. Это происходит по порядку: от более чистого, более возвышенного – к более грубому. Постепенно все келим, подлежащие исправлению, то есть (3) – получающие келим, которые смешались с отдающими келим, поднимаются в мир Ацилут.

Исправление «лев аЭвен» – только светом Машиаха

В результате этих процессов в БЕА остаются только получающие келим (4), которые называются «лев аЭвен» (гематрия «32», каменное сердце). Так как эти келим не смешались с отдающими келим, то их невозможно исправить с помощью экрана.

Исправление этих келим происходит за счет того, что их «выбирают», «извлекают» из остальных 288 осколков. Каждый раз, когда используют какой-либо из 320 осколков, то снова и снова принимают решение не использовать ту его часть, которая относится к лев аЭвен.

В конце исправления сверху придет особый свет хохма, который называется «Машиах», который и исправит эти келим с помощью экрана, и этим закончится исправление всей Малхут мира Бесконечности. Такое состояние Малхут называется «окончательное исправление» (гмар тикун).

Все келим, находящиеся в мирах БЕА (кроме лев аЭвен), исправляются согласно правилу – «от более чистого, более возвышенного, к более грубому». Так как в каждом мире происходят 2000 зивугим исправления, которые называются «годы», или ступени, то всего в трех мирах БЕА есть 6000 ступеней («лет»). Эти 6000 ступеней называются «шесть буд-ничных дней».

После того, как все миры БЕА и лев аЭвен будут исправлены, мир Ацилут распространится вниз, вплоть до точки нашего мира. Такое состояние называется «седьмое тысячелетие».

После того, как миры АБЕА поднимутся в парцуф САГ, наступит состояние, которое называется «восьмое тысячелетие».

После того, как миры АБЕА поднимутся в парцуф АБ, наступит состояние, которое называется «девятое тысячелетие».

После того как миры АБЕА поднимутся в парцуф Гальгальта, наступит состояние, которое называется «десятое тысячелетие».

Это значит, что, пройдя полное исправление, Малхут мира Бесконечности наполнится светом, как и до первого сокращения. Кроме того, она поднимется на бесконечный уровень, на уровень желания Творца отдавать. Однако, так как каббала рассказывает нам только то, что касается нашего исправления, только то, что мы должны делать, мы не изучаем состояния после гмар тикуна.

Адам Ришон

Во время всех вышеперечисленных исправлений Малхут де-Малхут не получала свет. Потому что все, происходившее раньше: первое сокращение, второе сокращение, разбиение келим, исправление келим, – относилось к девяти первым сфирот Малхут, а не к самой Малхут, то есть бхине далет бхины далет.

Ведь именно на нее произошло сокращение, запрещающее получать свет внутрь Малхут, то есть в желание получать, и все, что получают после первого сокращения, получают только в отдающие келим, то есть в те келим Малхут мира Бесконечности, которые приобрели желание света отдавать.

Малхут де-Малхут будет исправлена и наполнена светом хохма, как и до первого сокращения, только после того, как в эту Малхут войдут желания отдавать и смешаются там с желаниями получать самой Малхут. В результате разбиения келим в мире Некудим Малхут смешалась с предшествующими ей девятью сфирот. Это привело к исправлению самой Малхут.

Как можно вызвать смешение девяти первых сфирот с Малхут, для того чтобы ее исправить? После рождения миров БЕА Малхут мира Ацилут находится в месте Има, она делает зивуг катнут на сочетание отдающих келим с бхиной далет бхины далет.

В результате этого зивуга возникает парцуф в состоянии катнут: ГЭ его собственные, а его АХАП – это сама бхина далет бхины далет. Поэтому этому парцуфу нельзя использовать свои получающие келим, его АХАП. Этот парцуф называется «Адам Ришон», ему запрещено есть плоды с Эц Даат (Древа познаниия), то есть делать зивуг на получающие келим, на его АХАП.

Во время рождения Адама Ришон миры БЕА распространялись до места хазэ мира Ецира. После этого из мира Бесконечности пришел свет, который называется «иторерут ми-лемала» (пробуждение свыше).

Этот свет поднял все миры на одну ступень, в результате этого мир Асия поднялся из места хазэ мира Ецира в хазэ мира Брия. После этого из мира Бесконечности снова пришел свет и поднял все миры еще на одну ступень – так, что окончание мира Асия поднялось над парсой.

В этом состоянии все миры БЕА, и Адам Ришон внутри них, оказались в месте мира Ацилут. Поэтому Адам Ришон считал, что он способен получить ради Творца весь свет в свои получающие келим, то есть в свои АХАП, являющиеся бхиной далет бхины далет!

Однако подобно случаю с разбиением келим, он потерял экран, а это как раз и называется «разбиение». Все его «тело» (парцуф) разбилось на 600 тысяч частей, которые называются «органы», которые упали в клипот, то есть приобрели желание получать. Каждая часть в отдельности и все части, вместе взятые, упали еще ниже – так, что появился человек в нашем мире, в котором есть часть парцуфа Адам Ришон.

Человек ощущает в себе эту часть, то есть желание подняться и соединиться, слиться со своим источником, который был в Адаме Ришон. Этот источник называется «корень (шореш) человеческой души».

Все творения, то есть все души, являются частями парцуфа Адам Ришон. Поэтому они все должны исправить разбиение этого парцуфа. В результате этого исправления они не только возвращаются в состояние, которое было до его «грехопадения» (разбиения), но и приобретают дополнительное слияние с Творцом, так во время этого исправления выбирают из клипот все упавшие туда части.

Поэтому каждый человек обязан достичь корня своей души, еще находясь в материальном мире, то есть в течение своей «земной» жизни. Если же этого не происходит, то он перевоплощается вновь и вновь, каждый раз возвращаясь в наш мир, пока не выполнит цель своего создания.

РАБАШ

Пояснение к статье «Введение в науку каббала»

- ◊ Четыре стадии (бхинот) прямого света
- ◊ Первое сокращенниие (цимцум алеф)
- ◊ Десять сфирот круглых келим (игулим) и линия Бесконечности (кав Эйн Соф), наполняющая их
- ◊ Понятие линии и ударного соединения (зивуг де-акаа)
- ◊ Соударение внутреннего и окружающего светов (битуш пним у макиф) в парцуфе
- ◊ Понятие «внутреннего парцуфа»
- ◊ Понятие «решимот»
- ◊ Понятие «тагин и отиёт»
- ◊ Продолжение нисхождения

Четыре стадии (бхинот) прямого света

Начало учебы посвящено теме «Связь, которая существует между Творцом и творениями», а так как о самом Творце мы не говорим, ибо Он непостижим, а «из действий Твоих познаем мы Тебя»[1], то все постижение заключается только в [постижении] действий, исходящих от Него.

Эта связь называется также «цель творения», и постигли первые мудрецы, что желанием и целью Творца является насладить свои творения. Поэтому с этого начинается порядок развития, пока не достигает [стадии] душ, корнем которых является душа Адама Ришона, происходящая из внутренней части миров БЕА.

Поясним это следующим образом: когда [Творец] захотел насладить свои творения, Он хотел дать им, [скажем], 100 кг наслаждения. Поэтому Он должен был создать творения, которые захотели бы получить это [наслаждение]. И мы учили, что желание получать удовольствие и наслаждение является всей сутью творения, и согласно его имени творение называется «еш ми аин» (сущее из ничего). И Он создал его (творение) для того, чтобы осуществить Свой замысел насладить свои творения, как было сказано выше.

И чтобы родилось желание получать, обязательно должен быть порядок [его] развития по четырем бхинот (стадиям), потому что человек может наслаждаться чем-либо только в мере страстного стремления (иштокекут) к этому. Поэтому мы называем кли желанием получать и страстным стремлением. Это значит, что величина хисарона определяет величину страстного стремления наполнить этот хисарон.

И для создания такого страстного стремления есть два условия:
1. Знать, к чему стремиться. Не может человек страстно стремиться к чему-либо, чего он никогда не видел и не слышал.

---

[1] Песнь Единственности.

2. Чтобы не было у него того, к чему он страстно стремится. Ибо если уже достиг желаемого, пропадает страстное стремление [к нему].

Для достижения этих двух условий вышли в желании получать четыре стадии (бхинот), а вместе с их корнем этих стадий пять. И пятая стадия называется «кли, способное получить удовольствие и наслаждение». И вот их порядок:

Кетер: это «Его желание насладить свои творения».

Хохма: «Его желание насладить свои творения» создало «еш ми аин» (сущее из ничего) – хисарон, и создало его вместе со светом. Это значит, что наполнение (шефа) и желание получить это наполнение были созданы вместе. И так это из-за того, что желание еще пока не знает, чего желать, поэтому рождается вместе с наполнением. Но несмотря на то что у него есть наполнение, у него нет страстного стремления к наполнению, как было сказано выше во втором условии. И эта бхина называется первой стадией (бхина алеф) авиюта.

Бина: так как свет приходит от Дающего, в этом свете содержится сила отдачи. И поэтому Хохма в конце [своего развития] желает уподобиться [свету], то есть не быть получающей, а быть отдающей. Но в духовном есть **правило**: каждое обновление формы называется новой бхиной. Поэтому эта бхина называется собственным именем – Бина, и это вторая стадия (бхина бет) авиюта. И мы учили, что свет, который распространяется в то время, когда нижний желает подобия по форме, это свет хасадим. И это свет, который светит в Бине.

Если стремление Бины – отдавать, почему она считается второй стадией авиюта, ведь она должна быть более чистой, чем первая стадия авиюта? Объясним это на следующем примере.

Человек дарит товарищу подарок, и тот его принимает. Затем, подумав, решает, что не стоит ему принимать (подарок), и возвращает его обратно. Вначале он находился под властью и влиянием дающего, поэтому принял подарок. А получив, почувствовал себя получающим, и это чувство вынудило его вернуть подарок. Отсюда вывод: в первой стадии (бхина алеф) он получал под влиянием дающего, однако все еще не чувствовал себя получающим. А когда, всмотревшись, понял и почувствовал себя получающим, то перестал получать, и это вторая стадия (бхина бет). То есть ощутил себя получающим, и поэтому захотел отдать дающему. И поэтому вторая стадия называется именем «Бина» – потому что «итбонена»[1] (всмотрелась) в то, что она получает, и поэтому захотела отдавать. И поэтому мы также учили, что все [развитие] начинается от Бины и ниже.

Зеир Анпин (ЗА): Бина в конце [своего развития] получила как бы внутренний позыв, вытекающий из цели творения, что она обязана получать! Ведь цель творения не заключалась в том, что творения будут заниматься отдачей. А с другой стороны, она желает также уподобиться свойству отдачи. Поэтому она «пошла на компромисс»: она будет получать [свет] хасадим со свечением от света Хохма.

И это называется третьей стадией (бхина гимель) авиюта, ибо она уже занимается привлечением [света] Хохма, однако в нем все еще находится свойство хасадим, как было сказано выше. Поэтому [она] называется «Зеир Анпин» (досл. «маленькое лицо»). Хохма называется «паним» (лицо), как сказано: «Мудрость человека освещает его лицо»[2]. Однако этот свет Хохма он получает в свойстве «зеир», то есть в очень малой мере. Но эта стадия пока еще не называется «кли», поскольку – если способен отдавать и от света Хохма получать только свечение – это признак того, что стремление получать несовершенное, ведь есть у него сила заниматься также и отдачей.

---

[1]   Итбонен - глагол, корень которого «бина». Означает способность всматриваться с целью понять, познать рассматриваемый предмет. Дословно «внимательно рассматривать», «созерцать». – Прим. перев.

[2]   Экклезиаст, 8:1.

Малхут: третья стадия (бхина гимель) в конце получает побуждение свыше, со стороны желания насладить Свои творения, что она должна получать обширно [неограниченно], поскольку целью творения не было, чтобы творения получали в ЗА (в малом количестве). Поэтому это побуждение вызывает в Малхут желание и стремление получить свет Хохма так, как он светил в первой стадии (бхине алеф), когда у нее был весь свет Хохма.

Однако разница между первой стадией и четвертой (бхиной далет) заключается в том, что в первой стадии нельзя сказать, что она наслаждается светом Хохма, потому что пока еще не было у нее стремления и хисарона, ведь кли и наполнение пришли одновременно. Тогда как четвертая стадия стремится к свету Хохма в то время, когда у нее его нет. Поэтому, когда получает, — чувствует наслаждение и удовольствие, приходящие за счет наполнения ее хисарона.

И только эта стадия называется «кли», так как желает только получать, тогда как все стадии перед ней называются «светом без кли». И это — четвертая стадия (бхина далет), которая получает свет. Такое состояние называется миром Бесконечности (Олам Эйн Соф) и также называется «наполняющей всю реальность».

Вопрос: Если мы занимаемся духовным, где нет ни времени, ни места, что означает, что «наполняет всю реальность»?

Ответ: Вернемся к тому образу, который мы описали в начале повторения, на примере, когда [Творец] хотел дать своим творениям 100 кг наслаждения, поэтому должен был создать в творениях 100 кг желания получить и хисарона, соответствующих этому наслаждению. И когда эти 100 кг хисарона получили 100 кг наполнения, это называется **«наполняет всю реальность»**. То есть не осталось реальности ненаполненного хисарона.

Сейчас объясним, что означает понятие **«Малхут Бесконечности (Эйн Соф)»**. Это Малхут, которая стремится получить наполнение для того, чтобы наполнить свой хисарон, и [она] называется «получающей ради получения». Это значит – получает, чтобы наполнить свой хисарон. На более позднем этапе она сделала сокращение и конец (ограничение), чтобы не пользоваться этим кли. Тогда как в первом состоянии, которое мы рассмотрели, [она] пока еще не установила конец и завершение (соф и сиюм), поэтому это состояние называется именем **«Бесконечность» (Эйн Соф)**.

Как мы учили, в [стадии] Хохма в конце [ее развития], после того как она получила наполнение, в ней пробуждается желание отдавать, подобно тому как желает давать Создатель. Также после того, как Малхут получила свет – а в свете есть сила отдачи, – пробуждается в ней, вследствие этого, желание отдавать. Бина желала отдавать, но ее путь не мог привести к успеху, потому что ее пути не хватало цели творения. И также после того, как получила свечение на стадии Зеир Анпин, – этого тоже было недостаточно, потому что желание Творца насладить творения было обширным, [неограниченным], а не ЗА (в малом количестве). Если так, то **как Малхут может прийти к подобию по форме, а также прийти к цели творения?**

И об этом сказано, что она изобрела нечто новое: Малхут получит все, однако не так, как в Эйн Соф, в котором она была с намерением ради получения, а с намерением ради отдачи. В таком случае, с одной стороны, она осуществит цель творения, состоящую в том, чтобы «насладить свои творения» – ведь она будет получать, а с другой стороны, ее намерение будет ради отдачи, что является подобием по форме.

Первое сокращение (цимцум алеф)

В то время, когда эта Малхут сказала, что не хочет получать ради получения, – это называется, что она как бы вернула свет. И это состояние называется «цимцум» (сокращение). А в духовном есть **правило**: каждое обновление формы – это новая бхина. Согласно этому, следует различать два состояния:

1. Когда четвертая стадия (бхина далет) получила весь свет в кли, называемое «страстное стремление». И [это состояние] называется «наполняет все мироздание», а также называется «мир Бесконечности» (олам Эйн Соф).
2. После того как [она] захотела уподобиться по форме [Создателю]. Такое состояние [уже] считается другим миром, который называется «мир Сокращения» (олам Цимцум), и из него ушел свет.

Поэтому так же, как мы различаем, что Хохма получила, а Бина вернула свет, также и Малхут осталась такой же, как и была в состоянии мира Бесконечности, то есть когда получала весь свет. А теперь выявляется новая Малхут, которая возвращает свет. И следует знать, что в первом состоянии, называемом «мир Бесконечности», были «Он и имя Его едины»[1], то есть свет и кли были одной бхиной. И только после сокращения стали различимы четыре [разные] бхинот, или десять сфирот, поскольку ушел из них свет.

Вопрос: В этом сокращении ушел свет из всех десяти сфирот, и это вроде бы странно. Ведь сокращение было сделано на получение ради получения, то есть на четвертую стадию – бхину далет, а не на остальные бхинот!?

Ответ: Три первых бхинот не считаются келим, они только определяют порядок развития, в конце которого рождается кли, называемое «получение ради получения», и оно отделено от Дающего. При этом три первые бхины все еще не отделены от Дающего. После того, как Малхут родилась, она

---

[1] Пиркей де-рабби Элиэзер, гл. 3.

постигла причины, породившие ее. И поэтому нельзя сказать, что после сокращения свет остался в девяти первых сфирот, поскольку они не являются келим. Единственное кли – это Малхут, и если она не хочет получать, весь свет уходит, и она не получает ничего.

Также сказал АРИ: «Сокращение было равномерным», то есть без различия ступеней.

Вопрос: Если так, то как же мы сказали, что четыре бхинот (стадии) стали различимы после сокращения?

Ответ: Они стали различимы в плане причины и следствия, но не было различия в плане «выше – ниже».

Вопрос: Что означает в духовном «выше – ниже»?

Ответ: По важности, тогда как причина и следствие не указывают на важность. Например, Виленский Гаон произошел от своего отца. Но кто был важнее – причина или следствие?

И нужно понять, почему не было различия в плане «выше – ниже»: Малхут получила свет, «наполняющий всю реальность», и это не считается недостатком или ниже по важности. Поэтому она могла оставаться в этом состоянии, но по своему выбору совершила сокращение.

И это то, на что указывает нам АРИ, что сокращение было равномерным, то есть Малхут не была ниже по важности, а по ее выбору произошло сокращение. Однако после того, как Малхут не получает из-за запрета, появляется свойство «ниже по важности». И то, что дальше от Малхут, становится выше по важности, а то, что ближе к Малхут, называется ниже по важности.

Десять сфирот круглых келим (игулим) и линия Бесконечности (кав Эйн Соф), наполняющая их

После сокращения остались пустые келим, и в них – решимот от света, который в них находился. И они называются «десять сфирот де-игулим» (круглых келим), которые находятся в мире Сокращения. И они называются «круглыми», чтобы указать на отсутствие в них понятия «выше – ниже». Как сказано выше – подобно тому, как это в материальном круге.

И поскольку именно Малхут производит действия, ибо она является настоящим кли, поэтому Малхут де-игулим вновь притянула свет ради того, чтобы получить ради отдачи. Здесь мы изучаем новое **правило**: то, что в Высшем было желанием, стало обязательным законом в нижнем. Если так, то ей теперь запрещено получать.

Как-то я привел пример на эту тему: в начале месяца произносят молитву о маленьком Йом Кипуре и пробуждаются к возвращению. Иногда человек раздумывает: может быть, стоит поститься также и в этот день? Обязанности поститься нет, и запрета на саму еду тоже нет. Если так, то выбор в его руках. В конце концов человек решает, что он – да, будет поститься. Если затем он все же захочет передумать и поесть, закон таков, что запрещено ему есть, поскольку он дал обет. И мы видим, что вначале не было никакого запрета на еду, а после того, как он сделал выбор и решил не есть, уже есть запрет на еду.

Вывод – вначале Малхут не хотела получать ввиду своего выбора, а теперь, когда она снова притягивает свет, уже есть запрет на получение света. А если есть запрет, то уже существует понятие «выше – ниже по важности». И поэтому это притяжение [света] называется «линия, которая протягивается из Бесконечности сверху вниз».

Мы также учили, что игулим, несмотря на то, что они притянули свет, не получают его никаким другим образом, кроме как от линии. И следует понять причину этого: каждая новая форма в духовном является новой бхиной. Поэтому есть два вида келим:

1. Келим, в которых нет запрета получать.
2. Келим, которые происходят сейчас от притяжения света. Их Малхут называется Малхут де-йошер (прямоты), на которую уже распространяется запрет получать согласно правилу: «то, что в Высшем является желанием, становится обязательным законом в нижнем».

И мы изучаем, что игулим должны получить свет оттого, что они сейчас притягивают [его] обратно. Этот свет уже называется «линия» (кав), и в нем уже присутствует [понятие] «выше и ниже по важности», и другого света [у них] нет. И этим объясняется то, что у круглых келим (игулим) есть свет только от линии (кав).

Но вместе с тем разница между Малхут де-игулим и Малхут де-кав велика: у Малхут де-игулим был свет, называемый «наполняющий всю реальность», тогда как у Малхут де-йошер никогда не было света, и никогда у нее не будет света в ее кли, называемом «получение ради получения».

Понятие линии и ударного соединения (зивуг де-акаа)

До сих пор мы говорили о трех состояниях:
1. Желание получать, которое было создано в мире Бесконечности и получило весь свет.
2. В мире Сокращения выявилось, что надо исправить желание получать по причине «украшения».
3. В линии выявилось, что надо исправить кли по причине хисарона, иначе свет не распространится в нем.

И сейчас поговорим о линии (кав). Мы уже учили, что в линии есть верх и низ по важности, так как на Малхут де-кав распространяется запрет получать, поскольку она получает ради получения. И таково **правило**: на каждой ступени имя Малхут не изменяется, и оно – «получающая ради получения». И ее свет – это отраженный свет. Это значит, что она хочет отдавать Высшему.

В то время, когда притянулся свет к Малхут, она сделала зивуг де-акаа. То есть создала масах (экран), что означает «окончание на [распространение] света», и сделала расчет. Согласно примеру, она выясняет для себя, что она может получить ради отдачи только 20% от света, и поэтому эту часть света она решает облачить. Однако на 80% она ощущает, что наслаждение слишком велико, и если она его получит, то это будет ради получения, поэтому она решает, что эту часть света она не получит.

А в чем разница между сокращением и экраном?

Сокращение – оно по выбору. Как мы учили, в Малхут был весь свет, и она выбрала не получать его.

Экран – это власть Высшего над ним, то есть, даже если низший захочет получать, Высший ему не позволит.

Объяснение термина «зивуг де-акаа» (ударное соединение) таково: в материальном, когда люди расходятся во мнениях, они иногда приходят к столкновению. А в духовном, если две вещи противоположны друг другу, это называется, что они «ударяют друг по другу». И в чем заключается противоречие?

Высший, который желает дать благо своим творениям, возбуждает в нижнем желание получить весь свет. Но нижний желает как раз наоборот – достичь подобия по форме, поэтому он не хочет получать вообще. И в этом смысл соударения, которое происходит между Высшим и низшим.

А в конце они приходят к подобию друг с другом, и происходят единение и зивуг (досл. «соитие») между ними. То есть нижний получает свет согласно желанию Высшего, но лишь столько, сколько он может получить с намерением ради отдачи, то есть так, как хочет нижний.

И согласно этому, есть тут две вещи:
1. Подобие по форме.
2. Получение света.

Но этот зивуг возможен только в случае, если перед этим произошло соударение. Поскольку, если не было соударения, а нижний хочет получить свет, это является противоположностью и отделением от Творца.

И этот процесс ударного соединения (зивуг де-акаа) называется рош (досл. «голова»). Рош означает корень, то есть «в потенциале», и нуждается в процессе осуществления в действии. И рош существует благодаря тому, что есть соф (конец), то есть запрет на получение. Поэтому Малхут обязана сделать расчет, называемый свойством «рош», до того, как она начинает получать в действии.

Согласно этому поймем слова АРИ в начале ТЭС: «Знай, что до того, как были созданы создания и сотворены творения ... не было у него ни свойства „рош", ни свойства „соф"...» И это потому, что в Бесконечности все еще не было запрета получать, поэтому они сразу получили. Теперь же, когда появился соф, то следует различать между рош, то есть в потенциале, и гуф (досл. «тело»), то есть в действии.

И потом он уже получает в действии. То есть 20%, которые получает ради отдачи, называются **«тох» (внутренняя часть)**

ступени. А место распространения света называется «от пэ до табура». А в табуре находится Малхут де-тох, которая говорит: «То, что я получу отсюда и далее, то есть 80%, будут ради получения, поэтому я не хочу получать, чтобы не отделиться [от Высшего]». Поэтому свет выходит наружу. И это свойство называется **«соф» (конец) ступени**.

Понятие соударения внутреннего и окружающего светов (битуш пними у макиф) в парцуфе

В первом парцуфе, который называется Гальгальта и который использует авиют бхины далет, присутствует все сказанное выше о рош, тох и соф. И мы учили, что [парцуф] Гальгальта получил максимум того, что он может получить ради отдачи, и больше он не способен получить. А с другой стороны, в Замысле творения мы изучали, что кли там получило все, и это потому, что это кли, которое называется «получающим ради получения», сотворил Творец. Тогда как в кли, которое делает нижний и которое называется «ради отдачи», есть граница и определенная мера, сколько он может получать.

И находим, согласно этому, что у 80% света, которые остались вне парцуфа, нет кли, которое могло бы их получить. И что будет с ними? И чтобы исправить это, произошло **соударение внутреннего и окружающего светов (битуш пними у макиф)**. И АРИ говорит об этом так (ТЭС, ч. 4, гл. 1, п. 4): «И так как соединение внутренних и внешних светов происходит в пэ, поэтому при их совместном выходе наружу из пэ, связанными вместе, они бьют друг по другу и соударяются друг с другом, и из этих соударений порождаются новые проявления келим». Объяснение: **келим образуются посредством соударения (битуш)**.

И нужно понять:

1. Почему внутренний свет (ор пними) и окружающий свет (ор макиф) бьют друг по другу?
2. Почему посредством этого соударения создаются келим?

Ответ: Мы уже говорили, что соударение в духовном означает [столкновение] двух противоположных друг другу вещей. Но нужно понять также, почему удар происходит именно при «выходе наружу из пэ»?

В рош ступени распространяется 100% света, и там нет деления света на внутренний и окружающий, потому что желание насладить творения – оно 100%. Но нижний, который ограничен, делает расчет и решает, например, что он может получить ради отдачи только 20%. И это в рош, в потенциале. **«И при их выходе из пэ»** – а «выходом» в духовном называется раскрытие, то есть то, что было в потенциале, раскрывается в действии, – тогда часть он получает, а часть отталкивает обратно в качестве отраженного света (ор макиф).

Этот **ор макиф** как будто бы приходит в экран де-гуф и утверждает: «То, как ты ведешь себя, то есть то, что ты держишь экран, – признайся, что это нехорошо. Ведь в таком случае как сможет реализоваться цель творения, состоящая в том, чтобы дать благо своим творениям? Кто получит весь свет?» А с другой стороны, ор пними согласен с экраном, ведь вся реальность распространения света внутри – за счет экрана и отраженного света. **И это разногласие во мнениях называется соударением окружающего и внутреннего светов (битуш ор макиф и ор пними), или «битуш ор макиф в масах».**

И на самом деле истина на стороне ор макиф, поэтому экран соглашается с ним, и он уже не способен оттолкнуть и поднять отраженный свет (ор хозер), и уже не способен получать ради отдачи, и поэтому свет выходит. А экран ослабляется, то есть не получает. И это состояние называется «состояние суда (дин) и обратной стороны (ахораим)».

И поскольку каждая бхина состоит из четырех стадий, поэтому экран исчезает постепенно: вначале из четвертой стадии, что в четвертой стадии (бхины далет, что в бхине далет), потом исчезает из бхины гимель, что в бхине далет и так далее, пока не поднимается в пэ де-рош, который является источником, из которого произошел экран де-гуф, то есть он полностью перестает получать. А по пути своего подъема он каждый раз использует все меньший авиют и, соответственно, получает меньший свет ради отдачи.

Например, при подъеме в бхину алеф [он] может получить только свет руах, а при подъеме в бхину шореш он может получить только свет нефеш ради отдачи. Пока не сможет вообще получать ради отдачи и перестает получать, как сказано выше.

Вопрос: Что выиграл окружающий свет от того, что он хочет светить по причине цели творения, желая, чтобы экран получил больше? Ведь это, казалось бы, противоположно его желанию, ведь **экран потерял даже то, что у него было?!**

Ответ: Все ступени, которые раскрылись во время исчезновения, не остаются с тем, что было вначале, ведь есть закон, что любое обновление света исходит только из Бесконечности Творца. То есть каждая бхина, которая раскрывается, – это новая бхина. Если так, вначале он не мог получить даже еще хоть что-то, но сейчас, когда исчезла бхина далет, он уже может получить еще, то есть от бхины гимель.

И в этом смысл того, что посредством соударения создаются келим. То есть до соударения у него не было больше келим получать, так как он получил максимум того, что мог получить ради отдачи. Но после соударения, когда исчез экран бхины далет, уже есть место получать на бхину гимель, и это потому, что он вышел из бхины далет и нет у него ничего. А когда исчез из бхины гимель, то может получить на бхину бет.

Но пока еще остается *вопрос:* что он выиграл, ведь каждый раз он получает меньше?

Ответ: Нет исчезновения в духовном. Это значит, что все, что раскрылось, остается, но он не видит этого и не может наслаждаться этим в данный момент, а только настоящим. А потом, когда закончится работа, проявятся все света сразу одновременно. И согласно этому, в итоге он выигрывает.

Мой отец и учитель рассказал об этом такую притчу.

> **Два человека были друзьями, а потом разошлись их пути: один стал царем, а другой стал бедняком. Через много лет услышал бедняк, что его товарищ стал царем, и поэтому он решил поехать к нему в его страну и попросить у него помощи. Он собрал свои пожитки и поехал. Когда они встретились, он рассказал царю о своем**

плачевном состоянии. Его рассказ тронул сердце царя, и он сказал своему товарищу: «Я дам тебе письмо моему министру финансов, чтобы он дал тебе разрешение войти в казну на два часа. И сколько ты сможешь собрать за эти два часа – все твое». Пошел бедняк с этим письмом к министру финансов и получил особое разрешение. Вошел он со своей коробкой, в которую он привык собирать милостыню, в царскую казну.

За пять минут он наполнил коробку, вышел довольный и радостный. Но ответственный казначей взял его коробку и высыпал все, что он собрал. Бедняк расплакался. А ответственный сказал ему: «Возьми свою коробку и наполни ее другими деньгами». Бедный человек снова вошел и наполнил свою коробку, и снова при выходе этот человек выбросил все деньги из коробки. И так повторялся этот процесс, пока не закончились два часа. И когда бедняк вышел наружу в последний раз, он сказал этому ответственному: «Я умоляю тебя, оставь мне то, что я собрал, ведь мое время закончилось, и я больше не смогу зайти в казну». Сказал ему этот ответственный: «Все, что собрал ты, – теперь это твое. А также все деньги, которые я высыпал на землю в течение двух часов. И я выбрасывал твои деньги каждый раз лишь потому, что я хотел сделать для тебя как можно лучше. Ведь ты наполнил маленькую коробочку, и у тебя не осталось места, чтобы еще наполнить ее».

Вывод: Каждый раз, когда мы получаем какую-то часть света ради отдачи – это остается. Но если это останется, то не захочет больше получать, ведь нет у него возможности больше направлять свое намерение ради отдачи больше, чем он получил, поэтому обязана ступень эта исчезнуть, и каждый раз он исправляет кли желания получать ради отдачи, пока не будет исправлено все, и тогда воссияют все света сразу одновременно.

И вернемся к выяснению понятия «издахехут» (очищение от авиюта – ослабление, утоньшение и осветление) экрана. Первое распространение, которое вышло из пэ вниз, называется «таамим» (вкусы), согласно сказанному: «И нёбо вкус пищи ощутит»[1]. И после соударения с отраженным светом экран начал ослабляться и очищаться [от авиюта] и выводить в процессе своего утоньшения каждый раз новую ступень. И эти ступени называются «некудот» (точки). И я уже объяснял слова АРИ, что посредством соударения создаются келим, и это потому, что сейчас у него есть возможность получать дополнительный свет. Но в «Ор пними» (в ТЭС) он объясняет процесс создания келим другим образом: в то время, когда свет был в кли, свет и кли были перемешаны друг с другом, а благодаря соударению ушел свет, и тогда проявилось кли.

Объяснение: в то время, когда свет светил в кли, то хисарон кли не был проявлен так, чтобы называться кли, ведь без кли свет не может светить, поэтому оба они имеют одинаковую важность. Но после ухода света кли проявляется как кли, а свет – как свет.

То, что ступени, которые выходят во время издахехут, называются «некудот», связано с названием «точки сокращения» (некудат а-цимцум). А что такое «точка сокращения»?

Зоар говорит, что Малхут называется «черной точкой, и нет там белизны». То есть во время тьмы Малхут называется точкой. И в то время, когда есть сокращение, то есть запрещено получать ради получения, возникает тьма. То есть **в любом месте, где невозможно получать ради отдачи и хотят получать ради получения, там властвует точка сокращения**.

Также и в нашем случае, когда экран очистился от бхины далет, то на бхину далет уже запрещено получать. Это значит, что над ней властвует точка сокращения. Однако на бхину гимель все

---

[1] Ийов, 12:11.

еще может получать. Когда же очистился экран также и от бхины гимель, то это называется точкой сокращения.

Также выясним, в чем разница между рош, тох, соф. **Рош называется «в потенциале»**, то есть там нет получения. А из рош распространяются две части:

1. Первая часть, в которую можно получать свет, называется десять сфирот де-тох. Свет – это то высшее благо (шефа), которое приходит в келим, и называется внутренним светом, то есть светом хохма, предназначенным для наслаждения Его созданий.

2. Вторая часть, которая распространяется из рош, это часть желания получать ради получения, которую он не хочет использовать, и поэтому говорит, что не хочет там получать, то есть делает соф (конец). И поэтому называется эта часть десять сфирот де-соф.

Вопрос: Мы учили, что сфирот происходят от слова «сапир» (светящийся), то есть «тот, кто светит». И если Малхут де-гуф, называемая Малхут де-табур, не хочет получать и делает соф на свет, почему эта часть называется сфирот?

Ответ: Десять сфирот называются так, поскольку на самом деле свет светит ей. И выяснение этого вопроса находится в ТЭС, ч. 4, гл. 5, п. 1, – там выясняется, в чем разница между тох и соф: «И вот от пэ де-АК выходят десять внутренних сфирот и десять сфирот окружающих. И они протягиваются от [места] напротив паним до [места] напротив табура этого АК. И это – основная часть света, но он также светит и через стороны – со всех сторон вокруг этого Адама». То есть не только напротив паним, но также и через стороны.

И [там же,] в Ор пними, в п. 2 объясняются эти слова АРИ – посмотри там. И вкратце объясним, что **от табура и выше называется «паним»**, поскольку там распространяется свет хохма, который называется основной частью света, а **от табура и ниже называется «ахор»**, поскольку там он – получающий ради получения, как сказано выше, и поэтому свет хохма не распространяется там. **«Однако он приходит через** стороны». Как написано (посмотри там во втором столбце, в конце, в строчке со слова «и сторона»): «…что с помощью отраженного света, который бхина далет привносит в парцуф, и это свет хасадим». **Иными словами, Малхут де-табур не хочет там получать, поскольку там находится желание получать ради получения. Однако желает подобия по форме, называемого «хасадим».** «Выходит, что она получает также и свечение Хохма, но в качестве света некева, что означает только получать и не отдавать». **«Получать и не отдавать»** означает, что не хочет давать себе свет, а наоборот, она говорит, что она не хочет получать. И из этого слияния светит ей свечение света хохма, которое называется свечением Хохма. **И согласно этому разница между тох и соф состоит в том, что в тох светит свет хохма, а в соф все то время, когда она не хочет получать, из-за подобия по форме там светит свет хасадим со свечением Хохма.**

И все еще нужно объяснить, почему названия в свете хасадим – это **правый и левый**, а в свете хохма называются **длинным и коротким.** То есть, когда светит свет, он называется в хасадим правым, а в хохме – длинным. А когда не светит, то в хасадим он называется левым, а в хохме – коротким. *И в чем смысл этих названий?*

Ответ: Мы учили, что свет хохма светит в келим получения ради отдачи, как известно. Если так, то величина свечения зависит от меры авиюта, который там есть. И это называется **«выше и ниже»**. И поэтому названия у света хохма – это длинный и короткий. В то время как свет хасадим не привлекается посредством авиюта и не зависит от него. Поэтому названия у света хасадим – «в ширину», то есть правый и левый, указывают на то, что **они светят на том же уровне** и для них неважно, есть ли там больший авиют или меньший авиют.

Понятие внутреннего парцуфа

Итак, до сих пор мы говорили о первом парцуфе АК, который называется Гальгальта, или внутренний парцуф АК. А сейчас выясним понятие внутреннего парцуфа: он приводит **правило**, что во всех мирах есть внутренний парцуф и на него есть четыре облачения (левушим). И выясним происходящее в АК.

У парцуфа Гальгальта есть полная АВАЯ (йуд хей вав хей) во внутренней части его ступени. И из каждой буквы имени АВАЯ выходит целая ступень и раскрывается наружу:

- Ее рош мы не постигаем, и он называется Кетер или кончик буквы йуд.
- От пэ до хазе называется йуд де-АВАЯ, и оттуда выходит парцуф АБ де-АК, облачающий его.
- Из первой буквы хэй, называемой Бина, выходит от хазе и ниже парцуф САГ.

Выходит, что **йуд-хэй, то есть АБ и САГ, облачают его от табура и выше**. А ниже табура, это буквы вав-хэй имени АВАЯ:

- **Вав называется высшей третью НЭХИ, называемой парцуфом МА, и из нее выходит мир Некудим, облачающий там.**
- **А из его последней хэй, называемой Малхут, то есть двух нижних третей НЭХИ де-АК, выходит парцуф БОН, называемый миром Ацилут, использующий авиют де-шорэш.**

Понятие решимот

Когда свет ушел из парцуфа Гальгальта, остались пустые келим, и в них – решимот от светов, которые светили внутри келим. А понятие «решимот» подобно тому, что мы видим в материальном: когда человек ест вкусную еду или слышит о чем-то хорошем, у него остается вкус от того, что у него было, который пробуждает его вновь привлекать то, что у него было. Также и здесь: решимо означает **страстное стремление к тому, что у него было.**

И в решимот есть два свойства:
1. Чистый (зах) свет в решимо.
2. Грубый (ав) свет в решимо.

Объяснение: так же, как в общем прямой свет светил в келим, которые называются общим отраженным светом, так же и прямой свет, когда уходит и оставляет решимо, которое является частью прямого света, это решимо облачается на часть отраженного света, который был. То есть остается впечатление также и от работы, когда он работал, чтобы направить намерение ради отдачи. И это называется **«решимо от отраженного света».**

- И то, что остается от прямого света, называется **чистым светом в решимо.**
- А то, что остается от отраженного света, называется **грубым светом в решимо.**

И оба они облачены вместе в общий отраженный свет, который называется кли. И оба они являются одной бхиной.

Объяснение: в то время, когда свет светит в келим, – мы сказали, что свет и кли смешаны друг с другом до такой степени, что невозможно различить между светом и кли. **То есть они оба делают одно и то же действие, и не может быть, чтобы существовал один без другого.** Подобно трапезе и аппетиту, которые делают одно и то же действие. То есть, если нет трапезы, а есть аппетит, невозможно есть. И также, если есть трапеза, но нет аппетита, тоже невозможно есть. Но после того, как свет уходит, тогда мы можем различить кли. То есть отраженный свет получает имя «кли».

Также и с решимот: когда чистый свет и грубый свет вместе, **они вместе называются светом и смешаны друг с другом**. А в то время, когда чистый свет отделяется от грубого света, получает грубый свет новое имя – «искры» (**ницуцин**).

И следует понять, почему, когда уходит общий прямой свет, общий отраженный свет называется именем «кли», а когда уходит прямой свет, что в решимо, называется грубый свет в решимо **«ницоц»**, то есть искра света?

Ответ: Следует сказать, что, когда уходит прямой общий свет, он не светит вообще, а когда уходит прямой свет, что в решимо, то он светит издалека.

И согласно вышесказанному следует понять суть корня келим и корня светов: есть **правило** – все миры выходят как печать и отпечаток. То есть согласно тому, как вышли бхинот в первый раз, так же распространяются миры сверху вниз, в том же порядке. И первый раз, когда вышли келим, это произошло в парцуфе Гальгальта, и поэтому он называется корнем келим.

Объяснение: как было сказано выше, в то время, когда свет светит в келим, они смешаны друг с другом и невозможно отличить ни свет, ни кли. Но после исчезновения света проявились келим, и в келим остались решимот от света. То есть в кли Кетер – решимо света Кетер, а в кли Хохма решимо света Хохма и так далее. Поэтому, когда мы говорим о келим, начинаем с КАХАБ. А когда вышел второй парцуф, называемый АБ, в котором светит свет хохма, то согласно правилу, что каждый свет, который приходит, светит в более чистом кли, называемом Кетер, – теперь светит свет хохма в кли Кетер. И это называется корнем светов, который расположен в таком порядке, то есть в порядке ХАБАД. И из этого поймем, что иногда начинаются десять сфирот с КАХАБ, а иногда - с ХАБАД.

Понятия тагин и отиёт

А сейчас выясним понятия тагин и отиёт. Мы учили, что решимот, которые остались от таамим, называются «тагин», и иногда называются решимот, которые остались от некудот, – «отиёт». И причина этого заключается в следующем: когда очищается весь парцуф Гальгальта, который является четвертой стадией авиюта, мы изучали, что экран содержит в себе решимот всех уровней, которые ушли, и этот экран поднялся в рош ступени и попросил сил, которые он потерял. А поскольку последняя бхина исчезает, и причина этого – в ударе окружающего света (ор макиф), который ослабил силу экрана, поэтому он не способен преодолеть [и быть экраном] на бхину далет, а только лишь на бхину гимель, которая подобна некудот.

И мы учили, что остались два вида решимот: решимо от света Кетер, который был облачен в келим, и оно называется далет де-итлабшут, однако решимо от сил и преодолений [экрана] было утеряно им, и о нем говорится: «последняя бхина теряется», и осталась только бхина гимель авиюта.

Получается, что экран де-гуф Гальгальты, когда он поднялся в рош Гальгальты, просил силу экрана на два вида решимот:

1. На далет, решимо от уровня таамим.
2. На авиют, который является уровнем некудот.

И таким образом произошли два зивуга в рош ступени:

1. На далет де-итлабшут на уровне Кетер.
2. На гимель де-авиют на уровне Хохма.

И еще мы учили, что далет де-итлабшут светит только в рош ступени нижнего, то есть в рош де-АБ, тогда как гимель де-авиют имеет также распространение в гуф. И поскольку гуф называется «келим и отиёт», согласно этому называется решимо де-авиют, то есть решимо де-некудот, именем «отиёт», поскольку потом из этого решимо распространяются келим.

Тогда как решимо де-итлабшут остается в качестве тагин, то есть светит только в рош ступени.

И можно объяснить это следующим образом: [уровень] гимель де-авиют де-АБ и [уровень] гимель де-Гальгальта не равны, поскольку гимель де-АБ – это гимель общего авиюта, а гимель де-Гальгальта – это гимель уровня далет де-авиют. Но тем не менее гимель де-АБ происходит из гимель де-Гальгальта, поэтому относит здесь решимо де- авиют, на которое вышел парцуф АБ, к решимо де-некудот, высшая бхина которых – гимель.

Продолжение нисхождения

И вернемся к выяснению продолжения нисхождения: после того, как окружающий свет отменил экран де-гуф Гальгальты, поднялся экран де-гуф в рош. И поскольку последняя бхина была утеряна, поэтому зивуг в рош Гальгальты был совершен только на решимот далет/гимель и распространился от пэ до хазе. И поскольку экран де-табур, находясь в рош, вбирает в себя авиют де-рош, поэтому следует различать в нем две бхины:

1. Его собственная бхина, и это экран де-табур.
2. Авиют де-рош.

И после того, как этот экран спустился от пэ к хазэ, то есть к бхине гимель, и это называется, что свет АБ светит внутри келим Гальгальты, то есть в ее внутренний АБ, происходит зивуг на то, что включилось [в экран] от авиют де-рош. От хазэ до пэ де-Гальгальта вышла новая ступень, называемая рош внешнего АБ. А от хазэ до табура выходит гуф де-АБ.

Вопрос: И здесь это трудно понять, ведь есть закон, что вторая ступень должна наполнять пустые келим предыдущей ступени, так почему АБ не распространяется ниже табура Гальгальты?

Ответ: Поскольку нет у него экрана на бхину далет. И если он распространится ниже и увидит желание получать, которое есть там, он не сможет его преодолеть. Поэтому он остается выше табура.

Также и в парцуфе АБ произошло соударение окружающего света [с экраном]. И из решимот парцуфа АБ вышел парцуф САГ – пока еще из решимот, что выше табура де-АК. Но решимот, которые находятся под табуром де-АК, еще не наполнились.

Этот парцуф САГ вышел на решимот гимель де-итлабшут и бет де-авиют и также наполнил пустые келим парцуфа АБ. Однако он не мог спуститься под табур Гальгальты и наполнить там пустые келим. И это потому, что есть у него гимель де-итлабшут, и это келим для привлечения [света] хохма. И получается, что эта бхина, которая называется таамим де-САГ, распространилась до табура де-АК.

Но Некудот де-САГ, которые являются лишь бхиной хасадим, поскольку нет у них вышеназванной бхины гимель [де-итлабшут], смогли распространиться ниже табура Гальгальты. И несмотря на то что там есть бхина далет де-авиют, и это бхина получающих келим, на которые нельзя поставить экран, тем не менее, поскольку Некудот де-САГ – это отдающие келим, поэтому они совершенно не заинтересованы в получающих келим. И поэтому распространились ниже табура Гальгальты и наполнили пустые келим, находящиеся там.

И тем не менее поскольку они увидели желание получать, которое находится там, то они захотели получать ради получения, ведь у них нет экрана на бхину далет. А поскольку мы учили, что на получение ради получения было сделано сокращение, поэтому сразу же, немедленно ушел из них свет.

Вопрос: Разве не учили мы, что Некудот де-САГ – это отдающие келим, и если так, как же они сократились?

Ответ: Есть разница между ГАР де-Бина и ЗАТ де-Бина. Ведь мы учили, что ЗАТ де-Бина должны получать [свет] хохма, чтобы отдавать Зеир Анпину, но ГАР де-Бина занимаются только отдачей.

И вместе с тем поймем, что ГАР де-Бина, которые являются гальгальтой ве-эйнаим (ГЭ), не перемешались, поэтому остались ГЭ на ступени и не сократились. Но ЗАТ де-Бина, называемые АХАП, вышли за пределы ступени, потому что захотели получать ради получения. И это называется вторым сокращением (цимцум бет). Получается, что ХАБАД ХАГАТ де-Некудот де-САГ, то есть ГЭ, не смешаны с бхиной далет, поэтому их место все еще называется местом Ацилут, а ниже табура де-Некудот де-САГ, которые облачают нижнюю треть НЭХИ де-АК, находится власть бхины получения ради получения.

И когда парцуф САГ поднялся вверх к пэ де-рош, то там, в рош де-САГ, произошло два зивуга:

1. Зивуг на решимот таамим де-САГ, которые не спустились под табур де-АК, и из них вышел парцуф МА Элион (Высший МА).
2. Зивуг на решимот Некудот де-САГ, которые сократились и смешались с бхиной далет под табуром де-АК, и из него вышел МА, который называется «мир Некудим», и этот зивуг был совершен на половину ступени алеф де-авиют и бет де-итлабшут.

Согласно этому должно быть так, что Малхут не притягивает свет на свои получающие келим, а только на отдающие келим, и это по причине сокращения, ведь если теперь будут использоваться получающие келим, то это будет происходить ради получения.

Также мы учим здесь, что свет распространился как во внутренних келим САГ, так и во внешних келим де-САГ. И следует знать, что обычно не говорится о Высшем МА, потому что главным образом мы говорим о включении свойства милосердия в свойство суда, которое начинается в парцуфе МА, и это мир Некудим.

И мы учили, что в мире Некудим есть два рош: от бхины авиюта и от бхины облачения (итлабшут).

Кетером называется бет де-итлабшут, а АБА ве-ИМА – это алеф де-авиют. И поскольку бет де-итлабшут не способен притянуть свет, потому что там нет хисарона, поэтому нуждается в участии авиюта, у которого есть сила притягивать свет. И мы учили, что ступень света, который светит там, это ВАК де-Бина, то есть хафец хесед, который приводит к тому, что у ступени не будет потребности в [свете] хохма.

И этот свет также называется «тикун кавим» (исправление линий). Согласно тому, что мы учили, [свет] тикун кавим светит только в рош, поскольку у облачения нет распространения в гуф, тогда как в теле (гуф) было лишь малое свечение, и не было там удовлетворения малым состоянием (катнут). Поэтому, когда приходит свет большого состояния (гадлут), даже отдающие келим де-гуф тоже разбиваются.

Бааль Сулам

Введение в комментарий Сулам
(пп. 1-23)

1-3. Десять сфирот
4. Почему Тиферет содержит ХАГАТ НЕХИ
5. Свет и кли
6-8. Рош, тох, соф. Пэ, табур, сиюм раглин
9. Хазе
10-14. Обратное соотношение келим и светов
15. Подъем Малхут в Бину
16-17. Деление каждой ступени надвое
18. Возвращение Малхут из Бины вниз, на свое место
19. Время катнута и время гадлута
20. Как нижний поднимается к высшему
21. Катнут и гадлут ИШСУТа и ЗОН
22-23. Если бы не подъем Малхут в Бину, то ЗОН не стали бы достойными мохин

Десять сфирот

1. Прежде всего, необходимо ознакомиться с названиями десяти сфирот.

КАХАБ ХАГАТ НЕХИМ – это начальные буквы названий Кетер, Хохма, Бина, Хесед, Гвура, Тиферет, Нецах, Ход, Есод, Малхут. И это – 10 видов скрытий света Творца, установившихся для того, чтобы нижние могли получить этот свет. Подобно тому, как невозможно смотреть на свет Солнца иначе как через затемненное стекло, уменьшающее его свет и приводящее его в соответствие силе зрительного восприятия глаз, так же нижние, по аналогии с этим, не могли бы постичь свет Творца, если бы он не был покрыт десятью скрытиями, называемыми «десять сфирот», когда, чем ниже одна по сравнению с другой, тем больше она скрывает свет Творца.

2. Эти десять сфирот являются также десятью святыми именами, употребляемыми в Торе (как описано в Книге Зоар, гл. «Ваикра», пп. 157–163, 166–177).

Имя אהיה ЭКЕ – это сфира Кетер.

Имя יה КО – сфира Хохма.

Имя הויה АВАЯ с огласовкой Элоким – Бина.

Имя אל КЕЛЬ – Хесед.

Имя אלהים ЭЛОКИМ – Гвура.

Имя הויה АВАЯ с огласовкой шва, холам, камац – это Тиферет.

Имя צבאות ЦВАОТ – это Нецах и Ход.

Имя שדי ШАДАЙ – Есод.

Имя אדני АДНИ – Малхут.

3. И хотя мы определяем десять сфирот, в них есть всего лишь пять свойств, называемых: Кетер, Хохма, Бина, Тиферет, Малхут. Смысл их подробно выяснен во «Введении в науку каббала», с самого начала и до седьмого пункта: изучи внимательно это объяснение, поскольку здесь у нас нет возможности всё это повторить, а вся наука основывается на них.

Мы определяем именно десять сфирот, потому что сфира Тиферет содержит шесть сфирот, называемых: Хесед, Гвура, Тиферет, Нецах, Ход, Есод. Поэтому их – десять. Смысл сказанного ты найдешь в «Предисловии Книги Зоар».

Эти пять свойств КАХАБ ТУМ находятся в каждом создании и в каждом творении, а также в общей совокупности всех миров – в пяти мирах, называемых Адам Кадмон, Ацилут, Брия, Ецира, Асия, соответствующих этим пяти свойствам КАХАБ ТУМ. Так же и в самом малом элементе реальности мы определяем, что его рош – это Кетер, от рош до хазэ – это Хохма, от хазэ до табура – Бина, и от табура и ниже – Тиферет и Малхут. А смысл пяти миров выяснен во «Введении в науку каббала» (с п. 6 до п. 10).

Почему Тиферет содержит ХАГАТ НЕХИ

4. Когда вышли пять свойств КАХАБ ТУМ, их взаимное включение друг в друга было таким, что каждое из них состояло из КАХАБ ТУМ. Однако в сфире Тиферет опустился уровень сфирот по сравнению с ГАР, поэтому изменились названия КАХАБ ТУМ, включенных в нее, на ХАГАТ, Нецах и Ход, а Есод суммирует их. И когда мы говорим, что Тиферет содержит шесть сфирот, это не по причине превосходства этой сфиры над тремя первыми, а наоборот – вследствие ее ущербности по сравнению со светом ГАР получили пять свойств КАХАБ ТУМ в ней другие названия: ХАГАТ, Нецах, Ход.

Таким образом, Хесед в ней – это Кетер, Гвура – Хохма, Тиферет – Бина, Нецах – это Тиферет, а Ход – Малхут. К ним добавилась еще сфира Есод, не являющаяся дополнительным свойством по отношению к этим пяти, но лишь суммирующим свойством, включающим в себя все пять сфирот ХАГАТ, Нецах, Ход. И они всегда называются ВАК, по начальным буквам слов «вав кцавот» (шесть окончаний), то есть все шесть сфирот ХАГАТ НЕХИ. И поскольку уменьшение этих пяти свойств до уровня ХАГАТ НЕХИ происходит лишь в Зеир Анпине, мы относим только к Зеир Анпину эти пять изменившихся свойств.

Свет и кли

5. Во всех мирах невозможно существование света без кли. Смысл духовного кли выясняется во «Введении в науку каббала», изучи пп. 3,4.

Изначально в десяти сфирот было лишь одно кли – Малхут. И когда мы говорим, что есть пять свойств КАХАБ ТУМ, то все они являются только частями Малхут, называемой четверной стадией. Иными словами, они оцениваются в соответствии с приближением к окончанию этого кли, то есть к Малхут, называемой четвертой стадией (как описано во «Введении в науку каббала», п. 5).

Однако после первого сокращения установился экран в кли Малхут, препятствующий высшему свету облачаться в это кли. И поэтому, когда высший свет приходит к экрану, то экран производит удар по нему и отталкивает его обратно. И этот удар называется ударным взаимодействием (зивуг де-акаа) высшего света с экраном, имеющимся в кли Малхут. Отталкиваемый обратно свет называется «десять сфирот отраженного света», потому что свет, который отталкивается обратно, поднимается снизу вверх и облачает десять сфирот в высшем свете, называемые «десять сфирот прямого света». И из этого отраженного света образовались новые келим для облачения высшего света – вместо Малхут, которая сократилась, чтобы не принимать свет. А суть этих новых келим, называемых «десять сфирот отраженного света», объясняется во «Введении в науку каббала», в пп. 14–26, внимательно изучи их там.

Рош, тох, соф. Пэ, табур, сиюм раглин

6. И вследствие новых келим отраженного света, определяются в каждом парцуфе три части, называемые: рош, тох, соф. Так как выяснилось, что благодаря силе экрана, препятствующего прохождению света в Малхут, создалось ударное взаимодействие (зивуг де-акаа) со светом и вышли десять сфирот отраженного света, облачив десять сфирот прямого света, имеющихся в высшем свете. И эти десять сфирот прямого света и отраженного света называются «сфирот рош». Однако эти десять сфирот отраженного света, которые выходят от экрана и выше и облачают десять сфирот прямого света, еще не являются настоящими келим, так как имя «кли» указывает на имеющуюся в нем толщу, то есть силу суда (дин), имеющуюся в экране, которая препятствует облачению света в Малхут.

Существует **правило**, что сила суда действует, лишь начиная с места возникновения этого суда и ниже, а не от места возникновения суда и выше. И вследствие того, что десять сфирот отраженного света вышли от экрана и выше, неразличима сила суда в отраженном свете, и он не может быть кли. Поэтому десять сфирот отраженного света называются «рош», что означает – корень келим, а не сами келим. Поэтому Малхут, в которой установился экран для ударного взаимодействия, называется «пэ» (уста). Этим указывается, что подобно тому, как в материальных устах буквы извлекаются путем ударного взаимодействия пяти видов артикуляции уст, так и в духовном пэ – в нем происходит ударное взаимодействие для извлечения десяти сфирот отраженного света, представляющих собой пять свойств КАХАБ ТУМ, как выяснено выше. Именно они являются келим для десяти сфирот прямого света, а келим называются «буквы». Итак, выяснились десять сфирот рош.

7. И поэтому были вынуждены десять сфирот прямого света и десять сфирот отраженного света распространиться от экрана и ниже, когда становятся десять сфирот отраженного света свойством келим, которые принимают и облачают десять сфирот прямого света, поскольку теперь этот экран уже выше десяти сфирот отраженного света, и поэтому владеет толща, которая находится в нем, десятью сфирот отраженного света, в результате чего образуются келим. И эти десять сфирот, являющиеся настоящими келим, называются именами «тох» и «гуф», то есть они – внутренняя суть, продолжение и основа этого парцуфа, а Малхут этого «тох» называется «табур» (пуп), от выражения «пуп земли», что означает центр и середину, и указывает на то, что Малхут де-тох – это центральная Малхут, из отраженного света которой образовались настоящие келим гуфа. Можно сказать также, что слово «табур» (טבור) – от сочетания букв (טוב-אר) («тов-ор», свет хорош), показать, что до этого места свет «хорош», поскольку облачен в келим, пригодные для его получения. Итак, выяснились десять сфирот де-тох, до табура.

8. И таким образом, мы обнаруживаем в Малхут рош два состояния:

- состояние «оканчивающая Малхут»: экран сдерживает высший свет, препятствуя его облачению в кли Малхут;
- состояние «взаимодействующая Малхут», поскольку, если бы не было взаимодействия высшего света с экраном в качестве ударного взаимодействия, поднимающего отраженный свет для облачения высшего света, не было бы получающих келим для высшего света и не проявился бы в реальности никакой свет, так как нет света без кли.

И в Малхут рош находятся эти два состояния только в качестве двух корней, где оканчивающая Малхут является только корнем Малхут, которая заканчивает эту ступень. А взаимодействующая Малхут является корнем облачения света в келим.

Эти два действия проявились и совершились в гуфе парцуфа.

От пэ до табура проявляет свою силу *взаимодействующая* Малхут, и высший свет достигает облачения в келим.

А от табура и ниже проявляет свою силу *оканчивающая* Малхут и выводит десять сфирот окончания, где каждая сфира выходит только в свечении отраженного света, без высшего света. И когда свет доходит до Малхут этих оканчивающих десяти сфирот, заканчивается весь парцуф, поскольку эта Малхут является оканчивающей Малхут, которая ничего не получает, и потому заканчивается на ней распространение этого парцуфа. Мы эту Малхут называем Малхут «сиюм раглин» (буквально – окончание ног): она отсекает свет и заканчивает парцуф.

Эти десять сфирот окончания, распространяющиеся от табура и ниже до сиюм раглин, называются «десять сфирот соф» (завершения); все они являются частями этой Малхут окончания и завершения. И когда мы говорим, что в них есть только отраженный свет, это не означает, что нет в них ничего от прямого света, а означает, что в них есть также небольшое свечение прямого света, но только определяются как ВАК без рош. Изучи в пп. 50–53 во «Введении в науку каббала».

Хазэ

9. До сих пор мы говорили о парцуфах мира Адам Кадмон. Однако в парцуфах мира Ацилут добавилось новое окончание в десяти сфирот де-тох, где Малхут де-тох, называемая табур, поднялась в Бину десяти сфирот де-тох и образовала там окончание десяти сфирот этой ступени тох. Это окончание называется «хазэ». И там протянулась парса. То есть новое окончание, образовавшееся вследствие подъема Малхут в Бину, в место хазэ, называется «парса». Как сказано: «небосвод, отделяющий верхние воды...», то есть Кетер и Хохму, оставшиеся на ступени тох, от Бины, Тиферет и Малхут, которые вышли со ступени десяти сфирот тох и стали ступенью десяти сфирот соф.

Вследствие этого разделились десять сфирот тох на две ступени. От пэ до хазэ – считается свойством десяти сфирот тох, а также Ацилутом, а также свойством ГАР де-гуф. От хазэ и ниже, до табура – считается свойством десяти сфирот соф, а также Брия, а также ВАК без рош, так же, как и десять сфирот соф.

А вопрос подъема Малхут в Бину и новое окончание, образовавшееся в середине каждой ступени, изучается далее, в пп. 15 и 16.

Обратное соотношение келим и светов

10. Всегда есть обратное соотношение светов и келим. Поскольку в келим порядок такой, что вначале развиваются высшие в парцуфе. Сначала появляется Кетер в парцуфе, потом Хохма, потом Бина, потом Тиферет, и затем Малхут. Поэтому мы называем келим КАХАБ ТУМ, то есть сверху вниз, поскольку именно таков порядок их появления в парцуфе.

А света – наоборот, поскольку порядок светов такой, что вначале нижние входят в парцуф: сначала входит свет нефеш, потом свет руах, потом свет нешама, потом свет хая, потом свет ехида.

Следующим образом: вначале входит свет нефеш, являющийся светом Малхут – самый маленький из всех светов, а в конце входит свет ехида – самый большой из всех светов. Поэтому мы всегда называем света именем НАРАНХАЙ, то есть снизу вверх, поскольку порядок их прихода в парцуф именно такой.

11. Соответственно этому, когда в парцуфе есть всего лишь одно кли, которое обязательно является высшим кли, то есть Кетером, который развился вначале, в парцуф не входит самый большой свет, относящийся к Кетеру – свет ехида, а входит самый маленький свет – свет нефеш, и облачается в кли Кетер.

А когда развились два кли в парцуфе, являющиеся самыми большими келим – Кетер и Хохма, входит в него также свет руах. И опускается тогда свет нефеш из кли Кетер в кли Хохма, а свет руах облачается в кли Кетер.

И вследствие этого, когда развилось третье кли в парцуфе – кли Бина, входит в парцуф свет нешама, и тогда опускается свет нефеш из кли Хохма в кли Бина, свет руах выходит из кли Кетер и входит в кли Хохма, а свет нешама облачается в кли Кетер.

А когда развилось четвертое кли в парцуфе – кли Тиферет, входит в парцуф свет хая, и тогда опускается свет нефеш из кли Бина в кли Тиферет, свет руах – в кли Бина, свет нешама – в кли Хохма, а свет хая – в кли Кетер.

А когда развилось пятое кли в парцуфе – кли Малхут, тогда все света входят в соответствующие им келим. Поскольку тогда притягивается к парцуфу свет ехида, а свет нефеш опускается из кли Тиферет в кли Малхут, свет руах опускается из кли Бина и входит в кли Тиферет, свет нешама опускается из кли Хохма и входит в кли Бина, а свет ехида входит и облачается в кли Кетер.

12. И таким образом ты видишь, что, пока не развились все пять келим КАХАБ ТУМ в парцуфе, света находятся в местах, не соответствующих им. Кроме того, они находятся в обратном соотношении: ведь если будет недоставать в парцуфе кли Малхут – самого маленького кли, то будет недоставать света ехида – самого большого из светов. А если будет недоставать двух нижних келим, Тиферет и Малхут, то будет недоставать двух высших светов, ехида и хая. А если будет недоставать трех нижних келим – Бина, Тиферет и Малхут, то будет недоставать трех высших светов – нешама, хая, ехида и так далее. Ведь пока не развились все пять келим, КАХАБ ТУМ, в парцуфе, существует обратное соотношение келим и светов: если не будет хватать одного света и одного кли – у светов будет недоставать самого большого света, света ехида, а в келим, наоборот, будет недоставать самого маленького кли, кли Малхут, и так далее.

13. Отсюда поймешь, что когда мы говорим, что при подъеме Малхут в Бину окончилась ступень под Хохмой, вследствие чего осталось на этой ступени две сфиры, Кетер и Хохма, а Бина, Тиферет и Малхут этой ступени удалились, опустившись с этой ступени (как это описано далее, в п. 17). Но это говорится только со стороны келим, однако со стороны светов, наоборот – света нефеш, руах остались на данной ступени, а света нешама, хая, ехида удалились со ступени.

14. И вместе с тем пойми то, о чем говорится иногда в Книге Зоар, что при подъеме Малхут в Бину разделились пять букв имени ЭЛОКИМ (אלהים) следующим образом: две буквы МИ (מ"י) остались на ступени, а три буквы ЭЛЕ (אל"ה) вышли, удалившись от этой ступени (как описано в «Предисловии Книги Зоар»). А иногда говорится в Книге Зоар наоборот, что при подъеме Малхут в Бину остаются две буквы ЭЛ (א"ל) на ступени, а три буквы КИМ (הי"ם) удалились, опустившись с этой ступени (как описано в Книге Зоар, «Берешит-1», п. 59)

Дело в том, что пять букв ЭЛОКИМ (אלהים) суть пять сфирот КАХАБ ТУМ, или пять светов НАРАНХАЙ, и при подъеме Малхут в Бину, со стороны келим остались на ступени Кетер и Хохма, или две буквы ЭЛ (א"ל), а три буквы КИМ (הי"ם) опустились с этой ступени. Однако со стороны светов наоборот: две нижние буквы МИ (מ"י), обозначающие два нижних света нефеш, руах, остались на ступени, а три высшие буквы ЭЛЕ (אל"ה), обозначающие ехида, хая, нешама, вышли, удалившись от этой ступени.

Поэтому в «Предисловии к Книге Зоар» говорится о пяти светах НАРАНХАЙ, на которые указывают пять букв ЭЛОКИМ (אלהים), и поэтому говорится, что МИ (מ"י) остались, а ЭЛЕ (אל"ה) вышли со ступени. А в Книге Зоар «Берешит» говорится о пяти келим КАХАБ ТУМ, на которые указывают пять букв ЭЛОКИМ (אלהים), и поэтому говорится наоборот, что ЭЛ (א"ל) остались на ступени, а три буквы КИМ (הי"ם) вышли с этой ступени. И необходимо помнить эти вещи, и вдумываться в каждом месте, говорится ли о светах или келим. И таким образом разрешатся многие надуманные противоречия.

Подъем Малхут в Бину

15. Необходимо досконально понять «подслащение Малхут в Бине», являющееся корнем всей науки. Так как Малхут является свойством суда, в котором мир не может существовать, поэтому поднял ее Создатель в сфиру Бина, которая является свойством милосердия. И на это указывали мудрецы в сказанном: «Вначале возвысился в мысли создать мир свойством суда, а именно в Малхут, являющейся свойством суда, увидел, что мир не может существовать, предварил свойство милосердия и совместил его со свойством суда» («Берешит Раба», п. 12). То есть, посредством подъема Малхут в Бину получает Малхут форму Бины, свойства милосердия, и тогда Малхут управляет миром в свойстве милосердия.

Этот подъем Малхут в Бину происходит на каждой ступени, с начала мира Ацилут и до конца мира Асия, поскольку нет у нас ступени, в которой не было бы десяти сфирот КАХАБ ХАГАТ НЕХИМ, и Малхут, находящаяся на каждой ступени, поднялась в Бину той же ступени и получила там подслащение.

Деление каждой ступени надвое

16. Известно, что понятие «Малхут оканчивает каждую сфиру и каждую ступень» означает, что Малхут препятствует свету на этой ступени распространиться внутрь нее, что происходит вследствие произошедшего на нее сокращения, чтобы не получать высший свет. Поэтому свет на каждой ступени протягивается только до Малхут, а когда доходит до экрана, находящегося в Малхут, он заканчивается. Тогда на имеющийся в Малхут экран происходит ударное взаимодействие (зивуг де-акаа) со светом (как описано во «Введении в науку каббала», п. 14), а поскольку Малхут ступени поднялась в Бину той же ступени, следовательно, Малхут окончила свет в месте, в которое поднялась, то есть посередине Бины. А половина Бины, Тиферет и Малхут, находящиеся ниже оканчивающей Малхут, вышли с этой ступени и образовали другую ступень –

под Малхут. Таким образом, что вследствие подъема Малхут в Бину каждая ступень разделилась надвое: Кетер, Хохма и половина Бины, находящиеся над Малхут, остались на ступени, а половина Бины, Тиферет (включающая ХАГАТ НЕХИ) и Малхут вышли с этой ступени и образовали ступень под ней. Это окончание, которое образовала Малхут в середине Бины, называется «парса». И помни это.

17. На каждой ступени должно быть пять светов, называемых ехида, хая, нешама, руах и нефеш, облаченных в пять келим, называемых Кетер, Хохма, Бина, Тиферет (включающую ХАГАТ НЕХИ) и Малхут. И так как вследствие подъема Малхут в Бину на ступени осталось только два полных кли, Кетер и Хохма, а три кли, Бина, Тиферет и Малхут, отсутствуют в ней, то и от светов остались только два света, нефеш, руах, облачающиеся в два кли, Кетер и Хохма, а три света, нешама, хая, ехида, отсутствуют в ней, поскольку нет для них келим, чтобы облачиться в них.

Следовательно, этой ступени недостает трех первых сфирот, так как, вследствие подъема Малхут в Бину, ступень разбилась на две половины, когда одна половина осталась на ступени, и это келим Кетер и Хохма и света нефеш, руах, а другая ее половина вышла с этой ступени, и это келим Бина, Тиферет и Малхут и света нешама, хая, ехида. Поэтому обозначается подъем Малхут в Бину в виде буквы йуд (י), которая вошла в «ор» («אור», свет) этой ступени, и «ор» («אור») превратился в «авир» («אויר», воздух). Поскольку вследствие подъема Малхут в Бину потеряла эта ступень свет трех своих первых сфирот, и остались на этом уровне руах и нефеш, называемые «авир» (как написано в «Берешит-1», п. 32). И это понятие выражается также пятью буквами имени ЭЛОКИМ (אלהים), которые поделились надвое: МИ (מ"י) ЭЛЕ (אל"ה). Две буквы МИ (מ"י) указывают на два света руах, нефеш, облаченные в два кли, Кетер и Хохма, оставшиеся на ступени. А три буквы ЭЛЕ (אל"ה) указывают на три кли – Бина, Тиферет и Малхут, которые вышли со ступени, как сказано выше.

Возвращение Малхут из Бины вниз, на свое место

18. Однако благодаря подъему Мэй Нуквин (МАН) посредством Торы и молитвы нижних, притягивается высшее свечение из хохмы и Бины де-АК, выводящее на каждой ступени Малхут из Бины и опускающее ее на свое место (как это описано в Книге Зоар, гл. «Ваякель»). И тогда эти три келим, Бина, Тиферет и Малхут, которые до этого вышли со ступени, по причине входа йуд (י), то есть Малхут, в «ор» («אור») этой ступени, которая образовала окончание ступени под Хохмой, и «ор» превратился в «авир» («אויר»). И теперь, когда опустилась оттуда Малхут, и йуд (י) вышла из «авир» («אויר»), келим возвращаются на свою ступень, и опять на этой ступени имеются пять келим. А поскольку есть пять келим, снова облачаются в них все пять светов: ехида, хая, нешама, руах, нефеш, и снова «авир» («אויר») становится «ор» («אור»), потому что вернулся на эту ступень уровень ГАР, трех первых сфирот, которые называются «ор».

Время катнута и время гадлута

19. Таким образом, выяснилось, что по причине подъема Малхут в Бину стало два времени на каждой ступени: время катнута (малого состояния) и время гадлута (большого состояния). Ибо с подъемом Малхут в Бину она оканчивает там ступень под Хохмой, а Бина, Тиферет и Малхут ступени выходят из этой ступени и становятся на ступень, которая под ней. Поэтому остались на ступени лишь Кетер-Хохма де-келим и руах-нефеш светов, и отсутствует ГАР. И это время катнута (как рассмотрено в п. 17). Но после того, как нижние поднимают Мэй Нуквин и притягивают свечение от Хохмы и Бины де-АК, выводящее Малхут из Бины, тогда три эти келим, Бина и ТУМ, которые упали на ступень под ней, снова поднимаются оттуда на свою ступень, как и вначале. И поскольку уже есть пять келим КАХАБ ТУМ на ступени, снова облачаются в них пять светов: нефеш-руах-нешама-хая-ехида (как рассмотрено в п. 18). И это время гадлута ступени. (Мы уже подробно объясняли эти вещи в «Предисловии Книги Зоар» и в комментарии «Сулам», и желательно изучить там). Таким образом, выяснилось, что вследствие падения Бины и ТУМ ступени на ступень под ней, находится эта ступень в катнуте, в отсутствии ГАР. А благодаря возвращению Бины и ТУМ на ступень находится эта ступень в гадлуте, то есть в наполнении ГАР.

Как нижний поднимается к своему высшему

20. И в этом понятии подъема Малхут в Бину уготована связь и возможность у каждого нижнего подняться к своему высшему. Ибо существует **правило**, что высший, опускающийся к нижнему, становится, как и он сам. А также: нижний, поднимающийся к высшему, становится, как и он.

И поэтому в состоянии катнута ступени, то есть в то время, когда подъем Малхут оканчивает Бину, она выводит Бину и ТУМ с этой ступени на ступень, находящуюся под ней, и становятся тогда эти Бина и ТУМ одной ступенью со ступенью ниже ее. Ибо высший, опускающийся к нижнему, становится, как и он сам.

Поэтому в состоянии гадлута ступени, то есть в момент, когда Малхут снова выходит из Бины, возвращаясь на свое место, а Бина и ТУМ, которые упали из Бины, возвращаются на свою ступень, то тогда они берут вместе с собой также и нижнюю ступень, в которой они находились во время своего падения. Ибо, поскольку они уже стали одной ступенью вместе с нижней во время своего падения, и слились с ней как одно целое, то они берут ее вместе с собой также и во время возвращения на ступень, и поднимают нижнюю ступень к высшей ступени. А согласно правилу, что нижний, поднимающийся в место высшего, становится, как и он, становится теперь и нижняя ступень получающей все света и мохин, находящиеся на высшей ступени.

Таким образом, выяснилось, как подъем Малхут в Бину приводит к такой связи между ступенями, что каждая ступень может подняться к ступени выше нее. А кроме того, даже самая нижняя ступень сможет подняться на самый высокий уровень благодаря той связи, которая образовалась вследствие падения Бины и ТУМ каждой ступени на ступень под ней. (Как объясняется в комментарии «Сулам» главы «Ваякель», смотри там).

Катнут и гадлут ИШСУТа и ЗОН

21. И после того, как выяснилось понятие подъема Малхут в Бину в общем плане, то есть имеющее место на всех ступенях четырех миров АБЕА, выясним теперь эти же вещи в конкретном случае.

Возьмем, к примеру, две ступени, называемые ИШСУТ и ЗОН, находящиеся в мире Ацилут. Когда по причине подъема Малхут де-ИШСУТ в Бину де-ИШСУТ в состоянии катнута, вышли три сфиры, Бина и ТУМ де-ИШСУТ, и упали на ступень под ИШСУТом, то есть ЗОН. И эти Бина и ТУМ слились со ступенью ЗОН во время своего падения.

Поэтому, когда пришло время гадлута, когда Малхут снова вышла из Бины де-ИШСУТ, (вернувшись) на свое место, благодаря чему снова поднялись эти Бина и ТУМ де-ИШСУТ из своего падения, взойдя на ступень ИШСУТ, то поднялись вместе с ними также и ЗОН, вследствие того, что были слиты с ними во время катнута в момент их падения. Таким образом, также и ЗОН поднялись к ступени ИШСУТ и тоже получают те же свечения и мохин, достойные ступени ИШСУТ.

Если бы не подъем Малхут в Бину, ЗОН не стали бы достойными мохин

22. И необходимо здесь знать, что ЗОН сами по себе недостойны вообще получения мохин. Поскольку источник ЗОН относится к свойству ниже табура де-АК (см. выше, п. 17), где властвует Малхут, свойство суда, когда сила сокращения довлеет над ней, и она недостойна получить высший свет. Но теперь, когда Бина и ТУМ ИШСУТа подняли ЗОН на ступень ИШСУТа, стали ЗОН как ступень ИШСУТ и могут получать высший свет, как и они.

23. И теперь становится понятным сказанное мудрецами: «Вначале поднялся в замысле сотворить мир в свойстве суда» – то есть в Малхут первого сокращения, являющуюся свойством суда. А понятие «мир» имеет значение «ЗОН Ацилута», называемые «мир», а также значение «этот мир», получающий от ЗОН Ацилута, ибо всё, получаемое в ЗОН Ацилута, можно получать людям в этом мире, а всё, не получаемое в ЗОН, не получаемо пребывающими в «этом мире», ибо выше ступени ЗОН мы не можем получать.

И поэтому, поскольку корень ЗОН находится ниже табура де-АК, где властвует Малхут в свойства суда, то не могут они получать высший свет и существовать из-за имеющегося в Малхут сокращения, которое довлеет над ними. Тем более «этот мир» – он не сможет существовать.

И это то, что сказано: «Увидел, что мир не может существовать – предварил свойство милосердия и совместил его со свойством суда», то есть поднял Малхут каждой ступени, являющуюся свойством суда, к Бине этой ступени, являющейся свойством милосердия. Таким образом, Малхут ИШСУТ поднялась в Бину ИШСУТ, вследствие чего упали Бина и ТУМ де-ИШСУТ на ступень ниже, то есть ЗОН, слившись с ними.

Поэтому во время гадлута ИШСУТ, когда Малхут снова опускается из Бины ИШСУТ на свое место, и три келим, Бина и ТУМ де-ИШСУТ, возвращаются на свое место в ИШСУТ, как и вначале, тогда они берут с собой также и ЗОН, слившиеся с ними, и поднимают их к ступени ИШСУТ. И стали ЗОН как ступень ИШСУТ, то есть стали достойными получать высший свет, как и ИШСУТ (как разъяснено выше, п. 21). И поэтому получают высший свет ИШСУТа, передавая в «этот мир», и теперь может мир существовать.

Но если бы не совмещение свойства суда со свойством милосердия, то есть если бы не поднялась Малхут ИШСУТа в Бину ИШСУТа, то тогда не упали бы Бина и ТУМ де-ИШСУТ в ЗОН, и не было бы никакой возможности у ЗОН подняться в ИШСУТ, и тогда бы не смогли они получить высший свет для мира, и мир не мог бы существовать. Таким образом, мы выяснили понятие подъема Малхут в Бину.

Михаэль Лайтман

Избранные комментарии к статье «Введение в науку каббала»

◊ Гость и Хозяин
◊ Сфира Даат
◊ Сотношение парцуфим мира Ацилут и мира Некудим в катнуте

Гость и Хозяин[1]

Вспомним пример о госте и Хозяине. Сила, с которой гость отказывался есть (с которой он отталкивает), становится кли получения, то есть способом получения угощения, и она проявляет себя вместо чувства голода. То есть когда гость все-таки принимает после готовности все отразить, он это делает для того, чтобы отдать: он руководствуется только этим, живет в том, что сейчас он «идет на отдачу». Он не пользуется намерением отдать, чтобы начать наконец-то получать для себя. Нет. Он полностью переносит себя изнутри самого кли в этот отраженный свет, в намерение отдать, он принимает желание Творца получить наслаждение от отдачи, он использует эти желания Творца насладить творения в качестве своего кли.

Еще раз: если бы гость не чувствовал, что Хозяин страдает, потому что не может накормить гостя, так как тот не желает принимать, то он бы не смог отталкивать и отторгать. То есть здесь происходит многоразовый обмен информацией между Дающим и получающим. Получающий изначально испытывает ощущение голода и наслаждения, но вместе с этим ощущает стыд, потому что внутри наслаждения начинает ощущать Дающего.

Ощутив стыд, он сравнивает его с голодом, с наслаждением и с Дающим. И если ощущает стыд в такой мере, что не может позволить себе наслаждаться (стыд преобладает над ощущением голода), это означает, что ощущение Дающего больше, чем ощущение голода, больше, чем ощущение наслаждения. То есть стыд – больше всего, и тогда гость отталкивает и не получает ничего.

Если гость не получает ничего, то есть он все оттолкнул от себя, то он уже действует совершенно нейтрально, без всякой связи с собой, поскольку решил, что себя в этом действии он не находит. После этого он начинает ощущать

---

[1] Из комментариев М. Лайтмана к статье Бааль Сулама «Введение в науку каббала», 13 ноября 2003 г.

желание Дающего: насладить. Значит, у Дающего есть желание, желание насладить, то есть в Нем, что называется, есть «хисарон», Ему «недостает» до ощущения совершенства (хотя нельзя так сказать о Творце, но мы просто не можем по-другому выразить это). Итак, в Дающем есть этот «хисарон», то есть «недостаток», и гость после того, как отталкивает, начинает ощущать желание насладить, которое есть в Дающем.

Здесь есть у нас два хисарона: хисарон желания получать гостя, творения (голод) и хисарон желания отдавать Творца. И тогда гость, творение, вместо своего хисарона (голода, желания получать) «принимает на себя» желание отдавать Хозяина (Творца) и начинает использовать Его желание отдавать, как будто свое. То есть начинает жить мыслью: «А что Хозяин чувствует? Он ведь хочет меня насладить, Он ведь страдает, несчастный, Он все приготовил для меня, все сделал ради меня, и в итоге я Ему доставляю страдания тем, что не беру от Него» – как мать живет в желаниях своего младенца.

И тогда гость вместо отталкивания делает расчет: сколько он может получить – «вызывает» обратно свои желания получать, для того чтобы наполнить желание отдавать Дающего. Это называется «зивуг дэ-акаа». То есть он уже начинает получать внутрь себя ради того, чтобы наполнить желание Хозяина.

То же самое получается, когда мы с вами говорим о нахождении верхнего парцуфа внутри нижнего парцуфа. Что здесь происходит? Верхний парцуф находится с нижним на одном уровне. Если у нижнего парцуфа развиваются ГЭ, то есть отдающие келим, такие, которыми он хочет наполнить АХАП высшего парцуфа, то между ними устанавливается связь, и низший парцуф поднимается на уровень высшего. Почему? Потому что АХАП высшего парцуфа создан для того, чтобы наполнять низший парцуф, это кли отдачи высшего парцуфа.

Если низший принимает эти келим отдачи высшего парцуфа в качестве желания, которое он должен наполнить – как ребенок, который понял, что если он будет кушать, то этим доставит удовольствие матери – то он берет это желание и наполняет его. В этой мере между ними есть связь, они сливаются вместе в одно кли, и получается, что ГЭ низшего и АХАП высшего представляют собой десять сфирот, одно кли. Хотя они разные, но сливаются вместе. Так же и мы сливаемся с Творцом: мы принимаем Его АХАП, Его желание отдать нам как желание, которое мы обязаны наполнить, если будем получать от Него, и таким образом мы сливаемся вместе. Та часть, где мы работаем так друг на друга, называется «район слияния». Здесь осуществляется слияние творения с Творцом.

Сфира Даат[1]

Сфира Даат упоминается тогда, когда мы не говорим о Кетере. Почему? Есть Кетер, Хохма, Бина, Хесед, Гвура, Тиферет, Нецах, Ход, Есод, Малхут. Если мы говорим о том, как приходит свет сверху вниз, от девяти сфирот к десятой, к Малхут, то тогда мы перечисляем их в таком, прямом, порядке.

Затем, когда мы устремляемся вверх, то поднимаем себя до Хохмы и Бины, которые называются «Аба ве-Има» (отец и мать). Мы поднимаем к ним свое желание. В Хохме – свет хохма, наслаждение, в Бине – свет хасадим, намерение ради Творца, или на отдачу. Мы поднимаем к ним наше желание, которое называется МАН (от слов «мэй нуквин» – воды Малхут, нижние воды; потом мы поймем, что такое нижние воды, и что такое высшие воды, в которых развивается зародыш). И поднимая это желание, мы просим у этих двух высших сфирот: «Дайте нам намерение ради Творца, и в мере этого намерения дайте нам наслаждение, чтобы мы смогли его принять». И тогда сверху вниз к нам приходит намерение «ради Творца», точно в мере которого мы получаем внутрь свет хохма – происходит «получение ради отдачи».

При этом мы взываем к двум высшим категориям: к Бине и к Хохме. Бина – вся на отдачу, от нее мы получаем намерение отдавать. В Хохме – весь свет хохма, все наслаждение, которое Творец предоставил нам. Если мы получим от этих двух категорий силы, мы уподобимся бхине гимель. Только мы должны уподобиться ей сами, из нашего мира, прося.

Поэтому твоя просьба, когда она правильно, в правильном виде сориентирована на Хохму и Бину, на наслаждение и на отдачу, называется Даат. Даат – это знание, постижение, включение в высшие свойства, в получение высших свойств. И тогда мы не учитываем Кетер, потому что из Кетера, из бхины шореш, просто исходит огромный свет, включаю-

---

[1] Из коментариев М. Лайтмана к статье Бааль Сулама «Введение в науку каббала», 4 ноября 2003 г– *Ред.*

щий в себя и свет хасадим, и свет хохма. А мы сейчас желаем получить отдельно свет хохма и отдельно свет хасадим, чтобы они образовали в нас два совершенно различных отношения к нашему состоянию: чтобы свет хасадим создал в нас намерение на отдачу, а свет хохма вошел в это намерение как наслаждение ради отдачи. Это как в примере «гость и Хозяин».

Соотношение парцуфим мира Ацилут и мира Некудим в катнуте[1]

В мире Ацилут есть парцуфим, называемые Атик, Арих Анпин, Аба ве-Има, ИШСУТ и ЗОН. Каким образом эти парцуфим соотносятся с миром Некудим? Это вопрос, потому что мир Ацилут – это исправленный мир Некудим и это для нас очень важно. Мир Ацилут интересует нас, в первую очередь, в его малом состоянии – катнут. Как мир Ацилут и мир Некудим соотносятся друг с другом в состоянии катнут?

Они соотносятся друг с другом так. Мы изучали, что у Кетера мира Некудим его ГЭ находятся сверху, а его АХАП находятся внутри Аба ве-Има. На этот АХАП Кетера де-Некудим одеваются ГЭ Аба ве-Има. АХАП де-Аба ве-Има находятся внутри ГЭ де-ЗОН, и под парсой находятся АХАП де-ЗОН.

Самая высшая часть мира Некудим – это ГЭ де-Кетер, которые вообще никоим образом не относятся к швире (разбиению). Это отдающие келим. Даже неважно, находится ли парцуф Кетер (рош Кетер) в катнуте или в гадлуте – на эту часть ничего не влияет. И первый парцуф мира Ацилут, Атик, берет себе исправление этой части мира Некудим – ГЭ де-Кетер мира Некудим. А вторую часть мира Некудим, то есть вторую часть Кетера (АХАП), берет к себе Арих Анпин.

Получается, что Атик и Арих Анпин вместе в Ацилуте называются Кетер. Только это два парцуфа, а не один, каждый из которых выполняет строго определенную функцию. Атик называется так потому, что образован от слов менутак, нетек, то есть изолированный, обособленный. Он совершенно оторван от того, что происходит внизу, он находится только в состоянии «на отдачу». Для него неважно, что происходит внизу – катнут, гадлут, швира – ничего на него не действует. Арих Анпин – это уже та часть Кетера, которая проводит

---

[1] Из комментариев М. Лайтмана к статье Бааль Сулама «Введение в науку каббала», 6 апреля 2003. – *Ред.*

свет хохма через свой АХАП, через свои получающие келим вниз, на остальные парцуфим.

Далее в мире Некудим есть парцуф Аба ве-Има.

ГЭ де-АВИ – это отдающие келим, которые не имеют отношения ни к ЗОН, ни к тому, что происходит с Малхут, это ГАР де-Бина. ГАР де-Бина желает быть только отдающими. Эту часть берут на себя Аба ве-Има де-Ацилут. ЗАТ (семь нижних) де-Бина (АХАП) де-Аба ве-Има де-Некудим берет на себя так называемый парцуф ИШСУТ.

Аба ве-Има – это «отец» и «мать». А ИШСУТ – это: Исраэль (ישראל) саба (סבה – дед, дедушка) и твуна (תבונה, от слова «авана» – понимание, осознание, постижение). Исраэль саба (ИШС) – это отдающая часть, мужская, а твуна (Т) – это получающая часть.

Этот парцуф, состоящий как бы из двух частей – мужской и женской, берет АХАП де-Аба ве-Има де-Некудим. А затем ЗОН де-Ацилут берут на себя ЗОН де-Некудим.

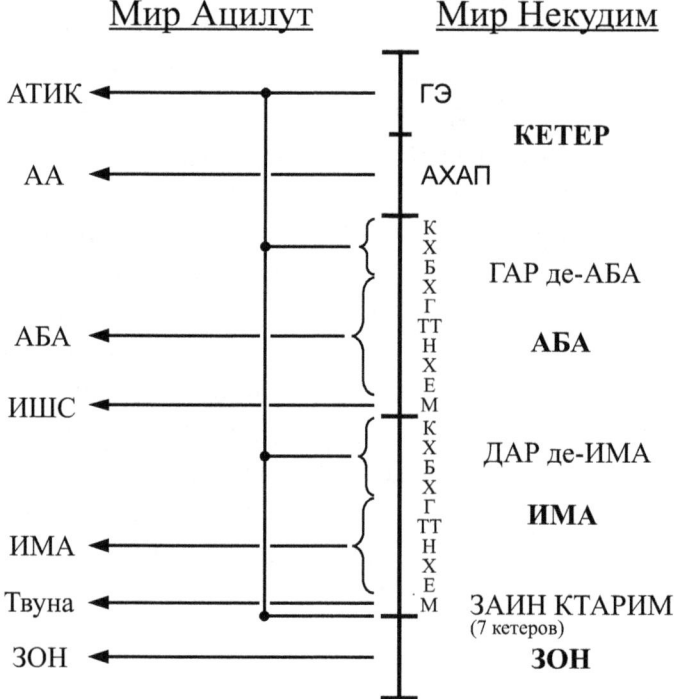

Итак, парцуфим мира Некудим сверху вниз: Кетер (ГЭ и АХАП), затем Аба, Има и затем ЗОН.

Атик берет в себя от парцуфим мира Некудим:

– ГЭ *де-Кетер*,

– Кетер, Хохму, Бину – *ГАР де-Аба*. ГАР – это гимель ришонот, три первые сфиры де-Аба.

– Кетер, Хохму, Бину, Хесед – *ДАР де-Има*. ДАР – это далет ришонот, четыре первые сфиры де-Има.

– *заин ктарим* (заин – «семь», ктарим – мн.ч. от «кетер»), семь кетеров от парцуфим ЗОН.

Это все берет к себе Атик. Он берет к себе эти части, потому что они совершенно не меняются: ни в гадлуте, ни в катнуте – никогда. Сразу же берет их к себе и исправляет их.

Арих Анрин (АА) берет на себя АХАП де-Кетер де-Некудим.

Аба де-Ацилут берет к себе Хесед, Гвуру, Тиферет, Нецах, Ход, Есод от парцуфа Аба де-Некудим.

Има де-Ацилут берет к себе Гвуру, Тиферет, Нецах, Ход, Есод от парцуфа Има де-Некудим;

ИШС берет к себе Малхут от Аба де-Некудим.

Твуна берет к себе Малхут от Има де-Некдим.

ИШС и Твуна образуют парцуф **ИШСУТ**.

ЗОН де-Ацилут берут к себе ЗОН от Некудим.

Это таблица соответствия между двумя системами – мир Некудим относительно мира Ацилут и взаимосвязь между ними. Нам это необходимо, для того чтобы понимать функционирование мира Ацилут, который управляет нами во всем и всегда. От начала – от сегодняшнего нашего состояния (задолго до сегодняшнего, конечно, но от сегодняшнего хотя бы в нашем понимании) – и до нашего полного и окончательного исправления, пока мы не поднимаемся в Арих Анпин и в Атик.

Когда мы туда поднимаемся, мы далее проходим уже в мир Адам Кадмон, над табуром, и затем в мир Бесконечности. Каким образом это происходит, дальше изучается в «Предисловии к Книге Зоар».

ГАР мира Ацилут (Атик, Арих Анпин) называются «полное исправление». Затем здесь происходит подъем в САГ, в АБ и в Гальгальту – это уже восьмое, девятое и десятое тысячелетие; а потом уже – в мир Бесконечности. То есть мир Ацилут – это то, что управляет нами, это то, с чем мы связаны, под кем мы находимся, и поэтому знание его системы, его управления нам просто абсолютно, крайне необходимо.

Сейчас у нас начинается наука каббала, то есть графики, выводы, формулы, зависимости – все это еще внутри себя взаимоувязано очень-очень большими, четкими связями. Здесь нет ничего того, что мы раньше называли молитвами, просьбами, того, что мы раньше называли какими-то вроде бы чувственными взаимоотношениями, мы начинаем сейчас переходить на все более-более четкий язык соотношений – между силами, векторами. И это то, что действительно показывает, насколько каббала – это наука.

Это очень сложно увязывается в восприятии начинающих. Гальгальта, АБ, САГ, экран, свет, решимот – это представить себе просто. Чем ближе к нашему миру, тем вроде бы кажется, что вещи простые. В конце концов, кто из нас где-то, когда-то не чертил какие-то схемки, подобные этим, ну что тут есть? Но – мы чертили схемы, которые связаны с нашим миром, то есть внутри нас есть предрасположенность к их абсорбции, к адаптации к ним, к связи с ними.

Здесь же мы с вами начинаем сталкиваться с такими вещами, которых в нас на сегодня нет, и поэтому самые простые понятия абсолютно в нас не укладываются, не впитываются, не остаются в нас. Они какие-то очень искусственные, совершенно посторонние, потому что в нас нет подложки, на которой бы осели эти знания.

Поэтому, изучая раз за разом, постепенно, мы будем как-то изнутри себя, изменяя себя, работая над собой, создавать в себе эти мысли, чувства, с помощью которых начнем понимать, что же это за взаимодействие.

Здесь разыгрываются вселенские – не нашего размера, а духовной вселенной – чувства, трагедии, взаимодействия. Здесь рождается все, что происходит в нашем мире. Нет в нашем мире ни одного атома, связанного со всеми остальными атомами Вселенной, который бы не управлялся четко отсюда, не находился бы под чисто личным, частным управлением.

Представляете – насколько это огромная и сложная по своей глубине система. Мы в нее можем войти только нашим чувственным восприятием, став частью нее; снаружи, нашим разумом, мы ее охватить не сможем никогда.

Пожелаем друг другу в этом взаимных успехов. Большое вам спасибо, до следующей встречи.

Михаэль Лайтман

Альбом чертежей духовных миров

Введение в науку каббала, п. 5
- Рис. 1. Четыре бхины. Бхина шореш
- Рис. 2. Четыре бхины. Бхина алеф
- Рис. 3. Четыре бхины. Бхина бет
- Рис. 4. Четыре бхины. Бхина гимель
- Рис. 5. Четыре бхины. Бхина далет
- Рис. 6. Четыре стадии прямого света
- Рис. 7. Четыре бхины в бхине далет

Введение в науку каббала, п. 11
- Рис. 9. Пять миров

Введение в науку каббала, п. 14
- Рис. 8. Мир сокращения

Введение в науку каббала, п. 18
- Рис. 9а. Пять уровней

Введение в науку каббала, п. 21
- Рис. 10. Уровень Кетер
- Рис. 11. Уровень Хохма
- Рис. 12. Уровень бина
- Рис. 13. Уровень Зеир Анпин
- Рис. 14. Уровень Малхут
- Рис. 15. Сокращение

Введение в науку каббала, п. 22
- Рис. 16. Уровень Кетер
- Рис. 17. Уровень Хохма
- Рис. 18. Уровень Бина
- Рис. 19. Уровеню Зеир Анпин
- Рис. 20. Уровень Малхут
- Рис. 21. Сокращение

Введение в науку каббала, п. 24

- Рис. 22. Свет вне кли (соответствует рис. 21)
- Рис. 23. Вход света нефеш (соответствует рис. 20)
- Рис. 24. Вход света руах (соответствует рис. 19)
- Рис. 25. Вход света нешама (соответствует рис. 18)
- Рис. 26. Вход света хая (соответствует рис. 17)
- Рис. 27. Вход света ехида (соответствует рис. 16)

Введение в науку каббала, п. 28

- Рис. 28. Пять парцуфим АК

Введение в науку каббала, п. 29

- Рис. 29. Пять наполнений Гальгальты
- Рис. 30. Мир АК

Введение в науку каббала, п. 35

- Рис. 31. Ступени издахехут парцуфа

Введение в науку каббала, п. 50

- Рис. 32. Строение парцуфа

Введение в науку каббала, п. 56

- Рис. 33. Некудот де-САГ. ЦБ.

Введение в науку каббала, п. 65

- Рис. 34. Место миров АБЕА

Введение в науку каббала, п. 69

- Рис. 35. Рождение мира Некудим

Введение в науку каббала, п. 79

- Рис. 36. Гадлут мира Некудим и швират келим.

Введение в науку каббала, п. 120

- Рис. 37. Катнут мира Ацилут
- Рис. 38. Пять парцуфим мира Ацилут

Введение в науку каббала, пп. 145-149

- Рис. 39. Рождение миров БЕА
- Рис. 41. Адам Ришон

Введение в науку каббала, п. 150

- Рис. 40. Миры БЕА

Введение в науку каббала, п. 170

- Рис. 44. Игулим и кав

ТЭС, ч.16, пп. 68-76

- Рис. 42. Адам Ришон

ТЭС, ч.16, п. 44

- Рис. 43. Части мира

ТЭС, ч.3., пп. 4-5

- Таблица 1. Общие термины

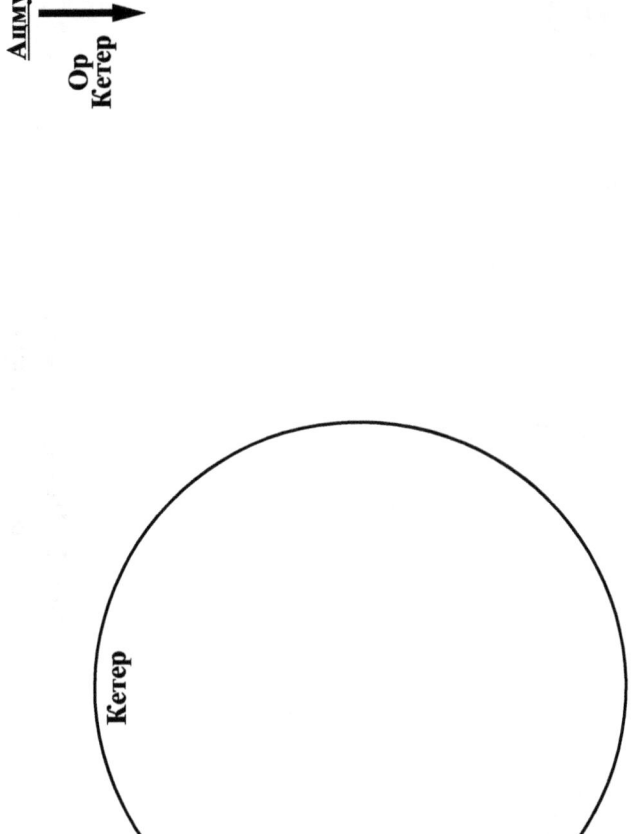

Рис. 1. Четыре бхины (стадии). Бхина шореш
(Введение в науку каббала. п.5)

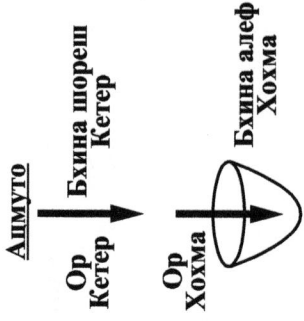

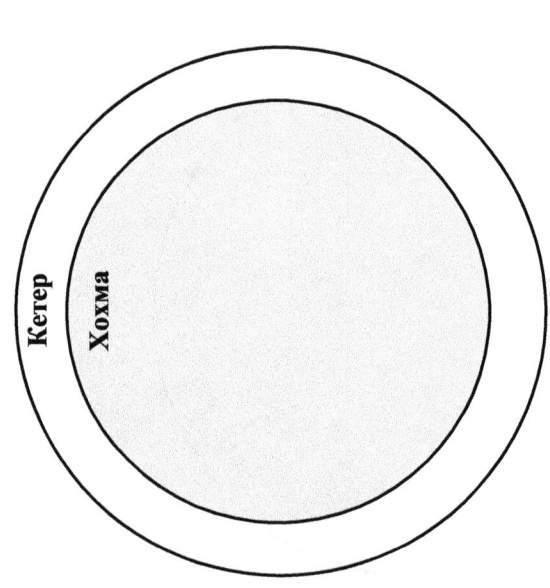

Рис. 2. Четыре бхины. Бхина алеф
(Введение в науку каббала. п.5)

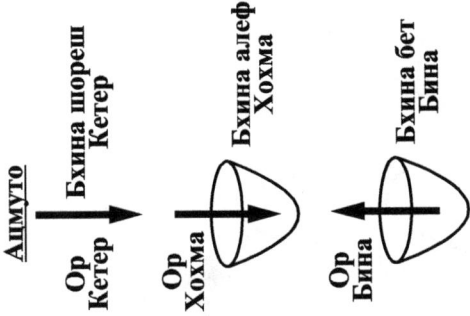
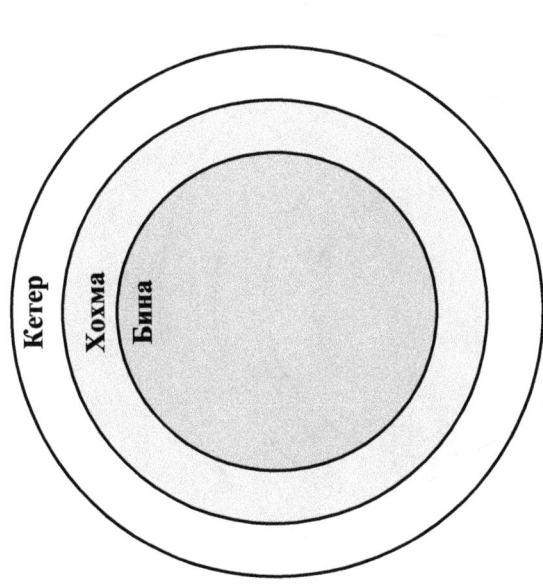

Рис. 3. Четыре бхины. Бхина бет
(Введение в науку каббала. п.5)

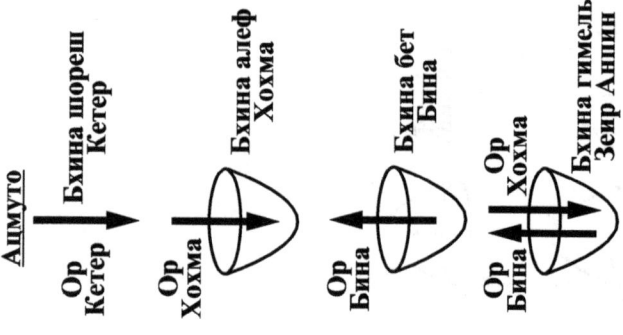

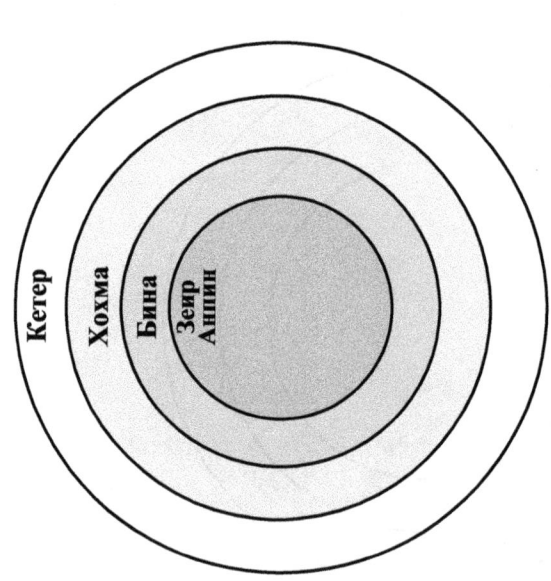

Рис. 4. Четыре бхины. Бхина гимель
(Введение в науку каббала. п.5)

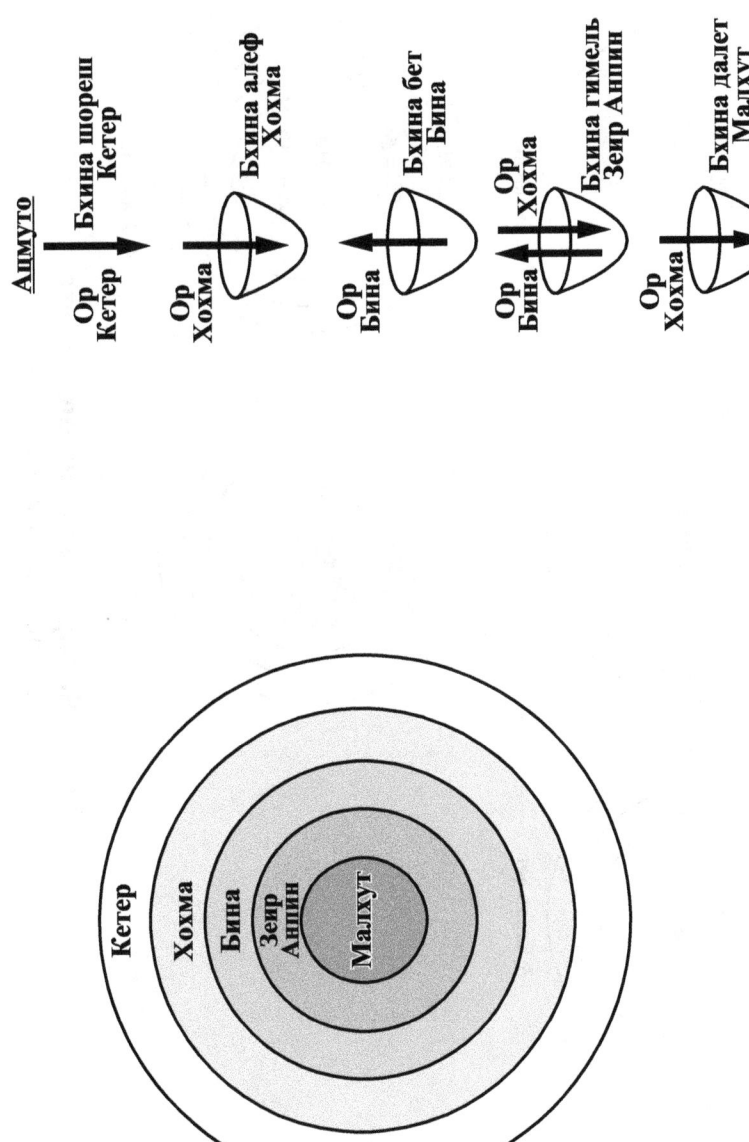

Рис. 5. Четыре бхины. Бхина далет
(Введение в науку каббала. п.5)

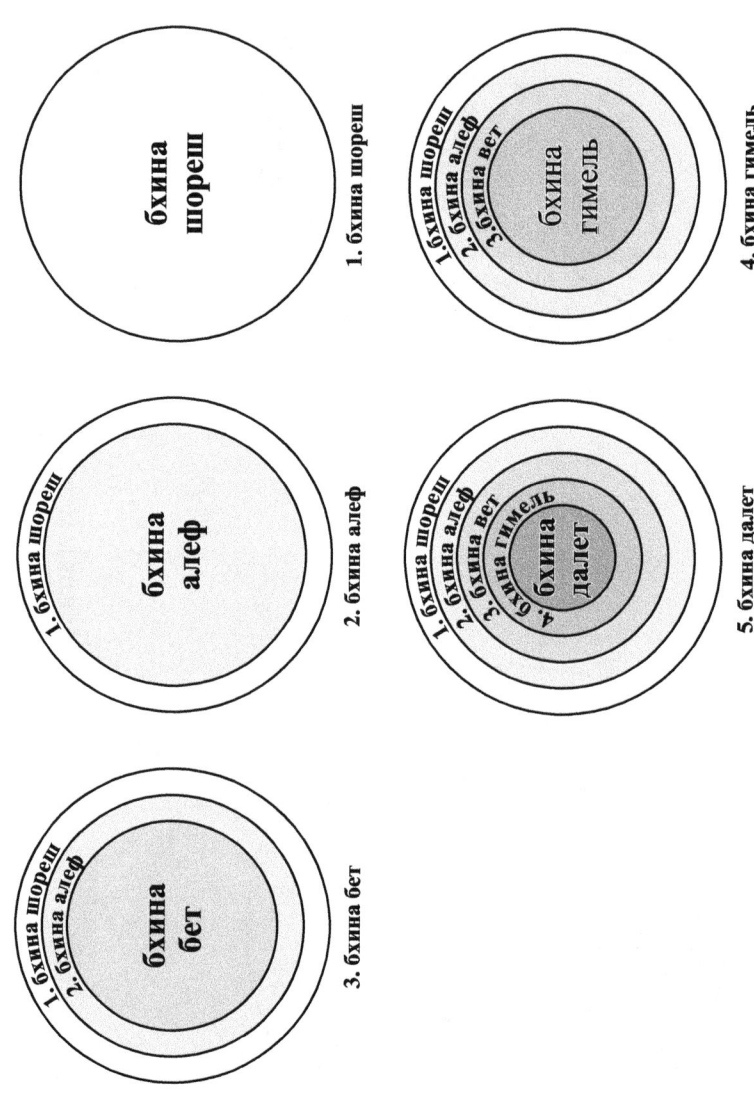

Рис. 6. Четыре стадии прямого света
(Введение в науку каббала. п.5)

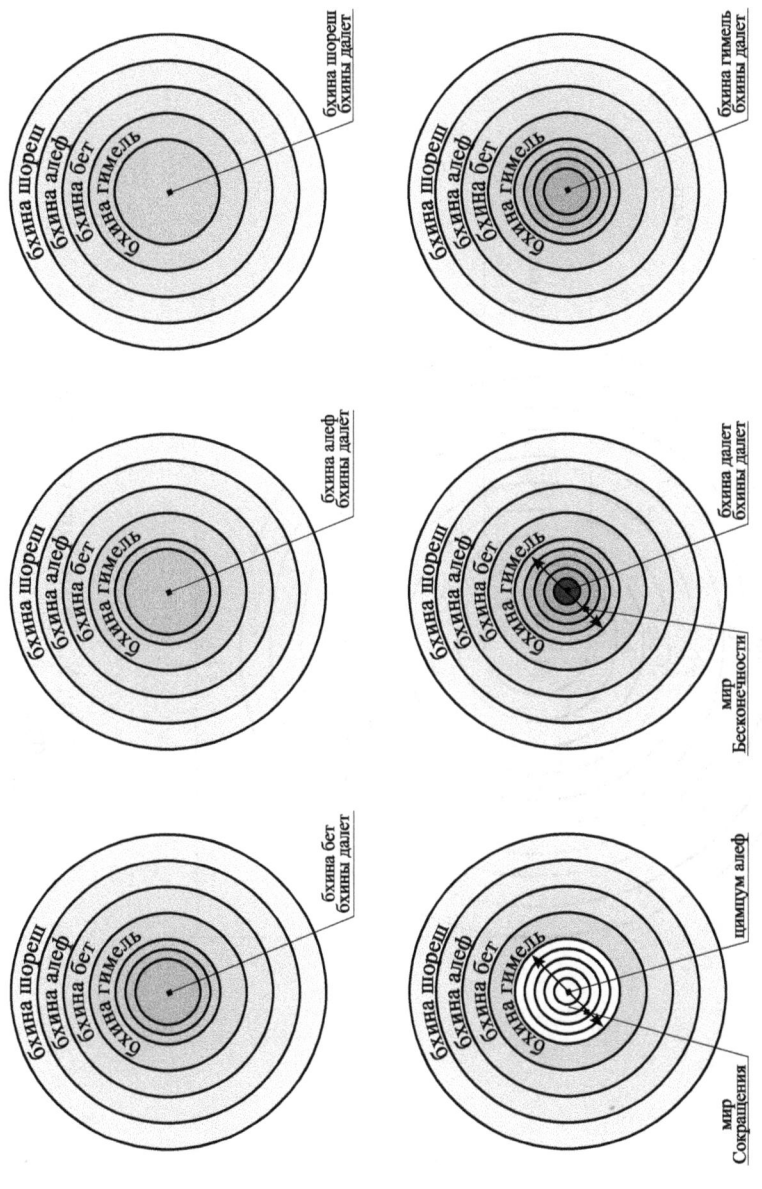

Рис. 7. Четыре бхины в бхине далет
(Введение в науку каббала. п.5).

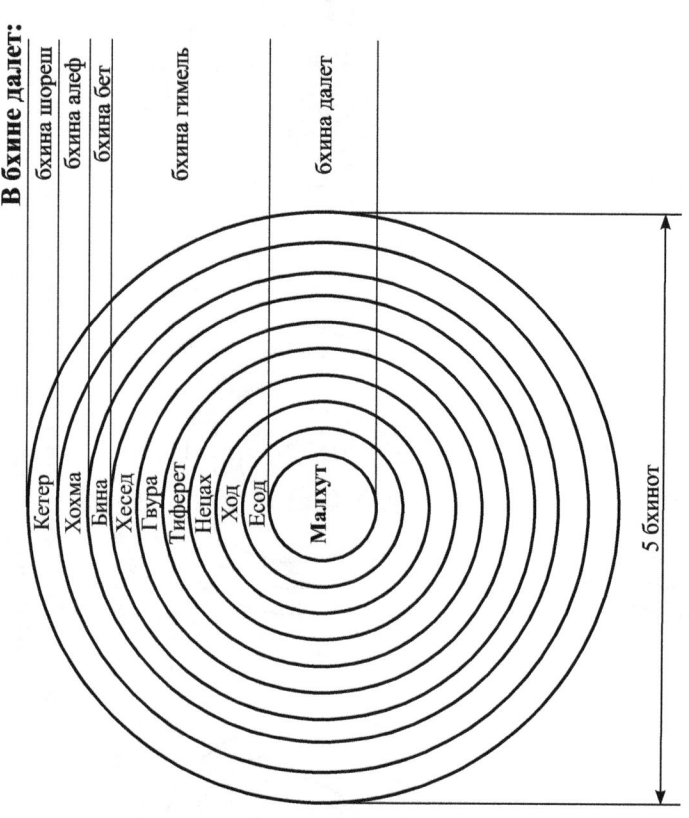

Рис. 8. Мир Сокращения
(Введение в науку каббала. п.14)

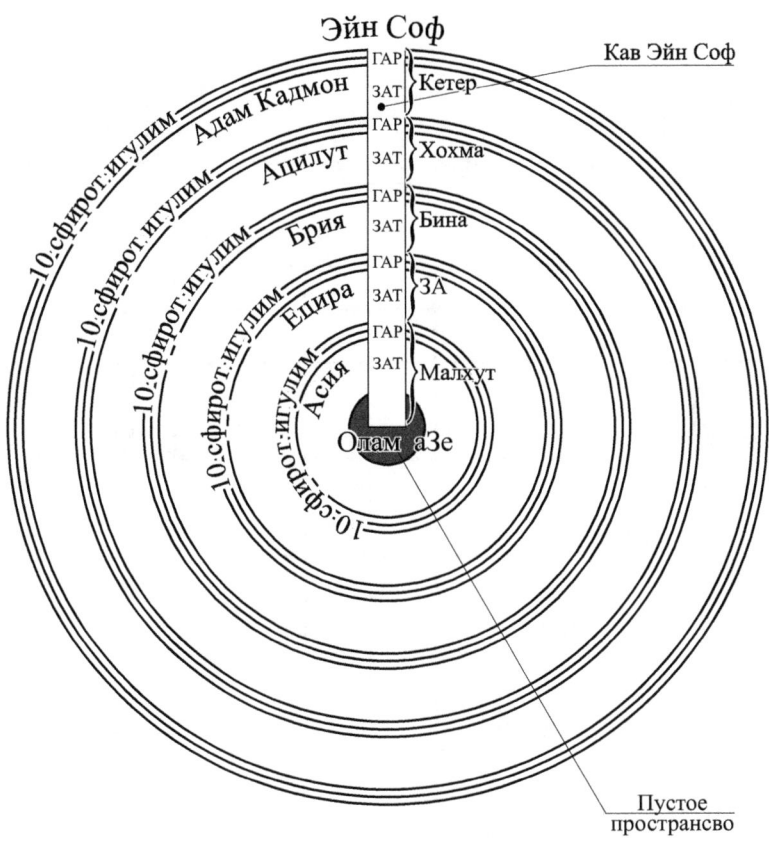

Рис. 9. Пять миров
(Введение в науку каббала. п.11)

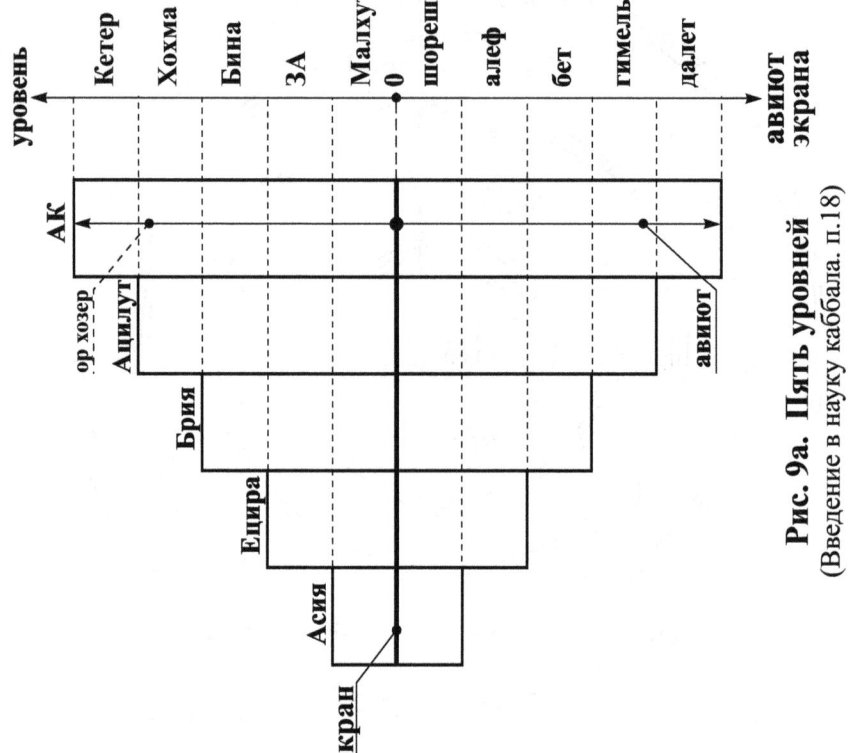

Рис. 9а. Пять уровней
(Введение в науку каббала. п.18)

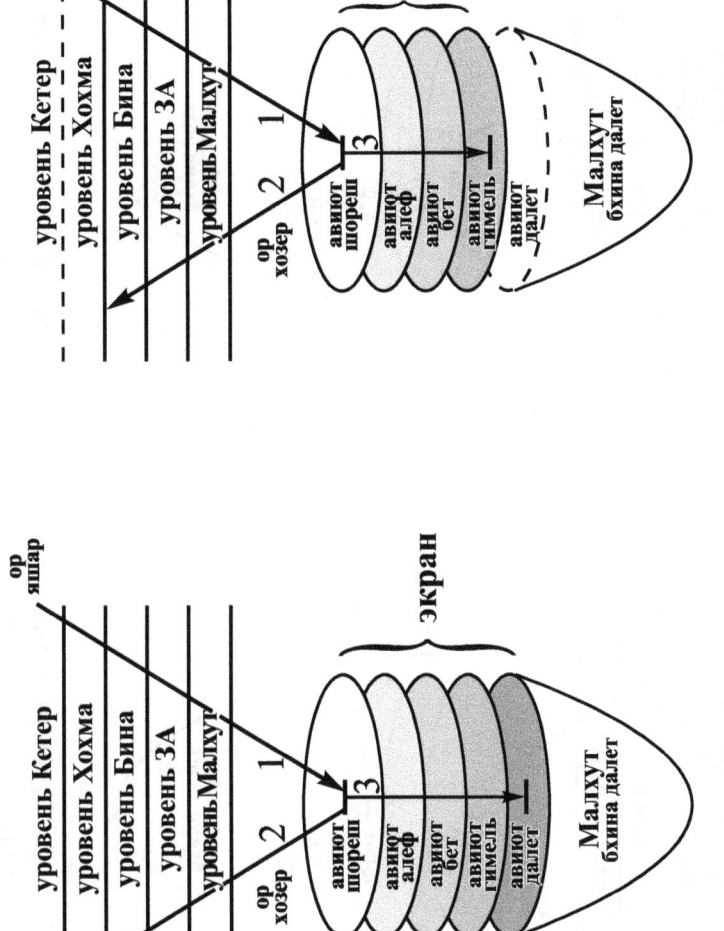

Рис. 10. Уровень Кетер
(Введение в науку каббала. п.21)

Рис. 11. Уровень Хохма
(Введение в науку каббала. п.21)

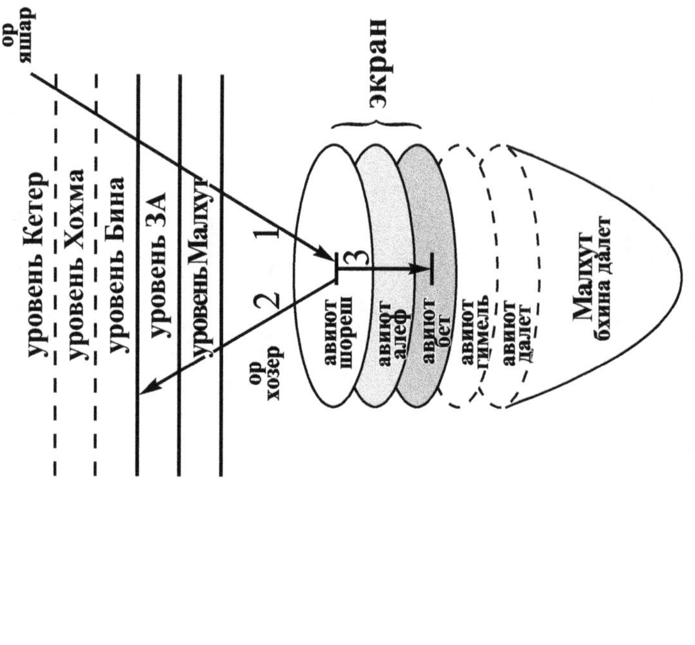

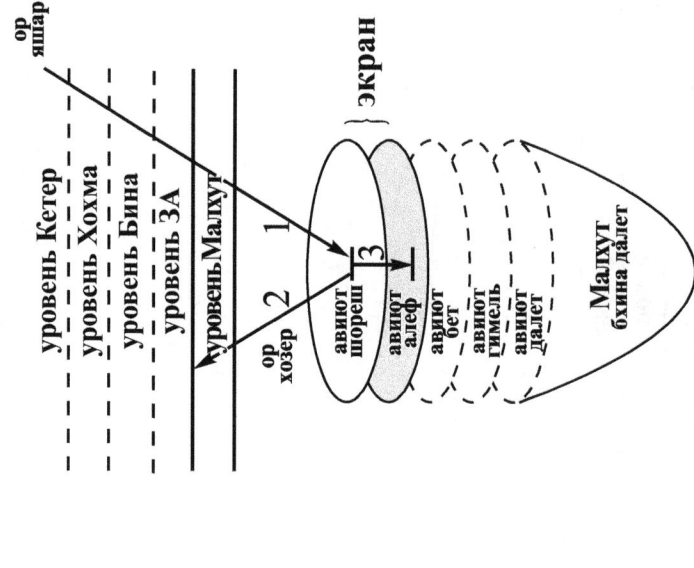

Рис. 13. Уровень Зеир Анпин
(Введение в науку каббала. п.21)

Рис. 12. Уровень Бина
(Введение в науку каббала. п.21)

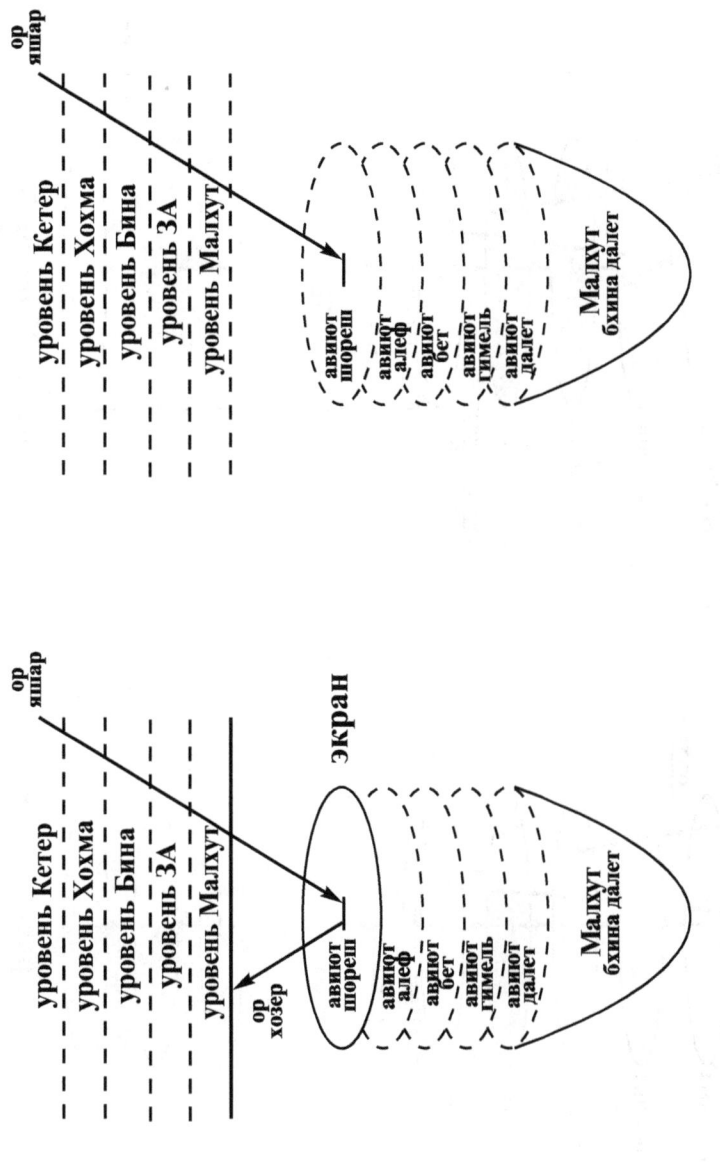

Рис. 15. Сокращение
(Введение в науку каббала. п.21)

Рис. 14. Уровень Малхут
(Введение в науку каббала. п.21)

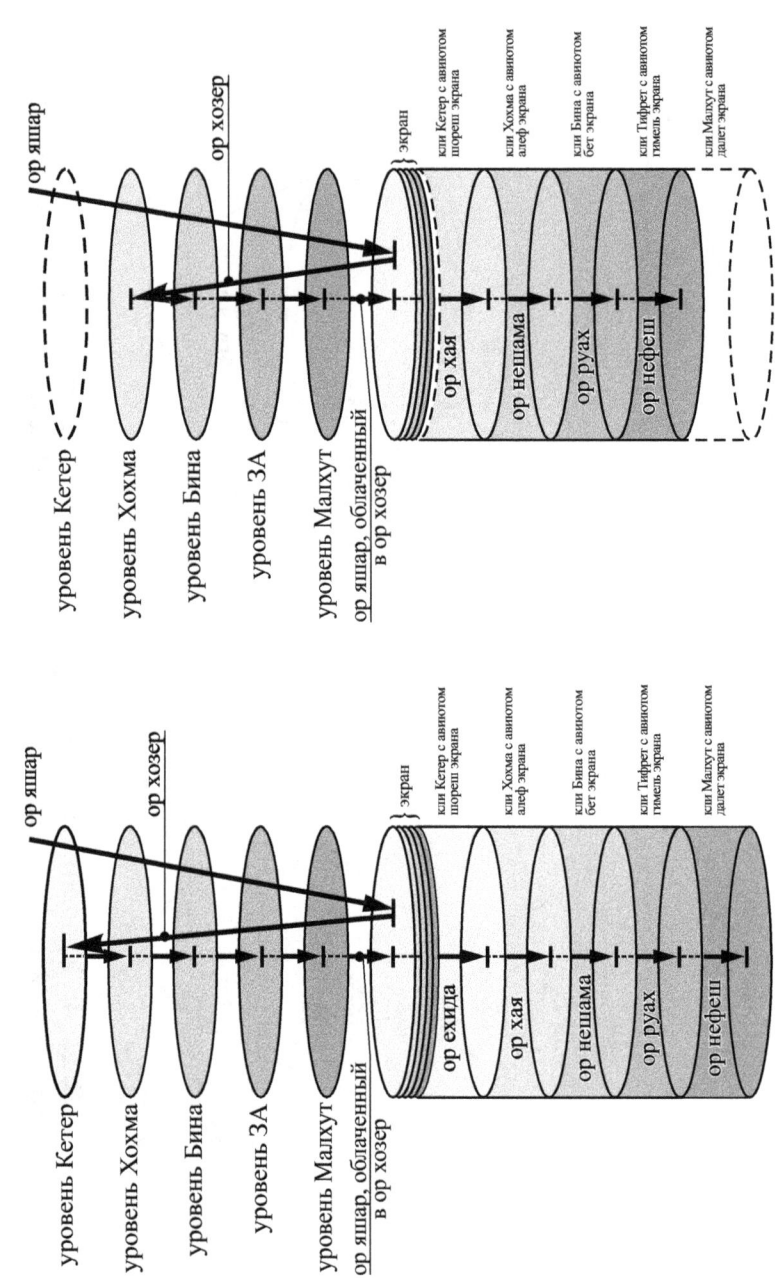

Рис. 16. Уровень Кетер
(Введение в науку каббала. п.22)

Рис. 17. Уровень Хохма
(Введение в науку каббала. п.22)

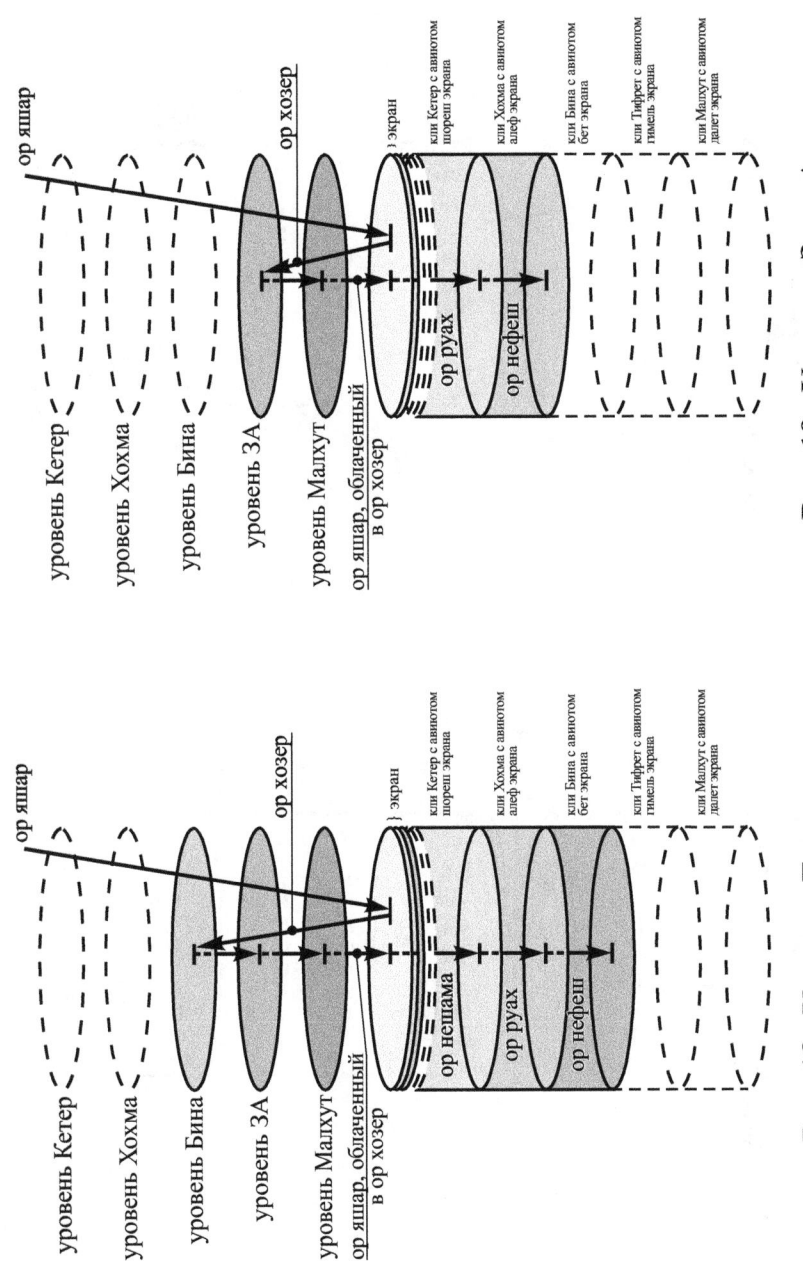

Рис. 19. Уровень Зеир Анпин
(Введение в науку каббала. п.22)

Рис. 18. Уровень Бина
(Введение в науку каббала. п.22)

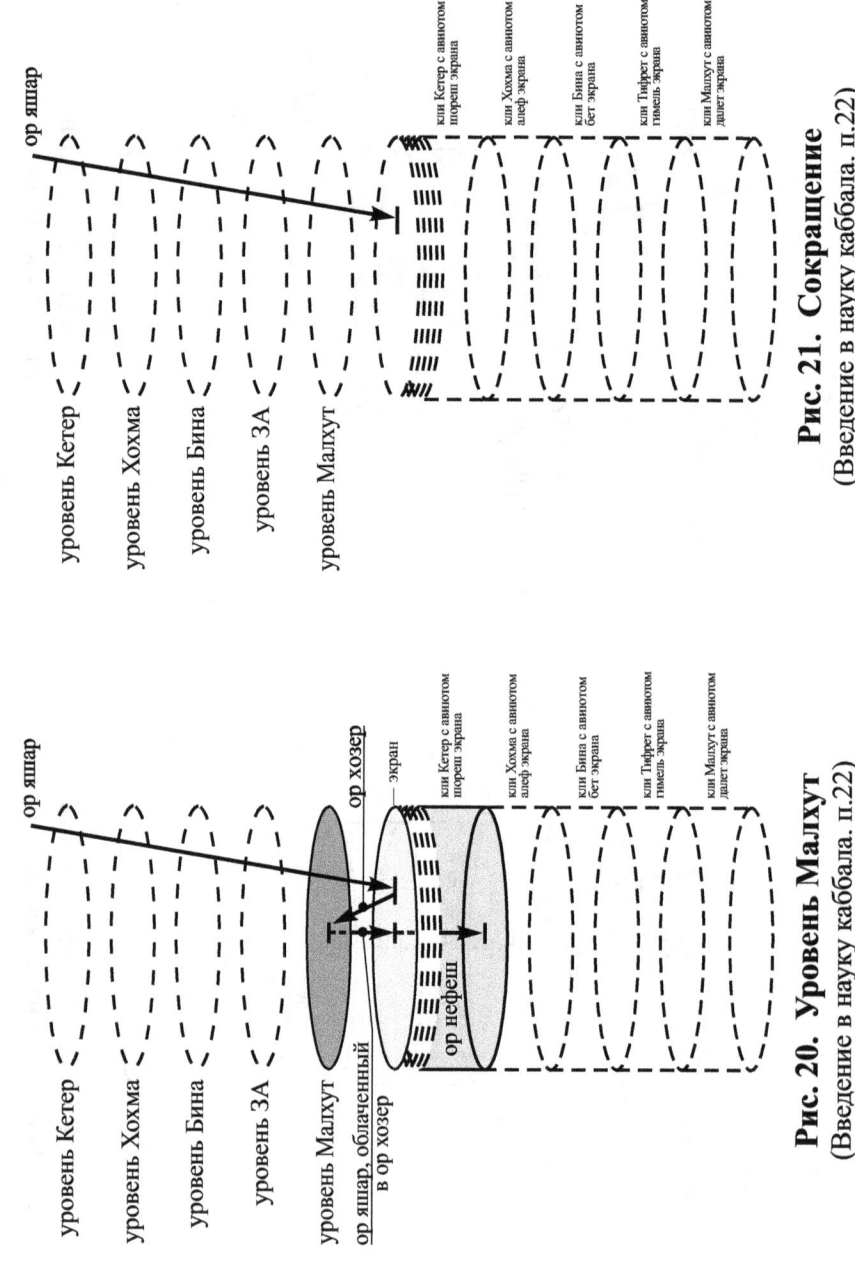

Рис. 21. Сокращение
(Введение в науку каббала. п.22)

Рис. 20. Уровень Малхут
(Введение в науку каббала. п.22)

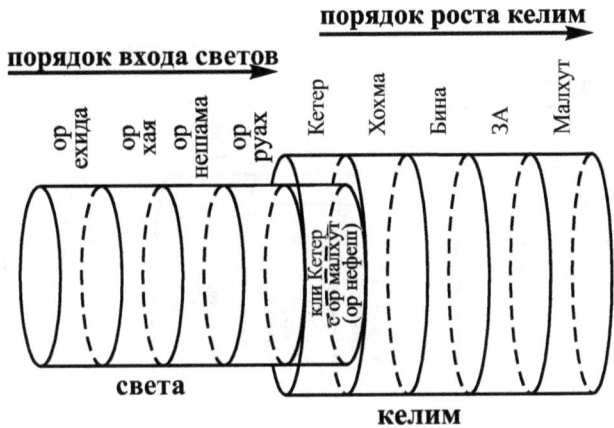

Рис. 23. Вход света нефеш (соответствует рис. 20)
(Введение в науку каббала. п.24)

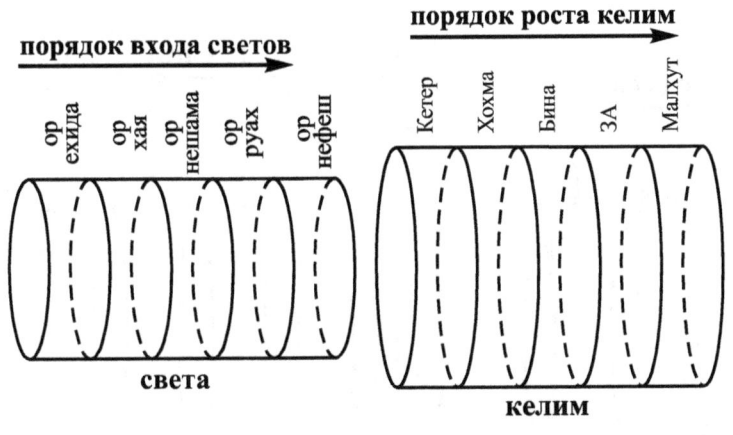

Рис. 22. Свет вне кли (соответствует рис. 21)
(Введение в науку каббала. п.24)

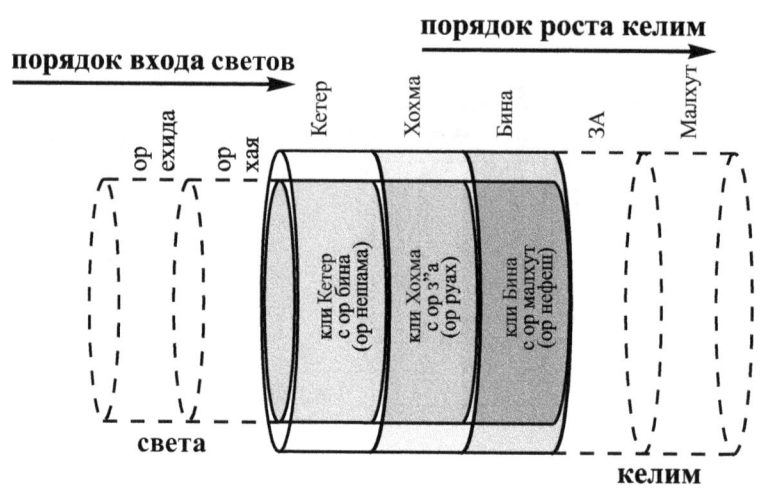

Рис. 25. **Вход света нешама** (соответствует рис. 18)
(Введение в науку каббала, п.24)

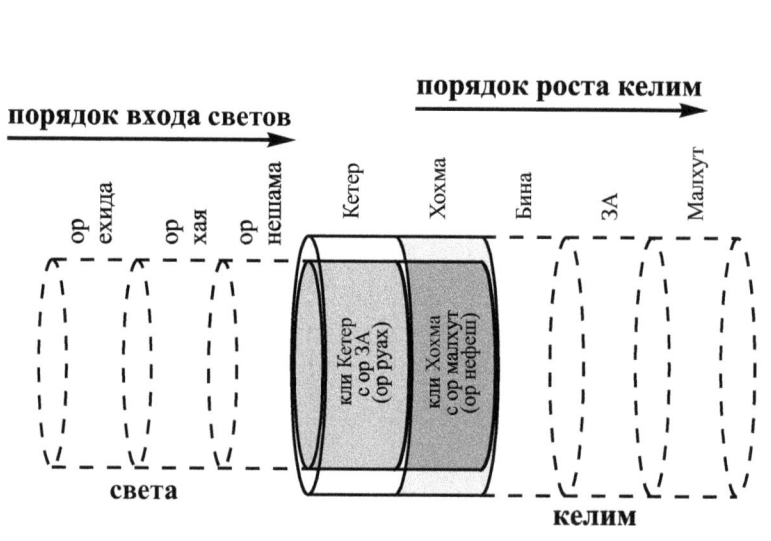

Рис. 24. **Вход света руах** (соответствует рис. 19)
(Введение в науку каббала, п.24)

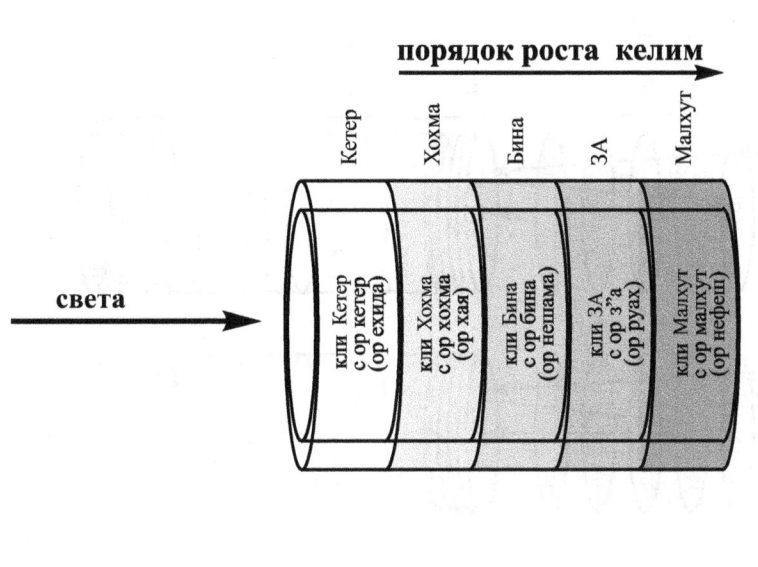

Рис. 27. **Вход света ехида** (соответствует рис. 16)
(Введение в науку каббала. п.24)

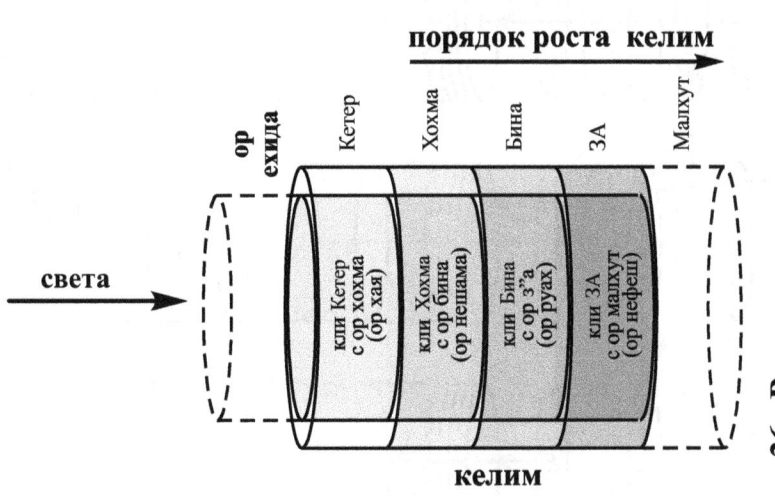

Рис. 26. **Вход света хая** (соответствует рис. 17)
(Введение в науку каббала. п.24)

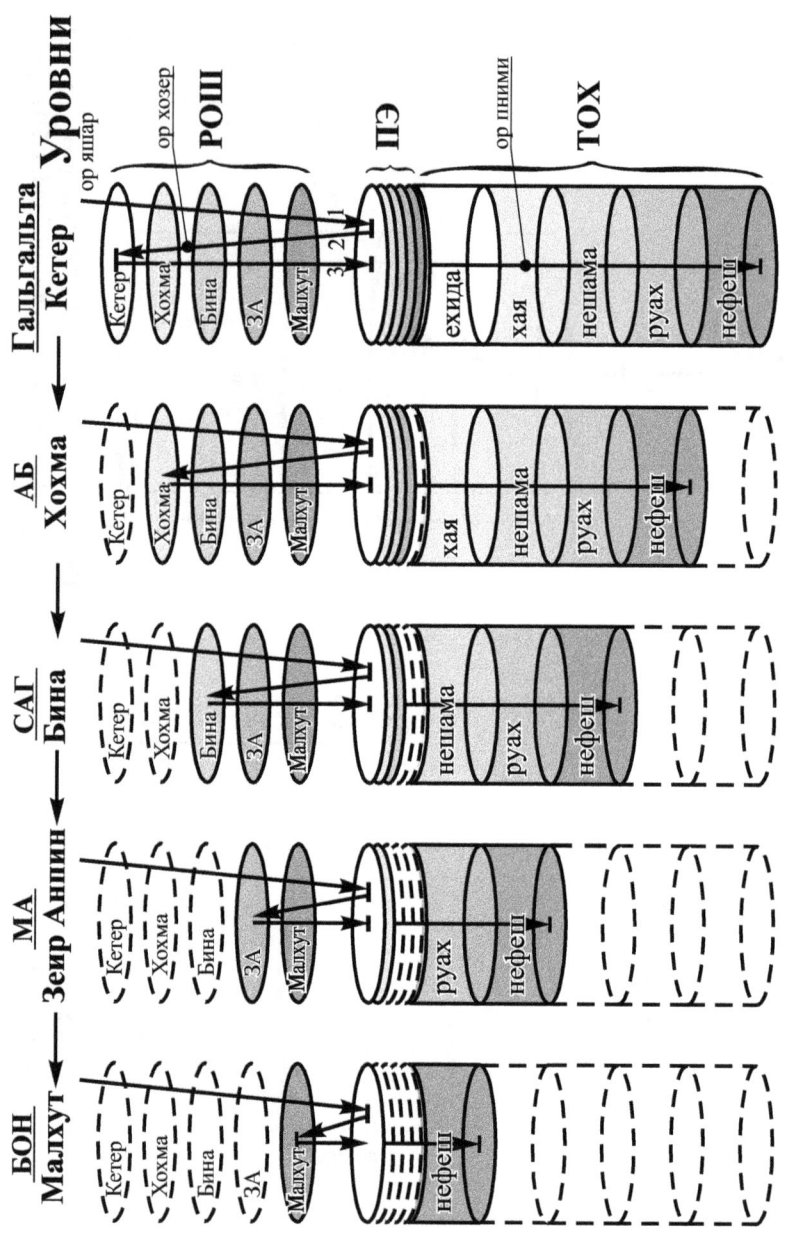

Рис. 28. Пять парцуфим АК
(Введение в науку каббала. п.28)

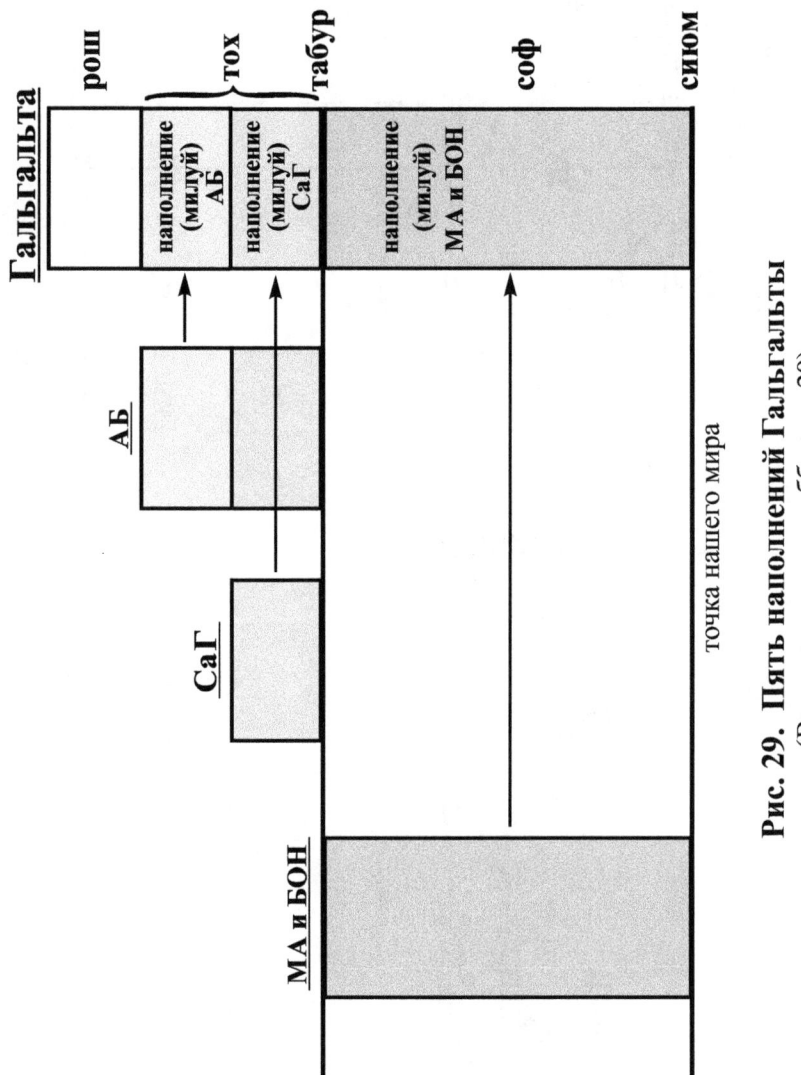

Рис. 29. Пять наполнений Гальгальты
(Введение в науку каббала. п.29)

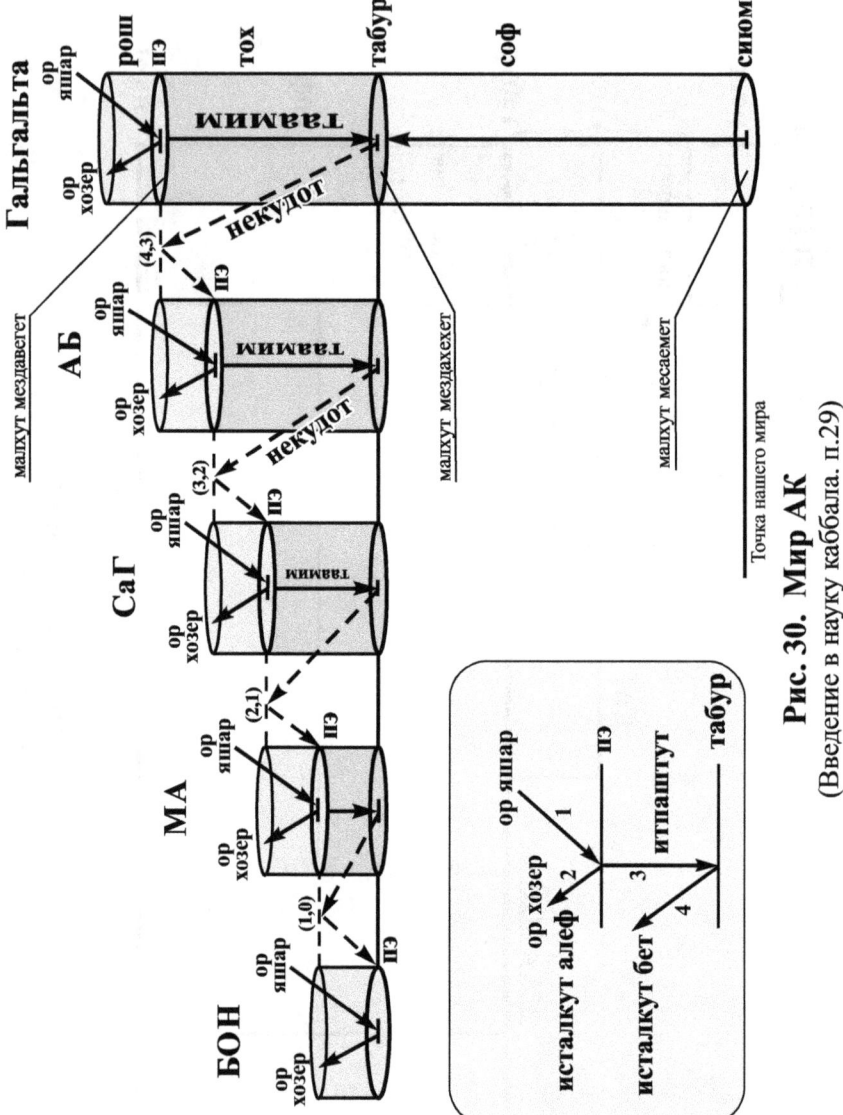

Рис. 30. Мир АК
(Введение в науку каббала. п.29)

Альбом чертежей духовных миров

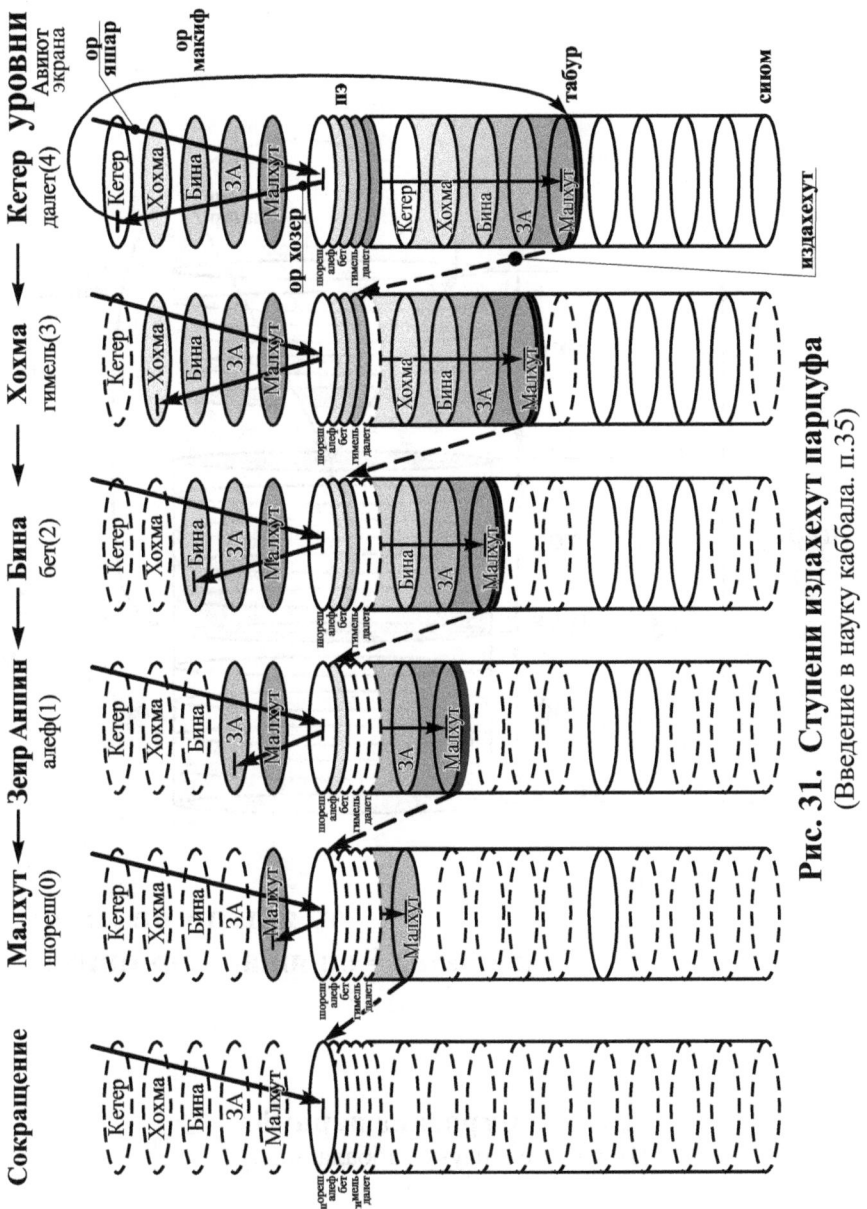

Рис. 31. Ступени издахехут парцуфа
(Введение в науку каббала. п.35)

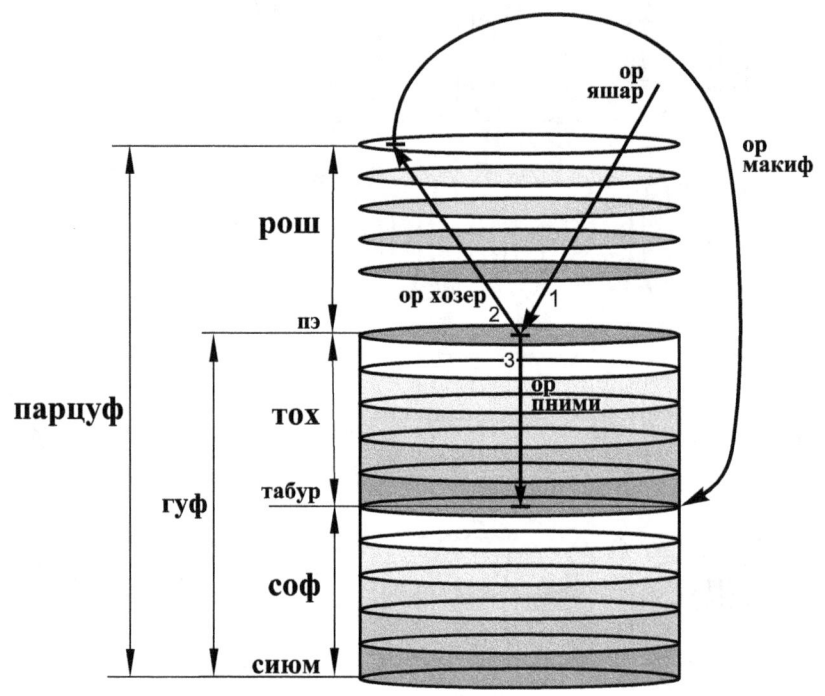

ор яшар = ор хозер
ор макиф = ор яшар - ор пними

Рис. 32. Строение парцуфа
(Введение в науку каббала. п.50)

Альбом чертежей духовных миров

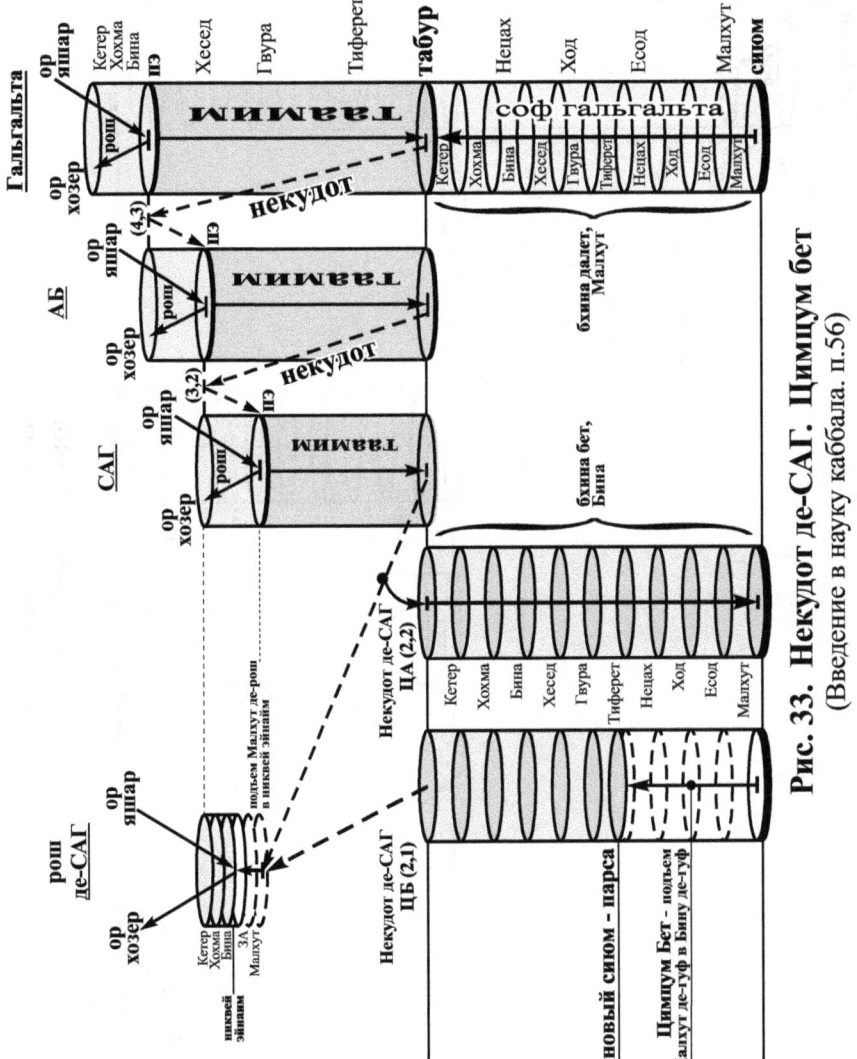

Рис. 33. Некудот де-САГ. Цимцум бет
(Введение в науку каббала. п.56)

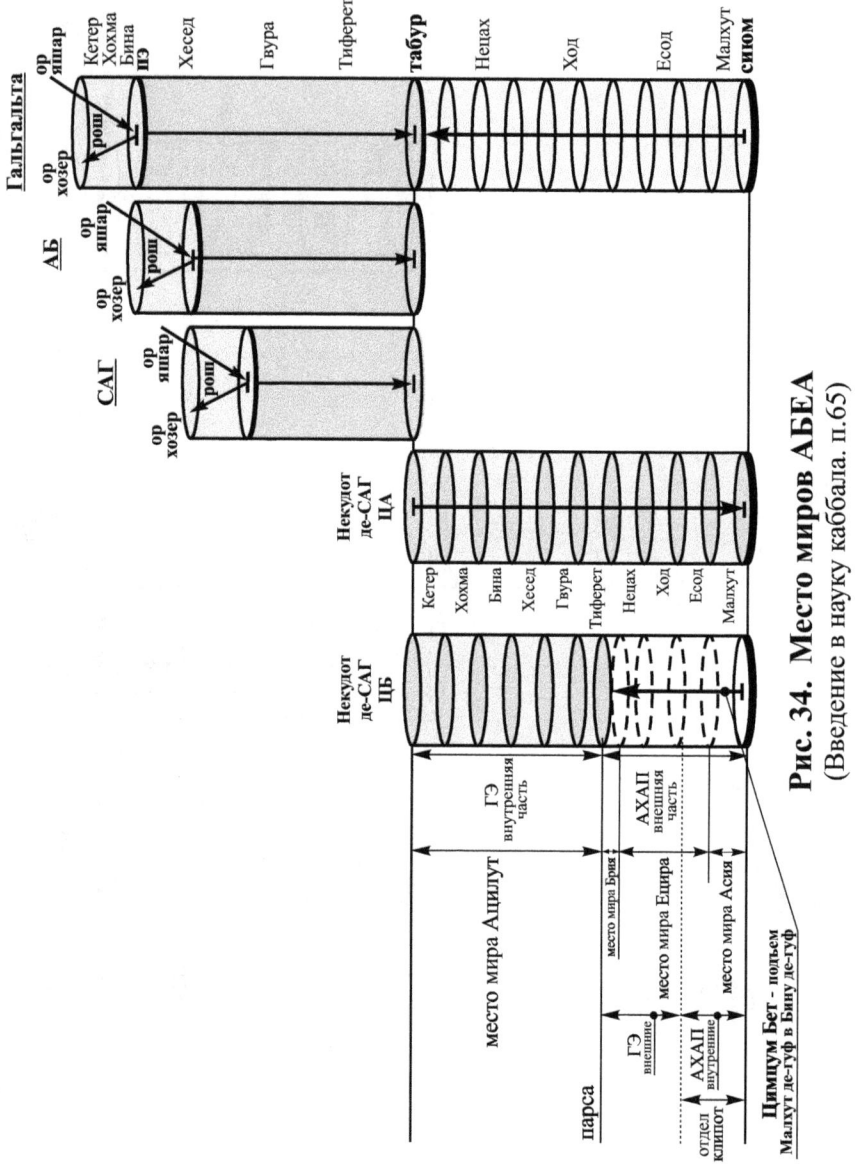

Рис. 34. Место миров АБЕА
(Введение в науку каббала, п.65)

Альбом чертежей духовных миров

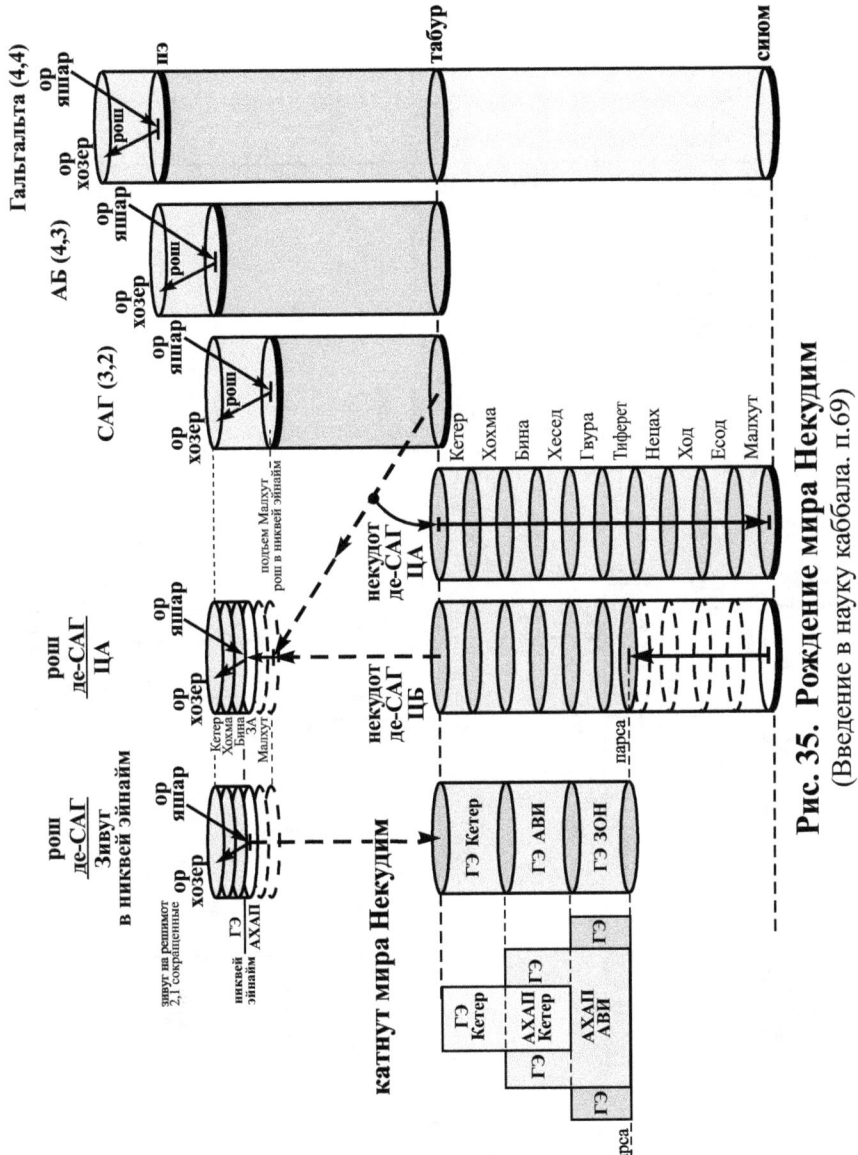

Рис. 35. Рождение мира Некудим
(Введение в науку каббала. п.69)

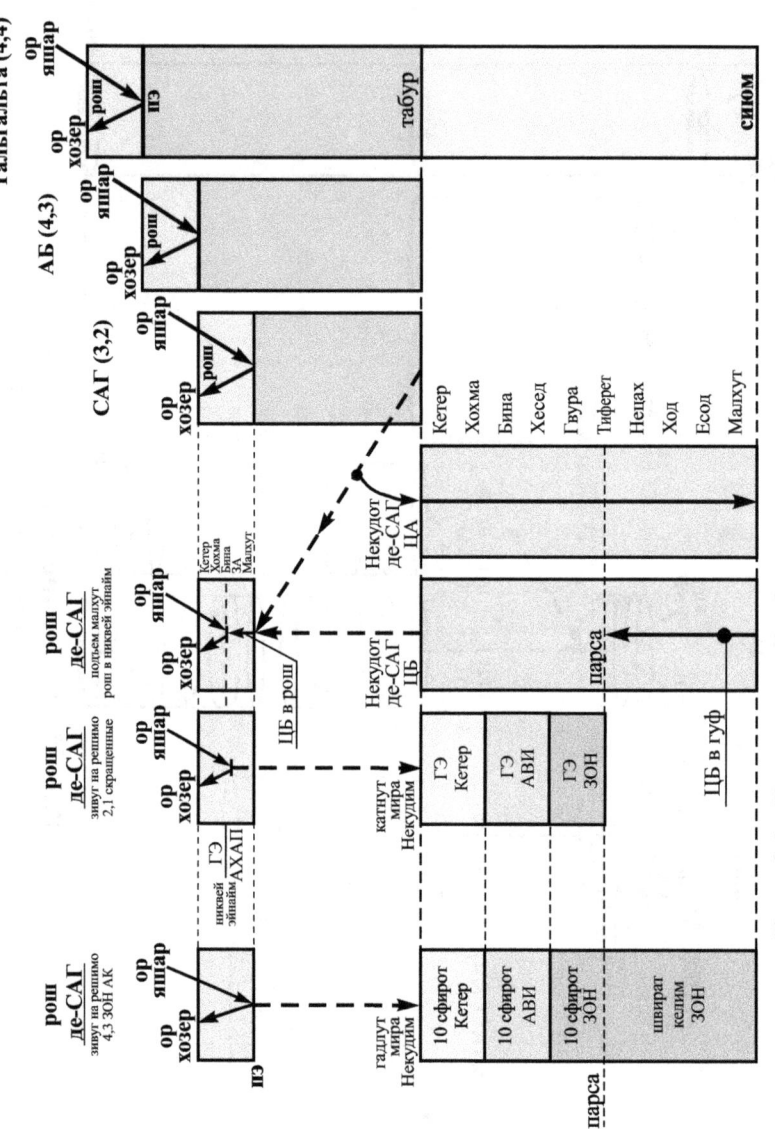

Рис. 36. Гадлут мира Некудим и швират келим
(Введение в науку каббала. п.79)

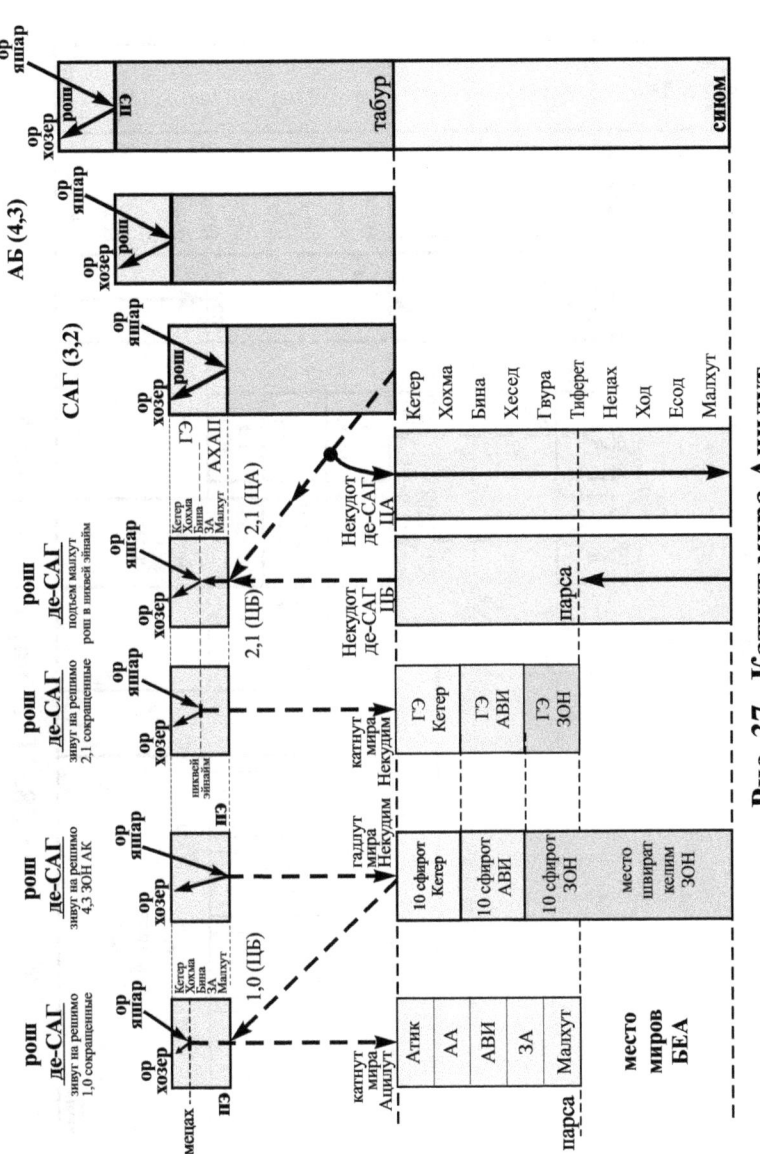

Рис. 37. Катнут мира Ацилут
(Введение в науку каббала, п.120)

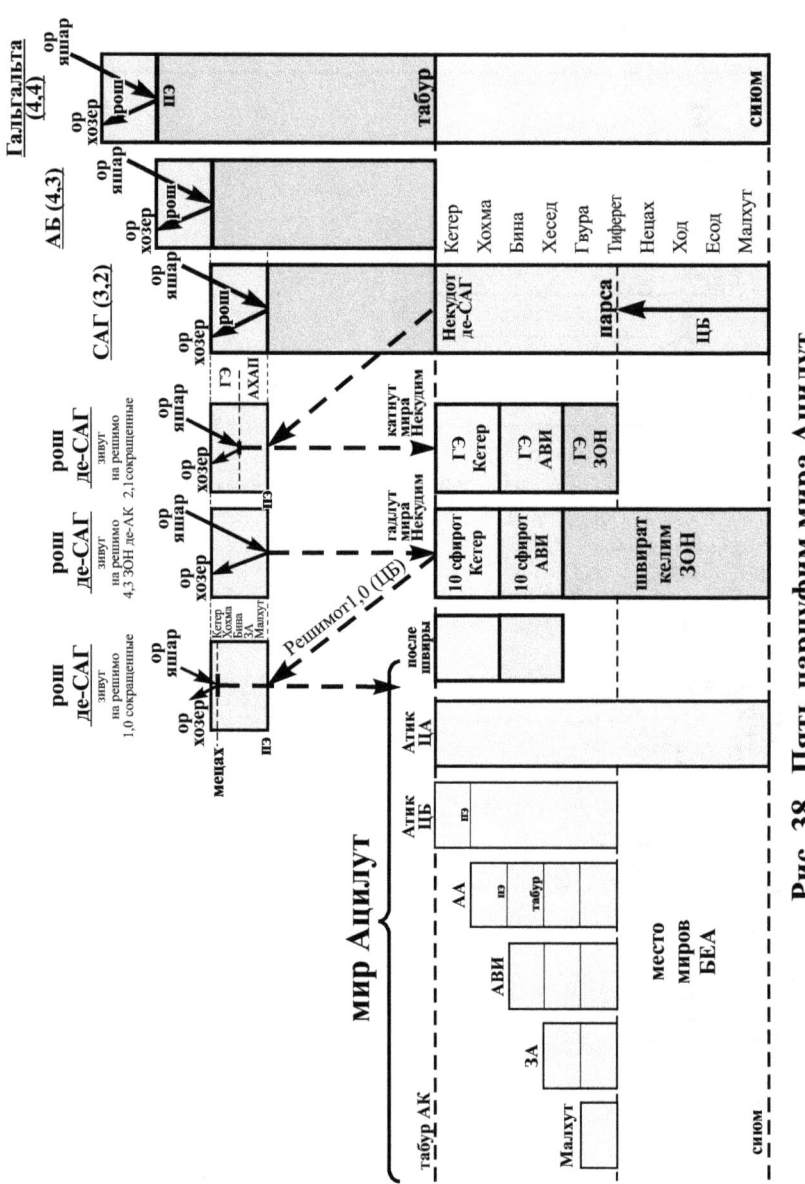

Рис. 38. Пять парцуфим мира Ацилут
(Введение в науку каббала. п.120)

Альбом чертежей духовных миров

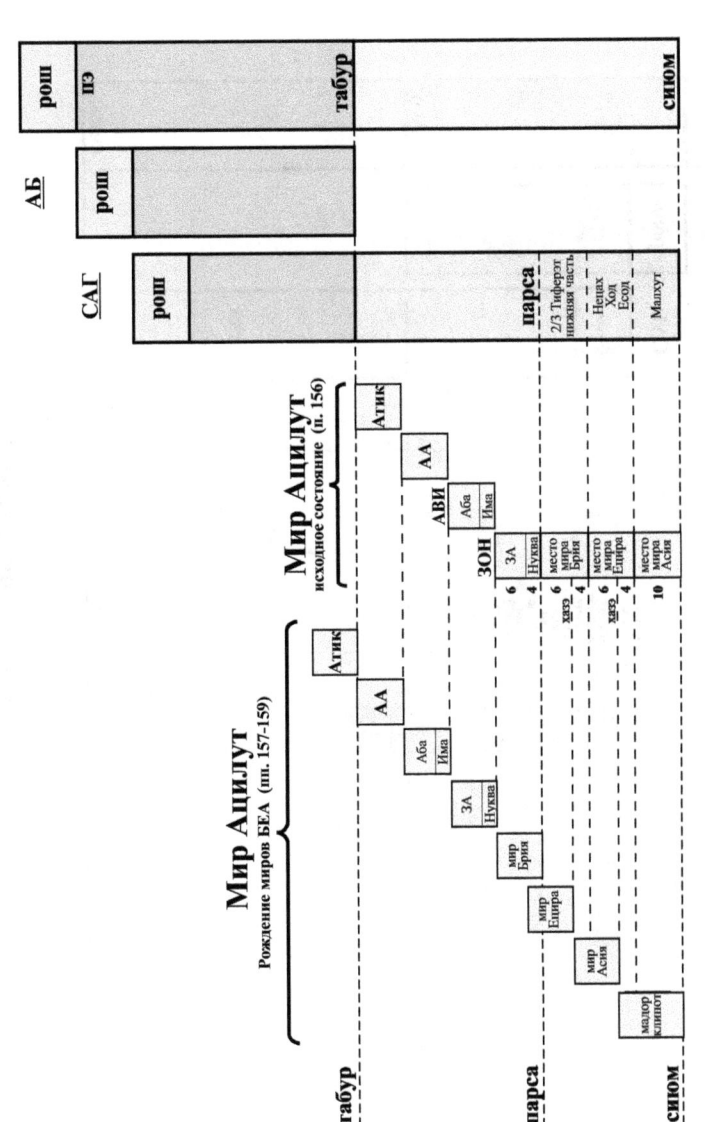

Рис. 39. Рождение миров БЕА
(Введение в науку каббала. п. 145-149)

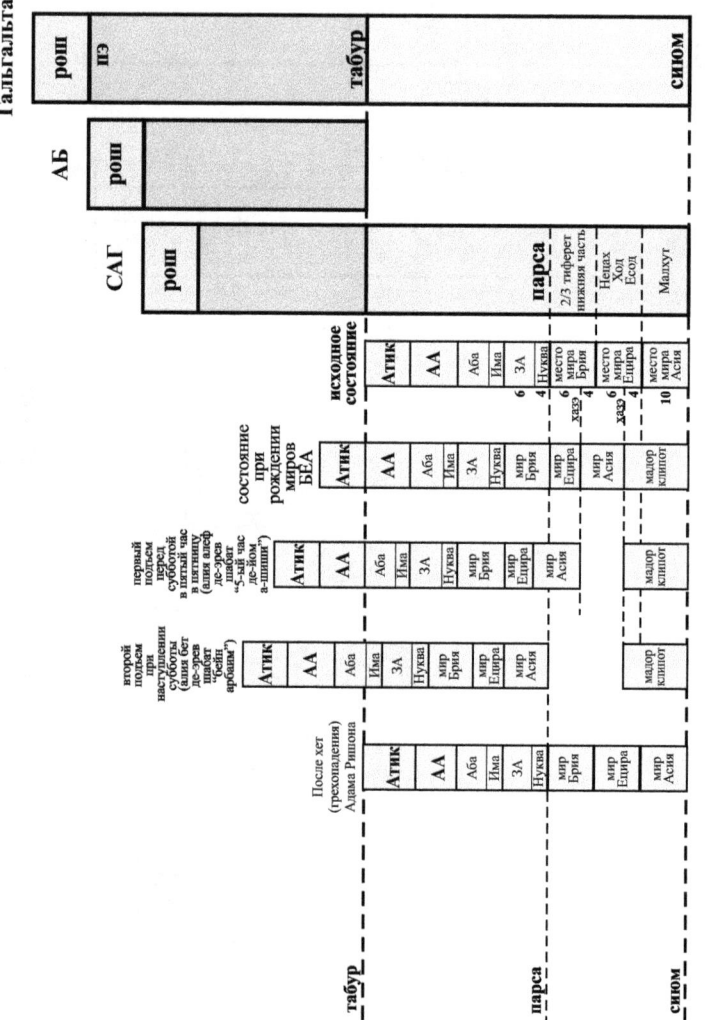

Рис. 40. Миры АБЕА
(Введение в науку каббала. п.150)

Альбом чертежей духовных миров

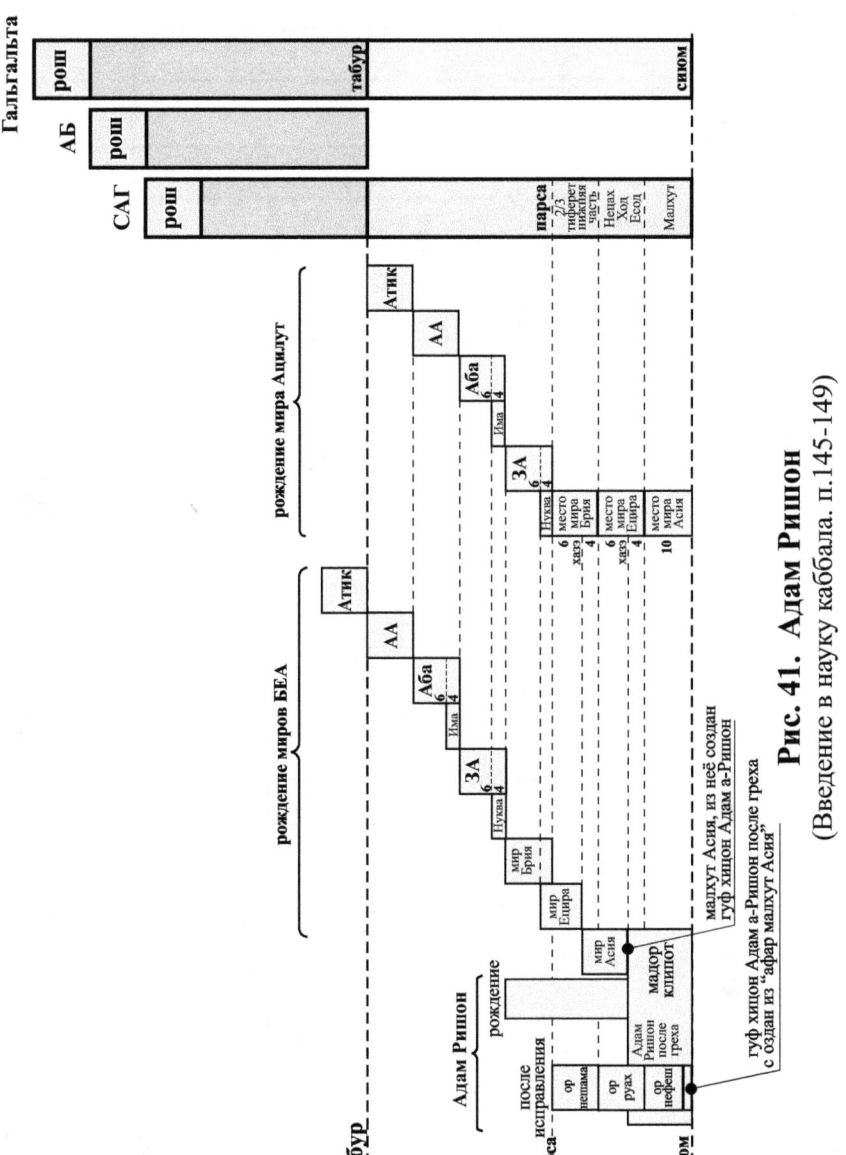

Рис. 41. Адам Ришон
(Введение в науку каббала. п.145-149)

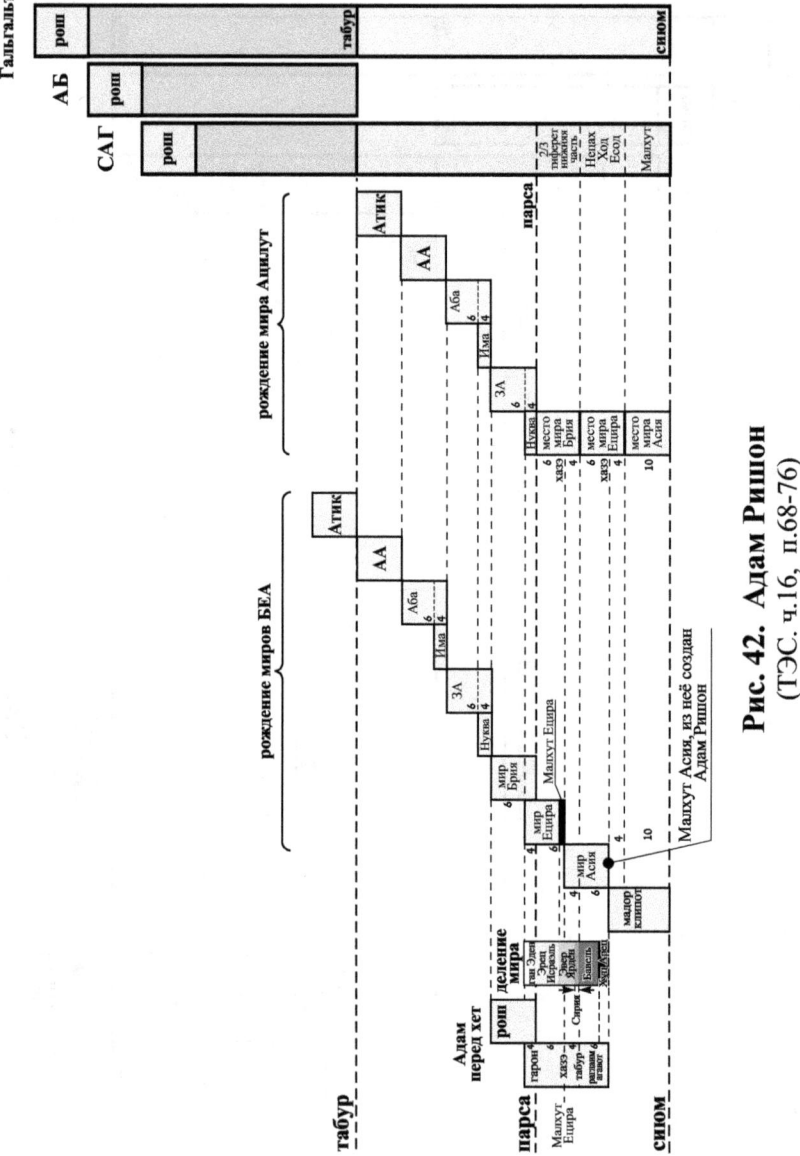

Рис. 42. Адам Ришон
(ТЭС. ч.16, п.68-76)

Альбом чертежей духовных миров

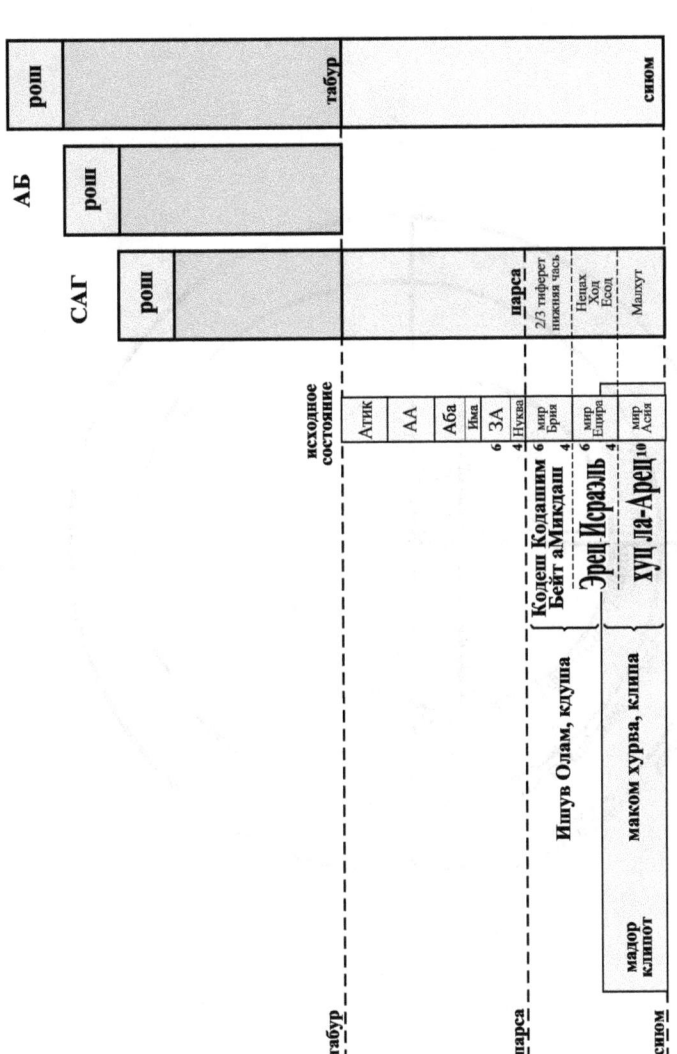

Рис. 43. Части мира
(ТЭС. ч.16, п.44)

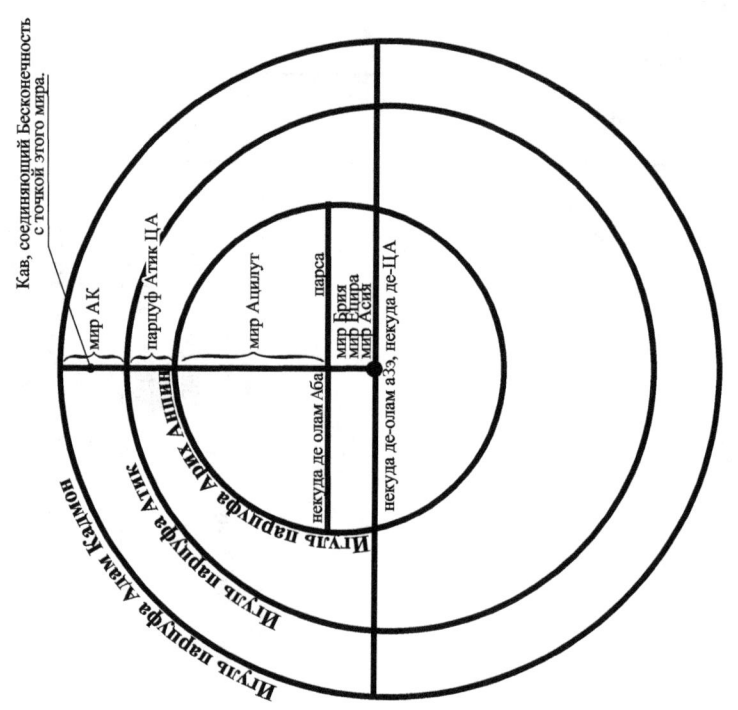

Рис. 44. Игулим и кав
(Введение в науку каббала. п.170)

Таблица 1. Общие термины
(ТЭС ч.3, п.4-5)

Стороны света	Промежуточная	ДШМХ	Адам					4 бхинот Адам	4 бх тгва	ТАНТА	Орот	Оламот	Парцуфим	Органы чувств	Части рош	Сфирот	АВАЯ	Бхинот
			Окружение Адама	Левуш Адам	Гуф Адам	Рухникот Адам	Промежуточная											
юг (теплый и сухой)	коф-обезьяна	медабер	байт-дом	кутонет	ацамот-кости	ехида		(шореш)	эш	таамим	ехида	АК	Гальгальта		гульголет	Кетер	начало буквы йод	шореш
север (холодный и влажный)	келев-сад	хай	хацер-двор	михна-саим	гидин-жилы	хая	дам	Адам ришон (нешама)	руах	некудот	хая	Ацилут	АБ	рия	эйнаим	Хохма	йод	алеф
	альмогим-кораллы	цомеах	сад-поле	мицнефет	басар-мясо	нешама	сеарот, шипорнаим	гуф	маим	тагин	нешама	Брия	САГ	пними	озен	Бина	хей	бет
запад (теплый и влажный)								лепуш	маим	татин	руах	Ецира	МА	реах	хотем	ЗА	вав	гимель
восток (холодный и сухой)		домэм	мидбар-пустыня	авнэт	ор-кожа	нефеш	ошим	байт	афар	отиот	нефеш	Асия	БОН	дибур	пэ	Малхут	хей	далет

Бааль Сулам

Книга Илан

- ◊ Пояснения и указатель
- ◊ Чертеж 1. Три первых парцуфа мира АК
- ◊ Чертеж 2. Парцуф САГ (ЦА, ЦБ, катнут, швират келим)
- ◊ Чертеж 3. Исходное состояние миров АК и Ацилут, ниже которого не бывает.
- ◊ Чертеж 4. Подъем мира Ацилут до уровня нешама относительно исходного состояния мира АК.
- ◊ Чертеж 5. Подъем мира Ацилут до уровня хая относительно исходного состояния мира АК.
- ◊ Чертеж 6. Подъем мира Ацилут до уровня ехида относительно исходного состояния мира АК.
- ◊ Чертеж 7. Подъем миров АБЕА до уровня нешама относительно исходного состояния мира АК.
- ◊ Чертеж 8. Подъем миров АБЕА до уровня хая относительно исходного состояния мира АК.
- ◊ Чертеж 9. Подъем миров АБЕА до уровня ехида относительно исходного состояния мира АК.
- ◊ Чертеж 10. Подъем миров АК и АБЕА до уровня нешама относительно линии Бесконечности.
- ◊ Чертеж 11. Подъем миров АК и АБЕА до уровня хая относительно линии Бесконечности.
- ◊ Чертеж 12. Подъем миров АК и АБЕА до уровня ехида относительно линии Бесконечности.

Пояснения и указатель

Чертеж 1

В пункте 1 изображены рош-тох-соф парцуфа Кетер де-АК. В пункте 2 – чертеж парцуфа АБ де-АК в виде рош-тох-соф и то, как он облачает парцуф Кетер де-АК от его пэ и ниже. В пункте 3 – чертеж парцуфа САГ де-АК в виде рош-тох-соф и то, как он облачает парцуф АБ де-АК от его пэ и ниже.

Чертеж 1: п. 1

Это парцуф Кетер де-АК, то есть первые десять сфирот, которые распространились от мира Бесконечности в пустое пространство после сокращения. Его рош касается сверху мира Бесконечности, а сиюм (окончание) его раглаим (ног) находится в средней центральной точке, то есть в этом мире (олам аЗэ). И есть в нем три стадии по десять сфирот: десять сфирот в рош, десять сфирот в тох и десять сфирот в соф.

Десять сфирот в рош называются корнями (шорашим) десяти сфирот, поскольку там они возникают впервые при встрече десяти сфирот прямого света (ор яшар) в виде зивуга де-акаа в экране Малхут де-рош, поднимающего десять сфирот отраженного света (ор хозер), которые облачают десять сфирот прямого света, исходящие из Бесконечности (Эйн Соф). Десять сфирот прямого света выстроены сверху вниз, в противоположность десяти сфирот отраженного света, которые выстроены снизу вверх. Малхут десяти сфирот де-рош называется «пэ».

Десять сфирот де-тох называются в парцуфах АК «акудим» – как в парцуфе Кетер, так в парцуфе АБ, и так в парцуфе САГ. Малхут десяти сфирот де-тох называется «табур».

Десять сфирот де-соф являются завершением (сиюм) каждой сферы до Малхут, и сфирой Малхут завершается парцуф, и поэтому она называется «сиюм раглин» (окончание их ног).

Чертеж 1: п. 2

Это парцуф АБ де-АК, то есть второе распространение десяти сфирот от Бесконечности в пустое пространство после сокращения, и он начинается от Хохмы, и отсутствует в нем свет Кетер. И он сотворен и исходит из Малхут де-рош парцуфа Кетер, называемой «пэ». Поэтому он облачает парцуф Кетер от его пэ и ниже, до табура парцуфа Кетер.

Десять сфирот его рош подобны десяти сфирот вышеупомянутого парцуфа Кетер, за исключением того, что в нем не хватает Кетера. И понятие выхода этих десяти сфирот подробно изучается в «Эц хаим», разделе «Мати ве-ло мати», ч. 1 и ч. 2. А также в 5-й части ТЭС, где текст АРИ детально разбирается.

Десять сфирот де-тох, возникающих здесь, более ярко выражены, чем десять сфирот парцуфа Кетер, поскольку в нем появились десять входов и десять выходов в порядке «мати ве-ло мати»[1] (как описано в «Эц хаим», «Мати ве-ло мати» и ТЭС, ч. 5), и в сфире Кетер десяти сфирот де-тох два кли носят имя «йуд-хэй», и то же самое в их сфире Хохма. Но в сфире Бина «йуд-хэй» – только в одном кли. «Вав» – в кли Есод, и «нижняя хэй» – в Малхут.

Десять сфирот де-соф – как в парцуфе Кетер де-АК, однако его сиюм раглин (завершение) выше табура парцуфа Кетер.

Чертеж 1: п. 3

Это парцуф САГ де-АК, то есть третье распространение десяти сфирот в рош-тох-соф от Бесконечности в пустое пространство после сокращения. И он сотворен и вышел от пэ парцуфа АБ де-АК, и он начинается от Бины, и отсутствуют в нем свет Кетер и свет Хохма. И он облачается от пэ и ниже парцуфа АБ де-АК, но снизу он его длиннее, поскольку распространяется вниз до сиюм раглин парцуфа Кетер де-АК.

---

[1] Букв.: находится и не находится, имеется и не имеется. – *Ред.*

Чертеж 2: п. 1

Это состояние парцуфа САГ де-АК во время первого сокращения (цимцум алеф). И оно уже было приведено выше, в чертеже 1, п. 3. Но тут добавлено понятие двух входящих в него частных парцуфов: парцуфа Таамим от пэ до табура и парцуфа Некудим от табура и ниже. Пояснения можно найти в 6-й части ТЭС.

До сих пор не было еще появления трех нижних миров БЕА. Хотя САГ де-АК и простирался до точки этого мира (олам аЗэ), все до этой точки находилось в состоянии Ацилута[1].

Чертеж 2: п. 2

Это состояние САГ де-АК во время второго сокращения (цимцум бет) до того, как произошел зивуг в никвей эйнаим для того, чтобы создать десять сфирот де-Некудим. По причине спуска САГ к внутренним МА и БОН де-АК, Бина получила свойство Малхут. И с помощью этого завершающая Малхут, стоящая в точке этого мира, поднялась в место табура; Малхут, производящая зивуг, стоящая в пэ де-рош САГ, поднялась в место никвей эйнаим де-рош САГ; АХАП де-рош опустились в состояние гуф де-САГ, и пространство от табура и ниже стало пустым от света. Таков парцуф САГ в целом.

И так же, в частности, парцуф Некудот де-САГ (см. чертеж 2, п. 1), расположенный полностью ниже табура. В нем самом есть рош-тох-соф, называемые ХАБАД ХАГАТ НЕХИМ. В нем так же, как и в целом, завершающая Малхут поднялась к Бине де-гуф, называемой Тиферет, в место его хазэ. И там завершается кав Эйн Соф (линия Бесконечности), и под ним распростерлась парса, поскольку там завершается свойство Ацилут. И оттуда и ниже возникло место трех миров

---

[1] «Ацилут – от слова „эцло", что значит „у Него", там, где существует сам Творец». – Персональный блог Михаэля Лайтмана «Каббала, наука и смысл жизни», статья «Заповеди – исправление желаний». URL: https://www.laitman.ru – *Ред.*

БЕА: от двух нижних третей Тиферет до их сиюма возник мир Брия, от НЕХИ возник мир Ецира, и от Малхут возник мир Асия. Все это подробно разъясняет АРИ выше в п. 25 и в «Ор пашут».

Чертеж 2: п. 3.

Это состояние парцуфа САГ де-АК во время зивуга, который произошел в никвей эйнаим, когда озэн-хотэм-пэ (АХАП) вышли из состояния рош в гуф, то есть ниже места зивуга в рош. Однако поскольку в духовном ничего не пропадает, считается, что есть два вида АХАП: первый – АХАП в месте их выхода, то есть в их месте в рош, как было изначально; второй – АХАП, которые полностью опустились в состояние гуф, то есть ниже пэ де-рош де-САГ, и они называются «АХАП, которые не в месте их выхода». И все это называется «внутренние АХАП».

Десять сфирот де-тох до табура называются также «акудим», как до второго сокращения, поскольку десять сфирот, которые вышли от зивуга в никвей эйнаим, смогли раскрыться только ниже табура. И они называются десятью сфирот Некудим, которые вышли в основном наружу от парцуфа САГ. Однако внутренняя их часть вышла в самом АК и называется МА и БОН де-АК. Потому что внутренняя часть ГАР де-Некудим называется также МА де-АК, и внутренняя часть ЗАТ де-Некудим называется БОН де-АК. И они завершаются в точке сиюма второго сокращения, называемой «парса» (перегородка) между Ацилут и Брия. И под ней – три нижних мира БЕА.

Чертеж 2: п. 4

Это парцуф внешних АХАП де-САГ де-АК до табура, а от табура и ниже – это парцуф десяти сфирот де-Некудим, завершающихся парсой. А ниже парсы находятся три нижних мира БЕА.

Внешние АХАП делятся на два вида: внешние АХАП в месте их выхода, то есть стоящие выше пэ, и внешние

АХАП, не находящиеся в месте выхода, стоящие ниже пэ до табура. Их ГАР находятся в слиянии с «сафа татаа» (досл. «нижняя губа»), и это называется «шиболет закан» (досл. «пучок бороды»). Эти ГАР – в основном свет озэн, однако включены в них и света хотэм-пэ, и они являются корнями ГАР де-Некудим. А их ЗАТ, то есть настоящие хотэм-пэ, расположены ниже шиболет закан и продолжаются до табура. И все эти внешние АХАП называются также «дикна» (досл. «борода») де-САГ де-АК. Их детали подробно выяснены в ТЭС, ч. 6, стр. 409, пункт 20 (каф) и там же в «Ор пними».

ГАР десяти сфирот де-Некудим, расположенных от табура и ниже, находятся в исправлении линий («тикун кавим») и облачают МА де-АК. А их ЗАТ находятся один под другим, как при первом сокращении, и они облачают БОН де-АК. А под ними находится парса и три мира БЕА под парсой.

Чертеж 3: п. 1

Это постоянное состояние пяти парцуфов АК, из которых вышли пять парцуфов нового МА, называемые пятью постоянными парцуфами мира Ацилут, после исправления которых никогда не произойдет уменьшения [их состояния].

Также выясняется в нем понятие деления каждого парцуфа на Кетер и АБЕА, называемых также: Кетер, АБ, САГ, МА, БОН, или ехида, хая, нешама, руах, нефеш. Рош каждого [парцуфа] до пэ называется Кетер или ехида. [Место] от пэ до хазэ в каждом [парцуфе] называется Ацилут, или АБ, или хая. От хазэ до табура в каждом – Брия, или нешама, или САГ. И от табура и ниже в каждом называются Ецира и Асия, или МА и БОН, или руах-нефеш.

Также выясняется в нем облачение одного [парцуфа] на другой, где каждый [парцуф] облачается от пэ и ниже на свой высший [парцуф]. Так, что рош каждого нижнего облачает АБ и Ацилут высшего, и АБ и Ацилут нижнего облачает САГ и Брия своего высшего. А САГ и Брия каждого нижнего облачает МА и БОН, то есть Ецира и Асия высшего.

И выходит, что пэ высшего – это гальгальта нижнего, хазэ высшего – это пэ нижнего, а табур высшего – это хазэ нижнего.

Также выясняется в нем выход нового МА в каждом парцуфе из пяти парцуфов мира Ацилут, и МА в соответствующем [ему] парцуфе из АК.

Чертеж 4

Состояние ЗА во время его подъема для достижения [уровня] нешама по отношению к пяти парцуфам АК и постоянным парцуфам [мира] Ацилут. И как он получает вскармливание от Брия де-БОН де-АК, то есть соответствующего ему парцуфа в АК.

Чертеж 5

Состояние ЗА во время его подъема для достижения [уровня] хая по отношению к пяти парцуфам АК и постоянным парцуфам [мира] Ацилут. И как он получает вскармливание от Ацилут де-БОН де-АК, то есть соответствующего ему парцуфа в АК.

Чертеж 6

Состояние ЗА во время его подъема для достижения [уровня] ехида по отношению к пяти парцуфам АК и постоянным парцуфам [мира] Ацилут. И как он получает вскармливание от рош де-БОН де-АК, то есть соответствующего ему парцуфа в АК.

Чертеж 7

Состояние пяти парцуфов Ацилут во время их подъема для достижения [уровня] нешама по отношению к пяти постоянным парцуфам АК. И как каждый из них получает вскармливание от соответствующего парцуфа в АК.

Чертеж 8

Состояние пяти парцуфов Ацилут во время их подъема для достижения [уровня] хая по отношению к пяти постоянным парцуфам АК. И как каждый из них получает вскармливание от соответствующего парцуфа в АК.

Чертеж 9

Состояние пяти парцуфов Ацилут во время их подъема для достижения [уровня] ехида по отношению к пяти постоянным парцуфам АК. И как каждый из них получает вскармливание от соответствующего парцуфа в АК.

Чертежи 10, 11, 12

Показывают, как лестница ступеней не меняется никогда, и ступени в своей общности остаются всегда такими, какими они были при выходе нового МА, то есть как в состоянии постоянства. Поскольку, в то время как ЗА поднимается и достигает [уровня] нешама, поднимаются за ним все ступени, пять парцуфов АК и Ацилут, и каждый из них достигает соответствующего ему уровня нешама. И то же самое при постижении хая де-ЗА и ехида де-ЗА.

Чертеж 10 – это состояние пяти парцуфов АК во время их подъема при достижении [уровня] нешама.

Чертеж 11 – это их состояние при достижении [уровня] хая.

Чертеж 12 – это их состояние при достижении [уровня] ехида.

Книга Илан

Чертеж 1

Три первых парцуфа мира АК

1. Кетер, Гальгальта

Распространение первых десяти сфирот из мира бесконечности в пустоту, образовавшуюся после ЦА, называется парцуф Кетер, Гальгальта, АК пними.

10 сфирот рош		кав
ор хозер	ор яшар	Эйн Соф,
Малхут	Кетер	луч
Тиферет	Хохма	света
Бина	Бина	беско-
Хохма	Тиферет	нечно-
Кетер	Малхут	сти
масах в кли Малхут		
ПЭ		

10 сфирот тох

Кетер
Хохма
Бина
Хесед
Гвура
1/3 Тиферет

хазэ

2/3 Тиферет
Нецах
Ход
Есод
Малхут

табур

10 сфирот соф

Кетер
Хохма
Бина
Тиферет
Малхут

сиюм раглин

2. Хохма, АБ

Второе распостранение в мире АК, называемое парцуф АБ.

10 сфирот рош	
ор хозер	ор яшар
Малхут	Кетер
Тиферет	Хохма
Бина	Бина
Хохма	Тиферет
Кетер	Малхут
масах в кли Малхут	
ПЭ	

10 сфирот тох

Кетер
Хохма
Бина
Хесед
Гвура
1/3 Тиферет

хазэ

2/3 Тиферет
Нецах
Ход
Есод
Малхут

табур

10 сфирот соф

Кетер
Хохма
Бина
Тиферет
Малхут

сиюм раглин

3. Бина, САГ

Третье распространение в мире АК, называемое парцуф САГ.

10 сфирот рош	
ор хозер	ор яшар
Малхут	Кетер
Тиферет	Хохма
Бина	Бина
Хохма	Тиферет
Кетер	Малхут
масах в кли Малхут	
ПЭ	

10 сфирот тох

Кетер
Хохма
Бина
Хесед
Гвура
1/3 Тиферет

хазэ

2/3 Тиферет
Нецах
Ход
Есод
Малхут

табур

10 сфирот соф

Кетер
Хохма
Бина
Тиферет
Малхут

сиюм раглин

Некуда де олам азэ - точка этого мира

Чертеж 2

4 парцуф САГ швират келим	**3** парцуф САГ катнут	**2** парцуф САГ ЦБ	**1** парцуф САГ ЦА
10 сфирот рош гальгальта - Кетер эйнаим - Хохма озен - Бина хотем -Тиферет пэ - Малхут	**10 сфирот рош** гальгальта - Кетер эйнаим - Хохма никвей эйнаим - пэ озен - Бина хотем - Тиферет пэ - Малхут	**10 сфирот рош** гальгальта - Кетер эйнаим - Хохма никвей эйнаим озен - Бина хотем - Тиферет пэ - Малхут	**10 сфирот рош** гальгальта - Кетер эйнаим - Хохма озен - Бина хотем -Тиферет пэ - Малхут
пэ		пэ	пэ
			таамим де-САГ Кетер Хохма Бина Хесед Гвура Тиферет Нецах Ход Есод Малхут
	хазэ **ИШСУТ** **рош алеф** **мира Некудим**		
табур	табур	табур	табур
Галлут **мира Некудим** Кетер Хохма Бина Даат Хесед Тиферет Гвура 1/3 Тиферет	**Катнут** **мира Некудим** Кетер Хохма Бина Хесед Гвура Тиферет Нецах Ход Есод Малхут	место мира Ацилут	**Некудот де-САГ** Кетер Хохма Бина - - - - - - - Хесед Гвура 1/3 Тиферет
парса	парса	парса	хазэ
2/3 Тиферет		место мира Брия	2/3 Тиферет
Нецах Ход Есод		место мира Ецира	Нецах Ход Есод
Малхут		место мира Асия	Малхут

швират келим

Некуда де олам азэ - точка этого мира

Чертеж 3

Исходное состояние миров АК и Ацилут, ниже которого не быает

пунктирные линии показывают связь и получение в рош парцуфа мира Ацилут от соответствующего ему парцуфа АК

мир АК

1 парцуф Кетер
2 парцуф АБ
3 парцуф САГ
4 парцуф МА
5 парцуф БОН

мир Ацилут

6 парцуф АТИК
7 парцуф АА
8 парцуф АВИ
9 парцуф ИШСУТ
10 парцуф ЗОН

кав Эйн Соф, луч света бесконечности

	рош Кетер ехида пэ	АБ Ацилут хая хазэ	САГ Брия нешама табур	МА Ецира руах	БОН Асия нефеш
1 Кетер					
2 АБ	рош	АБ			
3 САГ	рош	АБ	САГ		
4 МА	рош	АБ	САГ	МА	
5 БОН	рош	АБ	САГ	МА	БОН

сиюм Ацилут - парса

мир Брия
мир Ецира
мир Асия

сиюм

Некуда де олам азэ - точка этого мира

Чертеж 4

Подъем мира Ацилут до уровня нешама относительно исходного состояния мира АК

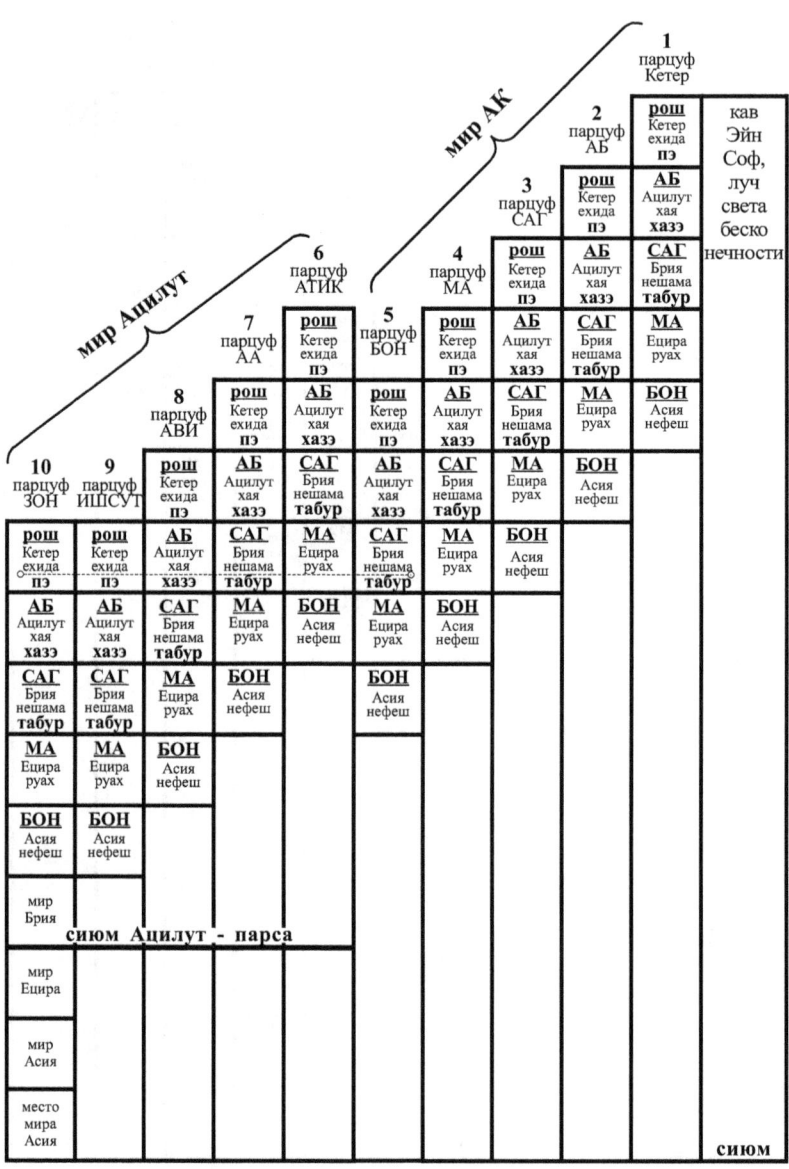

Некуда де олам азэ - точка этого мира

Чертеж 5

Подъем мира Ацилут до уровня хая относительно исходного состояния мира АК

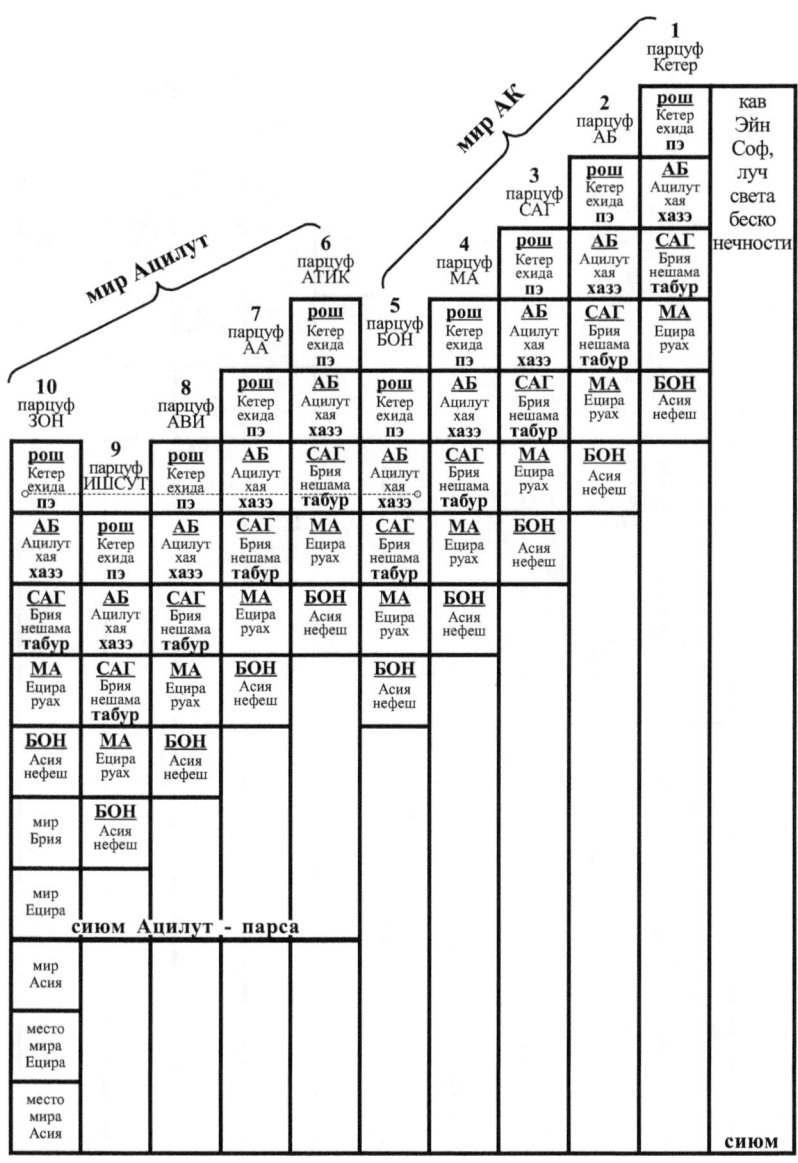

сиюм Ацилут - парса

Некуда де олам азэ - точка этого мира

Чертеж 6

Подъем мира Ацилут до уровня ехида отностельно исходного состояния мира АК

10 парцуф ЗОН		7 парцуф АА	6 парцуф АТИК	5 парцуф БОН	4 парцуф МА	3 парцуф САГ	2 парцуф АБ	1 парцуф Кетер	
								рош Кетер ехида пэ	кав Эйн Соф, луч света бесконечности
							рош Кетер ехида пэ	АБ Ацилут хая хазэ	
						рош Кетер ехида пэ	АБ Ацилут хая хазэ	САГ Брия нешама табур	
					рош Кетер ехида пэ	АБ Ацилут хая хазэ	САГ Брия нешама табур	МА Ецира руах	
рош Кетер ехида пэ		рош Кетер ехида пэ	АБ Ацилут хая хазэ	рош Кетер ехида пэ	АБ Ацилут хая хазэ	САГ Брия нешама табур	МА Ецира руах	БОН Асия нефеш	
АБ Ацилут хая хазэ	8 парцуф АВИ	АБ Ацилут хая хазэ	САГ Брия нешама табур	АБ Ацилут хая хазэ	САГ Брия нешама табур	МА Ецира руах	БОН Асия нефеш		
САГ Брия нешама табур	9 парцуф ИШСУТ рош Кетер ехида пэ	АБ Ацилут хая хазэ	САГ Брия нешама табур	САГ Брия нешама табур	МА Ецира руах	БОН Асия нефеш			
МА Ецира руах	АБ Ацилут хая хазэ	САГ Брия нешама табур	МА Ецира руах	БОН Асия нефеш	МА Ецира руах	БОН Асия нефеш			
БОН Асия нефеш	САГ Брия нешама табур	МА Ецира руах	БОН Асия нефеш		БОН Асия нефеш				
мир Брия	МА Ецира руах	БОН Асия нефеш							
мир Ецира	БОН Асия нефеш								
мир Асия									
место мира Брия			сиюм Ацилут - парса						
место мира Ецира									
место мира Асия								сиюм	

Некуда де олам азэ - точка этого мира

Чертеж 7

Подъем миров АБЕА до уровня нешама относительно исходного состояния мира АК

пунктирные линии показывают связь и получение в рош каждого парцуфа мира Ацилут от соответствующего ему парцуфа АК

								1 парцуф Кетер		
							2 парцуф АБ	рош Кетер ехида пэ	кав Эйн Соф, луч света беско нечности
						3 парцуф САГ	рош Кетер ехида пэ	АБ Ацилут хая хазэ	
					4 парцуф МА	рош Кетер ехида пэ	АБ Ацилут хая хазэ	САГ Брия нешама табур	
				5 парцуф БОН	рош Кетер ехида пэ	АБ Ацилут хая хазэ	САГ Брия нешама табур	МА Ецира руах	
			6 парцуф АТИК	рош Кетер ехида пэ	АБ Ацилут хая хазэ	САГ Брия нешама табур	МА Ецира руах	БОН Асия нефеш	
		7 парцуф АА	рош Кетер ехида пэ	АБ Ацилут хая хазэ	САГ Брия нешама табур	МА Ецира руах	БОН Асия нефеш		
	8 парцуф АВИ	рош Кетер ехида пэ	АБ Ацилут хая хазэ	САГ Брия нешама табур	МА Ецира руах	БОН Асия нефеш			
9 парцуф ИШСУТ	рош Кетер ехида пэ	АБ Ацилут хая хазэ	САГ Брия нешама табур	МА Ецира руах	БОН Асия нефеш				
10 парцуф ЗОН	рош Кетер ехида пэ	АБ Ацилут хая хазэ	САГ Брия нешама табур	МА Ецира руах	БОН Асия нефеш				
рош Кетер ехида пэ	АБ Ацилут хая хазэ	САГ Брия нешама табур	МА Ецира руах	БОН Асия нефеш					
АБ Ацилут хая хазэ	САГ Брия нешама табур	МА Ецира руах	БОН Асия нефеш						
САГ Брия нешама табур	МА Ецира руах	БОН Асия нефеш		БОН Асия нефеш					
МА Ецира руах	БОН Асия нефеш								
БОН Асия нефеш									
мир Брия									
мир Ецира	сиюм Ацилут - парса								
мир Асия									
место мира Асия									сиюм

Некуда де олам азэ - точка этого мира

мир Ацилут, *мир АК*

Чертеж 8

Подъем миров АБЕА до уровня хая относительно исходного состояния мира АК

пунктирные линии показывают связь и получение в рош каждого парцуфа мира Ацилут от соответствующего ему парцуфа АК

мир Ацилут — мир АК

1 парцуф Кетер
2 парцуф АБ
3 парцуф САГ
4 парцуф МА
5 парцуф БОН
6 парцуф АТИК
7 парцуф АА
8 парцуф АВИ
9 парцуф ИШСУТ
10 парцуф ЗОН

кав Эйн Соф, луч света бесконечности

	рош Кетер ехида пэ	АБ Ацилут хая хазэ	САГ Брия нешама табур	МА Ецира руах	БОН Асия нефеш

(Схема парцуфов: каждый парцуф содержит рош (Кетер ехида пэ), АБ (Ацилут хая хазэ), САГ (Брия нешама табур), МА (Ецира руах), БОН (Асия нефеш))

сиюм Ацилут — парса

мир Брия
мир Ецира
мир Асия
место мира Ецира
место мира Асия

сиюм

Некуда де олам азэ — точка этого мира

Чертеж 9

Подъем миров АБЕА до уровня ехида относительно исходного состояния мира АК

пунктирные линии показывают связь и получение в рош каждого парцуфа мира Ацилут от соответствующего ему парцуфа АК

		6 парцуф АТИК				**1** парцуф Кетер		
мир Ацилут		**7** парцуф АА	рош Кетер ехида пэ		мир АК	**2** парцуф АБ	рош Кетер ехида пэ	кав Эйн Соф, луч света беско нечности
	8 парцуф АВИ	рош Кетер ехида пэ	АБ Ацилут хая хазэ		**3** парцуф САГ	рош Кетер ехида пэ	АБ Ацилут хая хазэ	
	9 парцуф ИШСУТ	рош Кетер ехида пэ	АБ Ацилут хая хазэ	САГ Брия нешама табур	**4** парцуф МА	рош Кетер ехида пэ	АБ Ацилут хая хазэ	САГ Брия нешама табур
10 парцуф ЗОН	рош Кетер ехида пэ	АБ Ацилут хая хазэ	САГ Брия нешама табур	МА Ецира руах	**5** парцуф БОН	рош Кетер ехида пэ	АБ Ацилут хая хазэ	САГ Брия нешама табур	МА Ецира руах
рош Кетер ехида пэ	АБ Ацилут хая хазэ	САГ Брия нешама табур	МА Ецира руах	БОН Асия нефеш	рош Кетер ехида пэ	АБ Ацилут хая хазэ	САГ Брия нешама табур	МА Ецира руах	БОН Асия нефеш
АБ Ацилут хая хазэ	САГ Брия нешама табур	МА Ецира руах	БОН Асия нефеш		АБ Ацилут хая хазэ	САГ Брия нешама табур	МА Ецира руах	БОН Асия нефеш	
САГ Брия нешама табур	МА Ецира руах	БОН Асия нефеш			САГ Брия нешама табур	МА Ецира руах	БОН Асия нефеш		
МА Ецира руах	БОН Асия нефеш				МА Ецира руах	БОН Асия нефеш			
БОН Асия нефеш					БОН Асия нефеш				
мир Брия									
мир Ецира									
мир Асия									

сиюм Ацилут - парса

место мира Брия									
место мира Ецира									
место мира Асия									сиюм

Некуда де олам азэ - точка этого мира

Чертеж 10

Подъем миров АК и АБЕА до уровня нешама относительно исходного состояния мира АК

пунктирные линии показывают связь и получение в рош каждого парцуфа мира Ацилут от соответствующего ему парцуфа АК

								2 парцуф АБ	1 парцуф Кетер	
							3 парцуф САГ	рош Кетер ехида пэ	АБ Ацилут хая хазэ	кав Эйн Соф, луч света беско нечности
						6 парцуф АТИК		рош Кетер ехида пэ	АБ Ацилут хая хазэ	САГ Брия нешама табур
							4 парцуф МА	рош Кетер ехида пэ	АБ Ацилут хая хазэ	САГ Брия нешама табур	МА Ецира руах
					7 парцуф АА	рош Кетер ехида пэ	5 парцуф БОН	рош Кетер ехида пэ	АБ Ацилут хая хазэ	САГ Брия нешама табур	МА Ецира руах	БОН Асия нефеш
				8 парцуф АВИ		рош Кетер ехида пэ	АБ Ацилут хая хазэ	рош Кетер ехида пэ	АБ Ацилут хая хазэ	САГ Брия нешама табур	МА Ецира руах	БОН Асия нефеш
			9 парцуф ИШСУТ		рош Кетер ехида пэ	АБ Ацилут хая хазэ	САГ Брия нешама табур	АБ Ацилут хая хазэ	САГ Брия нешама табур	МА Ецира руах	БОН Асия нефеш	
		10 парцуф ЗОН		рош Кетер ехида пэ	АБ Ацилут хая хазэ	САГ Брия нешама табур	МА Ецира руах	САГ Брия нешама табур	МА Ецира руах	БОН Асия нефеш		
		рош Кетер ехида пэ	АБ Ацилут хая хазэ	САГ Брия нешама табур	МА Ецира руах	БОН Асия нефеш	МА Ецира руах	БОН Асия нефеш				
		АБ Ацилут хая хазэ	САГ Брия нешама табур	МА Ецира руах	БОН Асия нефеш		БОН Асия нефеш					
		САГ Брия нешама табур	МА Ецира руах	БОН Асия нефеш								
		МА Ецира руах	БОН Асия нефеш									
		БОН Асия нефеш										
		мир Брия										

сиюм Ацилут - парса

мир Ецира

мир Асия

место мира Асия

сиюм

Некуда де олам азэ - точка этого мира

мир АК (фигурная скобка справа)
мир Ацилут (фигурная скобка слева)

Чертеж 11

Подъем миров АК и АБЕА до уровня хая относительно исходного состояния мира АК

пунктирные линии показывают связь и получение в рош каждого парцуфа мира Ацилут от соответствующего ему парцуфа АК

мир АК

мир Ацилут

№	Парцуф
1	парцуф Кетер
2	парцуф АБ
3	парцуф САГ
4	парцуф МА
5	парцуф БОН
6	парцуф АТИК
7	парцуф АА
8	парцуф АВИ
9	парцуф ИШСУТ
10	парцуф ЗОН

Уровни: **рош** Кетер ехида пэ — **АБ** Ацилут хая хазэ — **САГ** Брия нешама табур — **МА** Ецира руах — **БОН** Асия нефеш

кав Эйн Соф, луч света бесконечности

сиюм Ацилут — парса

мир Брия
мир Ецира
мир Асия
место мира Ецира
место мира Асия

сиюм

Некуда де олам азэ — точка этого мира

Чертеж 12

Подъем миров АК и АБЕА до уровня ехида относительно исходного состояния мира АК

пунктирные линии показывают связь и получение в рош каждого парцуфа мира Ацилут от соответствующего ему парцуфа АК

			6 парцуф АТИК	мир АК	**4** парцуф МА	**3** парцуф САГ	**2** парцуф АБ	**1** парцуф Кетер
мир Ацилут		**7** парцуф АА	рош Кетер ехида пэ	**5** парцуф БОН	рош Кетер ехида пэ	АБ Ацилут хая хазэ	САГ Брия нешама табур	МА Ецира руах	кав Эйн Соф, луч света бесконечности
	8 парцуф АВИ	рош Кетер ехида пэ	АБ Ацилут хая хазэ	рош Кетер ехида пэ	АБ Ацилут хая хазэ	САГ Брия нешама табур	МА Ецира руах	БОН Асия нефеш	
9 парцуф ИШСУТ	рош Кетер ехида пэ	АБ Ацилут хая хазэ	САГ Брия нешама табур	АБ Ацилут хая хазэ	САГ Брия нешама табур	МА Ецира руах	БОН Асия нефеш		
10 парцуф ЗОН	рош Кетер ехида пэ	АБ Ацилут хая хазэ	САГ Брия нешама табур	МА Ецира руах	САГ Брия нешама табур	МА Ецира руах	БОН Асия нефеш		
рош Кетер ехида пэ	АБ Ацилут хая хазэ	САГ Брия нешама табур	МА Ецира руах	БОН Асия нефеш	МА Ецира руах	БОН Асия нефеш			
АБ Ацилут хая хазэ	САГ Брия нешама табур	МА Ецира руах	БОН Асия нефеш		БОН Асия нефеш				
САГ Брия нешама табур	МА Ецира руах	БОН Асия нефеш							
МА Ецира руах	БОН Асия нефеш								
БОН Асия нефеш									
мир Брия									
мир Ецира									
мир Асия									
	сиюм Ацилут - парса								
место мира Брия									
место мира Ецира									
место мира Асия								сиюм	

Некуда де олам азэ - точка этого мира

Приложение

 Обучающая платформа Международной академии каббалы

https://kabacademy.com

Миллионы учеников во всем мире изучают науку каббала. Выберите удобный для вас способ обучения на сайте.
Наша онлайн-платформа позволит вам пройти обучение у лучших преподавателей академии, изучая уникальные каббалистические источники, общаться в онлайн-сообществе, получить индивидуальное сопровождение помощника-тьютора.

Международная академия каббалы

https://www.kabbalah.info/rus

Сайт Международной академии каббалы — неограниченный источник получения достоверной информации о науке каббала.

Вы получите доступ к уникальному контенту: библиотеке каббалистических первоисточников, к широкому спектру передач и архиву лекций. Сайт дает возможность подключаться к прямой трансляции ежедневных уроков основателя и главы Международной академии каббалы Михаэля Лайтмана для всех, кто занимается углубленным изучением науки каббала и исследованием каббалистических первоисточников.

 Интернет-магазин каббалистической книги

https://kabbalah.info/rus/books/

Крупнейший международный интернет-магазин каббалистической литературы. Здесь представлен самый широкий и уникальный ассортимент научной, учебной и художественной литературы по каббале, включая каббалистические первоисточники.

Возможность заказать книгу из любой точки мира.

КЛАССИЧЕСКАЯ КАББАЛА

Михаэль Лайтман

Введение в науку каббала

Перевод: *Д. Перкин, М. Палатник.*
Технический директор: *Й. Левинский.*
Участие в подготовке контента:
*Г. Каплан, О. Демидов, А. Быстров, М. Матушевский,
А. Салтыков, С. Маргалит, С. Добродуб.*
Рисунки: *З. Куцина.*
Оформление обложки: *К. Рудешко.*
Редактирование и компьютерная верстка: *И. Слепухина.*